第九届
国际吴方言
学术研讨会
论文集

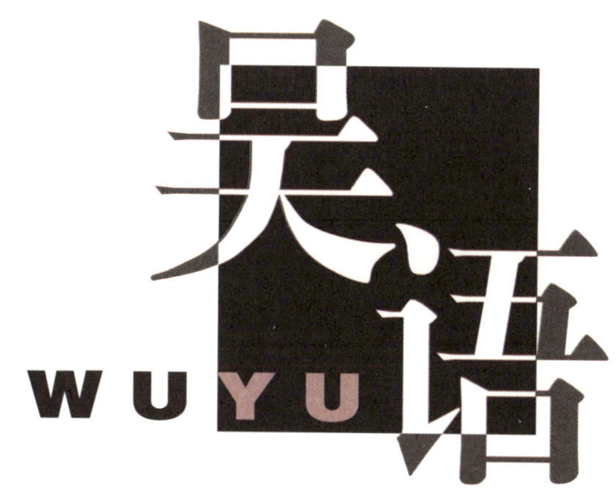

吴语研究

YANJIU

陈忠敏 陆道平 主编

上海教育出版社

第九辑

本次会议由复旦大学中文系和苏州科技大学江南文化保护与传承协同创新中心联合主办，苏州科技大学江南文化保护与传承协同创新中心承办

目　录

语　音

语　法

词汇、文字等

语音

再论 160 年前上海话声母［dz］/［z］变异

——回应钱乃荣先生

陈忠敏

我 2015 年《论 160 年前上海话声母［dz］/［z］变异——兼论北部吴语从邪澄崇船禅等母读音变异现象》（陈忠敏 2015，以下简称“陈忠敏 2015 文”）一文认为，北部吴语从邪澄崇船禅等母读 dz/z 变异是反映文白异读的差异，钱乃荣 2016 年《论北部吴语从邪澄崇船禅元音变中的词汇扩散》（钱乃荣 2016，以下简称“钱乃荣 2016 文”）一文则认为，这些声母的变异反映的是 dz 变 z 的扩散式音变，钱乃荣 2016 文还就与之相关的词汇扩散理论进行了一些解释和讨论。陈忠敏 2015 文、钱乃荣 2016 文的讨论的内容包括吴语语音史，规则音变的理解，文白异读概念，词汇扩散理论，以及早先吴语文献的解读等问题。这些问题已远远超出了吴语 dz/z 变异问题，涉及语言研究的理论和方法的层面，所以我认为这一学术讨论是十分有益的。我愿意再次就相关问题提出个人的意见，以求教于钱乃荣先生及各位专家。本文分五个方面来讨论。

- 文白异读的鉴定以及特点
- 对早期传教士文献的解读
- 吴语各地 dz/z 变异所反映的文白异读
- 历代文献所反映的吴语 dz/z 变异
- 词汇扩散理论及规则音变

一　文白异读的鉴定以及特点

文白异读指一个方言中不少汉字（记录的是一个语素）有两个或多个有文雅 / 俗白风格区别的语音形式，形成成系统的层次（叶蜚声、徐通锵著，王洪君、李娟修订 2013：227）。我在 2003 年根据文白异读的来源和它的本质也做了更为清晰的定义：文白异读是一个方言里相同来源的语素读音，由于文言和口语的区别，而造成的系统的层次又音现象。这里所说的“音”是指一个音节中声母、韵母或声调三个语音单位中的某一项，而不是指整个字音（音节），或音节中的元音、辅音等音素（陈忠敏 2003）。关于文白异读的定义，要强调以下几点：

1. 文白异读的本质是语言接触现象，而它的表现形式是在一个方言里会产生成系统的音类又音。本地人有文白异读的语感，但是文白异读那种成系统的音类又音规律是由语言学家根据本地人的语感总结出来的。具体来说是根据发音人读书音和说话音的多数情形而总结出语音规律，然后再按照规律找出更多符合这些规律的文白异读。所以并不是说白读一定只出现在口语中，文读一定只出现在读书音中。随着两种语言交融必定会有相互渗透。本来某些文读的词或字，会进入日常口语。再说口语 / 读书语的判断有一定的主观性，比如当地的地名、姓名读音是口语里常说的，根据音类又音的规则，有的属于文读层，有的却属于白读层。所以文白异读（文读层 / 白读层）的划分标准最终必须落实到语音规则上来，不是光凭口语还是读书音来判断。

2. 我们说文白异读是成系统的音类又读，不是字音的又读，所以文读音和白读音并非都要一对一的配对，可以缺文或缺白。例如上海话梗摄开口二等字“猛、冷、争、坑、樱”等字有文白两种读法，韵母读 ã 的是白读，读 əŋ（iŋ）的是文读。“浜、蚌、硬”在上海话里韵母只有 ã 一读，“笙、耿、幸”韵母也只有 əŋ（iŋ）一读，但是它们与“猛、冷、争、坑、樱”同属相同的中古音类，属于音类又音现象，所以也可分别归为对应的白读或文读。即只有 ã 一读的是白读，只有 əŋ（iŋ）一读的属于文读。强调音类的又读可以更好地体现文白异读的系统性、层次性和一致性，也避免了一个字一个字孤立的文白配对。

3. 文白异读也不需要整个音节的所有音类都不同，一个音节中只要有一项相异就能构成文白的对立。例如，厦门话字音文白异读的对应有六种不同的类型（周长楫 1983）（见表 1）。

表 1　厦门话文白异读类型

	富	八	转	密	腐	卵
文读音	hu^5	pat^7	$tsuan^3$	bit^8	hu^3	$luan^3$
白读音	pu^5	$pueʔ^7$	$tŋ^3$	ba^6	hu^6	$nŋ^6$

“富”文白对立是声母的不同，“八”文白对立是韵母的不同，“转”文白对立是声母、韵母的不同，“密”文白对立是韵母、声调的不同，“腐”文白对立是声调的不同，“卵”文白对立是声母、韵母、声调都不同。显然文白异读的最小对立元不是音节，也不是元辅音音素，而是一个音节里的音类（声母、韵母或声调）。

4. 文白异读中的音类异读之间的关系不是演变的关系，而是音类逐字替换的关系。比如上海话梗摄开口二等白读 ã 与文读 əŋ（iŋ）不是演变关系，因为两者读音差距相当大，它不符合条件音变规律。上海话还有很多字读 ã 的，如“涨、打、厂”等根本没有 əŋ（iŋ）的异读。音类的逐字替代符合接触演变（contact-induced change）的规律。

5. 文白异读是系统的层次音类又音现象，层次是一个“面”，而不是一个“点”，特别是文教习传所传播的读音必定不会局限于一个方言点，而是一个面，至少同类的邻近方言会有相同的文读现象。如梗摄开口二等字有 əŋ（iŋ）/ã 文白异读的不仅局限于上海话，在吴语，乃至于南方方言里是一大片。所以当本方言某些语音变异的性质由于某种原因无法确定时，可以对照同类邻近方言的相同现象，看看是否有对应的文白异读层次。杭州话见母二等声母只有 tɕ 一种读法，而同类的周边吴语则有 tɕ/k 文白异读，读 tɕ 的是文读，读 k 的是白读。根据读音层次在同类方言里具有层次对应性，可以认为杭州话见系二等声母读 tɕ 是文读，尽管在杭州话里不存在与之对应的白读。

综上所述，文白异读的本质是语言接触现象，是语言接触在语音上的一种反映。文白异读在本方言里呈现系统的音类异读，在邻近同类方言会呈现音类异读的层次对应。理清了以上文白异读的特点后，我们再来讨论早先上海话的 dz/z 变异的性质就十分清楚了。

二　对早期传教士文献的解读

19 世纪中叶到 20 世纪中叶的近百年上海话的罗马字拼音文献非常丰富，不过这些作者毕竟不都是语言学家，记录的质量也良莠不齐，如果我们翻译成汉语，也得认真翻译仔细推敲。陈忠敏 2015 文、钱乃荣 2016 文内提及的两本记录早期上海话的文献（艾约瑟 1853《上海方言口语语法》、Davis & Silsby 1900《汉英上海方言字典》）质量上乘，是我们研究早期上海话的宝贵材料。陈忠敏 2015 文、钱乃荣 2016 文对上述两书的有关章节有不同的解读，这里作一些讨论。钱乃荣 2016 文讨论艾约瑟的书是依据钱乃荣和田佳佳的中文翻译本（钱乃荣、田佳佳 2011），并非原文。钱、田的中文翻译不够精确，还有搞错的。现将原书这段话截屏粘贴如下（据 Edkins，Joseph. 1853/1868 A Grammar of Colloquial Chinese，as Exhibited in the Shanghai Dialect. Shanghai Presbyterian Mission Press. Second edition 1868，p.47），并逐句解读：

68. **The initials z and dz correspond, though somewhat irregularly, to the tabular initials z, zh, and j, dz, dj.**

樹了枝 zû‘ au tsz, *branches of trees.*
若使 zák sz‘, *if.*
炰茶 p'au‘ dzó, *make tea.*
傳下來 dzén ‘au lé, *deliver down.*
聚攏來 dzü‘ 'lóng lé, *collect.*

The d is often dropped, both in reading and in the conversational form.

勿會寫字 veh *wé‘* siá zz‘. *cannot write* (M, tsz‘),
擺渡船 'pá dú‘ zén,* *ferry-boat* (M. ch'uen).
養蠶 yáng‘ zén, *keep silkworms*, (M. t‘sán).

The d is in some words retained in reading, when dropped in the colloquial form.

豺狼虎豹 zá (R. dzé) long 'hú pau‘, *wolves and tigers.*
稻柴 *tau* zá (C.) *rice straw.*
柴門 dzé (R.) mun, *wooden gate.*
造完 'zau (R. dzau) wén, *finish building.*

原书 68 标题下第一段钱、田翻译为：“声母 z 和相应的 dz，稍微有点不规则。可以对应与表中的声母 z，dz 和 z，dz，dz。”此段翻译有误。应该翻译为：“声母 z 和 dz，尽管有点乱，对应表中的 z（邪母）、zh（禅母）、和 j（澄母）、dz（从母）、dj（床母）”，原文“the tabular”是指书 44 页的中古三十六声母表，他把它叫做“Native table of Initials”。截图如下：

Native table of Initials.

k 見 kien	k' 溪 k'i	g 郡 giun	ng 疑 ngi		t 端 twan	t' 透 t'eú	d 定 ding'	n 泥 ni	ch 知 ch	ch' 徹 ch'eh	j 澄 jing	ni 娘 niáng	
p 幫 páng	p' 滂 p'áng	b 並 bing	m 明 ming		f 非 fi	f' 敷 f'ú	v 奉 vóng	w 微 vi	ts 精 tsing	ts' 清 ts'ing	dz 從 dzóng	s 心 sin	z 邪 zié
tsh 照 tshaú	t'sh 穿 t'shuen	dj 牀 jwang	sh 審 shin	zh 禪 zhen	y 影 ying	h 曉 hiáú	*y* 喻 *yü*	*ħ* 匣 *ħiah*	l 來 lái	rh 日 jih			

Edkins 对这个表做了拟音，邪母用 z，禅母用 zh，澄母是 j，从母是 dz，床母是 dj。原文 the initials z and dz correspond，though somewhat irregularly，to the tabular initials z，zh，and j，dz，dj. 其中的两个“and”并举，在英语里是有对举的含义的，两分句里“and”前擦音对擦音，“and”后塞擦音对塞擦音，音类不同，用“and”分开。按现代语音学的术语，“and”前是一个自然类（natural classes），“and”后是另一个自然类。也可以看出 Edkins 是懂一点音韵学的，三十六母的“邪”“禅”拟为擦音，而“澄”“从”“床”等拟为塞擦音。可惜钱、田没看出！如果不是对举，原文的第二个 and 必须写在最后“to the tabular initials z，zh，j，dz，and dj.”而不是现在的“to the tabular initials z，zh，and j，dz，dj”。钱、田的译文此句 and 前后都有塞擦音、擦音。其中原文“and”前的 zh 和“and”后的 dz 是两个不同的标写符号，译者居然转写为同一个国际音标 dz！

这一段话 Edkins 也只是说明上海话读 z、dz 声母对应于三十六母中的邪、禅和澄、从、床母，但是有些乱。

第二段：the d is often dropped，both in reading and in the conversational form. 钱、田的译文是“这个 d 经常失落，无论是在文读中或是在白读形式中”。如果按字面直译，把 conversational form 译为“白读”是有点问题的，the conversational form 确切的翻译是“交谈形式”不能翻译“白读”。原作者在书中两处说了他的“白读”的英文用词，在正文前的“Rules for using the orthography here adopted”，他特别说明以下的简称：

S. Shanghai sound

M. Mandarin sound

C. colloquial sound

R. reading sound.

原书第 43 页，也说：For some words of constant occurrence，the following contractions will in future be used：C，or S. C. Shanghai colloquial form. M. Northern mandarin pronunciation. R. or S. R. Shanghai reading sound.

原书第 47 页第三段，也是最为重要的那段，原文是：

The d is in some words retained in reading，when dropped in the colloquial form。

豺狼虎豹（R. dzé） long ‘hú pau’ ［dze lã hu pɔ］

稻柴 tau zá（C.）［dɔ za］

柴门 dzé（R.）mun ［dze mʌŋ］

造完 ‘zau（R.dzau）wén ［zɔ（R. dzɔ）uẽ］

这里的 reading 和 colloquial form 才应该翻译为“文读”“白读”，因为这句话的下面举了一个字有文白异读的配对例子，并且明白无误用大写字母 R. C. 在括号里标出。根据前述，R. = reading sound，C. = colloquial sound，口语词“稻柴”中的“柴”声母是擦音，原书作者标有 colloquial form 的缩写“C”，文雅词“柴门”中的“柴”声母是塞擦音，原书作者标有 reading form 的缩写“R”。“造完”中的“造”原书作者标有两种读音，读擦音的是“C”，读塞擦音的是“R”，这些十分清楚表明了读擦音的是白读，读塞擦音的是文读。文白异读在这里已经十分明确。请注意，作者在第一段、第二段没有做这种文白异读的对举。

钱、田的译文在这里有翻译的失误。第二段中的“the conversational form”翻译为

"白读形式"，第三段"the colloquial form"翻译成"白话"，第三段下的例子 colloquial form 的缩写"C"翻译为"白读"。钱、田的翻译总结如下：

the conversational form = 白读

the colloquial form = 白话

colloquial form 的缩写"C" = 白读

相同的英文在没有特殊的情形下不应该翻译为不同的中文，不同的原文应该根据贴切的语义翻译为不同的中文，更而况这些词是十分重要的语言学术语。这些原则在钱、田的译文里被破坏了！

总结 Edkins 的三段话，第三段非常明确说明 dz/z 区别是文白异读差异。第二段"the d is often dropped，both in reading and in the conversational form"，我的解读是：文白异读是竞争关系，根据文强白弱还是白强文弱，读音会相互替代。d 在阅读和交谈时也常常失落，说明 dz 这种文读形式正趋于消失。可见在当时的上海话里就这一文白异读的竞争而言是白强文弱，这也间接解释了以后 z 声母会逐渐取代 dz 声母。所以这句话根本不能如钱文所说的"直接否定了'读 dz 声母的是文读层，读 z 的是白读层'这个论断"。我们前面也已经说明了"文"与"白"会相互渗透，判断文读还是白读不能完全按照在阅读时出现还是口语出现作为最终依据，文白异读的最终判断只能是语音的规则。

再看钱文提及 Davis & Silsby 1900《汉英上海方言字典》，此书对当时上海话 dz/z 声母的描写并非如钱氏文章所说。Davis & Silsby 原书的英文名是 Shanghai Vernacular Dictionary，第一版售罄后，上海土山湾出版社于 1911 年在原有基础上增加了官话的读音（增订版序言有说明），增订后的英文书名是 Chinese-English Pocket Dictionary with Mandarin and Shanghai Pronunciation and References to the Dictionaries of Williams and Giles，by D. H. Davis and John Alfred Silsby，Shanghai TU-SE-WEI Press，1911。第一版 188 页，增订版 272 页。原书对 dz/z 声母字多处说明是文白异读。现载录几例如下（汉字后是官话读音的拼音，S. = Shanghai，S. 后是上海话读音，有文白异读的，先文后白，白读注明 c. = colloquial form，文读则不标注。括号里的数码表示汉字排列数）：

"尝"chāng，S. dzang，c. zaung（1096，4307）

"就"dziù，S. dzièu，c. zièu（1096）

"潜"tsiēn，S. dzien，c.zien（3890，3891）

"聚"dzù，S. dzùi，c. zù（5373）

"錾"dzàn，S.dzan，c.zèn（7000）

"昨"dzō，S.dzauh，c. dzok，dzo，zau，zauh，zo（3013）

"昨"有六种读音，dzauh 是文读，其余 dzok，dzo，zau，zauh，zo 五种都标为白读，不过，文读的 dzauh 与白读的一种 zauh 声调、韵母同，只是声母有 dz/z 的差异，作为配对的文白差异是明显的。上面所举的例子 dz/z 差异作者都标写为文与白的差异，可见，作者认为这些字的 dz/z 异读是文白的关系。不过，书中还有很多字具有 dz/z 的异读，没标注 c.，如"曾"dzung/zung（3099），"材"dze/ze（3145），"漕"dzau/zau（3857），"状"dzaung/zaung（4126），"睡"dzoè/zoè（4571），"席"dzih/zih（5766），"裁"dze/ze（6104），"袭"dzih/zih（6166），"赵"zháu/záu（6513），"杂"dzeh/zeh（7172），

“静”dzing/zing（7214），“靖”dzing/zing（7212），“馋”dzan/zan（7389），“齐”dzi/zi（7747）等。

这一时期 dz/z 的文白异读层次已经趋于消失，有些字本地人感觉有文与白的不同，有的这种差异已经淡化，本地人只知道有异读而无文白感觉，这是文白消失前常见的现象。根据文白异读音类系统性、规律性、一致性的特点，当我们承认“尝就聚潜潜鋆昨”dz/z 异读是文白异读的话，那么没标注的“曾材漕状睡席裁袭赵杂静靖馋齐”等字 dz/z 异读也应该归为文白差异。一个方言里，同样的 dz/z 异读，不能说一个是文白差异，一个是内部扩散式音变。

可见艾约瑟《上海方言口语语法》、Davis & Silsby《汉英上海方言字典》的材料都是支持 dz/z 异读是反映文白异读的。

三　吴语及邻近方言［dz］/［z］变异所反映的文白异读

说早先的上海话声母 dz/z 异读是文白层次的差异除了有上述上海历史文献的记载，还有其他的旁证。文白异读音类所反映的层次差异往往是一个层面的差异，也即：不但在一个方言点里反映这种差异，同类的邻近方言也有对应的文读 / 白读层。这也是文白异读与一时一地的音变相区别的一个重要特点。同属北部吴语的江苏海门话古从邪澄崇船禅母文读是塞擦音，白读是擦音（王洪钟 2011）(汉字后先标白读音，后标文读音，白读音和文读音之间用“/”隔开，下同)。如：

前钱全旋 ɕʑie^{2}/dʑie^{2}、随 ɕʑei^{2}/dʑei^{2}、净 ɕʑin^{6}/dʑin^{6}、锄 szɿ^{2}/dzu^{2}、墙 ɕʑiaŋ^{2}/dʑiaŋ^{2}、坐座 szu^{4}/dzu^{4}、造兆召 szɔ^{4}/dzɔ^{4}、愁 szəu^{2}/dzəu^{2}、唇辰晨城成 szən^{2}/dzən^{2}、俗续 szoʔ^{8}/dzoʔ^{8}、席 ɕʑiəʔ^{8}/dʑiəʔ^{8}。

浙江临安、湖州等地方言的情形跟海门方言同，据徐越 2007 年报道，今声母读浊塞擦音 dz/dʑ 的为文读层声母，读对应的浊擦音 z/ʑ 则为白读层声母（徐越 2007：61，79）。如临安话：词 zɿ^{2}/dzɿ^{2}；治 zɿ^{6}/dzɿ^{6}；社 zue^{6}，zuo^{6}/dze^{6}；谁 zue^{2}，zuo^{2}/dze^{2}。湖州话（徐越 2007：27）：裁 ze^{2}/dzɛ^{2}、锄 zɿ^{2}/dzəu^{2}。

江苏丹阳是“吴头楚尾”之地，丹阳话虽说塞音、塞擦音只有清不送气、清送气二分，但是它具有吴语的底子，古从邪澄崇船禅的读音明显保留体现吴语的特征。古从邪澄崇船禅白读是擦音，文读是塞擦音。吕叔湘先生 1993 年《丹阳方言语音编》有一份丹阳方言同音字汇，有较为详尽的文白异读记录，弥足珍贵。作者在前言说：

> 这里所记是著者青少年时代的语音，也就是本世纪（20 世纪）第一个四分之一年代的语音。著者在私塾和小学读书的时候，读的是文言文，读书音和说话音是分得很清楚的。从 20 年代（1920）后期起，小学的语文课里读的是白话文。尽管多数教师的“国语”还差劲，也不能用读文言文的字音来读白话文了。著者 1987 年回丹阳的时候，发现说话音的系统没有变，尽管个别人对个别字的音有改变；可是读书音已有很大变化。只有 60 岁以上的知识分子还能用旧时的读书音读文言文，中年以下的人无论读文言文或是白话文都只能用像样或不像样的北京音来读了。所以这里记的读书音只能作为丹阳方言语音史的一个剖面来看待。

作者撰书之时已年近九十，文读音保留较为完整。下列的文白异读记录据吕叔湘 1993 一书：族 sɔʔ^{8}/tsʰɔʔ^{8}、柴 sɑ^{2}/tsʰæ^{2}、床 sɑŋ^{2}/ʨʰɑŋ^{2}、愁 se^{2}/tsʰe^{2}、船 soŋ^{2}/ʨʰoŋ^{2}、辰 seŋ^{2}/

tsʰeŋ^{2}、成城 seŋ^{2}/tseŋ^{2}/tsʰeŋ^{2}、盛 seŋ^{2}/tsʰeŋ^{2}、常 sæ^{2}/tsæ^{2}/ tsʰæ^{2}、尝 sæ^{2}/tsʰæ^{2}。

这一文白异读的特点不仅遍及北部吴语，南部吴语以及浙江徽语也有。

曹志耘 1996《金华方言词典》引论第五页说：“dz 母字多为文读，z 母字多为白读。”这里所涉及的声母是古从、邪、崇、船、禅等五母。如金华方言（据曹志耘 1996）：

助 zu^{6}/dzu^{6}、锄 zɿ^{2}/dzu^{2}、座 zuɤ^{6}/dzuɤ^{6}、才 zɛ^{2}/dzɛ^{2}、罪 sɛ^{6}/ʥui^{6}、曹 zɑu^{2}/ʥɑu^{2}、愁 ziu^{2}/ʥiu^{2}、前 sia^{2}/ʥiã^{2}、藏 zɑŋ^{2}/ʥɑŋ^{2}、墙 ziaŋ^{2}/ʥiɑŋ^{2}、存 zəŋ^{2}/ʥəŋ^{2}、净 ziŋ^{6}/ʥiŋ^{6}。

浙江开化话也有相同的情形，读塞擦音是文读，读擦音是白读（据笔者 1996 年调查）：

座坐 zui^{6}/dzo^{6}、字 zɿ^{6}/dzɿ^{6} dzɿ：ə^{6}、槽 zəɯ^{2}/dzɔ^{2}、蚕 zuɔ̃^{2}/dzaŋ^{2}、墙 ʑiaŋ^{2}/dʑiaŋ^{2}、匠 ʑiaŋ^{6}/dʑiaŋ^{6}、前 zui/dʑiɛ̃^{2}、脏 zɔ̃^{2}/ dzaŋ^{2}、层 zeŋ^{2}/dzeŋ^{2}、凿 zɔʔ^{8}/dzɔʔ^{8}、嚼 ʑiaʔ^{8}/dʑiaʔ^{8}、随 zui^{2}/ dzui^{2}、隧 zui^{6}/ dzui^{6}、袖 ʑiəɯ^{6}/ dʑiəɯ^{6}、寻 ʑiŋ^{2}/dʑiŋ^{2}、详祥 ʑiaŋ^{2}/dʑiaŋ^{2}、像象 ʑiaŋ^{6}/ dʑiaŋ^{6}、锄 zɔ^{2}/dzu^{2}、床 zuaŋ^{2}/zeŋ^{2}、状 ʑiɔ̃^{6}/ʥuaŋ^{6}、船 ʑyŋ^{2}/dʑyɛ̃^{2}、辰晨 ʑiŋ^{2}/ dʑiŋ^{2}、城 ʑiŋ^{2}/dʑiŋ^{2}。

徽语严州片建德话“从邪崇船禅母：白读擦音声母，文读塞擦音声母。例如：坐 su^{3}/tsu^{3}、邪 ɕie^{2}/tɕʰiɑ^{2}、床 so^{2}/tɕʰyɑŋ^{2}、船 ɕye^{2}/tɕʰyã^{2}、成 sen^{2}/tsʰen^{2}”（曹志耘 1996《严州方言研究》p.61 好文出版社）。

这么多邻近方言 dz/z 都是反映文白异读差异，根据文白异读在同类或邻近方言有对应性、一致性的特点，可以从另一角度支持早先上海话所记载的 dz/z 变异也是反映文白异读差异，而不应该是 dz → z 音变。

四　历代文献所反映的吴语［dz］/［z］变异

江南一带方言从邪不分、床禅不分的历史可以追溯到很早，历史文献里屡有记录。最有名当推颜之推在《颜氏家训 · 音辞篇》说的那段话：“南人以钱（从母）为涎（邪母），以石（禅母）为射（船母），以溅（从母）为羡（邪母），以是（禅母）为舐（船母）”。《颜氏家训》这段记录说明南朝时江南地区的方言从邪母、船禅母不分。日本空海所著《万象名义》更多保留原本《玉篇》的反切。今本《玉篇》从邪母是分的，而《万象名义》所保留的反切里以邪母字切从母字者很多，反映了当时江南吴语从邪母不分的情形（周祖谟 1966）。唐陆德明《经典释文》中也指出当时的江南方言的这一现象：聚，似主反，又俗裕反。“聚”是从母字，“似”是邪母字，以“似”为“聚”的反切上字，也说明当时江南方言从邪不分的现象。唐《可洪音义》卷二五说：“渍，疾赐反……，又似赐反者吴音也。”“渍疾”都为从母字，“似”是邪母字；显然根据《可洪音义》从母字要用邪母字做反切上字才是吴语，只能说明当时的吴语从邪母都应该读擦音。陶宗仪（1329 年—约 1412 年）是元末明初人，所著《南村辍耕录》描写松江人射字法游戏，从邪合一，以“晴”作为代表字，“晴”下两助纽字为“晴涎”，而且“晴”“成”助纽字第二字相同，说明“晴（从）、涎（邪）、成（禅）”声母同。晚明冯梦龙编辑的苏州一带民歌集《山歌》也有很多从邪崇母同音的现象。如：

坍塌草庵成弗得个寺，何仙姑丫鬟两分开。（01.19）（寺邪 = 事崇）

间边有画弗知个边个字，上头箍紧下销钉。（06.22）（画 = 话，字从 = 事崇）

这两句诗里“寺”“事”同音替代，“字”和“事”也同音替代，说明当时的苏州话

“寺、事、字”同音。《山歌》另一句诗有：

姐道：郎呀，褥子上番身无席摸，千条锦被弗如郎（07.20）(标题《寂寞》)

诗歌的标题就是“寂寞”，诗句里用“席摸”来替代“寂寞”，说明“寂从”“席邪”同音。同时期的苏州人沈宠绥《度曲须知》中举了许多当时苏州一带吴人读音的“错误”，希望“度曲”的时候要更正，也即作者所说的“正讹，正吴中之讹也”。如“范例三”中有“北曲正讹考”，说：“‘详祥翔’，徐将切，与‘墙’之齐将切异；‘词辞祠’，祥慈切，非墙慈切”。“徐”邪母，“墙”从母。作者所说的错误之处也正是那个时代苏州一带吴语的特点，也可以看出当时苏州一带从邪不分。今苏州话音系里虽然没有 dz 声母，不过，如同上海话一样，苏州话在 19 世纪末也是有 dz 声母的。苏州传教协会（The Souchow Missionary Association）在 1891 年编著的《苏州方言字音表》(A Syllabary of the Soochow Dialect）就列有 dz 声母，书里对这个 dz 声母后还有特别的一个说明：

The initial is usually pronounced as z, by the common people. Scholars, however, prefer dz.

联系上面的文献，这段话所反映的绝不是钱乃荣 2016 文所说的学者发音趋保守而已，因为在苏州话里明中晚期这些声母字已经读擦音了。原本的 z 不可能清末变为塞擦音 dz，以后再变为擦音 z。这种 z → dz → z 式的回头音变是十分罕见的，除非是语言接触引起的音类叠置。

陈忠敏 2015 文的解释更为合理，至少从南朝开始江南一带的话（江东方言）从邪崇船禅等母就读浊擦音 z。笔者认为吴语古从崇船禅读擦音是白读，读塞擦音是文读，那么读塞擦音的文读读音从哪里来的呢？通常说白读是方言本身的，文读来自北京等权威官话。我们发现情况不是如此。根据我们分析从邪崇船禅等母读浊擦音是本地的，读浊塞擦音是权威方言的。其中邪禅船母在今北京话里多数是读擦音的，只有杭州话绝大多数是读塞擦音的。我们看杭州话、绍兴话（据王福堂 2015）、1853 年 Edkins 记载上海话（文读），以及普通话某些邪禅船母的读音（声调略去）：

表 2 杭州、绍兴、上海（1853）和普通话邪禅船母的读音

汉字	中古声母	今杭州	绍兴话	Edkins 上海话	普通话
随	邪母	dzɥei	dzᴇ	dzɥe	suei
谁	禅母	dzɥei	dzᴇ		ʂuei
睡	禅母	dzɥei	dzᴇ		ʂuei
徐	邪母	dʑy	dʑi		ɕy
袖	邪母	dʑiɤ		dziɤ	ɕiəu
寻	邪母	dʑin	dʑiŋ	dziŋ	ɕyɪn
旬循巡	邪母	dʑyɪn	dʑiŋ	循 dziŋ	ɕyɪn
剩	船母	dzəŋ	dzəŋ	dzəŋ	ʂəŋ
序叙绪	邪母	dʑy	dʑy	序绪 dʑy	ɕy
象像橡	邪母	dʑiᴀŋ	dʑiaŋ		ɕiaŋ
席习	邪母	dʑiɪʔ	dʑieʔ	席 dziɪʔ	ɕi

上表中的 18 个字杭州话只有浊塞擦音一种读法，普通话只有擦音一读，但是 19 世纪中叶上海话、今绍兴话都有可读浊塞擦音（19 世纪上海话、今绍兴话很多字都有塞擦音/擦音两读的，本表只列读塞擦音的），其中绍兴话 18 个字有 17 个可读塞擦音，19 世纪中叶的上海话也有 8 个字可读塞擦音。显然吴语里这种文读声母不可能来自北京话，各地 dz 读音跟杭州话的对应，只有可能是来自当时吴语地区权威话——杭州话。北宋时，杭州为"两浙路"的路治，已经是江南人口最多的州郡。靖康之难，宋皇室及大批中原移民南渡，在临安（今杭州）建都，时间长达 150 年左右（1129—1276），当时的杭州成为全国的政治、文化、经济中心。具有中原官话色彩的杭州话无疑对整个江南地区有较强的影响力，其中杭州话这些声母读塞擦音的特征覆盖在整个江南吴语之上，与原来吴语读擦音的形成文白层次差异。不过，这种影响力随着南宋政权的灭亡而逐渐失势，所以今吴语区里古从、邪、澄、崇、船、禅等六母读塞擦音的文读层与读擦音的白读相比是处于弱势的。整体而言，各地塞擦音文读层呈衰退貌，这一文读层消失的过程和程度在各地吴语是不一的，有的消失得快，有的消失得慢；有的一部分字消失，有的则是大部分字里消失，才会古从、邪、澄、崇、船、禅等六母在今吴语里对应复杂、混乱，才有高本汉、赵元任等人描述的这六个声母在各地"吴语读作塞擦音或摩擦音，乱七八糟的并没有任何条理"（高本汉 1915—1926/1940：326—327），读音是"一处一个样子""一笔胡涂帐"（赵元任 1928）。这种解释跟历代文献的相关记载，也跟今方言的读音情形更为匹配，更为合理。

五　词汇扩散理论及规则音变

钱乃荣 2016 文说"陈文对王士元教授著名的语音演变的'词汇扩散论'在认识上存在偏误，其对'词汇扩散论'的理解是：'由语言内部造成的语音变异是一个音变链上的前后阶段，表现为词汇扩散式的音变'。认为'词汇扩散论'和新语法学派的规则音变一样，都只指由本语言自身原因造成的音变现象。这是对王士元理论的严重曲解"。其实钱乃荣先生不知道"词汇扩散理论"提出的理论背景。我愿意在此多花一些笔墨就词汇扩散理论的产生、发展提出自己的体会。

新语法学派提出的规则音变（regularity hypothesis of neogrammarian）是规则的，是受纯语音条件制约的，在一个言语社团中只要相同的音变条件，要变相同语音条件的词（语素）统统变，毫无例外。破坏音变规则的因素有语言接触（language borrowing，or dialect mixture）和类推（analogy）。（Osthoff and Brugmann 1878、Bloomfield 1933：360—365）。所以持规则音变的人早已明白语言接触会导致不规则音变。规则音变内容不涉及由语言接触、类推所造成的变化。新语法学派认为音变在语音上是渐变的，但表现在词汇上则是突变（phonetically gradual and lexically abrupt），而持词汇扩散理论者则认为新语法学派不对，因为有些现象很难用语音渐变性来解释的，比如语音换位（metathesis）、清浊、鼻化等音变都是非此即彼的音变，很难看到有渐变。所以提出在语音上是突变，在词汇上的表现是渐变的（phonetically abrupt and lexically gradual）（Wang 1969）。词汇扩散理论的价值就在于提出一种与新语法学派不同的音变模式，据此可以解释新语法学派无法解释的一些现象，所以跟新语法学派一样，经典的词汇扩散理论都是指语言内部的音变，否则无法挑战新语法学派的规则音变。陈渊泉和王士元 1975 年发表在 Language 上的文章也明确指出词汇扩散是指在一个语言系统内的现象（lexical diffusion is exclusively a system-internal phenomenon）(Chen &Wang 1975)，我们可以把它称为词汇扩散理论经典版。“经典版”甚至排斥语言接触在音变中的作用（Cheng & Wang 1972、Wang & Lien 1993）。拉波夫试图调和新语法学派规则音变和词汇扩散式音变这两类音变，他认为这两种音变在一个语言系统中都存在，前者是人们对音变无意识的下层音变（change from below）时起作用。当人们对音变有意识，音变赋予社会语言学的价值（sociolinguistic value），就会产生上层音变（change from above），此时就会存在音变的词汇扩散现象（Labov 1994：453）。显然经典版词汇扩散理论极大地挑战了新语法学派规则音变理论，拓展了音变研究的类型和范围，也丰富了历史语言学关于音变研究的理论。汉语潮州方言阳上 / 阳去变异是词汇扩散理论提出的一个主要依据，词汇扩散理论多篇文章都涉及到潮州话声调变异的例子（Wang 1969，Wang & Cheng 1970，Cheng & Wang 1972、Chen & Wang 1975，Wang & Lien 1993），其中郑锦全、王士元 1972 的文章是专文讨论潮州话阳上 / 阳去变异的，该文对《汉语方音字汇》(1962 年第一版）潮州方言阳上 / 阳去声调变异进行统计，认为潮州话阳上 / 阳去变异跟语言接触无涉，词汇扩散是独立的系统内部的演变（the evidence presented leads us to the conclusion that the case of lexical diffusion called to our attention by Hsieh must be regarded as an independent system-internal development），而潮州话这种声调变异是一种音变在途中（in midstream）的词汇扩散现象（Cheng & Wang 1972）。1979 年拉波夫在他美国语言学会会长的就职演讲时介绍郑锦全、王士元 1972 文章的结论，并认为潮州话声调变异是支持词汇扩散理论的典型案例（Labov 1981）。不过，围绕郑、王 1972 的文章也有很多争议。一些学者认为潮州方言声调变异是语言接触所造成的文白异读现象，不属于语言内部音变，用语言接触解释更为合理（Chan 1983，Egerod 1976，Pulleyblank 1978，Ting 1978）。王士元、连金发 1993 的文章回应了这些争议。该文承认潮州话里阳上 / 阳去变异是语言接触的产物，是语言接触引起的双向扩散（bidirectional diffusion）现象。不过他们也申辩词汇扩散理论所适用的范围可以扩大，也可以解释语言接触引发的变化，也即：语言接触引发的语音变化在词汇上的表现是渐变的，逐词（语素）逐词（语素）替代的。作者称这是词汇扩散理论的扩展版（an extended version of Lexical Diffusion）(Wang & Lien 1993）。笔者也曾撰文报道由于语言接触会引起语音的双向扩散演变现象（陈忠敏 2007）。对“扩展版”我们可以这样理解：扩展版的解释范围当然扩大了，除了语言内部音变外还包括由于语言接触引发的演变和类比。不过，只有“经典版”才会对规则音变提出挑战，因为“扩展版”中的语言接触和类比部分与新语法学派规则音变所谈的内容不是在一个层面上，无法交接。而钱乃荣先生所谈论的上海话 dz → z 音变据他的解释是属于语言内部的音变，而不是语言接触引发的变化，所以我们以“经典版”的词汇扩散理论与之对应并没有发生误解。

参考文献

艾约瑟（Joseph Edkins）. 上海方言口语语法［M］. 钱乃荣，田佳佳，译 . 北京：外语教学与研究出版社，2011.

曹志耘 . 严州方言研究［M］. 日本东京：日本好文出版社，1996.

曹志耘 . 金华方言词典［M］. 南京：江苏教育出版社，1996.

陈忠敏 . 重论文白异读与读音层次［J］. 语言研究，2003（3）.
陈忠敏 . 上海市区话舒声阳调类合并的原因［J］. 方言，2007（4）.
陈忠敏 . 论 160 年前上海话声母［dz］/［z］变异 — 兼论北部吴语从邪澄崇船禅等母读音变异现象”［J］. 方言，2015（4）.
高本汉 . 中国音韵学研究（中译本）［M］. 长沙：商务印书馆，1940.
吕叔湘 . 丹阳方言语音编［M］. 北京：语文出版社，1993.
钱乃荣 . 论北部吴语从邪澄崇船禅元音变中的词汇扩散［J］. 方言，2016（3）.
苏州传教协会（The Soochow Missionary Association）. 苏州方言字音表（A Syllabary of the Soochow Dialect）［M］. 1891.
王福堂 . 绍兴方言研究［M］. 北京：语文出版社，2015.
王洪钟 . 海门方言研究［M］. 北京：中华书局，2011.
徐　越 . 浙北杭嘉湖方言语音研究［M］. 北京：中国社会科学出版社，2007.
叶蜚声 . 徐通锵著，王洪君、李娟修订　语言学纲要［M］. 北京：北京大学出版社，2013.
赵元任 . 现代吴语的研究［M］. 清华学校研究院丛书第四种 . 北京，1928.
郑张尚芳 . 吴语中官话层次分析的方言史价值［M］// 丁邦新 . 历史层次与方言研究 . 上海：上海教育出版社，2007.
周长楫 . 厦门话文白异读的类型（上）（下）［J］. 中国语文，1983（5）（6）.
周祖谟 . 万象名义中之原本玉篇音系［M］// 问学集（上）. 北京：中华书局，1966.

Bloomfield，Leonard.（1933）Language. New York：Holt. Rinehart and Winston.
Chan，Mariorie K. M.（1983）Lexical diffusion and two Chinese case studies re-analyzed. Acta Orientalia 44：117-152.
Chen，Matthew Y. & Wang，William S-Y.（1975）Sound change：Actuation and implementation. Language 51：255-281.
Cheng，Chin-Chuan & Wang，William S-Y.（1972）Tone change in Chaozhou Chinese：A study of lexical diffusion. In Kachru，Braj B. et al.（eds.）Papers in Linguistics in Honor of Henry and Renee Kahane. Urbana，IL：University of Illinois，pp.99-113.
Davis，D. H. & Silsby，J. A.（1900）Shanghai Vernacular Chinese-English dictionary. Shanghai，The American Presbyterian Mission Press.
Davis，D. H. & Silsby，J. A.（1910）Chinese-English Pocket Dictionary with Mandarin and Shanghai Pronunciation and References to the Dictionaries of Williams and Giles，Shanghai ，The American Presbyterian Mission Press.
Edkins，Joseph.（1853）A Grammar of Colloquial Chinese，as Exhibited in the Shanghai Dialect. Shanghai Presbyterian Mission Press，Second edition，1868.
Egerod，Søren.（1976）Tonal splits in Min. *Journal of Chinese Linguistics 4*：108-111.
Labov，William.（1981）Resolving the Neogrammarian controversy. Language 57：267-308.
Principle of linguistic change：Internal Factor. Oxford：Blackwell，1994.
Osthoff and Brugmann 1878 Preface to Morphological Investigations in the Sphere of the IndoEuropean Languages，Vol. I. English translation in Lehmann，W. P. 1967. A Reader in 19th Century Historical

Indo-European Linguistics. Indiana: Indiana University Press.

Pulleyblank, E. G. (1978) Abruptness and gradualness in phonological change. In Jazayery, Amhammad Ali et al. (eds.), Linguistic and Literary Studies in Honor of Archibald A. Hill. The Hague: Mouton, pp. 181-191.

Ting, Pang-hsin (1978) A note tone change in the Chao-chou dialect. Bulletin of the Institute of History and Philology, Academia Sinica 50: 257-271.

Wang, William S-Y. (1969) Competing sound change as a cause of residue. Language 45: 9-25.

Wang, William S-Y.& Cheng, Chin-Chuan (1970) Implementation of phonological change: the Shuang-feng case. Papers from the 6th Regional Meeting, Chicago Linguistic Society: 552-559.

Wang, William S.-Y. and Lien, Chinfa (1993) Bidirectional Diffusion in Sound Change. In Charles Jones (ed.) . Historical Linguistics: Problems and Perspectives. pp.345-400. London and New York: Longman Croup UK Ltd.

（陈忠敏　复旦大学中文系　200433）

江苏二甲方言入声初探

大西博子

一 前 言

1.1 二甲简介

二甲镇隶属于江苏省南通市通州区，位于通州区东南部。南部和东部分别与海门市三星镇和四甲镇接壤，北部和西部分别与通州区余西镇和袁灶镇相邻。清初为黄海边沙涨地，后移民垦殖，渐成聚落，初名南安镇，后因开设南北走向的二甲界河，故得名二甲镇（摘自《南通县志》，82 页）。据 2015 年的统计，面积 66.01 平方千米，人口 7.12 万人。①

1.2 二甲方言的归属

通州旧为南通县，今为南通市辖下的一个区。通州方言大致分为三种地方话：东部地区是通东话，中部是金沙话，西部及城区是南通话（卢今元，2003：335）。二甲话属于通东话（徐铁生，2003：343），但二甲的部分村组又属于启海话（陶国良，2003：350）。通东话和启海话同属吴语，但二者差异较大，彼此较难沟通（王洪钟，2011：11）。通东话属于以常州话为代表的吴语太湖片毗陵小片，而启海话划归以崇明话、上海话为代表的上海小片（参看《中国语言地图集（第二版）》B1—14 吴语）。

二甲话具有吴语太湖片毗陵小片的基本特点，但也有一些特殊的语音现象（大西博子、季钧菲，2016）。总体来说，二甲话与北部、东部邻接的余西话、四甲话之间区别不大，而与西部邻接的袁灶话、金沙话却有一定的差异，与南部接壤的三星话是大相径庭的。

本文以属于通东话的二甲话为调查对象，发音合作人是土生土长的本地人。② 文中的声韵调系统以老派发音为主。

二 声调格局

2.1 单字调

二甲话有七个声调。

---

① 参照《南通市通州区行政区划》表中的数据，http://baike.baidu.com/view/2412624.htm。查阅日期：2017-3-29。

② 笔者于 2016 年 8 月和 2017 年 3 月进行了实地调查。主要发音人是季萍女士，1966 年生。另有 15 位发音合作人（括号数字为调查时年龄）：曹鸿义先生（77）、华淑敏女士（73）、钱玉珍女士（73）、曹洪义先生（70）、丁月明先生（60）、袁学军先生（55）、史玉华女士（54）、袁永进先生（52）、季萍女士（50）、季钧菲先生（26）、季婷婷小姐（20）以上均为二甲人；王林生先生（78）、秦有芳女士（72）通州袁灶人；任侠家先生（77）通州余西人；翟桂春女士（72）海门四甲人；蔡洪香先生（54）海门三星人。谨在此向各位发音人表示感谢！特别是神户市外国语大学博士生季钧菲同学，始终热情地参与调查工作，并提供了大力帮助，也对此表示衷心的谢意！

阴平 44	诗梯高三	阳平 13	时题龙门
上声 51	使体好买		
阴去 34	试替唱菜	阳去 21	是事弟第卖
阴入 34	吃滴八刮	阳入 4	石笛六麦

说明：

① 阳平实际调值近于 113。

② 阴去实际调值近于 334。

③ 阴入喉塞较弱，实际调值近于 34。[1]

④ 阳入喉塞较强，实际调值微升。

2.2　与周边方言的比较

平上去入各分阴阳，但没有阳上，次浊上声归阴上，全浊上声归阳去。这是通州方言共同的声调格局（见表 1）。[2] 在调值上，二甲话和其东部邻接的四甲话最为接近，跟其西部邻接的金沙话却有一定的差异。

表 1　通州方言的声调格局

方言点	平		上			去		入		声调数
	清	浊	清	次浊	全浊	清	浊	清	浊	
四甲	55	24	51	41		34	21	33	55	8
吕四	44	13	51		131	35	213	4	2	8
二甲	44	13	51		= 浊去	34	21	34	4	7
金沙	34	224	55		= 浊去	52	21	43	34	7
南通	21	35	55		= 浊去	42	213	42	5	7

三　入声的特点

3.1　入声韵母

二甲话共有 9 个入声韵母。

aʔ	答 甲 瞎 袜	iaʔ	甲 略 脚 学	uaʔ	滑 刮 挖 划		
əʔ	白 舌 特 麦	ieʔ	铁 雪 极 率	uəʔ	棚[3]		
oʔ	木 骨 捉 学			uoʔ	活 扩 屋 或	yoʔ	桌 月 出 肉

说明：

①［oʔ］韵母中，［o］的实际音值介于［ɔ］与［o］之间。

②［aʔ，iaʔ，uaʔ］韵母中，［a］的实际音值要略靠后。

---

① 为了突出仍有入声，在用数字标记阴入调值时，本文仍在数字下加上横线。

② 关于周边方言的语料，参照了别人已发表的论著。引用资料如下：四甲、南通（鲍明炜、王钧，2002）；吕四（卢今元，1986）；金沙（汪平，2010）。

③ ~子：果核儿。

3.2 单字调中的情况

3.2.1 调值

周边吴语以阴入调值高于阳入为主，金沙、海门和苏州等方言都如此（见表 2）。① 但二甲话正好与此相反，阳入高于阴入。其实，与二甲同样的现象也见于二甲相邻的余西和四甲，还见于南通等江淮官话地区里（参看《江苏省志》，1998 年）。可见这是与江淮官话共同的特点之一。

表 2 二甲及周边方言的入声调值

调类	二甲	四甲	金沙	海门	苏州	南通
阴入	34	33	43	4	43	42
阳入	4	55	34	2	23	5

3.2.2 喉塞尾

入声韵母带喉塞尾［-ʔ］是吴语和江淮官话共有的特点。但是，金沙话入声韵母的喉塞音很弱，阳入比阴入更弱，几乎听不出来（汪平，2010：205）。二甲话入声韵母的喉塞音也有类似的情况，但阴入比阳入更弱，这点正好与金沙话完全相反，值得关注。图 1 和图 2 分别显示了二甲话阴入字“八”和阳入字“拔”的声波图（73 岁女声），喉塞引起的峰状突起（箭头处）相较起来，图 1 不明显，而图 2 却非常明显，说明阳入字还保留着较为明显的喉塞韵尾。②

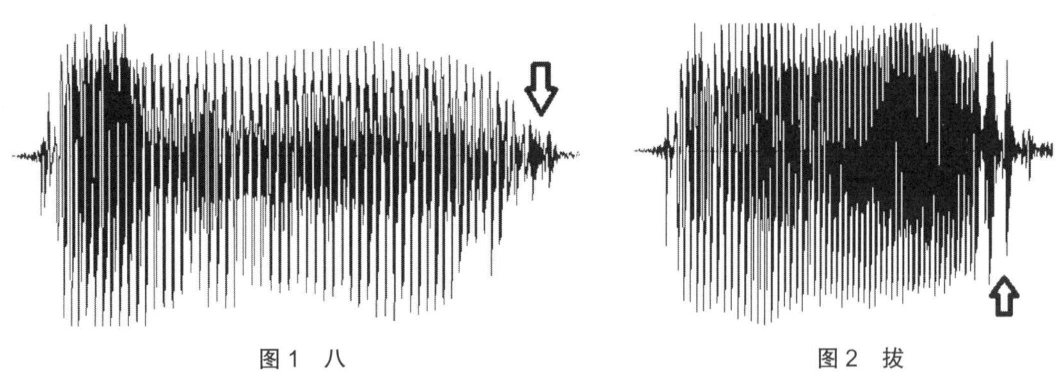

图 1 八　　图 2 拔

3.2.3 时长

阴入字在单独发音的情况下，喉塞不甚明显，也念得比较缓慢。从单字调时长均值的对比来看（见表 3），阳入在七个调类中时长最短，但至于阴入，男女均值在 300 毫秒左

① 海门（王洪钟，2011）；苏州（汪平，2011）。

② 本文用 praat 软件对录音样本进行声学分析，采用 Xu，Yi（2005—2012）的 ProsodyPro.praatscript 进行测量。录音机 Marantz—PMD561，录音话筒 AKG—C520。图表中女声都是华淑敏女士（73 岁），录音时间 2017 年 3 月 4 日，表 3 中男声是曹鸿义先生（77 岁），录音时间 2017 年 3 月 5 日。每个调类中选了两个例字（包・刀、跑・桃、宝・岛、抱・稻、报・到、八・百、拔・白），对每字 4 遍的发声数据进行测量。关于声学分析的步骤及方法，承蒙神户大学高桥康德先生的热情指导，在此表示由衷的感谢！

右，甚至男声的阴入字已超过上声的时长，大多数音节并不短促。众所周知，吴语的入声字有两项音韵特点：一是带喉塞尾；二是音长短促。从这点来看，二甲话的阴入字已不是典型吴语的入声字了。无论喉塞尾是否保留，单字调阴入音节听起来都像舒声。

表 3　男女声单字调时长对比　　单位：ms

调类	阴平	阳平	上声	阴去	阳去	阴入	阳入
男声	339	392	271	374	311	277	215
女声	309	397	300	384	342	293	209

3.2.4　音高

图 3 是女声阴去、阴入和阳入在单字调中的音高对比，在听感上阴去和阴入都被认为是中升调 34，但图中曲线表明两者的实际调型是凹形，可作 323。因为现在只有一位女声的分析数据，所以还不能确定二甲话单字调的实际调值，在此只讨论阴入字和阴去字及阳入字在音高上的区别。

图 3 显示了阴入和阴去在音高上区别不大，两者都是一条明显的缓升曲线，只是上升的时间不同，阴入比阴去短一些。至于阳入，起点较低，而且是急升曲线，终点较高，显然与阴入有较大的区别。可见二甲话的阴入虽然是入声调，但从其声学特征来看，已不是典型吴语的入声调了，正处于向阴去靠拢，走入舒化的过程中。

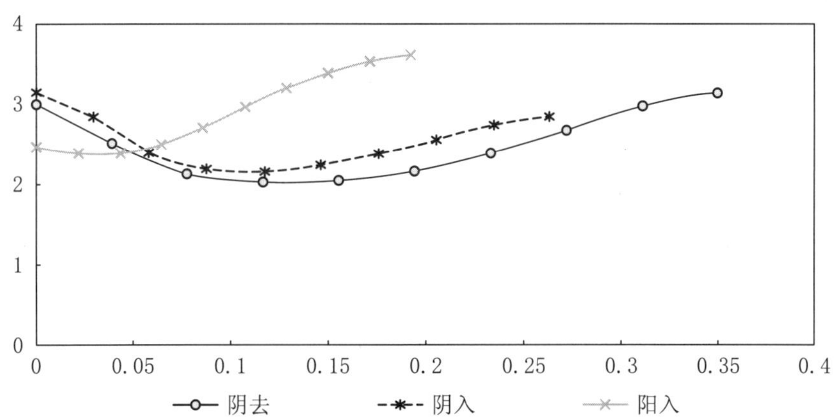

图 3　女声阴去、阴入、阳入在单字调中的音高曲线（T 值）（单位：s）

3.3　双字调中的情况

3.3.1　阴入字

阴入字在单字调中舒化程度较高，但词组中的情况较为复杂，处在前字位置与后字位置时，喉塞音的保留情况下存有差异。总体来说，当阴入字处于前字位置时，喉塞音保留的较多，如“八”字在单独念时，已没有明显的喉塞音（见图 1），读［pa^{34}］。但在词组中前字位置出现时，却有明显的喉塞成分，音长也短促，而且音高稍微下降，实际调值可以记作 <u>32</u>，而现作 3，如“八仙”［$paʔ^{3}ɕĩ^{44}$］。为了对照方便，下面列举前字和后字相同的字组来进行比较。表中 12345678 分别代表阴平、阳平、阴上、阳上、阴去、阳去、阴入、阳入调类，如 71 表示阴入和阴平的调类组合。有的调类组合里出现两种调式，前者为男声调式，后者为女声调式。① 试比较：

例字	调类组合	字组	连调调式	实际音值 ②
北	17	江北	44 + 34	tɕiã po
	71	北京	3 + 44 / 3 + 45	poʔ tɕin
骨	27	头骨	24 + 34	dei ko
	72	骨头	3 + 34	koʔ dei
色	37	彩色	55 + 3	tsʰɛ səʔ
	73	色彩	3 + 55 / 3 + 51	səʔ tsʰɛ
发	47	理发	53 + 34 / 55 + 33	li fa
	74	发冷	3 + 53 / 3 + 51	faʔ lən
客	57	顾客	34 + 34	ku kʰə
	75	客气	3 + 34	kʰəʔ tɕʰi
国	67	外国	22 + 34 / 32 + 21	uɛ ko
	76	国外	3 + 21	koʔ uɛ
一	67	万一	22 + 34 / 33 + 34	fvæ̃ ie
	76	一万	3 + 21	ieʔ fvæ̃
出	77	发出	3 + 34	faʔ tɕʰyo
	77	出发	3 + 34	tɕʰyoʔ fa
笔	87	墨笔	4 + 34	məʔ pie
	78	笔墨	3 + 4	pieʔ məʔ

仅仅就上表中已列出的语料进行分析，虽然是同一个阴入字，不同的位置上有不同的表现：前字位置上的阴入念短促调 3，后字位置上的阴入以读中升调 34 为主。听感上来说，前字位置的阴入字接近于典型吴语（如上海话）的入声调，而后字位置的阴入字都像舒声字。其实也有个别字，不管在前字位置或后字位置，都仍然表现出短促调。如“色”字，不管在“彩色”或“色彩”里，都读为短促调 3。可见阴入字处于词尾位置时，舒化程度虽高，但喉塞音还没完全失落，正在弱化的过程当中。

我们进一步观察可以发现，在两字组组合中，如此处于舒化状态的字，当在其后面再添加一字时，又会呈现出未舒化的状态，即音长变短促。例如：

例字	调类组合	字组	连调调式	实际音值
角	17	三角	44 + 34	sæ̃ ko
	177	三角尺	44 + 5 + 34	sæ̃ koʔ ʦʰə
北	27	湖北	24 + 34	hu po
	273	湖北省	22 + 4 + 53 / 22 + 4 + 51	hu poʔ sən

① 表中男声是曹洪义先生（70 岁），女声是华淑敏女士（73 岁），录音时间 2017 年 3 月 4 日。

② 表中音标采用实际音值。二甲话中阳调类字开头的［ɦ］声母几乎听不到喉擦音，浊擦音的［v］声母有明显的清擦音段，可以记作［fv］。

发	47	理发	53 + 34	li fa
	475	理发店	55 + 3 + 34	li faʔ tĩ
客	67	会客	22 + 34 / 33 + 34	uɛ kə
	677	会客室	22 + 4 + 34 / 33 + 4 + 34	uɛ kəʔ sə
国	67	外国	22 + 34 / 32 + 21	uɛ ko
	672	外国人	22 + 4 + 44 / 33 + 4 + 44	uɛ koʔ n̥in
发	77	出发	3 + 34	tɕʰyoʔ fa
	773	出发点	3 + 4 + 53 / 3 + 4 + 51	tɕʰyoʔ faʔ tĩ
作	87	合作	4 + 34	hoʔ ʦo
	872	合作人	4 + 5 + 23	hoʔ ʦoʔ n̥in

3.3.2 阳入字

阳入字不仅在单独发音的情况下保留着喉塞音，在字组中也较稳定地保留着喉塞特征。总体来说，现阶段二甲方言中，阳入字的舒化程度相对较低，无论是单字发音还是在词组中的发音，都能够较稳定地保留喉塞成分，音长也短时。

四 总 结

以上重点叙述了二甲方言入声音节的声调特征，从中可以发现，阴入字的舒化程度要领先于阳入字。其实所谓入声的舒化现象比较常见于吴语及徽语的部分方言里，但是与清入相比，浊入更容易归入舒声调（曹志耘，2002：444），就是说阳入的舒化领先于阴入（徐越、朱晓农，2011：269）。二甲话入声也正处于走入舒化的过程中，但其演化方式是阴入领先阳入，即与周边方言完全相反，这点显得非常特别。

喉塞尾入声的演变过程分为三个阶段：第一阶段喉塞尾逐步弱化，音节时长逐渐变长；第二阶段喉塞尾完全脱落，时长上的舒促对立消失，但还保留入声调类，入声调值不变；第三阶段入声并入其他调类，最终消失（宋益丹，2009：171）。二甲话阴入字的喉塞尾正处于弱化至消失的阶段，即在第一阶段至第二阶段的过程中。

在调值上，二甲话阴入字与金沙话阳入字极其接近。从内部来看，二甲话阴入字的调值与阴去接近。这给我们启示，入声舒化的原因，可能与调值有关。要证实这一点，还需要更多的材料与更深入的研究，本文暂不做讨论。

参考文献

鲍明炜 . 江苏省志・方言志［M］. 南京：南京大学出版社，1998.

鲍明炜，王　钧 . 南通地区方言研究［M］. 南京：江苏教育出版社，2002.

曹志耘 . 吴徽语入声演变的方式［J］. 中国语文，2002（5）.

大西博子，季钧菲 . 江苏二甲方言音系初探［J］. 近畿大学教養・外国語教育センター紀要（外国語編），2016，7（2）.

卢今元 . 吕四方言记略［J］. 方言，1986（1）.

卢今元 . 通东话、金沙话与南通话的比较［C］// 吴语研究 . 上海：上海教育出版社，2003.

宋益丹 . 南京方言中的入声喉塞尾实验研究［J］. 南京师范大学文学院学报，2009（2）.

陶国良．通州方言概况和金沙话［C］// 吴语研究．上海：上海教育出版社，2003.
通州市地方志编纂委员会．南通县志［M］．南京：江苏人民出版社，1996.
王洪钟．海门方言研究［M］．北京：中华书局，2011.
汪　平．江苏通州方言音系探讨［J］．方言，2010（3）.
汪　平．苏州方言研究［M］．北京：中华书局，2011.
徐铁生．通东方言与金沙方言归属刍议—兼论两种方言的形成及其与南通方言的关系［C］// 吴语研究．上海：上海教育出版社，2003.
徐　越，朱晓农．喉塞尾入声是怎么舒化的—孝丰个案研究［J］．中国语文，2011（3）.
中国社会科学院语言研究所．中国语言地图集（第二版）汉语方言卷［M］．北京：商务印书馆，2012.

（大西博子　近畿大学经济学院　honishi@kindai.ac.jp）

从昆曲字腔看明代中州韵四声的调型

邓 隽 邓岩欣

昆曲工尺谱反映的语音是明代的所谓“中州韵”，这是一种戏曲语言，不属于任何一个特定的方言。明末曲论家沈宠绥在《度曲须知》“入声收诀”中说：“北叶《中原》，南遵《洪武》，音韵分清，乃称合谱。”就是说唱曲时北曲字音要合乎《中原音韵》，南曲字音要遵循《洪武正韵》。因此清代王德晖的《顾误录》说：“前人遵字音，惟《中原音韵》一书，迨后填词竞工南曲，而登歌者遂尚南音。入声仍归入唱，尽反《中原》之音，一遵《洪武正韵》。其改之未尽者，尤带《中原》音响；其趋承太过者，又甚至以南音溷投北词，遂至南北混淆。”正因为在唱曲时有“南北混淆”之弊，清代沈乘麐遂以明代《中州全韵》为底本，参以《中原音韵》与《洪武正韵》，编成《韵学骊珠》一书。《韵学骊珠》被认为是昆曲“中州韵”的字音规范，然而这规范只不过是一种超现实的戏曲语言，并非当时某一方言的实录，充其量可算作当时流行于官场的“官话”，而其中人为地塞入了不少中古音的成分。本文不讨论这所谓的“中州韵”的声韵，仅从昆曲谱记载的“字腔”来考察其字调，以期还原“中州韵”四声的调型，并拟测其调值。

昆曲谱曲“依字声行腔”，即根据曲字的调值走向谱出相应的旋律走向，此即所谓“字腔”。字声有平上去入，每一声调的字行腔自有一定的规范。明代昆曲存世曲谱未见有标以工尺的，现存最早的昆曲工尺谱是《南词定律》。昆曲工尺谱是在每个字旁标出工尺，最少的一个工尺，多的可达十几个工尺。不过，昆曲工尺谱字旁的工尺不完全是“字腔”，南宋张炎在《词源·讴曲旨要》中说：“腔平字侧莫参商，先须道字后还腔，字少声多难过去，助以余音始绕梁”，也就是说为了美听，有时需要加一些“过腔”或“润腔”，因此分析“字腔”时必须厘清这些多出来的成分。传世的昆曲工尺谱很多，较早的标以工尺的文献有以下四种：

①《南词定律》，清康熙五十九年（1720）吕士雄等编辑

②《九宫大成南北词宫谱》，清乾隆六年（1741）和硕庄亲王允禄奉旨编纂。

③《吟香堂曲谱》，清乾隆五十四年（1789）古吴冯起凤参定。

④《纳书楹曲谱》，清乾隆五十七年（1792）苏州叶堂编著。

前两种相当于“曲典”，按宫调曲牌记录单个的一支支曲子，后两种相当于“戏谱”，按剧目折子记录完整的一折折戏。工尺谱现今能视唱的人不多，当下所出昆曲曲谱多为简谱。其中以《振飞曲谱》为唱曲者必备。《振飞曲谱》与工尺谱《粟庐曲谱》属于同一系列，可以说是《粟庐曲谱》的简谱版，比较清代工尺谱对“字腔”有了更为细致的记录，可以看出其中的“腔格”。

清代以来的工尺谱为后人保存了许多古代剧目的曲唱，同时也为研究当时字声的人提供了不可多得的第一手资料。工尺谱与简谱的换算关系其实也很简单（见图1）。

《牡丹亭》是明代汤显祖的代表作，《南词定律》里就选入了《牡丹亭》的曲子作为范例，其中有《惊梦》一出中的【醉扶归】。本文拟以【醉扶归】为例，综合早期最有影响的4种工尺谱，分析其中的字腔，了解其腔格及其衍变，以此作为讨论明代“中州韵”四声调型的依据。

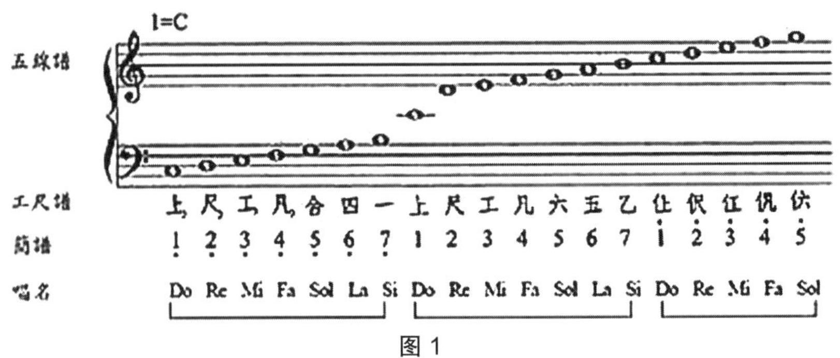

图 1

【醉扶归】是南、北曲仙吕宫过曲。南曲全曲六句，四十二字，六韵。《南词定律》六句十二板。

你道**翠生**生**出落**的**裙衫**儿**茜，艳晶**晶**花簪八宝钿**。可知我常**一生**儿**爱好是天然**？

恰**三春好处无人见**，不提防**沉鱼落雁鸟惊喧**，则怕的**羞花闭月花愁颤**。

这支【醉扶归】曲子包括重出共 60 字（含衬字 18 个），其中：阴平“生[1]生[2]衫晶[1]晶花[1]簪知生天三春提惊喧羞花[2]花[3]”18 字；阳平“裙儿[1]钿常儿[2]然无人防沉鱼愁”12 字；阴上“宝可好[1]好[2]”4 字；阳上“你我鸟”3 字；阴去“翠茜爱处见怕闭颤”8 字；阳去“道艳是雁”4 字；阴入“出八一恰不则的[1]的[2]”8 字；阳入“落[1]落[2]月”3 字。每个字的工尺见文末的“附录”。

《南词定律》对这支【醉扶归】曲子腔型的安排如下：

表 1

	字数	单音	直升	直降	降升	升降
阴平	18	13	0	0	0	5
阳平	12	4	3	1	0	4
阴上	4	1	1	1	0	1
阳上	3	2	0	1	0	0
阴去	8	2	0	6	0	0
阳去	4	1	1	0	0	2
阴入	8	4	1	0	0	2
阳入	3	0	3	0	0	0

从表 1 可以看出，阴平是以单音为主，另有一些升降型；阳平除单音外，直升和升降是主要腔型；阴上除降升型未见外，其他腔型都有；阳上只单音和直降两种腔型；阴去主要是直降型；阳去升降型稍多于单音和直升；阴入单音为主，阳入只直升型一种。

其他 3 种工尺谱与《南词定律》大多相同，使人怀疑这几种谱就是从《南词定律》照抄来的。不过还是有一些细微的变化，如：

阴平字 4 谱大多一致，“生[1]生[2]生[3]晶[1]花[1]花[2]知三春提喧羞”12 字各谱均为 1 工尺；仅“晶[2]”，《吟香堂》多出上行级进 1 工尺；“惊”，《九宫大成》多出下行级进 1 工尺，《吟香堂》和《纳书楹》都多出叠加的后 2 工尺。所用工尺多在中音区，多“尺工”，最高“五”，最低“四”。

	南词定律	九宫大成	吟香堂	纳书楹
晶：	尺	尺	尺工	尺
惊：	六五六	六五六工	六五六五六	六五六五六

阳平“钿常防”各谱均为1工尺；“儿[2]然”各谱均为级进上行2工尺；“裙”各谱均为4工尺，先级进上行3工尺后再级进下行1工尺；“无人”各谱均为5工尺，先级进上行3工尺后再下行2工尺；“儿[1]”3谱为级进上行2工尺，仅《吟香堂》多出级进上行1工尺；“沉鱼”2字《九宫大成》与《南词定律》同（“沉”1工尺，“鱼”级进下行2工尺），《吟香堂》和《纳书楹》则正好相反，“沉”加了1工尺，“鱼”减了1工尺；“愁”3谱5工尺，级进上行3工尺再级进下行2工尺，仅《纳书楹》多加了1工尺，使尾音再次上行。阳平往往安排低音，全曲最低工尺“合”在阳平字中多见，最高仅达到“工”。

	南词定律	九宫大成	吟香堂	纳书楹
儿：	四上	四上	四上工	四上
沉：	四	四	四合	四合
鱼：	四合	四合	四	四
愁：	四上尺上四	四上尺上四	四上尺上四	四上尺上四上

阴上“可”各谱均为1工尺；“好[1]”各谱均为级进上行3工尺；“宝”各谱均为级进上行3工尺后再下行1工尺；“好[2]”他谱均与《南词定律》级进下行2工尺不同，《九宫大成》与《纳书楹》则后加级进上行1工尺；《吟香堂》则后再加级进上行1工尺。阴上字多中音区偏下，最低“四”，最高可达到“五”。

	南词定律	九宫大成	吟香堂	纳书楹
好：	六工	六工六	六工六五	六工六

阳上“你我”各谱均为1工尺；“鸟”字《九宫大成》与《南词定律》同为级进下行2工尺，《吟香堂》和《纳书楹》则在后再加级进上行1工尺。阳上字低音常见，有全曲最低工尺“合”，最高仅达到“工”。

	南词定律	九宫大成	吟香堂	纳书楹
鸟：	工尺	工尺	工尺工	工尺工

这支【醉扶归】曲子上声字少，上声腔型未能很好体现。

阴去“茜爱处怕”4字各谱工尺相同，“怕”为1工尺，“爱”为级进下行2工尺，“茜”为级进下行3工尺，“处”为级进下行5工尺。“见颤”2字《纳书楹》与他谱不同，都各减1工尺；“闭”字《吟香堂》与他谱不同，他谱级进下行2工尺，《吟香堂》只1工尺，且为最高音“仩”。“翠”字《九宫大成》与《南词定律》同为1工尺，《纳书楹》后加级进下行1工尺，《吟香堂》则先平行1工尺再下行。阴去字工尺高揭，整支曲子的最高工尺“仩”即为阴去所有（阳去也有高至“仩”的），最低下行也可达到“四”。

	南词定律	九宫大成	吟香堂	纳书楹
翠：	六	六	六六工	六工
见：	尺上	尺上	尺工	尺
闭：	尺上	尺上	仩	尺上
颤：	尺上四	尺上四	尺上四	尺上

阳去 4 谱全同。“道”字为 1 工尺；“艳”是上行跳进 2 工尺；“是雁”2 字都是先上行 1 工尺在下行 2 至 4 工尺不等，“是”上行是级进，“雁”上行则是跳进。阳去字比阴去字略低，最高到“五”，最低也可达到“四”。

阴入“的[1]的[2]八一恰不则”7 字各谱均同。“一恰不则”4 字为 1 工尺；“的[1]的[2]”2 字为上行级进 2 工尺；“八”字 3 工尺，即在平行 2 工尺中间插入级进上行的 1 工尺。“出”字《吟香堂》与他谱升降 3 工尺不同，仅 1 工尺。最高音为“五”，最低音为“四”。

	南词定律	**九宫大成**	**吟香堂**	**纳书楹**
出：	上尺上	上尺上	上	上尺上

阳入字腔除《吟香堂》，3 谱工尺数大致相同，“落[1]”《南词定律》为级进上行 2 工尺，《九宫大成》和《纳书楹》均为级进下行 2 工尺；“落[2]”《吟香堂》为级进上行 2 工尺，而他谱均为级进上行 3 工尺；“月”字《吟香堂》级进上行 3 工尺后再级进下行 2 工尺，而他谱均为级进上行 2 工尺。最高音有揭起到“五”的，低音可到“合”。

	南词定律	**九宫大成**	**吟香堂**	**纳书楹**
落：	四上	四合	四上尺上	四合
落：	四上尺	四上尺	四上	四上尺
月：	四上	四上	工六五六工	四上

综上可以看出，【醉扶归】曲辞用字四声腔型音高由高至低依次为：阴去、阳去，阴平、阴入、阳入，阴上、阳平、阳上。如果不考虑“腔格”，四声腔型旋律走向一般为：阴平多中音平行；阳平多由低音至中音上行；阴上多由低音至中音上行或中音下行低音后再上行至中音；阳上多中音下行或中音下行至低音后再上行至中音；阴去以次高音上行至高音或高音下行至中音为主，也有次高音先上行至高音再下行至中音的；阳去多次高音上行至高音或次高音先上行至高音再下行至中音；阴入为中音上行至次高音或中音平行；阳入为次低音上行至中音。明代戏曲家沈璟认为：“凡曲，去声当高唱，上声当低唱，平入声又当酌其高低，不可令混。”

昆曲谱曲所安排的工尺有时并非为其字腔的完整腔型，谱面上规定的工尺往往是举其大要，有些“小腔”是不予标注的。在实际唱曲时，除了遵循谱面上的工尺外，还要谙熟

表 2

唱腔名称	工尺谱形式	简谱形式	唱法要点	备　注
嚯腔	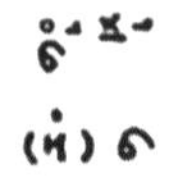 [illegible]	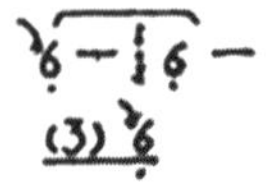 6 — 6 — (3) 6	高嚯空灵，下滑柔和。 高嚯空灵，向上不落。	专用于上声字
嚯腔	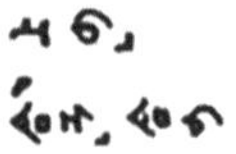 [illegible]	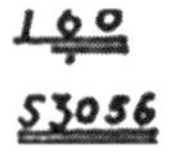 1 0 0 5 3 0 5 6	吞用“落腮”，轻俏找绝。	专用于上声字
豁腔	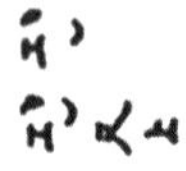 [illegible]	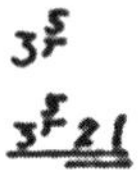 3 5 3 5 2 1	上扔悠远，飘然而收。	专用于去声字
断腔	 [illegible]	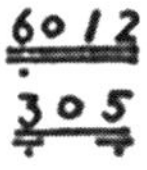 6 0 1 2 3 0 5	出口即断，波俏生动。 停声待拍，不滞为上。	专用于入声字

四声“腔格”，忽视“腔格”是不被允许的。该用的不用不对，不该用的用了也不对。洛地（1995）总结了字腔腔格的规律：“阴平一工尺，阳平二工尺，上声啐嚯去声豁，入声断腔便是格。”

俞振飞（1981）认为“腔格”“不是指旋律结构，而是昆曲特有的润腔方式”。工尺谱转译为简谱后看“腔型”会更加直观，对“腔格”也便于理解。《振飞曲谱》在记录这支【醉扶归】时就标注了“腔格”：

豁腔：

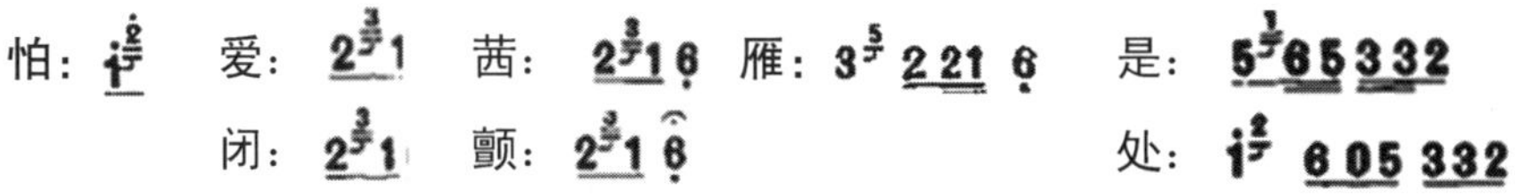

怕：1̇ 2̇　爱：2 3 1　茜：2 3 1 6　雁：3 5 2 21 6　是：5 3 6 5 3 3 2

闭：2 3 1　颤：2 3 1 6　处：1̇ 2̇ 6 0 5 3 3 2

谱中阴去“茜爱处闭颤”和阳去“是雁”第一个工尺后都加有一个级进上行的工尺，使之与后面工尺连起来就形成一个先上行然后再下行的一个腔型。

断腔：

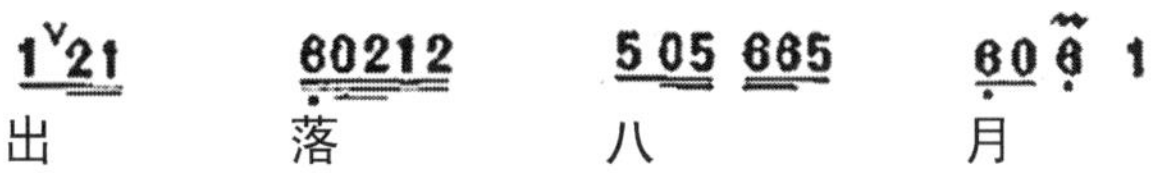

1 V 21　60212　5 05 665　60 6 1

出　落　八　月

谱中入声“出”，出口第一工尺即断，显示一个换气符号，然后再延续后面2工尺；“八落月”3字在第一工尺后出现一个休止符，也是为了截断气流，以形成一个短而促的腔型，然后再接续后面未完的工尺。

嚯腔：

好：53056　鸟：303 2. 323

上声“好²”在出口下行级进2工尺后有一休止符，上声“鸟”在出口平行2工尺之间安排一休止符，使人感觉有一个音被吞掉，以形成一个先下行再上行的腔型。有些腔格虽然曲谱上未标明，但唱曲者应根据字声的不同完成相应的腔格，如上声“可”的第二个工尺就需要采用嚯腔，张口而不出声。同时“可”后紧跟一阴平字“知”，比前一工尺级进上行1工尺，巧妙的是再往后又紧接着一个上声字“我”，其工尺是级进上行2工尺，正好与前字工尺形成级进下行再上行的腔型，这3个字腔连起来形成两个连续的降升调型。还有上声“宝”字，其第一个工尺就需要采用啐腔，即在唱出这个工尺前出音比本工尺略高一些下行至本工尺，使人感觉此音仿佛从上滑下来。再看它与前字“八”的接腔，“宝”的第一工尺比“八”的最后一工尺低了将近八度，所以“宝”即使不用“啐腔”，其首音也是从高处下来的，正好满足上声降升的腔型。嚯腔和啐腔都是形成上声腔型的重要手段。

16 161　5 05 665 6 - 6 - 1 221

可 知我　八　宝

洛地（1995）在讨论四声字腔腔格时说：“曲唱，以文化乐，其旋律构成的特征，也就是曲唱区别于非曲唱的最主要的特征，是依字声行腔——按照字读的四声调值走向化为旋律。”直接用类似声调符号的线段标出了四声的行腔线，使人对字腔与字声之间的对应有了一种直观的理解：

表 3

四声		行腔特征	行腔线	例字	行腔示例（结音于 6）
阴	平声	高平，单长音	—	衣	6 - -
阳		级进上行	／	移	5 6 - ；3 5 6 -
上	声	骤降，后升	＼／	椅	i 6 i；i 6；6 i；6
阴	去声	升，后下行	／＼	意 ∧	i2̇3̇ 2̇i6；i 2̇ 6；2̇ 3̇ i 6
阳				艺 ∧	56i 6 5 i 6
阴	入声	断	▼	一	5 ）| 6
阳				叶	i ）| 6

从上图字声行腔线可以看出，洛地认为“中州韵”字腔中阴平平调，阳平升调，上声降升调，入声促调。阴平、阳平、上声三个腔型接近今北京话同类声调的调型，入声腔型也与现代汉语有入声的方言调型相似，唯有去声升降调与北京话去声全降调不同，且现代汉语方言中升降调调型也不多见。洛地在《振飞曲谱》的基础上，对这支【醉扶归】作了进一步的“字腔”和“过腔”以及“润腔”的分析。分析按韵句分行书写，各字字声按“平”—、“上”V、“去”Λ标于字后，入声字用▼标于音上。“字腔”︵、“过腔”⊓、“润腔”( )标于音上。

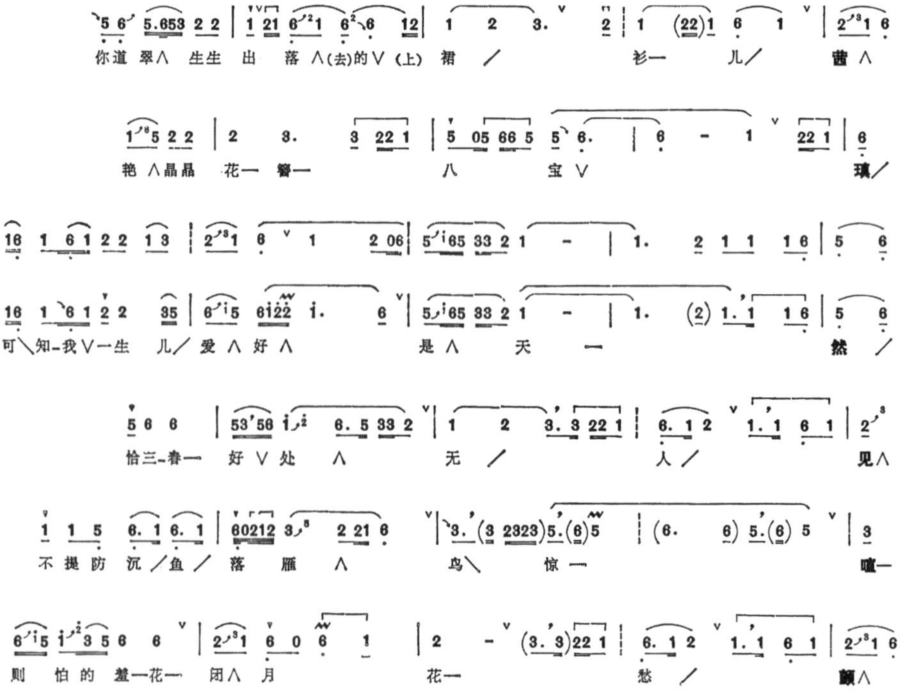

你道 翠∧ 生生 出 落 ∧(去)的∨(上) 裙 ／ 衫一 儿／ 茜∧

艳 ∧晶晶 花一 簪一 八 宝∨ 瑱／

可＼知-我∨一生 儿／爱 ∧ 好 ∧ 是∧ 天 一 然 ／

恰三-春一 好 ∨ 处 ∧ 无 ／ 人／ 见∧

不 提 防 沉 ／鱼／ 落 雁 ∧ 鸟＼ 惊 一 喧一

则 怕 的 羞一花一 闭∧ 月 花一 愁 ／ 颤∧

本文基本认同洛地对“字腔”“过腔”以及“润腔”的分析，只是由于对曲辞的理解有误，他把“爱好”的“好”字理解为去声，并因此修改了《振飞曲谱》的字腔，这是不应该的。洛地把去声字调型定为升降型是很有见地的。考察现代汉语方言，有升降调的方言多集中于江南吴闽赣语以及北方晋语，而这一区域正是宋元南戏和元代杂剧盛行之区域，也正是明清两代昆曲流行之区域。下面是汉语方言有升降调分布的地区：

汉语方言升降调分布

吴语区：

宜兴、溧阳、昆山、无锡、松江、崇明、嘉兴、平湖、湖州、绍兴、诸暨、余姚、桐庐、嵊泗、磐安、永康、丽水、缙云、青田、衢州、龙游、开化、广丰、江山、常山、温州、永嘉、瑞安、文成

赣语区：

德安、都昌、鹰潭、东乡、宜黄、乐安

闽语区：

福州、峡阳、泰宁、将乐、莆田、漳州

晋语区：

孝义、阳曲、潞城、黎城、壶关、平顺

山西是元杂剧盛行区域之一，晋南地区现存的舞台、壁画便是很好的证明。元代戏台在晋南的襄汾、临汾、洪洞、新绛、翼城等地共有八处，山西洪赵县明应王庙内的帐额上端题作“大行散乐忠都秀在此作场”的元代杂剧演出壁画。宋元南戏由温州向北流传到杭州，并扩散到海盐、余姚等地，向南流传到福建的莆田、泉州、漳州，向西流传到江西。这些区域都是具有升降调的地方，对“中州韵”升降调的形成不无影响。不过现代去声读升降调的只有吴语、闽语、晋语等一小部分地区：

阴去：福建峡阳 242；山西阳曲 353，黎城 353，平顺 353；山东牟平 131。

阳去：江苏宜兴 231，溧阳 231；浙江磐安 241，永康 241，丽水 231，衢州 231，龙游 231；

福建福州 242，将乐 231；山西潞城 131/343，壶关 353，平顺 131。

我们虽不必将“中州韵”调型与某一方言对应，但它的存在的确具有方言的影响。明代“中州韵”采用了升降调来作为区别于其他三声的调型，也许是一个不错的选择。去声与上声调型相对，既具有对称性，又存在相似性（曲调）；平声与入声调型相似，既具有同一性，又具有区别性（舒促），作为戏曲语言，其声调的美听也是不可或缺的。

根据以上分析，可以将“中州韵”四声调型和调值拟为：

阴平 44，阳平 34，阴上 415，阳上 215，阴去 452，阳去 253，阴入 ʔ4，阳入 ʔ34

中州韵四声调型和调值

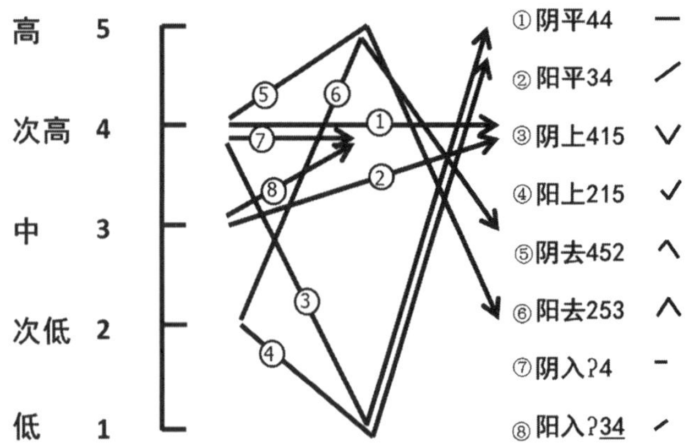

昆曲存在着配曲音高与念白音高不统一的现象，王正来（2001）认为谱曲时，四声配腔相对音高自高至低依次为：

阴去→阳去→阴平→阴入→阳平→阳入→阴上→阳上。

俞振飞（1981）认为念白时，四声音高排列自高至低依次为：

上声→阴平→阳平→入声→去声。

许多人对此感到费解，认为是所依据的方言声调系统不同所致。宋衡之（1984）认为："在唱腔中，每个字都以完成声调后的字音行腔，故上声字以低音开始，去声字以高音开始。在道白中，则上下文紧接，出口便已成字，不容字字有从容收声的余地，故上声字反以高音呼出，而去声字反以低音呼出。"因为没有具体调型调值的支持，宋氏此说很难为业界接受。如果按照本文所拟调值，也许可以解释这种现象。笔者认为，配曲是依照其字调的中段音高，故去声 5 最高，上声 1 最低；念白音高是按照字调的尾段音高，故上声 5 比去声 3、2 高。这里，平声和入声不成问题，无论是配曲还是念白，都处于中音区。上声字和去声字都是曲调，在谱曲时往往会出现只升不降或只降不升的直升、直降的腔型，这是可以理解的，因为曲调所占时值较长，在实际唱念中往往不及完成其字调的全部，而侧重了其中的前段或后段。尤其是与上下字相连时，因连读而产生变调，如现代普通话中的上声变调一样，或只出现前段（上声在非上声字前时），或只出现后段（上声在上声字前时）。只有弄清"中州韵"四声的调型和调值，才能正确地把握昆曲的唱念，才能在谱曲时准确地安排每个字的字腔和腔格。

参考文献

俞为民．昆曲平声字的字声特征与腔格［J］．徐州工程学院学报，2007.

俞为民．昆曲去声字的字声特征与腔格［J］．中国戏曲学院学报，2008.

黄敬斌．南曲去声字腔格刍议［J］．复旦昆曲，2009（3）.

焦　磊．昆曲音韵与明代官话［D］．杭州：浙江大学，2007.

高　航．《九宫大成南北词宫谱》所反映的近代汉语共同语声调研究［D］．天津：南开大学，2007.

王正来．关于昆曲音乐的曲腔关系问题［J］．艺术百家，2004.

王正来．昆曲谱曲教材［M］．江苏省戏剧学校印，2001.

洛　地. 词乐曲唱［M］. 北京：人民音乐出版社，1995.
俞振飞. 振飞曲谱［M］. 上海：上海音乐出版社，1981.
陆萼庭. 昆剧演出史稿［M］. 上海：上海教育出版社，2006.
宋衡之. 昆曲探骊［M］. 油印本，1984.
中国方言调值总表［DB］. 2010 http://wenku.baidu.com/view/768dd39951e79b89680226fe.

（邓　隽　江苏科技大学　215600
邓岩欣　上海新语英华博雅教育　200122）

附录：

	（1720）南词定律	（1746）九宫大成	（1789）吟香堂	（1792）纳书楹	（1870）遏云阁	（1924）集成	（1953）粟庐	（2010）集粹	（1981）振飞曲谱
你：	四	四	四	四	合	四	合	合	5
道：	上	上	上	上	四	上	四	四	6
翠：	六	六	六六工	六工	六六工	六六六工	六五六工	六六工	5. 653
生：	尺	尺	尺	尺	尺	尺	尺	尺	2
生：	尺	尺	尺	尺	尺	尺	尺	尺	2
出：	上尺上	上尺上	上	上尺上	上尺上	上尺上	上尺上	上尺上	1ˇ21
落：	四上	四合	四上尺上	四合	四	四	四	四	6 6
的：	四上	四上	四上	四上	四上	四上	四上尺	四上	6ˇ12
裙：	上尺工尺	上尺工尺	上尺工尺	上尺工尺	上尺工尺	上尺工尺	上尺工尺	上尺工尺	1 2 ˇ3. 2
衫：	上尺上	上尺上	上尺上	上尺上	上尺尺上	上尺上	上尺尺上	上尺尺上	1 ˇ2 21
儿：	四上	四上	四上工	四上	四上	四上	四上	四上	6 1
茜：	尺上四	尺上四	尺上四	尺上四	尺上四	尺上四	尺上四	尺上四	2³1 6
艳：	上六	上六	上六	上六	上六	上六	上六	上六	1 5
晶：	尺	尺	尺	尺	尺	尺	尺	尺	2
晶：	尺	尺	尺工	尺	尺	尺	尺	尺	2
花：	尺	尺	尺	尺	尺	尺	尺	尺	2
簪：	尺工尺上四	尺工尺上四	尺工尺上四	尺工尺上四	尺工尺上四	尺工尺上四	尺工尺尺上四	尺工尺上四	23 221 6
八：	六五六	六五六	六五六	六五六	六五六	六五六	六六五五六	六五六	505 665
宝：	四上尺上	四上尺上	四上尺上	四上尺上	四上尺尺上	四上尺上	四上尺尺上	四上尺上	6 - ⁝ 6 - 1 221
钿：	四　（填）	四	四	四　（填）	四	四	四	四	6
可：	四	四	四	四	四	四	上四	上四	16
知：	上	上	上	上	上	上	上	上	1
我：	合	合	合	合	四上	四上	四	四	61
常：	四	四	四	四			上	上	
一：	上	上	尺	上	尺	尺	尺	尺	2
生：	上	上	尺	上	尺	尺	尺	尺	2
儿：	四上	四上	上工	四上	上工	上工	上工	上工	1 3
爱：	尺上	尺上	尺上	尺上	尺上	尺上	尺上	尺上	2³1
好：	四上尺	四上尺	四上尺	四上尺	四上尺	四上尺	四上尺	四上尺	6ˇ1 2 06
是：	六五六工尺	六五六工尺	六五六工尺	上五六工尺	六仩五六工尺	六五六工尺	六五六工工尺	六五六工尺	5¹65 332
天：	上尺上四	上尺上四	上尺上四	上尺上四	上尺上四	上尺上上上四	上尺上上上四	上尺上四	1 - ⁝1. ˇ2 1 1 1 6
然：	合四	合四	合四	合四	合四	合四	合四	合四	5 6ˇ
恰：	六	六	六	六	六	六	六	六	5
三：	五	五	五	五	五	五	五	五	6
春：	五	五	五	五	五	五	五	五	6
好：	六工	六工六	六工六五	六工六	六工六五	六工六五	六工六五	六工六五	53056
处：	仩五六工尺	仩五六工尺	仩五六工尺	仩五六工尺	仩五六工尺	仩五六工尺	仩五六工工尺	仩五六工尺	1² 605 332
无：	上尺工尺上	上尺工尺上	上尺工尺上	上尺工尺上	上尺工尺上	上尺工尺上	上尺工工尺尺上	上尺工尺上	1 2 303 221
人：	四上尺上四	四上尺上四	四上尺上四	四上尺上四	四上尺上上四上	四上尺上四上	四上尺尺上上四上	四上尺上上四」	6. 1 22 101 61

	（1720）南词定律	（1746）九宫大成	（1789）吟香堂	（1792）纳书楹	（1870）遏云阁	（1924）集成	（1953）粟庐	（2010）集粹	（1981）振飞曲谱
见：	尺上	尺上	尺工	尺	尺	尺	尺	尺	2ᵛ
不：	上	上	上	上	上	上	上	上	1
提：	上	上	上	上	上	上	上	上	1
防：	合	合	合	合	合	合	合	合	5
沉：	四	四	四合	四合	四	四	四	四	6
鱼：	四合	四合	四	四	四	四	四	四	6
落：	四上尺	四上尺	四上	四上尺	四上尺	四上尺	四尺上尺	四上尺	60212
雁：	上六尺上四	工六尺上四	上工尺上四	上六尺上四	工尺上四	工尺上四	工尺尺上四	工尺上四	3 2 21 6
鸟：	工尺	工尺	工尺工	工尺工	工工尺工	工工尺工	工工尺工尺工	工尺工	3 03 2. 323
惊：	六五六	六五六工	六五六五六	六五六五六	六五六五六	六五六五六	六五五六五六	六五六五六	5 06 5 ⁞ 6. ᵛ6 5. 6 5
喧：	工	工	工	工	工	工	工	工	3
则：	五	五	五	五	五	五	五六	五	65
怕：	仕	仕	仕	仕	仕	仕	仕	仕	1
的：	工六	工六	工六	工六	工六	工六	工六	工六	35
羞：	五	五	五	五	五	五	五	五	6
花：	五	五	五	五	五	五	五	五	6
闭：	尺上	尺上	仕	尺上	尺上	尺上	尺上	尺上	2 1
月：	四上	四上	工六五六工	四上	四四四上	四四上	四上	四上	60 6 1
花：	尺工尺上	尺工尺上	尺工尺上	尺工尺上	尺工尺上	尺工尺上	尺工工尺尺上	尺工尺上	2 - ᵛ3 03 221
愁：	四上尺上四	四上尺上四	四上尺上四	四上尺上四上	四上尺上上四上	四上尺上四上	四上尺尺上上四上	四上尺上四上	6. 1 22 1 01 6. 1
颤：	尺上四	尺上四	尺上四	尺上	尺上四	尺上四	尺上四	尺上四	2 1 6

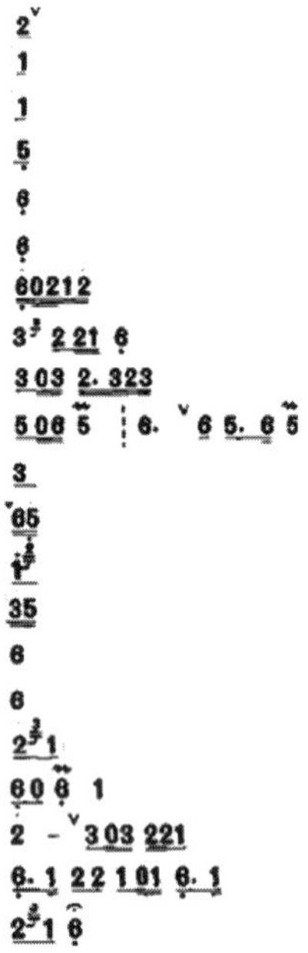

无锡方言知庄章声母的读音类型与演变

胡智丹

在吴语中，古知庄章三组字在绝大部分地区只读 ts 组声母，没有 tʂ 组声母，无锡方言却是一个例外。无锡市区的老派无锡话及周边四分之三的乡镇（街道）都较完整地保留 ts、tʂ 两组声母，甚至知章组字的个别韵摄还保留 tɕ 组声母，这与相邻的常州市、江阴市、宜兴市都不一样。

桑宇红根据中古知庄章字今声母在现代南方方言的读音情况，归纳出四种读音类型：（一）知庄章三分型；（二）二分型（包括知照对立型、知二庄和知三章对立型、开口合口对立型）；（三）擦音游离型；（四）合一型。其中无锡的读音类型属于二分型中的知二庄与知三章部分对立。我们同意这一结论，但具体到古知庄章声母在无锡方言中的实际读音，我们的调查与桑文的描述并不一致。本文将以老派无锡话和无锡各乡镇的发音为例，考察古知庄章声母在无锡地区的读音类型和演变状况。

市区的老派无锡话具有一定的代表性，较完整地保留了无锡地区 ts 组和 tʂ 组声母两分的面貌。下面我们首先以无锡市区为例，考察知庄章声母的读音状况。

一

根据《方言调查字表》中古音系的声韵配合关系，知庄两组可以拼二三等韵，章组只拼三等韵，下面按等、开合口及韵摄条件，列举老派无锡话中 ts、tʂ 组声母的读音情况。

表 1　无锡市区老派知组读音

<table>
<tr><th colspan="3">中古来源</th><th rowspan="2">今读</th></tr>
<tr><th>古声母及等</th><th>开合口</th><th>韵摄及例字</th></tr>
<tr><td rowspan="2">知二</td><td rowspan="2">开</td><td>假　效　咸　江　梗</td><td rowspan="2">ts</td></tr>
<tr><td>茶 zɤɯ　罩 tsʌ　赚 zɛ　撞 zɒ̃　撑 ts‘ã</td></tr>
<tr><td rowspan="12">知三</td><td rowspan="2">开</td><td>蟹　止　效　流　深　臻　宕　曾　梗</td><td rowspan="4">tʂ</td></tr>
<tr><td>滞 ʐʮ　知 tʂʮ　超 tʂʌ　绸 ʐei　沉 ʐən　陈 ʐən　张 tʂã　直 ʐəʔ　郑 ʐən</td></tr>
<tr><td rowspan="2">合</td><td>遇　臻</td></tr>
<tr><td>猪 tʂʮ　椿 tʂən</td></tr>
<tr><td rowspan="2">开</td><td>咸　山</td><td rowspan="4">ts</td></tr>
<tr><td>沾 tsø　展 tsø</td></tr>
<tr><td rowspan="2">合</td><td>蟹　止　山　通</td></tr>
<tr><td>缀 tse　追 tse　传 zø　中 tsoŋ</td></tr>
<tr><td rowspan="2">开</td><td>流</td><td rowspan="2">ts/tɕ</td></tr>
<tr><td>抽 ts‘ei/tɕiɤɯ</td></tr>
</table>

表 2　无锡市区老派庄组读音

中古来源									今读
古声母及等	开合口	韵摄及例字							
庄二	开	假	蟹	效	咸	山	江	梗	ts
		沙 sou	柴 za	抄 ts'ʌ	馋 zɛ	山 sɛ	窗 ts'ɒ̃	省 sã	
	合	假	山						
		傻 sa	闩 sø						
庄三	开	止	流	深	臻	宕	曾		ts
		师 sɿ	瘦 sei	参 sən	衬 ts'ən	装 tsɒ̃	色 səʔ		
	合	遇	止	通					
		初 ts'ɤɯ	帅 sa	崇 zoŋ					

表 3　无锡市区老派章组读音

中古来源												今读
古声母及等	开合口	韵摄及例字										
章	开	蟹	止	效	流	咸（入）	深	臻	宕	曾	梗（舒）	tʂ
		世 ʂʮ	纸 tʂʮ	招 tʂʌ	受 zʐei	摺 tʂəʔ	针 tʂən	真 tʂən	伤 ʂã	蒸 tʂən	成 zʐən	
	合	遇	止	山（入）	臻							
		书 ʂʮ	水 ʂʮ	说 ʂəʔ	春 tʂən							
	开	假	咸（舒）	山（舒）	梗（入）							ts
		车 ts'ou	闪 sø	善 zø	尺 ts'ɑʔ							
	合	蟹	山	通								
		税 se	砖 tsø	众 tsoŋ								
	开	流										tʂ/tɕ
		周 tʂei/tɕiɤɯ										

从以上三表看古知庄章组声母在今无锡方言中的演变，可以得出以下几点结论：

1. 中古知组开口二等韵今读 ts 组；开口三等韵（咸、山、流摄除外）今读 tʂ 组，咸、山摄读 ts 组，流摄大部分字存在 ts、tɕ 两读的情况；合口三等韵的蟹摄、止摄、山摄、通摄读 ts 组，遇摄、臻摄读 tʂ 组。

2. 中古庄组不管是开口还是合口，二等韵还是三等韵，全部今读为［ts］组。

3. 中古章组在今天的无锡话中有 ts、tʂ、tɕ 三类读音，其中大部分韵摄读 tʂ 组，少部分读 ts 组，个别有 tɕ 组读音。一些韵摄以开合口或舒促为分化条件。以开合为条件的如蟹摄，开口读 tʂ 组，合口读 ts 组；舒促为条件的如咸摄、山摄，舒声读 ts 组，入声读 tʂ 组，梗摄则相反，入声读 tʂ 组，舒声读 ts 组。流摄除 tʂ 组外，还有 tɕ 组读音，部分字 tʂ、tɕ 两读。

总体来说，今读 ts 组的，主要来源于中古知组二等韵和庄组二、三等韵，今读 tʂ 组的，主要来源于中古知章组三等韵。但知章三等韵有部分韵摄已全部并入 ts 组，如知三的咸摄、山摄、通摄，章三的假摄、通摄，另有知三的蟹摄、止摄和章三的蟹摄、咸摄、山摄、梗摄中的部分字已读为 ts 组。保留 tɕ 组读音的只有流摄的部分字。

二

历史和社会条件的差异，使各地方言呈现不同的发展路径，然而透过纷繁复杂的语音现象，我们依然可以发现相同或相似的演变轨迹。中古知庄章声母的读音类型及演变历来被关注，分析各地方言知庄章声母的读音状况和类型，有助于推测和还原古知庄章声母在不同历史时期的读音及音类分合。熊正辉曾对官话区方言中分 ts、tʂ 的类型进行归纳，桑宇红也对古知庄章声母在现代南方方言的读音情况进行总结归类。区分 ts、tʂ 的类型中，知二庄与知三章声母两分是具有代表性的读音类型，这一类型北方主要集中在冀鲁官话和胶辽官话区，南方主要分布在客家话和赣语区。

北部吴语绝大部分地区知庄章组声母已经合一，只有无锡、常熟、张家港、苏州（老派）还保留平舌和卷舌音的对立，与知二庄、知三章两分的类型大体一致。在这几个地区中，无锡市区老派方言及无锡周边乡镇的读音颇能清晰地反映知二庄与知三章声母两分的面貌：市区老派知二庄全部读作 ts 组，知三章绝大部分读作 tʂ 组，小部分韵摄读成 ts 组，如通摄、假摄等。虽然无锡老派的知三章已出现扩散式音变，但无锡市东面的羊尖镇、南面的东绛镇等还保留音变之前的读音，这可以从共时层面为我们提供通摄、假摄曾读作 tʂ 组的样本。

表 4 无锡羊尖镇知章三组通摄字的读音

字 目	忠	冲	叔	虫	熟
中古音韵	通合三平 东知	通合三平 锺昌	通合三入 屋书	通合三平 东澄	通合三入 屋禅
羊尖镇	tʂoŋ	tʂʻoŋ	ʂoʔ	ʐoŋ	ʐoʔ

表 5 无锡东绛镇章组假摄字的读音

字 目	蛇	奢	者	蔗	射
中古音韵	假开三平 麻船	假开三平 麻书	假开三上 马章	假开三去 禡章	假开三去 禡船
东绛镇	ʐa	ʂa	tʂa	tʂa	ʐa

羊尖镇位于无锡东部，紧邻常熟，完整地保留平舌和卷舌读音，而且据《无锡县志》记载，羊尖镇 tʂ 组跟韵母的组合能力比较大，[õ]、[oŋ]、[oʔ] 三韵（通摄、宕摄、江摄）中有 ts 和 tʂ 的对立：苍≠窗、纵线≠中线。这在城区等点是没有的。东绛镇位于无锡南部，北面即是无锡城区，西面紧临太湖，较少受到市区以外的其他乡镇方言的影响，我们可以将它作为无锡早期方言的样本。这两个乡镇的调查材料帮助我们还原了无锡地区知二庄与知三章声母读音曾完全对立的演变轨迹。

三

无锡地区知三和章组字声母合流之后的演变，与钱乃荣提出的 tɕ > tʂ > ts 的音变路线一致，老派中部分韵摄的读音已与知二庄合流，新派已完成 tʂ > ts 的演变，知三章流摄尚保留 tɕ 组读音，在部分字的读音中，以 tɕ 为声母的音节与以 tʂ 为声母的音节可以自由变读，这为我们提供了 tɕ > tʂ 演变的佐证。

表 6　无锡老派、东埄镇流摄字的读音

字　目	抽	丑	昼	周	手	臭
中古音韵	流开三平 尤彻	流开三上 有彻	流开三去 宥知	流开三平 尤章	流开三上 有书	流开三去 宥昌
市区老派	tɕʻiɤɯ	tɕʻiɤɯ	tɕiɤɯ	tɕiɤɯ/ tʂei	ɕiɤɯ	tɕʻiɤɯ
东埄镇	tɕʻiɤɯ	tɕʻiɤɯ	tɕiɤɯ	tɕiɤɯ	ɕiɤɯ	tɕʻiɤɯ

表 6 反映的读音现象与钱乃荣所持的“知组三等韵和章组声母在吴语中合流后早些时候的发音应为 tɕ tɕʻ dʑ ɕ ʑ”的观点吻合。张凯也认为，《吴音奇字》一书中部分章（知三）组字的声母与精组细音、见组细音音同，而当时三、四等见组字正在或已经完成腭化，也就是说明末清初时期，这些音同的知三、章组字应该是舌面音。综合考察文献资料与知三章组字在无锡方言中的读音表现，我们认为无锡话知三章组字的演变路线应该为 tɕ > tʂ > ts。

无锡话知三章组字的演变历程较为清晰，推测知二庄组合流后的演变轨迹则稍显复杂。钱乃荣总结吴语知二庄组演变规律时说“在吴语各地，知组声母的二等韵和庄组声母一起，一般都读舌尖前音并入精组。”“值得注意的情况是江开二江觉韵的知、庄组字和宕开三阳韵字的知庄组字在不少方言中声母读音并入章组，一些地方效开二肴韵、山合二删辖韵的庄组字也并章组声母，在童家桥不读舌尖前音而读舌叶音，在常熟不读舌尖前音而读舌尖后音，在金华、温州、寿吕等地不读舌尖前音而读舌面前音。”上面这段文字虽然没有提及无锡方言，但在目前的无锡乡镇，也存在知二庄组的部分字读 tʂ 组的情况，而且分布更广。

表 7　东埄镇知二庄读成 tʂ 组举例

字　目	柴	衰	抓	渗	橙	睁
中古音韵	蟹开二平 佳崇	止合三平 脂生	效开二平 肴庄	深开三去 沁生	梗开二平 耕澄	梗开二平 耕庄
东埄镇	ʐa	ʂa	tʂa	ʂən	ʐən	tʂã

表 8　羊尖镇知二庄读成 tʂ 组举例

字　目	庄	双	床	虫
中古音韵	宕开三平阳庄	江开二平江生	宕开三平阳崇	通合三平东澄
羊尖镇	tʂɒ̃	ʂɒ̃	ʐɒ	ʐoŋ

东埄镇知二庄组只有少数例外字读 tʂ 组，它们零散地分布在各韵摄中，羊尖镇知二庄读 tʂ 组的字更多。这些 tʂ 组读音是知二庄并入精组前的古音遗留，还是部分知二庄组字曾

先与知三章组合流，然后再次分化出来并入精组？它反映了知二庄和知三章怎样的分合关系？一般认为，在中古音系中，知庄章三组声母分立，到了《中原音韵》，有学者认为知庄章三组声母合并为一组，拟为舌叶音或卷舌音；也有学者认为《中原音韵》的知庄章声母分为两组，知三章为舌叶音，知二庄为卷舌音。两派学者其实在最重要的一点上是一致的，即《中原音韵》的知庄章声母的字从字音上看是分为对立的两组的：知二全部、庄全部加上止摄章为一类，知三、章（除止摄）加上通摄舒声庄（“崇”一字）为另一类。

如果我们以《中原音韵》为出发点，观察现代方言的语音材料，可以发现现代汉语中广泛地分布着知二庄与知三章以声母对立存在的类型（昌徐型），这些地区中古知庄章三组到近代是按二、三等重新组合。首先知二与庄合并，知三与章合并，知二塞擦化走向同部位的庄组 ʈ > tʂ，知三同样塞擦化并入同部位的章组 ȶ > tɕ，由此形成知二庄和知三章对立的格局，然后知二章与精组合流，知三章舌尖后化为 tʂ 后也并入精组。当然，也有一些方言是朝着另外一个方向发展：知二庄并没有与精组合并，而是与知三章合流为 tʂ 组（济南型）。

无锡方言中知二庄组有些字读 tʂ 组，我们认为极有可能是古音的留存，而非知二庄并入章组。它的演变轨迹应该是：知二庄演变为 tʂ 组读音后，绝大部分与精组合流，但还有小部分没来得及演变为 ts 组，依然保持原来的卷舌读音。之所以作这样的推测，原因在于：无锡周边乡镇可以看作无锡话的早期阶段，无锡市区老派则是之后的发展阶段，既然市区老派读音按古音条件整齐地分为 ts、tʂ 两类，与昌徐型基本一致，那么它的早期阶段不太可能属于另一种演变类型。而且，如果知二庄并入章组后再分化，我们也无法找到产生规则音变的条件，有些韵摄知二庄与知三庄读音已经相同，例如：梢 = 烧、橙 = 呈。

吴语中古知庄章的演变进程虽然快慢不一，但演变方向有很大的一致性。无锡话知二庄组字的演变轨迹，可以为解释吴方言中一些韵摄知庄组字声母读音并入章组，一些地区不读舌尖前音而读舌叶音、舌尖后音或舌面前音的现象提供例证。

参考文献

桑宇红 . 知庄章声母在现代南方方言的读音类型［J］. 河北师范大学学报，2008（3）.

熊正辉 . 官话区方言分 ts、tʂ 的类型［J］. 方言，1990（1）.

陈祺生 . 无锡县志 · 方言［M］. 上海：上海社会科学院出版社，1994.

钱乃荣 . 当代吴语研究［M］. 上海：上海教育出版社，1992.

张　凯 .《吴音奇字》中知、庄、章、精组声母问题刍议［J］语言研究，2015（2）.

王洪君 .《中原音韵》知庄章声母的分合及其在山西方言中的演变［J］. 语文研究，2007（1）.

（胡智丹　江南大学　邮政编码　214122）

建德九姓渔民方言音系 *

黄晓东

壹 概 说

九姓渔民是我国旧时的一类贱民。他们是以舟为家、以捕鱼为业的水上居民，主要分布在钱塘江干支流上。一般认为“九姓”是指陈、钱、林、袁、孙、叶、许、李、何九个姓。关于九姓渔民的来源问题，至今仍是一个悬案。比较流行的说法是，元末陈友谅的部属被朱元璋贬入渔籍，不准陆居，并改从贱业，故而形成这一特殊的群体。此外还有亡宋遗黎避世说、古越族或疍民后裔说等。（曹志耘 1997）

建德梅城船上人主要有两类：一类从事航运，原建德航运公司（1970 年由梅城航运社、大洋航运社、新安江航运社、新兰富交通社四个单位合并组成，现已倒闭）的职工 272 户，大概五六百人（刘倩，2008：6）；另一类从事渔业，今集中居住于梅城东关馒头山的渔业村，共约 30 来户。此外，还有少量船上人从事放排业。

据发音人钱樟友介绍，钱姓祠堂旧时位于梅城东关小里埠（今三都大桥附近，已被江水淹没）。钱姓未存家谱，据老辈人说，很多九姓渔民是从“上面（指安徽）下来的”。

本文记录正宗的梅城船上话（有的船上人则迁自外地，带外地口音），主要发音合作人是：钱樟友，男，1941 年生于梅城（船上）。世代居于梅城附近江上。自幼随父母在梅城—杭州之间从事航运。20 世纪 60 年代加入建德航运公司，1995 年退休。未上过学，自学识字。说地道的梅城船上话，还会说流利的梅城本地话。记音时间为 2009 年 10 月、2011 年 10 月和 2012 年 4 月。

贰 声韵调

2.1 声母 23 个，包括零声母在内

p 布百爬	pʰ 派病	m 门蚊	f 飞房	
t 东淡毒	tʰ 天洞	n 耐内		l 脑南兰连路
ts 早酒茶纸	tsʰ 草拆抄车汽~		s 丝师坐	
tʃ 浇桥招	tʃʰ 超轿1		ʃ 烧	
tɕ 九主举争蒸	tɕʰ 轻清春	ȵ 泥年软月	ɕ 戏书虚山星墙	
k 高锯鬼厚	kʰ 开苦	ŋ 熬硬安	x 海虎灰	

* 此研究获国家社会科学基金重点项目“城镇化背景下农村方言的社会分层研究——以浙江的 10 个村庄为例”（13AYY003）、浙江省哲学社会科学规划课题“浙江省境内吴语代词的语法化研究”（14NDJC03YB）及杭州市哲学社会科学规划课题“浙江下三府区域方言语法比较研究”（2016RCZX33）的资助，谨致谢忱！

Ø 儿烟魂雨船

说明：

①［l］声母有时自由变读作［n］。

②［tʃ tʃʰ ʃ］声母只与［iɔ］韵相拼。

③［tɕ tɕʰ ɕ］声母有时带舌叶色彩，与撮口呼及［iɑ̃］韵相拼时尤其明显。

2.2　韵母 48 个，包括自成音节的［m］［n］在内

ɿ 资师锄	i 低衣味割脱 1 热叶 1	u 补府裤	y 女男~主水
	ia 借写 1 娘 1		
ɑ 排买街	iɑ 柴夜择尺	uɑ 家架花怪快辣落 1	yɑ 抓~牌帅
o 鹅火库糠黄学 1 角壳			yo 双桩壮桌戳
ɤ 婆磨名半忙网钵剥 1			
	ie 尖店年盐	ue 桂鬼	ye 靴嘴宣 1 砖刷月
ᴇ 来堆男安团 1 短		uᴇ 灰块位威	
ɔ 宝饱敲	iɔ 表桥脚药		
əɯ 头狗后酒	iəɯ 手牛油		
ɤə 爬马八法			
	iã 枪讲亮箱写 2 娘 2	uã 团 2	
ɑ̃ 糖床	iɑ̃ 香乡养	uɑ̃ 光广王	yɑ̃ 状爽
æ̃ 三蓝咸眼耕	iæ̃ 山 1 争生	uæ̃ 官关梗横	
ɛ̃ 感叛山 2	iɛ̃ 演	uɛ̃ 完	yɛ̃ 宣 2
en 根村灯冰升	in 心新星深身	uen 滚婚温	yen 军春云
oŋ 东风公	ioŋ 肿虫凶用		
əʔ 北黑百色木绿剥 2	iəʔ 贴十雪一力叶 2	uəʔ 塔杀刮骨托国谷	yəʔ 出竹浴
m 母舅~	n 五鱼儿 1 耳 1 二	əl 儿 2 耳 2	

说明：

①［u］韵与［t］组、［ts］组声母相拼时读作［ᵊu］，与［p］组、［k］组声母相拼时，双唇有时略颤。

②［y］韵带［ʮ］的色彩。

③［ia］韵实际音值为［iᴀ］。

④［o yo］二韵中的［o］有时舌位较高，近［ʊ］。

⑤［ɤ ɤə］二韵与［p］组声母相拼时，前头带圆唇色彩。

⑥［ie ue］二韵中的［e］舌位较高，近［ɪ］。［ye］韵中的［e］，实际近［ie］。

⑦［æ̃ iæ̃ uæ̃］三韵中的鼻化比较微弱。

⑧［en uen yen］三韵中的［e］舌位较高，实际为［ɪ］。

⑨［en in uen yen］四韵中的［n］并不典型，舌尖始终未抵上齿背，而基本都在口腔下方。

⑩［əʔ iəʔ uəʔ yəʔ］四韵中的［ə］舌位较低，实际音值为［ɐ］。

2.3　单字调 7 个

阴平［434］　东该风通开天
阳平［33］　皮田铜红南门
上声［13］　死早水苦火粉，动罪近买冷五，罚袜辣落$_{1}$月药
去声［44］　四变做盖送放，病地洞命乱硬
阴入甲［55］　割脱$_{1}$刷血剥$_{1}$
阴入乙［5］　急七刻笔哭竹
阳入［12］　毒十贼石木六

说明：

① 阴平［434］末尾升得不明显，近［433］。

② 阳平［33］略低，有时末尾略升，近［223］。

③ 上声［13］前头略降，近［213］。

④ 阴入甲［55］较短促，是个半短调，带不太明显的［ʔ］尾。①

⑤ 阳入［12］是个半短调，［ʔ］尾不太明显；开头略降，近［212］。

叁　音韵特点

3.1　声母的特点

① 古全浊声母字今读清音声母，逢塞音塞擦音平、上、入声不送气，去声送气。例如：排 pɑ^{33} | 亭 ten^{33} | 舅 tɕiəɯ^{13} | 近 tɕin^{13} | 地 tʰi^{44} | 洞 tʰoŋ^{44} | 服 fəʔ^{12} | 毒 təʔ^{12}。

② 少数敷奉微母字分别读作［p pʰ m］声母。例如：覆趴 pʰəʔ^{5} | 肥 $_{1}$pi^{33} | 尾 $_{1}$mi^{13} | 未副词，没有 mi^{44} | 伏孵 pʰu^{44} | 袜 mɤə^{13} | 晚～娘：继母 mæ̃^{13} | 蚊 men^{33} | 网 $_{1}$mɤ^{13} | 忘 mɤ^{44}。

③ 泥母洪音字基本读［l］声母，与来母字相混，但个别泥母字仍读［n］声母。例如：奴＝炉 lu^{33} | 农＝龙 loŋ^{33} | 难形＝蓝 læ̃^{33} | 耐奈 nᴇ^{13} | 内 nᴇ^{44}。

④ 只在［iɔ］韵前分尖团，精组字读［tɕ］组声母，见晓组字读［tʃ］组声母。例如：焦 tɕiɔ^{434} ≠浇 tʃiɔ^{434} | 锹 tɕʰiɔ^{434} ≠跷瘸 tʃʰiɔ^{434} | 笑 ɕiɔ^{44} ≠孝 ʃiɔ^{44}。

其他韵母前均不分尖团。例如：死＝喜 ɕi^{13} | 箭＝见 tɕie^{44} | 需＝虚 ɕy^{434}。

⑤ 从母字大多读作［s ɕ］声母。例如：坐 so^{13} | 齐 $_{1}$ɕi^{33} | 罪 sᴇ^{13} | 造 sɔ^{13} | 皂 sɔ^{44} | 就 ɕiəɯ^{44} | 集 $_{1}$ɕiəʔ^{12} | 贱 ɕie^{44} | 墙 ɕiɑ̃^{33} | 贼 səʔ^{12}。

⑥ 崇母字大多读作［s ɕ］声母（以［s］为主）。例如：锄 sɿ^{33} | 柴豺 $_{1}$ɕiɑ^{33} | 愁 səɯ^{33} | 闸铡 səʔ^{12} | 床 sɑ̃^{33}。

⑦ 知庄章三组声母的读法比较乱，基本可以概括为：知组字二等多读［ts］组声母，少数读［tɕ tʃ］组声母，三等相反；庄组字不论二三等多读［ts］组声母，少数读［tɕ tʃ］组声母；章组字多读［tɕ tʃ］组声母，少数读［ts］组声母。

与金华船上话相比，比较突出的特点有：

宕开三多数字（如“张装床霜章唱”等）读［ts］组声母；

---

① 相比之下，建德船上话的阴入甲［55］比金华船上话更加短促，［ʔ］尾更加明显。

蟹开二（如“柴债”）、咸开二个别字（如“赚”）读［tɕ］组声母。

⑧ 见系开口二等字白读［k］组。例如：街 kɑ^{434}｜教～书 kɔ^{44}｜敲 kʰɔ^{434}｜江 ko^{434}。

⑨ 个别匣母字读［k］声母。例如：厚 kəɯ^{13}｜衔衔。匣 kæ̃^{33}｜挟夹在腋下。匣①kuɑ^{13}。

⑩ 其他：浓娘 ioŋ^{33}｜船船 ue^{33}｜躁脾气。精 tsʰɔ^{44}｜鼠书 tsʰɿ^{44}｜产～母：产妇。书 sæ̃^{44}｜颈头～：脖子。见 tɕin^{13}｜让介。日 iɑ̃^{44}｜绒日 ioŋ^{33}｜浴 1 以 ȵyəʔ^{12}。

3.2 韵母的特点

① 古阳声韵，咸山宕江摄部分字在白读中没有鼻音尾，今读开尾韵。其余韵摄的字读鼻化韵或［n］、［ŋ］尾。例见下条。

② 古入声韵，咸山宕江梗开二摄的部分口语常用字在白读中没有塞音尾，今读开尾韵。其余韵摄的字收［ʔ］尾，不过［ʔ］不太明显。如：

咸	深	山	臻	宕	江	曾	梗开二	梗其他	通
点	金	反	民	房	桩	升	耕	病	用
tie^{13}	tɕin^{434}	fæ̃^{13}	men^{33}	fɤ^{33}	tɕyo^{434}	ɕin^{434}	kæ̃^{434}	pʰen^{44}	ioŋ^{44}
叠	急	发	密	缚	桌	识	客	石	浴
tia^{13}	tɕiəʔ^{5}	fɤə^{55}	miəʔ^{12}	fu^{13}	tɕyo^{55}	səʔ^{5}	kʰəʔ^{5}	ɕiəʔ^{12}	ȵyəʔ^{12}

此外，梗开三个别入声字也读开尾韵。例如：赤尺 1tɕʰiɑ^{55}。

③ 部分果摄字读［u］韵，与遇摄字合流。例如：锣＝炉 lu^{33}｜蓑＝苏 su^{434}｜歌＝姑 ku^{434}。

④ 假开二摄帮组字以及咸合三、山开二、合三摄帮组入声字读［ɤə］韵。例如：爬 pɤə^{33}｜马 mɤə^{13}｜八 pɤə^{55}｜法 fɤə^{55}｜袜 mɤə^{13}。

⑤ 遇合三鱼韵字的读音比较复杂，今韵母及其例字：

［ɿ］韵 猪 tsɿ^{434}｜苎 tsɿ^{44}｜锄 sɿ^{33}｜鼠 tsʰɿ^{44}

［i］韵 驴 li^{33}｜滤 li^{44}｜徐 ɕi^{33}｜锯 1ki^{44}｜去 kʰi^{44}｜渠他 ki^{33}

［u］韵 庐 lu^{33}｜初 tsʰu^{434}｜所 su^{13}

［y］韵 诸 tɕy^{434}｜书 ɕy^{434}｜举 tɕy^{44}｜许 ɕy^{13}

［æ̃］韵 女～儿 læ̃$^{-33}$

［uɑ］韵 女～婿 nuɑ^{13}

［n］韵 鱼 n^{33}

⑥ 蟹摄开口一等能区别咍、泰两韵。例如：来咍 lᴇ^{33} ≠ 赖泰 lɑ^{44}｜菜咍 tsʰᴇ^{44} ≠ 蔡泰 tsʰɑ^{44}。

⑦ 蟹摄合口三四等与止摄合口三等字多读［i］韵或［ue uᴇ］韵，但个别字白读［y］韵。例如：肺 fi^{44}｜岁 ɕi^{44}｜桂 kue^{55}｜卫 uᴇ^{13}｜吹 tɕʰy^{434}｜水 ɕy^{13}｜跪 kue^{13}｜胃 uᴇ^{44}｜位 uᴇ^{44}。

⑧ 效摄一、二等没有区别。

⑨ 咸摄开口一等的覃、谈两韵，端系字有区别，见系字无区别。例如：

覃韵 贪 tʰᴇ^{434}｜潭 tᴇ^{33}｜南男 lᴇ^{33}｜簪 tsᴇ^{434}｜磡 kʰᴇ^{44}｜庵 ŋᴇ^{434}

① 读胡颊切。

谈韵　胆 tæ̃^{13} ｜蓝 læ̃^{33} ｜三~个 sæ̃^{434} ｜甘 kᴇ^{434} ｜敢 kᴇ^{13}

⑩　咸山摄三、四等字韵母的主要元音没有区别。

⑪　山开一寒韵见晓组的读音不同于其他寒韵开口字，而同于咸开一覃谈韵字（谈韵限见系）及山合一桓韵字（部分），读作［ᴇ］韵。例如（覃谈韵例字见上文⑨）：

寒韵见晓组　肝干笋~ kᴇ^{434} ｜秆赶 kᴇ^{13} ｜安 1ŋᴇ^{434} ｜汗焊 xᴇ^{44}

寒韵其他组　单 tæ̃^{434} ｜炭 t^{h}æ̃^{44} ｜烂 læ̃^{44} ｜灒溅 tsæ̃^{44} ｜餐 ts^{h}æ̃^{434} ｜伞 sæ̃^{44}

桓韵　短 tᴇ^{13} ｜钻动 tsᴇ^{434} ｜酸 sᴇ^{434} ｜算 sᴇ^{44}

⑫　宕江摄阳声韵最主要的白读层次为［ɤ o yo］韵母，如：帮 pɤ^{434} ｜缸江 1ko^{434} ｜黄 1o^{33} ｜双 ɕyo^{434} ｜桩 tɕyo^{434}。

⑬　梗开二庚耕韵字白读［æ̃ iæ̃ uæ̃］韵，梗摄开口三、四等字则主要读［in］韵。例如：打 tæ̃^{13} ｜冷 læ̃^{13} ｜生 1ɕiæ̃^{434} ｜硬 ŋæ̃^{44} ｜梗菜~ kuæ̃^{13} ｜争 1tɕiæ̃^{434} ｜耕 kæ̃^{434}。

⑭　其他：筷~儿。夬 k^{h}uæ̃^{44} ｜梯霁 t^{h}ᴇ^{434} ｜细小。霁 ɕia^{44} ｜抓~牌。肴 tɕyɑ^{434} ｜尿脂/啸 ɕi^{434} ｜阄侯/尤 kəɯ^{434} ｜灌溃烂。桓 koŋ^{44} ｜娘 1 阳 ȵia^{33} ｜供供养。锺 tɕioŋ^{434} ｜共~村：同村。锺 tɕ^{h}ioŋ^{44}。

3.3　声调的特点

① 平、入声分阴阳，调值阴高阳低；上、去声不分阴阳。

② 清入、浊入字根据塞音尾的有无各分长短两类。清入字分为阴入甲［55］（长调）和阴入乙［5］（短调）两调；浊入字的长调读［13］，与上声字合流，短调［12］自成一类。

肆　文白异读

建德船上话中文白异读现象十分丰富。下面列出建德方言文白异读的主要规律（下文中“/”前为白读，后为文读）。

① 古全浊声母去声字今逢塞音塞擦音白读送气清声母，文读不送气声母。例如：第 t^{h}i^{44}/ti^{13} ｜埠 p^{h}u^{44}/pu^{-33} ｜轿 tʃ^{h}iɔ^{44} /tʃiɔ^{13}。

② 少数敷奉微母字白读［p m］声母，文读［f　ø］声母。例如：肥 pi^{33}/fi^{33} ｜未 mi^{44}/ue^{13}。

③ 见系开口二等字白读［k］组，文读［tɕ tʃ］组声母。例如：解 kɑ^{13}/tɕie^{13} ｜教 kɔ^{44}/tʃiɔ^{44} ｜监 kɑ^{434}/tɕie^{434} ｜减 kæ̃^{13}/tɕie^{13}。

④ 咸山摄部分舒声字白读［ɤ ie ye ᴇ］等开尾韵或读［æ̃ iæ̃ uæ̃］韵，文读［uã ɛ̃ iɛ̃ uɛ̃ yɛ̃］等韵。例如：

咸舒　贪 t^{h}ᴇ^{434}/t^{h}ɛ̃^{434} ｜篮 læ̃^{33}/lɛ̃^{33} ｜参~观 /ts^{h}ɛ̃^{44} ｜站 /tsɛ̃^{13}

山舒　丹 tæ̃^{434}/tɛ̃^{434} ｜山 ɕiæ̃^{434}/sɛ̃^{434} ｜汉 xᴇ^{44}/xɛ̃^{44} ｜健 tɕie^{13} 壮实 /tɕiɛ̃^{44} ~康｜团 /tuã^{13} ｜元 ye^{33}/ȵyɛ̃^{13} ｜欢 xuæ̃^{434}/xuɛ̃^{434}

⑤ 宕江摄部分舒声字白读［ɤ o］韵，文读［iã ɑ̃ iɑ̃ uɑ̃］韵。例如：方 fɤ^{434}/fɑ̃^{434} ｜放 fɤ^{44}/fɑ̃^{44} ｜黄 o^{33}/uɑ̃^{33} ｜簧 /uɑ̃$^{-55}$ ｜江 ko^{434}/tɕiɑ̃^{434}。

⑥ 梗开二庚耕韵字白读［æ̃ iæ̃ uæ̃］韵，文读［en in］韵。例如：生 ɕiæ̃^{434}/sen^{434} ｜省 ɕiæ̃^{13}/sen^{13} ｜梗 kuæ̃^{13} 菜~ / ｜争 tɕiæ̃^{434}/tsen^{434}。

⑦ 咸山宕江梗开二摄部分入声字白读开尾韵，文读［ʔ］尾韵。例如：

咸入　　蜡 $luɑ^{13}/ləʔ^{12}$

山入　　葛 $ki^{55}/kəʔ^{5}$ | 脱 $t^hi^{55}/t^həʔ^{5}$ | 活 $uɑ^{13}/uəʔ^{12}$ | 缺 $tɕ^hye^{55}/tɕ^hyəʔ^{5}$

宕入　　落 $luɑ^{13}/ləʔ^{12}$

江入　　学 $xo^{13}/xəʔ^{12}$

梗开二入　额 $ŋɑ^{13}/ŋəʔ^{12}$

⑧ 咸山宕江梗开二摄入声字白读依声母清浊分归阴入甲［55］、阳上［13］调，文读阴入［5］、阳入［12］调。例参看本节第⑦条。

伍　连读调

5.1　语音变调

建德船上话两字组的语音变调规律见表 1。表中各栏的上一行是单字调，下一行是连读调。

说明：

① 同一组合有多种调式的，常用的排在前面。

② 前后字都变，以前字变调为主。

③ 古清上、次浊上与古全浊上字作前字有时有分别，表现在：古清上、次浊上字常变读［55］或［33］调，古全浊上字常读［13］或［11］调。

④［43 + 13］的连调模式中，后字来自阴平、阳平的，实际调值为［13］；后字来自上声的，实际调值为［113］（前头略降）。如："工人"和"工厂"均描写为［43 + 13］，但后字实际调值略有不同。

⑤"阴平＋去声"还有下列读法：

［43 + 13］：书记，甘蔗

⑥"上声＋上声"还有下列读法：

［33 + 55］：老虎

［11 + 55］：市长

⑦"去声＋去声"还有下列读法：

［44 + 44］：饭店

⑧ 后字读为［55］调时（包括本调、变调），都比较短促，同阴入甲；但前字变读为［55］调时（仅指变调），则不短促。

5.2　语法变调

这里只介绍述宾式的变调现象。

并不是所有的述宾式结构都具有专门的变调规律。在建德船上话中，以下 4 种组合的述宾式属于语法变调（每一种组合后列出例词）：

阴平＋阴平［43 + 434］：开车，当官

阴平＋阳平［43 + 33］：开门，耕田

陆　小称音

建德船上话表小称的方式主要有两种：儿缀和小称调。

表 1　建德船上话两字组连调表

1 \ 2	阴平 434	阳平 33	上声 13	去声 44	阴入甲 55	阴入乙 5	阳入 12
阴平 434	434 434 43 13 —— 434 434 43	434 33 43 13 —— 434 33 43	434 13 43	434 44 43 —— 434 44 33 55	434 55 43	434 5 43	434 12 43
阳平 33	33 434	33 33	33 13 —— 33 13 33 55	33 44 33 33	33 55	33 5	33 12
上声 13	13 434 55 0 —— 13 434	13 33 55 —— 13 33 55 0	13 13 55 —— 13 13	13 44 13 —— 13 44 55 33	13 55 33 —— 13 55 11	13 5 33 —— 13 5 11	13 12 —— 13 12 55
去声 44	44 434 55 0	44 33 —— 44 33 33 55	44 13 —— 44 13 33 55	44 44 55 33 —— 44 44 33 55	44 55 33	44 5 33	44 12
阴入甲 55	55 434 0	55 33	55 13	55 44 33	55 55 33	55 5 33	55 12
阴入 5	5 434 0	5 33 —— 5 33 0	5 13	5 44 33	5 55 3	5 5 3	5 12
阳入 12	12 434	12 33	12 13	12 44	12 55	12 5	12 12

6.1　儿缀

儿缀的语音手段主要是加自成音节的“儿”[n^{33}]，该音节多变成高平调[55]。例如：

兔儿兔子 tʰu$^{44-33}$n$^{33-55}$ | 筷儿筷子 kʰuæ̃$^{44-33}$n$^{33-55}$ | 鸟儿 tiɔ$^{13-33}$n$^{33-55}$ | 盒儿盒子 xuɑ$^{13-11}$n$^{33-55}$ | 夹儿夹子 kuɑ$^{13-11}$n$^{33-55}$ | 燕儿燕子 ie$^{44-33}$n$^{33-55}$ | 辫儿辫子 pie$^{13-11}$n$^{33-55}$ | 凿儿凿子 suɑ$^{13-11}$n$^{33-55}$。

6.2　小称调

目前发现的小称调为高平调[55]。除了 6.1 的例子以外，还有：

老鼠 lɔ$^{13-33}$tsʰɿ$^{13-55}$ | 老虎 lɔ$^{13-33}$xu$^{13-55}$ | 头颈脖子 tʰəɯ^{33}tɕin$^{13-55}$ | 阿哥哥哥 ɑ$^{434-33}$ko$^{434-55}$ | 阿姊姐姐 ɑ$^{434-33}$tɕi$^{13-55}$ | 姊妹姐妹 tɕi$^{13-55}$mᴇ$^{44-55}$ | 儿子 n^{33}tsɿ$^{13-55}$ | 阿姨姨妈 ɑ$^{434-33}$i$^{33-55}$。

总的来看，建德船上话的小称现象比金华船上话丰富。

柒　同音字汇

本字汇以收录建德船上话的单字音为主。如果没有单字音，酌收主要的连读音。连读音放在相应的单字音节后面，在连读音的前面加双竖线“‖”表示（如果连读调是单字调以外的新调值，该调值放在其他调类后面，“‖”加在连读调的前面）。

字汇根据建德船上话韵母、声母、声调的次序（见上文贰）排列。轻声音节用“[0]”表示。写不出本字的音节用方框“□”表示。释义、举例在字后用小字表示。在例子里，用“~”代替本字，“□”后加注音标。又读、文白异读等一字多音的现象在字的右下角用数码表示，一般用“1”表示最常用或最口语化的读音，“2”次之，依此类推。后附无相应单字音的小称音。

ɿ

ts [434]猪知支枝资姿咨芝 ‖ 置（布~）[33]瓷迟 ‖ 梓（~里：地名）[13]紫纸齿子籽止址治（~虫）[44]苎制製智致至志

ts^h [434]撕痴 [33]慈 ‖ 治（政~）[44]刺次雉痣鼠

s [434]筛施私师狮尸司丝思诗史驶 [33]锄池匙糍词祠鹚时鲥 [13]是痔士柿市势誓持寺事2示始 [44]世视字饲事1试侍使 ‖ [0]□（癞~蛇□ $pɔ^{13}$：癞蛤蟆）

i

p [434]屄 [33]琵枇皮疲脾啤肥（洋~皂）币 [13]被（名词）比毙庇 [44]闭秘（~密）痹□（瘪）[55]鳖

p^h [434]批披 [44]避屁

m [33]迷谜眉 [13]米尾（~巴）[44]未（副词）‖ [55]弥（阿~陀佛）

f [434]非飞妃□（油炸）[33]维唯肥（~料）[44]废肺痱匪榧费味

t [434]低 [33]题1堤提蹄啼 [13]底抵弟第2 [44]帝 [55]掇（用双手提拿）□（一~：一点儿）

t^h [434]梯2 [13]体 [44]屉题2替涕剃第1递地 [55]脱1

l [33]驴犁黎离篱梨厘狸 [13]旅礼履里裏理鲤李利例励丽璃 [44]虑滤吕厉荔痢泪 ‖ [0]哩（啥~：什么）

tɕ [434]鸡饥肌几（茶~）基机稽笄（篦~：篦子）[33]奇骑其棋期旗技齐2脐 [13]姊几（~个）挤暨（诸~：地名）[44]醉寄计继际穄（芦~：高粱）济记纪季嫉 [55] ‖ □（长豆~：豇豆）

$tɕ^h$ [434]蛆雌溪欺妻觑（眯眼）[13]起启企 [44]砌器弃气汽契

ȵ [33]泥尼倪疑阎 [13]仪议艺热 [44]义

ɕ [434]西牺嬉（玩）希稀熙屎 [33]徐齐1 [13]死喜蟢（~~：蜘蛛）系（关~）[44]絮细（粗~）岁四肆系（中文~）戏婿自 [55] ‖ 绪（~塘：地名）

k [33]渠（他）[44]锯1 [55]割葛1

k^h [44]去

ø [434]医衣依 [33]移姨遗宜易（容~）易（交~）[13]已以叶1 [44]椅意1 [55]意2亿忆 ‖ [0]蚁（蚂~）

u

p ［33］菩蒲 ‖ 埠（游～：地名）［13］补部簿 ［44］布

p^h ［434］铺（动词）潽（溢）［13］脯 ［44］铺（名词）普步伏（孵）埠（～头）［55］‖ 浦（～江）

f ［434］夫肤麸 ［33］符扶芙浮 ‖ 敷（～衍）［13］府抚父斧腐（～败）妇缚（捆绑）［44］付傅附富副俘

t ［434］都（首～）都（～是）［33］徒涂途图 ［13］堵赌肚（鱼～）度 ［44］镀妒

t^h ［13］土吐（～痰）［44］吐（呕吐）兔渡肚（～皮）

l ［33］罗锣逻箩螺脶卢炉芦鸬庐奴□（～梯：梯子，可移动的）［13］橹捋 ［44］糯努鲁虏卤路露鹭

ts ［434］租 ［13］祖组

ts^h ［434］粗初 ［13］楚础 ［44］醋锉

s ［434］蓑梭苏酥稣蔬 ［13］锁所 ［44］素塑数（名词）

k ［434］歌姑孤故 ［13］果古股鼓估 ［44］固雇顾

k^h ［434］箍枯□（怀～里：怀里）［13］苦 ［44］裤

x ［13］虎 ［44］伙

ø ［434］乌污诬 ［33］吴梧胡湖葫鬍糊（动词）蝴狐壶无（读字）［13］户互护坞伍（退～）悟误务娱舞武 ［44］涴（屎）雾糊（名词）□（焚烧；炖） ‖ ［0］腐（豆～）

y

tɕ ［434］诸车（～马炮）株朱珠拘句 ［33］除厨殊 ［13］储渠（～道）柱主住矩拒距居据具（工～）俱（～乐部）［44］註注蛀铸举

$tɕ^h$ ［434］区吹处（～长）［13］取 ［44］处（～理）趣

ȵ ［13］女（男～）

ɕ ［434］梳书舒虚须（必～）需输 ［13］序绪（光～）暑署许竖水 ［44］树

ø ［33］如余于盂围 1 ［13］语预雨羽愉乳 ［44］誉芋 ‖ ［0］裕（富～）

ia

t ［33］蝶 ［13］叠 ［44］□（滴）

tɕ ［44］借

$tɕ^h$ ［44］笪（斜）

ȵ ［33］娘 1 ［13］惹（逗小孩儿，使哭）

ɕ ［33］邪 ［13］写 1 谢 ［44］细（小）

ɑ

p ［434］巴（古～）［33］排牌簰 ［24］摆罢 ［13］白 1 ［44］霸拜坝 2 ［55］伯（～～：大伯）

p^h ［44］破派败

m　［434］妈［33］麻2埋［13］买［44］卖

t　［13］大3［44］戴带

t^h　［434］拖1［44］大2太（～监）汏（洗）［55］他（其～）

l　［434］拉（～车）［13］‖□1（我～：我们，咱们）［44］哪赖癞

ts^h　［434］差（出～）［44］蔡

s　［55］‖啥（～哩：什么）

k　［434］街监1［33］茄（蕃～）［13］解1□（这么）［44］个（一两～，哪一～）介界芥戒

k^h　［434］揩（擦）

ŋ　［13］矮额1

x　［33］鞋［13］蟹

ø　［434］阿（～婶）［13］我

iɑ

tɕ　［434］傢（～具）［13］择［44］贾驾债摘（～花）

$tɕ^h$　［44］射（～尿：小便）［55］赤1尺

ɕ　［33］柴豺1［13］捨夏（姓）厦（～门）厦（大～）下（～降）射1（～箭）［55］‖鸦（～片）

ø　［33］爷［13］野［44］夜［55］‖耶（～稣）

uɑ

t　［13］踏

n　［13］女（～婿）

l　［13］辣蜡1瘌落1

ts　［434］楂渣遮［33］茶搽查（检～）［44］诈榨炸（～弹）蔗

ts^h　［434］叉杈差（～弗多：差不多）车（汽～）［44］岔

s　［434］沙纱傻［33］蛇［13］凿昨［44］麝舍（隔壁邻～：邻居）晒

k　［434］家加嘉瓜［13］假（真～）拐夹（夹子；夹，动词）挟（夹在腋下）［44］假（放～）架嫁价怪挂卦□（一～：一瓣）‖寡（～妇）

k^h　［434］夸［13］垮［44］搭（捉）快

x　［434］虾花［33］华（中～）华（姓）［13］下（底～）盒狭［44］化夏（～天）

ø　［434］歪桠丫挖［33］牙芽划（～船）怀［13］哑瓦活（做生～：干活儿）［44］外坏画话［55］鸦1（乌老～：乌鸦）‖［0］涯（下～：地名）

yɑ

tɕ　［434］抓（～牌）□（钝）

ɕ　［44］帅

ø　［434］□（喊）

o

t ［434］多 ［33］驼驮（抱）［13］舵陀（阿弥～佛）朵躲 ［44］惰

t^h ［434］拖2 ［44］大1

l ［434］啰

ts ［44］左做

ts^h ［434］搓 ［44］错

s ［434］嗦 ［13］坐座

k ［434］哥锅缸江1 ［13］倮港（大～：江）［44］过 ［55］角

k^h ［434］科窠棵颗课库糠康1 ［44］可园（放，搁）［55］壳

ŋ ［33］鹅俄蛾 ［44］饿

x ［434］呼荒慌 ［33］河何荷（～花）和（～气）杭行（银～）［13］火祸学1 ［44］货荷（薄～）贺乎

∅ ［434］阿（～弥陀佛）［33］黄1皇1蝗磺 ［13］枉镬（锅）

yo

tɕ ［434］桩 ［44］壮（胖）［55］桌

$tɕ^h$ ［44］闯 ［55］戳

ȵ ［13］□（揉）

ɕ ［434］双春

∅ ［55］□（捡）

ɤ

p ［434］玻菠波帮 ［33］婆卜（萝～）搬盘 ［13］薄（厚～，～荷）伴拌绑 ［44］半 ［55］钵拨剥1

p^h ［44］判胖（黄～病）

m ［33］磨（动词）矛膜瞒馒鳗忙 ［13］墓谋某牡亩满抹网1 ［44］磨（名词）忘 ［55］摸 ‖ 母（父～） ‖［11］模（～子）

f ［434］方1 ［33］房1防1 ［13］负（～担）［44］放1

ŋ ［55］‖ 纽2（～子襻：布纽扣）

ie

p ［434］鞭编边篦（～笄：篦子）［33］便（～宜）［13］扁匾辫辩 ［44］遍变

p^h ［434］偏1 ［44］篇骗片便（～当：方便）

m ［33］棉 ［13］免搣（捻）［44］面麵

t ［434］颠 ［33］田钿（价～）［13］填点电

t^h ［434］天 ［44］垫殿

l ［33］连莲联1怜链恋 ［44］练炼楝（～树）

tɕ ［434］煎监2艰肩坚奸（～人）［33］全2泉（玉～寺）‖ 阶（～级）毽（～子）［13］解2减2简件剪健（壮实）茧 ［44］介（～绍）箭剑建见

tɕ^h ［434］牵千迁 ［13］浅 ［44］纤

ȵ ［434］研 ［33］年严 ［13］碾

ɕ ［434］仙鲜（新～）先 ［33］前全1钱（姓）［13］射2（～箭）癣险鳝 ［44］贱线显献扇（名词，动词）旋选1

ø ［33］贤 ［13］䲜（鳞）□（～纤：拉纤）［44］堰燕（～儿：燕子）［55］‖ 现（～金）

ue

ts^h ［44］脆翠

s ［33］随 ［55］‖ 虽（～然）隧（～道）

k ［434］归1 ［33］葵 ［13］跪龟轨鬼诡 ［44］贵 ［55］桂

ø ［33］回2船 ［13］未（～来）

ye

tɕ ［434］追专砖捐 ［33］拳权传（动词）泉（矿～水）［13］嘴捲转（～弯）［44］传（名词）［55］结（绳结）

tɕ^h ［434］川穿圈（圆～）［44］串劝券 ［55］缺1

ȵ ［13］软月

ɕ ［434］靴闩宣1楦 ［13］舌蟮 ［44］税选2 ［55］刷血

ø ［434］冤 ［33］原源元1员园圆缘袁丸 ［13］远院 ［44］县1愿怨援

E

p ［434］簸（动词）杯碑悲 ［33］培陪赔 ［13］备 ［44］贝辈背（名词）

p^h ［434］胚坯 ［44］配倍佩背（背诵）

m ［33］霉枚媒煤 ［13］每 ［44］妹美

t ［434］堆端（～午）［33］台（戏～）抬潭糰 ［13］待贷代2队短断（断绝）［44］对

t^h ［434］台（～州）胎梯1推贪1 ［13］腿 ［44］代1袋兑退褪（～色）段缎

n ［13］耐奈 ［44］内

l ［33］来雷南男 ［13］暖 ［44］乱 ［55］‖ 儡（傀～）

ts ［434］灾斋簪钻（～过去）［33］才（天～）材2豺2 ［13］在 ‖ 钻（牵～：木匠、篾匠用的钻头）［44］者宰再载

ts^h ［434］猜催 ［13］彩睬 ［44］菜

s ［434］腮（牙～：腮）鳃酸 ‖ 蒜（大～）［33］材1裁蚕 ［13］社罪碎 ［44］赛算

k ［434］该肝干（笋～）甘尴 ［13］改敢秆杆竿赶徛（站立）［44］概盖

k^h ［434］开 ［44］隑（倚靠）看（～见）看（看守）磡

ŋ ［434］安1庵 ［33］呆 ［44］爱艾岸

x ［33］寒 ［13］海旱 ［44］害汉1汗焊

uᴇ

k ［434］规归 2 ［13］溃 ［44］会（～计）［55］‖ 逵（李～）

kʰ ［434］亏盔奎 ［33］傀 ［13］魁 ［44］块柜 ［55］‖ 愧（惭～）

x ［434］灰恢挥辉徽 ［33］环（～境）［13］毁晦 ［44］悔

∅ ［434］威 ［33］回 1 茴危桅围 2 为（行～）为（介词）［13］绘魏微惠卫 ［44］汇（～款）会（开～）会（弗～：不会）位胃慰谓 ［55］委伟

ɔ

p ［434］包 ［33］袍 ［13］保宝抱饱鲍暴□（癞□ sɿ⁰ 蛇～：癞蛤蟆）［44］报豹胞

pʰ ［434］抛 ［44］炮泡鉋（名词，动词）

m ［434］猫 ［33］模（～范）毛茅锚 ［13］冒 ［44］帽貌

t ［434］刀 ［33］桃逃淘陶萄涛 ［13］岛倒（打～）倒（～水）祷导盗道稻 ［44］到

tʰ ［13］讨 ［44］套

l ［33］萝劳牢捞 2 ［13］老 ［44］脑闹

ts ［434］抓（～痒）招召 ［13］早枣蚤造 2 赵邵 ［44］灶罩笊（～□ ləɯ⁵⁵：笊篱）

tsʰ ［434］操抄超 ［13］草炒吵 ［44］糙秒躁（脾气～）［55］‖ 钞（～票）

s ［434］骚臊 ［33］槽 ［13］造 1 扫（～地）嫂绍 ［44］皂燥

k ［434］高膏篙羔糕交 1 胶 1 ［13］稿绞 ［44］告教（～书）窖觉（睏～：睡觉）

kʰ ［434］敲 ［13］考 ［44］靠

ŋ ［13］咬袄拗（拧）［44］懊

x ［33］毫 ［13］好（形容词）［44］耗号（吹～）

∅ ［33］熬 ［44］傲坳奥

iɔ

p ［434］标彪 ［33］瓢嫖薸（浮萍）① ［13］表錶婊

pʰ ［434］飘 ［13］漂（漂洗）［44］票漂（～亮）

m ［33］苗描秒 ［13］聊（～斋）［44］庙

t ［434］刁 ［33］条笤调（～查）［13］鸟 1 调（油腔滑～）调（～动）［44］钓吊□（酿） ‖［0］掉（脱～：丢失）

tʰ ［434］挑（～水）［13］挑（选）［44］跳掉（～头）［55］‖ 调（～皮）

l ［33］捞 1 ［13］疗了（～结）□（梳，动词）［44］料

tʃ ［434］朝（今～：今天）交 2 胶 2 骄娇浇狡 ［33］朝（～代）潮桥荞侨乔 ［13］缴轿 2 着（火～：着火）［44］蕉较叫照教（～育）［55］脚 ‖ 饺（～儿：饺子）

tʃʰ ［434］跷（瘸）［13］巧撬 ［44］轿 1 ［55］□（湿）

ʃ ［434］稍烧□（揭）［13］少（多～）晓效 ［44］少（～年宫）孝

① 《广韵》平声宵韵符宵切：“《方言》云：江东谓浮萍为薸。”

tɕ ［434］焦

tɕʰ ［434］锹缲

ȵ ［33］饶 ［13］鸟 2 ［44］绕

ɕ ［434］消宵霄硝销萧箫 ［44］笑

ø ［434］妖邀腰要（～求）［33］摇谣窑姚 ［13］舀药钥跃 ［44］要（～弗～：要不要）［55］□（折叠）

əɯ

t ［434］兜 ［33］头投 ［13］斗（一～）抖 ［44］斗（批～）

tʰ ［434］偷 ［33］‖ □（～颈：脖子）［13］敨（～气：喘气；～开：展开）［44］透豆

l ［434］□（掏）［33］楼流刘留榴柳（杨～）硫琉 ［13］篓柳（姓）［44］漏溜（～走）［55］‖ □（笊～：笊篱）

ts ［13］走酒

tsʰ ［434］秋鳅丘（一～田）［44］凑

s ［434］修搜 ［33］愁 ［13］守 ［44］秀锈绣

k ［434］勾钩沟阄 ［13］狗厚 ［44］锯 2 够

kʰ ［434］□（掐）［13］口 ［44］扣

ŋ ［13］藕纽 1（～子襻：布纽扣）

x ［33］喉猴 ［13］后後 ‖ □（椿～菜：香椿）［44］候鲎（虹）

iəɯ

tɕ ［434］周舟州洲皱纠 ［33］绸仇（有～）酬求球仇（姓）［13］九韭久灸臼舅帚 ［44］咒售救究

tɕʰ ［434］抽 ［44］臭旧

ȵ ［434］扭（～屁股；掐）［33］牛 ［13］纽（～约）

ɕ ［434］馊收休 ［13］手首受寿袖兽 ［44］就瘦

ø ［434］优幼 ［33］邮由油游 ［13］有友佑右

ɤə

p ［434］巴（尾～）芭疤 ［33］爬琶杷钯 ［13］把（～手）［44］坝 ［55］八

pʰ ［44］稗（～子）耙齙（牙齿外露）

m ［33］麻 1 痲 ［13］马码袜 ［44］骂

f ［13］罚□（泡沫）［55］法髪發

iã

l ［33］良凉量（动词）粮梁粱 ［13］两（～个）两（一～酒）［44］亮谅辆量（数～）

tɕ ［434］将（～来）浆江 2 ［13］桨讲（演～）［44］疆酱降（下～）［55］蒋姜姓奖

tɕʰ ［434］枪腔 ［33］祥 ［13］抢□（挽）［44］呛

ȵ ［33］娘 2

ɕ　［434］相（～互）箱镶［33］墙［13］写 2 想蚕象像 1［44］像 2 相（看～）匠

uã

t　［13］团锻

ã

p　［434］邦□（肋～骨：肋骨）［33］旁［13］榜棒

m　［33］盲（文～）［44］网 2

f　［434］方 2 芳［33］房 2 防 2［13］纺［44］放 2

t　［434］当（～兵）［33］堂棠唐糖塘［13］挡（读字）盪（冲洗）荡（晃荡，闲逛）［44］当（～铺）档（～案；横～：椅子掌儿）党

tʰ　［434］汤［44］烫趟

l　［434］奶［33］郎廊狼螂榔莨朗□（拦，挡）［44］浪

ts　［434］张（姓；量词）装章樟障［13］掌 2‖脏（心～）藏（西～）［44］葬

tsʰ　［434］仓苍疮菖畅［13］厂［44］昌唱倡创

s　［434］桑丧霜［33］床尝裳‖尚（和～）［13］上（～山）［55］‖偿（赔～）

k　［434］刚钢［13］港（～口，香～）‖降（霜～）［44］杠（敲竹～）□（抬头）［55］‖岗（下～）

kʰ　［434］康 2 筐［44］抗（反～）

x　［33］行（一～字）航降（投～）‖项（～链）［44］项（姓）

iã

tɕ　［434］薑［33］详长（～短）肠场常强（～盗）［13］长（班～）掌 1 涨丈（～母）［44］帐账胀仗

tɕʰ　［44］丈（～人）

ɕ　［434］伤香乡［13］响享［44］巷向

ø　［434］央秧［33］羊洋烊杨阳扬疡［13］养痒仰［44］让样

uã

k　［434］光［33］狂［13］广

kʰ　［13］矿［55］‖旷（～工）

ø　［33］黄 2 王皇 2［13］旺［55］汪（姓）往‖簧（弹～）

yã

tɕ　［13］状

ɕ　［13］爽

æ̃

p　［434］班斑扳扮绷（棕～）［33］般爿［13］板［44］瓣□（拔，抽）

pʰ　［434］□（～□ tɕin[13]：肩膀）［44］办襻□（瓜蒂）

m　［33］蛮［13］晚（～娘：继母）猛（火旺）［44］慢

f　［434］蕃翻　［33］烦矾　［13］反　［44］贩饭

t　［434］担（拿）丹1单1　［33］谈痰檀弹（～琴）［13］胆淡打　［44］担（名词）

t^h　［434］坍滩摊　［13］毯　［44］炭弹（子～）蛋

l　［33］难（形容词）蓝篮1兰拦栏缆　［13］懒冷　［44］榄烂难（名词）

ts　［434］□（砍，剁）［13］斩盏　［44］蘸瓒（溅）

ts^h　［434］餐　［13］铲

s　［434］三（数词）衫删　［13］散（零～）［44］伞产（～母：产妇）散（分～）

k　［434］间（房～）奸（强～）更（五～）庚羹耕　［33］衔　［13］减1碱（～水）［44］介（蒋～石）哽　［55］‖橄（～榄）

k^h　［434］坑铅　［13］床（～门：窗户）①

ŋ　［33］岩颜癌　［13］眼　［44］硬

x　［33］含咸　［13］苋　［44］陷

ø　［434］安2按

iæ̃

tç　［434］争1　［13］赚

$tç^h$　［434］搀（扶）撑　［44］撞

ç　［434］三（～河：地名）山1生1牲1甥□（□toŋ[55]～头：肘）［13］省1

ø　［434］烟

uæ̃

k　［434］官棺关　［13］管馆梗（菜～）［44］灌（～水，～脓）罐

k^h　［434］宽　［13］款　［44］筷掼（摔，扔）

x　［434］欢1

ø　［434］弯湾　［33］顽1横（～直：反正）还（动词）环（耳～）［13］碗　［44］万换腕

ɛ̃

p^h　［44］叛

f　［13］范1　［44］范2

t　［434］耽担（～任）丹2单2　［13］弹（～簧）坦（～克）［44］旦（元～）

t^h　［434］贪2　［13］坦（～白）［44］探

l　［33］篮2　‖［0］览（展～）

ts　［13］暂惭站（车～）栈　［44］展战

ts^h　［44］参（～观）产（生～）

s　［434］山2

---

① 《广韵》上声豏韵苦减切："牖也。一曰小户。"

k　[44]干（～部）[55]‖柑（□ p^hoŋ³³ ～：橘子的一种，有籽）感（～情）

x　[44]汉 2

Ø　[44]案

iɛ̃

p^h　[434]偏 2

l　[33]联 2

tɕ　[33]钱（读字）[44]健（～康）[55]‖械（机～）舰（军～）

ɕ　[13]限县 2

Ø　[55]演燕（人名中）‖敷（～衍）

uɛ̃

s　[13]然

k　[44]观（参～）[55]‖贯（一～）惯（习～）冠（～军）

x　[44]欢 2 [55]‖况（情～）

Ø　[13]顽 2 完 [55]‖晚（～会）

yɛ̃

$tɕ^h$　[13]传（宣～）

ȵ　[13]元 2

ɕ　[44]宣 2

en

p　[434]奔冰兵宾滨 [33]盆贫频凭平坪评瓶屏萍 [13]本笨饼併秉 1 [44]殡柄丙秉 2

p^h　[434]喷（～水）拼（～命）[13]品姘 [44]喷（～香）病

m　[33]门民蚊闻明名 [24]敏（过～）[44]问闷命

f　[434]分 [33]坟 [13]粉份 [44]粪奋

t　[434]墩蹲登灯丁盯钉（名词）疔□（在）[33]饨盾藤腾亭停蜓 [13]邓顿 2 等顶鼎定（一～）锭 [44]顿 1 凳瞪钉（动词）订□（沉；沉淀）

t^h　[434]吞厅艇 [13]挺 [44]听褪（～壳）

l　[434]拎 [33]林淋临邻磷人 2 轮能宁（～波）陵凌菱灵零铃 [13]论岭领令 [44]嫩另

ts　[434]尊遵增征争 2 [33]臣陈存承丞乘呈程成诚城 2 [13]诊阵（～雨）整 2 橙郑 1 [44]镇震正（～常）政证症

ts^h　[434]村 [13]忖（考虑）郑 2 [44]寸衬称（～心）

s　[434]参（人～）孙狲僧生 2 [33]层 [13]审沈任损榫省 2 [44]圣胜

k　[434]跟根今 [44]更（～加）

k^h　[13]肯啃 [44]揿（按）

x　[13]痕狠恨 [55]很

∅　[434]恩

in

tɕ　[434]针金襟真巾斤筋珍砧檝（楔子；嵌入楔子）① 蒸经京精晶睛正（～月）茎 [33]琴尘勤芹擎（举）[13]枕津尽（～量）紧近锦整 1 井惊境警颈劲（～头）‖□（□ $p^hæ̃^{43}$～：肩膀）[44]浸禁（～止）进正（～反）敬镜 [55]‖□（背～：后背） ‖[0]唇（嘴～）

$tɕ^h$　[434]侵亲（～生）亲（～家）称（～呼）青清蜻轻 [33]情 2 [13]请 [44]禁（忌）秤庆

ɕ　[434]心深辛新身申星腥牲 2 升声兴（绍～）[33]寻神巡绳塍形型刑城 1 行（弗～：不行；履～）晴情 1 [13]婶笋醒静净幸 [44]渗信讯性姓兴（高～）

∅　[434]音阴因姻鹰莺鹦樱英婴缨应（姓）应（反～）映 [33]人 1 仁银寅营盈迎蝇 [13]忍瘾隐影 [44]认印闰 1 [55]‖引（～导）应（～该）译（翻～）②

uen

k　[13]滚棍

k^h　[434]昆崑坤 [13]捆 [44]困睏

x　[434]婚荤 [44]昏

∅　[434]温瘟 [33]文纹馄魂浑 [13]混稳

yen

tɕ　[434]军君肫均菌 [33]群裙 [13]準准

$tɕ^h$　[434]春椿

ɕ　[434]伸 [44]旬训顺闰 2

∅　[33]云赢匀 [13]运 2 [44]晕运 1 孕 [55]‖允（～许）永（～康）泳（游～）

oŋ

p　[33]朋棚篷蓬

p^h　[434]□（～柑：橘子的一种，有籽）[13]捧

m　[13]蒙孟 ‖□（觑～眼：近视眼）[44]梦

f　[434]风枫疯丰封峰蜂锋 [33]逢缝（动词）[13]冯奉凤 [44]缝（名词）

t　[434]东冬 [33]同铜桐筒童瞳 [13]懂桶动 [44]冻栋 [55]董‖□（～□ $ɕiæ̃^{43}$ 头：肘）

---

① 这里采用秋谷裕幸先生（2001：33）考证的结果。《集韵》平声侵韵咨林切："楔也"；平声盐韵将廉切："《说文》：楔也。"另外，段玉裁认为江浙的读音为"知林切"（据《说文解字注·六篇上》）。建德船上话的读音符合"知林切"。

② "译"字读音特殊。

t^h ［434］通 ［13］捅（推）［44］痛洞 ［55］统

l ［434］弄（～送：捉弄）［33］农（～民）笼聋砻隆龙咙垅泷 ［13］拢 ‖ 农（我～）窿（窟～）［44］脓弄（弄堂）

ts ［434］宗棕忠 ［33］从 ［13］总 ［44］综众粽

ts^h ［434］聪葱

s ［434］鬆松（～树）［33］屣（精液）［44］宋送

k ［434］公蚣工功攻弓躬宫恭 ［13］共（～产党，一～）［44］灌（溃烂）贡供（～销社）□（熏）

k^h ［434］空（～心）［13］孔 ［44］空（有～）控恐

x ［434］烘 ［33］弘洪 ［13］宏哄（起哄）

ø ［434］翁 ［33］红 ［13］塕（灰尘；尘土飞扬的样子）

ioŋ

tɕ ［434］中（～国）中（～状元）终（送～）鐘鍾供（赡养，抚养）［33］虫穷重（～复）［13］种（名词）肿重（轻～）［44］种（动词） ‖ ［0］仲（杜～）

$tɕ^h$ ［434］充冲囱楤 ［13］宠 ［44］铳眈（打瞌～：打盹儿）共（～姓：同姓）

ɕ ［434］兄胸凶兇 ［33］熊

ø ［33］荣绒雄融浓容蓉 ［13］勇 ［44］用 ［55］‖ 拥（～护）

əʔ

p ［5］不（读字）剥2驳泊（梁山～）北百柏伯（～～：大伯）［12］鼻白2拔（提～）雹

p^h ［5］泼朴扑泊（～位）迫拍魄覆（趴）

m ［12］末没（淹没）麦陌脉墨木目穆□（手～□ $tsəʔ^5$ 头：手指头）

f ［5］弗（不）福幅蝠複覆（～盖）復腹 ［12］佛复（恢～）服伏（埋～）

t ［5］答搭2得德笃督裰（捅，戳，拄）[①]□（啄）□（手持书本等竖着落到桌子上，使之整齐）［12］达夺突特独读毒

t^h ［5］讬托秃脱2

l ［12］腊蜡2肋骆烙洛络落2乐（快～）劣勒鹿禄六陆绿录赂□2（我～：我们，咱们） ‖ ［0］了（助词）

ts ［5］执汁质浙卒织职只（～有）作则责窄（～溪：地名）□（手□ $məʔ^{12}$ ～头：手指头）［12］杂泽宅殖值2

ts^h ［5］插察厕撤测拆策册侧2

s ［5］些舍（宿～）腮（络～胡）萨设湿（读字）塞色室识失式饰释适 ［12］闸铡贼

---

① 据北京大学《汉语方言词汇》（1995：358）："竹角切，丁木切，都毒切，'椎击物也'。"

k　［5］个（这；一～）尬鸽蛇葛2搁格革隔各［12］渠（～□$lɑ^{13}$：他们）咯（～～抖：发抖）□（轧）

k^h　［5］咳磕瞌客刻窟克□（压；～宝：押宝）□（～篓：一种捕鱼的鱼篓）

ŋ　［5］压押（～金）轭□（～断：折断）［12］岳额2

x　［5］黑吓赫［12］合（～格）学2核（审～）

iəʔ

p　［5］笔滗毕必逼碧壁璧臂［12］别（区～）

p^h　［5］匹撇僻肥（女阴）

m　［12］秘（～书）篾灭密蜜

t　［5］跌的（目～）扚（掐）①［12］敌谍碟

t^h　［5］铁帖踢剔

l　［12］猎立列烈裂略栗律率（效～）力歷曆

tɕ　［5］甲接级急结（～婚，～果）雀（麻～）觉（～悟）吉鲫侧1绩积隻击激迹［12］籍集（～体）侄直值1植习剧及极

$tɕ^h$　［5］缉彻七漆鹊雀（孔～）戚吃赤2膝（读字）

ȵ　［5］捏［12］孽日虐

ɕ　［5］髓歇雪吸虱削析息锡惜宿（～舍）［12］折（～本）十拾实食学3石席集（收拾）

ø　［5］揖一乙益约□（也）［12］叶2

uəʔ

t　［5］搭1

t^h　［5］塔獭

ts　［5］扎（～紧：捆紧）

s　［5］杀索粟束

k　［5］夹（眨；闭）袯括骨郭国谷□（裂）

k^h　［5］阔扩哭

x　［5］瞎霍藿［12］或

ø　［5］鸦2（乌老～：乌鸦）鸭恶屋握頞（淹）［12］滑猾猢（～狲）活（死～，生～）还（副词）物获划（计～）核（桃～）□（～～骨：踝骨）

yəʔ

tɕ　［5］决诀橘啄（～木鸟）烛足竹筑祝粥菊［12］族镯轴局

$tɕ^h$　［5］缺2屈出确畜蛐麴曲

ȵ　［12］穴1浴1肉玉褥

① 这里采用曹志耘、秋谷裕幸（2016：36）考证的结果。《广韵》入声锡韵都历切："引也。"

ɕ　［5］恤（抚～金）穴2说（小～）叔蟋[①]蟀缩速蓄［12］熟续（手～）属术（技～）

∅　［12］越乐（音～）术（白～）疫育浴2

m

∅　［434］母（～妈：妈妈）［44］母（舅～）

n

∅　［33］鱼渔儿1姨（～娘：姑妈）［13］五午尔（你）耳（～朵）［44］二

əl

∅　［13］儿2［55］‖ 耳（木～）

参考文献

曹志耘．浙江的九姓渔民［J］．中国文化研究，1997（3）．

曹志耘．秋谷裕幸主编．吴语婺州方言研究［M］．北京：商务印书馆，2016.

刘　倩．九姓渔民方言研究［D］．北京：北京语言大学，2008.

秋谷裕幸．吴语江山广丰方言研究［M］．松山：爱媛大学综合政策研究丛书1（爱媛大学法文学部综合政策学科），2001.

（黄晓东　北京语言大学语言科学院　100083）

① 该方言“蟋蟀”说［ɕyəʔ³ɕyəʔ⁵］，我们认为本字应是“蟋蟀”，前字韵母受了后字的逆同化作用。

上海话和温州话阴声韵动态特征比较 *

凌 锋

一 研究背景

在语音学中，一般可以根据元音的动态特征分成单元音和复元音两个大类。所谓单元音就是音质没有发生变化的元音，复元音则是音质发生变化的元音。但是由于人类发音器官的生理限制造成人们在发任何元音的时候都不可能保证发音器官完全静止不动，因此不论是单元音还是复元音都有一个动态变化过程，区别只是在于动态变化程度的大小。而多大变化可以算复元音，多大算是单元音，不同学者把握的尺度并不一样。即便是同一方言的同一个元音，也有可能有的学者描写成复元音，有的学者描写成单元音。比如北京话的［ɤ］就是这样的例子，一般教科书都把它处理成单元音，而 Howie（1976）却认为它其实是个双元音［ɤʌ］。

凌锋（2015a）提出了一种根据实验数据判断元音单复问题的办法。但是其缺点是只能解决单一方言内部的判定问题，无法用于跨方言比较。之所以出现这样的问题，主要是因为现有的元音规整方法都是基于单一语言数据提出的，没有考虑到跨语言比较问题。凌锋（2013）则证明了现有常用的元音归一法都不适用于跨系统比较。

有鉴于此，凌锋（2017）在 Lobanov（1971）提出的 Z-Score 法的基础上发展出了一个适用于跨方言元音系统比较的元音规整法。具体操作办法需要利用如下几个公式：

$$Z=\frac{x-\mu}{\sigma} \qquad \text{公式 1}$$

$$R_i^{norm}=\sum_k\left|\overline{F_{ki}}-\overline{F_i}\right| \Big/ \sum_k\left|\overline{Z_{ki}}-\overline{Z_i}\right| \qquad \text{公式 2}$$

$$F'_{ijk}=Z_{ijk}\times R_i^{norm} \qquad \text{公式 3}$$

$$F_{ijk}^{norm}=F'_{ijk}-(\overline{F'_i}-\overline{F_i}) \qquad \text{公式 4}$$

公式 1 是 Lobanov 的原始公式，就是利用每个人各自共振峰的均值和标准差，把原始的共振峰值转化成标准分 z 值。公式 2 是先计算所有 $\overline{F_{ki}}$ 到全体共振峰 i 频率值的均值（$\overline{F_i}$）距离和与所有 $\overline{Z_{ki}}$ 到全体第 n 共振峰 z 值的均值（$\overline{Z_i}$）的距离和，然后把两个距离和相除，得到把 z 值空间的数据复原到物理元音空间的共振峰数值的缩放系数 R_i^{norm}。公式 3 是把任意元音 k 第 j 个样本第 i 共振峰的 z 值乘以相应共振峰的缩放系数 R_i^{norm}，从而把公式 1 计算得到的 z 值，恢复成频率值。公式 4 则是根据缩放后的数值计算出缩放后系统的中心与原始频率系统中心位置的距离，然后通过简单的加减法进行移位对齐。

由于人耳对不同频率段的距离感知并不一样，为了使不同共振峰的数值彼此间有可比性。我们参照学界很多学者的常规做法，把各个共振峰的频率值都先转化成 Bark 值。转

* 本研究得到教育部哲社青年项目“吴语元音动态特征研究”的资助。

换的结果就可以继续使用欧氏距离公式得到元音首尾的音质距离，也即元音的动态范围。考虑到第三共振峰测量的误差很大，而且有些元音样本的第三共振峰很难测量。我们在使用欧氏距离公式时仅仅使用了前两个共振峰值。

二 实验介绍

为了验证这种方法的效果。我们分别录制了上海话和温州话的阴声韵系统。发音人均为当地20—30岁的青年发音人。每个方言都选用了10位发音人，男女各5位。两地录音字表的编制分别参考了许宝华、汤珍珠（1988）和游汝杰、杨乾明（1998）的研究成果。虽然我们的发音人均为当地的年轻人，但由于所谓新老派口音只是一个理想的划分，具体到个体发音人不见得纯粹属于哪种口音。为了防止韵类的缺失，我们取了新老派口音中韵母分类的合集。录音字表如下表：

表1 上海话阴声韵实验字表

ɿ	丝	i	衣	u	乌	y	迂
ᴀ	阿	iᴀ	椰	uᴀ	洼		
ɔ	凹	iɔ	腰				
o	丫						
ɤ	欧	iɤ	优				
ᴇ	哀	iᴇ	廿	uᴇ	弯		
ø	安			uø	碗	yø	冤
ei	雷			uei	胃		

表2 温州话阴声韵实验字表

ɿ	鸡	i	衣	u	乌	y	安
a	挨	ia	丫*	ua	弯		
ɛ	鹦**	iɛ	腰				
e	哀						
ə	号						
ø	恩			uɔ	汪	yɔ	痈
o	桠					yo	唷
ai	□***	iai	益	uai	威		
ei	比						
au	瓯	iau	优				
ɤu	丢	ieu	寿				
øy	波						

* 丫（头）** 鹦（哥）*** □（~个磊堆碎，翻滚）

三 结果分析

图1是上海话阴声韵元音动态范围值盒形图，盒体根据均值从小到大自左向右排列。我们发现这几位发音人阴声韵韵母可以分成三组。第1组包括［ᴇ、i、y/yø、ᴀ、o、ø、ɔ、ɿ、u］，这几个韵母传统上一般都认为是单元音，它们的动态范围都在2Bark以下。其中［i、y、ᴇ］的动态范围主体小于1Bark，整个范围也在1.5Bark以内；而［ᴀ、o、ø、ɔ、ɿ、u、yø］有部分样本动态范围在1.5—2Bark之间，甚至还有少数超过2Bark的极端例子。［yø］虽然描写上是复元音，但是在年轻人的口音中，基本已经和［y］合并，所以也在第1组。第3组是［iɤ、uᴀ、iᴀ、iɔ、uᴇ、uei］，它们都是典型的复元音，动态范围没有小于2Bark的。所以在盒形图上，它们的动态值盒体跟排在它们左边的那些韵母盒体有明显的差异，如果把全部韵母的中值画个连线的话，到这组韵母时连线就有个突变。结合第1、3两组韵母的数据看，单复元音的界限的上限是2Bark，下限是1Bark。

而剩下的第2组［uø、ei、ɤ、iᴇ］四个韵母，动态范围的主体都在1Bark以上，同时有相当一部分样本动态范围超过了2Bark。实际上这几个韵母同时存在单复元音的变体。不过原因并不相同。其中［uø、ei］主要与新老派口音差异有关，出现复元音［uø］的发音人，口音中总体偏老派的成分更多；出现［ei］的发音人口音基本属于新派。［ɤ］

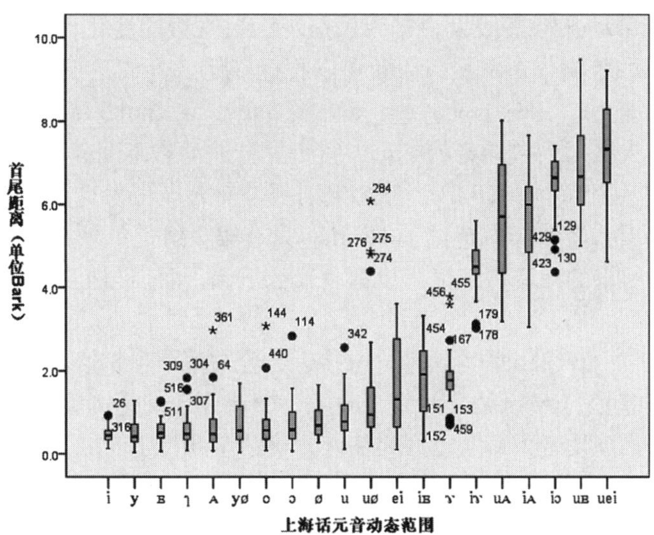

图 1　上海话阴声韵所有元音动态范围值的分布盒形图，元音的排列顺序是依据均值大小。图中的散点是少数偏离整体样本范围的样本值，盒形中间的横线是中值位置（因为中值与均值不一定相同，所以中值位置没有从左到右单调上升）

从描写上看是个单元音，但是前人研究（如钱乃荣 1992）已经对此有所质疑，而朱晓农（2005）直接认为它是个“央半高不圆唇，更确切说是从央半低到半高不圆唇滑动的复元音”。从我们的结果看，其实这个韵母个体差异很大，有发音人发成单元音，也有发音人发成复元音。只是由于本实验发音人数量不是很大，也没控制发音人的社会语言学因素，暂时还没找到影响这种差异的因素。暂时只能说单复形式都是它的自由变体，前人的描写都有合理之处。[iᴇ] 同样也有很大的个体差异，不过由于这个元音只出现在“廿”一个字中，可能与其出现频率偏低有关。

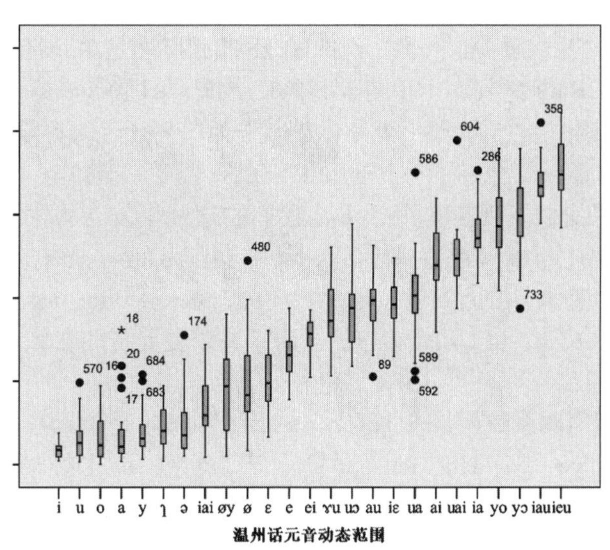

图 2　温州话阴声韵所有元音动态范围值的分布盒形图

温州话的各韵母动态特征按大小排列后呈现比较平缓的变化，盒体之间没有出现突变。如果结合音标和数据分布情况，大致可以把这些元音分成三组：[i、u、o、a、y、ɿ、ə]；[iai、øy、ø、ɛ、e、ei]；[ɤu、uɔ、au、iɛ、ua、ai、uai、ia、yo、yɔ、iau、ieu]。其中第 1 组都是前人描写为单元音的韵母，整个元音的动态范围都不超过 2Bark，绝大多数的样本动态范围甚至都小于 1Bark。第 3 组则都是前人描写为复元音的韵母，动态范围基本都在 3Bark 以上，多数样本超过了 4Bark。只有第 2 组是单复元音混合在了一起。事实上第 1 组和第 3 组里的元音传统描写里都没什么争议，而描写上有单复争议的元音都在第 2 组内。

在第 2 组元音中，øy 和 ø 的首尾部分很接近，分布范围也相似。郑张尚芳（2008）指出，在青年人的口音里，øy 已经合并到了 ø 中，少部分人则是都读成 øy。我们调查时也向发音人确认了一下，发音人确实已经无法区分这两个韵母了。但是从我们的调查结果来说，郑张先生的说法还不够全面，两个韵确实是合并了，但不是 øy 合并到了 ø，而是多数发音人都发成 øy，少数发音人都发成 ø。从多数情况来说，应该是 øy、ø 已经合并成了一个二合元音。

而 e 和 ei 的情况与 øy、ø 很相似，也合并成了复元音。郑张先生也指出过青年人这两个元音合并了。但不同于我们的结果，他认为是合并成了单元音。由于我们的调查人数不算很多，也不排除仍然存在一些温州年轻人是说成 e 的。

元音 ɛ 则多数样本已经成为复元音了，在语图上存在明显的共振峰变化轨迹。ɛ 基本是一个高元音到低元音的动态变化，这也证明了钱乃荣（1992）的描写是合理的。

除此之外，还有一个 [iai]。这个元音从语图上来说是没有争议的三合元音，只是由于我们只计算了首尾的距离，而它的首尾正好音质接近，所以数值上也归入了第二组。

四 结　论

综合上海话和温州话这两个方言的情况，我们发现典型单元音的动态范围基本都小于 1Bark，而复合元音的动态范围基本都大于 2Bark，但不会超过 9Bark。因此，我们可以给出一个判断单复元音的数值标准，即：小于 1Bark 的就必然是单元音，大于 2bark 的就必然是复元音，而 1—2Bark 之间属于单复元音的交界区，归于哪一类可以根据研究或者音位归纳的需要。而如果一定要给出一个具体数字作为单复元音的界限，1.5Bark 可能是一个比较合理的数值标准。

根据这个标准，我们发现在上海话中，我们的这几个发音人阴声韵元音情况如下：[ᴇ、i、y/yø、ᴀ、o、ø、ɔ、ɿ、u] 为单元音，其中 [ᴀ、o、ø、ɔ、ɿ、u、yø] 都不同程度上存在复元音倾向的变体（占比不超过 10%）；[iɤ、uᴀ、iᴀ、iɔ、uᴇ、uei] 都是典型的复元音；剩余的 [uø、ei、ɤ、iᴇ] 四个元音，同时存在单复元音的变体。我们的结果与传统的描写也基本吻合。

而在温州话的阴声韵系统中，[i、u、o、a、y 、ɿ、ə] 是单元音，[iai、ɤu、uɔ、au、iɛ、ua、ai、uai、ia、yo、yɔ、iau、ieu] 是复元音。剩余的那几个韵母，由于发生了音位归并，实际上只剩 [e ɛ ø] 三个。传统上它们都被描写成单元音，但在我们这些青年发音人的口音中，主体为双元音，这一发现也与钱乃荣（1992）、郑张尚芳（2008）等人论著中的描述基本是一致的。

我们还发现，在两个方言中，动态范围最大的均为首尾分别是 i 和 u 的复合元音。凡是描写相似的元音，其动态范围也比较接近。这些共同点都一定程度上体现了不同方言的元音的共性特点。这种共性很可能不是由于方言亲疏关系影响的结果，而是人类元音系统的自然共性。

我们提出的算法基本可以解决上海话和温州话元音动态特征问题。由于我们试图要提出一个可供方言比较的算法，所以本研究只能算是一个开始。还需要更多方言的数据来验证。我们也欢迎学界广大同仁尝试使用我们的方法来处理各方言的数据。

参考文献

凌　锋 . 跨方言元音系统比较的数据规整方法选择［J］. 语言研究集刊，2013（10）.

凌　锋 . 汉语单元音和复元音变化度计算研究［J］. 方言，2015（1）.

凌　锋 . 基于标准分的跨方言元音系统比较数据规整法［J］. 方言，2017（3）.

钱乃荣 .《当代吴语研究》［M］. 上海：上海教育出版社，1992.

汪　平 . 苏州音系再分析［J］. 语言研究，1987（1）.

许宝华，汤珍珠 . 上海市区方言志［M］. 上海：上海教育出版社，1988.

游汝杰，杨乾明 . 温州方言词典［M］. 江苏：江苏教育出版社，1998.

赵元任 . 现代吴语的研究［M］. 清华学校研究院，北京：科学出版社，1928/1956.

郑张尚芳 . 温州方言志［M］. 北京：中华书局，2008.

朱晓农 . 上海声调实验录［M］. 上海：上海教育出版社，2005.

Disner，S.（1980）Evaluation of vowel normalization procedures. *Journal of the Acoustical Society of America*，Vol 67（1）：253-261.

Howie，J. M.（1976）*Acoustical studies of Mandarin vowels and tones*（Vol. 6）. Cambridge University Press.

Lobanov，B.M.（1971）Classification of Russian Vowels Spoken by Different Speakers. *Journal of the Acoustical Society of America*，49（2）：606-608.

Miller，J.（1989）Auditory-perceptual interpretation of the vowel. *Journal of the Acoustical Society of America*，Vol 85：2114-2134.

（凌　锋　上海大学文学院　lingfengsh@shu.edu.cn）

从《鄞县通志·方言编》看鄞县方言的特点及演变

刘　斌　陶文燕

一　引　论

鄞县位于浙江省宁波市。2002年撤县立区后，鄞县改称为鄞州区。鄞县置县很早，历史悠久，在县志的编纂方面用力颇多，编纂了多个版本《鄞县志》。民国时期由陈训正、马瀛编纂的《鄞县通志》影响最大，被誉为“规模最大的一部县志，也是民国地方志的最后一志，……资料完备，内容新颖，称得上地方志步入现代科学的嚆矢”（陈桥驿 1995）。《鄞县通志》共分为六志五十一编，其中《文献志·方言编》（2561—3543）详细记录了当时鄞县的方言面貌，具有很高的语言学价值。

《鄞县通志》成书于1937年，直至1951年才全部刊出，但“方言原稿在抗日以前已大部分完成”（2655），而且考虑到发音人的合理性，“曾选城市与附郭之土著而年事较富者审定其音，以为标准”（2654），所以《通志》中记录的方言面貌应该早于20世纪30年代。

《鄞县通志·文献志·方言编》（下简称《通志》）主要包括以下内容：

（一）音读。详细描写了当时鄞县方言的语音面貌，其中又包括：

1. 注音符号表。表中用国音字符注音，记录了当时鄞县方言的声母和韵母系统。

2. 声符、韵符与守温字母、广韵韵母配合表。此表将鄞县方言的声符与三十六字母相比较，韵符与《广韵》韵母相对应，详细记录了当时鄞县方言与中古音的对应关系。

3. 鄞县方音全表。表中将鄞县方言韵母分为44栏，每一栏都与声符辗转相拼，大致相当于今天的方言音节表。

4. 鄞县读音转韵表。此表将鄞县方言中韵腹和韵尾相同的字归结一起，不分声调，入声字另立，性质大致与韵摄相当。“转韵表”将当时的鄞县方言每一类韵母和《广韵》系统的韵部分合关系描写得非常清晰，所以对韵母的分析主要据此。

5. 鄞县方言变音表。“变音表”主要是指受语法、地域、文白、年龄、阶层等因素影响而产生的异读多读现象。“一字亦因词类、词位意义与发音疾徐、高低、轻重及发言人年龄、阶级、祖籍及侨居地方之殊异，往往作多种之音”（2716）。

（二）俗名。主要是记录当时鄞县方言中的词语，分为现代词语、古代词语、外来词语三个部分。

（三）谚语。记录了鄞县方言中日常俗语和谚语。

（四）谣歌。记录了鄞县方言的谣歌、童谣、谜语以及吃口令等内容。

本文先充分分析和研究《通志》中记载的当时鄞县方言的材料，然后主要与陈忠敏先生（1990）记录的现代鄞县方言比较。

从上述分类可知，《通志》作者的语言学素养极高，描写非常仔细，一些如印刷脱文、韵符例字表和方音全表的韵母不一致等小问题并不影响该书对当时鄞县方音记载的准确性，我们在研究时尽力避免此类明显的错误。另外，在处理鄞县方言的注音时，一律换成今天通行的国际音标。《通志》中对应的国际音标音值为拟音，且在后面标明页码；现代鄞县方言的送气符号换为［h］，如双唇送气清塞音：［p^h］。

二 《通志》中反映的鄞县方言音系

（一）声母

《通志》中将注音符号表（2657—2658）中列注音符号 40 个，分立国音声符、浊音声符、反浊音声符以及独用声符四栏。如下（其下国际音标为拟音，下同）：

1. 国音声符

ㄅ伯	ㄆ泼	ㄇ末	ㄈ弗	ㄪ佛	
p	p^h	m	f	v	
ㄉ得	ㄊ脱	ㄋ纳			ㄌ勒
t	t^h	n			l
ㄍ格	ㄎ克	ㄫ额	ㄏ黑		
k	k^h	ŋ	h		
ㄐ基	ㄑ欺	ㄬ尼	ㄒ希		
tɕ	tɕ^h	ȵ	ɕ		
ㄗ兹	ㄘ雌		ㄙ私		
ts	ts^h		s		

2. 浊音声符

ㄅˊ白	ㄉˊ特	ㄍˊ搿	ㄏˊ合	ㄐˊ其	ㄒˊ移	ㄗˊ慈	ㄙˊ匙
b	d	g	ɦ	dʑ	ʑ	ʣ	z

3. 反浊音声符

ˋㄇ ㄇ之反浊音	ˋㄋ ㄋ之反浊音	ˋㄌ ㄌ之反浊音	ˋㄫ ㄫ之反浊音	ˋㄬ ㄬ之反浊音
m	n	l	ŋ	ȵ

4. 独用声符

ㄫ读若鱼俗音	ˋㄫㄫ之反浊音	ㄗ兹	ㄘ雌	ㄗˊ慈	ㄙ私	ㄙˊ匙
ŋ	ŋ	ts	ts^h	ʣ	s	z

《通志》为了表示鄞县方言的声母，沿用传统的注音字母 20 个，称之为国音声符。鄞县方言中没有卷舌音声母，所以少了四个注音字母ㄓ［tʂ］、ㄔ［tʂ^h］、ㄕ［ʂ］、ㄖ［ʐ］。鄞县方言所特有的则在传统的注音字母的基础上分别加“ˊ”“ˋ”来表示。在国音声符右上角加“ˊ”表示浊音，在左上角加“ˋ”表示反浊音。所谓反浊音从字面上来看是和浊音相对的音，陈忠敏先生（1990）认为“［m n l ȵ ŋ］逢阴调类时带有紧喉的作用，逢阳调类时带有浊流”。即和阴调类相拼时，这些声母的浊的色彩就会淡一些，故称之为反浊音。反浊音只出现在俗音和异读音中，且配阴调类，并不与配阳调类的［m n l ȵ ŋ］构成对立，所以从音位的角度，我们将其合并同一类声母。

另外，独用声符表虽归入声符一栏，但实质上讨论的是声韵的搭配问题。如［ɿ］只与声母［ts ts^h ʣ s z］相拼，［ŋ］自成音节。

所以综合以上来看，和零声母在内，鄞县方言的声母有 29 个。如下：

p	pʰ	b	m	f	v	
t	tʰ	d	n			l
ts	tsʰ	ʣ		s	z	
tɕ	tɕʰ	ʥ	ȵ	ɕ	ʑ	
k	kʰ	g	ŋ	h	ɦ	
ø						

（二）韵母

《通志》注音符号表（2658—2659）列韵符 55 个，也将韵符分为国音韵符、国音复合韵符、闰音韵符、闰音复合韵符、入声韵符、入声复合韵符、东方韵符七栏。如下：

1. 国音韵符

ㄧ	ㄨ	ㄩ	ㄚ	ㄛ	ㄝ	ㄞ	ㄟ	ㄠ	ㄢ	ㄣ	ㄤ	ㄥ
i	u	y	a	o	e	ᴇ	ɐi	ɔ	ɛ	eŋ	ã	əŋ

2. 国音复合韵符

ㄧㄚ	ㄨㄚ	ㄨㄛ	ㄩㄛ	ㄧㄝ	ㄩㄝ	ㄨㄞ	ㄨㄟ
ia	ua	uo	yo	ie	ye	uᴇ	uɐi
ㄧㄠ	ㄧㄢ	ㄨㄢ	ㄧㄣ	ㄩㄣ	ㄧㄤ	ㄨㄤ	ㄨㄥ
iɔ	iɛ	uɛ	ieŋ	yeŋ	iã	uã	uəŋ

3. 闰音韵符

禾	[illegible]	[illegible]	宀	乡	ク	千	丄	廾
əu	ê	œʏ	ĩ	ɛ̃	ũ	ø̃	ɔ̃	oŋ

4. 闰音复合韵符

ㄧ[illegible]	ㄧ宀	ㄨク	ㄩ千	ㄨ丄	ㄩ丄	ㄩ廾
iœʏ	iĩ	uũ	yø̃	uɔ̃	yɔ̃	yoŋ

5. 入声韵符

ㄧ.	ㄩ.	ㄚ.	ㄛ.	ㄝ.
iʔ	yʔ	aʔ	oʔ	eʔ

6. 入声复合韵符

ㄧㄚ.	ㄨㄚ.	ㄨㄛ.	ㄩㄛ.
iaʔ	uaʔ	uoʔ	yoʔ

7. 东方韵符

ㄦ	əɭ

同声符一样，韵符表也对传统的注音字母进行了改造。“其加以标识者为‘ㄧ.、ㄩ.、ㄚ.、ㄛ.、ㄝ.’五入声…又别立‘禾、[illegible]、[illegible]、宀、乡、ク、千、丄、廾’八韵符。本不

别立入声符号，亦加标识以为区分。而‘ㄝ’之变音‘ㄝ̈’及‘儿’之反浊音‘ˋ儿’二韵符又为鄞音所特有，故即就原有韵符识别之也”。(2655—2656)

对于上述的韵符表，有下列几点需要说明：

（1）注音符号表中的两个韵母ク、ㄣ并不在声符韵符与守温字母广韵韵目配合表（2661—2665）及方音全表（2666—2696）中出现。ク为“奂”字之省而得，另“甬音桓韵之字旧时皆以复合韵符ㄨ干拼之，实不合适，故今又更立ク符也”(2657)，且ク在韵符表中的注音为“谒欢连读”，而ㄨク的注音为“豌”。在韵符表中，ㄣ的注音为“谒因连读”，而一ㄣ的注音为“因”。另外，在转韵表中，ㄣ所辖皆为古三等字。可见，ク、ㄣ并不独立存在于鄞县方言的音系中，而是为了合理地说明复合音符“ㄨク、一ㄣ、ㄩㄣ”。

（2）“ㄩ”包含［y］和［ʮ］两个音位，“ㄩ廾”包括［yoŋ］和［ʮoŋ］两个音位，“ㄩㄣ”包含［yeŋ］和［ʮeŋ］两个音位，“ㄩ”包括［yʔ］和［ʮʔ］两个音位。

（3）据方音全表中“ˋ儿”音一栏的例字都属于变音可知（2696），反浊音韵符ˋ儿实质上就是变音，与ㄝ̈相同。但作者并不将“ˋ儿”独立成一个音位，不在韵符表中列出，所以ㄝ̈与ㄝ也属于同一音位。

（4）“儿［əl̩］”属于独立的韵母。

（5）［ɿ］和［ŋ］虽归到了“独立声符”一栏，实质上是韵母的区别。

所以综合来看，《通志》中反映出来的韵母数量应该为57个[①]，如下：

ɿ		a	o	e	E	əl̩	əu	ɐi	ɔ	ɛ	œY	ĩ	ɛ̃
	i	ia		ie					iɔ	iɛ		iĩ	
	u	ua	uo		uE			uɐi		uɛ	iœY		
ʮ	y		yo	ye									
ã	ø̃	ɔ̃			oŋ	əŋ					aʔ	oʔ	ŋ
iã								ieŋ		iʔ	iaʔ	ioʔ	
uã		uɔ̃	uũ			uəŋ					uaʔ	uoʔ	
	yø̃			ʮoŋ	yoŋ		ʮeŋ	yeŋ	ʮʔ	yʔ		yoʔ	

（三）声调

《通志》中并没有明确介绍鄞方言的音调，但我们据其方音全表中所列出的字发现：1. 平声字不和其他声调的字相混；2. 清声母上声字读上声，部分浊声母上声字和去声混同，部分浊声母上声字归上声。如同为定母字，“杜”读上声，而“渡”读去声（2667），同为群母字，“巨”读上声，而“惧”读去声（2668）；3. 去声字不和其他声调的字相混；4. 入声字不和其他声调的字相混。

在吴方言中，声母的清浊影响声调的分化，清声母读阴调类，浊声母读阳调类，所以仅从文献的角度看，当时鄞方言的声调应有8个。

三 《通志》反映民国鄞县方言音系的特点

（一）声母特点

从《通志》中的注音符号表以及方音全表中可以观察到民国时期鄞县方言的声母具有

如下特点：

1. 保留［b d g ɦ ʥ ʑ ʣ z］等中古全浊声母。《通志》注音符号表明确标明浊音声符一栏，并列举例字：白、特、瘸、合、其、移、慈、匙（2657）。另外，在方音全表中塞音和塞擦音声母仍旧保留全清、次清、全浊三分的特征，例如：补［pu］：普［pʰu］：簿［bu］（2667），多［təu］：拖［tʰəu］：驮［dəu］（2673），都表明民国时期鄞县方言声母中保留了中古的全浊声母。

2. 分尖音和团音。从《通志》中的声符表中（2661）可以看到，见系分为刚音（［k kʰg h ɦ］）和柔音（［ʨ ʨʰ ʥ ɕ ʑ］）二种。[②]柔音中并没有精组，精组与知、照组同为一栏，统读［ʦ ʦʰ ʣ s z］（［ʦ］组）。而且从《通志》中方音全表所列举的精组例字和见系例字来看，精组细音字读［ʦ］组，见系细音（柔音）字读［ʨ］组。例如：霁、砌、齐、细、趋、絮、宵、笺、千、践、亲等精组字声母都为［ʦ］组，冀、器、奇、戏、驱、嘘、嚣、坚、牵、件、钦等见系字声母都为［ʨ］组。

3. 疑母洪音字声母读［ŋ］，细音字声母与娘母、日母俗音[③]合流，读［ȵ］。声符表（2661）“广”声符对应的守温字母为“疑柔音、娘、日俗音”。另外，方言全表列举的字，如砚疑、年娘、廿日的声母都相同，也表明疑母细音字声母、娘母、日母俗音字声母合流。

4. 日母分文白读，文读［z］，白读［ȵ］。声符表（2661）中，日母分俗音（白读）和读音（文读）两类，俗音与娘母、疑母柔音一栏，读音与邪母、禅母一栏。另外，方言全表列出的日母字的情况也可看出，例如：廿读［ȵ］；如、汝、入读［z］。

5. 知庄章组声母有分化的迹象。虽然在声符表（2661）中，［ʦ］组一栏含知、精、照三组声母，但流摄三等知庄章组分韵，呈现出庄组［ + 洪音，- 细音］，知章组［ + 细音，+ 舌尖韵母，- 洪音］的格局。而且从其他韵摄来看，这一特点更是明显。例如：邹流开三庄 ʦœʏ ｜搊流开三初 ʦʰœʏ ｜骤流开三崇 ʥœʏ ｜瘦流开三生 sœʏ ｜愁流开三崇 zœʏ ｜周流开三章 ʦiœʏ ｜抽流开三彻 ʦʰiœʏ ｜纣流开三澄 ʥiœʏ ｜收流开三书 siœʏ，楚遇合三初 ʦʰu ｜疏遇合三生 su ｜债蟹开二庄 ʦa ｜寨蟹开二崇 dza ｜杀山开二生 saʔ ｜诈假开二庄 ʦo ｜栈山开二崇 ʥɛ ｜山山开二生 sɛ ｜争梗开二庄 ʦã ｜撑梗开二彻 ʦʰã ｜状宕开三崇 ʦɔ̃ ｜爽宕开三生 sɔ̃ ｜撞江开二澄 ʥɔ̃，主遇合三章 ʦɥ ｜处遇合三昌 ʦʰɥ ｜除遇合三澄 ʥɥ ｜暑遇合三书 sɥ ｜酌宕开三章 ʦiaʔ ｜着宕开三澄 ʥiaʔ ｜照效开三章 ʦiɔ ｜朝效开三澄 ʥiɔ ｜绍效开三禅 ziɔ ｜真臻开三章 ʦiŋ ｜乘曾开三船 ʥiŋ ｜沈深开三书 siŋ ｜甚深开三禅 ziŋ ｜准臻合三章 ʦɥŋ ｜春臻合三昌 ʦʰɥŋ ｜舜臻合三书 sɥŋ ｜辰臻开三禅 zɥŋ。

6. 知组三等、章组也存在着分化的迹象。在宕摄开口三等字中，知组字和章组字韵母不同，知组拼合细音，章组拼合洪音。例如：张宕开三知 ʦiã ｜帐宕开三知 ʦiã ｜长宕开三澄 ʥiã ｜丈宕开三澄 ʥiã ｜掌宕开三章 ʦɔ̃ ｜障宕开三章 ʦɔ̃ ｜昌宕开三昌 ʦʰɔ̃ ｜唱宕开三昌 ʦʰɔ̃ ｜上宕开三禅 zɔ̃。

另外，在鄞县读音转韵表（2699—2715）中，同样是咸山摄开口三等知章组字，“毡山开三章羶山开三书展山开三知扇山开三书辗山开三知詹咸开三章蟾咸开三章苫咸开三书幨咸开三昌沾咸开三知觇咸开三彻飐咸开三章谄咸开三彻占咸开三知”等字分布在“韵符宀第十五部”（2707）中，读［ĩ］类韵；而“缠山开三澄燀山开三章阐山开三昌善山开三禅缮山开三禅陕咸开三书赡咸开三禅”等字分布在“韵符干第十八部”，读作［õ］类韵。可以推断，声母的差异使这些字分属不同的韵母。

（二）韵母特点

韵母特点主要依据鄞县读音转韵表（2699—2715）。

首先介绍阴声韵的特点。《通志》的阴声韵特点主要表现为：

1. “止蟹入鱼”。例如“韵符一第一部”（2699—2700）读［i］类韵，包括：鱼徐櫚语吕御慮覻虞婁（曳意）麌縷、微微霏飛肥尾尾匪斐未未沸費、贿疿废廢肺吠等韵部字；“韵符儿第二部”（2700）读作［əɭ］，也包含“支脂之鱼祭”等栏。

2. 假摄开口三等韵分文白读。白读以声母条件分韵，章组字读［o］类韵母，精组字读［a］类韵母；文读统为［e］类韵母。例如：“斜茄写姐谢夜”等精组字在“韵符丫第五部”（2701），“蛇车社捨惹麝”等章组字在“韵符ㄛ第六部”（2702）。“韵符ㄝ第八部”中的麻韵“茄”、禡韵“藉夜”等字转入“丫部”，“韵符ㄝ第九部”中的麻韵“奢蛇”、马韵“捨社惹”、禡韵“舍柘射”等字都转入“ㄛ部”。

3. 蟹摄开口一等咍韵读［ᴇ］类韵母，与蟹摄合口二等韵合流。例如“韵符ㄞ第十部”（2703）：皆乖懷儕埋唻崽骇駭（亦即呆字）唉（亦轉丫部）怪怪（亦轉丫部）噲壞鎩夬夬快（此二字亦轉入丫部）敗（亦轉入丫部），咍咍開哀臺該才來災猜胎孩鰓海海凱宰待乃改亥采在欸代代載賽貸溉慨礙愛耐戴菜。

4. 蟹摄开口二等韵读音复杂，体现了不同的读音层次。

（1）与假摄开口三等韵白读音合流，读［a］类韵母。例如“韵符丫第五部”（2701）：佳街鞋牌柴釵歪蟹蟹買奶矮擺解灑拐卦賣派債曬皆挨排差（差使）齋揩骇唉怪怪瘵界蒯夬夬快蠆敗寨，麻斜茄迦邪爹马寫姐禡謝藉瀉夜笡（甬人斜之俗語）。

（2）与假摄二等韵白读音合流，读［o］类韵母。例如“韵符ㄛ第六部”（2702）：佳佳蟹罷卦卦畫稗夬話，麻麻車奢遮嗟蛇華瓜花誇家霞葩鴉巴杈沙芽渣茶佘窪杷查詫些马馬雅假啞下社舍把寡瓦惹鲊跨傻禡罵駕亞罅訝吒詐乍暇蔗赦麝霸怕華（華山）化跨傻。

（3）文读音读［e］类韵母。例如“韵符ㄝ第八部”（2703）：佳涯蟹蟹（亦轉丫部）解（亦轉丫部）卦解（解除亦轉丫部）隘邂睚皆皆諧揩（亦轉丫部）骇駭楷（亦轉丫部）怪戒（亦轉丫部）械拜湃。这些字大多又可以转读［a］韵母，与假开三等韵的白读同音，可见［e］应该是文读音。而且在北部吴语中，佳韵的文读作［ɛ］类韵是很常见的。（郑伟 2013：66）

5. 流摄字不与山摄字相混。“韵符ㄡ第十三部”主要来源于流摄，遇摄虞韵仅有一个“諏”字，没有山摄字。

再看阳声韵的特点。

1. 咸山摄阳声韵尾［-m、-n］消失，韵母按照开合与声母条件分化，大致条件为：开口韵一二等端系、知庄组字读口元音韵母，其余读鼻化韵母。例如：“韵符ㄢ第十四部”（［ɛ］类韵母）主要是咸山摄开口一二等端系和知系字：夬邁咍纔海凱寒單難餐灘珊壇殘蘭旱亶坦散但瓚嬾侃翰炭旦憚爛攤璨繖贊囋删刪闞灣還班蠻奸攀頑馯髯潸潸版赧阪販谏晏（日晏）慢患棧襻山山鰥慳譠虥产產限鏟醆裥襇莧瓣盼綻覃譚参（参考）嵐耽堪毵感歎慘糝坎頷撼壈勘勘憾揞谈談擔三藍暫敢覽毯膽啖喊阚瞰濫舔澹三（再三）衔銜巉攙衫監嵌豏豏湛減瀺斬摻陷陷站蘸儳。“韵符干第十八部”（［ø̃］类韵母）中主要是山摄合口字：元元袁媛喧鴛阮阮遠卷綣諼願願怨券楦遠桓瓢端湍酸團欑鸞鑽缓短疃算卵暖纂斷换竄段亂鍛蒜攢删跧潸皖撰谏篡串山湲先淵涓鋗玄銑撚犬畎霰絢縣狷肙仙全部獮全部线全部。“韵符ㄅ第十七部”（［uũ］）中全部是山摄合口字：元垣蜿樠阮婉桓桓豌官歡寬盤瞞潘搬缓緩椀管款伴滿坢换換惋貫喚半判叛。“韵符ㄇ第十五部”（［ĩ］类韵母）中主要是开口一二等见系字与开口三四等字：元言軒鞬蔫腱阮偃蹇鍵巘憾願建堰獻健寒干看旱稈翰幹岸删鳊顏（亦轉ㄢ部）犴谏諫雁晏（晏嬰）孿山艱閑訮殷

（赤黑色）产限（亦轉ㄢ部）簡眼（亦轉ㄢ部）先全部銑全部霰全部仙全部獮全部线全部覃函（亦轉ㄢ部）弇感感唵勘淦谈甘坩敢敢揜盐全部琰全部豔全部添全部忝全部㮇全部咸鹹緘詀豏歉臉陷陷（亦轉ㄢ部）歁槛檻（亦轉ㄢ部）黤鑑鑑严嚴杴醃俨儼埯酽釅劍欠俺。

2. 深摄、臻摄、曾摄、梗摄一二等与三四的阳声韵主要元音不同，且梗摄二等字多具有文白读之分。

臻摄一等、臻摄合口三等非组、曾摄一等、梗摄二等阳声韵的主要元音为［ə］，韵母为［əŋ uəŋ］。例如“韵符ㄥ第二十二部”（2711）魂魂昆溫門孫尊存敦豚村盆奔侖昏等字混混忖本損穩鱒笨濍惛等字慁慁頓困悶鈍寸論奔等字痕痕根恩吞很很墾詪恨恨艮文文汾焚分紛氛吻吻粉憤忿问問奮份登全部等全部嶝全部庚庚（亦轉ㄤ部）横（亦轉ㄤ部）崢烹生衡梗梗（亦轉ㄤ部）耕耕鏗萌莖丁（伐木聲）橙（亦轉ㄤ部）爭耿耿诤諍。其中，梗摄二等字“庚、横、梗、橙”等字又读作［ã］，属于白读。

深摄三等、臻摄三等（不含非组）、曾摄三等、梗摄三四等的主要元音为［e］，韵母读作［ieŋ yeŋ ɥeŋ］。例如“韵符ㄣ第十九部”（2709）真全部轸全部谆全部准准尹蠢吮等字稕竣殉駿舜閏順等字文雲蘊群薰君等字吻蘊问運訓醞郡等字欣欣殷勤斤鄞隐隱謹近聽焮炘近隱庚英平驚明兵卿擎迎行獰梗丙警影省永皿憬映映敬競更慶命病柄詠行（品行）偵迎清全部静全部劲全部青青經刑庭丁星俜靈寧汀冥瓶螢等字迥迥茗頂挺濘醒並等字徑徑佞醒脛定釘磬聽瑩零等字蒸全部拯拯证全部侵侵尋林斟沈砧壬深淫心琴欽吟金音等字寝寢廩寖枕甚錦飲品等字沁浸妊禁賃蔭臨深等字。

3. 江开二与宕摄一等、宕合三、宕开三（庄章组）阳声韵合流，读作［ã］类韵母。“韵符ㄤ第二十部”（2710）包含如下韵：江江腔讲講蚌绛降阳陽詳良香羌僵長張襄將娘牆槍央強倀养養像奬兩強（強迫）仰愴想敞丈壤搶長（長輩）漾漾亮讓餉帳悵向仗相蹌。

部分江开二、梗开二与宕开三（知组、见系）阳声韵合流，读作［ɔ̃］类韵母。“韵符丄第二十一部”（2711）包含如下韵：江江（亦轉ㄤ部）龐窗邦降（投降）缸雙幢讲講（亦轉ㄤ部）港棒綁項绛絳降（亦轉ㄤ部）巷撞阳商房章昌方創亡瓤床莊常霜匡王芳狂养掌爽獷賞仿網放枉往上逛漾状障尚償壯訪望况旺防唐全部荡全部宕全部庚蝗喤傖磅梗磺映榜（榜人）沁闖。其中，江摄字“江腔讲蚌降”等字有读作［ã］类韵母，为白读音。

4. 通摄以及少量梗摄合口三等、少量曾摄合口一等阳声韵字读作［oŋ］类韵母。“韵符廾第二十三部”包含如下韵：东全部董全部送全部冬全部宋全部钟全部肿全部用全部庚榮兄耕宏轟泓登弘肱。

入声韵的特点。从韵符表包含的古韵部来看，主要有：

1. 深摄开口三等、咸摄开口三等、山摄开口三四等、臻摄开口三等（知章庄组除外）、曾摄开口三等（庄组除外）、梗摄开口三四等入声合流，读作［iʔ］。“韵符一．第二十四部”（2713）主要来源于开口三四等入声韵。包含如下韵部：质隲秩悉一七匹吉暱逸詰咭抶栗疾室唧必苾叱密弼乙筆蛭術律術栉櫛迄迄訖乞月歇訐竭黠黠劼戛軋屑屑切結節姪跌迭軼鐵頁涅截篾彌噎挈瞥鱉薛薛列傑熱舌孽滅劫鱉瞥別別（分別）孑陌陌戟隙逆昔昔積益亦釋赤擲席籍闢壁僻射碧彳锡錫激劈曆的檄敵踢績溺寂覓壁戚职職直力飭陟食息植識蝨極即匿憶棘翼即逼愎嶷缉緝執襲揖葺及蟄執立急岌泣冊吸戢邑熠孨葉葉接攝涉捷聶折妾笈帖燮业業脅劫浥。

2. 臻摄三等开口知章组、臻摄合口三等、山摄开口三等知章组、山摄合口三四等（非组除外）入声韵合流，读作［yʔ］。“韵符ㄩ．第二十四部”（2713）主要来源于部分知章组开口三等和合口三四等入声韵。包含如下韵部：质質日實室失汨術術橘聿戌黜絀出物屈掘鍺刷屑血缺决穴抉薛哲浙絕雪悅缺說啜劣轍設蹶徹蟄掣缉十習集入葉辄月月越厥闕职寔。

3. 咸摄开口一二四等、山摄一二等、臻摄合口一等、臻摄合口三等（非组）、宕摄开口三等、曾摄开口一等（帮组除外）、曾摄开口三等（庄组）、梗摄开口二等入声韵合流，读作［aʔ］。“韵符丫．第二十六部”（2714）来源于较为复杂，有以下诸韵：屋秃觉覺樂（二字亦轉ㄛ．部）搦學（亦轉ㄛ．部）质率茁術卒栉瑟物物勿弗不佛拂月伐髪襪謁没全部曷全部末全部黠劄拔猾八察殺鎋鎋剎瞎獺刮蚋捌屑捏薛劣（亦轉ㄩ．部）药全部铎恪獲陌全部（除陌戟隙逆外）麦麥獲責策隔摘厄昔尺石只業怯职測色仄德德則勒忒刻特黑賊塞劾缉澀合合鴿答颯遝踏雜匝拉納哈盍盍臘榻卅蓋（姓）囃葉獵霎帖帖協頬愜牒洽洽恰夾眨插劄狎狎壓甲呷乏乏法。

4. 通摄、江摄二等大部分、宕摄开口一等、曾摄开口一等（帮组）、曾摄合口一等、梗摄合口二等入声韵合流，读作［oʔ］。“韵符ㄛ．第二十七部”（2715）来源于以下诸韵：屋全部（除秃外）沃全部烛全部觉覺（亦轉丫．部）角嶽捉浞朔卓剝雹璞殼濁握趠學（亦轉丫．部）鐲物鬱月曰没咄柮药若綽（此二字亦轉丫．部）縛玃铎全部（除獲恪外）陌索欂拍（亦轉丫．部）麦幗昔役职域德墨北匐或國覆缉熤。

5. “韵符ㄝ．第二十八部”（2715）的读音全为鄞县方音俗称，仅有三个字：哈該（甬俗稱彼物曰該東西）锡欬（甬俗音如欬欬笑）月噦（甬俗音飽而氣逆打噦）。

四　从《通志》音系看鄞县方言近百年的演变

（一）声母的演变

现代鄞县方言声母和《通志》中所记录的声母区别如下④：

1. 少数浊声母字读清声母。例如：疵止开三从 ʦʰɿ^{1} ｜伺止开三邪 sɿ^{1} ｜婢蟹开四並 pi^{1} ｜脯遇合一並 pʰu^{1} ｜釜辅遇合三奉 fu^{5} ｜撼憾酣咸开一匣 he^{1} ｜苋山开二匣 hɛ^{5} ｜辙山开三澄 ʨʰiɪʔ^{7} ｜晃宕合一匣 huɔ̃^{1} ｜挺艇梗开四定 tʰiŋ^{1} ｜菌窘臻合三群 ʨʰyoŋ^{1}。

2. 不分尖团音。现代鄞县方言精组、见系细音都读［ʨ］组声母（邪母和匣母例外），例如：焦精 ＝ 娇见 ʨio^{1} ｜秋清 ＝ 丘溪 ʨʰiʏ^{1} ｜齐从 ＝ 奇群 ʥi^{2} ｜相心 ＝ 香晓 ɕiã^{1}。

3. 部分疑母字在合口呼前读如泥母或匣母。例如：误悟 nu^{2} ｜伍午 ɦu^{4} ｜玩 ɦuɛ^{4}。

4. 现代鄞县方言的知二庄组通读［ʦ］组。知三章组今读按韵母的洪细分化：知三章组洪音读［ʦ］组，细音读［ʨ］组。如：车假开三昌 ʦʰo^{1} ｜拄遇合三知 ʦɥ^{1} ｜珠遇合三章 ʦɥ^{1} ｜缀蟹合三知 ʦɐɪ^{1} ｜赘蟹合三章 ʦɐɪ^{1} ｜追止合三知 ʦɐɪ^{1} ｜吹止合三昌 ʦʰɐɪ^{1} ｜篆山合三知 ʣiʏ^{1} ｜穿山合三昌 ʦʰø^{1} ｜椿臻合三彻 ʦʰɥəŋ^{1} ｜春臻合三昌 ʦʰɥəŋ^{1} ｜虫通合三澄 ʣoŋ^{2} ｜终通合三章 ʦoŋ^{1} ｜竹通合三知 ʦoʔ^{7} ｜烛通合三章 ʦoʔ^{7}，超效开三彻 ʨʰio^{1} ｜照效开三章 ʨio^{5} ｜抽流开三彻 ʨʰiʏ^{1} ｜洲流开三章 ʨiʏ^{1} ｜占咸开三章 ʨi^{5} ｜沉深开三澄 ʥiŋ^{2} ｜缠山开三澄 ʥi^{6} ｜哲山开三知 ʨiɪʔ^{7} ｜珍臻开三知 ʨiŋ^{1} ｜智知止开三 ʦɥ^{5} ｜支章止开三 ʦɿ^{3} ｜齿昌止开三 ʦʰɿ^{1} ｜翅书止开三 ʦʰɿ^{3} ｜迟止开三澄 ʥi^{2} ｜池止开三澄 ʥi^{6} ｜张知宕开三 ʨiã^{1} ｜畅宕开三彻 ʨʰiã^{5} ｜长澄宕开三 ʥiã^{2} ｜唱昌宕开三 ʦʰɔ̃^{5} ｜常禅宕开三 ʣɔ̃^{2} ｜勺禅宕开三 zoʔ^{8}。

可知鄞县方言近百年的变化情况：① ʦ → ʦ/_［ ＋ 洪音］，② ʦ → ʨ/_［ ＋ 细音］。另外根据徐通锵先生（1993：35—40）的研究 19 世纪的宁波方言中存在三组塞擦音音位系统：［ʦ］组、［ʧ］组和［ʨ］组，并且［ʧ］组已经开始向［ʦ］组合并，而且在“《研究》的时期才完成了合并的过程”。胡方先生（2001：65—68）则认为 19 世纪下半叶时期的宁波方言的塞擦音音位系统只有［ʦ］组。所谓［ʧ］组声母其实是［ʦ］组声母拼撮口呼时的条件变体，且［ʧ］组声母在《音节》时代就开始了向［ʦ］组声母演变过程。综合起来，可以知三章组声母的读音演变如下图：

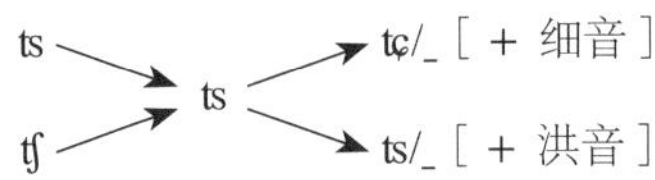

（二）韵母的演变

陈忠敏先生（1990）所记载的现代鄞县方言韵母格局与《通志》中的大体一致，主要的变化是韵类大量的归并，韵母数量大为减少。在《通志》中韵母数量为57个，现代鄞县方言韵母数量为47个。

1. 假摄合口二等韵母的归并。在《通志》中，假摄二等韵母分为三个：［o uo yo］，开口读［o］，合口读［uo］，韵母［yo］属文读性质。如：怕 pʰo ｜瓜 kuo ｜嘉白 ko ｜嘉文 tɕyo。现代鄞县方言中，介音全部消失，统读［o］，例如：怕 pʰo^{5} ｜瓜 ko^{1} ｜嘉 ko^{1}。

据徐通锵先生（1993）研究，［o uo］的合并在《现代吴语的研究》时期（20世纪30年代，笔者注）已经开始，到20世纪80年代初还未完成。⑤所以结合徐先生的研究，我们可以非常清晰地看到假摄合口二等韵演变：

假摄合口二等韵	《通志》	《研究》（1928）	《演变》（1981）	《字汇》（1990）
	uo	uo（多），o（少）	uo（少），o（多）	o

2. 假摄开口三等字文读音消失。《通志》中的“蛇奢社惹”“写夜”等字具有两读，白读［o］/［ia］，文读［ie］。现代鄞县方言仅剩白读［o］/［ia］。说明鄞县方言中的文白读竞争过程中，白读音战胜了文读音，这和大多数方言的竞争结果相反。王福堂先生（2005：47）认为这些文读音之所以消失，是地方经济的发展和官话等文教措施的废止的综合结果。

3. 咸山摄的鼻化韵［ĩ ɛ̃ ø̃］等韵类消失，今读口元音。前文已述，在《通志》中咸山摄多读鼻化韵，不与阴声韵相混。而现代鄞县方言中，咸山摄的鼻化特征大多消失，与遇摄、止摄、蟹摄、流摄韵母相混。例如：含咸开一匣 ＝ 孩蟹开一匣 ɦe^{2} ｜安山开一影 ＝ 哀蟹开一影 e^{1}；基止开三见 ＝ 尖咸开三见 tɕi^{1} ｜离止开三来 ＝ 连山开三来 li^{2}；贪探咸开一透 ＝ 推蟹合一透 tʰɐɪ^{1}；渠遇合三群 ＝ 拳山合三群 dʑy^{2} ｜语遇合三疑 ＝ 元山合三疑 ȵy^{2}；泉山合三邪 ＝ 囚流开三邪 dʑiʏ^{2} ｜鸾山合一来 ＝ 楼流开一来 lœʏ^{6}。

值得注意的是，《通志》中的合口三等仙韵、元韵（读［yø̃］）在现代鄞县方言中发生了分化：部分合口仙韵、元韵的知三章组读［ø］，如：砖 tsø^{1} ｜传 dzø^{2} ｜撰 dzø^{2}；部分合口仙韵、元韵的知三章组读［ɪʏ］，如：穿 tɕɪʏ^{1} ｜椽 dʑɪʏ^{2} ｜船 ʑɪʏ^{2} ｜篆 dʑɪʏ^{2}；合口仙韵、元韵见系读［y］，如：元 ȵy^{2} ｜远 ɦy^{2} ｜卷 tɕy^{4} ｜圈 tɕʰy^{3} ｜权 dʑy^{2}。

可知，合口仙韵、元韵字的韵母以声母为条件进行分化。上文说到，《通志》中的知章组读［ʦ］组声母，又有了新的分化条件。所以［ʦ］组声母与［yø̃］韵母相拼，要么［ʦ］组声母腭化成［ʨ］声母：［ʦ］＋［yø̃］>［ʨɪʏ］；要么韵母读作洪音：［ʦ］＋［yø̃］>［ʦø］。

4. ［ieŋ yeŋ ɥeŋ］等韵母消失。《通志》中深摄三等、臻摄三等、曾摄三等以及梗摄三四等读［ieŋ yeŋ ɥeŋ］，与现代鄞县方言的今读韵母对应关系如下：

条　件	例　字	《通志》	现代鄞县方言
开口三四等	品真珍程英	-ieŋ	iŋ
开口三等知章组（少量）	镇辰人		ʮəŋ
合口三四等见系	军云永	yeŋ	yoŋ
合口三等知章组	准春顺	ʮeŋ	ʮəŋ

可知：（1）[ieŋ] 韵母今大部分读 [iŋ]。少量读 [ʮəŋ] 韵母是受到了声母的影响。如前所述，知章组声母在《通志》中读 [ʦ]，并开始了新的分化，[ieŋ] 韵母也就形成两种演变：[ʦieŋ]>[ʨiŋ] 和 [ʦieŋ]>[ʦʮəŋ]。演变的主流是 [ʦieŋ]>[ʨiŋ]，仅极少的字的演变方式为 [ʦieŋ]>[ʦʮəŋ]。

（2）由于介音的影响，[yeŋ ʮeŋ] 韵母中的主要元音 [e]>[o]。[yeŋ] 韵母已经完全读成 [yoŋ] 韵母。而臻摄合口三等知章组读 [ʮəŋ] 韵母仅仅是 [ʮeŋ]>[oŋ] 的中间状态。最近的鄞县方言研究显示，南片的姜山方言臻摄合口三等知章组字已全部读成 [oŋ] 韵母，例如：春 ʦʰoŋ^{1} | 唇 zoŋ^{5} | 顺 zoŋ^{5} | 准 ʦoŋ^{0} | 舜 soŋ^{0}。（肖萍、郑晓芳 2014：80）

5. 入声韵母 [yʔ] 消失。[yʔ] 韵母在现代鄞县方言中分化为：见系归 [yɐʔ] 韵母，精组、知三章日组归 [iɪʔ] 韵母和 [ʮœʔ] 韵母。例如：决山合四见 ʨyəʔ^{7} | 橘臻合三见 ʨyəʔ^{7} | 屈臻合三溪 ʨʰyəʔ^{7} | 月山合三疑 ɦyəʔ^{8} | 越山合三云 ɦyəʔ^{8}，哲山开三知 ʨiɪʔ^{7} | 质臻开三章 ʨiɪʔ^{7} | 日臻开三日 ȵiɪʔ^{8} | 术臻合三船 ʑiɪʔ^{8} | 出臻合三昌 ʦʰʮœʔ^{7} | 失臻开三书 sʮœʔ^{7} | 十深开三禅 zʮœʔ^{8} | 入深开三日 zʮœʔ^{8}。

（三）声调的演变

声调的变化主要体现在阳上调的消失。前文已述，按照《通志》中所载，浊上字分两读，大部分仍读上声，少量读去声，表现出"浊上归去"的趋势。例如："渡"（2667）、"惧"（2668）、"甚"（2688）等字为浊上字，却排在去声一栏。而现代鄞县方言的全浊上声字"大部分归阳去，一部分归阳平"，例如：弟蟹开四定上 di^{6} | 尽臻开三从上 ʥiŋ^{6} | 重通合三澄上 ʥoŋ^{6} | 践山开三从上 ʥi^{2}。（陈忠敏 1990）

我们发现在《现代吴语的研究》（2011：132—133）中记载的鄞县方言全浊上声虽然也是读作阳去，但在阳去的后面带有一个问号，如果这个问号代表的含义是由于全浊上和阳去合并后不久在发音过程中的一种窜调现象，那么我们可以更加清晰地看到鄞县方言全浊上声消失的过程了。

参考文献

陈忠敏．鄞县方言同音字汇［J］. 方言，1990（1）.

胡　方．试论百年来宁波方言声母系统的演变［J］. 语言研究，2001（3）.

王福堂．汉语方言语音的演变和层次［M］. 北京：语文出版社，2005.

魏　桥，傅璇琮，陈桥驿．《宁波市志》序三篇［J］. 宁波大学学报（人文社科版），1995（3）.

肖　萍，郑晓芳．鄞州方言研究［M］. 杭州：浙江大学出版社，2014.

徐通锵．百年来宁波音系的演变——附论音变规律的三种方式［J］. 语言学论丛，1991（16）.

袁　丹．从传教士文献和现代方言再论百年来宁波声母系统的演变［J］. 东方语言学，2015.

赵元任．现代吴语的研究［M］. 北京：商务印书馆，2011.

郑　伟 . 吴方言比较韵母研究［M］. 北京：商务印书馆，2013.

附　注

① 虽然在今鄞州方言、宁波方言中，甚至整个吴方言区，都有［m］这种声化韵，如“姆妈”［m ma］，但《通志》中没有记载，故不计入。《通志》“现代词语——名物词类表”有“阿姆”这种称呼，但“姆”音“莫补切（ㄇㄨ）”，应读为［mu］。“甬城厢一带呼‘母’曰‘阿姆’，乡间则多呼‘妈’或呼‘阿妈’。而此五名（指阿姆、妈、阿妈、娘、阿娘，笔者注）又皆为母之通称。案‘姆’同‘姥’，女师也。本非母称，其称母者，盖即‘母’字后世以‘母’字读莫厚切，故借用‘姆’字耳。……”（2787）

② 所谓刚音是指见系洪音字读［k］组声母，柔音是指见系细音字读［tɕ］组声母。“见溪群疑晓匣六母，鄞音各析为刚柔二种。”（页 2660）

③ 俗音在方言全表以“○”标识。“其字旁加○者则此字之俗音。”（页 2696）

④ 声调以数字 1、2、3、4、5、6、7、8 分别表示古调类阴平、阳平、阴上、阳上、阴去、阳去、阴入、阳入，并标于音标右上角。

⑤ 徐通锵先生的《百年来宁波音系的演变》一文虽然在 1991 年初次发表于《语言学论丛》，但调查的年代是 1981—1982 年（见该文“一、目的、材料和方法”），所以徐先生在文中所用的“当代方言”的时代应该是 1981 年或 1982 年。

（刘　斌　杭州余杭第二高级中学　311100
陶文燕　北京语言大学语言科学院　100083）

沈宠绥曲论中反映的明代吴方言

刘泽民

沈宠绥，吴江人，生于明代万历年间，明代著名的戏曲声律家，有《度曲须知》《弦索辨讹》等戏曲理论著作传世。沈氏在著作中大量提及“土音”“吴音”，我们通过他对土音的描述可以窥探当时吴语的一些语音面貌，甚至一些语音细节，例如当时吴语已经存在自成音节的鼻音韵，即所谓“声化韵”：吴、无、你分别读 ŋ̍、m̩、n̩。本文对《度曲须知》《弦索辨讹》中所用语音术语、曲中文字所作的归类标记和对语音的具体描述等进行全面考查，着重讨论以下几个问题。

一　阳声韵的鼻弱化状况

唱南曲须用正音，不能用方言，这是沈宠绥一贯的主张。他在《弦索辨讹》的序言中说：“以吴侬之方言，代中州之雅韵，字理乖张，音义迳庭，其为周郎赏者谁耶？”在《弦索辨讹》的“北曲正讹考”和“入声正讹考”中明确指出“正讹，正吴中之讹也”。沈氏是吴语区人，他的正音都是针对吴语的，所以他的曲论中能为我们提供不少当时吴语的信息。我们知道，当代吴方言带鼻音韵尾的阳声韵字，鼻尾弱化现象相当严重，表现有二：一是鼻韵尾合并，-m 并入 -n，部分 -ŋ 并入 -n；二是鼻韵尾鼻音特征减弱甚至消失，多数吴方言咸山摄读鼻化元音甚至读口元音，江宕摄也读鼻化元音，比较完整地保持鼻韵尾的主要是通摄字。

沈宠绥时代吴方言的阳声韵状况如何呢？沈宠绥的曲论中有很好的体现，从中可以看出，当时的吴方言阳声韵鼻弱化现象已经很严重了。他在曲论中反复强调阳声韵按韵尾当分为三类：“故东钟、江阳、庚青三韵，音收于鼻；真文、寒山、桓欢、先天四韵，音收于舐腭；廉纤、寻侵、监咸三韵，音收于闭口。”所谓“音收于鼻”，即 -ŋ 尾字，“音收于舐腭”，即 -n 尾字，“音收于闭口”，即 -m 尾字。

> 闭口、撮口、鼻音，向来曲谱固于文旁点圈记认。（弦索辨讹凡例）

这里的“闭口、鼻音”都是阳声韵，曲谱“向来”于文旁点圈记认，说明当时方言鼻音韵尾弱化由来已久，时人已经难以辨认。弱化的第一种表现即混并，第一种，-m 尾都并向 -n 尾，是明代吴语最典型的特征，沈氏说得非常明确：“即如闭口字面，设非记认谱旁，则廉纤必犯先天，监咸必犯寒山，寻侵必犯真文。”（鼻音抉隐）“犯”即相混，所谓“寻侵必犯真文”等，即是说前三韵分别混同于后三韵，-m 尾并入 -n 尾。沈氏前辈王骥德在《曲律》中说得更明白：

> 字之有开、闭口也。犹阳之有阴，男之有女。古之制韵者，以侵、覃、盐、咸，次诸韵之后，诗家谓之〔哑韵〕，言须闭口呼之，声不得展也。词曲禁之尤严，不许开、闭并押。闭口者，非启口即闭；从开口收入本字，却从展其音于鼻中，则歌不费力，而其音自闭，所谓〔鼻音〕是也。词隐于此，尤多吃紧，至每字加圈。<u>盖吴人无闭口字，每以侵为亲，以监为奸，以廉为连，至十九韵中，遂缺其三。</u>此弊相沿，牢

不可破，为害非浅。惟入声之缉，若合、若叶、若洽等字，闭其口则声不可出，散协于齐微、歌戈、家麻、车遮四韵中，其势不得不然。若平声，则侵寻之与监咸、廉纤，自可转辟其声，以还本韵，惟歌者调停其音，似开而实闭，似闭而未尝不开。此天地之元声，自然之至理也，乃欲概无分别，混以乡音，俾五声中无一闭口之字，不亦冤哉！（王骥德《曲律·论闭口字第八》）

第二种情况是，当时吴语在高元音 i 后 -ŋ 尾读成 -n 尾，即 -iŋ → -in。

夫“词脥”诸集，独于庚青字眼，旁记鼻音者，缘吴俗庚青皆犯真文，鼻音并收舐腭。（收音问答）

“吴俗庚青皆犯真文，鼻音并收舐腭”明确说明当时吴语的庚青韵已读同真文韵。鼻弱化的第二种表现是鼻尾丢失，元音鼻化。

犹忆客岁中秋，有从千人石畔，度“花荫夜尽”之曲，吐字极圆净，度腔佲觔（筋）节，高高下下，恰中平上去入之窾要，闭口撮口，与庚青字眼之收鼻者，无不合吕。但细察字尾，殊欠收拾。凡东钟、江阳字面，一概少收鼻音：珑字半近于罗，桐字半溷于徒，广或疑于寡，王或疑于华。此其人但知庚青之字出于口，音便收鼻，而不知东钟、江阳之字尾，固自有天然鼻音在也。（中秋品曲）

从此唱曲者“凡东钟、江阳字面，一概少收鼻音”看，说明当时吴语东钟、江阳等鼻韵尾字发生了鼻弱化音变。“珑字半近于罗，桐字半溷于徒，广或疑于寡，王或疑于华。”“半近于、半溷于、疑于”这些描述可知唱者将本带鼻尾的字唱成鼻化元音。下面这几段话也能说明当时吴语东钟、江阳常失鼻音：

若以东钟、江阳，其音天然归鼻，无烦矫正，但有不收之虑，却鲜别犯之忧，故字旁无复记点，岂真不须收鼻哉？（收音问答）

又有唱“拜星月”曲者，听之亦犯此病，其忙字尾似麻，则音不收鼻也；其军字尾似居，亲字尾似妻，先字尾似些，此音不收舐腭也。（中秋品曲）

从《度曲须知》可知，当时唱曲者在阳声韵上有很大的混乱和困惑，比如有人认为，在当时比较权威的曲谱，如《词脥》《吴歈萃雅》《词林逸响》等中没有标记鼻音的钟东、江阳韵，就应唱口音，这充分说明当时吴语鼻弱化严重到何种程度，鼻弱化不仅发生在低元音后，高元音后亦是。如果不是如此，这种混乱和困惑就难以理解。因此沈氏专门在《度曲须知》中写了“鼻音抉隐”和“鼻音抉隐续篇”两章，与时人论战，辨析阳声韵的正确读音。他反复申辩，钟东、江阳前人曲谱之所以不记鼻音，是因为它们不会和其他阳声韵混淆（“却鲜别犯之忧”），而不是它们没有鼻韵尾。前人记谱，是“以苏人之谱，砭苏音之病”，在吴音中有混淆的地方，才要着重标记。

高元音后丢失鼻尾，足见当时吴语鼻弱化情况之严重！如果当时吴语鼻音弱化已经遍及所有阳声韵，那么当代吴语阳声韵高元音后的鼻尾基本保留，就有些费解了。观之当代吴语，“军亲”等字大都还带鼻韵尾。我们认为，这应该归因于后世文读势力的影响。它不但抑制了吴语鼻弱化的进一步漫延，还使一些本已消失了鼻尾的韵“恢复”了鼻韵尾。

二 “吴无你”等字鼻音自成音节

刘复在《明沈宠绥在语音学上的贡献》一文中推沈宠绥为戏曲派语音学“空前绝后的一大功臣”，此话并非过誉。实际上，沈氏是汉语音韵史上将音段分析到音素的第一人。他首倡的“头腹尾”三切法距真正的音素分析仅一步之遥。他主张唱曲要善于收拾“下半字面”，而下半字面的收拾，功夫全在收音，即把复元音韵母和带鼻韵尾的韵母的元音韵尾和鼻音韵尾唱准确。于是他准确地分析出了阴声韵中的 -i（以噫音收）、-u（以呜音收）、-y（以于音收）三个韵尾和阳声韵中的 -m（闭口）、-n（舐腭）、-ŋ（鼻音）三个韵尾。

若乃下半字面，工夫全在收音，音路稍伪，便成别字。如鱼模之鱼，当收于音，倘以噫音收，遂讹夷字矣。庚青之庚，本收鼻音，若舐腭收，遂讹巾字矣。其理维何？在熟晓《中原》各韵之音，斯为得之。盖极填词家通用字眼，惟《中原》十九韵可该其概，而极十九韵字尾，惟噫呜数音可笼其全。故东钟、江阳、庚青三韵，音收于鼻；真文、寒山、桓欢、先天四韵，音收于舐腭；廉纤、寻侵、监咸三韵，音收于闭口。齐微、皆来二韵，以噫音收。萧豪、歌戈、尤侯、与模，三韵有半，以呜音收。鱼之半韵，以于音收。（中秋品曲）

又有唱“拜星月”曲者，听之亦犯此病，其忙字尾似麻，则音不收鼻也；其军字尾似居，亲字尾似妻，先字尾似些，此音不收舐腭也；拜只以爱音收，腮只以哀音收，海只以霭音收，并无有噫音结局：此皆字面之没了当者也。（中秋品曲）

用使唱家知噫音之收齐微者，并收于皆来；鼻音之收庚清者，并收于东钟、江阳；呜音之收歌戈、模韵者，并收于萧豪、尤侯。其他真文各韵，亦复音音归正，字字了结。（中秋品曲）

他还将一些音作了发音生理角度的描写，最精彩的是他对鼻辅音的描写，他从发音生理上确定了音收闭口的 -m、音收舐腭的 -n 和音收于鼻的 -ŋ 都是鼻音的性质。

又余尝按十九韵之音，不特东钟两韵，应收于鼻，即闭口、舐腭，其音亦非与鼻无关。试于闭口、舐腭时，忽然按塞鼻孔，无有不气闭而声绝者；则虽谓廉纤、真文等七韵，总是音从鼻出，奚不可哉？（鼻音抉隐）

在讲解鼻音的发音时，他无意中透露出当时的吴江话中已经有鼻音自成音节的现象（括号内是他自己的注释）：

收鼻何音？吴字土音。（吴江呼吴字，不作胡音，另有土音，与鼻音相似）闭口何音？无字土音。（吴俗呼无字，不作巫音，另有土音，与闭口相似）抵舌何音？你字土音。（吴俗有我侬、你侬之称，其你字不作泥音，另有土音，与抵舌相似）

这里的描述说明当时吴语“吴无你”三字为自成音节的鼻音：吴 ŋ̍/ 无 m̩/ 你 n̩。至少在吴江，鼻音自成音节在明代已成为事实。

三　假摄字、咸山摄开口牙喉音字的主元音

在《弦索辨讹》的凡例中，第一条是如下的一段话：

闭口、撮口、鼻音，向来曲谱固于文旁点圈记认。然更有开口张唇字面，如花字、把字，初学俱作满口唱。（弦索辨讹凡例）

在《弦索辨讹》“右旁记认”表中，“开口张唇”注曰：“如花字、把字等类，须要开口出，不可含唇满呼。”显然是对凡例第一条的呼应。

问题是，所谓“开口张唇字面”，是什么意思？指的是哪些字？“满口唱”又是什么意思？《弦索辨讹》其实就是沈氏编著的一部正音曲谱，他把南曲名曲中的一些唱段按类标注，这些类有：闭口、撮口、鼻音、开口张唇、穿牙缩舌、阴出阳收等。《弦索辨讹》标

记的开口张唇字中，有“望放肝罢汤坎花芳廊堪把方苍杠窗安俺看亡化当贪怕往干潭参钢蘸”等，包含麻佳覃談咸寒山江唐阳等韵的字，这些字在《中原音韵》中主元音都是低元音 a，可以肯定，这些字明代北方官话读音也都以低元音 a 为主元音。

“初学俱作满口唱”，是说初学者受吴方言影响，唱得不合中原官话标准，但“满口唱”“含唇满呼”是唱成什么样的音呢？“含唇”应该有圆唇的意思，和开口张唇相对。“满”是桓欢韵字，《中原音韵》是 on，正是圆唇主元音。现代吴语中的许多点桓韵正好也是圆唇音。

常州	金坛	溧阳	江阴	无锡	苏州	吴江	昆山	上海	平湖
ɔ	ɯ̃	ʊ	ɵ	o	ɵ	ɵ	ɵ	ø	ø

德清	杭州	诸暨	余姚	宁波	临海	仙居	黄岩	景宁	广丰	温州
ø	o	ɤ̃	ɤ̃	u	ø	ø	ø	ɘ	õ	ø

所以，我们可以有把握地说，明代吴方言桓韵字读 on/øn 一类的音。标开口张唇的字中还有咸山摄的一些开口牙喉音字，这些字在现代吴语中也读同桓韵，所以也是 on/øn 一类的音。麻佳韵也是“初学俱作满口唱”的字，现代吴语很多方言读作 o，可见明代吴语已经是圆唇的 o 了。

四　复元音单元音化

> 又有唱“拜星月”曲者，听之亦犯此病，其忙字尾似麻，则音不收鼻也；其军字尾似居，亲字尾似妻，先字尾似些，此音不收舐腭也；拜只以爱音收，腮只以哀音收，海只以霭音收，并无有噫音结局：此皆字面之没了当者也。（中秋品曲）

这位唱曲者犯的毛病除前面我们讨论过的鼻弱化外，还有“拜只以爱音收，腮只以哀音收，海只以霭音收，并无有噫音结局”。“拜爱腮哀海霭”都是皆来韵字，不以“噫音”结尾，而沈氏反复强调，正音“齐微、皆来二韵，以噫音收。萧豪、歌戈、尤侯、与模，三韵有半，以呜音收”。吴语唱曲者易犯的毛病是“下半字面”欠收拾，即很多韵的韵尾发不好。

> 用使唱家知噫音之收齐微者，并收于皆来；鼻音之收庚清者，并收于东钟、江阳；呜音之收歌戈、模韵者，并收于萧豪、尤侯。其他真文各韵，亦复音音归正，字字了结。（中秋品曲）

正音中皆来应是 ai，萧豪应是 au，尤侯应是 eu，而吴语唱曲者则拜收爱音、腮收哀音、海收霭音，不发韵尾 -i，联系现代吴语，多数点皆来、萧豪、尤侯都读单元音，可知沈氏所处的明代已经如此。

五　余　　论

> 吴音有积久讹传者，如师（生）本叶诗（书），俗呼思（心）音，防本叶房，俗呼庞音。（北曲正讹考）

师，生母；诗，书母，思，心母。从这里可以看出，当时吴语知章庄组与精组相混，沈氏说这是吴音积久讹传，可见吴语地区都是如此。吴音的核心地区是苏州，当时曲谱很多是为正苏州音而作。沈氏说得很明白。

> 知有客谓："曲谱流行甚广，若云三等钤记，特为姑苏而设，将无坐井观天与？"予曰：从来"磨调"曲，惟姑苏绝盛，而词谱亦姑苏编较者多，以苏人之谱，砭苏音之病，故闭口始记《词腴》，鼻音则广于《吴歈萃雅》，撮口则添自《词林逸响》，繇来渐矣。子疑鼻音之说，请以撮口证之。夫裙、许、渊、娟等字，理应撮口呼唱，乃历稽谱旁，何以书、住、朱、除，则记撮口，而裙、许、渊、娟，绝少钤认乎？盖有记有不记，因苏城人有撮有不撮耳。试观松陵、玉峰等处，于书、住、朱、除四字，天然撮口，谱傍似可无记，而必记无遗者，岂非以苏城之呼书为诗、呼住为治、呼朱为支、呼除为池之故乎？（鼻音抉隐续篇）

知章庄组混同于精组，既是吴音积久讹传，一定也包括苏州在内。但陆基1935年所编《苏州同音常用字汇》知章庄组字有系统的文白异读，文读翘舌音，白读平舌音（丁邦新，2002）。就是说，在文读音中，知章庄组和精组是不混的。这和沈氏所反映的不同。另外，沈宠绥时代，苏州话"书住朱除"等鱼虞韵字读为支思韵的舌尖音（诗治支池），但现在的苏州话这些字读作ʮ，有撮口特征。支思韵读ɿ/ʅ，与书等字不混。可见，现代苏州话还有明代以后的层次。

参考文献

石汝杰．明末苏州方言音系资料研究［J］．铁道师院学报，1991（3）．
董忠司．沈宠绥的语音分析说［J］．声韵论丛，1994（2）．
丁邦新．《苏州同音常用字汇》之文白异读［J］．中国语文，2002（5）．

（刘泽民　上海师范大学　200234）

基于传教士文献的台州方言同音字汇 *

阮咏梅

目前所能检索到的传教士台州方言的罗马字文献有两种，第一种是 *The Ningpo Syllabary*（《宁波方言音节》，1901）；第二种是台州土白圣经译本。具体如下：《四福音书》（1880）、《新约》（1897）、《但以理书》（1893）、《创世纪》（1905）、《明数、约书亚、士师、路得记》（1906）、《申命记》（1907）。

基于这两种文献归纳出来的 19 世纪台州方言的声母和韵母① 如下（国际音标［ ］前为传教士文献中所使用的罗马字母）。台州方言的所有传教士罗马字文献中均不标声调。

声母 39 个（不包括零声母）：p［p］ pʻ［pʻ］ b［b］ m［m］ f［f］ v［v］ t［t］ tʻ［tʻ］ d［d］ n［n］ l［l］ ts［ts］ tsʻ［tsʻ］ dz［dz］ s［s］ z［z］ c［tʃ］ cʻ［tʃʻ］ dj［dʒ］ sh［ʃ］ j［ʒ］ k［k］ kʻ［kʻ］ g［g］ ng［ŋ］ h［h］ ʻ［ɦ］ ky［c］ kyʻ［cʻ］ gy［ɟ］ ny［ȵ］ hy［ç］ kw［ku］② kwʻ［kwʻ］ gw［gw］ ngw［ŋw］ hw［hw］ w［w］ y［j］。

韵母 40 个（包括自成音节的声化韵，其中 üih 和 üh 拟音为同一个）：按单韵母、复韵母、鼻韵母和入声韵母排列。a［a］ e［e］ ô［ɔ］ o［o］ i［i］ u［u］ ü［y］ ao［ao］ eo［əu］ ia［ia］ iu［iu］ iao［iau］ æn［æn］ en［en］ ön［øn］ in［in］ ün［yn］ ang［aŋ］ eng［əŋ］ ông［ɔŋ］ ong［oŋ］ ing［iŋ］ iang［iaŋ］ üing［yŋ］ üông［yɔŋ］ üong［yoŋ］ ah［aʔ］ æh［æʔ］ eh［əʔ］ ôh［ɔʔ］ oh［oʔ］ ih［iʔ］ uh［uʔ］ üih/üh［yʔ］ iah［iaʔ］ üoh［yoʔ］ m［m̩］ n［n̩］ ng［ŋ̍］ r［r］。

另外，舌尖前声母 ts［ts］、tsʻ［tsʻ］、dz［dz］、s［s］、z［z］也可以单独形式出现，后不带韵母。r 只出现在《宁波方言音节》中，且只有一个例子"耳"，为文读音。"耳"字在台州土白圣经译本中为读白读音；uh 也出现在《宁波方言音节》中，台州土白圣经译本中未发现用例。üh 偶见于台州土白圣经译本个别字音中，由于与 üih 非常相近且不构成对立，现将其归于 üih 中，不再单列一韵。

字汇中所用音标均为根据传教士所用罗马字注音拟测的国际音标读音。本字难考的音节用方框"□"表示，后面用小字作注释或举例，其中"~"代替所释字；单下划线字为白读，双下划线字为文读。同音字中，无竖线或竖线前的字来自《宁波方言音

* 本文系教育部人文社科规划项目"从西洋传教士著作看台州方言百余年来的演变"（项目编号 12YJA740064）和国家社科基金一般项目"浙江沿海明清卫所驻地方言与周边方言的接触及其历史演变"（项目编号 13BYY049）的阶段性成果之一。除《新约》（1897）下载自 google 电子书外，其余传教士台州方言文献主要来自剑桥大学图书馆，谨致谢忱！

① 19 世纪传教士台州方言的音系分析可详见阮咏梅《百余年来台州方言的语音变化》（《语言研究》2015 年第 2 期）。

② 本文将此类声母归为舌根圆唇声母，为了突出音节结构的清晰性，现采用 u 介音属声的形式。因此本音系带有"声母多而韵母少"的特点。

节》中的台州话例字，剔除了其中的重出字、异体字、错别字、生僻字等；竖线后来自上述台州土白圣经译本；竖线前的加粗字表示两种文献中均有出现。字后下标数字表示该字的读音数。相同的字出现在不同的位置，说明不同的版本有不同的记音，或因读音有所变化，或因记音失误所致；古次浊声母现统一为一套，在字汇中阴调类次浊声母字用（ ）表示。为便于阅读，现大致按中古声调类别排列。实际上，因存在很多生僻字和读音混乱而无法严格按照声调顺序排列，故尽量将越不常见和不合音韵的字放在越后面。

a	
p	**摆拜**簸$_{1}$
p‘	｜派
b	**排簰**稗**败**
m	**妈埋卖**｜买
t	歹**带**｜戴
t‘	他$_{1}$泰**太**｜拖
d	汏**大**$_{1}$
n	**拿**$_{1}$挪**乃奶奈**那捺
l	拉癞赖｜口$_{\text{~鸦：乌鸦}}$
ʦ	**斋债**｜咋
ʦ‘	搓蔡｜差
s	洒｜驶
z	**柴豺**｜瘵
k	**阶**皆**街解**介尬**戒界**疥**芥**价**诫**
k‘	卡$_{1}$**揩**
ŋ	**外**$_{1}$涯**睚**骇**讶**｜捱
h	哈**蟹**｜口$_{\text{堆。人~，沙~}}$
ɦ	**鞋懈**
ku	**瓜**乖**寡拐怪挂**枴罣
k‘u	**夸**蒯**快**
gu	｜怀$_{\text{~里}}$
hu	**化花**华$_{1}$
w	娃**怀划**$_{1}$**华**$_{2}$**话**槐孬**坏**画
Ǿ	**挨**
e	
p	**碑杯**卑狈**簸**$_{2}$**背贝辈**｜悲
p‘	沛**配**

b	培**陪**赔裴**倍**备孛**悖**焙珮佩蓓掊｜背
m	**妹**媒煤梅**每**枚昧呆$_{1}$
f	⿰勿會
t	戴｜堆口$_{\text{才；刚}}$**⿰白力**$_{\text{拉扯}}$对
t‘	**推**台**胎腿退**
d	**台抬**苔**待代兑**埭怠岱殆玳**袋**逮**队**黛
n	馁**耐**
l	**雷来**儡**擂**累泪$_{1}$类｜礌$_{\text{滚动}}$⿰⻊来$_{\text{~倒：摔倒；翻倒}}$
ʦ	**灾宰**哉**最**载**醉再**
ʦ‘	催摧**猜**彩采睬**翠菜**｜扯
ʣ	纔
s	**衰赛**帅**碎**
z	裁**才**材**财在罪锐**
k	**该改**丐**概盖**｜个
k‘	**开**铠恺忾$_{1}$｜去
g	戤｜隑$_{\text{斜靠}}$渠$_{\text{第三人称单数}}$
ŋ	**呆**$_{2}$碍阂
h	**海**口$_{\text{我~：我们}}$
ɦ	孩**害**｜艾苇规$_{\text{~矩}}$
ku	**刽**灌盔
k‘u	宽恢魁款｜盔
ŋu	外$_{2}$
hu	**欢灰**唤徽$_{1}$**悔**獾**诲**
w	**回**茴蛔迴**完**帏**患换**晦**会桓**浣涣**汇**焕碗婉荟（煨秽**缓垣宛**溃）｜诲秽
Ǿ	**哀**唉埃亥**蔼**霭**爱**咳嗳
ɔ	
p	玻**疤**笆芭葩**巴**吧**播把**靶**爸**霸**坝**
p‘	**帕**$_{\text{悉~}}$**怕**口$_{\text{约~}}$｜爸

b	爬琶耙罢
m	吗痲码玛蚂马骂｜麻
t	｜朵$_2$
n	伽哪拿~撒勒｜囡那□叹词。表提示
ʦ	遮樜渣窄蔗诈｜榨
ʦʻ	蹉车$_2$剉挫措扠杈错 1｜叉岔
ʥ	揸查茶
s	沙痧砂纱裟鲨奢所舍晒赦
z	蛇社射$_1$座｜昨$_1$
k	伽$_1$佳加枷袈迦哥歌嘉嫁家价架｜假果驾
kʻ	颗$_2$窠科可裤课｜□抓；拿
ŋ	牙芽俄蛾衙哦我瓦疋$_2$雅饿
h	｜呵
ɦ	河瑕荷夏｜丫下□~手：随手；顺便
Ǿ	阿$_1$鸦丫哑下亚
o	
p	｜玻波
pʻ	｜破怕
b	｜婆菩
m	麻摩魔磨模糢摹墓幕慕暮｜马
t	多都朵 1 垛躲堵睹赌埵妒
tʻ	拖他$_2$妥兔唾
d	图途屠跎舵陀鸵驮惰肚大$_2$度 1
n	懦
l	箩罗锣舻芦鲈螺骡路露鹭｜掳
ʦ	租左祖阻做｜组
ʦʻ	叉杵醋｜搓
s	蔬$_1$苏｜锁
z	锄坐｜座射
k	傢果$_1$假个$_1$個｜哥歌
kʻ	｜课$_{卜}$~颗$_1$
ŋ	讹鹅误

h	呵火伙琥虎｜货
ɦ	何和禾｜河下~肥祸贺
Ǿ	｜阿~尼西母□~嘴：亲嘴
i	
p	彼比鄙臂庇闭｜卑
pʻ	批披砒胚吡屁譬
b	皮疲脾毗貔俾币婢弊敝毙蓖篦被避鼙｜备
m	咪迷眉糜靡弥渳米麋美尾$_1$寐｜□未；时间尚早
f	飞非菲霏妃匪翡废沸肺｜费
v	肥微薇维$_1$尾$_2$未
t	低爹底抵氐帝｜低~加波利
tʰ	梯体剃屉涕｜替
d	啼地堤弟悌提棣第笛蹄递题
n	｜泥
l	梨犁离璃俚狸藜鹂蜊李礼里鲤例利厉厘吏哩娌丽泪$_1$痢隶
ʦ	肌羁计讥际祭继济｜鸡机箕□~手：左手□①~身：身体挤姐制系
ʦʻ	凄｜妻器
ʥ	伽$_2$
s	西洗玺嬉世势婿戏细｜□喊叫
z	齐癠脐荠誓
c	鸡基玑矶箕饥几姐姊己挤冀制寄既暨纪记掎｜骑~身：身体
cʻ	妻欺溪企启岂起器契忾$_2$弃气砌
ɟ	其旗期棋奇骑祁祈麒妓忌祇｜踦站
ɲ	伲倪仪蚁呢妮宜尼泥霓鲵二你疑义艺谊议
ç	希熙犀唏喜嘻禧｜稀洗戏
j	余$_1$係兮匜夷奚异移肄｜埃~及
w	味
Ǿ	医衣以伊依椅矣倚已意
u	
p	波坡补谱圃怖啵布
pʻ	颇普浦破铺
b	菩葡$_1$蒲簿哺$_1$埠捕部步｜孵

① 疑为"骑~身"字异读。

续表

f	夫肤麸敷仆俯哺$_2$孚府斧釜甫脯腑讣赴付傅副富附｜咐
v	芙扶无符侮武腐舞妇负附父雾｜浮$_2$抚巡~
t	｜都朵堵肚$_1$妒
t‘	吐｜土
d	杜渡2镀｜徒途涂肚$_2$度
n	努奴弩怒
l	炉噜掳橹卤鲁｜芦鹭露
ʦ‘	初粗楚｜醋
s	苏蔬$_2$酥梭塐塑数素诉｜疏~剃：人名所~在
z	助｜锄
k	姑孤戈辜锅鸪鼓估古咕固故果$_2$股裹顾雇｜过
k‘	枯苦库｜骷箍裤
ŋ	吾梧痦忤①娱
h	呼伙
w	胡湖狐糊护｜□围拢
Ǿ	污乌邬户戽祸互恶$_1$屋$_1$｜□~里：家里
y	
n	危寓糯委$_1$
l	驴屡缕褛虑
ʥ	渚$_1$蹰绪
ɦ	于$_2$
c	规车$_2$居归驹龟$_2$亏拘闺圭桂句据举鬼矩诡贵锯俱炅桅癸窥
c‘	区躯驱去抠$_2$枢
ɟ	瞿葵衢渠$_1$拒揆矩诡跪柜馈具劬惧
ɲ	愚鱼渔隅女语遇魏御｜危寓
ç	卉号吁嘘徽$_2$挥晖辉虚盱纬訏许毁诩讳愧
ʧ	珠追主诅渚$_2$著蛀铸疽蛆｜株诸嘴注醉
ʧ‘	吹痴趋取娶鼠$_1$处脆
ʤ	除厨躇捶柱署住｜储
ʃ	抒书输虽尿须水庶恕岁税纾婿髓｜数□租
ʒ	儒叙如茹孺隋徐竖聚遂随乳序瑞｜树
j	围帷惟维$_2$榆为作~谕违逾遗余$_2$於$_2$渠$_2$位喻汇愈惠彗慧眭穗胃卫韦预｜雨
Ǿ	威苇于$_1$羽与雨委$_2$尉慰於$_1$尉熨畏喂｜为椅喂

ao	
p	包保宝饱鸨报豹｜胞趵□绽裂
p‘	抛脬跑泡炮$_1$
b	胞袍咆庖抱鞄鲍暴炮$_2$
m	猫毛茅卯夘冒帽貌
t	刀倒捣祷到｜岛
t‘	叨滔讨套
d	桃逃淘萄陶盗稻道导蹈｜□~成：成功；结果
n	瑙脑铙闹
l	咾唠捞劳老｜牢痨~病佬
ʦ	糟遭抓找蚤搔$_1$早枣爪灶罩躁
ʦ‘	操抄搔$_2$炒草钞吵糙
s	瘙稍筲艄骚嫂扫燥
z	曹槽漕皂造｜□~相干：何干；~得人：什么人
k	高糕羔膏胶茭椒告姣教稿窖絞蛟诰较酵｜交搅
k‘	敲尻巧拷考烤靠｜铐窍□大约。~十斤
ŋ	敖傲厫咬乐$_1$
g	｜爻助词，相当于“了”
h	蒿交哮孝耗
ɦ	毫濠号
Ǿ	昊浩坳奥懊效鳌｜澳讴叫；喊
əu	
p‘	｜□分~：分诉
b	吥
m	矛谋牟侔母牡亩眸茂
f	否
v	復$_1$浮1虚~阜
t	兜斗｜抖
t‘	偷透｜敨
d	投头豆痘
ŋ	藕$_1$
l	娄楼篓蝼搂漏瘺陋｜髅剅挖
ʦ	邹绉钩骤$_1$沟$_2$苟购$_2$走皱｜奏

① “忤”字罗马字注音为“ngwu”。与一般单元音韵母为 u 的音节拼法不同。

续表

声母	例字
ʦ‘	| 凑
s	**搜嗽**瘦
z	**愁**骤$_2$
k	勾沟$_1$**狗够**彀摳购$_1$
k‘	**口**叩寇扣<u>**凑**</u>
g	| 佝
ŋ	**偶**~然**牛**耦藕$_2$
h	好 | 鲎彩虹□曲身
ɦ	**侯**猴**喉后候** | 厚□听凭
ç	吼
Ǿ	欧鸥瓯后呕抠$_1$沤厚伛
ia	
ʦ	**者借**
ʦ‘	**且**
s	**写**卸
z	**邪斜**惹喏射$_2$榭**谢**麝
ɟ	茄
j	也**夜爷耶** | 野
Ǿ	**野**
iu	
m	谬
t	**丢**
n	**扭**纽
l	**流留**瘤榴**硫**刘**柳**
ʦ	**周州洲舟**俯**帚酒**灸肘**咒** | 究鸠
ʦ‘	**抽丑** | 秋臭$_1$
ʥ	**仇**惆踌咎宙
s	休**修收**羞庥貅**守手首**朽狩**兽**秀**绣锈**
z	**柔受**授**寿就袖**
c	**究阄**龟$_1$**鸠久九**玖韭疚**救**骄 | 咒念~
c‘	**秋**楸**坵**蚯**丑臭**$_2$ | 丘
ɟ	囚**求**球毬裘酬畴筹**绸**臼舅**旧**柩纣
j	佑又**友**右幼幽**悠油游犹**由**诱** | 尤釉
Ǿ	尤**忧有**酉
iao	
p	标彪镖剽$_1$表**婊**
p‘	票飘剽$_2$嫖$_1$**漂**
b	瓢殍 | 嫖$_2$
m	**苗**描渺藐锚**妙庙**
t	钓**雕**貂屌吊
t‘	**挑**眺**粜跳**
d	**条**笤掉**调**窕 | 趒走
l	聊辽**镣**僚**了**寥**料**
ʦ	招昭钊**焦蕉**椒剿沼**照诏** | 礁嘲
ʦ‘	悄**超**俏 | 锹
ʥ	**兆潮** | 召
s	肖消硝宵霄萧**箫**销**小少晓笑**啸 | **烧**
z	韶饶**扰绕** | 嚼
c	娇侥缴朝$_1$矫撬**叫** | 骄浇
c‘	窍 | 敲巧
ɟ	乔朝$_2$**轿**召
ç	| 晓□ "休要"的合音字
ɲ	尧**鸟**$_2$袅嬲 | 饶
j	夭姚**摇**瑶**窑谣**遥**耀**
Ǿ	**腰妖**幺杳**舀**邀**要**么
æn	
p	**班斑板**版阪**扮**拌$_1$**绊**
p‘	扳攀**盼**襻
b	**爿**$_1$**办**
m	**蛮馒**嫚幔$_1$**挽晚**$_1$**慢漫**
f	幡**番翻反**返
v	**凡**九乒汎**烦犯繁**藩**范万饭**泛
t	**单耽担胆**旦
t‘	**摊**坍坦**毯滩炭叹**探$_1$ | 瘫
d	**谈**痰**坛弹潭**谭罈啖**淡**澹**蛋但**覃 | 旦约~
n	南$_1$男$_1$**难**
l	**篮蓝兰栏**拦**懒**览揽缆榄**烂**澜 | □~污：肮脏；褴褛□湿
ʦ	**斩盏赞** | 蘸

声母	例字
ʦʻ	餐骖忏刬$_2$惨$_1$灿｜铲
ʣ	赚站暂栈｜□错
s	三山衫叁珊伞散产剷铲撒疝
z	馋惭残蚕谗劖
k	间奸监减拣简柬橄痫裌鉴涧
kʻ	嵌看$_1$
g	｜衔陷挤塞
ŋ	岩眼雁｜颜
h	喊苋｜罕$_1$□谷~：秕谷
ɦ	函咸｜限
ku	关惯鳏掼
gu	｜□背□摔打
ŋu	顽宦抏
w	弯湾圜寰环还幻｜患
Ǿ	菴限陷｜晏晚
en	
n	｜内$_2$
ɦ	含涵寒韩汗旱翰瀚｜□~几：全部
Ǿ	鞍庵谙暗安按~手棒：拐杖案
øn	
p	半拌$_2$
pʻ	潘判泮
b	胖般搬盘磐伴叛畔
m	幔$_2$瞒鳗满
t	端湍短｜锻□扔；掷□~箕
tʻ	探$_2$｜贪
d	团断段煅缎锻｜潭深~
n	南$_2$男$_2$
l	銮鸾卵$_1$乱恋
ʦ	攒钻
ʦʻ	撺惨$_2$篡｜蹿跳
s	酸算蒜
k	杆$_1$甘$_1$竿$_1$肝$_1$感$_1$敢$_1$赶$_1$坎$_1$干$_1$鸽$_1$｜秆芦~
kʻ	看$_2$好~｜坎
h	汉酣$_1$｜罕$_2$
ɦ	寒$_1$｜翰汉旱汗
ku	冠官棺管罐脍馆
kʻu	｜宽~容
hu	｜欢
w	｜碗①缓
Ǿ	安$_1$按$_1$晏暗$_1$案$_1$汗$_1$韩$_1$｜冤鞍
in	
pʰ	偏片篇翩骗
b	便卞弁辮辨｜辩
m	棉绵眠免冕缅面
t	癫颠点典店玷
tʻ	天忝添腆舔
d	甜田畛佃钿填垫奠殿电靛
l	奁帘廉怜敛殓炼琏练联脸莲连链鲢
ʦ	尖詹毡沾煎甘$_2$瞻剪辗酣$_2$霑箭荐战佔僭
ʦʻ	千芊迁遣阡｜签
ʣ	｜钱缠
s	仙先鲜$_1$闪癣扇献籼线｜显
z	前潜染$_1$冉渐善然缮蟮贱饯｜践
c	兼坚干$_2$建感$_2$拈肩敢$_2$杆$_2$竿$_2$茧肝$_2$赶$_2$镰剑占见鸽$_2$站
cʻ	牵签谦堪龛欠扦刊坎$_2$愆浅砍
ɟ	钳缠虔钱件健俭剪｜乾
ɲ	言年严俨廿染$_2$验念唁｜碾□侧转：头~转
ç	显鲜$_2$煽熯｜险献
j	沿涎延弦絃韩$_2$盐寒$_2$岸憾捍按$_2$汗$_2$演焰现砚筵翰伣偃｜腌宴
Ǿ	烟胭安$_2$宴掩揞旱案$_2$厌咽暗$_2$燕焊鞍
yn	
ʣ	传
c	圈捐绢眷卷
cʻ	犬券劝捲｜圈
ɟ	拳权倦
ɲ	元原源芫愿｜软
ç	喧暄楦萱埙

① 《马太福音 23：26》（1880 版）中为 un。此韵母只出现一次，现归于 ön 中。

ʧ	专砖转	n	能卵$_2$嫩暖｜恁～之：宁可
ʧ‘	川拴穿喘痓舛钏串	l	伦囵仑沦纶轮论
ʤ	撰馔｜传	ts	增墫曾$_1$甑｜尊遵
ʃ	宣闩选	ts‘	寸忖村
ʒ	全旋泉船耍软｜痊	s	僧孙曾$_2$飧逊比逊。（创世纪 1：11）｜损
j	冤袁猿员圆悬猿玄缘县怨$_1$院｜园远	z	存层赠
Ó	渊冤鸳远｜怨$_2$	k	根跟｜□遮盖
aŋ		k‘	啃垦恳肯
p	绷｜帮爸变音	ɦ	衡恨恒痕
p‘	浜烹磅$_1$｜□撞；掷	ku	昆棍汩｜滚
b	彭棚碰$_1$～着：碰到膨歇力～骨：肋骨蚌挵｜蓬刺～□聋～：聋子	k‘u	坤捆睏窟｜困
m	虻猛孟蜢｜□～坑：茅坑	g	｜□蹲；蜷伏
t	打	hu	婚惛昏荤
l	冷	w	温瘟混馄魂浑稳恽
ts	争睁桙铮诤	Ó	恩
ts‘	撑撐	ɔŋ	
ʣ	橙$_1$｜□钻□～过先：抢先	p	邦帮榜绑膀谤
s	生牲笙省$_1$｜甥	b	旁滂螃庞傍棒
k	耕庚羹更梗粳耿鲠	m	忙芒｜望网忘
kʰ	坑硁	f	方舫妨访放纺
ŋ	硬	v	亡妄忘望罔防｜房
ɦ	亨行衡	t	挡裆｜当党档□扶
ku	｜梗量词，根鲠	t‘	倘
w	横轰$_2$	d	塘溏糖膛荡螳｜堂
Ó	幸杏樱$_1$	l	狼螂郎廊榔朗浪
əng		ts	妆庄樟獐瘴臧掌葬装赃障壮嶂｜□弄；搞
p	奔本	ts‘	仓沧疮舱苍唱$_1$菖昌$_2$｜窗
p‘	喷	s	桑霜礵赏｜丧
b	盆笨	z	偿尝藏常床状脏｜裳上尚
m	们扪门｜问	k	刚纲扛江缸肛釭讲港降亢｜岗
f	分纷吩奋～勇氛粉粪	k‘	囥慷糠抗炕｜□一～寿坟
v	文纹蚊坟闻问忿｜份一～人家□盖住	h	｜荒慌谎
t	凹$_2$吞灯登等凳｜顿	ɦ	杭航｜巷
t‘	氽褪｜吞□漂浮：～来～去	ʧ	｜□肥胖
d	墩屯滕腾誊遁沌钝｜盾	ʧ‘	窗$_2$眶筐｜冲

声母	例字
ʤ	椿狂撞
ʃ	｜双
ku	胱｜光广
hu	荒谎｜慌
w	皇凰徨惶煌篁蝗王磺潢遑旺｜黄枉
Ǿ	盎项
oŋ	
p	崩梆
p‘	捧碰$_2$
b	朋髼磅$_2$篷蓬埄~尘：灰尘傍
m	朦蒙濛梦
f	丰风枫疯峰烽蜂葑讽方仿坊奉俸｜封
v	房缝逢｜甭奉艠
t	冬东栋董佟懂冻
t‘	通统痛
d	童同铜桐唐堂筒桶宕洞仝僮
n	农脓囊昂
l	龙聋隆珑砻拢弄｜□~出：伸出
ʦ	宗彰棕综踪总粽
ʦ‘	聪葱
s	鬆耸丧送
z	裳从嫦上崇尚
k	光公功工攻蚣贡
k‘	空康孔控
h	哄烘訇轰$_1$｜蕻菜~；枝~
ɦ	洪红~汤虹鸿｜□~~响：轰隆隆地响
ʧ	中宫弓忠躬钟衷肿踵供塚众种终纵
ʧ‘	充冲穹闯宠忡恐铳
ʤ	虫重茕琼｜共$_1$
ʃ	嵩松~树；~香双｜叔变音
ʒ	从戎绒讼诵传~颂
ku	广
k‘u	旷
hu	恍
w	黄
Ǿ	翁
iŋ	
p	兵冰彬饼丙禀秉摒柄并迸併鬓瓶｜殡
pʰ	品娉聘
b	平凭瓶苹萍评屏频颦並伻冯牝病
m	名铭茗明民盟悯敏皿螟冥闵命
t	丁叮钉疔订仃顶鼎｜盯□一~：一点儿
t‘	厅汀挺艇听
d	亭停廷蜓庭定
l	拎林淋玲羚临苓菱邻陵零霖灵鳞麟龄伶岭领凛另令
ʦ	针征贞斤$_1$旌晶榛正津珍真睛砧精荆蒸井整进镇震俊倾$_2$振浸证症政敬$_1$｜枕劲
ʦ‘	亲青清亲请逞寝庆秤鲭｜趁
ʥ	陈程橙$_2$澄郑觐剩$_1$｜□dao~：成功；结果沉尘呈
s	伸审心新升星欣深甥申绅声胜腥莘讯身辛醒沈婶省$_2$信姓性圣迅｜汛
z	丞乘仁任$_2$升城寻情成承晨晴神秦绳臣薪诚辰忍静尽净慎盛甚剩$_2$
c	京惊经境巾径斟斤$_2$景泾矜竟紧拯敬$_2$胫谨警金锦枕颈疹禁鲸晋儆｜筋镜
c‘	轻卿搇秤衾衬趁
ɟ	呈尘勤琴禽芹近阵劲$_2$揿
ɲ	人迎银仍任$_1$凝壬宁认｜日今~
ç	馨｜兴
ʧ	准
ʧ‘	｜春蠢
ʒ	｜旬以~迦别□“锡安”地名的音译
ʃ	纯唇巡循旬吮润顺｜寻
j	刑寅淫营盈蝇孕｜形引
Ǿ	因鹰姻殷樱$_2$湮窨膺英茵荫婴阴音颖饮引蚓影隐印应映

	iaŋ
l	**两凉**梁粱樑**粮良谅量亮**
ʦ	桨**奖**胀蒋酱**帐**｜将张窥视账长～老涨仗雀变音□停留
ʦʻ	枪娼昌$_1$猖**抢**厂敞**创**畅唱$_2$鳖襁跄锵阊怅倡伥｜□一～：一会儿
ʥ	**长肠场杖丈仗**｜详～细
s	**香伤相箱镶商乡厢想响**晌飨**向**哼
z	**详**祥翔蔷**墙**庠**象像**让**匠**
h	享
c	**姜**｜僵缰脚变音。落～：最后
ɟ	**强**
ɲ	**娘**孃**仰酿**｜瓤核儿
ç	｜享～福
j	**央羊阳扬**旸杨洋佯飏**烊**炀**样**彊怏恙
Ǿ	**鸯**殃痒**养**
	yŋ
ʦ	遵
ʦʻ	准蠢
ʥ	盾
c	**君**均皲**军**钧
cʻ	窘
ɟ	群**裙**郡
ɲ	｜润
ç	勳熏**薰**醺**训**
ʃ	恂舜瞬
j	**云匀**纭**芸运**韵**晕**
Ǿ	**允**
	yɔŋ
cʻ	｜框
ɟ	｜狂
ʤ	**撞**
ç	｜况何～
w	往枉
Ǿ	｜往
	yoŋ
c	冢拱**宫供**｜宫弓恭
cʻ	倾$_1$匡｜恐穹～苍：天空
ɟ	**穷**仲**共**$_2$
ɲ	**浓**
ç	**兄凶**胸**况**｜薰嗅
j	庸傭**熊雄容荣**泳咏**用**
Ǿ	拥**永涌**鼬｜墉慵
	aʔ
p	**伯**八柏**百**迫｜不
pʻ	拍擘珀魄｜□掰
b	帛**白**
m	**脉**陌**麦**么｜蓦
f	**法**
v	物
t	｜□～料：这么多□个～稀奇：这倒稀奇
tʰ	｜□一～连得：全部连着
l	｜□～瑟
ʦ	**摘**｜责只
ʦʻ	**册拆策**｜插
ʥ	**宅**姹诧**择**泽
s	栅｜□～诈：欺骗
z	｜□～m：什么
k	**格隔革**
kʰ	**客**｜□～西摩义
ŋ	**额**
h	赫
ku	｜掴刮
ɦ	｜□～yi：哪里
Ǿ	厄呃**轭阿**$_2$
	æʔ
p	拨跋钹｜**八**
b	**拔**
f	弗佛拂**发**笏｜法
v	乏伐**罚**阀｜□白～：白沫
t	答褡｜**搭**～帐篷□拍打
tʻ	哒**塌塔搨**榻獭**蹋**遢｜他亚比亚～挞□涂抹

d	沓$_1$**特达**｜夺踏践~
n	呐**纳捺**
l	啦**喇**扐**拉蜡猎**肋**腊辣**｜□加大~□~转：环绕；兜拦□服~：服气
ʦ	**扎**札轧｜窄□播撒
ʦ‘	则**察**恻插擦仄**测**
s	塞煞索**萨**｜杀撒革尼~勒
z	卡$_2$｜闸铡
k	割$_1$**夹甲胛**荚
g	揔~~抖：瑟瑟发抖｜搿搂抱
h	呷**喝瞎**｜揔饿
ɦ	匣核**狭**｜盒辖
ku	括聒
ku‘	阔
hu	｜揔甩
ŋu	兀
w	挖
ǿ	**押鸭**｜压
əʔ	
p	**不**钵鹁｜□给；让；叫
p‘	叭泼｜拍~浪
b	浡**脖**｜□就；便
m	**抹末**殁**没**沫**袜**｜物□~药：麻药
f	勿咈｜弗
v	**佛**｜物
t	**得德**｜答□和
tʰ	**凸**~眼忑忒**秃脱**｜塔
d	**夺**突｜特
n	讷｜纳衲
l	捋**粒**｜拉腊律勒
ʦ	侧**撮**~阄：抓阄
ʦ‘	岔
s	**色**｜瑟塞□垃~：垃圾
k	蛤$_2$｜个割□这
k‘	**克刻**恰**渴**$_1$｜掐□~妒：嫉妒
h	**黑**

ɦ	**合**$_1$苟~
ku	刮猾**骨**
k‘u	阔
hu	囫**忽**揔豁
w	挖**活**滑
ǿ	压
ɔ	
p	博**膊驳**｜剥
b	箔**雹**｜薄~荷鹁
m	寞幕莫**摸**
v	｜缚
t‘	**托**
d	牍踱铎｜□~断：审断
n	诺
l	**乐**$_2$烙禄绿**落**鹿｜骆□~乱：忙乱
ʦ	｜□捡拾作斫
ʦ‘	**错**$_2$
ʣ	昨痄
s	｜索
z	镞**凿**｜辱**昨**$_2$
k	**搁觉角阁**｜各□烘烤。~熟：烤熟□~板：礼物
k‘	**哭壳确**｜□清~：清爽；干净
g	｜□搁浅；搁住
ŋ	**岳**鄂鹤｜乐~器
h	**藿**霍｜□怕
ɦ	**学惑或**涸｜鹤拿~龌□~人相：害羞状
ʧ	捉琢｜筑□~实：确实□捡拾
ʧ‘	啄喫**戳**触｜龊
ʤ	**着**$_2$｜逐
ʃ	搠**朔**缩
w	镬臒
ǿ	屋｜恶□~人相：害羞状
oʔ	
p	**北卜**
p‘	扑瀑｜趴

续表

b	**仆**剥搏匐曝葡$_{2}$**薄**
m	**墨木沐漠牧目睦**穆｜摸莫□~百：部落首领□~事：异象
f	**幅**復$_{2}$**福**腹蝠**覆**辐馥
v	**伏**復$_{3}$**服袱**
t	笃**督**｜啄
d	**渎度**$_{2}$**毒独读**
n	｜诺以~
l	**六**咯洛漉**碌录**络**陆骆**｜落绿
ʦ	作促
ʦ‘	蹙｜簇~崭新；~齐
s	束**速**
z	**族**
k	各**国谷**
ŋ	乐$_{3}$
ɦ	｜惑或
ʧ	**嘱**属 1 **烛祝**竹**筑足**｜桌
ʧ‘	吃矗蚰麯龊｜□~怒：大怒
ʤ	局轴
ʃ	**叔宿**属$_{2}$**粟**肃｜蓄创 6：21 缩创 38：29
ʒ	**俗**塾孰淑**熟续肉**$_{2}$亲骨~蜀褥**赎**辱｜属
ku	郭
w	握
ǿ	恶$_{2}$龌｜屋
iʔ	
p	哔**必**璧毕**碧笔**辟**逼**鳖｜瘪
p‘	僻**劈**~柴。创 22：3 **匹**撇疋$_{1}$霹
b	**别**弼**鼻**｜辟开~
m	**密灭蜜**觅
t	嫡滴的跌
t‘	僣剔**帖**惕**铁**｜踢□这样
d	垤小土丘迪**敌**沓$_{1}$狄**叠**碟**籴**耋蝶｜笛
l	溧**列力律裂**栗**历**冽沥**烈**疬**立**
ʦ	**节即执折**拮**接**摺**棘汁**浙**洁**炙疖**积绩只织职脊**蛤$_{1}$赤**迹**鲫｜质结侧~耳朵：侧耳
ʦ‘	**七切**妾**尺戚**缉敕漆疙窃迄$_{2}$饬｜赤

ʥ	**值**侄屐掷殖**直**讫
s	**些失**媳**室**屑**式息**悉**惜**拭**湿**胁膝薛虱**亵设识释**锡**饰**｜歇泄创 38：9
z	什**入十**夕嫉寂**实**$_{1}$截**拾**涉**疾石**籍**习舌**蒺袭陟**集食**蚀｜术绝
k	割$_{2}$
k‘	揭
c	亟**劫吉**吸圾**急**戟掇**击级结**给激｜洁
c‘	乞怯$_{1}$泣渴$_{2}$｜挈
ɟ	杰**及极**汲**竭**迄$_{2}$
ɲ	**匿**囡**孽捏**捻**日业**溺**热逆**
ç	**歇蝎**｜膝
ʧ‘	出
ʤ	**着**1望~：看到
ʃ	**说雪**｜些释□理睬
ʒ	**术** 1 **述**｜绝叶实 2 厚~
j	佾协合 2 易**益**盍**叶**蜴蝎**译**逸阖**页**驿
ǿ	**一**乙凹 1 噎壹抑揖遏邑
uʔ	
s	摔率瑟
ʃ	刷戌
yʔ	
k‘	倔
ʧ	**决**抉掬泱菊诀蹶拙
ʧ‘	**屈**崛**缺**鞠｜□~分
ʃ	恤$_{2}$
ʒ	绝
ɟ	厥**掘**术$_{2}$｜橛
ɲ	**月**
ç	**血**
ʃ	恤$_{1}$
j	穴粤$_{1}$｜越$_{2}$
ǿ	｜越$_{3}$
iaʔ	
l	**掠略**
ʦ	勺嚼$_{1}$**爵**酌｜脚着 3~衣裳

续表

ʦ‘	雀鹊｜□个~：这时候；那么；就	ç	旭畜蓄
ʥ	着$_4$｜□teh：情愿；愿意	j	彧役欲毓浴疫育
s	削谑	ǿ	悦郁
z	嚼$_2$弱若	ǿ	
c	脚｜峡	m̩	某
c‘	怯$_2$绰却	n̩	｜儿
ɲ	虐疟~病箬	ŋ̍	五午吾｜鱼□你
j	钥药｜越$_1$	ʦ	之仔咨子置兹志支致旨智枝梓止炽猪知祉笞纸紫翅肢至芝蜘痣咨辎｜姊煮滋~润□盛；装
ǿ	约	ʦ‘	刺耻次此雌齿｜厕
yoʔ		ʥ	持池治滋雉踟迟｜苎伺
c	曲屈吃｜确喫	s	使史司四尸屎思撕斯施死私筛丝肆蛳诗试豕驶
ɟ	｜镯局	z	事仕似伺侍匙嗣士始字寺巳市慈是时氏疵示祀而自词赐辞｜珥书~
ɲ	狱玉｜搦~粉：揉粉；和面		

参考文献

阮咏梅．百余年来台州方言的语音变化［J］．语言研究，2015，35（2）：72—77.

Möllendorff，P.G von. *The Ningpo Syllabary*（《宁波方言音节》），Shanghai：American Presbyterian Mission Press，1901.

Rudland，W.D. *Mô-t‘a djün foh-ing shü. T’e-tsiu t’u-wa*. T-e-tsiu Fu：Nen-di we ing-shü-vông ing-keh，1880. 另外还有马可福音、路加福音、约翰福音同类，此处略。

Rudland，W. D. *Gyiu-iah Dœn-yi-li-keh shü*：T’e-tsiu T’u-wa. T’e-tsiu Fu：Nen-di we ing-shü-vông ing-keh，1893.

Rudland，W.D.；Thomson，C.；Urry，T.*Ngô-he kyiu-cü Yia-su Kyi-toh-keh Sing-Iah Shü*. T’e-tsiu t’u-wa；di-nyi-t‘ao ing. T-e-tsiu Fu［Taichow］：Da-ing Peng-koh Teh Nga-koh Sing-shü We Ing，1897.

Rudland，W. D. *Gyiu-iah shü Ts’iang-si kyi*：T’e-tsiu T’u-wa. T’e-tsiu Fu：Da-ing Peng-koh Teh Nga-koh Sing-shü We Ing-keh，1905.

Rudland，W. D. *Gyiu-iah shü Ming-su teh Iah-shü-ô*，*z-s teh Lu-teh kyi*：T’e-tsiu T'u-wa. T’e-tsiu Fu：Da-ing Peng-koh Teh Nga-koh Sing-shü We Ing-keh，1906.

Rudland，W. D. *Gyiu-iah shü Sing-ming kyi*：T’e-tsiu T’u-wa. T'e-tsiu Fu：Da-ing Peng-koh Teh Nga-koh Sing-shü We Ing-keh，1907.

（阮咏梅　宁波大学人文与传媒学院　315211）

南部吴语覃韵的层次及演变

孙宜志

本文中的南部吴语，是指浙江南部和比邻的江西的吴语，范围相当于瓯江片、金衢片和上丽片。它们地域上相接，语音上有较大的一致性，在一些语音演变上存在关联，学术界一般合称为南部吴语。本文中的果摄一等字指中古音系中果摄开口一等“歌哿箇”三韵和果摄合口一等“戈果过”三韵所辖字。文中举平以赅上去。本文中的层次采取王福堂老师（2003）的定义，指“同一古音来源的字（一个字或一组字）在方言共时语音系统中有不同语音形式的若干音类。”本文语料来自《吴语处衢方言研究》《吴语江山广丰方言研究》《吴语兰溪东阳方言调查报告》《浙南七县市吴方言音系（讨论稿）》《浙南瓯语》《温州方言志》以及公开发表的调查材料，文后参考文献已经注明。笔者对他们的辛苦劳动深怀感激。声调不影响我们对问题的讨论，统一略去。

一　南部吴语覃韵字的今读层次

下面以常山代表上山小片，以温州代表瓯江片，以金华代表金衢片，以遂昌代表丽水小片。

1. 常山

1.1　常山方言覃韵的今读层次

表 1　常山方言覃韵字今读层次

	端	泥	精	见
õ				+
oŋ				+
uʌ̃	+		+	+
ã	+	+	+	+

下面列举一些字音，并指出音类分合关系：

uʌ̃：探 $_1$tʰuʌ̃ ｜潭 duʌ̃ ｜蚕 zuʌ̃，磡 kʰuʌ̃ ｜暗 uʌ̃。端组和精组只与臻摄合口一等、山摄合口一等相同，与谈韵不同，见系与谈韵（甘 $_1$）和臻摄合口一等相同。对比：甘 $_1$ 敢 kuʌ̃。与寒韵不同，寒韵见系为 õ。

oŋ：含 goŋ。个别字，与通摄一等韵母相同。对比：工 koŋ。

õ：庵 õ。个别字，与山摄一等寒韵见系韵母相同。对比：安 õ ｜寒 $_1$gõ。

ã：耽 tã ｜贪 tʰã ｜谭 dã，南 $_1$ 男 nã，参 tsʰã，感 kã ｜龛 kʰã。端组与谈韵韵母相同，也与二等相同。见系与咸摄和山摄开口二等韵母相同。对比：胆 $_{谈}$ tã ｜痰 $_{谈}$ dã，山 sã，间 $_1$kã。泥组泥母谈韵无常用字，覃韵有常用字，可以看成与谈韵不同。泥母覃韵也与寒韵不同，例如：男 nã ≠难 nõ。

以上韵母，在见系都有对立，可见见系的 õ、oŋ、uʌ̃、ã 是不同层次。ã 与 uʌ̃ 在泥组互补，我们认为泥组的 ã 与 uʌ̃ 在同一个层次，理由为：读 ã 的泥组覃韵字是口语常用字，语用色彩与端组和精组 uʌ̃ 相同。而读 ã 的端组、精见组有文读色彩，而且音类分合关系也与端精的 uʌ̃ 一致。

见系 oŋ 早于见系 uʌ̃。理由有两点：见系 oŋ 覃谈有别，见系 uʌ̃ 覃谈无别。见系 oŋ 字数少，见系 oŋ 字数少，见系 uʌ̃ 字数多。

端系 uʌ̃- 泥组 ã 与见系的 oŋ、见系的 uʌ̃ 哪个是同一层次呢？

我们认为，端系 uʌ̃- 见系 oŋ 构成一个层次。理由为：端系 uʌ̃- 泥组 ã、见系 oŋ 都与谈韵有别。

可见，常山方言覃韵字有如下层次：

层次一：端组精组 uʌ̃- 泥组 ã- 见系 oŋ。覃与谈、寒不同。

层次二：见系 õ。与寒韵相同，与谈韵不同。

层次三：见系 uʌ̃。覃谈无别。

层次四：端组精组 ã- 见系 ã。

1.2　常山方言覃韵字今读层次的性质

1.2.1　端精 uʌ̃- 泥组 ã- 见系 oŋ 的性质：《切韵》层次

这一层次与谈韵和寒韵都不同，可见保留了《切韵》音系覃谈寒分立的特点。

1.2.2　层次二 õ 的性质。

这一层次与寒韵相同，与谈韵不同。这一层次比层次三、层次四 ã 早。

1.2.3　层次三：见 uʌ̃。

见系读 uʌ̃，与谈韵合韵，与臻摄合口一等韵母相同。

这一层次也与山摄一等寒韵相同，王力《汉语语音史》指出，《切韵》覃谈寒在明清时期合并为“言前”部。

1.2.4　层次四：端精 ã- 见 ã。

这一层次为文读。

2.　温州

2.1　温州方言覃韵字的今读情况请见下表：

表 2　温州方言覃韵字今读层次

	端	泥	精	见
aŋ				+
ø	+	+	+	+
y				+
a	+			+

下面列举一些字音，并指出音类分合关系：

aŋ：含 gaŋ。个别字。与臻摄开口一等韵母相同，对比：肯 k^haŋ。与谈韵不同。

ø：见系与寒韵和谈韵韵母相同，端组、泥组、精组与山摄桓韵、臻摄合口一等韵母相同。贪 t^hø ｜潭 dø ｜南男 nø ｜惨 ts^hø，堪砍 k^hø ｜含憾 ɦø ｜暗庵 ø。对比：短 tø ｜暖

nø ｜钻 $ts^hø$，墩 tø ｜嫩 nø ｜村 $ts^hø$，蚶憨 hø ｜龛看 $k^hø$。

y：感 ky。与寒韵和谈韵韵母相同，也与臻摄开口和合口一等韵母相同。对比：甘干棺跟 ky。

a：耽 ta ｜谭 da，函 ɦa。端系与谈韵相同，见系与二等相同。

层次一：端精泥 ø- 见系 aŋ。

层次二：见系 ø。与谈韵和寒韵韵母相同。

层次三：见系 y。

层次四：端系 a- 见系 a。与咸摄和山摄二等韵母相同。

2.2 温州方言覃韵字的今读性质

温州方言层次一：端精泥 ø- 见系 aŋ 与常山层次一相同。温州方言层次二：见系 ø 与常山方言层次三 uÃ 相同。温州层次四：端系 a- 见系 a 与常山层次四：端 ã- 精见 ã 相同。

郑张尚芳《温州方言志》指出"覃韵文读 ø，白读 aŋ"。

3. 遂昌方言

遂昌方言覃韵的今读情况请见下表：

表 3 遂昌方言覃韵字今读层次

	端	泥	精	见
ə̃	+	+	+	+
uə̃				+
əŋ				+
aŋ	+			+

下面列举一些字音，并指出音类分合关系：

ə̃：端组、泥组、精组不与谈韵相同，而与曾摄一等、臻摄合口一等、山摄合口一等韵母相同。见系与谈韵、寒韵见系字韵母相同，也与臻摄开口一等见系字韵母相同；贪 $t^hə̃$ ｜潭 də̃ ｜男 nə̃ ｜蚕 zə̃，感 kə̃ ｜庵暗 $_2$ə̃，对比：短$_{桓}$ $t^hə̃$，甘$_{谈}$ kə̃ ｜按$_{寒}$ ə̃。

uə̃：暗 $_1$uə̃。一个字。与山摄开口一等寒韵、合口一等桓韵相同，也与臻摄合口一等韵母相同，不与谈韵相同。对比：汗 guə̃。

əŋ：含 $_1$gəŋ。只有一个字，与通摄一等韵母相同。

aŋ：耽 taŋ ｜砍 $k^haŋ$。与二等相同。对比：简 kaŋ。

层次一：端泥精 ə̃- 见系 əŋ。

层次二：见系 uə̃。与山摄一等寒韵相同，与谈韵不同。

层次三：见系 ə̃。覃与谈无别。

层次四：aŋ。文读。

遂昌方言层次一：端泥精 ə̃- 见系 əŋ 的性质与常山层次一、温州层次一相同，遂昌层次二与常山层次二相同，遂昌层次三与温州层次三、常山层次三相同。遂昌层次四与常山层次四相同。

4. 金华

4.1 金华方言覃韵今读情况

表 4 金华方言覃韵字今读层次

	端	泥	精	见
ɤ	+	+	+	+
ã	+	+	+	+
ɑ	+			

下面列举一些字音，并指出音类分合关系：

ɤ：见系与谈韵、寒韵韵母相同，端、泥、精组与山摄合口一等桓韵相同，与覃韵有别。感 $_1$kɤ ｜堪 $_1$ 砍 $_1$kʰɤ ｜含 $_1$ɤ，贪 $_1$tʰɤ ｜潭 $_1$dɤ ｜男 $_1$ 南 $_1$nɤ ｜参 $_1$tsʰɤ，甘 $_1$ 肝 $_1$kɤ ｜团 $_1$dɤ ｜乱 $_1$lɤ ｜酸 sɤ。

ɑ：端系与谈韵、寒韵韵母相同。耽 tɑ ｜贪 $_2$tʰɑ，对比：毯 $_{1谈}$tʰɑ ｜丹 $_{1寒}$单 $_{1寒}$tɑ。

ã：耽 $_2$tã ｜男 $_2$ 南 $_2$nã ｜惨 $_2$tsʰã ｜感 $_2$kã ｜堪 $_2$kʰã。与二等文读韵母相同。对比：

可见，金华方言 ɤ、ã、ɑ 都有对立，是三个不同的层次。

那么，金华方言的端系 ɤ 与见系 ɤ 是否是同一层次呢？这有两种可能，一是两者为同一层次，二是见系与谈韵有别的层次失落。以下是与金华邻近的武义方言的情况：

表 5 武义方言覃韵字今读层次

	端	泥	精	见
ɤ	+	+	+	+
en				+

例字如下：

ɤ：贪 tʰɤ ｜端 nɤ ｜潭 dɤ ｜参 tsʰɤ ｜蚕 zɤ，感 kɤ ｜暗 ɤ。端系与谈韵、寒韵不同，见系相同。对比：摊$_{寒}$毯$_{谈}$ tʰuo ｜甘肝 kɤ。

en：□ gen ｜含 en。与谈韵和寒韵不同，与臻摄开口一等相同。对比：恩 en。

可见，武义方言覃韵有如下层次：

层次一：端系 ɤ- 见系 en

层次二：见系 ɤ

结合武义方言、常山方言，可见金华方言见系与谈韵有别的音类消失了。可见金华端系 ɤ 与见系 ɤ 不是一个层次。

金华端系 ɑ 与见系 ɤ 是否是同一个层次呢？金华端系 ɑ 与见系 ɤ 虽然都与谈韵相同，但是金华覃韵端系读 ɑ 的字具有文读色彩，因此不宜与见系 ɤ 归为同一层次。

这样，金华方言覃韵有如下层次：

层次一：端系 ɤ。覃谈有别。

层次二：见系 ɤ。覃谈无别。

层次三：端系 ɑ。覃谈无别，有文读色彩。

层次四：端系 ã- 见系 ã。

4.2 金华方言覃韵字层次的性质

金华方言的层次一：端系 ɤ 与常山方言层次一性质相同；金华方言的层次二与常山方言层次三相同，金华方言的层次三与常山方言的层次四 ã 相同。

可见，南部吴语覃韵有如下层次：

层次Ⅰ：见系覃韵与谈、寒有别；端系覃谈有别，有的点（金华）端系还与寒有别，有的点端系（江山）与寒无别。

层次Ⅱ：见系覃谈有别，覃寒无别。

层次Ⅲ：见系覃谈无别。

层次Ⅳ：端系谈寒无别。这一层次可以称为老文读。

层次Ⅴ：覃韵与谈寒的文读韵母相同。这一层次是新文读。

二 南部吴语覃韵的层次对应及演变

层次Ⅰ、层次Ⅱ、层次Ⅲ为同源层次，层次Ⅳ、层次Ⅴ为异源层次。

2.1 同源层次的对应和演变

2.1.1 层次Ⅰ的对应和演变：

下面以广丰、开化、常山代表上山小片，以云和、庆元、遂昌代表丽水小片，以金华、浦江、龙游代表婺州片，以温州、苍南、乐清代表瓯江片。“胆敢摊寒”为对比例字。

表 6 南部吴语层次Ⅰ的对应

	广丰	开化	江山	常山	庆元	遂昌	丽水	云和
潭	dæ̃	duã	dɔ̃	duʌ̃	tã	dɔ̃	duɛ	duɛ
探	tʰæ̃	-	tʰɔ̃	tʰuʌ̃	tʰã	tʰɔ̃	tʰuɛ	tʰuɛ
贪	-	-	-	-	tʰã	tʰɔ̃	tʰuɛ	tʰuɛ
南	nã	nã	nã	nã	nã	nɔ̃	nuɛ	nuɛ
男	nã	nã	nã	nã	nã	nɔ̃	nuɛ	nuɛ
蚕	dzæ̃	zuã	sɔ̃	zuʌ̃	sã	zɔ̃	szuɛ	zuɛ
惨	-	-	-	-	tsʰã	-	-	tsʰuɛ
含	xiŋ	-	gəŋ	goŋ	kəŋ	gəŋ	-	磡 kəŋ
胆谈	tã	tã	tã	tã	ʔdã	taŋ	tan	tã
敢谈	kæ̃	kã	kã	kuʌ̃	kã	kɔ̃	kɛ	kɛ
摊寒	tʰã	tʰoŋ	tʰɔ̃	tʰõ	tʰã	tʰaŋ	tʰan	tʰã
汗寒	xuẽ	goŋ	gɔ̃	gõ	xuã	guɔ̃	ɦuɛ	uɛ

	金华	龙游	浦江	武义	泰顺	乐清	温州	苍南
潭	dɤ	dei	dɔ̃	dɤ	te	de	dø	-
贪	tʰɤ	tʰuei	tʰɔ̃	tʰɤ	tʰẽ	tʰe	tʰø	tʰø
南	nɤ	nei	nɔ̃	nɤ	tʰẽ	ne	nø	ne

续表

	金华	龙游	浦江	武义	泰顺	乐清	温州	苍南
男	nɤ	nei	nə̃	nɤ	nẽ	ne	nø	ne
蚕	zɤ	zuei	zə̃	zɤ	nẽ	zø	-	zø
惨	$ts^hɤ$	-	-	-	-	$tɕ^hø$	$ts^hø$	$ts^hø$
含	-	xei	-	en	-	ɦaŋ	gaŋ	-
庵	-	ei	-	-	-	-	-	-
胆谈	tɑ	tã	tã	nuo	tã	tɛ	ta	tɔ
敢谈	kɤ	kie	kə̃	kɤ	ke	甘 ke	蚶 kø	kø
摊寒	$t^hɑ$	$t^hã$	$t^hã$	t^huo	$t^hã$	$t^hɛ$	t^ha	$t^hɔ$
汗寒	ɤ	gie	ə̃	ŋɤ	ʋẽ	ɦø	jy	ɦø

可以认为这一层次有如下变化：

端、精组：uã → ɔ̃ → ə̃ → ɤ → uɛ → ɛ → ei

→ ø → e

见系：uɑm → oŋ → əŋ → aŋ

↘ en → ei

可见，南部吴语早期方言不仅舌齿音保留覃谈之别，而且牙喉音字也保留覃谈之别。

2.1.2　层次Ⅱ：见系覃谈有别，覃寒无别。这一层次的共同特点是与寒韵相同。只有遂昌、常山和开化有零星的几个字。但是因为构成"同一古音来源的字（一个字或一组字）在方言共时语音系统中有不同语音形式的若干音类"，因此也是不同的层次。例如：

遂昌：暗 ꜀uə̃。常山：庵 õ。开化：含 ꜀goŋ ｜俺暗 oŋ。

2.1.3　层次Ⅲ：见系覃谈无别。这一层次分布于南部吴语各点，共同特点是覃韵见系字与谈韵见系字相同。

表 7　南部吴语层次Ⅲ的对应

	广丰	开化	江山	常山	庆元	遂昌	丽水	云和
感	-	-	kɔ̃	-	kã	-	kɛ	kɛ
磡	$k^hæ̃$	$k^huã$	$k^hɔ̃$	$k^huʌ̃$	$k^hã$	-	$k^hɛ$	$k^hɛ$
含	-	-	-	-	xã	ə̃	-	ɛ
庵	æ̃	-	ɔ̃	-	ã	ə̃	ɛ	ɛ
暗	æ̃	-	-	uʌ̃	ã	ə̃	ɛ	ɛ
泔谈	kæ̃	kuã	kɔ̃	kuʌ̃	kã	kə̃	kɛ	kɛ

	金华	龙游	浦江	武义	泰顺	乐清	温州	苍南
感	kɤ	-	kə̃	kɤ	ke	ke	ky	kø
磡	$k^hɤ$	-	$k^hə̃$	$k^hɤ$	$k^hẽ$	-	$k^hø$	$k^hø$
含	ɤ	-	ə̃	-	ẽ	ɦe	ɦø	ɦø

续表

	金华	龙游	浦江	武义	泰顺	乐清	温州	苍南
庵	ɤ	-	ə̃	ŋɤ	ẽ	e	ø	-
暗	ɤ	-	ə̃	ŋɤ	ẽ	e	ø	-
泔$_{谈}$	kɤ	kie	kə̃	kɤ	kẽ	ke	ky	甘 kø

这一层次的变化有：

uɑ̃ → ɔ̃ → ə̃ → ɤ → ɛ → e
　　　↘ uʌ̃

2.1.4　同源层次的演变

层次Ⅰ、层次Ⅱ、层次Ⅲ 综合起来有如下变化：

端、精组：uɑ̃ → ɔ̃ → ə̃ → ɤ → uɛ → ɛ → ei
　　　　　　　　→ ø → e

见系：uɑm ↗ uɑ̃ (↗ uʌ̃) → ɔ̃ → ə̃ → ɤ → ɛ → e
　　　uɑm → oŋ → əŋ → aŋ
　　　　　　　　　　↘ en → ei

2.2　异源层次的对应和来源

层次Ⅳ和层次Ⅴ为异源层次。

2.2.1　层次Ⅳ的对应。每一小片举四点。

金华：耽 ₁tɑ｜贪 ₂tʰɑ

浦江：耽 tɑ̃｜惨 ₁tsʰɑ̃

永康：耽 nɑ｜函 ɑ

磐安：耽 tɒ

开化：贪探 tʰɑ̃｜参惨 tsʰɑ̃｜砍 kʰɑ̃｜含 ₂ɑ̃。

广丰：耽 tɑ̃｜贪探 ₂tʰɑ̃｜惨 tsʰɑ̃｜砍 kʰɑ̃｜含 ₂xɑ̃。

江山：耽 tɑ̃｜贪 tʰɑ̃

玉山：耽 tɑ̃｜贪探 ₂tʰɑ̃｜谭 dɑ̃｜参惨 tsʰɑ̃｜函涵 ɦɑ̃

云和：耽 tɑ̃｜砍 kʰɑ̃

庆元：耽 ʔdɑ̃

丽水：耽 tan｜潭谭 dan｜参惨 tsʰan｜堪 kʰan

遂昌：耽 taŋ｜砍 kʰaŋ。

泰顺：耽 tɑ̃

温州：耽 ta｜函 ɦa

乐清：耽 tɛ｜谭 dɛ｜函 ɦɛ。

苍南：谭 dɔ｜函 ɦɔ

这一层次为早期文读，来自早期官话。

2.2.2 层次Ⅴ：现代文读。

这一层次有明显的文读色彩，分布在金衢片的金华、浦江、磐安、东阳、兰溪，武义、永康无。下面举例：

浦江：耽潭 dan ｜惨 $_2$tsʰan ｜庵砍 kʰan ｜含 an

金华：耽 tã ｜贪 tʰã ｜潭南 nã ｜惨蚕 dzã ｜庵 ã ｜砍 kʰã ｜含 ɦã

磐安：参 tsʰan ｜感 kʰan ｜憾 xan ｜函 an

永康：无

这一层次来自现代普通话的影响。理由为：一是音类分合关系与现代普通话一致。二是音值上与现代普通话接近，这一层次的文读是近现代进入金衢片的一些方言点的，本地方言音系还未过多对这一文读进行调适。

余　论

我们在离析层次时比较关注音类分合。音类分合是指历史上的某一音类在方言中与其余音类的分化和合流。音类分合在层次分析时有如下作用：

一是可以用来归类。汉语方言各点语音音值差异大，但是音类的分合差异相对不是很大，可以根据音类分合对方言进行归类。

二是在有些情况下可以与早期汉语语音音类分合进行比较，确定音类分合的性质。例如覃韵部分字在南部吴语中有一个层次与覃、寒韵都有分别，这说明南部吴语中的这些字保存了《切韵》时期韵母的分合特点。

音类分合关系在确定层次性质时候只能起重要的参考作用，因为存在方言后期演变形成的音类分合关系与早期音类分合关系一致的情况。

参考文献

王福堂．汉语方言语音中的层次［J］．语言学论丛，2003（27）．

曹志耘，秋谷裕幸，太田斋，赵日新．吴语处衢方言研究［M］．东京：好文出版，2000.

秋谷裕幸．吴语江山广丰方言研究［M］．爱媛大学法文学部综合政策学科，2001.

秋谷裕幸，赵日新，太田斋，王正刚．吴语兰溪东阳方言调查报告［M］．神户市外国语大学外国语学部，2002.

秋谷裕幸，曹志耘，黄晓东，刘祥柏，蔡嵘．浙南七县市吴方言音系（讨论稿）［M］．爱媛大学法文学部，2005.

颜逸民．浙南瓯语［M］．上海：华东师范大学出版社，2000.

郑张尚芳．温州方言志［M］．北京：中华书局，2008.

王　力．汉语语音史［M］．北京：中国社会科学出版社，1985.

（孙宜志　杭州师范大学人文学院　311121）

上海老派方言同音字汇

陶 寰 高 昕

一 引 言

能确知音值的上海方言的记录始于 1853 年 Edkins 的 *A Grammar of Colloquial Chinese as Exhibited in the Shanghai Dialect*（《上海方言语法》），160 年来已积累了丰富的材料。其中，赵元任 1928 年出版的《现代吴语的研究》采用国际音标记录当时的方言，开创了现代意义上的汉语方言学，自此之后绝大多数材料都采用国际音标进行记录，其准确性得到了很好的保证。该书没有收录完整的单字音，是个遗憾。

就字音记录而言，最早的当然是 Edkins 的《上海方言语法》和 1862 年 John Macgowan 的《上海话惯习用语集》（*A Collection of Phrases in Shanghai Dialect*），字音散见于全书各章节。这两本书反映的大体是 19 世纪中叶上海方言的音系。其次是高本汉《中国音韵学研究》（出版于 1915 年至 1926 年）中的"方言字汇"，该字汇是利用所调查的 3125 个字音制成的字音比较表，由于篇幅限制，实际罗列了 1327 个字，未标声调，上海方言入声韵母不记 -ʔ 尾。从所列字音来说，白读音颇多遗漏。其音系略早于《上海市区方言志》（下文简称《方言志》）中的"老派"音系，比如保留了 ʥ 声母，大体反映了 19 世纪末的上海方言书面语音的面貌。出版于 1960 年的《江苏省和上海市方言概况》，记录了上海方言的音系，并附有 20 个点 2601 个常用字的字音对照表，其中包括上海话字音。从音系看，大体相当于《方言志》的中派，但个别地方保留有老派的特征，如区分 e、ɛ 两组韵母，"宽"读 k^hue^1，分尖团，等。1988 年出版的《上海市区方言志》是一本大型的上海方言描写著作，对上海话描写记录是迄今为止最为详尽的，书中提供了当时上海中派（大体为出生于 20 世纪 40 年代、50 年代的人）的同音字汇，收字约在 4000 字次，对于方言比较来说有十分重要的价值。

上海方言在这 160 年中变化剧烈，20 世纪以后几乎每 20 年就有一些变化。以上数种著作虽然能够展现上海方言的历史演变，但其中 20 世纪初至 30 年代这一段的字音记录尚留有空隙。这个年龄层次语音开始发生剧变，《现代吴语的研究》中分列了"旧派"和"新派"两种口音，前者相当于《方言志》所谓的"老派"，后者接近《方言志》的"中派"。《方言志》记录了老派音系，未列老派同音字汇。

本同音字汇就是为了弥补这方面的缺憾，文中所依据的材料主要是陶寰 1994 年利用《方言调查字表》调查所得。这个音系大体相当于赵元任记录的"旧派"，唯声调已变为 6 个；与《方言志》的老派相比，声母 p、t 不发成内爆音 ɓ、ɗ，与赵元任（1928）的记录相同。许宝华、陶寰 1997 年出版的《上海方言词典》（下文简称《词典》）所根据的就是这个音系，《词典》"引言"部分对相关的背景有较为详细的介绍，此处不赘。为了便于阅读，下一节简单介绍上海老派音系。

高昕同学协助整理同音字表。我们对音系做了少许修改（详下），根据《词典》增补了《方言调查字表》中没有收录的汉字。我们对上海方言中的一些本字做了重新考订，新考订的本字列在相应的位置。原先所用的字有三种情况，一种是同音替代，这些同音字不再收录，例如："早华""夜华"的"华"本字即"霞"，ɦo^{6}下增补"霞"的白读音，"华"字作为"霞"义不再收录。另一些是俗写，我们在字的右侧下标"俗"字。例如："炊饭糕"《词典》作"汆饭糕"，本文在ʦʰɿ^{1}下收录"炊"的白读音，同时收录"汆$_{俗}$"。《词典》中下加"。"的同音替代字本文改为"□"。

同音字汇的体例如下：

1. 以韵母为纲排列，同一韵母下列不同的声母，相同的声韵下列不同的声调。声韵调的顺序见下一节。

2. 下标"文"的为文读音，白读音不做标记。下标"又"的为又读音，比另一读音出现的频率低，但非文白异读，也不区别意义。下标"俗"的表示该字为俗写。

3. 意义有区别的多音字，在字的右侧下标注明该字出现的环境或意义。口语中使用的非常用字也用下标方式注明。

4. 方框"□"表示该词暂无适当的汉字可写，"□"右侧下标该词的意义。有些字在《词典》中用的是同音替代字，在字汇中一律写作"□"。

5. 下标的注释文字中，用"~"代替被注释的字，注文中的浪纹号表示该字为同音替代字，与该字本来的意义没有关系。

6. 为避免误解，也为音韵比较提供方便，少数字仍采用繁体字或异体字。

二　上海老派音系

1. 声母（27 个，包括零声母在内）：

p pʰ b m ɸ β；t tʰ d n l；ʦ ʦʰ s z；ʨ ʨʰ ʥ ȵ ɕ；k kʰ g ŋ h ɦ；ø

2. 韵母（54 个，包括自成音节的鼻音在内）：

ɿ^{1}	ʮ^{2}	ɑ^{6}	ɛ^{9}	e^{12}	ø^{15}	ɔ^{17}	o^{19}	ɤ^{20}		ã^{23}
i^{3}		iɑ^{7}	iɛ^{10}	ie^{13}		iɔ^{18}		iɤ^{21}	iu^{22}	iã^{24}
u^{4}		uɑ^{8}	uɛ^{11}	ue^{14}						uã^{25}
y^{5}					yø^{16}					
ɒ̃^{26}	əŋ^{29}	oŋ^{33}	aʔ^{35}	ɑʔ^{38}	ɒʔ^{41}	øʔ^{43}	əʔ^{45}		oʔ^{49}	m̩^{51}
iɒ̃^{27}	iŋ^{30}		iaʔ^{36}	iɑʔ^{39}			ieʔ^{46}	iəʔ^{48}		n̩^{52}
uɒ̃^{28}	uəŋ^{31}		uaʔ^{37}	uɑʔ^{40}	uɒʔ^{42}		uəʔ^{47}			ŋ̍^{53}
	yəŋ^{32}	yoŋ^{34}				yøʔ^{44}			yoʔ^{50}	əl^{54}

韵母右上方的数字是同音字汇的排列顺序。我们对《词典》中采用的音系做了少许调整，具体来说：《词典》中的 ɑ̃ 组韵母改为 ɒ̃ 组韵母，ɔʔ 组韵母改为 ɒʔ 组韵母，改变以后的记录更接近实际音值，也符合《现代吴语的研究》中的记录。有些韵母的位置做了相应的调整。

3. 声调（6 个）：

阴平 53	阴上 44	阴去 35	阴入 4
		阳去 13	阳入 12

文中分别用1、3、5、6、7、8表示阴平、阴上、阴去、阳去、阴入、阳入。浊声母舒声韵只有一个声调，《词典》称为阳舒是没有问题的。上海方言的13调跟Edkins时期的阳去调调值相同，阳平调在当时为22^3或11^2，阳上为23。《现代吴语的研究》中，阳上已与阳去相同，阳平与阳去也非常接近，但或许有些人还能区分，所以当时上海的声调是7类或6类，原书记作7（6）。上海近郊方言的情况也是如此。从调值和演变过程两个方面来看，应当是阳上、阳平先后变入阳去，故本文改用“阳去”。

三　同音字汇

ɿ

ts　1猪知蜘支枝肢栀资姿咨脂滋之芝鯔锥□～水泡：烫伤形成的水泡□～倒：低着头□pɑʔ7～：袼褙　3煮紫纸姊～妹：妹妹指子仔～细镏止趾址嘴　5制製智致旨至兹置滓志誌痣□疑～：对某种东西的形状、气味等难以承受的一种心理状态

tsʰ　1褚雌此～地差参～侈嗤痴吹炊～饭粢～饭，俗□户～：装门闩用的架子　3齿　5杵疵刺眵翅次耻厕

s　1梳斯厮撕鰤鲥～鱼：黄鳓鱼施筛～子豕私尸屍师狮蛳矢屎司丝思诗使史驶□尿□腮～懵懂：睡眼惺忪　3死文水　5世势赐四肆试始

z　6箸筷～笼：放筷子的竹筒锄～头柱～头肉：一种疣乳池驰匙是氏豉瓷餈糍俗慈磁誓逝自迟雉稚示视嗜辞词祠似祀巳字寺侍伺嗣饲持痔治士仕柿俟事时莳～秧鲥市恃锤坠垂下仔实现体标记□结实

ɥ

ts　1褚文诸蛛株朱硃珠　3主　5著显～诛驻注注蛀炷疰～夏铸

tsʰ　3鼠　5处

s　1书舒黍庶恕枢输～赢，运～贳～器店　3暑数动词　5戍

z　6除储苎箸文薯如汝厨橱柱住殊竖树儒乳～腐：腐乳

i

p　1篦屄　3比　5闭臂鄙秘泌

pʰ　1批披砒剕用刀平切　5譬庇屁圮□～嘴：撇嘴

b　6蔽敝弊币毙鐾皮疲脾被被子婢避琵痹肥～皂坒量词，用于层状的东西鲏□大～搞：叉形

m　1眉～花眼笑：眉开眼笑微～～小眯弥抿，小口喝　6迷米谜糜縻粥弥靡眉～毛媚做～眼：抛媚眼饵尾味未尚早□大～节头：大拇指

ɸ　1非飞妃绯匪榧痱文沸～滚百烫：滚烫翡籧芦～席：用苇篾编成的席子　5废肺吠费～用

β　6维惟唯肥微尾文未地支之一味文

t　1低　3底抵　5帝蒂滴水等下滴

tʰ　1梯　3体　5替涕鼻～剃屉

d　6堤题提蹄啼弟第递隶皂～棣地

n　1你

l　6驴例厉励砺犁黎藜礼丽莉离～别，～开篱璃荔梨利痢厘狸野猫李里公～，～外理鲤娌吏泪蛎漉过滤

ts　1鲫～鱼睫□～嘴：利嘴□～里斋赖：形容声音嘈杂□～tsɔ1：情绪烦躁不安　3挤姊□～手：左手　5祭际

济剂

tsʰ　1 且文蛆妻栖□眯~眼：近视眼□~鱼：青鱼和草鱼的通称□呵痒~~　5 砌□钹

s　1 西徙粞　3 死　5 细婿

z　6 徐齐脐荠鲚

tɕ　1 鸡饥~饿肌几茶~基几~乎机讥饑~荒叽~里咕噜箕篦~　3 几~个　5 稽寄冀己纪记既季□~kaʔ7：翅膀

tɕʰ　1 觑maʔ8~：近视溪弃欺岂　3 启企起杞　5 去契器气汽

dʑ　6 奇骑岐技妓祁鳍其棋期旗忌祈蜞

ȵ　1 拟抳擦　6 女~婿艺刈泥倪宜仪蚁谊义议儿尼腻二贰耳~朵疑毅伲第一人称复数呢□料想□差~勿多：差不多

ɕ　1 兮~~：形容词后缀牺熙嬉希稀　3 喜蟢　5 戏阖~开：（门）打开一条缝

ɦ　6 渠第三人称单数奚兮系联~，关~携移易难~夷姨肄饴异遗勚磨损□又□~加：更加

ø　1 瞖伊医翳矣已以衣依□远指词　5 倚意沂忆亿

u

p　1 波菠玻簸　3 补谱　5 布怖

pʰ　1 坡铺~设潽沸溢　3 谱文普浦脯猪肉~　5 破~坏，~开铺店~怖□看冷~：隔岸观火

b　6 婆薄~荷蒲菩脯胸~部簿步捕埠伏孵篰抚~平：用来回抚摸使衣服平整□小~桃：山核桃□~面子：纸糊的面具

m　1 母~亲拇　3 母　6 魔磨~刀摩蘑模~子，~范摹暮慕墓募幕滪泡沫

ɸ　1 呵~痒呼夫肤敷俘麸孚美~灯：煤油灯□吸（烟）□虎起脸，板着脸　3 火伙虎浒府腑俯甫脯杏~斧抚巡~辅□~炭：木炭　5 货斧又釜付赋傅赴讣富副

β　6 河何姓，~必荷薄~，又荷贺和禾祸吴蜈梧伍误又胡湖狐壶乎瓠~卢翻糊户沪护坞符扶芙父腐附无巫诬武舞侮鹉务雾戊喉~咙妇负□~zɤ6~zɤ6：心中烦躁□~权：杈子□金~虫：金龟子

t　1 多都~城，~是哆□千~万谢：千恩万谢　3 朵躲垛剁堵赌肚鱼~妒又□昆虫或鸟类停留在枝条上栖息　5 妒

tʰ　1 拖□秤尾下垂　3 妥椭土吐　5 唾兔毻~毛：掉毛发

d　6 驼驮陀舵大惰徒屠途涂图杜肚~皮：肚子度渡镀□土制□sa1~：吃力□打昏~：打鼾

n　6 糯奴努怒挼揉

l　1 啰~嗦捞撸攎　3 裸　6 罗锣箩骡螺腡啰哆~呢：一种呢子面料猡猪~：猪摞炉芦鸬鲈鲁橹虏卤路赂露鹭庐驴又颅卵讳称

ts　1 租　3 左祖组阻　5 佐做

tsʰ　1 搓粗初　5 锉醋措错对~，又楚础□碾，擦

s　1 蓑梭嗦苏酥疏~远蔬　3 锁琐　5 素诉嗉所疏~头：祭神用的祈祷文数名词

z　6 坐座锄又助雏□酥，烂

k　1 歌哥锅蜗剐姑孤箍蛄鸪鹁~□~面：那边　3 果裹古估牯股鼓贾商~　5 个~人戈过故固锢雇顾

kʰ　1 可科窠棵颗枯骷茨芋~：一种带刺的灌木　3 苦　5 课库裤□~皮：表皮

ɡ　6 跍

ŋ　1 吾　6 蛾鹅俄我饿卧误悟互

ø　1 阿~弥陀佛莴涴喽~吵：小孩哭闹五文乌污坞又捂焐□~痧胀：中暑　5 屙粪便

y

l 1 吕~布 3 屡履 6 吕姓旅虑滤

tsʰ 3 趋娶□拔毛 5 趣漂亮，好看

s 1 些须鬚需 5 婿文玺髓

z 6 署专~聚

tɕ 1 疽居车~马炮拘驹龟 3 举鬼 5 锯文据矩句贵

tɕʰ 1 墟芦~：地名驱亏 3 取 5 去文

dʑ 6 渠巨拒距俱瞿具飓惧跪柜□量词，用于锁

ȵ 3 禹 6 女语御禦愚虞娱遇寓蕊~头：花蕾

ɕ 1 墟虚嘘 3 许

ɦ 6 鱼文渔余餘与誉预豫于盂雨宇羽芋榆逾愉愈喻谕裕围~巾

ø 1 於淤迂 5 椅喂

ɑ

p 1 爸巴文芭~蕾 3 摆 5 拜叭

pʰ 1 □ pass的音译 5 派□难看，差□ ~~：按理

b 6 排牌罢~休稗败吧酒~间□量词，相当于"种"

m 1 妈母亲马~虎埋又麻~油馓子□身体往下缩 6 埋买卖嘛语气词

ɸ 1 歪

β 6 槐淮坏哦哇~啦~啦：大声叫唤

t 1 多~个：好几个 5 戴~帽子带□ la6~胡子：络腮胡子

tʰ 1 拖~舌头：吐舌头他□ tʰi1tʰu1~tʰu1：衣衫过于长大 5 太泰汰

d 6 大文汏埭箉玳□拖延

n 1 那 6 挪哪~能：怎么奈奶倻第二人称复数□ ~泥：泥

l 1 拉 6 赖癞喇垃啦□人称代词复数后缀□在□变天□ ~ta5胡子：络腮胡子□ ~齷齪：容易脏□ ~zɑ6：邋遢

ts 1 斋抓□ ~手~脚：做事不熟练□ ɕiɑ1~：小孩聪明 5 债笊□ ~手：手或手臂的一种残疾

tsʰ 1 差出~扯~铃 3 扯撕 5 蔡

s 1 傻筛~酒□ ~du6：吃力 3 洒耍 5 啥晒~台閷散开

z 6 惹豺柴寨□排泄□ ~~：将就

k 1 家加痂嘉傢枷阶街□这么 3 假解 5 假放~架驾嫁价介届戒界芥尬疥胛肩~：肩膀□ ~杠：花费

kʰ 1 揩楷 3 卡 5 快~活

g 6 茄懈邂嘎语气词骱关节□解开□ ~三胡：闲聊□挤□ ~子：锯子□老~：老练

ŋ 1 砑~平 6 牙芽衙伢砑~骨头外趏拖延时间；待着不动

h 1 躲~腰哈 3 蟹

ɦ 6 何~里：哪里也鞋啊语气词

ø 1 阿~姨挨捱鸦~片 3 矮

iɑ

t 1 爹 3 嗲

ts 1 □用文火保持温度 3 姐 5 借

ʦʰ　3 且有～可：也就罢了　5 筲

s　3 写　5 泻卸瀉

z　6 邪斜谢塮猪～：猪圈中的廐肥□跑，詈语

ʨ　1 家文加文傢文皆阶文佳　3 贾假文解文　5 驾文稼介文届文戒文

ʥ　6 □能干□～门：German 的译音

ȵ　6 鲇

ɕ　1 罅□～ʦa1：小孩聪明□旧指钱□～巴眼：斜视　5 □～开：门开一条缝

ɦ　6 蚜瑕遐爷野夜呀

ø　1 霞鸦文耶□躲　3 雅　5 亚文涯暇

uɑ

k　1 剐文乖　5 怪拐

kʰ　5 蒯快

ø　1 蛙

ɛ

p　1 班斑瘢颁扳　3 板版　5 扮瓣搬绊

pʰ　1 攀　5 盼襻鋬提梁

b　6 办爿蹩爬

m　1 蛮很　6 迈蛮野～慢漫文蔓顽小孩皮晚～娘：后母

ɸ　1 翻番幡□～sɿ3：face 的音译　3 反　5 泛贩疲反胃□甩

β　6 怀文凡帆范範犯梵还～原，～有藩烦矾繁饭万

t　1 担～任丹单□～lɔ6：差　3 胆疸　5 担挑～诞旦

tʰ　1 坍毯滩摊瘫　5 坦炭叹晷不能行动□～肩胛：溜肩膀□略烧

d　6 潭文谭谈痰淡檀坛弹～琴弹子～但蛋

n　1 担拿乃　6 奈又难～易难逃～□现在；这下

l　6 蓝篮览揽榄滥缆兰拦栏懒烂

ʦ　1 灾劗切，剁斩切，剁，俗　3 斩盏爜好崭好，俗　5 宰蘸赞

ʦʰ　1 搀羼掺杂　3 灿铲产□～起面孔：板起面孔□肏～：骂　5 忏拜～孱□翻倒，推翻

s　1 三杉衫珊山疝～气舢讪　5 伞散鞋带～了，分～

z　6 惭暂錾站立，车～赚谗馋残瀳溅绽破～栈巉陡暂～蚍：蟋蟀

k　1 尴监间奸□介词，当着□痒～疮：疥疮　3 橄减碱裥拣　5 间～日会：改天见涧锏□～屁股：擦屁股

kʰ　1 刊铅□～～：刚才　5 嵌

ŋ　6 眼颜雁□～～调：不巧

h　5 喊墟南～：南边

ɦ　6 咸～阳咸味道～馅陷衔闲限

ø　1 埃　5 晏晚

iɛ

ʨ　1 监文奸文　5 鉴文舰

ȵ　6 念廿二十罱

ɕ　5 骇

ɦ　6 谐械懈文陷文炎颜文, ~文正公

ø　5 也文

uɛ

k　1 冠鸡~花鳏关　5 惯□偶然看到一眼

g　6 环掼□衣服横搁在杆状物

ø　1 弯湾　3 玩顽文, ~皮幻晚文挽　5 患宦

e

p　1 蓖杯背~纤：拉纤碑卑彼俾悲搬□用力拽：上吊~脚　5 贝辈背~脊, ~诵半

pʰ　1 胚坯丕潘拚　3 沛　5 配辔剖判

b　6 陛培陪赔裴倍佩背~暗：背光被~迫备痱盘蟠伴拌绊叛瀊溢出□躲藏□以言难人

m　1 每　3 美　5 妹又　6 梅枚媒煤玫妹昧楣黴霉媚文寐瑁瞒馒鳗满祴袍子鞔~裆裤漫幔墁泥~顶：一种平顶□燃烧时只冒烟，无火苗

ɸ　1 灰挥辉徽欢　3 贿又毁　5 贿悔晦麾讳唤焕

β　6 桅回茴鮰汇~聚会绘卫惠慧危伪为作~, ~什么位魏慰违围~棋伟苇纬胃谓蝟汇字~桓完丸肉~换

t　1 獃堆耽□把手放到水里探冷热　3 勋横~：讲歪理　5 戴姓对碓

tʰ　1 胎台~州苔舌~殆推贪煺　3 态腿□从容　5 退探铦~锁：用工具开锁

d　6 台飐苔青泥~：青苔抬待怠贷代袋队兑潭绐失去弹性而下垂

n　5 耐　6 内南男

l　1 累~堆：累赘　6 来雷儡瘤累~积, 连~垒类泪文鸾唻

ʦ　1 栽再簪毡专砖　3 展转~眼转~圈　5 载年~, ~重, 满~崽西~：服务生赘瞻占~卜战颤

ʦʰ　1 参~考惨川穿　3 彩采睬　5 菜餐串

s　1 奢文腮鳃衰闩栓　5 赛碎帅陕~西闪搧煽扇

z　6 社射文才纔材财裁在侪都罪~过蚕染文冉蟾缠蝉禅善鳝膳单姓然燃撰传~达传~记椽篆船

n　5 耐文　6 耐

k　1 该甘柑泔□~lɒʔ8：虐待　3 改感敢□~前日：大前日　5 锯概溉盖丐□伤口愈合时所结的痂

kʰ　1 开堪龛　3 凯慨坎砍　5 勘□碰在硬物上

g　6 隑倚靠□饱嗝

ŋ　6 呆碍艾岩衔俨

h　1 虚浮肿顣浮肿, 俗𤍁~汤：舀汤蚶憨酣　3 许答应海

ɦ　6 孩亥害含撼憾

ø　1 哀庵鹌□那, 又　5 爱蔼揞暗

ie

p　1 鞭编边蝙鳊~鱼煸　3 扁匾　5 贬变遍一~

pʰ　1 偏篇　5 骗遍普~片

b　6 便~宜辨辩汴便方~辫

m　3 免勉娩　6 绵棉缅渑面眠麵

t　1 踮颠　3 掂点典　5 店典又

t^h　1 添天□ ~t^hu1：脏，不整齐　3 舔　5 桥掭

d　6 甜簟钿田填电殿奠佃垫

l　6 廉镰帘敛殓脸连联怜莲练炼楝链恋鲢謰 ~謱：啰嗦

ʦ　1 尖煎笺□ ~嘴弄舌：搬弄是非　3 剪□ ~勺：调羹　5 歼佔箭溅饯践荐□脚脚~：得寸进尺

ʦ^h　1 籖簽迁千扦槧□翻倒□噱~：招惹别人　3 浅

s　1 仙鲜先宣□秤尾上翘　3 洗选藓癣筅　5 线鏾

z　6 潜渐钱贱羡前全泉旋镟

ʨ　1 兼搛艰间文，空~ 间文，~或肩坚□定~：一定　3 简柬茧趼　5 鉴谏检剑建毽茧又趼又笕见□菜~：菜薹

ʨ^h　1 谦牵愆□眼睛向上翻动　5 歉欠芡遣缍掔拧着（身体）

ʥ　6 钳俭乾虔掮犍件键健腱

ȵ　1 黏粘碾撚捻研　6 染验阎严酽辇谚年砚□瘾

ɕ　1 妗轻薄不稳重□张开　3 险□打 hɔʔ7~：打呵欠□喜蛛□ hɔʔ7~：闪电　5 苋轩宪献显蚬

ɦ　6 冶函又盐食盐檐艳焰盐腌制嫌雁文涎延言贤弦现沿蜒 ~蚰：蛞蝓

Ø　1 腌蔫颜色不鲜艳焉烟胭兖□ ~之：嫌　3 魇演郾比较长短　5 淹阉掩厌晏 ~子筵演又堰燕咽宴

ue

k　1 闺规龟文归官棺倌观参~冠衣~　3 轨癸鬼文管　5 会 ~计刽桧鳜圭桂诡贵文馆贯灌罐观寺~冠 ~军

k^h　1 盔魁恢傀奎亏吃~窥宽□傲慢，架子大　3 款　5 块□脚~子：踝骨

g　6 溃跪文逵葵柜文

Ø　1 煨萎威　3 会又秽委唯文畏缓皖豌剜碗腕獪　5 喂文

ø

t　1 端蝙　3 掸短　5 断判~锻

t^h　5 蜕褪

d　6 罎酒~团糰抟断 ~绝段缎椴

n　1 囡爱称孩子　6 囡女儿暖

l　6 䜌卵男阴乱

ʦ　1 最追钻动词　5 最又缀醉攒钻木工用具

ʦ^h　1 猜催崔揣~度炊 ~事员氽窜喘鮆 ~条：白条鱼□批发□超前　5 脆翠篡□软~：柔软

s　1 虽绥酸糁饭米~：饭粒　3 水文　5 岁税锐算蒜

z　6 罪芮随垂睡瑞蕊文粹遂隧穗槌坠谁

k　1 干天~肝竿竹~干 ~湿　3 赶　5 杆秆干 ~部□孛相~：玩具

k^h　1 看看守芊 ~芠：一种带刺的灌木　5 看 ~见

ŋ　6 岸

h　1 虾　5 罕汉熯

ɦ　6 函鼾寒韩旱汗焊翰□ ~豆：蚕豆

Ø　1 安鞍　5 按案

yø

ʨ　1 捐娟　3 捲卷□ ~子：阉　5 眷绢

tɕ^h　1 圈圆～□～的文：twenty one 的音译　3 券犬　5 劝

dʑ　6 拳权颧蜷鬈倦

ȵ　6 软元原源愿

ɕ　1 喧趯快走觽（牛羊等用角）顶撞掏排～：责备□狼吞虎咽的吃□～红：血红　5 楦

ɦ　6 圆员缘院阮袁辕园远玄悬县眩渊

ø　1 冤鸳　3 援　5 怨

ɔ

p　1 包胞鸨　3 保堡宝饱　5 报鲍～鱼豹爆裂开□植物发芽

p^h　1 抛泡量词疱　5 泡水～，～茶炮脬尿～

b　6 袍抱暴跑刨鲍姓爆～炸雹曝瀑

m　1 猫～咪　6 毛髦冒帽茅猫锚卯泖貌牡□～牢：猜测到

t　1 刀叨文，唠～　3 岛倒颠～，～水　5 祷到

t^h　1 滔叨～光　3 讨　5 套

d　6 掏桃逃淘陶萄涛道稻盗导□同伴

n　1 拿　6 拿又脑恼闹诺

l　1 捞　6 萝～卜劳捞牢唠痨憦懊～：后悔嫪～嘈：杂物老佬栳涝咾语气词□ tɛ1～：差

ʦ　1 遭糟朝今～昭招沼搔抓痒□～势：脸面□ ʦi1～：情绪烦躁不安□ ɔ1～：肮脏　3 早蚤枣澡爪找　5 枣又灶罩照诏

ʦ^h　1 操抄钞超□勺子□～排：小排骨□～牌：洗牌　3 草钞又炒吵　5 躁糙耖

s　1 骚臊梢稍筲烧　3 嫂扫少多～　5 燥少～年愫快捎～马袋

z　6 曹槽皂造朝～代潮嘲赵兆召韶绍邵扰痳饿嘈嫪～：杂物□～头囡□～篮头：提篮卖瓜子花生米的小贩

k　1 高膏篙羔糕交茭胶铰□叫，请□～花子：叫花子□施农家肥　3 绞　5 稿镐告教～书校校正酵窖觉睡～

k^h　1 敲　3 考　5 烤靠犒铐□买（酱油等）

g　6 搅搞螯□大鑒～：大叉□～路子：洗脑

ŋ　6 瓦熬傲鳌嗷～食：非常想吃咬

h　1 蒿薅□含油的食物变质　3 好～坏　5 好喜～孝带～

ɦ　6 厦高楼大～，～门下夏豪壕毫㩳限定数量浩号

ø　1 丫桠鸦揠懊～憦：后悔拗坳山～凹皭□～ʦɔ1：肮脏　3 袄　5 哑亚～细～洲：亚洲奥懊～门痛：痛悔拗又抝舀□～料：作料

iɔ

p　1 膘标表～示錶婊彪滮　5 表～弟裱

p^h　1 飘漂～流　3 漂～亮瞟　5 票

b　6 瓢嫖

β　3 嫑声韵调组合特殊

m　1 瞄偷偷地看　3 藐渺　6 苗描瞄～准秒庙妙

t　1 刁貂雕□～嘴：小孩口齿不清　3 鸟　5 钓吊弔铞～子：烧水壶

t^h　1 挑　5 跳

d　6 条调～羹调音～，～动掉

l　1 撩撩□掀起，又　6 燎疗聊辽寥了～结瞭料潦撩又橑～檐水：檐口滴下的水醮白～～：苍白廖□掀起

ʦ　1 焦蕉椒　5 醮

ʦʰ　1 缲～边　5 悄俏诮

s　1 稍文消宵宵硝销鞘萧箫潇□身体倒下打滚□捅，捣□石～墙：乱石砌成的墙　3 小　5 笑

z　6 巢剿樵□搅动；搅和□诈骗

ʨ　1 交文胶文郊狡骄娇矫浇缴　3 绞文饺　5 教文，～书，～育校～对较窖文觉文，睡～校上～叫

ʨʰ　1 撬跷～脚：踮足　3 巧窍　5 翘跷～二郎腿

ʥ　6 乔侨桥荞轿撟撬□木器变形

ȵ　3 鸟文尿　5 □步履艰难　6 铙挠饶桡绕围～，～线嬲

ɕ　1 销～肉：镇江名吃嚣侥撬揭开□投篮□薄～～：嘴唇薄　3 晓　5 酵文孝～顺

ɦ　6 肴淆效校学～摇谣窑姚珧舀耀鹞尧□～梗：门或窗的枢纽

Ø　1 妖邀腰要～求幺吆闄折叠　5 要想～杳

o

p　1 疤巴～结芭～蕉笆　3 把　5 霸欛坝

pʰ　5 怕

b　6 巴下～爬琶杷钯耙扒龅～牙齿：牙齿外翘罢文

m　6 磨～墨麻痳蟆蚂马码骂滅泡沫，又□父之姐□耳～：耳屎

ʦ　1 楂渣遮蔗揸　5 诈榨炸痄～腮胀：流行性腮腺炎柞～蚕

ʦʰ　1 差～扳：相差车汽～叉杈钗汊错□开玩笑或言语嘲弄□～嘴：插嘴　5 岔

s　1 沙纱砂痧奢赊　5 捨舍赦晒

z　6 茶搽查乍蛇佘麝喏唱～

k　1 瓜　5 寡挂卦

kʰ　1 夸　5 垮跨胯

h　1 花华龙～：地名桦　5 化

ɦ　6 华中～，姓铧划～船画话

Ø　1 蛙搲　5 喔～～鸡，童语

ɤ

p　1 褒

m　6 某亩文茂贸谋矛

ɸ　3 否

β　6 浮负文阜

t　1 兜　3 斗抖陡□吃～：顽强　5 鬥

tʰ　1 偷　3 敨□不稳重　5 透□花头～：花样多□～火棒：烧火棍

d　6 头投骰豆逗痘脰～颈：脖子

l　1 搂　3 缕陋　6 楼篓漏蝼謱謰～：啰嗦喽偻□～孛相：开玩笑□用少量油炒蔬菜

ʦ　1 昼邹周舟州洲　3 走帚　5 奏肘皱绉咒

ʦʰ　1 抽　3 醜　5 凑丑臭

s　1 搜蒐飕馊收　3 手首守　5 叟嗽瘦溲漱兽

z　6 绸稠筹纣宙愁仇酬受寿授售柔揉搊抽檽积攒□傻□ βu6~βu6~：心中烦躁，手足无措□雨～～：形容小雨濛濛

k 1 勾钩沟□~勒：整洁 3 狗苟枸 5 够构购
kʰ 1 抠眍 3 口叩 5 扣寇□很勉强地够
g 6 佝趵缩
ŋ 3 偶配~，~数 6 藕
h 1 齁气喘呴生气□曲背 5 吼鲎虹□因受击而肿
ɦ 6 侯喉~结猴瘊後后厚候哅语气词□贪吃
ø 1 欧瓯殴伛弯腰篕~篮：摇篮 3 呕 5 怄

iɤ

m 6 谬
t 1 丢
l 1 溜馏 6 绺丝~：纹理流刘留榴硫琉柳
ʦ 3 酒 5 皱又
ʦʰ 1 揪秋~天，~千抽又，抽打
s 1 修羞 5 秀绣宿星~锈
z 6 囚泅就袖□（小孩子）凶
ʨ 1 鸠阄纠~缠，~正 3 九久韭灸 5 救究
ʨʰ 1 尻尾~骨：尾骨丘蚯怵坏□脚~弯：脚弯
ʥ 6 求球仇姓臼舅咎旧□束，串
ȵ 1 扭扭动 3 扭~秧歌 6 纽牛
ɕ 1 休 5 朽嗅
ɦ 6 尤邮由油游犹鱿有友酉莠诱又右佑柚釉幼蚰蜒~：蛞蝓
ø 1 忧优又又悠幽

iu

ɕ 1 靴

ã

p 1 浜绷蹦~~戏：评剧□老头~：老头儿 5 迸
pʰ 1 乓□~头酒：料酒□膨胀□潲雨□生~~：态度生硬 5 碰又閛~门：关门
b 6 蚌朋彭膨蚌棚蟛碰鬇□~门：敲门□打~：开玩笑
m 6 猛孟蜢
β 6 横~直横蛮~□~lã6~lã6：形容说话声音大
t 3 打
tʰ 1 □~~渧：形容水下滴 5 铴~锣：中等大小的锣
d 6 宕垂下
n 6 □怎么，“哪能”的合音
l 6 冷
ʦ 1 张争睁 3 涨 5 长~辈账帐胀仗打~□挣：家底□ kʰɔʔ7~：以为
ʦʰ 1 撑~开 5 厂畅撑支撑牚~档：支撑用的棍子
s 1 生牲笙甥声□系，栓 3 省~长省节~
z 6 长~短肠场丈仗杖常穰壤攘嚷让文锃~亮碾塞剩橙~子盛姓

k　1 更五~ 粳庚羹耕　3 哽骾埂梗耿□~转做：反着做　5 □~灰：用作干燥剂的生石灰

k^h　1 坑□摩擦；挤

g　6 □用力挤

ŋ　6 硬

h　1 夯亨

ɦ　6 行流行桁杏□东西不结实

ø　1 鹦樱□~里咕里：嘀咕

iã

l　6 良凉量测~ 粮梁粱两亮量数~ 谅辆

ʦ　1 将~来浆　3 蒋奖桨　5 酱将大~ 绛

$ʦ^h$　1 枪□掺杂□田~岸：田埂　3 抢□物体的环节错位　5 䵹呛□剪□硬~~：形容生硬

s　1 相~互箱厢湘襄镶　3 想　5 鲞相~貌

z　6 墙详祥翔象像橡蟓匠

ʨ　1 疆僵薑姜礓缰

$ʨ^h$　1 羌腔　5 强勉~

ʥ　6 强~大强倔~ 嗫便宜，俗犟

ȵ　1 孃~~：姑妈　5 仰　6 娘酿瓤让

ɕ　1 香乡　3 响　5 晌饷享响又向

ɦ　6 羊洋烊杨阳扬疡养痒样佯蛘

ø　1 央秧殃鸯□~腔：不干脆□~泥沟　5 映

uã

k　1 光~火□满满地塞　5 □裂开

ø　1 横~劻：讲歪理

ɒ̃

p　1 帮邦□翅膀　3 榜绑　5 谤磅

p^h　1 胖~头鱼：鳙鱼　5 胖髈腿□酸~气：酸味儿

b　6 滂旁螃傍防庞棒鳑□~~：作比较

m　5 莽　6 忙茫芒~果，麦~ 蟒亡关~ 罔捏~：捕风捉影网忘望盲虻梦

ɸ　1 荒慌黄蛋黄方肪芳　3 谎　5 晃妨仿~效放仿相~ 彷~佛纺访况

β　6 黄簧皇蝗蟥房亡忘文妄望文王旺文□赌□神~鬼叫：高声怪叫

t　1 端~午当~时裆□肚~：青鱼腹部的肉□出~：趁机转移　3 挡　5 党挡又当~铺档

t^h　1 汤躺鋆挡钖~头：一种农具　3 倘躺淌踼滑　5 倘又烫趟□划船□~板：城门吊桥

d　6 堂棠螳唐糖塘搪涂抹溏镗~锣：小锣荡宕拖延凼水~：水坑婸嫖娼盪□量词，一~毛巾

n　5 曩□上下颤动　6 囊

l　1 誏~声：用闲言冷语说　6 郎廊狼螂榔朗浪眼□上：楼~ □~tɒ̃1：破旧零碎的东西□~搭：事情耽误□~gɒ̃6：东西大而空，占地方

ʦ　1 赃庄装章樟幛蟑桩　3 掌障　5 髒葬壮瘴

$ʦ^h$　1 仓舱苍疮昌菖鲳窗□~脱：浪费　5 闯创唱倡

s　1 桑搡丧婚~ 霜孀商伤墒双　3 爽赏　5 磉嗓丧~失□吞食，詈语

z　6 藏隐～藏西～臟床尝裳偿上状尚鞝撞幢□量词，摞：一～书

k　1 冈岗刚纲钢缸江扛豇□激～：激怒　3 讲港　5 降下～□伤痕□戒～：花费

kʰ　1 康糠　3 慷　5 抗炕囥

g　6 戆□ lɒ̃6～：东西占地方□～臂膊：比较臂力大小

ŋ　6 昂□～板：望板

h　1 □气急～～：气喘吁吁

ɦ　6 行银～航杭绗降投～项巷吭□承受

Ø　1 肮鲀～鳜鱼：黄颡鱼□哄孩子睡觉□秤尾下垂

iɒ̃

ɦ　6 王～医马弄：地名旺

uɒ̃

k　1 光　3 广□偶然看到　5 广文逛□晃荡□在暗中摸□轻轻擦

kʰ　5 旷匡筐眶矿

g　6 狂

Ø　1 汪□像狗叫声　5 枉往□液体在器皿里晃荡

əŋ

p　1 奔锛畚崩　3 本

pʰ　1 喷烹

b　6 盆笨坌

m　1 闷天气～□牙齿脱落后用牙肉吃东西　6 门闷蚊闻问明～朝，又萌盟□猛～：蛮不讲理

ɸ　1 昏婚分芬纷荤　3 粉　5 粪奋坌拖～：拖把

β　6 魂馄浑混焚坟愤忿份文纹蚊文闻文吻刎问文

t　1 敦墩驐阉割蹲登灯□鸡的嗉囊　3 等戥　5 扽顿炖凳镫瞪饏积食

tʰ　1 吞暾温～：温□闻□～头势：架势　3 氽

d　6 屯豚饨臀囤沌盾钝遁腾誊藤疼邓□屙～苍蝇：绿头蝇□反唇相讥

n　6 嫩能□后缀：……的样子

l　6 仑囵埨论轮伦沦楞□～嘴：口吃□大约：～千～万

ʦ　1 针斟砧珍榛臻真殿尊撙遵肫曾姓增憎罾徵～求蒸争文睁文筝贞侦正～月征黰霉～气：霉味□挤　3 準准　5 枕镇瑱诊疹振震娠蹭证症整正～常政

ʦʰ　1 村皴椿春称～呼蛏□～臼：石臼　3 蠢　5 趁衬忖寸称～心秤逞

s　1 森参人～深身申伸绅孙狲僧升生文牲文笙文甥文声文　3 沈审婶损笋榫□脑～：脑子　5 渗逊舜胜圣□～酒：喝酒

z　6 寻少～辙见：少见沉甚任责～纫陈尘阵神辰晨臣肾慎人文仁文忍文刃认文韧文存唇顺纯莼醇鹑润曾～经层赠澄惩拯乘绳剩文承丞仍扔呈程郑成城诚盛～饭盛兴～

k　1 跟根更文，～换耕文耿文□～班碌班：轮换着　5 更～加

kʰ　1 揞翻检□～支～支：形容努力工作的样子　3 恳垦啃肯　5 □老～：身上的污垢

g　6 □固执

h　1 □将就使用□撕碎　3 很狠　5 擤

ɦ　6 痕恨恒衡

ø　1 恩

iŋ

p　1 彬宾槟傧~相殡冰兵　3 禀饼併　5 鬓进文丙秉柄鉼屏住呼吸

pʰ　1 乒姘拼　3 品　5 聘

b　6 贫频蘋凭平坪评病瓶屏萍並□~彭山响：声音很大

m　1 鸣　3 闽悯敏抿皿铭　6 民明命名脗~缝：合缝

t　1 丁钉铁~靪疔叮盯　3 顶鼎　5 钉动词订濎□~弹子：一种儿童游戏

tʰ　1 听~见厅汀　3 艇挺　5 听听凭□剩余□罐子，tin 的音译

d　6 亭停廷庭蜓锭定筳靛□~被头：缝被子

l　1 拎　3 吝　6 林淋临邻鳞磷繗陵凌菱领岭令灵零铃伶翎聆泠另

ts　1 津精晶睛腈　3 井　5 浸进晋俊浚睛~受

tsʰ　1 侵亲~近亲~家清青蜻~蜓，文　3 请　5 寝

s　1 心辛新薪蜻~蜓星腥眚□头~~：轻度头晕　3 省反~醒　5 信讯荀迅汛殉性姓

z　6 寻蕈秦尽旬循巡情晴静靖净饧~糖：饴糖

tɕ　1 今金襟巾斤筋茎京荆惊经~书泾　3 紧谨　5 锦禁儘~够：足够劲境景警敬竟镜颈径

tɕʰ　1 衾卿轻~重倾顷　5 钦揿庆磬

dʑ　6 琴禽擒噤仅勤芹近擎鲸竞□量词，用于计算台阶

ȵ　6 赁岑壬任姓吟银人仁忍认韧闰凝迎宁安~宁~可佞

ɕ　1 欣兴~旺馨　5 衅兴高~臖~阳榾：肿大的淋巴结

ɦ　6 淫寅引蚓蝇孕行文，~为行品~幸盈赢形型刑营颖萤□映衬

ø　1 音阴荫窨因姻殷尹应~该鹰莺鹦文樱文英婴缨□~~米：薏米　3 隐影　5 饮洇印应答~映文瀴凉□灯火渐小

uəŋ

k　3 滚绲棍磙

kʰ　1 昆崑坤　3 捆困　5 睏睡觉

ø　1 温瘟　3 稳

yəŋ

tɕ　1 均钧菌君军　3 窘

dʑ　6 群裙郡

ɕ　1 熏薰燻　5 勋训

ɦ　6 匀云雲耘熨运晕孕又

ø　3 允　5 韵

oŋ

p　1 □蹦

pʰ　3 捧

b　6 蓬篷埲

m　1 蒙~头　6 芒~果，文蒙懵蠓

ɸ　1 风枫疯丰封峰蜂锋　3 讽　5 俸

β　6 冯凤逢缝~衣服奉缝一条~

t　　1 东冬咚　3 董懂　5 冻栋

tʰ　　1 通　3 统裥裤~：裤腿　5 捅移动痛

d　　6 桶同铜桐筒烔童瞳动洞挏套置胴□吃饭~：吃午饭的时候

n　　6 农脓侬

l　　1 弄动词，又　6 笼聋咙砻拢弄动词弄~堂隆龙陇垅

ʦ　　1 棕鬃宗综中当~忠终踪冢鐘锺盅□把席子卷起来竖着往地上击打□钢~：制器具的铝□ oŋ5~：懊丧　3 总种~类　5 粽中~暑众纵~横纵放~怂~恿种~类，又种~树肿𨅊跳，蹿

ʦʰ　　1 聪匆葱囱充冲　3 宠　5 铳儱走路不稳鏓打洞眬瞌~：瞌睡□扒窃□鼻~：猪鼻子

s　　1 鬆嵩松舂□出~：趁机溜走　5 送宋

z　　6 丛虫仲崇戎文从~容从~头诵颂讼重~复重轻~茸

k　　1 公蚣工功攻弓躬宫恭供~给巩　3 汞　5 贡拱供上~疘胴~：肛门

kʰ　　1 空~气　3 孔控恐　5 孔又空有~□~kʰuəʔ7 气：腌菜变质后发出的异味

g　　6 共

h　　1 轰揈烘哄~骗哄喧闹　3 □捧　5 嗅

ɦ　　6 弘宏红洪鸿虹

Ø　　1 翁蕹□人挤在一起　5 滃~臭：食物腐败的气味齆~鼻头：齆鼻□~ʦoŋ1：懊丧

yoŋ

ʨ　　1 迥　5 供坐，詈语

ʥ　　6 琼穷

ȵ　　6 戎姓绒浓

ɕ　　1 兄胸凶兇

ɦ　　6 荣莹荥熊雄融容蓉镕庸用佣~人

Ø　　3 永泳咏雍臃痈拥甬勇涌壅佣~钿：佣金

aʔ

p　　7 八□~姆两家头：妯娌俩□恶心~辣：令人恶心

b　　8 拔钹

m　　8 袜

ɸ　　7 法方~辖管~豁髪發襏张大眼睛□甩□刷（马桶）

β　　8 乏滑猾伐筏罚□倒

t　　7 答搭褡瘩嗒品尝溚~~滴：形容水下滴溻湿~~：形容湿遢邋~，又墶处所□~仔：和……一起□~鼓：一种很扁的鼓□~~：形容词后缀，表示程度加深，贬义

tʰ　　7 搨塔榻塌遢鳎鲆~鱼：比目鱼獭□~~潽：非常满□~货：囤积货物□滑动□~~：形容词后缀，表示程度加深，贬义

d　　8 踏沓达闼跶打滑~：打滑箣旧式木窗□~~滚：形容沸腾的样子

n　　8 纳捺

l　　8 拉色~，salad 音译腊蜡镴邋猎辣瘌捋又□拦□在□小八~子：小人物

ʦ　　7 劄札扎

ʦʰ　　7 插擦察锸

s　　7 睞眨眼撒萨杀刹删煞揰塞□~年夜：年夜快

z　　8 闸煤铡蹅□夹伤

k　7 夹袷胛眙间~壁：隔壁□叫花~头：丐头□~里，用于姓氏之后□~千家：到处游逛□ tɕi5~：翅膀□发~：变得神气活现

k^h　7 掐恰~~：刚才□压住□促~：刁钻□节~：指甲

g　8 轧夹~子

ŋ　8 齾

h　7 恰~好：正好呷瞎

ɦ　8 盒狭匣

ø　7 阿~哥鸭押压轭~头：牛轭□撑~棒：拐杖

iaʔ

ts^h　7 擦~边，又

tɕ　7 峡甲胛文

$tɕ^h$　7 恰文

ȵ　8 捏

ɦ　8 洽协

uaʔ

k　7 括聒刮掴

g　8 □偶然看到或听到□阻塞□搁

ø　7 挖

ɑʔ

p　7 百柏伯擘檗□~tsɿ1：袼褙□~纸簿，pad 的音译

p^h　7 泊拍魄派~开：掰开

b　8 白

m　7 趏蹒跚　8 末阿~：最后陌麦脉□~觑：近视□有数~：心中明白□~k^hɑʔ7~k^hɑʔ7：形容钱多，mark 的音译

β　8 划~破

t　7 □清水呱~：形容粥等稀薄

l　8 拉阿~：我们□赤刮~新：崭新

ts　7 着穿（衣服）酌窄摘隻□钩□~货：形容器皿大

ts^h　7 叉~烧：一种熟食绰焯拆坼皴策册赤尺拺搀扶□大小便□嫩~：不老练

s　8 湿栅煞副词，相当于“很”

z　8 着碰~芍又若弱宅石□抄~角：抄近路□零头~角：零碎的布料□注视□~脚：跺脚

k　7 格隔□暗中估计：~苗头□调（频道）

k^h　7 客□用手紧紧按住

ŋ　7 □ ȵiɔ5 头~颈：忸怩作态　8 额□折

h　7 吓

ø　7 阿~拉：我们

iɑʔ

l　8 掠略

ts　7 雀~子斑：雀斑爵

ts^h　7 雀麻~鹊喜~皵

s　　7 削

z　　8 嚼

tɕ　　7 甲~鱼脚觉文□量词：一~生意

tɕʰ　　7 却确

dʑ　　8 剧~烈，戏~

ȵ　　8 虐疟文箬鲒~鳎鱼：比目鱼

ɦ　　8 药钥跃乐音~学文

ø　　7 约

uɑʔ

k　　7 虢呱□干裂

ɒʔ

β　　8 镬

t　　7 厾丢涿淋（雨）沰量词，滴

tʰ　　7 讬托庹拓

d　　8 铎踱□傻

l　　7 乐~脉：安乐　8 落烙骆酪洛络乐快~□ke1~：虐待

ts　　7 作桌卓琢涿斲斫同"斲"捉筑□量词，一~大肠

tsʰ　　7 龠龊

s　　7 索嗍吮吸欶同"嗍"

z　　8 凿昨勺啄镯射

k　　7 各阁搁觉角□紫~叶：一种蔬菜

kʰ　　7 壳皵□~tsã5：以为

g　　8 □吃~头：挨批评

ŋ　　8 鄂鹤疟嶽岳□仰（头）

h　　7 耗霍藿歊上腭嗀咳痰□打~ɕie3：打呵欠□~ɕie3：闪电

ɦ　　8 镬又学

ø　　7 恶握屋沃

uɒʔ

k　　7 郭

kʰ　　7 廓扩

øʔ

t　　7 掇

tʰ　　7 脱

d　　8 夺

l　　8 捋

ts　　7 卒

tsʰ　　7 撮猝

s　　7 摔说率~领蟀□~松香：火上浇油

k　　7 割□~lieʔ8：干净整洁

yøʔ

tɕ　7 厥噘决诀橘菊掬

tɕʰ　7 缺屈

dʑ　8 赶翘起尾部掘楓一小段倔趣不辞而别

ȵ　8 月

ɕ　7 血噱

ɦ　8 悦阅月文越曰粤穴燏火光摇曳域疫役

ø　7 哕□用酱油或酒等浸泡鱼虾或肉类

əʔ

p　7 钵拨不

pʰ　7 泼迫□量词，批：一～货色

b　8 葡鼻又别又孛～相：玩儿，俗勃垺饽鹁～鸪坺泥～头：泥块帛□秋～碌：秋老虎□搬东西时着地转动□～杂：麻烦□～təŋ5~təŋ5：瞪着眼看

m　8 末沫抹茉没沉～物墨默

ɸ　7 忽佛寣一～：睡一觉

β　8 活猢～狲：猴子囫棚佛勿文物文

t　7 掇又得德□介词，替□粘贴□～头：点头□鹅～头：鹅头上红色的肉球□福～～：富态的样子

tʰ　7 脱又脱表示动作的结果忒□介词，替

d　8 叠突凸特

l　8 捋又肋勒□沟～匠：疏通沟渠的工匠蠌

ts　7 只～要摺～扇褶执汁哲蛰折～扣浙质则侧仄织职炙责欶吮吸嘬吮吸，俗□十二岁为一～

tsʰ　7 彻撤辙拙出龅焌纸～：纸媒儿黢饬测赤文斥□～软：很软□搬（桌子）

s　7 摄涩十五～设涮～羊肉刷说又瑟虱失室塞色啬识式饰适释□稻～头：稻穗□～过：好像

z　8 杂涉蛰惊～十什拾文入文舌侄秩实日文术白～術算～述秫芍贼直值食蚀殖植泽择掷

k　7 合十～一升蛤鸽佮结交葛吃～嘴：口吃疙蛇胳～lɒʔ8tsoʔ7：胳肢窝革□打～顿：说话、念书中停顿□～lɔ6：所以□～末：那么

kʰ　7 咳栲～栳磕瞌渴刻时～，雕～克

g　8 个量词搿腋下夹物□近指词□～sɤ3：蜒蚰

ŋ　8 杌～子：骨牌凳

h　7 喝郝黑赫

ɦ　8 合核审～，～心

ø　7 熗盖住火但不让其熄灭遏蒙上，盖住扼轭文呃□～塞：憋闷

ieʔ

p　7 鳖瘪煏火～鸡：孵坊用加热的方法孵出来的鸡不～过，又笔滗挡住固体倒出液体毕必逼碧璧壁

pʰ　7 撇匹僻辟劈

b　8 枇鼻别区～，离～蹩弼趋比：～苗头□～勿着：很想要但得不到

m　8 米～达，meter 的音译灭搣拧篾密蜜觅□～sieʔ7：小气

t　7 跌的目～滴嫡扚用手指掐擿同“扚”

tʰ　7 帖贴铁踢剔□正好□～鼠：麝鼠

d　8 叠又碟牒蝶谍迭凸又特又笛敌狄籴

l　8 立笠粒列烈裂捩拧劣栗律率效~力历~史历日~捙让带水的东西把水滴干䙖衣服斜缠于身□ køʔ7~：干净整洁

ʦ　7 接辑节疖鹡即鲫文积迹脊绩蚍蟿~：蟋蟀□~铃子：金铃子

ʦʰ　7 妾缉切七漆戚□~理：打扮□~~ʦʰoʔ7ʦʰoʔ7：窃窃私语

s　7 薛泄屑楔雪悉膝戌恤息熄媳惜昔锡析□ mieʔ8~：小气

z　8 捷集习袭拾~起来截绝疾籍藉席夕寂□旋

ʨ　7 髻劫挟~菜：夹菜荚豆~颊面~骨：颧骨急级给揭文结洁鍥镰刀吉戟棘击激□~蛛：蜘蛛□~出：（眼睛）瞪出□菜~：菜薹

ʨʰ　7 怯泣讫齕像牙齿一样咬住□ ~kaʔ7：手提箱，check 的音译

ʥ　8 及杰极屐□急□量词，用于计算台阶

ȵ　8 聂镊蹑入~舍：倒插门业热孽日匿逆溺□ ~ʨyø3 子：抓阄

ɕ　7 胁吸揭歇蝎

ɦ　8 叶页拽逸翼亦译易交~液腋掖

ø　7 隘缢搕蒙上，盖住靥揖作~谒噎乙一抑益

uəʔ

k　7 骨

kʰ　7 阔□ kʰoŋ5~气：腌菜变质后发出的异味□~熟：蔬菜堆放后变黄

ø　7 勿否定词：~要�纳头入水殟~塞：烦闷

iəʔ

ʨʰ　7 喫

oʔ

p　7 博剥驳北卜□~屁股：翘起屁股

pʰ　7 帕樸朴扑覆合~：趴着頼肥胖□ ~loʔ8：插头，plug 的音译

b　8 薄~荷，又薄厚~缚仆僕濮伏趴

m　8 莫膜寞摸木目穆牧□神~：神像

ɸ　7 福幅蝠複腹覆文

β　8 或惑获服伏栿袱復

t　7 笃督褶启**女阴**豥**敲击**□~盅：慢慢地喝酒□炖□面~嘴跷：板着脸噘着嘴□壁~：形容直

tʰ　7 秃□沸腾，又

d　8 独读牍犊毒□沸腾

l　8 鹿禄碌辘起身礁~砖：砖六陆绿录□眼花~花：眼花□秋孛~：秋老虎□ pʰoʔ7~：插头，plug 的音译□ ~toʔ7 货：很差的商品

ʦ　7 灼簇簇拥竹竺筚收拾整齐瘃冻~：冻疮祝粥足烛嘱□为达到目的而闹别扭

ʦʰ　7 戳擉同“戳”簇~新：崭新畜~生促触□ ʦʰieʔ7ʦʰieʔ7~~：窃窃私语

s　7 塑~料索又朔速肃宿缩叔粟束□榫头松散

z　8 凿又謈骂啄又浊射又族逐熟塾私~淑俗续赎蜀属辱褥文□戳，刺

k　7 漷晃动溢出啯国縠谷咯~~鸡，童语

kʰ　7 窟哭酷□吝啬

g　8 □木~：冻得麻木□ ~loʔ8sɛ1ɦm̩6：总共

h　　7 㲺□紧贴□吸去水分

ɦ　　8 斛

Ø　　7 龌

yoʔ

tɕʰ　　7 麴曲蛐

dʑ　　8 轴妯局□行，好

ȵ　　8 肉揄褥玉狱

ɕ　　7 畜～牧蓄

ɦ　　8 育慾欲浴

Ø　　7 郁

m̩

ɦ　　6 亩母丈～娘无呒无，俗

Ø　　1 妈～妈姆～妈，俗

n̩

Ø　　1 奶～奶：祖母

ŋ̍

ɦ　　6 吴姓五午端～仵鱼

əl

ɦ　　6 儿文二文贰文而耳～东陈

Ø　　1 尔耳文饵文

参考文献

高本汉．中国音韵学研究［M］．赵元任，罗常培，李方桂，译．北京：商务印书馆，1995.

江苏省和上海市方言调查指导组．江苏省和上海市方言概况［M］．南京：江苏人民出版社，1996.

钱乃荣．上海方言发展史［M］．上海：上海人民出版社，2003.

许宝华，汤珍珠．上海市区方言志［M］．上海：上海教育出版社，1988.

许宝华，陶寰．上海方言词典［M］．南京：江苏教育出版社，1997.

赵元任．现代吴语的研究［M］．（清华学校研究丛书第四种．北京，1928.）北京：科学出版社，1956.

（陶　寰　高　昕　复旦大学中文系　200433）

阴出阳收：为正吴音全浊擦音与次浊微擦近音类混之讹 *

王洪君

“阴出阳收”是明末著名戏曲声律学家沈宠绥在他论昆曲的著作《度曲须知》《弦索辨讹》中提出的重要概念，在昆曲界影响极大，但对其理解又长期莫衷一是，史濛辉（2016）称之为“近四百年之谜团”。

史文将之前学者的观点大致总结为两派：一是“清音浊流”派，认为“阴出阳收”的实质是主张中古全浊声母按吴语的“清音浊流”发音，以此为主要观点的有石汝杰（1998）、冯蒸（2000）、何大安（2008a）、李小凡（2009）。二是“清出浊收”派。由杨振淇（1990，1999）提出，认为“阴出阳收”是主张中古全浊声母的出字要像阴平字那样用清声母，收字则用中原阳平的韵母和声调，为的是矫正吴人演唱昆曲时吐字带浊音的毛病。

近两年有关阴出阳出有两篇重要的新作——陈宁（2014/2015）和史濛辉（2016）。

陈文的结论是，“‘阴出阳收’与全浊声母有关，但反映的不是吴语中的‘清音浊流’，而是让说吴语的人在唱北曲时把全浊声母念成相应的清声母，声调保持阳声调，以模仿全浊声母清化的北方官话。”

史文在陈文的基础上，把“阴出阳出”更具体地确定为“吴人在学习唱曲时某些字需要向当时已经发生浊音清化、并有‘平送仄不送’的北方官话学习［清擦］的特征（含送气），这是‘阴出’；而‘阳收’则是指保持吴语本有的阳调的发音特性（如伴随 ɦ）”。

笔者认为，两位作者提出沈宠绥的“阴出阳收”是主张吴人唱昆曲时要用“中原之音”的观点是正确，不少论证较前人更为充分；特别是陈文逐字对比了阴出阳收字表与《中州音韵》(以下简称《中州》)，发现阴出阳收表所收近 170 个小组的 630 个例字几乎全都来自《中州》，有力地证明了沈宠绥心目中的“中原音”是指《中州》；史文发现阴出阳收表 630 字中仅有 3 小组 6 字次是具有［－擦］特征的不送气清塞音、其余都是［＋擦］特征字（包括擦音和送气辅音）的现象，和提出“阳收”是指保持吴语本来有的阳调的发音特性（伴随 ɦ），并与当代吴语北部新生的 ɦ 与 hɦ 的对立可能有关，都很值得进一步深究。

但笔者同时以为，两文的一些结论和论证尚有进一步深入的讨论的余地。比如沈宠绥提出阴出阳收究竟是为针对吴音哪一方面的讹谬，其心目中的“中原音”在这一方面的特点到底是怎样的。再比如，史认为阴出阳收表仅收了 3 小组 6 字［－擦］特征字可说明该表的设立是为了帮助吴人学习北音某些字的［清擦音］特征，果真如此吗？本文将就这些问题提出不同意见。

本文拟分为三步讨论：

一　从类混的角度看，阴出阳收说欲正的吴音之讹是什么？

二　阴出阳收说是为帮助吴人学习北音某些字的［＋清擦］特征吗？

---

* 本文初稿曾蒙焦磊指正多处，与史濛辉的通信讨论也让我多有收益，特此致谢。文中若仍存错谬，由笔者负责。

三　从值异角度看阴出阳收，清出阳收与清音浊流的共同之处重要还是不同之处重要？

本文通常以全清 / 次清 / 全浊 / 次浊 / 轻重唇 / 舌头 / 舌上 / 齿头 / 正齿 / 牙 / 喉等术语称说中古音类、以不送气 / 送气 / 清 / 浊 / 阻塞 / 塞 / 塞擦 / 擦 / 近音等术语称说现代音类或泛时音类，特殊情况另加说明。

一　从对立和类混的角度看阴出阳收说欲正之吴音之讹

1.1　与阴出阳收对立的类是什么？沈所辨析的与之相关的吴音类混之讹是什么？

先看沈宠绥自己的论述：

《中原》字面有虽列阳类，实阳中带阴，如弦、回、黄、胡等字，皆阴出阳收，非如言、围、王、吴等字之为纯阳字面，而阳出阳收者也。盖弦为奚坚切，回为胡归切，……夫切音之胡、奚，业与吴、移之纯阳者异其出，则字音之弦、回，自与言、围之纯阳者殊其唱法矣。故反切之上边一字，凡遇奚、扶以及唐、徒、桃、长等类，总皆字头则阴，腹尾则阳，而口气撇嗺者也……（《度曲须知・阴出阳收考》）

方今唱家于平上去入四声，亦既明晓。惟阴阳二音，尚未全解。至阴出阳收，如本套曲词中贤、回、桃、庭、堂、房等字，愈难模拟。盖贤字出口带三分纯阴之轩音，转声仍收七分纯阳之言音，故轩不成轩，言不成言，恰肖其为贤字。回字出口带三分纯阴之灰音，转声仍收七分纯阳之围音，故灰不成灰，围不成围，适成其回字。……特曲理未深者，其纯阴纯阳，尚未细剖，若阴出阳收，愈难体会。……。（《弦索辨讹》《西厢记・殿遇》）

1.2　阴出阳收 / 阳出阳收 / 阴出阴收的音韵学、语音学类别

从沈宠绥所论，可得出下面表 1 所列的对立三类。

表 1　阴出阳收 / 阳出阳收 / 阴出阴收所对应的音韵学、语音学类别

沈氏分类	例字	字母 / 音韵类	语音类
阴出阳收	弦、回、黄、胡	匣 / 全浊	浊擦
（扩展类	唐、徒、桃、长	定澄 / 全浊	浊塞、塞擦）
阳出阳收	言、围、王、吴	喻①/ 次浊	微擦近音
阴出阴收	軒、灰（荒）(呼）②	晓③/ 全清	清擦

微擦近音与擦音在语音学和音韵学中都有大类的区别。在语音学中，擦音（如 f s x / v z h）与塞音、塞擦音同属阻塞音大类，为［－响音］；而微擦近音（j、w、ɥ、ʋ、ɹ、ɻ）虽有微弱的摩擦但口腔内阻力不大，不属于阻塞音，属［＋响音］，其所辖的 j、w、ɥ、ʋ 在普通话或许多方言中一般处理为零声母的变体。在音韵学中，清擦音属全清、浊擦音属全浊，而微擦近音（喻日微母）则属次浊。

---

① “言、吴”中古为疑母，但明代北音已经并入喻母（零声母，微擦近音），《中州》同北音。

② 括号中的“荒、呼”两字为笔者根据沈宠绥所论的规律（相同部位的清擦字为全阴）所补。

③ 北音是全清晓母的“轩灰荒呼”与全浊匣母的“弦回黄胡”配成阴阳平的最小对立对，全清影母的“焉威汪乌”与次浊喻母疑母的“言为王吴”配成声调阴阳平的最小对立对。而匣母与喻母（含大部分疑母）在声母上有擦音与零声母的对立。

沈宠绥论说阴出阳收时首先辨析的是吴音全浊擦音（弦回）与次浊微擦近音（言围）两类的类混之讹，论说类的对立时又加上了清擦音（轩灰），共三个对立类。这三大类，是对所有声母的大类区分。属于全浊塞 / 塞擦音的"唐徒桃长"，不涉及上述类混之讹，但，也同样需要确定它们的三大类归属以及它们与全清与次清塞音塞擦音的对立关系。沈将它们归到阴出阳收，符合语音学、音韵学的分类。但它们不涉及吴音的类混之讹，所以沈仅在辨析之后用"以及"带出，上表称之为"扩展类"。

全浊擦音与次浊微擦近音，在中古和明代正音及北音中均分类划然而吴音相混，是著名的吴音之讹之一。

1.3　阴出阳收 / 阳出阳收 / 阴出阴收与吴音类混之讹

吴语中全浊擦音与次浊微擦近音的字音类混，除了上述两段论述所辨析的牙喉音部位之外，还有其他部位：

表 2　吴音浊擦 / 微擦近音类混之讹涉及的发音部位

部位	浊擦＝微擦近音	例		
牙喉	匣＝喻	黄＝王	弦＝言	回＝围
轻唇	奉＝微$_{文}$	扶＝无$_{文}$	房＝亡$_{文}$	份＝问$_{文}$
齿	船禅＝日$_{文}$	神＝人$_{文}$	舌＝热$_{文}$	缠①＝然

对于后两类吴音类混之讹，沈宠绥在《度曲须知·同声异字考》中也有专门辨析：

房非忘　微非肥　扶非无　万非饭（微母≠奉母）

谁非蕤　殊非如　然非缠（日母≠船禅）

以上字对都是对阳出阳收的（微母日母）和阴出阳收的（奉母船禅母）的辨析，它们在明代正音和北音都有微擦近音与擦音的对立，而在吴音却都合并为浊擦音。

1.4　小结：从类混的角度看学习北音说的困难

在当时的社会环境中，通语（或书音、正音）只是为了可以在更大的地域范围内通畅交际，不要求音值相同。前人研究表明，作为阴出阳收表收字来源的《中州》一书，保留了大部分全浊声母以及与全清 / 次清 / 次浊的对立，完全不同于全浊声母在《中原音韵》已按平送仄不送全部清化，而沈宠绥心目中的中原音是《中州》而非《中原音韵》。笔者以为，这说明，沈宠绥提出阴出阳收说，是要遵守正音《中州》，保留全浊并保持全浊、次浊、清三大类的对立，所要纠正的吴音之讹是次浊微擦近音并入了全浊擦音的类混。我们不同意史濛辉（2016）关于阴出阳收说和字表是为帮助吴人纠正吴音某些字的［浊擦］特征、学习北音的［清擦］特征的说法，因为这不符合他心目中阻塞音仍有清浊对立的明代正音。而陈文认为阴出阳收说只是为吴人唱北曲使用，似不符合《度曲须知》的论述和阴出阳收表收字的特点。

二　阴出阳收说是为帮助吴人学习北音全浊母的平送仄不送或［清擦］特征吗？

对于阴出阳出说提出的动机，本文的认识与史濛辉（2016）有小同和大异。小同有：（1）都认为是为了正吴音之讹，（2）都认为与浊擦有关；大异则是，（1）' 对于所正之吴

① "缠"（澄开三）是《中州》中澄崇母并入船禅母的唯一一例。

音之讹，本文认为是吴音次浊微擦近音混入全浊擦音之讹，史文认为是吴人保留［浊擦］特征之讹；（2）’对于浊擦，笔者是指全浊擦音声母，史文则是指带有［浊擦］特征，包括浊的擦音和塞音塞擦音的浊送气成分。

史提出的证据是：阴出阳收表所收的630个字，从声调来说主要是阳平字；从发音方法来说，除3组6字（动恸洞度渡莞）外，均为北音带［清擦］而吴音带［浊擦］特征的字。

2.1　阴出阳收字表的阳平字那么少吗？

按照史文的统计，阴出阳收字表的630个全浊声母字里有536个阳平字，非阳平字仅94个。但是，他所统计的阳平字还包括了《中州》的“入作平”字。但根据北音“平送仄不送”的规则，属于仄声的全浊入所派归的恰恰是［－擦］的不送气清塞音，声母与全浊平并不相同。由于史文着重讨论的是声母是否有［＋擦］特征，因而“入作平”宜单作一类考察。

更有，据张竹梅（2007），中古全浊入字在《中州》归“入作平”类，其切上字或用全清或用全浊，绝不用次清；而全浊平字归平声，其反切上字均用全浊字。比如：

全浊入反切	全浊平反切	全清平反切	次清平反切
独读毒东盧切	徒涂屠唐盧切	都当盧切	土吐汤鲁切
族从苏切	殂徂藏苏切	租臧稣切	粗仓苏切
疾集精妻切	齐脐酋西切	齑跻将西切	妻凄青齐切

重新审查阴出阳收表，我们找到如下62个“入作平”的全浊入声字和3个有去声异读并取了去声一读的字，总计增加65个仄声字：

学狎辖峡洽匣侠狭柙或惑獲劃鹄斛鹘核活復伏袱服佛鹤涸盒合盍阖褐嗑宅择泽着傑桀竭昨撅掘镢轴逐術赎属述蜀术淑熟孰实石十什食蚀拾殖植；藏臟（慈良切，又平声）匠（齐相切）

这样，阴出阳收表中非中古阳平字的比例如下：

总字数	浊上去字数 / 比例（史）	浊上去入字数 / 比例（本文）
630	94字/14.9%	159字/25.2%

仄声字的比例提高了不少，但依然偏少（通常认为，平声与仄声大约各占一半）。

2.2　阴出阳收字表没有［－擦］字吗？

史文认为阴出阳收表所收630字中仅有3小组6字为［－擦］特征字；且其中5个定母字“度渡徒弄切洞慟动唐路切”的切上字是［＋擦］的送气音，因而被切字在当时北音也可能是送气音；剩下的“莞”字在北音多个方言中是［＋擦］的擦音；因此可以说阴出阳收表所收字均具［＋擦］特征。文中还说明了他判断这些字是否送气的依据是北音的“平送仄不送”。

但是，史忽略了《中州》反切的内部系统性：切上字为“徒/唐”只说明被切字在《中州》及阴出阳收表中的声母是全浊阻塞音，而被切字在北音中是否送气是由切下字的声调平仄来确定的。由于这几个字的切下字均为去声，所以它们在北音中应该是、实际上也是不送气音。另外，他还忽略了，除上述6字外，前面我们找出的中古全浊入声、去声字在北音中也是不送气的［－擦］字。下面把史文找出的94个非阳平字和我们找出的65个中古仄声字汇合在一起，把其中属于北音是［－擦］特征（也即不送气塞/塞擦声母）的字加灰色阴影，并将这些字所在小组的最后一字用下标标明阴出阳收表中的反切（大多与《中州》相同）：

下暇夏廈罅譺嚇杏幸倖脛行艦陷檻餡巷項向懈械邂縣現效効校限洞慟動徒弄切度渡唐路切莞①會慧惠恚混溷户护互扈祜怙壞換患幻宦豢禍和飯範梵犯販憾撼頜旱悍汗翰捍瀚恨號皓浩昊害嗳賀荷後候逅厚後競其硬切郡渠运切誚藏笑切②就嶡藏秀切陣长认切鄭长剩切受授綬售壽學狎轄峽洽匣俠狹柙或惑獲劃鶻斛鶻核活復伏袱服佛鶴涸盒合盍闔褐嗑宅擇澤池斋切着池烧切（入作平）傑桀竭其爷切（入作平）昨慈骚切（入作平）撅掘鐍渠靴切（入作平）軸逐长如切（入作平）術贖屬述蜀術淑熟孰實石十什食蝕拾殖植③藏臟慈丧切，又平声匠齐相切

上表中带阴影的中古全浊塞音塞擦音仄声字共有28个，占630字的4.4%。这些字中的“慟誚”两字在今北音中实为送气音，其余26字为［－擦］的不送气音。同时，按照阴出阳收表的反切应为擦音而北音实为不送气塞擦音又有“殖植”两字，与“慟誚”两个送气音两相抵消，表中今北音的［－擦］仄声字还是28字，仍占全表字数的4.4%。

总之，阴出阳收表中的［－擦］特征字的确相当少，但远非如史文所说的那样完全没有。

剩下的问题是，史文提出的“学习北音中古全浊字的［清擦］特征、正吴音［浊擦］特征之讹说”和本文提出的“学习正音全浊擦音/清擦音/次浊微擦近音三分对立、正吴音全浊擦音与次浊微擦近音类混之讹说”，哪个更接近沈宠绥提出阴出阳收说的本意？该如何验证呢？

下面拟通过对《中州》和阴出阳收表更细致的考察，分析史文与本文的假设哪个更为合理。

分析的着重点放在，（1）分别不同声调考察全浊小组在《中州》和在阴出阳收表中的保留情况，阴出阳收表是否有不同于《中州》的特点。如果有，则这些特别的处理是为帮助吴人学习北音全浊声母清化形成的［清擦］，还是为维持正音的全浊独立；（2）分别各个不同中古全浊声母，考察全浊小组在《中州》与阴出阳收表的全浊小组保留率，得出各个全浊声母全浊小组和全浊字数保留率高低的序列，分析阴出阳收表在这一方面是否有不同于《中州》的特点。如果有，是跟［±擦］更加相关，还是跟涉及微擦近音的类混更加相关。

2.3 全浊小组在《中州》和阴出阳收表的各声调中保留情况的对比

2.3.1 全浊小组在《中州》各声调中的保留情况

在全浊声母和声调类别的问题上，《中州》的处理跟以《中原音韵》为代表的北音很不相同。《中原音韵》（北音）是中古音的全浊整类消失，塞音塞擦音按平仄分归送气和不送气音；声母对立在平声转为声调对立，入声消失按声母的全浊、次浊、清分归阳平、去、上声，形成新的阴平、阳平、上声（清入“入作上”）、去声四调系统。《中州》，据张竹梅《〈中州音韵〉研究》（2007）则是：声母全浊保持与全清、次清、次浊的对立，声调分平上去三调，均无阴阳对立。也即，中古的全清平与全浊平在《中州》是声母对立而非声调对立。

张竹梅（2007）整理的《中州》的同音字表和同音小组的反切系统说明，与当时北

① 莞（胡管切），今北音为不送气塞音。但从《中州》反切看，应是属于浊擦音匣母，故本文按［+擦］计。

② 誚（藏笑切），今北音为送气声母。但《中州》自身的反切体系看，“藏笑切”表示“誚”是《中州》的全浊声母去声字。根据平送仄不送的规律，其声母在当时北音中应为不送气塞擦音，故本文按［－擦］计。

③ 殖殖（绳知切），今北音为不送气塞擦音声母。但《中州》自身的反切体系是切上字为“绳”的均为擦音声母，故本文按［+擦］特征的擦音声母计。

方官话的全浊声母已按“平送仄不送”的规律清化不同，中古全浊声母在《中州》的情况比较复杂：①中古全浊声母已有一部分归入全清，主要是部分全浊仄小组遵循北音“仄不送”的规律归到了全清，但全浊平小组几乎全部保留浊声母；②还有一些全浊字与清声母字同居一个小组，而这些辖字清浊混杂的小组，有的切上字用全浊字，有的切上字用全清字。该书的《〈中州音韵〉同音字表》列出了《中州》所有小组的反切上下字（或标音字）及其辖字，为本文的讨论提供了宝贵的资料（该同音字表有较多的排版错误，笔者根据该书正文对各声母的分项讨论做了校正）。

针对本文讨论的目的①，我们将《中州》中全浊声母的复杂情况分为如下两要素：（1）小组的反切上字或标音字是用全浊字还是全清字，（2）小组的所辖字是否既有全浊也有全清（且两类均有常用字）。这两个要素彼此搭配形成如下四种情况（生僻字不计）：

① 小组的反切上字或标音字为全浊，其所辖字也均为全浊（下面记作“全浊/+”）；

② 小组的反切上字或标音字为全浊，其所辖字有全浊也有全清（下面记作“全浊/±”）；

③ 小组的反切上字或标音字为全清，但其所辖字均为全浊（下面记作“全清/–”）；

④ 小组的反切上字或标音字为全清，其所辖字有全清也有全浊（下面记作“全清/±”）。

① 是完整保留全浊声母；后三类则全浊虽有保留，均已经与全清有了交涉。

下表按《中州》声调的不同分别统计《中州》全浊字的保留情况。基于本文的研究目的，“入作平”单列一类。表中平声全浊小组的数量直接引自张竹梅（2007），笔者只检查了平声各全浊小组是否混有全清字和全清次清小组是否混有全浊字。上、去、入作平三类的数据则是笔者据张竹梅（2007）的同音字表自行统计，与张统计的总数略有差距，应该是笔者手工抄录的误差带来的。《中州》同时收入多个小组的多反切字，每个反切均计为一次，比如入作平的“缚”歌戈/萧豪两韵均收，“復伏”则鱼模去声和入作平均收。另外，中古全浊上字在《中州》几乎都并入了去声，上声中的涉浊小组仅余8个“全浊/+”和2个“全清/–”，因此下面把全浊上与全浊去合并计算，合称“（上）去”，浊上的信息在表下的注中给出，其他仄声小组的代表字见后面的表6。

表3 中古全浊字在《中州》不同声调中的复杂分布

切上字/辖字 \ 中州声调	全浊/+	全浊/±	全清/–	全清/±	涉浊小组总数
平	150	0	0	0	150
（上）去	114 [1]	11	7 [2]	25	157
入作平	28	4	18	11	61

［1］其中有上声8小组，各组选1代表字全列举如下：呴胡孔切炯胡勇切沆何党切莞胡管切荷叶何上禫徒感切骀叶苔上咀慈宇切。

［2］其中有上声2小组：蟹希解切强欺养切。

① 陈宁（2013）对《中州》上去声清浊相分和相混的情况进行过详细讨论，因研究目的不同，我们未采用他的分类方法。

由上表可以看出，全浊声母在《中州》的保留程度，首先是跟中古声调有关：（1）全浊平的所有小组都用全浊作切上字，小组所辖字也都是全浊字，全浊声母最为巩固。（2）全浊在《中州》（上）去声和入作平中的保留情况相当复杂，与清声母有交涉的三种情况均有出现。但两者的情况又有较大的区别：（上）去声是与清声母没有交涉的单纯全浊小组"全浊 / + "占绝对优势（114：157），而入作平则是"全浊 / + "跟与清声母已有交涉的其他三类已成均势，甚至已经略弱（28：61）。也即入作平的全浊声母清化最甚，与全浊平的表现完全不同，而且是混入全清而非次清！可见本文将它们分为两类来观察很有必要。

《中州》全浊小组在不同声调中的保留率可总结为如下两种序列：

纯全浊小组：涉浊小组总数　　平 100% >（上）去 73% > 入作平 46%

全浊切上字小组：涉浊小组总数　　平 100% >（上）去 80% > 入作平 52%

2.3.2　全浊小组在阴出阳收表各声调中的保留情况及其与《中州》的异同

沈宠绥阴出阳收表的收字也分为不同的小组并均标注了小组的反切。尽管这些小组与收字均来自《中州》，但阴出阳收表（以下或简称"表"）与《中州》的显著不同的是：

（1）表的所有小组的反切上字和小组所辖字均几乎都是中古全浊字。《中州》用全清字做反切上字的小组，即使小组中有很常用的全浊字（即全清 /– 和全清 /± 两类），阴出阳收表均不收录。比如，中州"全清 /–"类齐微韵的"疾籍嫉寂集（精妻切）""夕席汐蓆袭习（星西切）"，"全清 /±"如支思韵的"是氏示视嗜柿士仕市事 | 试弑（诗至切）"等小组，均不在表中。表不收《中州》用中古清声母作切上字的小组，何大安（2007）已经指出过。

（2）在《中州》归为入作平的中古全浊入声小组，如果《中州》的反切与相应的平声完全相同，则阴出阳收表并入阴声韵阳平调，不再单立"入作平"小类；如《中州》齐微韵放在合口平声的"回迴洄徊"和放在入作平的"或惑"同为"胡归切"，在表中并为一个小组"回迴洄徊或惑（胡归切）"。但如果全浊入作平的小组在《中州》中的反切与相应的平声不同，则表会单立小组；如《中州》鱼模韵平声的小组"扶（房逋切）"与放在

表 4　中古全浊字在阴出阳收表的不同声调中的分布

切上字 / 辖字 中州声调	全浊 /+	全浊 /±	全清 /–	全清 /±	涉浊小组总数
平	124 [1]	0	0	0	124 [4]
（上）去	30 [2]	4 [3]	0	0	34
纯 / 混入 [4]	9/（8）	0	0	0	9/（8）

［1］藏臟慈丧切，又平声，在去声和平声均计入。［2］浊上仅 1 组"莞胡管切"。［3］其中 3 小组夹杂的各 1 个清声母字（向懈嚇）同《中州》，另 1 小组夹杂的"贩"字与《中州》不同。《中州》"贩"放在清声母小组"泛贩畈方绊切"，阴出阳收表却把"贩"归在全浊小组"饭范梵犯贩房绊切"，原因不明。［4］因阴出阳收表将《中州》反切相同的全浊平小组与"入作平"小组归并为同一小组，而反切不同的则分别为不同的小组，所以给我们的统计带来困难：如果平入相混的"混入"小组只计作平声，则含全浊入的小组数目将比实际数目少；如果平声、入声两边都算，则阴出阳收表的小组总数又将多出。我们的对策是："混入"放在括号中，计算全表小组数母时，"混入"只按平声计；分别声调计算全浊小组比例、特别是下表与《中州》各调的数据进行对比时，"混入"在平、入两边都计入。

“入作平”的“伏（房夫切）”、“胡（华姑切）”与放在入作平的“鹄（胡姑切）”的反切不同，表就分列为不同的小组且反切用字同《中州》。

（3）《中州》用全浊字作反切上字但小组所辖字杂有全清字的，阴出阳收表大多去除其中的全清字后收录。如《中州》车遮韵入作平的“竭揭碣傑桀（其耶切）”，表去除了清声母的“揭”并与反切相同的阴声韵的“茄伽”归并为“傑桀竭茄伽（其爷切）”；但有3个小组（均在去声）遵从《中州》而未剔除小组中的清声母字，比如“巷项向（奚降切）”中的“向”。

阴出阳收表完全不录《中州》用了全清切上字的涉浊小组，因此无法像前面分析《中州》那样根据涉浊小组的切上字清浊及辖字清浊来统计全浊保留率。下面统计阴出阳收表对《中州》与各类声调的全浊切上字小组择选率，看看阴出阳收表对《中州》的择选是否在不同声调有值得注意的不同倾向。

表5　阴出阳收表对《中州》与各类声调的全浊切上字小组择选率

全浊切上字小组 / 声调	阴出阳收表	《中州》	表:《中州》
平	124	150	83%
（上）去	34	125	27%
入作平	17	32	49%

阴出阳收表对于《中州》不同声调的全浊小组的择选率差距很大，把上表数据与前一小节所整理的《中州》全浊小组保留率并列如下，可一目了然地看出哪些是阴出阳收表自身的特点。再将《中州》的全浊保留率乘以阴出阳收表对《中州》的择选率，可得到阴出阳收表对中古全浊的保留率：

《中州》对中古全浊小组的择选率：平100%，（上）去80%，入作平52%

阴出阳收表对《中州》全浊小组的择选率：平83%，（上）去27%，入作平49%

阴出阳收表对中古全浊小组的择选率：平83%，（上）去22%，入作平25%

阴出阳收表对中古全浊平聲的择选率与《中州》仅有的17%差距，应该是由于《中州》的收字远远多于明代戏曲用字，因此表中各调所收的小组自然都会低于《中州》。比如《中州》平声的“隤穨魋徒雷切，膗池淮切，饧词情切”，上声的“噴胡孔切，禫倓徒感切，绐诒骀叶苔上”等等，戏曲中不用，表也自然没有收录。除了这些非常用字的小组，阴出阳收表对《中州》全浊平的收录率是极高的，涉及中古各全浊母个性的一些特殊现象将在2.4小节讨论。

阴出阳收表对中古全浊仄各调的保留率都很低且数值相差不大；但是，对比《中州》的数值看，表的（上）去全浊小组少，主要是阴出阳收表自身的问题：《中州》对中古全浊上去的80%保留率应该是相当高了，表却只从中选择了27%！阴出阳收表的入作平小组少，则《中州》和阴出阳收表各有一半的责任：《中州》已有一半略多的中古全浊入小组用了全清反切上字，而阴出阳收表在《中州》的基础上又弃选了《中州》所选全浊入小组的将近一半。其中一些特殊现象的讨论见2.4。

从上面的分析可以看出，沈藻辉（2016）提出的阴出阳收表所收仄声字少而阳平字多，即使剔除《中州》的特点，也仍有表自身的选择，下面称之为表的“亲平疏仄”倾向。

2.3.3　阴出阳收表亲平疏仄是受北音影响而致但绝非为学习北音而设

首先，我们同意，阴出阳收表亲平疏仄是北音影响而致：

中古全浊母在《中州》的流失仅限于仄声而不出现在平声，这是由于：①北音中唯有平声以调的阴阳对立补偿了声母的清浊对立，字音其实保持了与当时南方通语相同的源自中古的字音对立，这使得《中州》及多本保留全浊声母的明代曲韵韵书都是平声完整保留中古全浊声母。②北音的次浊上归清上、全浊上归去，阳去又并入了阴去；使得北音的上去两调只有阴调没有阳调。上去的全浊声母也一律并入了全清不送气声母，声母对立和声调对立一并消失。吴人编撰的明代曲韵韵书（特别是较早期的），受北音特别是《中原音韵》的影响较大，全浊仄或多或少都有一定比例的并入了全清仄（陈宁 2013）。这是受北音影响而致。

阴出阳收表的亲平疏仄远较《中州》严重，说明沈宠绥受北音的影响较《中州》更大，或者说沈氏心目中的戏曲正音更偏向北音。与《中州》作者不同，沈宠绥非常明确整个音节、包括字头字腹字尾都有阴阳之别。比如《度曲须知・字母堪删》在阐述三分反切法时说“如‘尤’本阳字，而头腹尾为‘奚侯胡’之音，则皆阳音矣；以‘尤’调‘𢙏’，乃阴字也，而头腹尾为“衣欧呜”之音，又皆阴字矣。……凡阳字，则当以阳音之头腹尾唱之，凡阴字则当以阴字之头腹尾唱之。”也即，虽然阴出阳收表照录《中州》反切，其实沈氏心目中的切下字却并非像《中州》那样不分阴阳。

沈宠绥心目中切下字分阴阳的结果是：上去两调的全浊字，因受北音全浊上去声调归阴去、声母归全清的影响较《中州》更大，所以阴出阳收表的全浊上去较《中州》的全浊流失率有大量增加。而入作平的全浊字，在北音是声调并入浊平保持了阳调、声母却归入全清失去了浊，兼有全浊平的阳调和全浊（上）去的全清声母；所以阴出阳收表在《中州》的基础上剔除全浊母的比例，也介乎于全浊平和全浊（上）去两类之间。

综上，我们认为，阴出阳收表受北音的影响的确较《中州》更大，沈宠绥心目中的正音所保留的全浊字的确较《中州》更少；但尽管少，却仍是独立于全清次清 / 次浊的另一大类。

其次，阴出阳收表绝非为帮助吴人学习北音而设：

（1）《中州》只有声母全浊 / 全清 / 次清的对立，没有阴阳调的对立（张竹梅 2007）。《中州》反切体系的特点是（可参看陈宁 2013）：全浊被切字，其切上字的限制是：不管被切字的声调，切上字一律用全浊平声字；切下字的限制是：与被切字在介音、声母发音部位、声调平 / 上 / 去的大类上一致，而不论声调的阴阳。于是，全浊被切字的切下字几乎都与全清被切字相同。下面是一些例子：

崩逋蒙切，烹铺蒙切，篷蒲蒙切；东多龙切，通他隆切，同徒龙切；金饥吟切，钦欺吟切，琴其吟切；
布邦暮切，铺滂暮切，步旁暮切；妬叶都去，兔汤路切，渡唐路切；记江異切，气区意切，技强異切；
招之绕切，超痴绕切，潮持绕切；中之戎切，充初戎切，虫池戎切；诈庄价切，汊疮诈切，乍床价切；
宗兹鬆切，葱粗叢切，叢慈鬆切；风夫崩切，冯扶崩切；思僧兹切，词详兹切；轩稀肩切，贤奚坚切；
酱賫相切，戗妻相切，匠齐相切；泛方绊切，饭防绊切；碎桑醉切，穗辝醉切；讳荒贵切，会胡贵切；

也即，在《中州》的反切体系中，以中古阳平字做去声的反切上字，只代表被切字为全浊声母，不代表它是北音中的送气声母；切下字只表明被切字是平、上、去中的哪一个，不代表是阴调还是阳调。史濛辉（2016）根据“度渡”的切上字为“唐”而认为它们是送气音是不对的。

（2）阴出阳收表只从《中州》全浊切上字小组中选择了一部分，而吴音却是全浊声母完全保留的。如果阴出阳收表真是为了帮助吴语者学习北音全浊声母清化规律，则《中州》切上字用全清的“全清/–”“全清/±”、但所辖常用字均为或多为中古全浊的小组（如疾耤嫉籍寂集$_{精妻切}$、傍棒|谤$_{逋旷切}$）；也同样是北音清化而吴音仍浊的，同样应该收入阴出阳收表加以纠正，但表却一个也不收。这说明沈宠绥和《中州》一样是主张保留全浊声母的。

（3）阴出阳收表将《中州》反切相同的入作平与全浊平归并到同一小组，比如，“柴豺侪$_{池斋切}$”“宅择泽$_{池斋切}$”，《中州》分列于平声、入作平的两个小组，而表则归并为“柴豺侪宅择泽$_{池斋切}$”。《中州》分开平和入作平的两小组，在北音中声母有对立，平声的是送气声母而入作平的是不送气声母。阴出阳收表将北音声母不同的两组字归并为一小组，说明在沈宠绥心目中的正音中它们的声母相同，只能解释为它们是没有送气不送气对立的全浊声母。

以上三点说明阴出阳收表并非为学习北音而设。

2.4　从阴出阳收表各个全浊声母保留率的特点看设立阴出阳收表的目的

为检验史濛辉（2016）与本文的假设哪个更加合理，还要分析阴出阳收表在对不同全浊母的择选方面有没有不同于《中州》的倾向，是偏向于［+擦］特征字呢，还是偏向于与次浊微擦有类混之讹的字。

为此本节首先分别不同的全浊声母，统计《中州》全浊保留率和阴出阳收表对《中州》各个全浊声母的择选率，以剔除《中州》的特点找到表自身的择选特点，再从表的择选特点来看阴出阳收表的目的。

如前所述，《中州》和阴出阳收表对于中古阳平字都是近乎于全部选择，所以下面先集中分析全浊仄声字。另外，前面也分析了，阴出阳收表完全不收《中州》的“全清/–”“全清/±”小组，而“全浊/±”类的辖字不多且基本都是全浊字占大多数；因而本节的分析将“全浊/+、全浊/±”合并为“全浊”，“全清/–、全清/±”合并为“全清”，再将（上）去、入两声调并列，仅以“/”隔开。

2.4.1　各全浊声母在《中州》的全浊保留率

本小节从中古全浊仄字出发，统计它们在《中州》中归在全浊切上字小组和全清切上字小组（以下分别简称为“全浊小组”和“全清涉浊小组”）的数量，并计算各母全浊小组保留率。下表中全清切上字各小组的涉浊代表字用下标写在数字的后面，字后又有数字的表明是多反切字。《中州》中数个中古全浊声母合并为一的①，用并列且加下划线表示。

① 我们对声母合并的处理与张竹梅（2007）有所不同，详见注10。

表 6 《中州》中古全浊声母的全浊小组保留率（四舍五入，取小数点后两位）

	全浊小组 （上去）/ 入 = 总	全清涉浊小组 上去 / 入 = 总$_{\text{含浊代表字}}$	全浊小组保留率 去 / 入
並	11/1 = 12	5/10 = 15$_{\text{蚌棒被鳔病 / 白箔 2 勃 2 拔别薄 2 弼暴跋雹}}$	12：27 ≈ 0.44
奉	3/5 = 8	5/0 = 5$_{\text{奉妇吠愤伏 2}}$	8：13 ≈ 0.62
定	18/2 = 20	5/7 = 12$_{\text{段杜袋钝簟 / 笛铎 1 铎 2 夺叠独达}}$	20：32 ≈ 0.63
从	14/5 = 19	2/3 = 5$_{\text{暂贱 / 集贼杂}}$	19：24 ≈ 0.76
邪	7/2 = 9	0/1 = 1$_{\text{席}}$	9：10 ≈ 0.90
澄崇船禅①$_{\text{塞擦}}$	1/7 = 18	6/2 = 8$_{\text{栈撰重柱阵湛 / 浊 2 辙}}$	18：26 ≈ 0.69
崇船禅$_{\text{擦}}$	8/5 = 13	6/1 = 7$_{\text{甚上是誓睡赡 / 熟}}$	13：20 ≈ 0.65
群	10/6 = 16	0/2 = 2$_{\text{滑及}}$	16：18 ≈ 0.89
匣	31/11 = 42	3/3 = 6$_{\text{蟹强闃滑核协}}$	42：48 ≈ 0.88

由表 6 可得到中古各全浊声母在《中州》的全浊保留程度的序列：

並 0.44 < 奉 0.62 < 定 0.63 < 崇船禅$_{\text{擦}}$0.65 < 澄崇船禅$_{\text{塞擦}}$0.69 < 从 0.76 < 匣 0.88 < 群 0.89 < 邪 0.90

归并差值小的声母，可得到下面的序列：

並 0.44 < 奉定崇船禅$_{\text{擦}}$澄崇船禅$_{\text{塞擦}}$ 0.62—0.69 < 从 0.76 < 匣群邪 0.88—0.90

可以看出，中古全浊声母在《中州》中并未按［±擦］特征分成两群，也同样没有显示出与次浊微擦类混的相关性。

2.4.2 阴出阳收表对《中州》全浊小组的择选率及其阴出阳收表自身的特点

阴出阳收表所收各纽均为用全浊字作为切上字，没有以全清声母为切上字的，所以无法按清浊切上字来统计全浊保留率。但阴出阳收表不同于《中州》的特点可以从统计表中仄声（上去 / 入）中所收各全浊母的小组数与《中州》相应各母全浊小组数的比值看出。

---

① 张（2007）将《中州》的澄崇船禅均归为一个声母 dʒ，陈宁（2013）对此提出了不同意见，整体来说我们赞同陈的意见，但具体处理有所不同。我们的处理是，澄崇的塞擦音与只有三等的船禅母的塞擦音合流为一个 dʒ（澄崇有区分二等三等的倾向：二等有与从母相混的情况，三等则是与船禅$_{\text{塞擦}}$合流。但由于二等无腭化介音而三等有腭化介音，同时在有的韵中也有二三等的混切，因而本文从张处理为韵母的区别。但，如陈宁指出，如果考虑之后韵书韵表的情况，二等与三等分开是更为合理的。崇船禅则跟今普通话一样，还分化出与塞擦音对立的擦音声母 ʒ。王力 1980 有总结："崇母为一类，平声不分化（一律是 tʂ^{h}-），只有仄声分化（"助" tʂ-，"事 ʂ-"），船禅为一类，仄声不分化（一律是 ʂ-），只有平声分化（船母："乘" tʂ^{h}-，"绳" ʂ-；禅母："成" tʂ^{h}-，"时" ʂ-）。这种分化远在 14 世纪就完成了，《中原音韵》和《洪武正韵》里都有明显的证据。"《中州》也是同样。比如：（1）在声调韵母相同的条件下，澄崇$_{\text{塞擦}}$有跟禅$_{\text{擦}}$分为对立两个小组的：鱼模合细 y 韵平声，有"除滁躇蒢厨蜍储蝫$_{\text{迟如切}}$（澄$_{\text{塞擦}}$）"与"殊茱銖殳$_{\text{绳朱切}}$（禅$_{\text{擦}}$）"。（2）在声调韵母相同的条件下，有的船与禅是塞擦和擦的对立，有的则是船禅相混。如：真文开细有"陈辰晨$_{\text{池人切}}$（船$_{\text{塞擦}}$）"与"神$_{\text{蛇真切}}$（禅$_{\text{擦}}$）"对立，庚清二开细平声有来自禅船澄三母的塞擦音小组"成城诚承丞$_{\text{禅}}$ | 乘$_{\text{船}}$ | 呈程惩澄（池绳切）"，并与擦音的小组"绳渑$_{\text{蛇征切}}$"对立。（3）混入清声母小组的澄崇船禅，今官话方言为塞擦音的，《中州》切上字用章母，如"铸注炷驻 | 苎箸住柱$_{\text{张恕切}}$"；今官话方言为擦音的，《中州》切上字用书母或生母，如"试弑 | 是氏示威柿士事$_{\text{诗至切}}$"。因此，张书未为擦音设立音位明显不妥，我们分为澄崇船禅$_{\text{塞擦}}$和崇船禅$_{\text{擦}}$两个声母。

表 7　阴出阳收表对《中州》的（上）去 / 入全浊小组的择选率

	阴出阳收表	《中州》	表：《中州》
並	0/0 = 0	11/1 = 12	0：12 ≈ 0
奉	1/1 = 2$_{\text{饭/伏}}$	3/5 = 8	2：8 ≈ 0.25
定	2/0 = 2$_{\text{度动}}$	18/2 = 20	2：20 ≈ 0.1
从	4/1 = 5$_{\text{藏匠诮就/昨}}$	14/5 = 19	5：19 ≈ 0.26
邪	0/0 = 0	7/2 = 9	0：9 ≈ 0
澄崇船禅$_{\text{塞擦}}$	2/3 = 5$_{\text{阵郑/宅着轴}}$	11/7 = 18	5：18 ≈ 0.28
崇船禅$_{\text{擦}}$	1/2 = 3$_{\text{受/术实}}$	8/5 = 13	3：13 ≈ 0.23
群	2/2 = 4$_{\text{竞郡/傑掘}}$	10/6 = 16	4：16 ≈ 0.25
匣	23/8 = 31 ①	31/11 = 42	31：42 ≈ 0.74

① 小组代表字为：杏陷现效限晃会混户坏换幻祸憾汗恨号害贺候项蟹下 / 狎学鹄盒或获鹤活

阴出阳收表各全浊母对《中州》相应各母全浊小组的择选率（最后一栏）成如下序列：

並邪 0 < 定 0.1 < 崇船禅$_{\text{擦}}$ 0.23 < 奉群 0.25 < 从 0.26 < 澄崇船禅$_{\text{塞擦}}$ 0.28 < 匣 0.74

归并差值小的声母可得到：

並邪 0 < 定 0.1 < 崇船禅$_{\text{擦}}$奉群从澄崇船禅$_{\text{塞擦}}$ 0.23—0.28 < 匣 0.74

可以看出，阴出阳收表所取《中州》全浊仄小组的择选率远非均衡，反映出自己的特点：

（1）最显著的不同是完全不取邪母。邪母在《中州》是全浊保留率最高的，涉及中古全浊字的小组 90% 都用了全浊切上字，绝对数量也达到 9 小组，且其中不少小组中有戏曲常用字或较常用字，如“遂穗隧$_{\text{辞醉切}}$、羡$_{\text{词箭切}}$、漩旋$_{\text{叶旋去}}$、谢榭$_{\text{词借切}}$、岫袖$_{\text{叶囚去}}$、俗续$_{\text{词沮切}}$”；但阴出阳收表却完全不收，从《中州》全浊保留率最高变成阴出阳收表全浊择选率最低！这对于对史濛辉的学习北音［ + 清擦］说是十分不利的。

（2）其次突兀的是匣母择选率奇高。阴出阳收表的匣母对《中州》全浊小组的择选率高达 3/4，比其他择选率较高的第三阶各母也高出两倍上下（等于 3 倍）！也即，各全浊母的择选率，最大的差距其实是在匣母与其他各母之间，而不是在擦与非擦之间。考虑到曲韵收字远较《中州》为少，可以说，阴出阳收表对于匣母的确真是“除口生字眼间有不录之外，余者并列左，用备稽览焉”，但其他全浊母却并非如此对待。

对于阴出阳收表不同于《中州》的这两个突出特点，本文的假设有完全的解释力：

（1）阴出阳收表不收邪母。因为邪母是吴音中唯一与次浊微擦近音（喻日微）合并之讹无关的全浊擦音：崇船禅$_{\text{擦}}$与次浊微擦的日母文读（“人神不分”）、奉母与次浊微擦的微母（“扶无不分”）、匣母与次浊微擦的喻母$_{\text{含部分疑母}}$（“黄王不分”）有直接的类混之讹。唯有邪母不涉及沈氏论说阴出阳收时所着重辨析的吴音全浊擦与次浊微擦之讹，而阴出阳收表唯一不收的全浊擦音正是邪母。这应该不是偶然的。

（2）阴出阳收表对匣母的择选率奇高。史濛辉（2016）指出，匣母这么受欢迎是“因为擦音清化后仍为擦音，这些字在北方中全部读为［x］，因而阴出阳收表可以有恃无恐地将其非平声字全数列入”。但这一说法却无法解释同为擦音的邪母为何表却全部弃收。本文的假设可以很好地解释邪，也同样可以很好地解释匣：匣母是全浊擦音，涉及与喻母的类混，且由于匣母的音值 ɦ 是不一定独立占据时间段的、在吴语中多与元音同时共现的非辅音性的超音段成分，纠正其与喻母的类混就比纠正奉微、崇船禅$_{擦}$的类混更为困难，对此我们在 3.4 还要专门讨论。史文也指出，“吴语的匣母……一般被描写为［ɦ］，但这只是一种音位化符号，并不是真的存在，只不过以此来表示浊音的发声态（phonation type）”，此论抓住了关键。

虽然以上两个特点均构成对本文假设的支持，但其他各母排序的价值不明显。

考虑到上面对阴出阳收表收录《中州》各全浊母多少之差异的分析是以小组为统计单位、只就仄声来讨论的，而不同小组的字数可能有极大不同，仅看仄声又可能无法排除各母辖字原本就有多少不同而造成的频率高低，所以下面试换以字统计单位、按各母仄声字与总字数的比例来分析已确定为有阴出阳收表自身特点的对《中州》仄声各全浊母的择选率。

2.4.3　阴出阳收表的各全浊母仄声字与总字数之比值的高低序列

换以字数为单位并加上平声的统计遇到了新的问题：中古入声字在阴出阳收表的处理分为两种情况，一种是《中州》中入声小组与相应的平声小组的反切用字不同，表将这些入声字独立小组；另一种是《中州》中入声小组与相应的平声小组的反切用字完全相同，表将这些入声字与相应的平声字并在一个小组；后一种情况该如何处理？下面的表 8 将这些平入共组的情况另立一个独立的“平入”类，平入类的平声字按平声计、入声字按入$_{混}$计。

表 8　阴出阳收表各全浊声母在平上去入四调中的收录情况

字母	小组总（平 / 上去 / 入 / 平入）	字数总（平 / 上去 / 入 / 入$_{混}$）	仄总：字总
並	10（10 / 0 / 0 / 0）	52（52 / 0 / 0 / 0）	0：52 ≈ 0
奉	7（5 / 1 / 1 / 0）	31（21 / 5 / 5 / 0）	10：31 ≈ 0.32
定	18（18 / 2 / 0 / 0）	79（74 / 5 / 0 / 0）	5：79 ≈ 0.06
从	25（20 / 4 / 1 / 0）	59（52 / 6 / 1 / 0）	7：59 ≈ 0.12
邪	0（0 / 0 / 0 / 0）	0（0 / 0 / 0 / 0）	0：0 ＝ 0
澄崇船禅$_{塞擦}$	26（21 / 2 / 2 / 1）	109（101 / 2 / 3 / 3）	8：109 ≈ 0.07
崇船禅$_{擦}$	8（5 / 1 / 1 / 1）	33（13 / 5 / 9 / 9）	23：33 ≈ 0.70
群	19（15 / 2 / 0 / 2）	74（68 / 2 / 0 / 6）	8：74 ≈ 0.11
匣	55（23 /24 / 4 / 4）	193（93 / 74 / 19 / 7）	100：193 ≈ 0.52

据上表，阴出阳收表所收全浊各母仄声字率的序列（由小到大）为：

並邪 0 < 定 0.06 < 澄崇船禅$_{塞擦}$ 0.07 < 群 0.11 < 从 0.12 << 奉 0.32 < 匣 0.52 < 船禅$_{擦}$ 0.70

这一序列显示出很强的音理和择选的理据性，以及当两者矛盾时优先选择哪个。

从音理看：

除邪母之外，仄声字率的序列完美地展现出“塞 < 塞擦 << 擦”的发音方法差异：首先分为“塞 / 塞擦 << 擦”两大群，根据是否含［＋塞］特征而有较大的距离。比如澄崇船禅$_{塞擦}$与崇船禅$_{擦}$有了明显的区分：船禅$_{擦}$在序列的最右侧，澄崇$_{塞擦}$却十分偏左。左边第一大类又可根据是否含［＋擦］特征再分为塞音和塞擦音两小类。

邪母不受音理序列的约束，可解释为还有与音理相矛盾的更重要的因素在起作用，这就是设立阴出阳收表的目的——与次浊微擦近音是否有类混之虞。

从我们假设的与次浊微擦近音是否有类混之虞的目的来看：

与次浊微擦近音直接有同部位类混之虞的澄船禅$_{\text{擦}}$（吴音与日母文读相混）、匣（吴音与喻母$_{\text{含部分疑母}}$相混）、奉（吴音与微母文读相混）在序列的右侧，其他与次浊微擦近音没有类混之虞的邪並定澄崇船禅$_{\text{塞擦}}$群从均在序列的左侧；且这两大类之间的距离相当远。这对本文提出的阴出阳收说是为区分了浊擦音与次浊微擦音的假设无疑是很大的支持！

综合来看，阴出阳收表的设立目的——是否涉及全浊擦与次浊微擦的类混，在排序中优先于塞 / 塞擦 / 擦的音理排序。

三　从值异的角度看阴出阳收说

3.1　阴出阳收 / 阳出阳收的值异是为了区分吴音不同于正音的类混

吴音其实只有阴出阴收和阳出阳收这两类：声母清浊与声调阴阳彼此伴随，全清次清母配阴调、全浊次浊母配阳调。也即，全浊的奉崇船禅$_{\text{擦}}$匣与次浊的喻微日都配的是阳调，吴音都是阳出阳收，并不存在阴出阳收这一类。

正音中两类的音值有大类的区别：全浊擦音为阻塞音、次浊微擦为近音；而吴音的“讹”在于这两类的声母音质完全混同为全浊擦音。或许是北音中不分阴阳的零声母概念和微擦近音 r 的发音对于吴人而言是太难了，所以沈宠绥另辟蹊径来区分它们。

吴音的阴阳调不仅有平上去入阴高阳低两两相配的特点，而且阳调字的韵腹韵尾还有喉头浊气音 ɦ 贯穿始终。把 ɦ 带来的低浊听感（murmur 音）理解为浊、为阳是很自然的，所以吴人对浊母阳调、清母阴调有很好的意识。

从《度曲须知》和《弦索辨讹》来看，沈宠绥提出的纠正吴语全浊与次浊近音类混之讹的方法，是利用吴人有着很好意识的声调阴阳进行混搭，从而多出阴出阳收这一类。也即，奉崇船禅$_{\text{擦}}$匣等全浊字采用开始阶段改用阴调（不排除辅音音质会伴随变化）、之后再回到阳调的人为混搭的阴出阳收式发音，而喻微日等次浊微擦近音字则保持原有的字音从始至终均为阳调的阳出阳收式发音，从而把正音中有区别的两类区分开来。

3.2　清出浊收还是清音浊流 —— 阴出阳收字的声母音值其实难以确定

“清出浊收”与“清音浊流”的差异其实只是阳调在字音中出现早晚的不同，对于吴音还可以说是浊气音 ɦ 出现早晚的不同：

“清出浊收”派认为阴阳交接在声韵交接处；也即阴出阳收是指声母为清声母，声母加介音用音高较高的阴调且不带浊气流 ɦ，韵腹韵尾则用音高较低的阳调同时带浊气流 ɦ。

“清音浊流”派认为阴阳交接处在声母尚未完成之处；据赵元任（1928/1956）又可具体分为：不送气塞音在除阻前为清（不带音）、除阻后为浊（带音且伴随 ɦ 气流），也即浊流的出现与韵母同时；送气塞音、塞擦音与擦音则在塞音及擦音段开始的一小段为不带音，之后转带 ɦ 浊音①。也即浊流的出现在声母是塞擦音与擦音的条件下可早于韵母。匣母

---

① 今吴音匣母通常的发音方式是音节伊始即是带 ɦ 元音，这属于阳出阳收。阴出阳收说主张把匣母开始的一小段人为地改用阴调的 h，而喻（疑）母字则保持吴语并入匣母的发音：音节甫始即为阳调（伴有浊气流 ɦ），如“言”以 jɦ 始、“围”以 wɦ 始。

字是个例外，吴语大多数方言的匣母字是字音甫始就是带 ɦ 元音，没有专门的辅音段；但有一小片方言是匣母字的开头有一小段清擦音。

两派观点哪个更有道理呢？

3.2.1　沈宠绥对阴出阳收说音值的阐述

下面再读一遍沈宠绥在《度曲须知·阴出阳收考》中的论述，并将之分为（1）（2）两部分：

（1）……胡字出口带三分呼音，而转声仍收七分吴音，故呼不成呼，吴不成吴，适肖其为胡字；奚字出口带三分希音，转声仍收七分移音，故希不成希，移不成移，亦适成其为奚字。……（2）凡与奚、扶以及唐、徒、桃、长等类，总皆字头则阴，腹尾则阳。

3.2.2　之前两派的相关论证

学者对前引沈氏看法中的（1）分歧很大：一种观点认为“出口”等于“字头（声母加介音）”，“转声”等于“腹尾”；于是阴出阳收就等于“清出浊收”（清声母接阳声调）；另一种观点认为“出口”指声母的成阻持阻部分，“转声”指声母除阻之后；于是阴出阳收就等于今吴语全浊声母的“清音浊流”。下面从两派各选一人的论述为例：

陈宁：“出”就是“出口”“出音”的简称，指音节起初的部分，相当于“字头”。“收”是“收音”的简称，指的是音节后半部分，即韵腹和韵尾，不能算在声母上。“转声”指从字头向字腹、字尾的转接，也不能算在声母上。（2014/2015）

何大安：“胡”是清音浊流的［xɦ］，成阻时的［x］，和来自中古清声母的“呼”（晓母，［x］）相同，此即“出口带三分呼音”；解阻后的［ɦ］，和来自中古浊声母的“吴”（消失了鼻音的疑母）相同，此即“转声仍收七分移音”。（2008）

3.2.3　笔者的商榷

笔者认为，单从沈宠绥所论的（1）来看，二位学者所论均有可商榷之处。下面先讨论陈宁对某些术语的解释，然后讨论何提出的证据。这些讨论均不意味着笔者不同意他们的结论。

先讨论陈宁对“出口”“出音”“收音”和“字头”“字腹”“韵尾”的定义。

笔者认为，沈宠绥的曲论中，“出口”“出音”和“收音”虽然常常与“字头”和“字尾”的所指相同，但并不总是相同。这是因为，歌曲、戏曲的演唱涉及共时发出的曲词和曲调两个方面，曲词属于语言层的字音，字音又可再细分为字音的音段层和超音段的字调层、嗓音层等，音段层与超音段层非线性地关联起来成为语言的字音层；曲调则属于音乐韵律层，由不同高低的音高及其各个音高的不同长短组成，戏曲界又称之为“腔”或“唱腔”。

“字头”“字腹”“字尾”与“出口”“转声”“收音”两类术语的内涵领域不同：“字头”“字腹”“字尾”针对的是语言层字音的下级单位，大致如陈宁所说，分别相当于音韵学的“声介合母”“韵腹”“韵尾”（但中国戏曲特别是昆曲，讲究这三个下级单位的接口处要有叠交的部分，以达到平滑过渡①），字头字腹字尾组合起来的序列加上声调等超音段成分组成字音（音节）。而“出口”“出音”、“转声”“转腔”或“收音”针对的是戏曲中字音所承负之曲调（腔），是字音所承负之“腔”的下级单位。字音之腔的下级单位是音高、

① 焦磊在与笔者的通信中告知，笔者感觉这一规律很符合自己习唱昆曲的实践。

时长不同的音符（工尺）的特定的序列组合（特定的工尺位置或特殊的工尺组合等），它们虽然与分析字音的术语有关联，但并不是等于关系，比如一个单独的塞音声母是无法承负“腔”的。

一个显而易见的事实是，无论是歌曲还是戏曲，都常有字少腔多（比如一个字对应多个音高音符，或曰多个工尺）的情况，也会有腔少字多（比如一个音高音符也即一个工尺对应多个字）的情况。而不同语言或同一语言不同种类的歌曲和戏曲，其字音与腔的对应关系都有各自不同的对应规律。

对于昆曲而言，字音与腔的关系主要体现在腔的最小单位（一个工尺）与字调或字调的前半部分的对应：阴平配字音所对应的第一个工尺；阳平配字音对应的前两个工尺；上声在字音开始处常有一个急速挑高接急速下降的啐腔，然后在字音所对的第一工尺之后有嚯腔（即在上声音高曲线的最低处用个极为短暂的停顿来偷气，停顿一般只有休止十六分音符那么长。嚯腔一般用下颚下降增大口腔的方式来偷气，顺便把那个音“吞”了进去来停顿，所以也称落腮腔或吞吐腔）；去声则是在字音对应的第一工尺之后加个豁腔（即上行的滑音）。入声南曲才有，其特点是短、是以喉塞音结尾；老派的入声唱法是字头和韵腹一出即断，以曲调的短暂休止对应入声韵尾喉塞音，然后再以韵腹行腔①。

总之，在字音甫始处，曲调有一段是与字调平上去入相对应的特定的音高曲线，因而可以依据这字音一部分的曲调区分开昆曲所唱字调的类别：阴平是较长的中平调、阳平是在中平调之前加个更低工尺、上声的开始是个较低向下的调，去声的开始是较阳平高的高升调、入声（仅南曲才有）是末尾带喉塞音的短的中平调。

另外，上声和去声的上述工尺及其附腔多半还只是字调的前一半：上声在下降极点的嚯腔之后一般还要转上行，也即上声多半是个低曲折调而嚯腔常常只是曲折最低的拐点（所谓“入声顿字、上声顿腔”，就是说入声顿在字调结束处而上声嚯腔的小顿并不意味字调的结束）；而去声在上挑的豁腔之后一般还要下行，这样上挑的豁腔也许只是为了上挑到去声的最高点而后面的下降才是去声字调的主要部分，也即去声也许是个高降调。

但是，与字调有固定对应关系还是前面所说的曲调之第一工尺及附腔或阳平的第一第二工尺，剩余工尺主要是与所用曲牌特定的音高主旋律相关，因而学界对上声、去声字调的后半部分的不同意见较多，具体可参考焦磊（2007）、高航（2007/2009）。

从曲调下级单位的角度来看，则曲调与字调对应的第一工尺的第一拍或第一个半拍就是曲调的单位——“出口”。

虽然不少曲家常不区分字音单位与曲调单位两套术语，但沈宠绥的《度曲须知》却有较明显的区分倾向。比如《度曲须知·四声批窾》一节中有论阳去字若“出口即高揭”将会与阴去混淆，有论入声字应“出口即须唱短”，有论“阳平出口”遇高徽揭调处应如何处理等。这些“出口”均只是指唱曲时字音甫始、足以判定字调类别的字调前半部，既然是字调的前半部，则一定是包括了可承负字调的元音性成分了。也即，“出口”仅在齐合撮三呼是等同于“声母＋介音”的字头，而在开口呼则是指“声母＋韵腹开始部分”。

比如《牡丹亭·寻梦》的《忒忒令》中第一句“那一答可是湖山石边”中的“石”字对应了至少四个工尺，其中第一个工尺一拍，全字长8拍；而第一拍的前一半，其入声调

① 这一小段的内容得益于与焦磊的通信讨论。

的字音“石 ʒəʔ”就已经出完（第一拍为 ʒə0）。“石”的曲调单位“出口”就是指只占半拍的短“ʒə”。这个出口虽然很短，却是“声母＋韵腹”①。

同样，曲调单位“收音”也不等于韵尾，而是指字音结束之音及其所承负的腔。入声因喉塞韵尾无法行腔，所以收音用的是顿之前的韵腹。如前述“石”字。在出口 ʒə 和表示入声 ʔ 尾的休止半拍之后，还要再继续前面曾经断掉的韵腹 ə，以韵腹 ə 继续唱 3 拍的第二工尺、各 2 拍的第三和第四工尺（中间有个过渡的垫音也可记作一个工尺），最后也收在韵腹 ə 而非韵尾。非入声字如果是无尾韵，也是以韵腹收音的。如上句中“湖山石”的“湖”为三个工尺的两拍，第一工尺一拍、第二和第三工尺共一拍。则阳平“湖”字的“出口”长度为一拍第一工尺 ɦu 加第二工尺半拍的 u，收音是第三工尺又半拍的 u。韵腹 u 既是出口的一部分也是韵腹的全部和收音的全部。

“转声”“转音”等则是指出口与后续行腔的衔接。也即，对于齐合撮三呼来说，是只“声母＋介音”的字头转向字腹的变化，对于开口呼来说则是“声母＋部分韵腹”与韵腹主体部分的衔接。

总之，在沈宠绥的术语体系中，“出口”“转声”的确有可能分别对应或多数对应“字头”“字头与字腹的分界”，但并不总是对应；不对应的情况主要是在开口呼。“收音”的确可能对应于“字尾”，但也不总是对应；不对应的情况主要在无尾韵和入声韵。这些对应和不对应正说明了“字头/字腹/字尾”是语言单位字音的下级单位而“出口/转声/收音”是字音所承负的曲调的下级单位。虽然许多曲家并不严格区分这两套术语，但沈宠绥已经在尽量地区分它们。比如《度曲须知·字头辩解》中有“予尝刻算磨腔时候，尾音十居五六，腹音十有二三②，若字头直音，则十且不能及一。”这段话中的字头应该只能理解为齐合撮三呼的“声母＋介音”和开口呼的声母（不含韵腹的起始部分），与《度曲须知·四声批窾》中所用的“出口”在所指上有所不同。至于“转腔”，则是指字调出完之后的、与所用曲牌特定的音高主旋律相关的音高变化——“行腔”。如《度曲须知·字母堪删》中的“凡阳字，则当以阳音之头腹尾唱之，凡阴字则当以阴字之头腹尾唱之。转腔之后，又勿论矣。”

下面讨论何（2008a）提出的不利于“清出浊收”的两个重要证据。

证据一是阴出阳收表所收小组的反切上字均用全浊声母字而非清声母字，可见这些字的声母不是清声母。本文同意这些字应该是全浊声母，兹不赘述。但笔者同时认为，阴出阳收是沈宠绥为正吴音“浊擦＝微擦近音”之讹而发明的，而且沈氏采用的是把正音的全浊字定为阳中有阴的阴出阳收，而把次浊字定为阳出阳收的办法，而对于阴出阳收类的声母是否因此而并入清声母，沈氏并没有明确的说明。对于吴语者而言，只要韵腹韵尾带有浊的 murmur 音，整个音节就是阳的，即使音节中的声母是纯粹的不带音，也完全可以看作浊的一种特殊表现形式。中国音韵学界和语音学界很长时期也正是这样认为的。也即，沈氏认为是独立一类的全浊声母，在阴出阳收说所主张的音值方面，也有是不带音清声母可能。当然，从音位来说，沈氏是不主张全浊声母并入全清或次清的。

---

① 出口之后再继续前面曾经断掉的韵腹 ə，以韵腹 ə 继续唱 3 拍的第二工尺、各 2 拍的第三和第四工尺（中间有个过渡的垫音），最后也收在韵腹 ə 而非韵尾。

② 现今昆曲的通常唱法有明显变化，现在大约是腹音十居五六，尾音十有二三。

证据二是阴出阳收表各小组的反切下字均为阴调字，因而并非韵腹韵尾皆阳。这一点笔者同意陈宁的意见，即中国传统韵书是根据反切上字的声母清浊来确定所切字声调的阴阳的，因此阳调字用阴调字作下字来表示与全字声调的阴阳或韵腹韵尾的声调阴阳无关。

另外，何先生提出的有利于“清音浊流”的证据还有，据赵元任（1928/1956），现代吴语确有一些方言的匣母使用清音浊流形式（[xɦ]）。但近来一些学者的研究表明，这样的方言均分布在受官话方言影响大的地区，而其余大部分的吴语方言中匣母字的 ɦ 只是韵母的伴随成分，不占据独立的时间段，也没有清擦成分。因而这些学者提出了匣母的 xɦ 形式出现较晚，是受官话方言影响后起的现象（王福堂 2014/2017，袁丹 2015，史濛辉 2016）。

最后，沈宠绥“胡字出口带三分呼音，而转声仍收七分吴音，故呼不成呼，吴不成吴，适肖其为胡字；奚字出口带三分希音，转声仍收七分移音，故希不成希，移不成移，亦适成其为奚字。”的说法，是否其中的三分、七分似乎也可以理解为对整个字调长度的切分？如前所述，“出口”不仅仅是声母的长度也包括介音和开口呼韵腹的一小段，是足以判定字调类别的字调前半部，其长度大约就是占字调出完长度的 3/10。也即，“胡”是先发“呼”再转“吴”，“奚”是先发“希”再发“移”？这样的理解好像也可以，不一定要用声母持阻与除阻的长度或对声母的听感印象来解释三分与七分。

以上商榷不意味着笔者完全不同意两位作者的结论。下面讨论他们的结论。

3.2.4　现有文献不足以判定阴出阳收的音值是清出浊收还是清音浊流

笔者认为，单从沈宠绥所论的（1）来看，并不能判定“清出浊收”与“清音浊流”哪一说更符合作者原意，甚至多半沈宠绥本人也并不能判断这两种观点的区别。

如果结合同段中（2）一起考虑，情况似乎有所不同。由于沈宠绥紧接着（1）就说的是“凡与奚、扶以及唐、徒、桃、长等类，总皆字头则阴，腹尾则阳。”而字头指声介合母，腹尾指韵腹韵尾，似乎是没有争议的，所以在这一特定上文中，清出浊收的观点应该更为可取，笔者也更倾向于接受这一观点。但是，仅字头的前一小段为阴（而非整个字头为阴）就可以说成“总皆字头则阴”，其实也并非没有可能——对于戏曲界来说，字头字腹字尾可以有彼此叠交的部分，因而唱曲时全浊声母字之字头就有可能均包含有可承负声调的响音段。如果将该可承负声调的响音段中的前一小段人为地换为音高较高且不伴随 ɦ 的阴调，也完全可能称之为“字头属阴”。

由于存在后一种可能性，本文不拟对有争议的上述两种结论下孰是孰非的结论，而主张着眼于两种观点的共同之处。这就是，阴出阳收就是“始阴转阳”，不管“始阴”的长度是否延及整个字头、是否等于整个声母与清音（不带音）相同，而是着眼于阴出阳收与阳出阳收、阴出阴收的对立，并强调“浊收”不仅是阳调，而且与喉头浊气音 ɦ 相关。

3.2.5　明末吴语全浊声母是否已经清音浊流同样无法判定

“清出浊收”与“清音浊流”两派其实还隐含有另一个重要的不同 —— 他们是否假设明末吴音全浊声母的发音为清音浊流不同：

“清音浊流”派假设明末时吴音的全浊声母已经是“清音浊流”。

“清出浊收”派则无须假设也无须依赖明末吴音的全浊声母已是“清音浊流”。

李小凡（2009）属“清音浊流”派但有自己的新观点。该文认为，阴出阳收和阳出阳收的分别就是当今吴音全浊声母的两个位置变体 —— 清音浊流与真浊音，但笔者认为这多半并非沈宠绥之本意。吴音全浊声母的这两个变体是有音理根据的、自然的位置变体：在独用或多音韵律单元的首字位置时为“清音浊流”，在其他位置时为“真浊音”。由于后一类位置是处于多音韵律单元的中间位置，在其前后均为浊音且没有无声段可以使前面浊音所伴随的声带振动停止下来的条件下，自然而成“真浊音”。这一类有音理依据的位置变体，对于母语者来说是意识之下的、难以感知和辨别的，沈宠绥未必对此有明确的认识，也未必能够把这一类不对立的位置变体人为地运用到原本不出现的位置上去。至少我们从《度曲须知》《弦索辨讹》均未见到这样的指导。

总之，笔者认为，已有的证据并不足以确定阴出阳收说在音值上的主张究竟是“清出浊收”还是“清音浊流”；可以确定只有：全浊声母字应用“始阴转阳”方式来唱，次浊的微日母字则应用“阳贯始终”的方式来唱。

3.3　从全浊擦音的音值差异看阴出阳收表为何匣母独多

虽然明末时吴语是否已经清音浊流尚无法肯定，但吴语声母为浊、声调为阳的音节伴随有喉头浊擦音 ɦ（也称浊气音、murmur 音）却是历史相当长久的特征，应该是学界的共识。

吴语匣母的音值多为喉头浊擦音 ɦ。喉擦音是擦音中很独特的一类。在现代音系学中，其他擦音均属［＋辅音］中的阻塞音，而喉擦音却由于仅在喉头有摩擦、在喉头之上的声道不受任何阻碍而属于［－辅音］。喉擦音与其他擦音在音系中的行为也常常有不同，比如英语词首的 h 在连读中常常脱落，表现出较其他擦音的辅音性更弱的特点。

典型吴语的匣母及 ɦ 也与其他擦音不同，音节倒放（李荣 1986）和语音分析（曹剑芬 1987）表明，它是附着在元音成分上的成分。如温岭的“咸淡”倒放着听还是“咸淡”，其音由一列元辅音段、一列音高段和一列喉擦音音段组成（李荣，1986）：

$$\begin{pmatrix} \text{ɦ} & & \text{ɦ} \\ \text{ɛ} & \text{d} & \text{ɛ} \\ \text{LM} & & \text{ML} \end{pmatrix}$$

这样，典型吴语的匣母，比如“咸淡”的“咸”，实际上是音节首没有任何辅音性成分、以元音起头的真正零声母，与其他全浊声母，如微母的文读 v、日母的文读 ʑ（或并入 z）以及定从等浊塞音塞擦音有所不同 —— 如果当时的吴语还不是清音浊流，则其他全浊声母只出现在声母位置，而 ɦ 却出现在韵母位置并与阳调共现；于是，在其他全浊字的声母位置上阴出阳收只是变换原浊阻塞音的清浊，而在匣母字却是要在音节首增加清擦音段。如果当时吴语的全浊声母已经是清音浊流，则匣母是全浊声母中唯一没有起始处清音的。

同样，对于没有全浊声母的方言区人来说，其他浊塞、塞擦声母与清声母的对立（如 b/p、dz/ts）往往是意识下的；浊擦音与清擦音的对立会有些意识（如 f/v、s/z），而吴语匣母字的发音方式则会感知为零声母，也即吴语的“黄王”对于北方人来说都像是“王”而非都像是“黄”。

所以，匣母之讹是全浊声母吴音之讹中最为显著的，与正音差异最大的，因此也是最应该用阴出阳收来纠正的。

四　余　论

无论是语言学的方言之别还是昆曲字音的方言之别，类混都是较音值差异更为重要的讹误。但很可惜，正如沈宠绥所言：方今唱家“惟阴阳二音，尚未全解。至阴出阳收，……愈难模拟”。迄今昆曲界也很少有人能够掌握沈氏倡导的阴出阳收：当今吴人演唱的昆曲，大多能够以母语的清音浊流来唱全浊声母字，但次浊母喻（疑）微日也同样按吴音发音，于是喻（疑）与匣、微与奉、日与船禅仍然类混，“黄王”“无扶”“人神”依然不分。更有，这些为沈宠绥极力反对的这些吴音之讹，却被当今大多数昆曲爱好者误认为是昆曲之正宗；本来能够区分“黄王”“无扶”“人神”的北方人，学唱昆曲时往往努力模仿的却是“吴音之讹”——“黄”唱成“王”、“扶”唱成“无”、“人”唱成“神”。倘若沈宠绥穿越时空隧道目睹此景，不知作何感想?

本文提出，沈宠绥提出阴出阳收说的初衷是为纠正吴音全浊擦音与次浊微擦近音的类混之讹。希望本文能够使昆曲同好不再纠缠于阴出阳收究竟是“清音浊流”还是“清出浊收”，而把注意力放到纠正吴语全浊擦音与微擦近音的类混之讹上，使昆曲的演唱更加接近沈宠绥心目中的正音（中原音）。

管窥之见，愿能接近大师本意!

参考文献

曹剑芬 . 论清浊与带音不带音的关系［J］. 中国语文，1987（2）：101—109.

陈　宁 . 明清曲韵书研究［M］. 武汉：华中师范大学出版社，2013.

陈　宁 . “阴出阳收”考辨［R］. 第二届“音韵与方言”青年学者论坛会议论文，太原，2014；题名同前［A］，汉语史研究集刊第十九辑［C］. 俞理明主编，成都：巴蜀出版社，2015.

冯　蒸 . 论中国戏曲音韵学的学科体系——音韵学与中国戏曲学的整合研究［J］. 首都师范大学学报（社会科学版），2000（3）：65—74.

高　航 .《九宫大成南北词宫谱》声调寻绎［D］. 天津：南开大学，2007；《九宫大成南北词宫谱》声调寻绎［M］. 天津：天津古籍出版社，2009.

何大安 . 韵首的迷思：《度曲须知》中的“属阴”和“属阳”［J］. 文史哲，2007（10）：361—375.

何大安 . “阴出阳收”新考［J］.《“中研院”历史语言研究所集刊》79 本第 3 分：497—516，2008.

焦　磊 . 昆曲曲韵与明代官话［D］. 杭州：浙江大学，2007.

李　荣 . 温岭话“鹹淡”倒过来听还是“鹹淡”［J］. 方言，1986（2）:106.

李小凡 . 吴语的“清音浊流”和“阴出阳收”［J］. 语文研究，2009（3）：37—44.

史濛辉 . 再论“阴出阳收”——从语言接触的角度看［J］. Bulletin of Chinese Linguistics 9，Leiden：Brill，2016：42—57.

王福堂 . 崇明方言的声母 hɦ 和 ɦ［R］. 第八届国际吴方言学术研讨会会议论文（提交但未与会宣读）；题名同前［C］. 汉语与汉藏语前沿研究：丁邦新先生八秩寿庆论文集［C］. 北京：社会科学文献出版社，2017.

王　力 . 汉语史稿（上）［M］. 北京：中华书局，1980.

杨振淇 . “阴出阳收”解［J］. 戏曲艺术，1990（4）：88—92.

杨振淇 . 昆曲与中州韵［J］. 戏曲艺术，1996（2）：80—85.

石汝杰 .《韵学骊珠》音系［J］. 语言研究（增刊），1998：271—275.

袁　丹 . 吴语常熟、常州、海门方言中匣母字的语音变异［A］.《语言学论丛》第 52 辑［C］. 北京：商务印书馆，2014.

张竹梅.《中州音韵》研究［M］. 北京：中华书局，2007.
赵元任. 现代吴语的研究［M］.（清华学校研究院，1928.）北京：科学出版社，1956.

（王洪君　北京大学中文系　100871）

萧山临浦方言同音字汇*

王佳亮

一、引　言

临浦镇位于浙江省杭州市萧山区南部，距萧山城区（原城厢镇）约 14 公里。全镇总面积 42.48 平方公里，下辖 55 个村、14 个居民区，镇政府驻戴家桥社区，户籍人口约 5.4 万（2000 年）。

临浦镇位于浦阳江、西小江交汇处，早在宋代就形成集市，曾是“浙江六大米市”之一，自古商贸发达，人称“小上海”。临浦镇曾长期分属萧山、山阴（今绍兴）两县，解放后全部划归萧山。

《中国语言地图集》将萧山方言划为吴语太湖片临绍小片。临浦方言属于萧山南片口音，与萧山城厢方言有若干不同之处：

1）城厢 [ʑ] 声母不配撮口呼，临浦少数字可以，如“床”城厢 [dʑyɒ̃^{2}]$_{文}$ [ɦyɒ̃^{2}]$_{白}$，临浦 [dʑyɔ̃^{2}]$_{文}$ [ʑyɔ̃^{2}]$_{白}$（临浦新派 [ʑ] 声母也与城厢一样不配撮口呼，变成 [ɦ]）；

2）麻韵章组白读城厢全为 [o]，临浦部分字为撮口呼 [yo]，如“蛇”城厢 [zo^{2}]，临浦 [ʑyo^{2}]；

3）麻韵开口见系文读城厢韵母为 [yo]，临浦韵母为 [yɔ]，如“雅”城厢 [yo^{3}]，临浦 [yɔ^{3}]；

4）虞、鱼韵的精、知、章组字城厢韵母为 [ɿ]，临浦多为 [y]，如“取”城厢 [tsʰɿ^{3}]，临浦 [tɕʰy^{3}]，“朱”城厢 [tsɿ^{1}]，临浦 [tɕy^{1}]；

5）咸摄、山摄开口一等见组字城厢有 [i] 介音，临浦为开口呼，如“看”城厢 [kʰiɛ̃^{5}]，临浦 [kʰɜ̃^{5}]；

6）城厢有 [əʔ]、[uəʔ] 与 [oʔ]、[uoʔ]、[yoʔ] 两套韵母，临浦合流读作 [əʔ]、[uəʔ]、[yəʔ]，如城厢“拨”[pəʔ^{7}]≠“北”[poʔ^{7}]，临浦“拨”=“北”[pəʔ^{7}]；

7）城厢有八个声调，临浦阳平与阳上合流，只有七个声调。

本文记录临浦镇山阴街社区（即临浦老街）的老派音系，发音人朱冠右（男，生于 1923 年，小学文化，乡镇干部）。

二、声韵调

2.1　声母

临浦方言有 29 个声母（包括零声母）：

p pʰ b m f v t tʰ d n l ts tsʰ dz s z tɕ tɕʰ dʑ ȵ ɕ ʑ k kʰ g ŋ h ɦ Ø

* 本文作者承蒙萧山图书馆副研究馆员翁迪明先生与原临浦镇文化广播站站长许信民先生帮忙联系发音人，在此表示感谢。一同调查的还有西南政法大学张国雄同学与复旦大学郑姣同学，调查期间得到两位协助，也在此表示感谢。

说明：

清声母及阴调的鼻、边音声母带紧喉，零声母实际音值为 [ʔ]。浊阻音声母及阳调的鼻、边音声母在单字或词首时气嗓化，[ɦ] 实际音值为气嗓化的阳调零声母；在词中时则都为常态真浊音。零声母与 [ɦ] 声母在词中时有对立，阴调与阳调的鼻、边音声母在词中亦有紧喉与不紧喉的对立。

2.2　韵母

临浦方言有 45 个韵母：

ɿ	a	ɛ	e	ɔ	o		ã		ɜ̃	ɔ̃	eŋ	oŋ	aʔ		əʔ	m̩
i	ia			iɔ		iəo	iã	iẽ			iŋ		iaʔ	ieʔ		ŋ̍
u	ua	uɛ	ue		uo		uã		uɜ̃	uɔ̃	ueŋ	uoŋ	uaʔ		uəʔ	l̩
y				yɔ	yo				yɜ̃	yɔ̃	yeŋ	yoŋ			yəʔ	

说明：

1. [y] 韵母稍不圆唇。
2. [a]、[ia]、[ua]、[ã]、[iã]、[uã]、[aʔ]、[iaʔ]、[uaʔ] 中的 [a] 实际音值为央元音。
3. [e]、[ue] 的 [e] 舌位稍低。
4. [ɔ]、[iɔ]、[yɔ]、[ɔ̃]、[iɔ̃]、[yɔ̃] 中的 [ɔ] 舌位稍低。
5. [o]、[uo]、[yo]、[iəo] 中的 [o] 稍低。
6. [iəo] 也可记为 [io]，略有到 [ə] 的动程，语流中舌位未必到 [o]（新派 [iəo] 与 [yo] 合流为 [io]）；接 [h] 声母时实际音值在 [iəo] 与 [eo] 间浮动。
7. [ɜ̃]、[uɜ̃]、[yɜ̃] 中的 [ɜ] 舌位稍前。
8. [eŋ]、[ueŋ]、[yeŋ] 中的 [e] 舌位稍后。
9. [oŋ] 接声母 [t tʰ d n l] 时，其主元音 [o] 稍不圆唇。
10. [ieʔ] 的 [e] 舌位稍后。
11. [əʔ]、[uəʔ]、[yəʔ] 中的 [ə] 舌位稍后，有时稍圆唇。
12. 自成音节的 [ŋ̍] 实际音值可为 [n̩]、[n̪̩]、[ŋ̍]，取决于后接辅音的发音部位。
13. 自成音节的 [l̩] 发音部位稍后。

2.3　声调

临浦方言有 7 个声调：

阴平 44	阴上 335	阴去 451	阴入 $\underline{55}$
阳平上 113		阳去 231	阳入 $\underline{13}$

说明：

1. 临浦方言阳平与阳上合流，在连读变调中仍有分别。
2. 阴平调形稍下降，也可记为 43。
3. 阴去与阳去以下降段为主体，前有明显的上升调头。

三、音韵特点

1. 尖团不分。如“小”＝“晓”[ɕiɔ^{3}]，“精”＝“经”[tɕiŋ^{1}]。

2. 果摄一等字大多韵母为 [o]，同麻韵；部分合口见系字韵母为 [u]，同模韵。如“波” = “巴” [po^{1}]，“哥” = “加” [ko^{1}]；“果” = “古” [ku^{3}]。

3. 麻韵章组字文读韵母为 [e]，白读韵母为 [o] 或 [yo]。如“遮” [tso^{1}]，“社” [ʑyo^{2}]$_{白}$ [dze^{2}]$_{文}$。

4. 麻韵开口见系白读韵母为 [o]，文读 [yɔ]，新文读 [ia]。如“家” [ko^{1}]$_{白}$ [tɕyɔ^{1}]$_{文}$ [tɕia^{1}]$_{新}$。

5. 虞、鱼韵的精、知、章组字韵母多为 [y]，少量白读韵母 [ɿ]。如“取” [tɕʰy^{3}]，“朱” [tɕy^{1}]，“猪” [tsɿ^{1}]。

6. 流摄一、三等韵母同为齐齿呼 [iəo]。如“走” = “肘” = “九” [tɕiəo^{3}]，“狗” [kiəo^{3}]。

7. 咸、山摄 [ɛ]、[uɛ] 韵母无鼻化，而 [iẽ]、[ɜ̃]、[uɜ̃]、[yɜ̃] 韵母鼻化。如“胆” [tɛ^{3}]，“短” [tɜ̃^{3}]，“点” [tiẽ^{3}]。

8. 臻、深、曾摄开口一等见组及梗摄开口二等见组文读韵母为齐齿呼 [iŋ]、[ieʔ]。如“根” [kiŋ^{1}]，“肯” [kʰiŋ^{3}]，“割” [kieʔ^{7}]。

9. 臻摄合口三等见系字舒声韵母为 [yeŋ] 或 [yoŋ]，入声 [yəʔ]。如“军” [tɕyeŋ^{1}]，“君” [tɕyoŋ^{1}]，“橘” [tɕyəʔ^{7}]。

10. 阳韵章组、庄组、日母文读及江韵知、庄组韵母为 [ɔ̃] 或 [yɔ̃]、[əʔ] 或 [yəʔ]。如“樟”“庄” [tsɔ̃^{1}]，“章”“桩” [tɕyɔ̃^{1}]，“斫” [tsəʔ^{7}]，“桌” [tɕyəʔ^{7}]，“若” [ɦyəʔ^{8}]。

11. 江韵见系白读韵母为 [ɔ̃]、[əʔ]，文读 [yɔ̃]、[yəʔ]。如“降” [kɔ̃^{5}]$_{白}$ [tɕyɔ̃^{5}]$_{文}$，“学” [ɦəʔ^{8}]$_{白}$ [ɦyəʔ^{8}]$_{文}$。

12. 通摄、曾摄合口一等见系韵母为 [uoŋ]、[uəʔ]。如“红”“弘” [ɦuoŋ^{2}]，“谷”“国” [kuəʔ^{7}]。

13. 通摄知庄章组韵母为 [yoŋ]、[yəʔ]。如“中”“终” [tɕyoŋ^{1}]，“竹”“祝” [tɕyəʔ^{7}]，“缩” [ɕyəʔ^{7}]。

14. 宕、江、通摄的入声韵母为 [əʔ]、[uəʔ]、[yəʔ]，与咸、山、臻、深、曾、梗摄的部分字合流。如“作” = “足” = “则” [tsəʔ^{7}]，“郭” = “国” = “谷” = “骨” [kuəʔ^{7}]，“菊” = “橘” = “决” [tɕyəʔ^{7}]。

15. 阳平与阳上合流，共 7 个声调。如“蒲” = “部” [bu^{2}] ≠ “步” [bu^{6}]。

四、同音字汇

说明：

1. 本同音字汇收录的字以《方言调查字表》为基础，补充少数口语常用字。声韵调排列顺序见上一节声韵调。

2. 同音字汇中声调用数字表示，①、②、③、⑤、⑥、⑦、⑧分别表示阴平、阳平上、阴上、阴去、阳去、阴入、阳入。

3. 右下小字说明该字意义或适用场合。“文”表示文读（白读不注），“又”表示又音，“本字”表示该字训读为另一字。

4. 有音无字的用“□”代替并作解释。

5. 同音字表大体使用简化字，部分多繁对一简的字保留繁体。

ɿ

ts ①猪诸~坞：地名蛛tɕyəʔ7~：蜘蛛知支枝肢栀眵眼~u5：眼屎资姿咨脂兹滋辎淄之芝 ③煮诣紫纸旨指子梓止趾址嘴 ⑤制製智致緻至置志

tsʰ ①雌痴嗤吹 ③此侈耻齿 ⑤刺翅次厕痣□油炸

dz ②茌滞池驰迟雉持痔垂耳朵~：耳垂 ⑥稚治恃

s ①斯厮撕筛筛子；筛的动作施私师狮蛳尸屍司丝思诗 ③暑大~，小~，处~死文，~亡使史驶始水 ⑤世势贳租用赐四肆试

z ②锄~头墅匙瓷糍麻~慈磁鹚辞词祠似祀巳士仕柿时鲥市 ⑥誓逝是系词，~弗~：是不是氏自~由示视嗜字伺寺嗣饲峙~山：地名事侍

i

p ①屄女阴 ③鄙比 ⑤闭臂秘泌

pʰ ①批披 ⑤庇屁

b ②蓖卑皮疲脾被棉~婢琵肥~肉薇蔷~花 ⑥蔽敝弊币毙陛鐾~刀布被~动避痹

m ③尾~巴 ②迷米糜弥眉楣 ⑥未饭吃过~：饭吃了没味~道

f ①靡非飞妃菲 ③匪 ⑤废肺吠榧痱费翡

v ②维惟帷唯肥化~，~胖微薇紫~未文，~来味文，~精

t ①低 ③底抵 ⑤帝滞蒂

tʰ ①梯电~ ③体 ⑤替涕剃

d ②堤题提蹄啼弟隶 ⑥逮第递地

l ②吕旅缕犁黎礼丽莉携离篱梨厘狸李理鲤里里搂文，~~抱抱 ⑥虑滤屡例厉励荔履利痢吏泪

tɕ ①鸡稽饥~饿肌几茶~基萁茛~草箕姬幾~乎机讥饥鲫~鱼 ③姐小~，本字“姊”挤姊阿~：姐姐麂老角~：麂子已幾~个脊背~ ⑤祭际济剂计继鳜~花鱼寄纪记既季

tɕʰ ①蛆妻凄悽栖~息溪奚欺 ③启起岂 ⑤去来~企器弃杞气汽隙

dʑ ②徐倮文，他奇骑岐技妓祁其棋期旗祈沂及来弗~：来不及屐 ⑥忌

ȵ ③耳~朵 ②泥倪宜~兴仪蚁尼呢~大衣你疑凝文 ⑥御~粟：玉米艺谊义议腻二贰拟毅

ɕ ①胥伍子~西栖塘~：地名犀牺嬉熙嘻禧熹希稀膝脚~髑头：膝盖□尿 ③洗玺死~人喜蟢髓 ⑤絮花~：棉絮细婿系~列，中文~繫联~係关~戏

ʑ ②齐脐荠 ⑥自自己

ø ①宜便~医衣依 ③倚 ⑤易懿意忆亿

ɦ ②倮他兮移伊夷姨饴怡矣已以尹 ⑥冀肄异

u

p ③补 ⑤布佈怖

pʰ ①铺~开 ③谱普浦脯胸~，肉~辅 ⑤铺店~

b ②蒲菩葡部簿~子：本子；家~：家谱 ⑥步捕埠伏孵

f ①夫肤敷俘孵麸 ③府腑甫脯明~：乌贼干斧抚又釜侮文，~辱 ⑤付赋傅姓；太~咐赴讣富副仆前~后继

v ②扶芙无抚巡~父腐武舞侮欺~鹉浮~桥妇 ⑥符巫诬俯傅师~附务雾戊

t ①都 ③堵睹肚~子：猪肚 ⑤妒

tʰ ③土吐 ⑤兔

d ②徒屠途涂图杜肚~皮 ⑥度渡镀踱

n ②奴努怒

l ②卢炉芦鸬鲁橹虏卤庐驴 ⑥路露鹭

ts ①租 ③祖组阻

tsʰ ①粗初 ③楚础 ⑤醋措

dz ②锄文雏 ⑥助趋

s ①苏酥疏蔬文，~菜鬚鬍~ ③所~前：地名 ⑤素诉塑~菩萨数命数；~学

k ①锅姑孤辜 ③果裹馃清明~古估股鼓 ⑤过故固锢雇顾

kʰ ①枯箍 ③苦 ⑤库裤

h ①呼乎 ③火伙虎浒 ⑤货戽□洗

ɦ ②吴蜈吾梧五文伍午文，地支胡湖狐壶葫鬍~须糊蝴户沪坞娱 ⑥误悟互护

ø ①乌污 ⑤□粪便

y

tɕ ①褚诸姓；~葛亮居~民车~马炮诛株朱硃珠殊文~菩萨拘驹龟乌~归~去：回去 ③举拄主矩鬼

小～ ⑤著～名，～作据锯文驻～扎註注蛀铸句贵东西～

tɕʰ ①枢区驱躯 ③处相～，～暑鼠老～取娶 ⑤处各到各～去文趣

dʑ ②绪除储渠巨拒距苣厨橱柱殊特～俱瞿衢具跪～落：跪下 ⑥署薯驻岳～：地名住惧柜床头～

ȵ ②女汝语愚虞上～禹蕊～头：花苞 ⑥御～用禦遇寓

ɕ ①讹靴梳蔬菜～：蔬菜书舒墟虚嘘须需输 ③杵暑～假黍许数动词 ⑤絮文庶恕

ɦ ②序叙屿藷番～：番薯如鱼文，木～渔余馀与予竖儒吁盂榆逾愉俞雨宇羽围～身：围裙 ⑥誉预豫聚树愈芋喻裕

Ø ①於淤迂于 ③乳椅 ⑤喂

a

p ③摆 ⑤爸～～拜

pʰ ⑤破掼～：摔破派

b ②排簰竹～排罢徘 ⑥败

m ①妈～～ ②埋买 ⑥卖

t ⑤戴～帽带

tʰ ①他 ⑤太泰

d ②道缝～：缝隙 ⑥大～学，～蒜埭

n ①挪哪文那拿□你们 ②乃奶 ⑥奈

l ①拉□刀切 ⑥赖癞

ts ①斋抓文 ⑤诈乍文，～现债缀

tsʰ ①嗟钗薛宝～差～使 ③扯 ⑤蔡镲小钹

s ①筛～老酒：斟酒；～开水：倒开水衰 ③傻耍洒 ⑤晒帅

z ②柴 ⑥寨

k ①街 ③解～开 ⑤介蒋～石界交～；搭～：有关系芥～菜尬疥～癞疮戒

kʰ ①揩 ③楷

g ②懈懈怠

ŋ ②□我们 ⑥外

h ③蟹

ɦ ②何～里：哪里鞋

Ø ①埃～及挨 ③倭～寇矮

ia

t ①爹

tɕ ①家文，文嘉文，文皆阶偕佳文 ③解文，～放懈文 ⑤借介～绍界世～届

tɕʰ ⑤笪倾斜

dʑ ②茄□又，他们 ⑥藉～口，狼～籍又

ȵ ②惹招惹，染病

ɕ ③写 ⑤泻卸

ʑ ②邪斜 ⑥谢

ɦ ②耶爷椰也～是，～好野谐械□他们 ⑥夜

ua

k ①乖狡猾 ③拐 ⑤怪

kʰ ①夸 ③垮 ⑤块

ɦ ②怀槐淮 ⑥坏

Ø ①蛙洼涯崖歪畦 ⑤□厉害；身体健康

ɛ

p ①班斑颁扳般一～ ③板版 ⑤扮绊～倒畈田～□给予；被

pʰ ①攀 ⑤盼瓣叶～：叶片襻

b ②[illegible]爬爿一～店；瓦～：瓦片 ⑥办

m ②蛮□玩晚 ⑥迈慢漫幔蔓

f ①藩蔡东～：人名翻番 ③反 ⑤泛贩疲～nɔ nɔ：想呕吐的感觉

v ②凡帆範范犯梵烦藩～台矾繁 ⑥饭万

t ①耽担～负丹单 ③胆掸疸 ⑤担挑～旦

tʰ ①坍滩摊瘫 ③毯坦 ⑤态炭叹

d ②谭谈痰淡檀壇天～弹～琴诞 ⑥但弹炮～蛋

n ②难困～ ⑥难逃～

l ①拦 ②蓝篮览揽榄缆兰栏懒 ⑥滥烂

ts ③盏 ⑤斩蘸赞赞灒

tsʰ ①搀餐 ③铲产～品 ⑤灿

dz ②惭馋谗残潺栈 ⑥暂赚站绽践～踏饯～行撰□砍，剁

s ①三杉衫珊山 ⑤伞散撒疝

k ①尴监太～，～牢间奸 ③橄～榄减碱裥拣

kʰ ①刊铅 ⑤嵌舰槛

ŋ ②馅～子岩颜眼

h ⑤喊大声哭苋～菜

ɦ ②咸～淡闲～事限

Ø ⑤晏～昼：中午

uɛ

k ①闺鳏关 ⑤惯

k^h ⑤筷儿化

ɡ ②环～境 ⑥掼扔，摔

ɦ ②玩顽还归～环又 ⑥幻患

Ø ①弯湾 ③挽

e

p ①杯碑悲褒 ③彼～此 ⑤贝狈辈背～脊

p^h ①胚坯丕 ⑤沛配痦

b ②培陪赔裴枚一～凳 ⑥倍佩背～文章焙备

m ②梅枚媒煤玫莓每霉美媚 ⑥谜～子：谜语妹昧

t ①堆 ⑤戴姓；爱～对碓踏～：脚踏的碓子

t^h ①胎台～州苔舌～梯～子；胡～：楼梯推 ③腿 ⑤退褪文

d ②薹～子苔青～抬待怠绐松弛 ⑥贷代袋队兑

n ⑥耐内

l ②骡来雷儡累积～，连～，劳～垒卵文，～巢，以～击石 ⑥擂类

ts ①灾追 ⑤者宰再载赛最赘

ts^h ①猜催崔摧炊 ③彩采睬踩 ⑤菜脆翠

dz ②社文，～会才材财才在豺罪文，～犯随垂文，～头丧气槌锤锥谁 ⑥唾锐睡瑞蕊文悴粹遂隧穗坠

s ①奢腮鳃虽 ③水山～ ⑤捨～弃舍宿～赛碎蜕岁税秽绥～远

z ②射文，发～裁～缝罪～过：可怜 ⑥是又，～弗～：是不是

k ①居～家私：购置家产该 ③改 ⑤锯锯子概溉盖丐

k^h ①开 ③凯慨

ɡ ②徛站立

ŋ ②呆 ⑥碍艾～草

h ③海

Ø ①哀埃尘～，苏维～唉矣又 ⑤爱艾文蔼

ɦ ②孩亥 ⑥害

ue

k ①瑰规龟文归文，～还 ③诡轨癸鬼文，魔～ ⑤会～计，～稽刽桧桂贵文，富～

k^h ①盔魁奎亏窥 ③傀 ⑤块

ɡ ②逵葵 ⑥溃愧柜

h ①恢诙灰挥辉徽 ③贿悔毁 ⑤晦卉

ɦ ②桅回迴茴徊危违围文，包～伟苇 ⑥汇会开～，～做绘卫惠慧伪为行～，～啥位巍魏讳纬胃谓汇

Ø ①煨威 ③萎委 ⑤畏慰

ɔ

p ①包胞 ③保堡宝饱 ⑤报豹

p^h ①抛脬 ⑤炮泡

b ②袍抱跑 ⑥暴鲍爆刨

m ①猫 ②毛茅卯矛□呕吐 ⑥冒帽貌藐

t ①刀 ③祷岛捣倒～马桶 ⑤到倒～车

t^h ①叨滔 ③讨 ⑤套

d ②掏桃逃淘陶萄涛道～士稻导 ⑥盗蹈

n ①挠 ②脑 ⑥恼闹

l ②劳牢唠老涝

ts ①遭糟抓～怪脊：抓痒朝今～：今天昭招 ③早枣蚤澡爪找沼 ⑤灶罩召又照诏

ts^h ①操臊文糙抄钞超 ③草炒吵 ⑤躁

dz ②朝～代，～鲜潮赵 ⑥召

s ①骚臊～气梢捎稍烧 ③嫂少多～ ⑤扫～帚，～地燥干燥哨肖生～少～年

z ②曹槽猪～皂造兆韶绍扰□肚子饿 ⑥邵

k ①高膏篙羔糕交～界胶～水教～书茭 ③绞搅搞 ⑤稿告犒校～手表窖觉困～：睡觉

k^h ①敲 ③考烤拷 ⑤靠铐

ŋ ②熬傲咬

h ①蒿 ③好 ⑤耗

ɦ ②豪壕毫 ⑥浩号

Ø ①阿～哥，～弟爊～麺：煮麺條坳凹 ③袄拗～断 ⑤奥澳懊沃姓

iɔ

p ①膘标彪 ③表錶婊

p^h ③飘漂 ⑤票

b ②瓢嫖薸～～：浮萍

m ②撩锚苗描渺秒燎 ⑥庙妙缪

t ①刁貂雕凋 ③鸟 ⑤钓吊

t^h ①挑 ⑤跳粜

d ②条调～整跳□桌子 ⑥掉调～动

l ①撩捞 ②燎疗聊辽寥了瞭僚镣 ⑥撩用手够料廖谬

tɕ ①交文，~通郊胶文，橡~，~州蛟焦蕉椒骄娇浇 ③狡铰矫缴侥饺 ⑤教文，~育校文，~对，上~较叫

tɕʰ ①锹□脚瘸 ③巧 ⑤撬窍

dʑ ②巢樵瞧剿醮乔侨桥荞撬 ⑥轿

ȵ ②饶绕尿~素尧

ɕ ①消宵霄硝销逍悄嚣萧箫潇 ③小筱晓 ⑤酵哮孝笑鞘肖不~子孙

ɦ ②肴淆摇谣窑遥姚 ⑥效校学~耀鹞跃

Ø ①妖夭邀腰要~求幺 ⑤要~紧

yɔ

tɕ ①家文，~庭，百~姓嘉文，~奖佳

ɦ ②霞瑕遐 ⑥曰

Ø ③雅 ⑤亚

o

p ①波菠玻巴芭疤笆 ③把彼又 ⑤跛簸霸坝大~

pʰ ①颇坡 ⑤破~坏；~鱼：剖鱼怕帕剖本字“破”

b ②婆爬琶杷耙 ⑥薄~荷稗~草缚绑扎

m ②魔磨~刀摩麻痲蟆虾~kieʔ7pɔ1：蝌蚪妈ʔm1~：妈妈马码模摹某母~亲膜 ⑥磨一具~骂暮慕墓募幕穆

t ①多 ③朵躲垛 ⑤剁

tʰ ①拖 ③妥椭馁

d ②驼陀沱驮拿舵惰 ⑥大~小堕

n ②哪~咤 ⑥糯

l ①啰~唆 ②罗锣箩萝螺腡

ts ①楂渣遮柞 ③左佐 ⑤榨炸~弹蔗做

tsʰ ①搓叉杈差~弗多车汽~钗金~ ⑤锉~刀岔错

dz ②茶搽茬查

s ①蓑梭唆教~莎沙纱砂痧 ③锁琐所厕~，~以产~母娘：产妇

z ②坐锉~折座

k ①歌哥戈家人~加嘉~兴 ③假真~贾 ⑤个~人，一~月假放~架驾嫁稼价

kʰ ①科窠棵颗 ③可 ⑤裸课搭抓捕跨

ŋ ②蛾鹅俄我牙芽衙瓦 ⑥饿卧

h ①虾~蟹蝦驼背暇 ⑤荷薄~啥什么

ɦ ②河何姓荷~花和禾祸虾~蟆kieʔ7pɔ1：蝌蚪下 ⑥贺厦~门夏

Ø ①阿~胶，~弥陀佛窝莴鸦丫桠蜗 ③哑

uo

k ①瓜 ③寡剐 ⑤挂卦褂

h ①花 ⑤化

ɦ ②华铧~犁桦 ⑥画话

Ø ①划~船

yo

ɕ ①赊 ③捨割~：舍得 ⑤赦舍草~：草房

ʑ ②蛇佘社信用~ ⑥乍~浦麝

iəo

m ②亩牡谋 ⑥茂贸

f ③否

v ②浮~起来 ⑥负阜

t ①兜丢 ③斗抖 ⑤鬥

tʰ ①偷 ③敨 ⑤透

d ②头投骰 ⑥豆逗痘

l ①搂用手指抠 ②楼娄篓流刘留榴瘤硫琉柳 ⑥漏陋溜馏

tɕ ①稠邹周周舟州洲鸠纠咎 ③走酒肘帚九久韭 ⑤奏昼皱绉咒灸救究

tɕʰ ①秋鳅抽丘 ③丑醜 ⑤凑臭

dʑ ②囚泅绸筹纣雠报~酬柔揉求球仇姓臼舅 ⑥就袖文，领~宙骤售旧柩柚釉

ȵ ②藕偶纽牛 ③扭

ɕ ①修羞搜飕馊搜收休 ③手首守朽 ⑤叟嗽秀绣锈瘦漱兽嗅~觉莠

ʑ ②愁受 ⑥袖~子寿授

k ①勾钩沟鸠斑~ ⑤狗够构购

kʰ ③口 ⑤叩扣寇

h ⑤吼鲎彩虹

ɦ ②侯喉猴後厚后尤邮由油游犹有友酉 ⑥候诱右佑

Ø ①欧瓯讴呕殴怄优忧悠幽 ⑤又幼

ã

p ①绷浜 ⑤迸

pʰ ⑤碰硬~硬

b ②庞朋鹏文彭膨棚蚌 ⑥碰~着

m ②莽蟒盲青~：一种眼病虻牛~猛蜢 ⑥望~东：向东孟

t ③打

d ⑥荡~街：逛街

l ②冷

ts ①张争争吵 ③长生~涨 ⑤仗打~帐胀账怅

tsʰ ①撑 ③厂 ⑤畅

dz ②长~短肠场丈仗仪~队杖 ⑥锃~亮盛姓

s ①生~小人：生小孩牲三~福礼甥 ③省

k ①更三~庚羹粳耕 ③哽骨头~牢埂

kʰ ①炕坑

g ⑥雁~鹅：大雁

ŋ ⑥硬

h ①夯

ɦ ②行~事杏

Ø ①鹦~哥：鹦鹉樱~桃

iã

l ②良凉量粮梁粱两 ⑥亮谅辆

tɕ ①将搀扶；~军浆疆僵薑姜 ③蒋奖桨 ⑤酱将大~

tɕʰ ①枪腔 ③抢□跑□镬~：锅铲 ⑤呛

dʑ ②详祥象像文，雕~橡翔强

ȵ ②鲇~鱼娘壤攘嚷仰 ⑥酿让~开

ɕ ①相~对箱厢湘襄镶香乡 ③想鲞晌饷享响 ⑤相~貌向

ʑ ②墙像动词 ⑥匠

ɦ ②羊洋烊融化杨阳扬疡养痒 ⑥样漾巷

Ø ①央秧殃 ⑤映

uã

k ③梗

ɦ ②横直~ ⑥横~作~行：横行霸道

Ø ①横蛮横

iẽ

p ①篦~箕鞭编边蝙鳊 ③扁匾 ⑤变遍

pʰ ①篇偏 ⑤骗片

b ②便~宜辨辩辫 ⑥汴便方~□瓦下竹簟

m ②绵棉免勉缅眠 ⑥面麵

t ①掂颠癫 ③点踮典腆 ⑤店

tʰ ①添天 ③舔 ⑤掭~笔

d ②甜钱铜~田填 ⑥电殿奠佃垫臀

l ②廉镰帘敛脸俭连联怜莲瓤瓜瓤 ⑥练炼链炼楝~树恋

tɕ ①缄监文，~督尖兼搛艰间文，时~煎肩坚 ③检简柬剪茧趼 ⑤鉴殓剑间文，~隔谏涧锏箭建毽荐笕见

tɕʰ ①歼签签扦~脚纤谦迁笺千牵拴 ③浅遣 ⑤忏欠歉纤

dʑ ②潜渐钳钱~塘江乾虔件全泉 ⑥践实~饯蜜~羡键健腱圈猪~

ȵ ①黏研 ②阎严俨年 ③碾 ⑤罱~河泥：挖河泥 ⑥验念廿谚砚

ɕ ①暹仙鲜轩先宣 ③险癣筅~帚显选 ⑤线宪献

ʑ ②前旋 ⑥贱

ɦ ②也文，之乎者~咸文，~丰陷炎盐名词檐艳闲休~涎延筵蜒~~螺：蛞蝓演衍言贤弦沿兖 ⑥焰盐用盐腌现

Ø ①淹阉嫌焉烟胭 ③掩魇厣鱼鳞；痂 ⑤厌晏文堰躽放一起比较长短燕咽宴

ə̃

p ①搬文，~运 ⑤半

pʰ ①潘 ⑤判

b ②般文盘拌 ⑥伴叛畔

m ②瞒馒鳗满

t ①端 ③短 ⑤断决~锻~炼

tʰ ①贪 ⑤探褪~落：脱落

d ②潭墰酒~团糰断拗~锻机器锻造 ⑥段缎

n ②南男暖

l ②卵~子：男阴 ⑥鸾銮乱

ts ①簪沾詹瞻占毡专砖 ③展攒转 ⑤占战钻

tsʰ ①揣参~加惨汆川穿 ③喘 ⑤篡窜蹿篡串

dz ②缠传~达椽□捡，拾 ⑥篆传夸奖；水浒~

s ①搧扇酸闩 ③陕闪 ⑤算蒜

z ②蚕蟾染冉蝉禅~宗善颤然燃船 ⑥膳

禅~让

k ①甘柑泔干天~肝竿乾鱼~杆 ③感敢秆扦赶 ⑤幹~部

kʰ ①堪龛 ③坎砍 ⑤勘磡河~：石砌河岸看

g ②衔鸟~牌：一种算命活动

h ①蚶憨酣 ③罕 ⑤撼憾汉熯

ɦ ②含函寒韩旱 ⑥岸捍汗焊翰

Ø ①庵安鞍 ⑤暗按案

uɜ̃

k ①官棺观~看冠衣~ ③管馆 ⑤贯灌罐观道~冠~军

kʰ ①宽 ③款

h ①欢 ⑤唤焕

ɦ ②桓完丸纨缓皖 ⑥换

Ø ③豌碗宛 ⑤腕

yɜ̃

tɕ ①捐 ③捲 ⑤眷卷绢

tɕʰ ①圈 ③犬 ⑤劝券

dʑ ②拳权颧倦

ȵ ②软元原源

ɕ ①喧 ⑤楦

ɦ ②圆员缘院袁辕园援猿远玄悬渊 ⑥阮愿县眩

Ø ①冤 ⑤怨

ɔ̃

p ①帮邦 ③榜绑 ⑤谤

pʰ ⑤胖

b ②滂旁螃傍防棒

m ②忙芒茫网辋盲扫~氓 ⑥忘望~过去

f ①方肪坊芳妨 ③仿纺仿彷访 ⑤放

v ②房亡 ⑥妄望文，希~

t ①当~心裆 ③党挡 ⑤当典~档

tʰ ①汤 ③倘躺 ⑤烫趟

d ②堂棠螳唐糖塘荡浪~盪

l ②囊郎廊狼螂朗 ⑥浪

ts ①赃脏庄装妆樟蟑 ⑤葬障瘴

tsʰ ①仓苍舱疮菖 ⑤创

dz ②藏收~ ⑥藏西~，地~王菩萨臓

s ①桑丧出~磉磩~：柱础霜 ⑤丧~失

k ①冈岗刚纲钢缸江扛豇肛~门 ③讲港 ⑤杠降霜~口扛，抬

kʰ ①康糠慷 ⑤抗囥

ŋ ②昂

ɦ ②行银~航杭项

Ø ①肮

uɔ̃

k ①光 ③广

kʰ ①匡筐眶框 ⑤旷矿

h ①荒慌黄蛋~ ③谎 ⑤晃况

ɦ ②黄~颜色簧皇蝗蟥凰狂疯~王 ⑥逛旺

Ø ①汪 ③枉往

yɔ̃

tɕ ①章桩 ③掌 ⑤壮降文，~临，投~

tɕʰ ①昌娼窗 ③闯 ⑤唱倡

dʑ ②常裳狂发~：发疯 ⑥状撞

ȵ ②推来~去

ɕ ①孀商伤尝偿双舂砸；~子：杵 ③爽赏

ʑ ②床上~ŋa6子：昨天

ɦ ②上动词 ⑥尚上名词让谦~

eŋ

p ①搬~东西奔崩 ③本

pʰ ①喷~气烹 ⑤喷吃~头：挨骂

b ②盆鹏大~鸟盟皿 ⑥笨

m ②门闻~家堰：地名明~朝：明天 ⑥闷问~问题

f ①分吩芬纷 ③粉 ⑤粪奋

v ②焚坟文纹闻文，新~刎 ⑥愤忿份问文，~题

t ①敦墩蹲登灯 ③等戥 ⑤顿凳蹬瞪

tʰ ①吞氽

d ②屯豚饨囤腾誊藤 ⑥沌盾钝遁邓澄橙

n ②能 ⑥嫩

l ②仑伦沦轮 ⑥论

ts ①砧针斟珍真尊遵肫鸡~曾姓增憎征惩蒸争文，战~筝睁贞侦征 ③枕诊疹准准拯整 ⑤镇振震圳赠丞证症正政

tsʰ ①村椿春称~呼 ③忖蠢逞 ⑤趁衬寸称对~秤

dz ②沉陈尘臣存曾~经层乘承仍呈程成城诚 ⑥阵剩锃文郑掷盛旺~

s　①森参人参深辛天干身申伸孙僧升生文，~产笙蛏声　③沈婶审损　⑤渗逊舜胜圣

z　②甚神娠辰晨人文，~民仁文，~义忍唇纯莼醇吮绳塍田~盛~饭　⑥赁甚任纫肾慎刃认~真韧文，坚~顺润

h　①亨哼　③很　⑤擤□~鼻头：鼻子不通气

ɦ　②痕恒衡　⑥恨

ø　①恩

iŋ

p　①彬宾槟滨冰兵　③禀丙秉饼　⑤殡鬓柄併

p^h　①拼姘拼　③品　⑤聘

b　②贫频苹凭平坪评瓶屏萍　⑥病並

m　②闽民悯敏抿泯蚊萌鸣明~亮名铭　⑥命

t　①丁钉~子疔叮　③顶鼎　⑤钉动词订

t^h　①听厅汀　③艇挺

d　②亭停廷庭蜓锭　⑥淀定

l　①拎　②林淋临凛邻鳞磷棱陵凌菱领岭令灵零铃伶翎龄　⑥吝另

tɕ　①今金禁不~襟津巾斤筋茎京荆惊精晶睛经　③锦紧仅谨槿景警井颈　⑤浸禁~止进晋俊浚境敬竟镜径

$tɕ^h$　①侵钦亲卿清轻青蜻馨倾皴~糙：皮肤皴裂发痒　③寝请顷　⑤揿用手指按庆磬

dʑ　②琴禽擒秦尽~量臻勤芹近询又循巡驯擎鲸情　⑥妗娘~母：舅母殉竞靖劲~头

ȵ　②壬任姓吟人一个~仁虾~银凝凝固迎宁安~　⑥认~得韧有韧性宁~可佞

ɕ　①心芯辛~苦新薪欣荀询旬兴绍~牲~口星腥猩　③笋榫醒　⑤信讯衅迅兴高~性姓

ʑ　②寻尽~根牙：智齿晴静　⑥净

k　①跟根更~换　③耿　⑤更~加

k^h　③恳垦啃肯

ɦ　②淫寅引瘾行文，~为幸盈赢形型刑营萤

ø　①音阴因姻洇殷应~当鹰蝇莺鹦文，~鹉樱文，~花英婴缨　③饮隐影颖　⑤荫凉窨印熨应回~

ueŋ

k　③滚　⑤棍

k^h　①昆崐坤　③捆　⑤困睏~觉：睡觉

h　①昏婚荤

ɦ　②魂馄浑　⑥混

ø　①温瘟　③稳

yeŋ

tɕ　①军

$tɕ^h$　①菌

dʑ　②裙

ɦ　②匀云云耘　⑥闰韵运晕孕

oŋ

p^h　③捧　⑤碰麻将术语

b　②篷蓬埲~尘：灰尘

m　②蒙懵蠓　⑥梦

f　①风枫疯丰封峰蜂锋　⑤讽俸□脏

v　②冯逢缝动词奉　⑥缝~道：缝隙凤

t　①东冬　③董懂　⑤冻栋

t^h　①通　③捅统　⑤痛

d　②同铜桐筒童瞳动桶　⑥洞

l　②笼聋砻拢咙农隆窿龙陇垄　⑥弄

ts　①棕鬃宗踪综　③总　⑤粽纵□向前跳

ts^h　①聪匆葱囱怂

dz　②从崇戎从　⑥诵颂讼

s　①鬆嵩松　⑤送宋

z　②屣

uoŋ

k　①肛胴~：肛门公蚣工功攻弓躬宫恭龚　③汞巩恐　⑤贡供~销社

k^h　①空天~　③孔　⑤控空有~

g　⑥共

h　①轰烘　③哄~骗拱~手　⑤鬨起~供提~

ɦ　②弘宏红洪鸿虹

ø　①翁　⑤瓮

yoŋ

tɕ　①均钧君中~国忠衷终钟钟盅　③种一~肿　⑤中~奖众种动词；~子供~养（菩萨）

$tɕ^h$　①充冲　③宠　⑤铳

dʑ　②群琼虫仲穷重~新，轻~　⑥郡

ȵ　②脓绒浓

ɕ　①熏熏勋薰兄胸凶凶匈　⑤训嗅闻，亲吻

ɦ　②荣熊雄融容溶蓉镕庸　⑥用

Ø ①雍臃痈拥 ③允永泳咏甬勇涌恿踊蛹

aʔ

p ⑦八百柏伯

pʰ ⑦拍~手

b ⑧拔白黑~

m ⑧抹袜陌拍用手拍打麦脉

f ⑦法髪發

v ⑧乏伐筏罚

t ⑦答搭搨

tʰ ⑦塔榻遢獭忒太

d ⑧踏达

n ⑧捺

l ⑧腊蜡镴粒辣瘌~痢

ts ⑦扎札扎着~棋酌勺芍窄摘

tsʰ ⑦插擦察删绰拆策册赤~豆：红豆尺~板：一种乐器

dz ⑧着~火

s ⑦晒眨萨杀烁闪栅

z ⑧闸煠水煮铡石~头；一~米

k ⑦夹~心裌~袄甲盔~胛肩~：肩膀荚搿麦~头：麦疙瘩格~子隔

kʰ ⑦掐甲手指~客

g ⑧夹~子；~牢：夹住轧

ŋ ⑧额

h ⑦呷喝喝本字"呷"瞎辖管~赫吓

ɦ ⑧盒本字"匣"狭峡匣

Ø ⑦阿~大，~二；~姨：保姆鸭押压

iaʔ

l ⑧猎略掠

tɕ ⑦甲天干脚角一~角子：一角钱

tɕʰ ⑦且恰雀鹊却

ȵ ⑧捏箬~帽：斗笠虐疟

ɕ ⑦辖直~市削

ʑ ⑧嚼

ɦ ⑧洽协侠药钥液腋

Ø ⑦约抑

uaʔ

k ⑦括刮

h ⑦豁

ɦ ⑧还~有滑猾劃

Ø ⑦挖

ieʔ

p ⑦鳖憋瘪笔滗毕必逼迫压~碧璧壁

pʰ ⑦撇匹僻癖辟劈霹

b ⑧枇~杷别蹩弼□追赶

m ⑦搣~瓶盖 ⑧灭篾蔑密蜜觅

t ⑦跌的滴嫡□用手掐掐

tʰ ⑦帖贴铁踢剔

d ⑧叠碟牒蝶谍迭笛敌狄籴涤

l ⑧璃玻~立笠列烈裂栗律率概~力历历雳

tɕ ⑦髫接劫袭急级给揭节疖结洁吉即稷戟积迹脊偏~：肩膀绩击激

tɕʰ ⑦砌契地~妾缉辑泣切窃楔七漆讫乞爵戚吃

dʑ ⑧睫捷集习及~格杰绝疾极剧籍户~夕寂

ȵ ⑧聂镊蹑业热孽日~脚：日子逆

ɕ ⑦矢胁吸薛泄歇蝎屑锯末~~：锯末雪悉膝牛~草蟋戌恤息熄媳惜昔锡析

ʑ ⑧截席席

k ⑦合蛤鸽佮~淘：作伴割葛革

kʰ ⑦咳磕渴刻克

ɦ ⑧叶页逸翼亦译易交~，~经

Ø ⑦隘缢靥~谷：瘪谷邑揖噎乙一壹益

əʔ

p ⑦钵拨不博剥驳北迫又卜

pʰ ⑦泼朴朴拍~照相魄珀扑覆~转：倒扣蝮~蛇

b ⑧簿文鼻钹大~勃垺一~糊烂泥：一团泥土脖薄厚~泊缚雹白~鸽：鸽子帛僕主~瀑伏趴，俯靠袱包~

m ⑦摸 ⑧馍末沫抹没莫寞漠墨默木沐目牧

f ⑦沸吻弗不~佛彷~勿福幅蝠辐複腹覆~盖復

v ⑧佛念~物服伏袱

t ⑦掇啄~米得德笃督

tʰ ⑦颓澈清~脱讬托拓秃

d ⑧澤亭~：冰凌柱夺突凸特独读牍犊毒

n ⑧纳

l ⑧赂垃~圾劣落烙骆酪洛络乐肋勒骼砾鹿禄六陆绿录

ts ⑦卒猝只~有折褶怎执汁哲蜇折骨~浙质

作研～柴则侧仄织职责隻足

ts^{h} ⑦沏彻撤辙澈撮出饬测赤～色斥尺市～，～寸促

dz ⑧杂涉蛰侄秩铎昨直值殖植泽择宅族俗续

s ⑦些一～，本字“屑”塑～料蹑～手～脚摄涩湿圾垃～设刷说～书瑟虱失室率～领蟀摔索色啬识式饰适释速肃宿粟塞

z ⑧是又，系词十什拾入进～；性交舌折～本实日文，～本朮白～术述贼食蚀石文硕

k ⑦个一～各阁搁觉～勒出：感觉得出角～子：硬币格文，～外

k^{h} ⑦确榷壳

ŋ ⑧鄂鳄腭愕鹤岳嶽

h ⑦郝霍藿黑

ɦ ⑧合学～生意核

Ø ⑦恶可～，～人厄扼

uəʔ

k ⑦掴蝈骨郭廓国縠谷

k^{h} ⑦阔扩哭酷

h ⑦忽

ɦ ⑧活核镬或惑获斛

Ø ⑦握龌屋沃

yəʔ

tɕ ⑦厥蕨蹶决诀橘桌卓琢啄文涿捉觉文，感～竹筑祝粥菊掬鞠冢烛嘱

$tɕ^{h}$ ⑦缺窟屈倔戳龊畜～生麴触曲

dʑ ⑧掘掘浊镯浞逐轴蜀局

ȵ ⑦粤郁姓 ⑧匿肉辱褥玉狱浴 hu5~：洗澡

ɕ ⑦说～话：话语血缩叔畜牲～，～牧蓄束□吮吸

ʑ ⑧凿～子射箭～出去锔补碗

ɦ ⑧惹文悦阅月越穴诺若弱朔学文，～习域溺疫役熟淑育赎属欲慾浴

m̩

Ø ①妈～妈：妈妈

ɦ ②母产～娘：产妇

ŋ̍

Ø ①无～有：没有

ɦ ②五～个午端～鱼鲫～儿～子尔你

l̩

ɦ ②儿～童尔文而耳木～饵

（王佳亮　上海交通大学船舶海洋与建筑工程学院　200240）

北部吴语与江淮官话元音［i］的擦化*

吴　波

一　引　言

我们知道在调音过程中，元音区别于辅音主要在于气流通过声腔时，无明显阻碍产生。但在部分汉语方言中，存在一种特殊的元音发音现象，气流在声道中遇到一定的阻碍，听觉上有或弱或强的摩擦。汉语学者通常把这类现象叫做元音的擦化音变，把这类元音叫做“擦化元音”或“摩擦元音”，作为一种特殊的元音类型对待。

汉语方言中，“擦化元音”对应的音素常见的是舌面元音［i］［u］和舌尖元音［ɿ］［ʅ］。已知的元音擦化现象中，高元音［i］的擦化特征最为显著，具有典型性，其分布的代表性方言区是北部吴语及其相邻的江淮官话区。我们知道，元音［i］在汉语语音的历时演化中，起到过十分重要的作用，如韵分四等、辅音的腭化、轻唇音的产生等等。它的擦化特征在音系学平面曾被广泛地讨论过。这些研究主要着眼于前化、高化或出位的音变链移的描写与解释，而对它的语音学性质的分析还很不够。根据我们的调查，青年一代的常州话中，摩擦性的［i_j］与无擦性的［i］已经形成了音位上的对立。在一些方言中，由于摩擦的作用促使了调音部位的改变，元音［i］逐渐消失后出现了大量的舌尖元音，如南通话、合肥话。因此明确元音［i］擦化的声学性质，除了探讨元音擦化现象的语音学意义外，对汉语方言元音系统的音变研究也很有价值。

石汝杰提出了一条元音［i］的擦化链：无摩擦的［i］（北京）>摩擦较弱的［i_j］（苏州）>较强摩擦［j］（常州）>强摩擦［ʑ］（丹阳）>舌尖的［ɿ］（兴化）。从擦化链来看，舌尖元音［ɿ］似处在了摩擦的最强端。吴波进一步根据元音［i］［ɿ］的平行关系，提出了擦化强度四级分类的观点。文献试图对元音擦化强度进行分类的思路是有意义的，但分类的结果都仅限于主观听辨经验，未能有声学或感知实验的分析。下文拟从声学实验的角度，以北部吴语和江淮官话为例，并借鉴参数模型的思路，分析元音［i］擦化的声学性质，并探求擦化强度的感知与声学参数表现的关系。

二　方法与分析

2.1　材料与工具

参考石汝杰的研究，并根据听觉感知，本文用于声学参数研究的方言数据为苏州话、丹阳话、常州话和扬州话，各有老年男性与青年男性发音人2人①，这8类材料来自于“江苏省语言资源有声数据库”。擦化等级研究中另增加了普通话数据1种，发音人为国家级普通话测试员。在模型检测中，公开检测材料为南京、合肥两种方言，为作者的田野调查，发音人：合肥5男5女，南京3男3女，年龄在20～25岁之间。

* 本文受中国社会科学院语言所创新工程“方言语音与语法”项目的资助。

① 下文简称为“老男”和“青男”，绘图中分别表示为“old”和“you”。

以上两种均为单字音材料，音节环境为（C）V 结构，录音参数为：采样率 44100 Hz，采样精度 16-bit，单声道。声学分析时，采样率统一转换为 16000 Hz。有效样本量统计如下：

表 1　数据样本统计

数据点代码	苏州 sz	常州 cz	丹阳 dy	扬州 yz	合肥 hf	南京 nj	普通话 sc	小计
[i]	118	106	97	78	100	59	66	624

数据标注软件采用 Emu Database Tool，由慕尼黑大学语音与言语处理研究所开发，FFT 频谱追踪由该软件的 Tkassp 模块实现。数据统计方面采用的是 R 语言的相关程序包；频谱分析函数主要来自 emuR 程序包；支持向量机（Support Vector Machine，SVM）模型函数见程序包 e1071，由 TU Wien 开发。

2.2　参数的选取与计算

元音 [i] 由于发音部位靠前、调音空间窄的特点，容易引起摩擦，下面以普通话、苏州话、丹阳话和扬州话的“姨 [i]”为例，初步观察它们的语图特征。

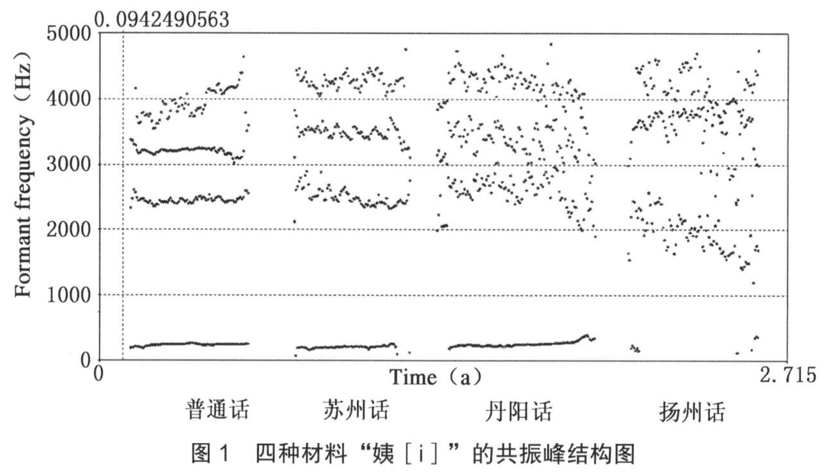

图 1　四种材料“姨 [i]”的共振峰结构图

图 1 中，与普通话比较可知，苏州、丹阳和扬州话的元音 [i] 的共振峰的离散性增强，三维频谱中的乱纹增多，与音素摩擦的声学表现相符。语图上看可分出三类：普通话、苏州和丹阳话、扬州话，听觉感知上有摩擦强弱的区分。语图观察反映出三种方言中，元音 [i] 的确有不同程度的擦化现象。如何分析这一现象，从参数模型思路来说，首要是对参数的正确选取。经过比较，擦化引起的频谱变化主要表现在以下三个方面：

2.2.1　频谱能量值的显著变化

图 2 是扬州、常州、苏州话的二维频谱均值图图示。频谱图反映出元音 [i] 的摩擦在高频段能量值（约 4000 Hz 以上）有明显的区别性：扬州话（老强青弱）与苏州话（老弱青强）完全相反，常州话一定程度上表现出了江淮官话与吴方言的过渡性特点。反映了元音 [i] 的擦化性质不仅有地理空间上的分布差异，也体现出了年龄变异特征，这种社会性变异很值得进一步讨论，另见专文。

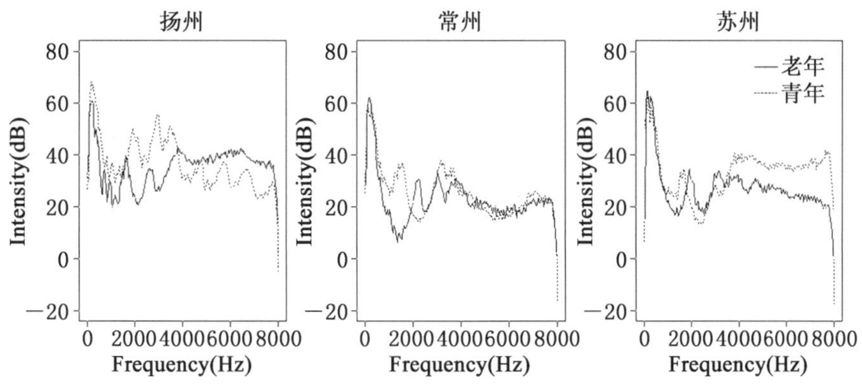

图 2　三种方言元音［i］的老年与青年的二维频谱图（均值）

对本文来说，关键是如何实现不同频段能量值差异的计算。由于在提取不同频段的能量值时，要充分考虑发音时的气流强弱、发音人与传声器的距离远近等带来的随机变化，为了减小这种差异的影响，本文采用了不同频段的总能量比值计算的标准化处理方法。统计发现，高频段（5000—7000 Hz）"总能量" 与低频段（2000—4000 Hz）"总能量" 的比值对样本的区分度最为显著（T 检验：$p < 0.001$）①。下图 3 是上述 8 种数据总能量比计算后的图示：

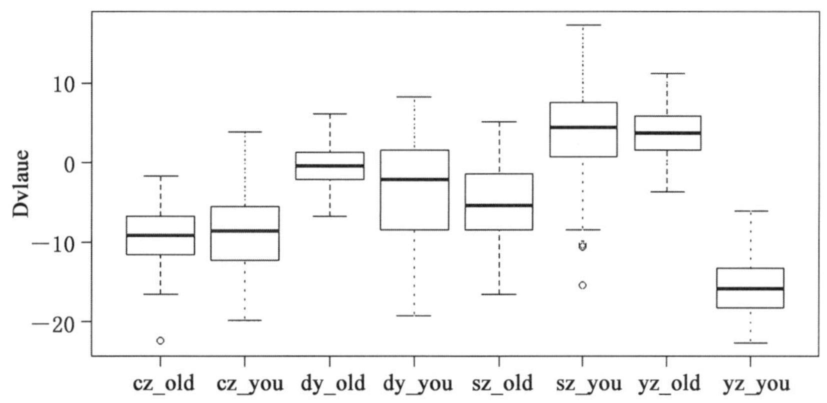

图 3　元音［i］高频段（5000—7000 Hz）与低频段（2000—4000 Hz）的总能量比箱线图

2.2.2　谱包络曲率的显著变化

由图 2 可知，除不同频段的能量值差异外，谱包络的波动特点也有显著的不同，可通过计算包络线的曲率加以区别。经过比较，我们发现计算离散余弦变换（Discrete Cosine Transform，DCT）系数的方法能更好地解决这一问题。DCT 变换包括对频率谱（Hz）和听觉谱（Bark 或 Mel）的两种变换形式，它对信号分析有两个作用：一是通过计算低频段系数来分析语音信号的曲线特征；二是通过把低频段系数相加进行变换，可平滑初始信

① 为方便行文，高频段 "总能量" 和低频段 "总能量" 的比值下文简称为 "总能量比"，由于比值计算时需对强度值进行功率值转换（见 emuR 工具包的 power 函数），实际为对数的减法运算，行文中表示为 Dvalue。

号，从复杂的信号中得到相对简单的区别特征。听觉谱 DCT 变换的作用与梅尔倒频谱系数相似，在语音识别和合成中被广泛应用。在 DCT 系数中，前三个 DCT_0、DCT_1、DCT_2 的意义比较特殊，它们分别对应于余弦波的均值、斜率和曲率，因此求出 DCT_2 的值能反映出谱包络的曲率变化。本文即采用计算 Bark 听觉谱的 DCT_2 的方法，来比较谱包络的曲率差异，分析发现 2000—4000 Hz 频段范围的谱包络曲率差异最为显著（T 检验：$p < 0.001$），下面是 8 种数据计算后的图示：

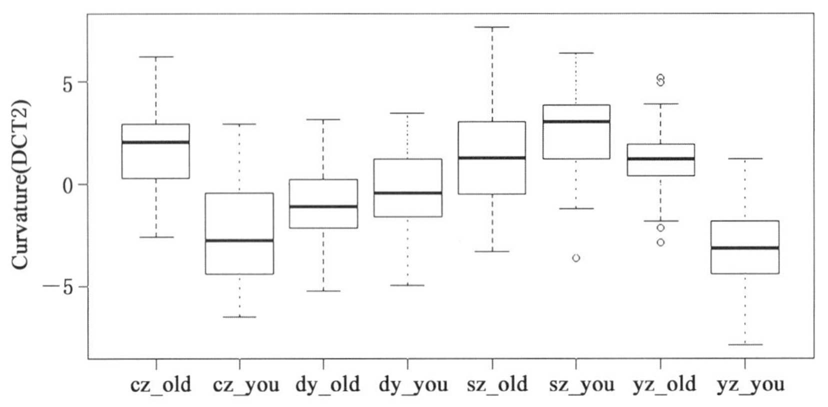

图 4　元音［i］的低频段（2000—4000 Hz）谱包络曲率值（DCT_2）箱线图

2.2.3　频谱离散空间分布的显著变化

摩擦噪声对元音［i］的另一个显著影响表现为频谱低频段（2000—4000 Hz）离散空间分布的变化，如图 1 所示。对该参数值的计量，本文采用了“谱矩”的方法。“矩”是数学概念，也叫 K 阶动差，用来统计分析离散点分布的总体变异状况；因此“矩”的概念也被应用到声谱分析中，即用矩的方法来统计分析频谱的分布态，一般称为谱矩分析[7]。谱矩中，二阶矩（K_2）计算的实际是方差值，反映的是数据分布的离散程度。显然计算 K_2 值可以量化摩擦噪声对低频段离散空间分布的影响，具体计算时一般会进行平方根的标准差值转换。二阶距的平方根值越小，表明分布越集中，离散度低，反之离散度高。T 检验显示，利用二阶矩来区别上述 8 类数据的低频段的离散空间分布差异，也有着强显著性作用（$p < 0.001$），如图 5 所示。

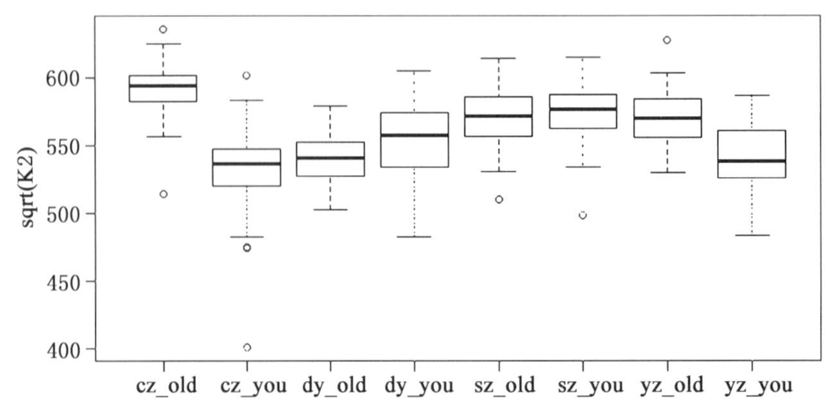

图 5　元音［i］的低频段（2000—4000 Hz）离散值（二阶矩 K_2）箱线图

2.3 实验分析与结果

2.3.1 擦化等级的分类

从 2.2 中，已知总能量比（Dvalue）、谱包络曲率（DCT_2）和低频段离散度（K_2）三个参数对量化元音［i］擦化的声学性质有显著性作用。比较“无擦、弱擦、较强擦、强擦、最强擦”的感知分类，经过仔细听辨，我们认为该分类过细，擦化等级分成“无擦、弱擦、强擦”三种类型更为合理。多元对数线性模型的方差分析（Anova）显示，三个参数对擦化等级的三分类型均有强显著性意义（Anova：Dvalue $p < 2.2e\text{-}16$；DCT_2 $p < 7.725e\text{-}16$；K_2 $p = 0.0001254$），检验结果也说明，三参数中作用最强的是总能量比。

擦化等级的三级分类有对应的声学基础，但还不能明确每一个等级的具体声学值域范围。经过比较，可以采用测量单参数的分类节点（decision points）的方法实现值域的简化运算。分类节点又称决策点，是判断分类结果的有效方式，在先验概率已知的条件下，通过计算后验概率得到决策点值。由于是三个等级，则节点数为 2，这里应首选总能量比为节点分析参数。

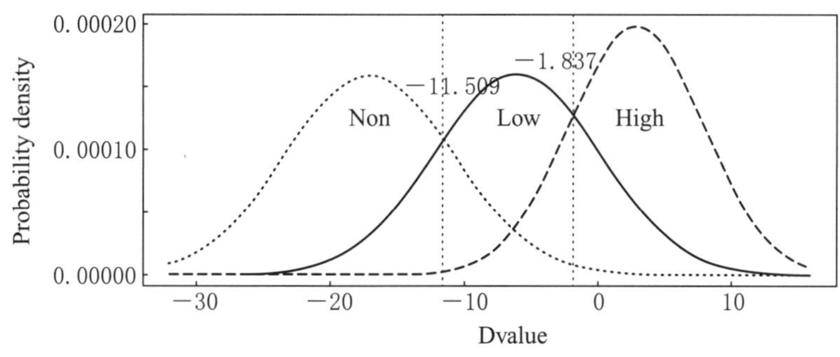

图 6 元音［i］擦化等级的分类节点图

图 7 中，x 轴从左往右依次表示擦化强度（f.dvalue）的增强，根据两个节点的值，可依次确定本实验数据中元音［i］擦化等级的三个域值：

表 2 元音［i］三种擦化等级的值域

	无擦（Non）	弱擦（Low）	强擦（High）
f.dvalue（fd）	fd < −11.509	−11.509 < fd < −1.837	fd > − 1.837

2.3.2 擦化等级的自动检测

上文通过对频谱特性的分析得出了元音［i］擦化的三个有效声学参数，擦化等级三分的感知与声学表现相符。下面我们尝试将这一分类结果进行自动检测应用，这也是本文实验的另一个目的。

实现擦化等级的自动检测，关键在于选模。由于本项实验样本的均值与方差都是已知的，可根据样本参数的分布特征的检验来选用模型。如果为正态分布，常用高斯模型（QDA 或 GMM）等；对非正态的分布，支持向量机模型（SVM）要优于高斯模型。

下面是对上述三个声学参数值的 Shapiro-Wilk 正态分布检验结果：

表 3 三参数样本分布类型的正态检验表

	能量比	DCT_2	K_2
W 值	0.9872	0.9833	0.9911
P 值	0.001353	0.0001372	0.01606

三个参数的样本分布检验后的 p 值均小于 0.05，拒绝正态分布的零假设，为非正态分布类型，因此在擦化等级的自动检测上，本文优先选用的是支持向量机模型。以双参数为例试比较：

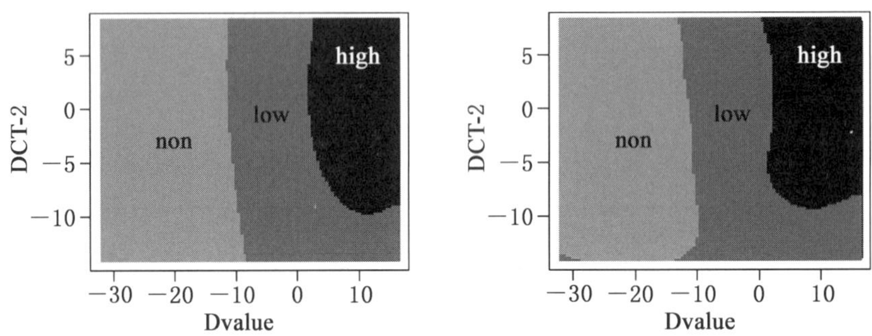

图 7 双参数高斯模型与支持向量机模型比较图（左 QDA 右 SVM）

图 7 是以总能量比与 DCT_2 双参数对擦化等级的分布描写，两模型的区别主要在弱擦型上，SVM 模型下表现出更大的离散度，这与原始数据特征更接近。

基于上述的分析，我们先用支持向量机模型对三参数的实验数据进行训练，然后分别对 8 类方言样本数据进行封闭检测，检测结果如下表：

表 4 基于 SVM 模型的擦化等级检测分布概率表

声强级	封闭检测								公开检测	
	I		II					III		
	苏州青男	扬州老男	常州老男	常州青男	苏州老男	丹阳青男	丹阳老男	扬州青男	合肥	南京
无擦	0.018	0.000	0.241	0.327	0.177	0.213	0.000	**0.872**	**0.851**	**1.000**
弱擦	0.268	0.256	**0.759**	**0.596**	**0.774**	**0.574**	**0.857**	0.128	0.149	0.000
强擦	**0.714**	**0.744**	0.000	0.077	0.048	0.213	0.143	0.000	0.000	0.000

由于封闭检测是从训练数据中提取数据进行检验的，可能会出现过度拟合的风险。因此，我们另加入了南京、合肥两点数据进行公开检测。通过对擦化等级的概率检测发现，10 种方言数据中的元音［i］的擦化可概括为三组：

I 组：包括苏州青男与扬州老男，强擦型的概率最大。

II 组：包括常州老男与青男、丹阳老男与青男和苏州老男，弱擦型的概率最大；

III 组：包括扬州青男、合肥、南京，无擦型的概率最大。

2.4　讨论

以往关于汉语音素的摩擦性质的研究，基本上是以擦音、塞擦音为对象，分别有发音部位、发音特性、频谱分布特性、听觉信息等不同角度的分析，侧重于对擦音与塞擦音的二元分类研究。从参数模型的分析思路来说，无论是辅音的摩擦性质还是元音的擦化特征，参数的选取都是分析的基础。下面我们就针对这一问题进行简要的讨论。目前来看，对摩擦性音素的声学分析尚无通用的参数和方法，一般的做法是根据数据的具体特点选取相应的参数进行分析，文献可见有以下两种：

2.4.1　基于语图知识的参数选取

语音学研究中，在分析某类语音现象时，往往会有知识经验上的判断和预设。近些年来，经验参数的准确提取，在改进统计模型的语音处理技术上发挥了一定的作用，如张连海等以语音学知识为前提，分别提取了听觉谱能量分布特征参数与频谱统计量参数，提高了在低信噪比环境下对塞擦音与擦音自动分类的检测率。

2.4.2　多维变量统计的自动筛选

另一种可见的方法是先选取多维变量，再利用统计方法进行冗余处理，从而得到相应的声学参数。如文献对普通话的擦音频谱间隔 86 Hz 进行取样，得到了 162 个变量，然后用主成分分析法对这些变量进行冗余判断，最终得到了承载摩擦性质的三个有效声学参数。该方法通过主成分分析自动筛选出相应的参数，避免了经验选取的主观任意性，有一定的应用价值。但由于该方法的分析是基于单样本，应用到多样本实验中时，一方面计算量过大，另一方面和擦音不同的是，由于元音［i］的擦化特征稳定性不强，主成分因子的方差比值易出现极值而影响计算的结果，必须事先有针对极值事件的响应处理。

无论是从知识经验选取，还是通过数据统计的自动筛选，都应对参数的显著性作用进行检验，这在语言学领域的声学实验研究中往往被忽略，如文献在判断因子的作用时，依据的是累积方差的值，尚未能从统计模型的角度进一步检验因子的显著性意义。统计学中，检验参数分类作用的方法很多，如基于正态分布的 T 检验、卡方检验，非正态分布的 Wilcoxon Rank Sum 检验、Fligner-Killeen 检验等，多元模型的 Anova 检验等。

本文在参数的选取上，采用的是第一种办法，以元音［i］擦化的频谱为分析对象，并利用 T 检验、Anova 的方法对参数分类作用的显著性意义作了相应的检验。本文参数选取的依据是频谱特性，从传统方言调查的印象经验来说，元音［i］擦化在主观听辨上有明显的差异，应进一步系统地进行听觉感知实验分析，文献也表明，采用听觉谱参数能提高统计模型检测的准确度。由于本文侧重于言语产生的声学实验分析，元音［i］擦化的感知实验还未能系统涉及，还有待于今后的研究。

三　结　语

本文借鉴了基于声学知识的统计模型的语音识别思路，对北部吴语与江淮官话的元音［i］的擦化现象进行了声学实验研究，选取它的有效参数，分析了擦化强度感知与声学参数的关系，并尝试对擦化等级进行自动检测。实验分析发现，对选取的三个声学参数，可分别采用能量比、DCT 系数与谱矩的方法进行量化处理；对擦化等级的值域范围，可采用分类节点的方法进行简化计算；而 SVM 模型可应用到擦化等级的自动检测上。经过比较和检验，元音［i］擦化的有效声学参数为总能量比、谱包络曲率与低频段离散度。在此基础上，实验分析得出了“无擦、弱擦、强擦”三级分类的经验感知与声学特征表现相一致。从 SVM 模型的自动检测结果看，在 10 种方言数据中，擦化等级呈现出了离散式分布特征，反映了擦化较强的随机变异性，也符合言语交际的客观事实，擦化应定性为元音的附加性特征。

参考文献

石汝杰．汉语方言中高元音的强摩擦倾向［J］．语言研究，1998，（1）：100—109.

朱晓农．汉语元音的高顶出位［J］．中国语文，2004（5）：440—451.

赵日新．汉语方言的［i］>［ɿ］［J］．中国语文，2007（1）：46—54.

吴　波．汉语方言舌尖元音［ɿ］的类型［J］．语言研究集刊，2013（10）：113—122.

江苏语言资源资料汇编委员会．江苏语言资源资料汇编［M］．南京：凤凰出版社，2015.

R Development Core Team. R：A language and environment for statistical computing. R Foundation for Statistical Computing［M］. Vienna，Austria，2012.

Jonathan Harrington. The Phonetic Analysis of Speech Corpora［M］. Wiley-Blackwell，2010.

David Meyer，Evgenia Dimitriadou，Kurt Hornik，Andreas Weingessel and Friedrich Leisch. E1071：Misc Functions of the Department of Statistics，Probability Theory Group（Formerly：E1071）［M］. TU Wien，2015.

Watson，C. & Harrington，J. Acoustic evidence for dynamic formant trajectories in Australian English vowels［J］. *Journal of the Acoustical Society of America*，1999，（106）：458—468.

Stefan.Th.Gries. Statistics for Linguistics with R：A Practical Introduction 2 Revised Edition［M］. Mouton，2013.

Peter Ladefoged，Zongji Wu. Place of articulation：an investigation of Pekingese fricatives and affricates［J］. *Journal of Phonetics*，1984，（12）：267—278.

张连海．陈　斌．屈　丹．基于发音特性的摩擦音和塞擦音分类算法［J］．计算机科学，2012（9）：211—214.

Jan-Olof Svantesson. Acoustic analysis of Chinese fricatives and affricates［J］. *Journal of Chinese Linguistics*，1986，14（1）：53—70.

Yu-An Lu. Mandarine fricatives redux：the psychological reality of phonological representaitons［J］. *Journal of Asian Linguist*，2014（23）：43—69.

雷　鸣．统计参数语音合成中的声学模型建模方法研究［D］．中国科学技术大学博士学位论文，2012.

孙锐欣．基于频谱主成成分的音素摩擦性音质研究［J］．声学学报，2011（4）：427—434.

H.Baayen. Analyzing Linguistic Data -A practical introduction to statistic［M］. Cambridge University Press，2008.

（吴　波　南京师范大学文学院　210097）

《华英字典》的宁波话音系

徐春伟

一 引 言

英国汉学家翟理斯是领事馆汉学家的代表，他 22 岁来华，在英国驻华领事馆工作了 25 年，曾任驻上海领事馆副领事、驻宁波领事馆领事等职。他回国后，于 1897 年继威妥玛任剑桥大学汉语教授直至 1932 年。他有关中国的著述颇丰，涉及面很广，在宁波完成的《华英字典》则被认为是其一生最大的成就。1892 年 1 月至 11 月，第一版《华英字典》在上海别发洋行分三卷出版。1912 年，经过修订后的第二版《华英字典》在上海、香港、新加坡和日本横滨四地同时发行。这部巨著共收汉文单字 13848 个，每个单字都有编号并给出其多项英文释义，多字条目的收录数量更是超过了在此之前的任何一部汉英词典。整部词典设有多种附录，内容极其丰富。英国汉学家威妥玛开创的威妥玛拼音法，也在此书得到完善和确立。在初版《华英字典》序言后面，合作者庄延龄专门撰写了一篇题为《语言学随笔》(*Philological Essay*) 的长文来说明各种方音材料，并与其他方言资料相比较，作为字典中拼音方案读音的注释。宁波方言的比较材料，他选择了睦礼逊的《宁波方言字语汇解》(此书的拼音方案采用宁波话教会罗马字方案，由于是丁韪良发明，以下简称丁韪良方案)。本文研究对象以再版《华英字典》为主，并以初版的《语言学随笔》作为参考①。

二 《华英字典》里反映的宁波话音系

就语言学来说，《华英字典》最大价值，是为汉语方言保存了大量的历史语音记录。字典由庄延龄根据威妥玛拼音方案在每个汉字下方注明了九种方言发音，并用这些方言区所对应的英文单词的首字母表示其所在的地区，C 表示广东话，H 表示客家话，F 表示福州话，w 表示温州话，N 表示宁波话，P 表示北京官话，M 表示中原，Y 表示扬州话，Sz 表示四川话。除了中国本土之外，字典还注明了汉字通行地区的读音，如 K 表示朝鲜汉字读音，J 表示日本汉字读音，A 表示安南汉字读音。本文研究宁波话音系，因此只涉及字典对宁波话的注音。经过整理，字典中的宁波话共有声母 34 个，韵母 53 个。

2.1 《华英字典》里反映的宁波话声母系统

p [p] 比	p' [pʰ] 批	b [b] 皮	f [f] 敷	v [v] 维	m [m] 姆
ts [ʦ] 祭	ts' [ʦʰ] 妻	dz [ʣ] 齐	s [s] 西	z [z] 徐	l [l] 罗
t [t] 低	t' [tʰ] 体	d [d] 地			n [n] 纳
ch [ʧ] 种	ch' [ʧʰ] 忡	dj [ʤ] 虫	sh [ʃ] 水	j [ʒ] 树	
k [k] 工	k' [kʰ] 空	g [g] 共	h [h] 海	' [ɦ] 红	ng [ŋ] 昂
ci/ü [ʨ] 几	c'i/ü [ʨʰ] 气	dji/ö [ʥ] 其	hsi/ [ɕ] 喜	y [ɦi] / [ɦü]	ny [ȵ] 浓
' 影					

① 再版时，由于与庄延龄交恶，翟理斯删掉了此文。

就声母部分的拼音方案而言，《华英字典》的宁波话拼音方案和《宁波土话初学（Nying-po t'u-wo ts'u-'oh，1957）》使用的丁韪良方案，大部分是一致的，例如对 p 组、ts 组、t 组声母的设计。值得注意的是，dj 的读音则是分成两种情况：声母后不加 i / ü 表示是舌叶音［ʤ］；声母后加 i / ü 表示是舌面音［ʥ］。y 是 '［ɦ］在启齿呼 yi［ɦi］和撮口呼 yü［ɦü］时候的变体，我们也可以将其视作半元音［j］。此外，作者还发现"拉"字读阴调；但由于此类阴次浊例字极少，本文不作深入分析。

2.2 《华英字典》里反映的宁波话韵母系统

开	齐	合	撮
z［ɿ］时司			ï［ʮ］水
	i［i］西基	u/wu［u］部 / 古	ü［y］遇
a［a］大街	ia［ia］写借	wa［ua］拐快	
e［e］改海	ie［ie］也野文	wae［uɛ］怀乖	
ei［ei］雷美		wei［uei］威会	
ou［əu］坐婆			
o［o］沙茶			üo［yo］下文
oa［ɔ］草包	ioa［iɔ］兆摇		
öü［œy］头	iu［iu］流酒		
aañ［ɛ̃］蓝班	iaañ［iɛ̃］念茄	waañ［uɛ̃］关还	
öñ［œ̃］拳端			
eiñ［eĩ］潭安	ieñ［iĩ］建宪	ouñ［ũ］欢伴	üeñ［yĩ］捐
añg［ã］碰坑	iañg［iã］央姜	wañg［uã］横梗	
oñg［ɔ̃］扛浪		wong［uɔ̃］光忙	üông［yɔ̃］江降
êng［əŋ］盆根	ing［iŋ］近因	wêng［uəŋ］昏滚	üing［yiŋ］均军
			ïng［ʮiŋ］镇春
ung［oŋ］东			üung［yoŋ］迥①
ah［aʔ］辣勒	iah［iaʔ］略	wah［uaʔ］滑	
êh［eʔ］葛失	ih［iɪʔ］滴	wêh［ueʔ］骨	üeh［yiɪʔ］决
oh［oʔ］墨			üoh［yoʔ］玉
m［m］母		ng［ŋ］鱼	êrh［l］二耳文

就韵母部分的拼音方案而言，《华英字典》的宁波话拼音方案与丁韪良方案相差很大。下面重点说下两者方案相差较大的韵母。①

（1）z 是空韵［ɿ］。《字典》将其视作韵母，记作 z；而不是像丁韪良方案不标。

（2）ï 指［ʮ］韵。这个音一般跟在舌叶后面，《汇解》已经发现这个音的特殊性，舌叶音后的［y］，是既非［y］也非［i］，但既像［y］也像［i］的一个音。《汇解》采用丁韪良方视同［y］处理，记作 ü。；庄延龄则采用了 ï 这个符号。

① 字典有时还出现 iung 的拼法，由于与 üung 没有对立，笔者都视作 [yoŋ]。

（3）ou，根据注释，类似英语 owe 的读音，所以应该是［əu］。

（4）oa，根据注释，是英语 aw（ful）和 ar（tful）之间的音，即［ɔ］和［ɑ］之间的音，本文暂且记作［ɔ］。

（5）öü，根据注释，对应丁韪良方案的 eo。

（6）aañ，根据注释，类似法语 pain 中 ain［ɛ̃］的读音。

（7）öñ，根据注释，类似法语 un［œ̃］的读音，对应丁韪良方案中的 ön。

（8）ieñ，根据注释，类似法语 tiens 中 ien 的读音［jɛ̃］，对应丁韪良方案中的 in。由于［iɛ̃］已经设计为 iaañ，ieñ 应拟写为［iĩ］。丁方案中的 in 也应该是［iɪn］。这个韵是“烟”等字的韵母，《鄞县通志》的注音符号也将这个韵母设计为“一宀”［iĩ］，可见在当时还是有主元音的。另一个证据是，对应的入声韵，丁设计为 ih，也是省略了主元音，而这个入声在当代还存在着主元音，读作［iɪʔ］。

（9）eiñ，本文暂拟为［eĩ］。上世纪初，宁波话注音符号将这个韵设计为彡。《宁波方音和国音比较的札记》记载，“宁波韵母中的彡，就是国音韵母ㄟ［ei］的阳音”。

（10）añg，根据注释，读音在法语 banc［ã］和英语 bang［æŋ］之间，本文记作［ã］，对应丁韪良方案中的 ang。

（11）oñg，根据注释，类似法语 lion 中 on 的读音［ɔ̃］，对应丁韪良方案中的 ông。

（12）ung，当为［oŋ］，对应丁韪良方案中的 ong。

此外，没有出现自成音节［n］，即《鄞县通志》及当代宁波话里“芋”的白读音。

2.3　声调

《语言学随笔》里说，宁波话有 6 个声调。原文说“(sinking) upper and lower sinking indistinguishable practice from upper and lower rising respectively entering”，指阴上与阴去、阳上和阳声在现实中很难区分。我们知道，宁波话有“阳上归去”的现象；那么，阴调类是否类似呢。这种可能性是存在的，我们可以参考其他资料。《浙江省语言志，2015》里记载的 60 年代宁波话，以及《宁波市志，1995》的宁波话，都显示了一个现象，阴上和阴去的调值十分接近。这些资料都和《字典》相证。所以，阴上和阴去相混的现象，可能早在当时就已经出现了。

三　《华英字典》里宁波话音系的特点

3.1　声母特点

（1）保留全浊音。根据上文声母表，每一个清音都有对应的浊音，总共有 10 个浊音声母，说明保留了中古的全浊音。

（2）区分尖团。ʦ 组可以和齐齿呼相拼合，说明精组没有团化。例如，“妻”拼作 ts'i，“齐”拼作 dzi。见系细音已经基本腭化为舌面音，k 组只与开口呼、合口呼相拼合，不能与齐齿呼、撮口呼相拼合，如“气”c'i、“捐”cüeñ。这些记载说明当时的宁波话仍保持着尖团对立。

（3）分平翘舌。存在完整 ʧ 组声母，大体来自中古知系三等字，从拼合关系来看，ʧ 组声母往往带有一个圆唇介音或元音，例如 o、ɔ、ɥ；而且从《字典》来看，ʦ 组和 ʧ 组还往往存在着对立：

宗 tsung［ʦoŋ］≠鍾 chung［ʧoŋ］　葱 ts'ung［ʦʰoŋ］≠忡［ʦoŋ］　从 dzung［ʣoŋ］≠

虫 djung［djoŋ］ 水 shï［ʃʮ］≠使 sz［ʅ］ 树 jï［ʒʮ］≠字 zz［zʅ］

（4）知系三等字存在着混读现象。一是有时声母有时读 ʨ 组，有时读 ʧ 组，如通摄的“鍾”读作 ciung，“鍾”读作 chung。二是存在 ʧ 组混入 ʦ 组的现象，如“床”就有 joñg 和 zoñg 两读。

（5）疑母能拼合口呼。如牾“ngu”、杌“ngwah”，说明当时还有［ŋu］这一组合。

3.2 韵母特点

（1）止摄合口三等字白读支微入虞。支微入虞是吴语的特征之一。 这些字往往有 2 个注音，如“跪”“柜”都有 2 个音 gwei 和 djü，这便是文读和白读造成的差异。

（2）止摄合口三等字与蟹摄合口一、三、四等字合流。止摄合口三等字（文读），帮组的韵母是 i，精组和知系的韵母是［ei］，见系的韵母是［uei］。蟹摄合口一等字的韵母是［ei］。合口三四等字，帮组的韵母是［i］，精组和知系的韵母是［ei］，见系的韵母是［uei］。这些都跟当代宁波话特征一致。另外，我们也可以看到，不考虑介音因素的话，精组和知系、见系字的韵母为复韵母［ei］。

（3）蟹摄开口一、二等字存在分野。一等字韵母为［e］，如“海”he［he］、“歹”te［te］。二等字韵母为［a］，如“摆”pa［pa］、“界”ka［ka］。

（4）臻摄三等谆韵字由于 ʧ 组舌叶音的影响产生圆唇介音 ï［ʮ］。例如，“镇”读作 chïng，“春”读作 ch'ïng。

（5）效摄韵母主元音为单元音［ɔ］。一二等字韵母为［ɔ］，三四等字韵母为［iɔ］。

（6）果摄一等字韵母为双元音［əu］。

（7）假摄二等字存在老文读［yo］。例如，“家”有 cüo［ʨyo］音，“下”有 yüo［ɦyo］音。

（8）假摄三等字存在文读现象。字典显示，“夜”“也”“野”除了读作 ya［ɦia］外，都还有另一个读音 ye［ɦie］。

（9）咸山摄韵母韵尾为鼻化音。根据注释，上表提到的 aañ［ɛ̃］、iaañ［iɛ̃］、öñ［œ̃］、ouñ［ũ］、ieñ［iĩ］等韵母都是鼻化音。这些字，之前都是韵尾读 n 的字，故韵尾写成 ñ。

（10）覃韵和谈寒韵钝音字主元音为双元音［ei］。《字典》里的宁波话保持着覃谈分韵，即覃韵主元音为［ei］，谈寒韵锐音主元音为［ɛ］，钝音为［ei］。

（11）桓韵字韵母锐钝分化。端系字的韵母为［ø̃］；帮组和见系则丢失主元音，韵母为［ũ］。从已有资料来看，这个分化现象在《初学》时期就已经产生了。

（12）江摄、宕摄字，以及梗摄、曾摄部分字的韵尾为鼻化音。根据注释，上表提到的 añg［ã］、oñg［ɔ̃］等韵母都是鼻化音。这些字之前都是韵尾读 ŋ 的字，故韵尾写成 ñg。

（13）入声韵存在［eʔ］，但是例字极少。《字典》里出现 êh［eʔ］韵的字极少，像“葛”还有 kah［kaʔ］、keh［keʔ］两读。说明当时［aʔ］、［eʔ］两韵正在合并中。

四 宁波话音系从《宁波土话初学》到《华英字典》的主要变化

4.1 声母的变化

声母变化主要是见系声母的腭化。丁韪良方案里，有一组 ky 组，它只能拼［i］和［y］，基本都是见系齐齿呼字和撮口呼字。至于《初学》时代，见系是否已经腭化，学界有争论，徐通锵 1990 认为已经腭化，胡方 2001 认为没有腭化。威妥玛拼音方案里，c 后拼 i 和 ʋ，一般代表的是舌面音。这说明，到了《字典》时代，当时的宁波话已经基本完成腭化①。

4.2 韵母的变化

一是 n、ŋ 鼻音的弱化。《初学》时代，宁波话存在 n 韵尾的韵母，这些鼻韵尾在当代宁波话基本已经消失。这种变化不是突发的，有个逐渐的过程。《字典》用鼻化形式处理这些韵母，说明当时开始了它的弱化过程，成为鼻化韵。与此类似，ŋ 韵尾的韵母也在当时开始弱化，[aŋ]、[ɔŋ] 分别弱化为 [ã] 和 [ɔ̃]。

二是前元音的高化。n 韵尾的弱化及消失，给宁波话带来了巨大的变化。

	例字	条件	初学	华英字典	鄞县通志	浙江省语言志镇海音	宁波市志
一	班单杉	覃谈咸衔凡	ɛn	ɛ̃	ɛ̃	ɛ̃	ɛ
	赞山晏	寒山删元					
二	戴来爱	咍	ɛ	e	ɛ 文 e 白	e	e
三	贝对虽	泰灰支帮组	e	ei	ei	ei	ei
四	干竿看	覃谈寒见组	en	eĩ	ĩ	eĩ②	i
五	潭男寒	覃非见组	en	eĩ	eĩ	eĩ	ei

参见上表，比较各个时期的元音，《字典》时代及之后的宁波音，要比《初学》时代要高一度。第一步，第一类字由于 [ɛn] 中韵尾的弱化为 [ɛ̃]，逐步变成 [ɛ]，与第二类“戴”类字发生冲突。第二步，“戴”类由于无法抵抗 [ɛn] → [ɛ]“入侵”，只能向 [e] 高化，以求自存，这样它与第三类 [e] 韵的“贝”类字冲突。第三步，[e] 韵由于后有 [ɛ]“入侵”，前有 [i] 韵的“堵截”（宁波话有大量的 [i] 韵字），只能复元音化为 [ei]。

由于阴声韵 [e] 韵复元音化为 [ei]，相对应地，阳声韵 [en] 也复元音化为 [eĩ]，这就是第四类、第五类字在《字典》里读音的来源。在现代宁波话里，第五类字由于鼻音进一步弱化，韵母与第三类字合流。第四类字比较复杂，《字典》里韵母为 [eĩ]，《鄞县通志》里为 [ĩ]，《镇海县志》里为 [iĩ]③，《宁波市志》和镇海新派音为 [i]。考虑到镇海音变化慢于宁波城厢的前提下，第四类字在历史上可能出现过这样的音位转移 [en] → [eĩ] → [iĩ] → [ĩ] → [i]。

三是后元音的高化。

后元音的变化与前元音的变化相平行，也发生了逐级高化。上表所显示的后元音音位的转移 [ao] → [ɔ]，[ɔ] → [o]，[o] → [əu]，与前元音音位的 [ɛn] → [ɛ]，[ɛ] → [e]，[e] → [ei]，是完全平行的。徐通锵认为，“前后元音的这种平行的、对称的变化有其发音的生理基础，因为口腔的开合前后是一致的，前元音的舌位高低或前后的变化会使相应的后元音也发生了相应的变化，反之亦然。”（徐通锵《徐通锵自选集》，第 48 页）

---

①《语言学随笔》里提到“乡”读 hiañg [hiã]，但这只是个例。

②《浙江省语言志》将此音记作 [ẽɪ]；刘泽民 2011 记作 [æĩ]。

③《镇海县志》里提到镇海话咸山摄“带有极轻微的鼻化”，故本文记作 [iĩ]。

	例字	条件	初学	华英字典	鄞县通志	宁波市志
一	胞	豪、肴	ao	ɔ	ɔ	ɔ
二	标	宵、萧	iao	iɔ	iɔ	io
三	巴	麻开	ɔ	o	o	o
四	瓜	麻合	uɔ	uo	uo	uo
五	波	歌、戈	o	əu	əu	əu

五　结　论

以教会罗马字拼音所撰写的《宁波土话初学》里宁波话韵母，和《华英字典》的韵母，相差很大。高本汉《中国音韵学研究》里提到，因为两种韵母方案差别大，所以两种资料都不敢用。那么，两者方案哪个是正确的，接近事实的？笔者认为，两种方案应该都是正确的，因为语音会发生变化。我们可以注意到，《字典》的韵母比《初学》的韵母更接近民国《鄞县通志（记载当时语音的宁波话注音符号是 1918 年拟定的）》《现代吴语研究》的韵母。从逻辑上说，庄延龄不可能预知未来的宁波话韵母，并以此来"推导"他那个时代的宁波音；所以，他的记录基本是可靠的。通过对《字典》里宁波话音系进行整理和分析，我们可以发现，早在 19 世纪 80 年代 ①，元音音位就已经发生了巨大的变化，不是注音符号诞生时代，更不是徐文提到的《现代吴语研究》时代。值得注意的是，比《华英字典》稍晚的《宁波方言音节》，继续沿用了丁韪良方案，应该是穆麟德没有根据现实音"与时俱进"。

参考文献

蓝亨利．宁波土话初学［M］．上海：上海美华书馆，1868.

睦礼逊惠理．宁波方言字语汇解［M］．上海：上海美华书馆，1876.

庄延龄．The Ningpo Dialect［J］．China Review，1884，13：138—160.

镇海县志编纂委员会．镇海县志［M］．北京：中国大百科全书出版社，1994.

宁波市地方志编纂委员会．宁波市志［M］．北京：中华书局，1995.

汤珍珠．宁波方言词典［M］．南京：江苏教育出版社，1997.

徐通锵．徐通锵自选集［M］．郑州：大象出版社，1999.

王福堂．汉语方言语音的演变和层次［M］．北京：语文出版社，1999.

胡　方．试论百年来宁波方言声母系统的演变［J］．语言研究，2001，3：65—68.

赵元任．现代吴语的研究［M］．北京：商务印书馆，2011.

游汝杰，丁治民，葛爱萍．吴语研究——第六届国际吴方言学术研讨会论文集［C］．上海：上海教育出版社，2011.

傅国通，郑张尚芳．浙江省语言志［M］．杭州：浙江人民出版社，2015.

（徐春伟　宁波市镇海区地方志办公室　315200　28547253@qq.com）

① 《华英字典》虽然是 1892 年出版，但所使用的宁波话拼音方案，在 1884 年的 *The Ningpo Dialect* 就已经确定。

从感知线索看吴语典型入声韵［Vʔ］中喉塞尾的性质

袁　丹

一　引　言

吴语典型入声韵，是指音段上具有喉塞尾，时长为短时的，区别于舒声韵的入声韵，方言学者一般记为［Vʔ］，如上海话的“八”读为［pʌʔ5］（许宝华等，1988：96），从声调层面来看，也可描述为“短促调”，以区别于舒声韵的长调。与典型入声韵相对的，则是非典型入声韵，是指某些方言的入声韵喉塞尾丢失，时长长化，一般称为“入声舒化”，有的方言入声舒化后还能保持独立的调类，有的方言入声韵舒化后则会和其他的舒声韵合并，不保留独立的入声韵，以汤溪方言为例，阴入为55调，保持独立的调类，阳入为113调，与阳上字合并，不保留独立的调类（曹志耘，2002：104）。

从定义来看，吴语的典型入声韵应具有两个特征，一是具有喉塞尾［ʔ］，二是短时，但语言事实却并非如此简单。赵元任（1928：123）就已经讨论过吴语典型入声韵的韵尾（即喉塞尾）在单字和两字组前字位置时语音性质差异的问题。后来在1934年发表的《音位标音的多功能性》一文中进一步讨论吴语入声韵的音位处理问题及其方法（2002：774）：

> 汉语的许多方言中，［-n］、［-k］、［-ˀ］等收尾辅音在短语末尾发得很清楚，后面紧接着一个字的时候就变得弱，或完全消失。福州话或吴方言的［-ˀ］是一个音位，它在另一个字前面时音值为零。比方苏州话“八”［poˀ］，“八百”［popaˀ］，“八百八”［popapoˀ］，连元音都不延长来补偿原先的［ˀ］（苏州话有些条件下是延长的）。在写音位的时候，对于这个以［ˀ］和零为其成员的音位有两种表示方法：（1）用零符号（这些方言里喉塞音［ʔ］总是和入声相连，可以让入声符号来指出它的存在）；或者（2）不论喉塞音是否发出，所有的情况都用符号［-ˀ］或［-ʔ］。

根据赵元任的描述，吴语入声韵尾在单字和前字位置时不一致，入声单字喉塞尾发得很清楚，但入声在前字位置时却很弱，或完全消失。基于此，赵元任认为对于［-ʔ］的处理表示方法可以有两种，而很显然，我们今天的方言学者在入声韵的处理中都采取了第二种方法，即“不论喉塞音是否发出，所有的情况都使用符号［-ˀ］或［-ʔ］”。

那么，汉语方言中入声单字和入声前字的语音性质到底是怎样的？听话人是靠什么来分辨的入声和非入声的？汉语方言中的［ʔ］这个音位的性质，是否也和世界其他语言中喉塞音的性质一样？本文拟以中美洲印地语Mixtec语中的喉塞音为参考，来讨论这些问题。①

为了表述方便，典型的吴语入声单字写作CVʔ结构，两字组写作$C_1Vʔ C_2V$②结构（入声在前字位置）。选择Mixtec语为参考来谈吴语入声的演变，是因为以下两个原因：

---

① 本文中Mixtec语的录音材料系笔者在美国堪萨斯大学语言学系访学时的田野调查课上所录。

② 典型吴语入声前字我们写为$C_1Vʔ C_2V$，前字因为是入声，所以我们写为$C_1Vʔ$，后字的元音性质并不是我们所关注的，因此就统一记为C_2V，不再区分阴声韵、阳声韵、入声韵。

（1）Mixtec 语中的喉塞音比较典型，可以以其为参考对象来看吴语入声的声学特征；

（2）Mixtec 语中有 C_1VʔC_2V 结构，而吴语入声处于两字组前字时也是 C_1VʔC_2V 结构，例如：常熟方言的“吃饭”[tɕʰɪʔ³ vɛ³³⁴]，可以比较两者的差异。

二 Cocuilotlatzala Mixtec 语中的喉塞音 [ʔ]

中美洲印第安语 Mixtec 语属于墨西哥的 Otomanguean 语族，使用这种语言的人口大概在 50 万左右。Cocuilotlatzala 地处墨西哥格雷州，Cocuilotlatzala Mixtec 语是 Mixtec 语的一种方言。

Mixtec 语中的 C_1VʔC_2V 结构可以和 C_1VC_2V 结构构成对立。以 [tiʔvi]“sweep” 和 [tivi]“blow” 为例。这两个词听感上有一些差异，[tiʔvi] 的第一个元音 [i] 和 [v] 之间有明显的顿感，而 [tivi] 的第一个元音 [i] 和 [v] 之间却十分连贯，没有顿感；从语图上看，差异更加明显，表现在两个方面：（1）图 1（左）第一个元音 [i] 与浊辅音 [v] 之间有一段 96 ms 的喉闭段（黑框），而图 1（右）却没有喉闭段，第一个元音 [i] 后之间接浊辅音 [v]。（2）图 1（左）第一个元音 [i] 的最后部分有 creaky（嘎裂），在声波图上表现为声门脉冲的不规则，图 1（左）元音 [i] 的基频线很短，基频线在元音起始后的 60 ms 处就断裂了，而图 1（右）声门脉冲直到元音 [i] 结束都是规则的。如图：

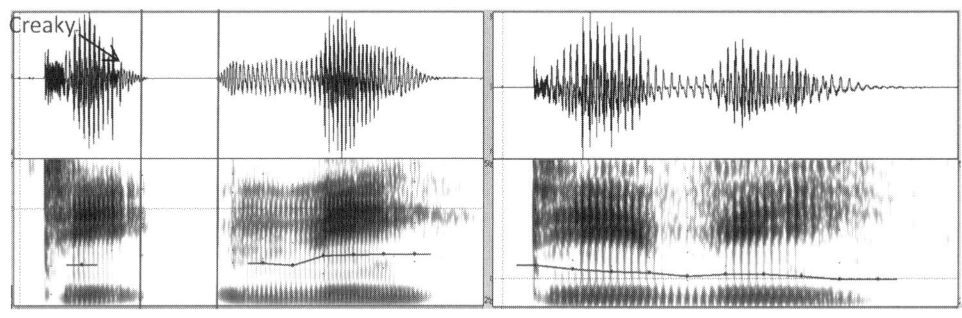

图 1 Mixtec 语 “sweep” [tiʔvi]（左） Mixtec 语 “blow” [tivi]（右）

除了 C_1VʔC_2V 结构可以和 C_1VC_2V 结构构成对立以外，CVʔV 结构和 CVV 结构也能构成对立（详见袁丹，2014）。

为了与吴语的 Vʔ 相比较，我们从音段（segment）和元音时长（duration）两个特征来考察 Mixtec 语的 Vʔ：

1. 音段层面：不管从听感上还是语图上来判断，Mixtec 语具有喉塞音是毋庸置疑的。

2. 元音时长层面：我们让发音人将 [tiʔvi]“sweep” 和 [tivi]“blow” 两个词各念了 3 遍，并且对第一个元音 [i] 的时长做了测量，测量结果见表 1（单位为 ms）：

表 1 [tiʔvi] 和 [tivi] 中元音 [i] 的时长

[tiʔvi]	99	112	112
[tivi]	107	160	275

从表 1 的测量结果来看，[tiʔvi] 的三次发音中元音时长差距不大，在 100 ms—112 ms 之间，时长较短；而一般元音（[tivi]）的元音时长差距却发第一遍时最短，才 107 ms，第二遍稍长 160 ms，第三遍最长达到 275 ms，是第一遍的 2.5 倍。由此可见，Mixtec 语的喉塞音前的元音伴随着 [短时]，但是喉塞音前元音的 [短时] 特征并不与一般元音的时长构成对立，从上表中 [tivi] 中 [i] 的测量结果来看，一般元音 [i] 的时长可长可短。

因此，Mixtec 语中 $C_1V?C_2V$ 结构和 C_1VC_2V 结构的对立完全是靠音段，即有无喉塞音来区别的，而 [短时] 只是一个伴随特征，并非区别特征，我们可以将其以区别特征形式标写为：[+ 喉塞]。

三　吴语典型入声韵单字和两字组前字位置时的特征——以常熟方言为例

吴语中入声带喉塞尾的方言分布广泛，本文选择常熟梅李方言作为代表点，考察其入声单字和入声前字的性质。需要注意的是，吴语典型入声韵单字是 CVʔ 结构，是喉塞尾，因此声学表现（1）"是否有喉闭段" 无法用来作为一个判断标准，但是可以作为 $C_1V?C_2V$ 结构中入声的判断标准。入声单字只能用声学表现（2）"[ʔ] 前的元音末尾是否有 creaky（嘎裂）" 来判断。

常熟位于长江下游南岸，东倚上海，南连苏州，西邻无锡，北临长江与南通隔江相望，属于北部吴语太湖片苏沪嘉小片。常熟方言声母为 34 个，韵母为 40 个，声调为 8 个（详见袁丹 2012），本次调查对常熟梅李镇的 6 位发音人（3 男 3 女，年龄为 50—70 岁）进行了录音采样，图 2 为其中一位男性发音人 CJM 的声调格局 ①，表 2 为调类和具体调值。

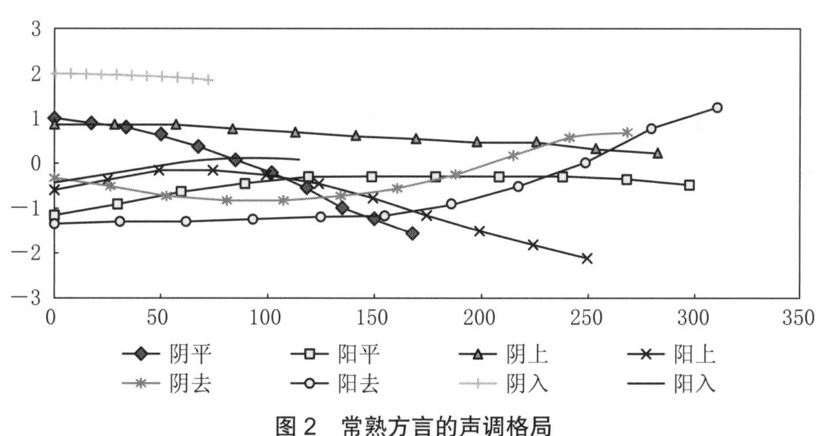

图 2　常熟方言的声调格局

表 2　调类与调值

调类	阴平	阳平	阴上	阳上	阴去	阳去	阴入	阳入
调值	42	23	44	31	324	224	5	23

① 不同的发音人声调调值略有不同，如有的发音人阳去调是一个 214 的曲折调，有的发音人是一个 224 低升调。

3.1 常熟方言入声单字的性质

常熟方言的入声单字，从听感上来判断，具有“短促”的特点。图 3 为常熟方言阴入字“德［təʔ5］”和阳入字“毒［doʔ23］”。从声波图来看，这几个字的元音结尾处声门脉冲不规则，有明显的嘎裂，因此常熟方言的入声单字都具有喉塞尾①。

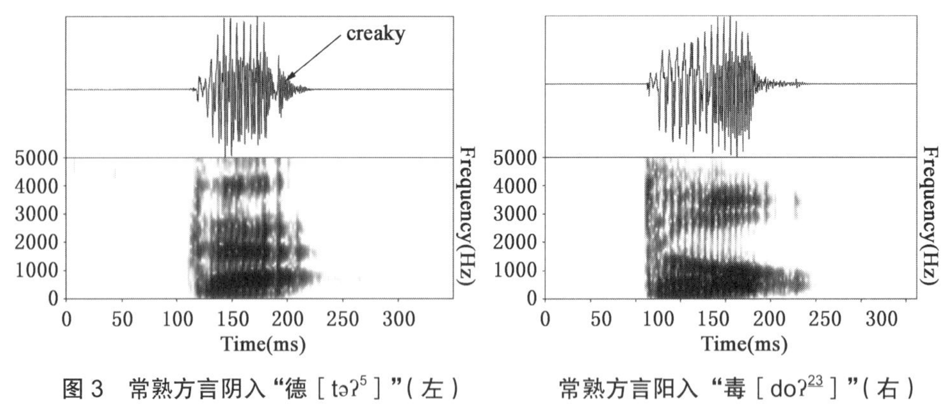

图 3 常熟方言阴入“德［təʔ5］”（左） 常熟方言阳入“毒［doʔ23］”（右）

那么除了［+喉塞尾］这一特征外，常熟话的入声韵是否也具有［+短时］的特征呢？表 2 是常熟方言 8 个声调 6 位发音人时长的均值，最后一栏为比值，这一栏的数据是以最短的声调（阴入）的时长为 1，其余的声调时长均除以阴入的声调时长而得出的，即：比值 = 声调时长 / 阴入时长，例如：阴平比值 = 163/77 = 2.1。使用比值来进行比较，可以更直观地看出 8 个声调的长短差异，图 4 是 8 个声调的比值图：

表 3 常熟方言 8 个单字调时长和比值表

	S1	S2	S3	S4	S5	S6	均值	比值
阴平 52	168	170	208	134	132	166	163	2.1
阳平 34	297	277	382	259	330	228	296	3.8
阴上 44	282	243	378	232	290	234	277	3.6
阳上 31	249	272	320	233	238	233	258	3.4
阴去 334	268	262	289	250	289	240	266	3.5
阳去 314	310	310	331	273	322	250	299	3.9
阴入 5	72	66	96	67	69	94	77	1
阳入 23	110	108	105	106	86	111	104	1.4

表 3 数据显示：6 位发音人的测量结果一致，均为阴入和阳入的元音时长最短，实际时长均值分别为 77 ms 和 104 ms。阴平（42）的时长也相对较短，实际时长为 163 ms，这是由于是高降调的缘故，一般来说降调要比平调、上升调、凹调要来得短，但是仍是阴入

① 朱晓农将阴入和阳入作了区分，认为阴入为喉堵，阳入为喉塞。喉堵表现为声调降低，而喉塞表现为声调升高。因喉塞音及其变体的区分较复杂，而本文仅涉及喉塞音段的有无，而不考察其性质，因此本文以“喉塞”在表示喉塞音及其变体。

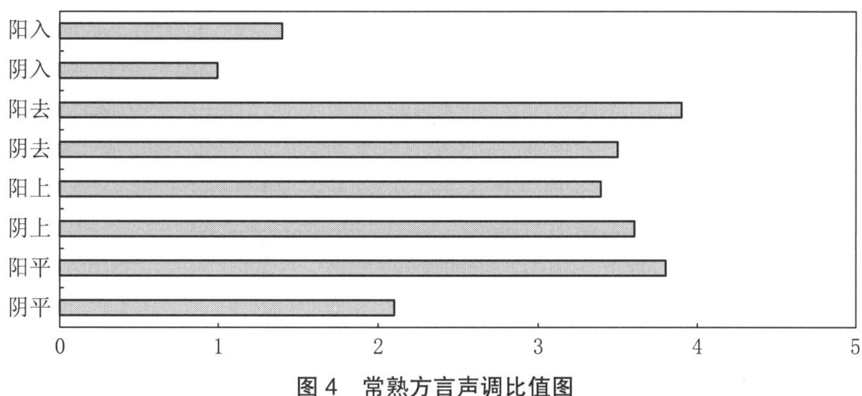

图 4　常熟方言声调比值图

时长的两倍多；阳入（23）的调型和阳平（23）的差不多（见图 2），都是上升调，但是阳平的元音时长是却是阳入的 3 倍左右，实际时长为 296 ms。因此常熟话入声的［ + 短时 ］特征也相当的明显。和上文所提到的 Mixtec 语不同，常熟方言中入声韵（喉塞化）元音的［ + 短时 ］特征并非是一个伴随特征，而是一个区别特征，因为所有发音人的所有入声字的元音时长和舒声字都有长短对立。

3.2　两字组前字（C_1VʔC_2V 结构）

观察 C_1VʔC_2V 结构中的 Vʔ，比较好的方法是选择后字辅音为擦音或鼻音的字，看前字的元音和后字的辅音之间是否有喉闭段或者元音末尾是否有嘎裂，如果选择塞音就不太合适，因为塞音爆发前有一段持阻段，也是一段静止段。在上文所述 Mixtec 语的 C_1VʔC_2V 结构和 C_1VC_2V 结构的比较中，我们就选择了 C_2 为浊辅音［ v ］的字。在常熟话的 C_1VʔC_2V 结构中，我们选择 C_2 的声母为［ s、m ］字。

从听感上来判断，常熟方言的两字组（C_1VʔC_2V 结构）前字和后字之间没有明显的顿感，较为连贯。通过语图的观察，更加直观，图 5 是常熟方言的前字为阴入的两字组“七米［ ts^{h}iʔ^{5}mi^{33} ］”（左）和前字为阳入的两字组“肉丝［ ȵioʔ^{23}sɿ^{52} ］”（右），这两幅图前字和后字之间都没有静止段，前字的元音结尾处也没有嘎裂，与上文提到的 Mixtec 语比较，常熟方言两字组的语图与 Mixtec 语的 C_1VC_2V 结构一致，而并非与 C_1VʔC_2V 结构一致。因此常熟方言的入声（不管阴入还是阳入）在两字组前字位置时，喉塞尾都失落了。

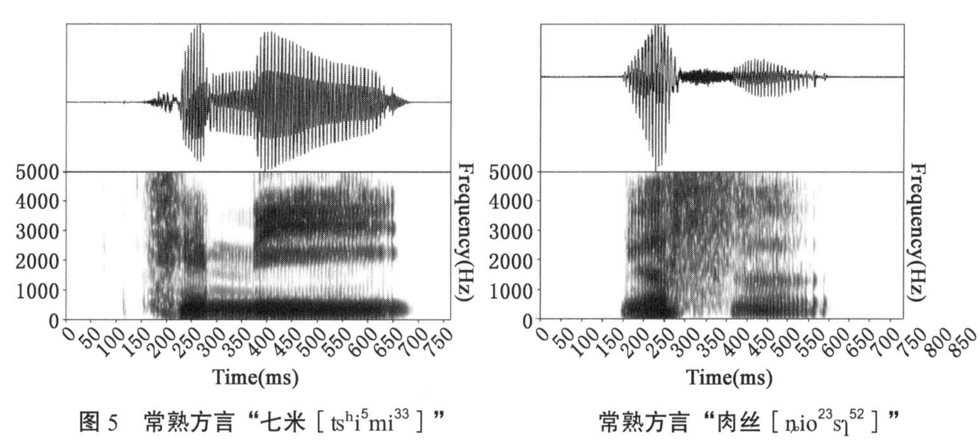

图 5　常熟方言“七米［ ts^{h}i^{5}mi^{33} ］”　　常熟方言“肉丝［ ȵio^{23}sɿ^{52} ］”

从时长来看，两字组前字的入声也具有［+短时］的特征，而且比入声单字的时长更短，前字阴入的时长均值为 48 ms，前字为阳入的时长均值为 77 ms，图 6 为常熟方言入声韵单字和两字组前字位置时的时长。

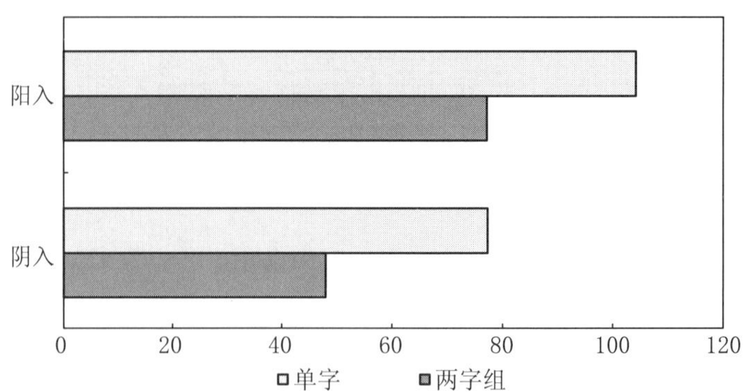

图 6　常熟方言入声韵单字和两字组前字位置时的时长

3.3　常熟方言入声韵性质总结

综上，常熟方言的入声单字（CVʔ 结构）不管是阴入还是阳入都带有喉塞尾，具有［+喉塞］［+短时］的特征；而入声在两字组前字位置时（C_1VʔC_2V 结构）喉塞尾却丢失了，不具有［喉塞］的特征，只具有［+短时］的特征。

四　典型吴语入声单字的感知实验

上文的声学分析表明，常熟方言入声单字具有［+喉塞尾］［+短时］这两个声学特征，那么这两个特征是否都是区别特征呢？为了考察这个问题，本文做了一个听感实验。

4.1　方法

4.1.1　受试

参加测试的是上海师范大学、复旦大学、南开大学以及华东师范大学的语言学专业的研究生和老师，受试需要满足两个条件：一是母语必须为吴语；二是受过方言调查的训练，参加过方言调查。这样满足条件的受试一共有 10 位，其中一个受试的听辨材料作废，因此最终用于分析的是 9 名受试的听辨结果。①

4.1.2　材料

本文的研究目的在于看时长和音段（喉塞尾）是否都是区别特征，不考虑元音音质的问题。常熟方言中高元音韵母舒声韵和入声韵音质差异明显，前高舒声韵和前高入声韵音质上有差异，如："衣［i^{53}］"和"一［ɪʔ^{5}］"；后高舒声韵和后高入声韵音质上也有差异，如："补［pu^{53}］"和"八［poʔ^{5}］"；而低元音韵母舒声韵和入声韵的音质差异很小，听感上很难分辨，如："矮［a^{33}］"和"鸭［aʔ^{5}］"。因此在选择实验材料时，我们选择低元音 a。

① 受试并未选择常熟人，而是选择了吴语区受过方言调查训练的学生或老师，一方面是因为普通人没有入声和非入声的概念，让他们区别入声非入声几乎不可能；另一方面，受过方言调查的学生或老师也是来自于吴语区的，对 CVʔ 结构的判断应该也符合吴语区一般人的感知。

此次实验包含两个项目，一个是阴入实验，一个是阳入实验。实验材料都取自常熟方言发音人 YXD 发的具有相同声母和韵母的阴声韵和入声韵（声调调型一致，高低也一致，但长短不同）。

（1）阴入实验的材料是“伯［paʔ^{5}］”和阴上“摆［pa^{33}］”，时长分别为 96 ms 和 378 ms。入声字“伯［paʔ^{5}］”，在 96 ms 的基础上，每次递增 4 个周期（大概 26.5 ms），共递增 11 次，得到 12 个字音。舒声字“摆［pa^{33}］”，在 378 ms 的基础上，每次递减 4 个周期（大概 28.4 ms），共递减 11 次，得到 12 个字音（详见表 4、5）。

（2）阳入实验的材料是“白［baʔ^{23}］”和“牌［ba^{34}］”，时长分别为 98 ms 和 395 ms。入声字“白［baʔ^{23}］”，在 98 ms 的基础上，每次递增 3 个周期（大概 26.4 ms），共递增 11 次，得到 12 个字音。舒声字“牌［ba^{34}］”，在 395 ms 的基础上，每次递减 3 个周期（大概 24.5 ms），共递减 11 次，得到 12 个字音（详见表 6、7）。24 个字音打乱顺序，重复 5 遍，共 120 个字音。

4.1.3　程序

“伯、摆、白、牌、皮、六、七、气”8 个字每个 4 遍，打乱次序使用 powerpoint 做成幻灯片，呈现给发音人。录音器材包括联想 Thinkpad X200 笔记本电脑、Audiobox 系列 Presonus 外置声卡、Audio-technica 系列 ATM73a 头戴式话筒，使用录音软件为 Praat。录音地点在发音人家中，但比较安静。语音感知测试软件使用 Paradigm v2.0，阴入实验中将“伯［paʔ^{5}］”和“摆［pa^{33}］”合成的 24 个音打乱次序，重复 5 遍，共 120 个字音，让受试听辨是“［paʔ］”还是“［pa］”，如果是“［pa］”点击鼠标左键，“［paʔ］”点击鼠标右键，刺激信号之间间隔 3s。阳入实验中将“白［baʔ^{23}］”和“牌［ba^{23}］”合成的 24 个音打乱次序，重复 5 遍，共 120 个字音，让受试听辨是“［baʔ］”还是“［ba］”，如果是“［ba］”点击鼠标左键，“［baʔ］”点击鼠标右键，刺激信号之间间隔 3 s。

每个刺激信号共有 5 遍，如果 5 遍都是 right（右键），统计结果为 100%；如果 4 遍是 right（右键），1 遍为 left（左键），则统计结果为 80%；依次类推，如果 5 遍都是 left（左键），则统计结果为 0%；如果显示 none（表示没有点击鼠标），我们处理为 10%。表中第一横行的数字为 12 个刺激信号的标号，第二横行为 12 个刺激信号的时长（ms），从左到右时长逐渐增加。第一竖行 S1，S2，……，S9 代表 9 个受试（subject）。

4.1.4　实验结果及讨论

（1）受试对［pa］和［paʔ］的感知测试结果

受试对［pa］和［paʔ］听辨的结果呈现于图 7，图 7 中纵轴为受试听辨为［paʔ］的百分比，横轴为 12 个刺激信号（越靠左时长越短），菱形线条是受试对舒声字“摆［pa］”逐渐截短所得到的 12 个音的判断，方形线条是受试对入声字“伯［paʔ］”逐渐拉长所得到的 12 个音的判断。图 7 中显示，菱形线条与方形线条基本重合，可见不管是［pa］还是［paʔ］，受试都是根据时长的长短来判断是否带喉塞，时长越短判断为喉塞音的比例越高，随着时长的增长，判断为喉塞音的比例越低。

表 4 和表 5 是 9 位受试对［pa］和［paʔ］听辨的结果，可以看出，虽然听辨为［paʔ］的临界各有不同，但趋势基本上是一致的，即时长越短，听辨为［paʔ］的比例越高。从均值来看，以 50% 为界限，表 4 显示，当［pa］截短到 210 毫秒时，受试将其听成带喉塞的音的比例仅有 33% 的，当截短到 182 ms 时，受试将其听成带喉塞的音的比例就达

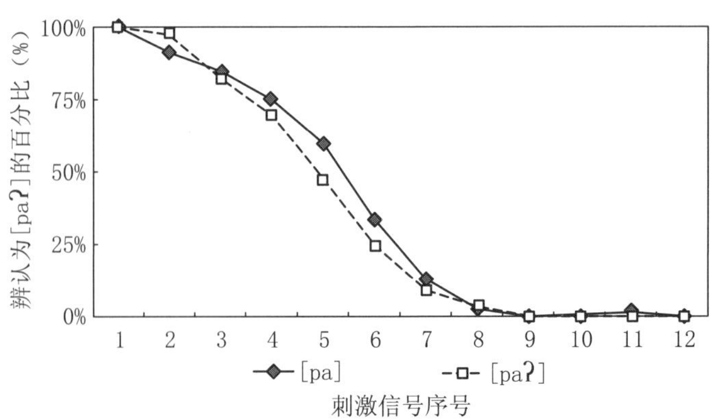

图 7　受试对［pa］和［paʔ］的感知测试结果

到 60% 了；表 5 显示，当［paʔ］拉长到 175.5 ms 时，受试将其听成带喉塞的音的比例仍有 70%，当拉长到 202 ms 时，受试将其听成带喉塞的音的比例就仅有 48% 了。从表中数据来看，受试混淆［pa］和［paʔ］是否带喉塞音的界限大概在 200 ms 左右（上下浮动为 10 ms），当一个音的时长大于 200 ms 时，受试较容易听成不带喉塞的音；当一个音的时长小于 200 ms 时，受试较容易听成带喉塞的音，而不管这个音本身是否带喉塞音。

表 4　受试对时长依次递减的［pa］的感知结果

pa	1	2	3	4	5	6	7	8	9	10	11	12
	68	98	128	156	182	210	238	266	292	320	347	378
S1	100%	100%	100%	100%	100%	60%	20%	0%	0%	0%	10%	0%
S2	100%	80%	100%	100%	80%	40%	0%	0%	0%	0%	0%	0%
S3	100%	100%	80%	100%	60%	20%	20%	0%	0%	0%	0%	0%
S4	100%	100%	100%	100%	100%	90%	80%	20%	0%	0%	0%	0%
S5	100%	80%	100%	100%	80%	40%	0%	0%	0%	0%	0%	0%
S6	100%	80%	20%	0%	0%	0%	0%	0%	0%	0%	0%	0%
S7	100%	100%	80%	60%	20%	20%	0%	0%	0%	0%	0%	0%
S8	100%	80%	80%	20%	60%	0%	0%	0%	0%	0%	0%	0%
S9	100%	100%	100%	100%	40%	30%	0%	0%	0%	0%	0%	0%
均值	100%	91%	84%	76%	60%	33%	13%	2%	0%	0%	1%	0%

注：① 第一横行打阴影的数字（1—12）为序号。
② 第二横行打阴影的数值为时长值，单位为 ms。（下表同）

表 5　受试对时长依次递增的［paʔ］的感知结果

paʔ	1	2	3	4	5	6	7	8	9	10	11	12
	96	122.5	149	175.5	202	228.5	255	281.5	308	334.5	361	387.5
S1	100%	100%	100%	100%	60%	40%	20%	0%	0%	0%	0%	0%

续表

paʔ	1	2	3	4	5	6	7	8	9	10	11	12
S2	100%	100%	80%	100%	40%	0%	0%	0%	0%	0%	0%	0%
S3	100%	100%	80%	70%	40%	20%	0%	0%	0%	0%	0%	0%
S4	100%	100%	100%	100%	80%	60%	40%	20%	0%	0%	0%	0%
S5	100%	100%	100%	60%	40%	40%	0%	10%	0%	0%	0%	0%
S6	100%	80%	20%	0%	0%	10%	0%	0%	0%	0%	0%	0%
S7	100%	100%	100%	80%	80%	40%	20%	0%	0%	0%	0%	0%
S8	100%	100%	60%	20%	0%	0%	0%	0%	0%	0%	0%	0%
S9	100%	100%	100%	100%	90%	10%	0%	0%	0%	0%	0%	0%
均值	100%	98%	82%	70%	48%	24%	9%	3%	0%	0%	0%	0%

（2）受试对［ba］和［baʔ］感知测试结果

受试对［ba］和［baʔ］听辨的结果呈现于图 8 中，其中菱形线条是受试对舒声字“牌［ba］”逐渐截短所得到的 12 个音的判断，方形线条是受试对入声字“白［baʔ］”逐渐拉长所得到的 12 个音的判断。图中显示，这两条线虽然不重合，但走向基本是一致的，也就是说不管是［ba］还是［baʔ］，受试同样也是根据时长的长短来判断是否带喉塞的，时长越短判断为喉塞音的比例越高，随着时长的增长，判断为喉塞音的比例越低。

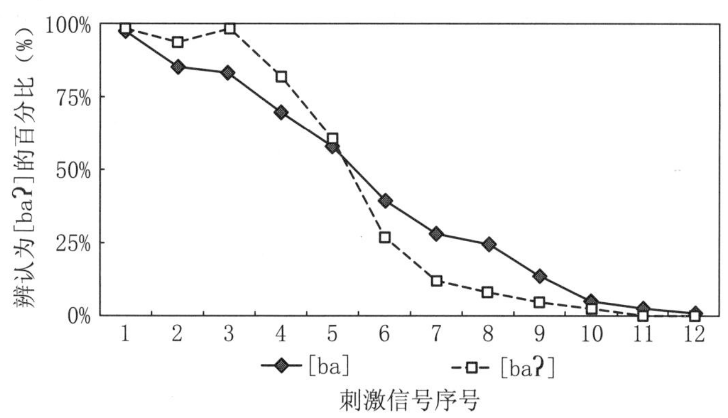

图 8　受试对［ba］和［baʔ］的感知测试结果

表 6 和表 7 是 9 位受试对［ba］和［baʔ］听辨的结果。从均值来看，同样以 50% 为界限，表 6 显示，当［ba］截短到 246 ms 时，受试将其听成带喉塞的音的比例仅有 39%，当截短到 220 ms 时，受试将其听成带喉塞的音的比例就达到 58% 了；表 7 显示，当［baʔ］拉长到 203.6 ms 时，受试将其听成带喉塞的音的比例仍有 60%，当拉长到 230 ms 时，受试将其听成带喉塞的音的比例就仅有 27% 了。从数据来看，受试混淆阳入喉塞音的临界比阴入稍长，在 220 ms 左右（上下浮动 10 ms），当一个音的时长大于 220 ms 时，受试较容易听成不带喉塞的音；当一个音的时长小于 220 ms 时，受试较容易听成带喉塞的音，而不管这个音本身是否带喉塞音。

表 6　受试对时长依次递减的［ba］的感知结果

ba	1	2	3	4	5	6	7	8	9	10	11	12
	113	141	168	195	220	246	270	296	320	344	367	395
S1	100%	80%	100%	100%	100%	90%	40%	20%	0%	0%	0%	0%
S2	100%	100%	100%	80%	80%	40%	40%	40%	0%	0%	0%	0%
S3	80%	100%	60%	60%	60%	20%	0%	0%	0%	0%	0%	0%
S4	100%	100%	100%	100%	100%	80%	80%	80%	40%	0%	0%	0%
S5	100%	100%	100%	100%	40%	40%	0%	0%	0%	20%	0%	0%
S6	80%	40%	40%	0%	0%	0%	0%	0%	0%	0%	0%	0%
S7	100%	80%	100%	100%	100%	80%	80%	80%	80%	20%	20%	0%
S8	100%	60%	60%	20%	20%	0%	0%	0%	0%	0%	0%	0%
S9	100%	100%	80%	60%	20%	0%	10%	0%	0%	0%	0%	0%
均值	96%	84%	82%	69%	58%	39%	28%	24%	13%	4%	2%	0%

表 7　受试对时长依次递增的［baʔ］的感知结果

baʔ	1	2	3	4	5	6	7	8	9	10	11	12
	98	124.4	150.8	177.2	203.6	230	256.4	282.8	309.2	335.6	362	388.4
S1	100%	100%	100%	100%	100%	20%	10%	0%	0%	20%	0%	0%
S2	100%	100%	100%	100%	80%	40%	0%	0%	0%	0%	0%	0%
S3	100%	100%	100%	80%	80%	50%	40%	20%	20%	0%	0%	0%
S4	100%	80%	100%	70%	100%	40%	40%	0%	0%	0%	0%	0%
S5	100%	80%	100%	100%	60%	20%	0%	20%	0%	0%	0%	0%
S6	100%	80%	100%	40%	0%	0%	0%	0%	0%	0%	0%	0%
S7	100%	100%	100%	60%	90%	40%	0%	0%	20%	0%	0%	0%
S8	80%	100%	80%	80%	0%	20%	0%	30%	0%	0%	0%	0%
S9	100%	100%	100%	100%	30%	10%	10%	0%	0%	0%	0%	0%
均值	98%	93%	98%	81%	60%	27%	11%	8%	4%	2%	0%	0%

综上，不管是阴调类字，还是阳调类字，受试对于典型吴语入声的感知都是根据时长来判断的，受试混淆阴入字的时长界限大概是 200 ms 左右（上下浮动 10 ms），受试混淆阳入字的时长界限大概为 220 ms 左右（上下浮动 10 ms），阳入字的混淆界限比阴入字稍长一点。因此，与 Mixtec 语不同，典型吴语中入声单字（CVʔ）和入声前字（$C_1Vʔ C_2V$）中的喉塞尾只是一个伴随特征，短时才是区别特征，我们可以将其以区别特征形式标写为：［＋短时］。

五　吴语典型入声韵在前字位置时喉塞尾丢失的原因分析

上文我们通过声学分析，得出现代吴语常熟方言的入声韵单字的声学特征为［＋喉塞］［＋短时］，而入声在前字位置时的声学特征仅为［＋短时］，喉塞的特征丢失了。进而，我们又通过感知实验证明了，虽然常熟方言的入声韵单字的声学特征有［＋喉塞］和［＋短时］两个，但是听话人只是凭［＋短时］这一个特征区分入声和非入声，因此常熟方言入声韵单字的区别特征仅是［＋短时］，［＋喉塞尾］只是伴随特征，是一个可有可无的成分。

众所周知，中古入声韵区别于舒声韵有两个特征：［＋塞音尾］［＋短时］，现代粤方言入声韵仍保留了这两个特征，塞音尾若细分，又可分为 -p/-t/-k 尾。关于这两个特征究竟是［短时］决定［塞音尾］，还是［塞音尾］决定［短时］的问题，学界大概有三种观点：第一种观点，赵宏（1997：64）认为短时是入声的主要特征，塞音尾是伴随特征；第二种观点，夏中易（2006：88—90）认为短调是塞音尾截断造成的，因而塞音尾是入声的主要特征，而短时是附加特征。第三种观点，朱晓农等（2008：335）认为短时和塞音尾这两个特征是可以相互独立的。（1）短调可以独立存在而不管塞尾是否已经丢失，如德清话中短而开尾的入声；（2）塞音尾可以独立存在，如广州话的中 P 阴入，香港话的长 P 阳入，还有温州的长 ʔ 入声。

对于中古入声韵来说，［＋塞音尾］［＋短时］都是区别于舒声韵的两个区别特征，但我们更倾向于夏中易的观点，即"短调是由塞音尾截断造成的"，因为如果是"短时造成塞音尾的产生"，那为何能够清楚地区分 -p/-t/-k 尾呢？

朱晓农的观点和夏中易的观点事实上并不冲突，因为他所讨论的是演变中的入声韵，［＋塞音尾］和［＋短时］这两个特征是可以独立的。中古入声韵的塞音尾 -p/-t/-k 在现代吴语典型入声韵中弱化为喉塞尾［ʔ］，此时喉塞尾［ʔ］只是一个伴随特征，不再具有区别意义的作用，听者在区分入声与非入声时，仅凭［＋短时］就可以区分，因此当入声是在两字组前字位置时，喉塞尾便失落了。而广州的情况却与吴语的不同，据麦耘提供的材料（私人交流），广州话的塞音尾（-p/-t/-k 尾）在前字位置时大多不弱化，即使有弱化也不明显，例如："腊味"［la:p mei］中，p 也有成阻、持阻（无声段），然后声带开始振动，发出鼻音 m。这是因为广州话仍保留了 -p/-t/-k［塞音尾］的特征，其［＋塞音尾］仍具有区别意义的作用，因此在前字位置时也不能删除。

六　余　　论

本文分析了吴语常熟方言入声单字和入声前字的声学特征，发现吴语常熟方言中入声单字的声学特征有两个［＋短时］［＋喉塞］，但入声在两字组前字位置时其喉塞尾丢失了，仅剩下［＋短时］特征。进而通过常熟方言阴入单字和阳入单字的感知实验发现，听者根据［＋短时］这一特征来区分入声韵和非入声韵，从而得出结论：吴语典型入声韵的区别特征为［短时］，［喉塞音］只是一个伴随特征，这与 Mixtec 语不同，Mixtec 语的［喉塞音］是一个区别特征，而［短时］只是一个伴随特征。通过与中古入声韵以及广州话入声韵的比较，我们发现，造成吴语典型入声韵在前字位置时喉塞尾丢失的原因是，中古入声韵的塞音尾［-p/-t/-k］在吴语中弱化为喉塞尾［-ʔ］后，其重要性大打折扣，不再具有区别意义的作用，成了一个可有可无的成分，因此在入声前字位置便容易丢失，仅留下

[+短时]这一特征。而现代广州话仍保持了塞音尾[-p/-t/-k]的对立，具有区别意义的作用，在前字位置时不能删除。

这一结论可以加深对汉语方言入声韵中喉塞尾[ʔ]的音位性质的认识，在跨语言的比较中更好地把握汉语方言中入声韵[Vʔ]与其他语言中某些语音现象的异同。笔者认为从历时音变和感知实验的角度来看，在方言语音描写和做跨语言的比较的时候，宜将吴语典型入声韵处理为长短元音的对立（即[V：]vs[V]）或长短调的对立，而不是喉塞音段有无的对立（即[V]vs[Vʔ]）。喉塞音[ʔ]在Mixtec语可以作为一个音位来处理，但在吴语的典型入声韵中不能作为一个音位来处理。

汉语方言中入声韵问题涉及多个声学特征，除音段（塞尾或喉塞尾）和时长以外，还有元音音质的问题，就如上文所提到的，常熟方言中高元音舒声韵和入声韵[i]和[ɪʔ]除了有无喉塞尾和时长的差异外，元音音质也有明显的差异，本文通过感知实验已经证明了，常熟方言中入声韵的喉塞尾只是一个伴随特征，那么常熟方言高元音舒声韵和入声韵到底是时长的对立还是元音音质的对立，抑或是两者都起作用，如果两者都起作用，哪个更占优势？沈瑞清（2014）通过实验分析认为，松江叶榭方言舒声和入声的区别主要是元音音质，常熟方言高元音韵母舒声和入声的区别特征是否和叶榭方言一致，这些问题我们留待另文考察。

参考文献

曹志耘．南部吴语语音研究［M］．北京：商务印书馆，2002.

沈瑞清．喉塞尾、时长与元音音质——从松江叶榭话的入声舒化谈到北部吴语舒入声对比的元音类型．2014方言类型研讨会会议论文．

夏中易．论“入声短促急收藏”——入声论之九［J］．成都大学学报（社科版），2006（3）：88—90.

许宝华．汤珍珠主编．上海市区方言志［M］．上海：上海教育出版社，1988.

袁　丹．吴语常熟、温州、湖阳方言入声字的语音变异［J］．语言研究集刊，2014（13）：210—227.

赵　宏．浅谈汉语入声韵塞尾消失的原因［J］．贵州民族学院学报（社科版），1997（2）：64.

赵元任．现代吴语的研究［M］．北京：科学出版社，1928.

赵元任．音位标音的多功能性，赵元任语言学论文集［M］．北京：商务印书馆，2002：750—795.

朱晓农．入声演变三途［J］．中国语文，2008（4）：335.

Ladefoged, P. & I. Maddieson. *The Sounds of the World's Languages.* Blackwell Publishing，1996.

Ladefoged，P. *Phonetic Data Analysis: An Introduction to Fieldwork and Instrumental Techniques.* Blackwell: Blackwell Publishing，2003.

（袁　丹　华东师范大学对外汉语学院　200062）

高淳方言古全浊声母的今读及演变

张　薇

一　引　言

高淳位于江苏省南京市西南端、苏皖交界处，北界溧水县，东邻溧阳市，东南、南、西三面与安徽省郎溪、宣城、当涂三县市毗连。高淳处于方言的边缘地带，语言现象复杂。其东北部地高多山，西南部地洼多水，历来有山乡、圩乡、半山半圩之分。山乡话与圩乡话差别较大，通话困难；半山半圩地区的方言兼有两边特点，但与圩乡较为接近，可以通话。因此当地人把高淳方言分为“山乡话”和“圩乡话”两大类。高淳方言有广义和狭义之分，广义的高淳方言包括东西两片高淳各镇的方言，即山乡话和圩乡话；狭义的高淳方言指的是淳溪镇话，有时也指以淳溪镇为代表的西片方言，即圩乡话。早在上世纪 80 年代，殷焕先、颜逸明和鲍明炜先后对高淳方言进行了较为全面的调查，调查结果分别收录在《高淳方言调查报告》（1983）和《高淳县志》（1988）“方言”一章。①《江苏省志・方言志》（1998）也收录了高淳的方言音系。这些调查反映出了高淳方言 20 世纪 80 年代的基本面貌。但是这些研究多以高淳城关淳溪镇方言为主要调查对象，对于高淳方言的地域差异涉及较少，后来的《中国语言地图集》虽然考虑到高淳方言的地域差异，将高淳方言划归为两个不同的吴语小片，但是也没有对淳溪以外的方言做过多论述。可以说，迄今为止学界还没有对除淳溪以外的高淳方言进行过系统的调查。

为了进一步深入研究高淳方言，笔者于 2010—2015 年间多次到高淳进行田野调查，采集了 12 个点的方言材料，② 归纳整理新的方言音系，探讨高淳方言的地域差异，并进一步考查其历史演变。本文主要对高淳地区浊声母的音值及其演变进行探讨。

高淳地区方言的中古全浊声母今读基本保留全浊声母和相应清声母的区别，但是其具体音值纷繁复杂，演变方式也各有不同，体现出正处于“变化中”的特点。

二　全浊声母的今读及地域分布

2.1　古全浊塞音声母

高淳方言並母字的发音相对比较一致，多数字读为浊声［b］，但各地都有不同程度的清化，因而音值各有差异，其中淳溪、薛城、古柏、漆桥、顾陇、桠溪相对较浊；而阳江、东坝则较清，实际音值为［b̥］；漕塘、定埠清化而带略微送气，为［b̥ʰ］；砖墙的音值则是清音带较强的浊流［pʱ］，非常接近送气清音，只是因为调值较低，所以有浊流音感。並母字有个别字发音特别，如遇摄合口一等字“步”在砖墙红星村、淳溪、薛城、古

① 此章由鲍明炜先生负责调查编纂。

② 高淳县共有 8 个行政镇，原则上每个镇至少选取一个点，少数镇确定两到三个点。具体是：淳溪镇 1 个点，阳江镇 1 个点，固城镇 1 个点，砖墙镇 2 个点，古柏镇 2 个点，东坝镇 1 个点，桠溪镇 3 个点，漆桥镇 1 个点。共 12 个调查点。

表 1　並母今读类型

<table>
<tr><td colspan="2" rowspan="2">古声母 / 例字 / 方言点</td><td colspan="10">並</td></tr>
<tr><td>爬</td><td>败</td><td>棚</td><td>簿</td><td>步</td><td>棒</td><td>贫</td><td>病</td><td>抱</td><td>白</td></tr>
<tr><td colspan="2">阳江</td><td colspan="10">b̥</td></tr>
<tr><td rowspan="2">砖墙</td><td>茅城</td><td colspan="2">b</td><td colspan="3">ɸ</td><td>p</td><td>ɕ^{ɦ}</td><td>p^{ɦ}</td><td>ɦ</td><td>p^{ɦ}</td></tr>
<tr><td>红星</td><td colspan="2">p^{h}</td><td>f^{ɦ}</td><td>f^{ɦ}</td><td>f^{ɦ}</td><td>p^{ɦ}</td><td>ɸ</td><td>ɸ</td><td colspan="2">f^{ɦ}</td></tr>
<tr><td colspan="2">淳溪</td><td>b</td><td>b</td><td>b</td><td>f</td><td>f</td><td colspan="5">b</td></tr>
<tr><td colspan="2">薛城</td><td>b</td><td>b</td><td>b</td><td>b</td><td>f</td><td colspan="5">b</td></tr>
<tr><td colspan="2">古柏</td><td>b</td><td>b</td><td>b</td><td>b</td><td>f</td><td colspan="5">b</td></tr>
<tr><td colspan="2">漆桥</td><td colspan="10">b</td></tr>
<tr><td colspan="2">漕塘</td><td colspan="10">b̥^{h}</td></tr>
<tr><td colspan="2">东坝</td><td colspan="10">b̥</td></tr>
<tr><td colspan="2">顾陇</td><td>b</td><td>p</td><td>b</td><td colspan="3">p</td><td>b</td><td>p</td><td>b</td><td>p</td></tr>
<tr><td colspan="2">定埠</td><td>b̥^{h}</td><td>p</td><td>b̥^{h}</td><td colspan="3">p</td><td>b̥^{h}</td><td>p</td><td>b</td><td>p</td></tr>
<tr><td colspan="2">桠溪</td><td>b</td><td>p</td><td>b</td><td colspan="3">p</td><td>b</td><td>p</td><td>b</td><td>p</td></tr>
</table>

柏读为［f^{ɦ}］或［f］，“簿”在砖墙红星村和淳溪读为［f］。因为砖墙镇的並母字读音较有特点，因此，在调查中，我们选取了两个点，其中，红星村並母字较多读为双层擦音［ɸ］或唇齿音［f^{ɦ}］，茅城村的读音虽以［b］为主，但是相较其他乡镇有较多的例外音的保留，比如“棚、步、簿”读［ɸ］，“贫”读［ɕ^{ɦ}］，“抱”读［ɦ］，砖墙老年人将“婆”也发为［ɦo²］，虽然这部分字只占极少一部分，但是却体现了並母字与宣州片吴语的一致性。根据蒋冰冰（2000）的调查，宣州片吴语並母字读音繁多，有［b-b̥-b̥^{h}-hβ-hv-hʋ-h-hβ-p-p^{h}-］等十多种读音。而朱蕾（2009）的调查也显示宣州片吴语泾县各点方言中［f］［h］［ɸ］是並母字的常见发音。顾陇、定埠、桠溪三点逢古平声字仍读［b］，逢仄声则读为不送气清音［p］，这大概与三地仄声调值为降调有关，使声母毫无浊音感，因此这三地入声虽分阴阳，但只是调值的差异，而并无声母清浊的不同。

高淳方言定母字的发音，多数字读为浊声［d］，与並母一样，出现清化趋势，阳江、东坝较清，实际音值为［d̥］；定埠、漕塘清化而带略微送气，为［d̥^{h}］。砖墙茅城村的音值则是清音带较强的浊流［t^{ɦ}］，而红星村的气流更强，从而“排挤掉”塞音的浊音成分，浊流感消失，音值为送气清音［t^{h}］。除东坝、顾陇、定埠、桠溪四镇之外，其余各镇，定母字作后字时，某些字的声母会变成闪音［ɾ］，有的甚至变成颤音［r］。原因可能有二：一是语流音变的弱化作用，比如“头”尾，“石头、枕头”的后字都读为［ɾəi⁰］；二是因为后接元音为高元音。由于元音进一步高化前化，导致舌尖音与韵母拼合费力，气流聚集在舌尖冲破阻碍，从而改变气流方向，使舌尖闪动或多次颤动，相应 d 的韵母一般变为央元音，比如“兄弟［ɕyŋ¹ɾə⁶］”“地图［di²ɾu⁶］”。至于发成闪音或是颤音，则取决于发音人用力的强弱。

［r］音的记载少见于现代汉语方言调查报告，高本汉所著《中国音韵学研究》曾记载：“一个舌尖跟齿龈打滚的 ɽ，我们在法国南部、德国、俄国普遍都听得见，在中国却是没有

表 2　定母今读类型

<table>
<tr><th rowspan="2" colspan="2">古声母 / 例字 / 方言点</th><th colspan="10">定</th></tr>
<tr><th>图</th><th>桃</th><th>袋</th><th>弟</th><th>条</th><th>头</th><th>糖</th><th>洞</th><th>特</th><th>毒</th></tr>
<tr><td colspan="2">阳江</td><td>d/ɾ</td><td colspan="2">d̥</td><td>ɾ</td><td>d̥</td><td>d/ɾ</td><td colspan="4">d̥</td></tr>
<tr><td rowspan="2">砖墙</td><td>茅城</td><td>tsʱ/ɾ</td><td colspan="2">tʱ</td><td>tsʱ</td><td>tʱ</td><td>tʱ/ɾ</td><td colspan="4">tʱ</td></tr>
<tr><td>红星</td><td>tʰ/ɾ</td><td>tʰ</td><td>tʰ</td><td>tʰ</td><td>tʰ</td><td>ɾ</td><td colspan="4">tʰ</td></tr>
<tr><td colspan="2">淳溪</td><td>d/ɾ</td><td colspan="2">d</td><td>d/ɾ</td><td>d</td><td>d/ɾ</td><td colspan="4">d</td></tr>
<tr><td colspan="2">薛城</td><td>d/ɾ</td><td colspan="2">d</td><td>tʱ/ɾ</td><td>d</td><td>d/ɾ</td><td colspan="2">d</td><td>tʰ</td><td>d</td></tr>
<tr><td colspan="2">古柏</td><td>d/ɾ</td><td colspan="4">d</td><td>d/ɾ</td><td colspan="4">d</td></tr>
<tr><td colspan="2">漆桥</td><td>d/ɾ</td><td colspan="4">d</td><td>d/ɾ</td><td colspan="4">d</td></tr>
<tr><td colspan="2">漕塘</td><td>d̥ʰ/ɾ</td><td colspan="4">d̥ʰ</td><td>d̥ʰ/ɾ</td><td colspan="4">d̥ʰ</td></tr>
<tr><td colspan="2">东坝</td><td colspan="10">d̥</td></tr>
<tr><td colspan="2">顾陇</td><td>d</td><td>d</td><td colspan="2">t</td><td colspan="3">d</td><td>t</td><td colspan="2">t</td></tr>
<tr><td colspan="2">定埠</td><td>d̥ʰ</td><td>d̥ʰ</td><td colspan="2">t</td><td colspan="3">d̥ʰ</td><td>t</td><td colspan="2">t</td></tr>
<tr><td colspan="2">桠溪</td><td>d</td><td>d</td><td colspan="2">t</td><td colspan="3">d</td><td>t</td><td colspan="2">t</td></tr>
</table>

的。现在用 ɾ 代表日本译音里一个跟这个音很相近的音，这个音也是浊、口、舌尖齿龈音，例如'梨'，这是颤动一次的 ɾ。"（高本汉，1995）但这却是宣州片吴语的一个常见的现象，裘公话古定母今为舌尖浊颤音［r］，广阳话［ɾ-］声母就是舌尖前浊闪音。通过调查，我们发现吴语宣州片不仅有［ɽ］声母，还有［r-］的多种清化形式（参看蒋冰冰，2003）。

砖墙茅城村定母"图弟"等字的发音为带浊流的塞擦音［tsʱ］，其原因与［d］变为闪音类似，因为后接元音不断前化，变为舌尖前元音［ʮ］或［ɿ］，促使声母发生协同作用，从而变为舌尖前塞擦音。

顾陇、定埠、桠溪三地定母逢平声为浊音，逢仄声为清音。

表 3　群母今读类型

<table>
<tr><th rowspan="2">古声母 / 例字 / 方言点</th><th colspan="10">群</th></tr>
<tr><th>渠</th><th>骑</th><th>柜</th><th>共</th><th>桥</th><th>舅</th><th>钳</th><th>及</th><th>件</th><th>杰</th></tr>
<tr><td>阳江</td><td colspan="2">ɕʱ</td><td>kʱ</td><td>ɦ</td><td colspan="5">ɕʱ</td><td>tɕ</td></tr>
<tr><td>砖墙</td><td>ɕʰ</td><td>ɕʱ</td><td colspan="2">ɦ</td><td colspan="6">ɕʱ</td></tr>
<tr><td>淳溪</td><td colspan="2">ɕʱ</td><td colspan="2">ɦ</td><td colspan="6">ɕʱ</td></tr>
<tr><td>薛城</td><td colspan="2">ɕʱ</td><td>kʱ</td><td>ɦ</td><td colspan="5">ɕʱ</td><td>tɕ</td></tr>
<tr><td>古柏</td><td colspan="2">ʃʰ</td><td colspan="2">k</td><td colspan="6">ɕʱ</td></tr>
<tr><td>漆桥</td><td>ʃʱ</td><td>ʃʱ</td><td colspan="2">ɦ</td><td colspan="2">ɕʱ</td><td>k</td><td colspan="3">ɕʱ</td></tr>
<tr><td>漕塘</td><td>ʃʱ</td><td>sʱ</td><td>kʱ</td><td>ɦ</td><td colspan="3">ɕʱ</td><td colspan="3">ɕʱ</td></tr>
<tr><td>东坝</td><td>ʃ</td><td>sʱ</td><td>kʱ</td><td>k</td><td colspan="3">ɕʱ</td><td>ɕʱ</td><td>Ø</td><td>tɕ</td></tr>
<tr><td>顾陇</td><td>ʃʱ</td><td>sʱ</td><td colspan="2">k</td><td>ɕʱ</td><td>tɕ</td><td>ɕʱ</td><td colspan="2">ɕ</td><td>tɕ</td></tr>
<tr><td>定埠</td><td>ʃʱ</td><td>sʱ</td><td colspan="2">k</td><td>tɕʱ</td><td>tɕ</td><td>ɕʱ</td><td>ɕ</td><td>Ø</td><td>tɕ</td></tr>
<tr><td>桠溪</td><td>ʃʱ</td><td>dʑ</td><td colspan="2">k</td><td>dʑ</td><td>tɕ</td><td>dʑ</td><td>ɕ</td><td colspan="2">tɕ</td></tr>
</table>

中古群母的发音在高淳地区普遍擦音化，一般以舌面擦音［ɕ^{ɦ}、ɕ］和舌根擦音［ɦ］为主，止摄和遇摄三等字前，有部分地方因后接韵母的区别，变成舌叶擦音［ʃ^{ɦ}］或舌尖擦音［s^{ɦ}］。顾陇、定埠、桠溪三地群母读塞擦音、塞音相较其他点更多一些。

总体来看，群母今读比较复杂。“柜”在砖墙、淳溪和漆桥发［ɦ］，实际音值是略带浊流的清擦音，大概是送气擦化的声母进一步失去塞音而来；在阳江、薛城、漕塘、东坝发［k^{ɦ}］；在古柏、顾陇、定埠、桠溪发清塞音［k］。“钳”在漆桥发［k］，在桠溪发浊塞擦音［dʑ］，其余各点为［ɕ^{ɦ}］。“件”在东坝和定埠两点为零声母，这与该字长期处于词语后字有关，高淳方言各点浊擦音声母处在后字，往往会脱落，“一件”常常读成［iɛʔ^{7}i^{6}］，因此，很多字在单念时，声母也脱落，变为零声母。入声字“及、杰”二字在顾陇、定埠、桠溪都发清声母，只不过一个是清擦音［ɕ］，一个是清塞擦音［tɕ］，这反映了浊声母演变的不同层次，由带浊流的清擦音，变为清擦音，继而受外部影响，主要是普通话影响，变成清塞擦音。桠溪“骑、桥、钳”均读为浊塞擦音，这在高淳地区方言中不多见，因为桠溪在高淳的最东边，与溧阳接壤，因此显示出太湖片吴语的某些特征。“渠”“骑”等字，由于声韵配合的问题，根据不同的韵母，分别表现为不同的带浊流的擦音［s^{ɦ}］［ʃ^{ɦ}］［ɕ^{ɦ}］。“共”在古柏、东坝、顾陇、定埠、桠溪发［k］，在其余各点发［ɦ］。“健”（不在上表中）除了在淳溪、漆桥两地发擦音［ɕ^{ɦ}］外，在其余各地均为清塞擦音［tɕ］，应是受普通话影响所致。另外“穷”（不在上表中）在顾陇、定埠发［s^{ɦ}］，在桠溪发浊塞擦音［dz］，在其余各点发［ɕ^{ɦ}］。

群母中有些例外字（不在上表中）：“跪”在砖墙和古柏两点发带浊流的舌根塞音［k^{ɦ}］，在其他点均发送气舌根清塞音［k^{h}］；“茄”各点均发［tɕ］，大概是“雪茄”中的发音；“忌、掘、倔”在各点发［tɕ］，大概是受普通话影响；“葵”在砖墙发［ɦ］；其余各点发［bəi^{2}］，顾陇、定埠、桠溪逢平声为浊声母，逢仄声为清声母。

表4　澄母今读类型

<table>
<tr><th rowspan="2">古声母 / 例字 / 方言点</th><th colspan="10">澄</th></tr>
<tr><th>除</th><th>柱</th><th>迟</th><th>治</th><th>锤</th><th>朝</th><th>绸</th><th>传~下</th><th>陈</th><th>侄</th></tr>
<tr><td>阳江</td><td colspan="7">s^{ɦ}</td><td>ɕ^{ɦ}</td><td colspan="2">s^{ɦ}</td></tr>
<tr><td>砖墙</td><td colspan="7">s^{ɦ}</td><td>ɕ^{ɦ}</td><td colspan="2">s^{ɦ}</td></tr>
<tr><td>淳溪</td><td colspan="7">s^{ɦ}</td><td>ɕ^{ɦ}</td><td colspan="2">s^{ɦ}</td></tr>
<tr><td>薛城</td><td colspan="7">s^{ɦ}</td><td>ɕ^{ɦ}</td><td colspan="2">s^{ɦ}</td></tr>
<tr><td>古柏</td><td colspan="2">ʃ^{ɦ}</td><td colspan="2">s^{ɦ}</td><td>ts^{ɦ}</td><td>s^{ɦ}</td><td colspan="2">ɕ^{ɦ}</td><td colspan="2">s^{ɦ}</td></tr>
<tr><td>漆桥</td><td colspan="2">ʃ^{ɦ}</td><td colspan="2">s^{ɦ}</td><td colspan="2">s^{ɦ}</td><td colspan="2">ɕ^{ɦ}</td><td colspan="2">s^{ɦ}</td></tr>
<tr><td>漕塘</td><td colspan="2">ʃ^{ɦ}</td><td colspan="2">s^{ɦ}</td><td>s</td><td>ts^{h}</td><td>ɕ^{ɦ}</td><td>s^{ɦ}</td><td colspan="2">s^{ɦ}</td></tr>
<tr><td>东坝</td><td>ʃ^{ɦ}</td><td>ʃ</td><td colspan="2">s^{ɦ}</td><td>s</td><td>s^{ɦ}</td><td>ɕ^{ɦ}</td><td>s^{ɦ}</td><td colspan="2">s^{ɦ}</td></tr>
<tr><td>顾陇</td><td>ʃ^{ɦ}</td><td>ʃ</td><td>s^{ɦ}</td><td>ts</td><td>s^{ɦ}</td><td>s^{ɦ}</td><td>ɕ^{ɦ}</td><td>s^{ɦ}</td><td>s^{ɦ}</td><td>s</td></tr>
<tr><td>定埠</td><td>ʃ^{ɦ}</td><td>tʃ</td><td>s^{ɦ}</td><td>ts</td><td>s^{ɦ}</td><td>s^{ɦ}</td><td>ɕ^{ɦ}</td><td>ts^{h}</td><td>ts^{h}</td><td>ts</td></tr>
<tr><td>桠溪</td><td>ʃ^{ɦ}</td><td>tʃ</td><td>s^{ɦ}</td><td>s</td><td>dz</td><td>s^{ɦ}</td><td>dʑ</td><td>ts^{ɦ}</td><td>s^{ɦ}</td><td>ts</td></tr>
</table>

中古澄母字在顾陇、定埠、桠溪三地逢平声为浊声，逢仄声为清声。从表 4 可看出澄母字共有［s、sʱ、ʃ、ʃʱ、ɕʱ、ts、tsʰ、tsʱ、dz、dʑ］等多个发音，一般来说洪音前发［s、sʱ、ʃ、ʃʱ、ts、tʃ、tsʰ、tsʱ、dz］，细音前发［ɕʱ、dʑ］。塞擦音［ts、tsʰ、tsʱ、tʃ、dz、dʑ］一般都出现在顾陇、定埠、桠溪三地，其余各地，只有古柏的“锤”和漕塘的“朝”发塞擦音。漕塘和东坝有些字已经完全清化，比如“锤”，发［s］。

2.2　古全浊塞擦音声母

表 5　从母今读类型

<table>
<tr><th rowspan="2">古声母 / 例字 / 方言点</th><th colspan="10">从</th></tr>
<tr><th>财</th><th>罪</th><th>字</th><th>造</th><th>蚕</th><th>杂</th><th>集</th><th>绝</th><th>匠</th><th>层</th></tr>
<tr><td>阳江</td><td>z</td><td colspan="3">sʱ</td><td>ɕʱ</td><td>sʱ</td><td>ɕʱ</td><td colspan="2">tɕ</td><td>sʱ</td></tr>
<tr><td>砖墙</td><td>sʱ</td><td>tsʱ</td><td colspan="2">sʱ</td><td>ɕʱ</td><td>tsʱ</td><td colspan="3">ɕʱ</td><td>tsʰ</td></tr>
<tr><td>淳溪</td><td>z</td><td colspan="3">sʱ</td><td>ɕʱ</td><td>sʱ</td><td colspan="3">ɕʱ</td><td>sʱ</td></tr>
<tr><td>薛城</td><td colspan="4">sʱ</td><td>ɕʱ</td><td>sʱ</td><td>ɕʱ</td><td>tɕ</td><td>tɕ/ɕʱ</td><td>sʱ</td></tr>
<tr><td>古柏</td><td colspan="2">sʱ</td><td>ts</td><td colspan="3">sʱ</td><td colspan="3">ɕʱ</td><td>sʱ</td></tr>
<tr><td>漆桥</td><td colspan="6">sʱ</td><td colspan="2">ɕʱ</td><td>Ø</td><td>sʱ</td></tr>
<tr><td>漕塘</td><td>sʱ</td><td colspan="2">s</td><td>sʱ</td><td colspan="2">sʱ</td><td colspan="3">ɕʱ</td><td>sʱ</td></tr>
<tr><td>东坝</td><td>tsʰ</td><td>ts</td><td>s</td><td>sʱ</td><td colspan="2">sʱ</td><td colspan="2">ɕʱ</td><td>tɕ</td><td>sʱ</td></tr>
<tr><td>顾陇</td><td>sʱ</td><td colspan="3">s</td><td>sʱ</td><td>s</td><td colspan="2">ɕ</td><td>Ø</td><td>sʱ</td></tr>
<tr><td>定埠</td><td>z</td><td colspan="3">s</td><td>sʱ</td><td>s</td><td colspan="3">ɕ</td><td>sʱ</td></tr>
<tr><td>桠溪</td><td>z</td><td>ts</td><td>s</td><td>ts</td><td>sʱ</td><td>s</td><td>tɕ</td><td>ts</td><td>Ø</td><td>dz</td></tr>
</table>

表 6　崇船母今读类型

<table>
<tr><th rowspan="2">古声母 / 例字 / 方言点</th><th colspan="5">崇</th><th colspan="5">船</th></tr>
<tr><th>锄</th><th>事</th><th>愁</th><th>床</th><th>镯</th><th>蛇</th><th>船</th><th>顺</th><th>实</th><th>剩</th></tr>
<tr><td>阳江</td><td colspan="4">sʱ</td><td>ts</td><td>z</td><td>ɕʱ</td><td colspan="3">sʱ</td></tr>
<tr><td>砖墙</td><td colspan="5">sʱ</td><td>sʰ</td><td>ɕʱ</td><td colspan="3">sʱ</td></tr>
<tr><td>淳溪</td><td colspan="4">sʱ</td><td>ɕʱ</td><td>z</td><td>ɕʱ</td><td colspan="3">sʱ</td></tr>
<tr><td>薛城</td><td colspan="4">sʱ</td><td>ɕʱ</td><td>z</td><td>ɕʱ</td><td colspan="3">sʱ</td></tr>
<tr><td>古柏</td><td>ʃʱ</td><td>sʱ</td><td>ɕʱ</td><td>sʱ</td><td>ɕʱ</td><td>z</td><td>ɕʱ</td><td colspan="3">sʱ</td></tr>
<tr><td>漆桥</td><td>ʃʱ</td><td>sʱ</td><td>ɕʱ</td><td>sʱ</td><td>ɕʱ</td><td>z</td><td>ɕʱ</td><td colspan="3">sʱ</td></tr>
<tr><td>漕塘</td><td>ʃʱ</td><td>sʱ</td><td>ɕʱ</td><td>sʱ</td><td>ts</td><td>sʱ</td><td colspan="4">sʱ</td></tr>
<tr><td>东坝</td><td>ʃ</td><td>sʱ</td><td>ɕʱ</td><td>sʱ</td><td>ts</td><td>s</td><td colspan="4">sʱ</td></tr>
<tr><td>顾陇</td><td>ʃʱ</td><td>s</td><td>ɕʱ</td><td>sʱ</td><td>ts</td><td>z</td><td>sʱ</td><td colspan="3">s</td></tr>
<tr><td>定埠</td><td>ʃʱ</td><td>s</td><td>ɕʱ</td><td>sʱ</td><td>ts</td><td>z</td><td>sʱ</td><td>ɕ</td><td colspan="2">s</td></tr>
<tr><td>桠溪</td><td>ʃʱ</td><td>s</td><td>dʑ</td><td>dz</td><td>ts</td><td>z</td><td>tsʱ</td><td colspan="3">s</td></tr>
</table>

此次调查的高淳 11 个点全浊塞擦音今读都有擦音化的倾向，浊擦音音值表现主要是

清擦音带些许浊流，在洪音前为［ s^{ɦ} ］［ ʃ^{ɦ} ］，细音前为［ ɕ^{ɦ} ］。“财”在阳江、淳溪、定埠、桠溪为浊擦音［ z ］，“蛇”在阳江、淳溪、薛城、古柏、漆桥、顾陇、定埠、桠溪为浊擦音［ z ］；“匠”在漆桥、顾陇、桠溪三地为零声母，这都与该字长期处于相关词语后字有关，浊擦音处于后字，按照韵母洪细的不同，会产生不同的音变，一般来说，洪音前的浊擦音因弱化作用，会变为真浊音，如“发财［ fɑʔ^{7}zɛ^{6} ］”，而细音前的浊擦音则因弱化而脱落，如“泥水匠［ n̩^{2}suəi^{3}iɑ̃/iɛ^{5} ］”。这些音变对单字音读势必造成一定影响。

从崇船三母，清化趋势较之塞音更为明显，有些字已经完全清化。从母中，“字”在漕塘、东坝、顾陇、定埠、桠溪均发清擦音［ s ］。有些字清化后读为塞擦音，如“绝、匠”在阳江、薛城发［ tɕ ］；顾陇、定埠、桠溪逢仄声为清声母，其中桠溪的塞擦音最多。

崇母中，“镯”在阳江、东坝、漕塘、顾陇、定埠、桠溪发［ ts ］，在砖墙发［ s^{ɦ} ］，其余各点为［ ɕ^{ɦ} ］。“愁、床”在桠溪发浊塞擦音［ dʑ ］和［ dz ］，其余各点发浊擦音，其中阳江、淳溪、砖墙、薛城四点二字无分别，均发［ s^{ɦ} ］，古柏、漆桥、漕塘、东坝、顾陇、定埠等地则根据韵母洪细分为［ s^{ɦ} ］或［ ɕ^{ɦ} ］。不少地方船母在开口和撮口韵之前有分别，如“船、顺”在阳江、砖墙、淳溪、薛城、古柏、漆桥分别发［ ɕ^{ɦ} ］和［ s^{ɦ} ］，而在漕塘、东坝都发［ s^{ɦ} ］。

从母中，“蹲”发音较为特殊，在各地都读［ t ］。船母字中“盾”在各地都发［ d ］。

2.3　古全浊擦音声母

表 7　奉邪母今读类型

方言点 \ 古声母 / 例字	奉					邪				
	肥	饭	坟	房	佛	徐	袖	祠	随	席
阳江	f^{ɦ}	b	b	f^{ɦ}		ɕ^{ɦ}	ɕ^{ɦ}	s^{ɦ}		ɕ
砖墙	f^{ɦ}	ɸ	f^{ɦ}			ɕ^{h}	ɕ^{ɦ}	s^{ɦ}	s	ɕ^{ɦ}
淳溪	b					ɕ^{ɦ}	ɕ^{ɦ}	s^{ɦ}		ɕ^{ɦ}
薛城	f	b	f			ɕ^{ɦ}	ɕ^{ɦ}	s^{ɦ}		ɕ^{ɦ}
古柏	b				f	ʃ^{h}	ɕ^{ɦ}	s^{ɦ}		ɕ^{ɦ}
漆桥	b				f	ʃ^{ɦ}	ɕ^{ɦ}	s^{ɦ}		ɕ^{ɦ}
漕塘	b			f		ʃ^{ɦ}	ɕ^{ɦ}	s^{ɦ}	s	ɕ^{ɦ}
东坝	v	b		f		ʃ^{ɦ}	ɕ^{ɦ}	s^{ɦ}		ɕ^{ɦ}
顾陇	f^{ɦ}	Ø		ʋ	v	ʃ^{ɦ}	ɕ	s^{ɦ}	s	ɕ
定埠	f^{ɦ}	v			f	ʃ^{ɦ}	ɕ	s^{ɦ}		ɕ
桠溪	f^{ɦ}				f	ʃ^{ɦ}	ɕ	s^{ɦ}		ɕ

表 8　禅匣母今读类型

方言点 \ 古声母 / 例字	禅					匣				
	时	寿	尝	上	石	鞋	回	校	咸	或
阳江	s^{ɦ}					h	ɦ	ɕ^{ɦ}		Ø
砖墙	s^{ɦ}		ts^{h}	s^{ɦ}		h	ɦ	ɕ^{ɦ}		f

续表

古声母 / 例字 / 方言点	禅					匣				
	时	寿	尝	上	石	鞋	回	校	咸	或
淳溪	s^{ɦ}					ɦ		ɕ^{ɦ}		h
薛城	s^{ɦ}					h	Ø	ɕ^{ɦ}		h
古柏	s^{ɦ}					ɦ	Ø	ɕ^{ɦ}		f
漆桥	s^{ɦ}	ɕ^{ɦ}	s^{ɦ}			ɦ		ɕ^{ɦ}		h
漕塘	s^{ɦ}	ɕ^{ɦ}	s^{ɦ}			h		ɕ^{ɦ}		Ø
东坝	s^{ɦ}	ɕ^{ɦ}	s^{ɦ}			h	Ø	ɕ^{ɦ}		Ø
顾陇	s^{ɦ}	ɕ	ɕ^{ɦ}	ɕ	s	h	Ø	ɕ	ɦ	f
定埠	s^{ɦ}	ɕ	ɕ^{ɦ}	ɕ	s	h	Ø	ɕ	ɦ	f
桠溪	s^{ɦ}	ɕ	ɕ^{ɦ}	ɕ	s	ɦ	ɦ	ɕ	ɦ	f

从上表可知，古全浊擦音已与古全浊塞擦音声母的今音合流了。古邪母在洪细音前，发音不同，洪音前都发［s^{ɦ}、s］，细音前发［ɕ^{ɦ}、ɕ］，但是在遇摄前则略有不同，“徐”在阳江、砖墙、淳溪、薛城发［ɕ^{ɦ}］，而古柏、漆桥、漕塘、东坝、顾陇、定埠、桠溪则读［ʃ^{ɦ}］。“松$_{\text{～树}}$”在各点均发清音［s］，可能是与心母字“松$_{\text{～紧}}$”的发音混同了。

禅母在洪音前一般发［s^{ɦ}、s］，细音前发［ɕ^{ɦ}、ɕ］。但有些字例外（不在表格中），比如，遇摄字“竖”在除阳江、砖墙、淳溪、薛城四点以外的各点发［ʃ^{ɦ}］或［ʃ］。禅母清化趋势较为明显，有些字（不在表格中）的声母已完全清化，如“垂”字在漕塘为清音［s］，“尝”在砖墙读［ts^{h}］，“善”在顾陇为清化为［s］，在东坝则脱落为零声母。

匣母字共有［ɦ、h、ɕ^{ɦ}、ɕ、f、Ø］等发音，［ɦ］的实际音值是清擦音受低调值影响而略带浊流，在很多时候已经非常轻微，比如“鞋”字发音中，只有淳溪、古柏、漆桥、桠溪还带有浊流，其余各点已完全清化。“学”（不在表格中）在多个点有两读，阳江、淳溪、砖墙为［ɕ^{ɦ}yɑʔ^{8}］［fɑʔ^{8}］，古柏为［uɑʔ^{8}］、［fɑʔ^{8}］，漕塘为［uɑʔ^{8}］、［s^{ɦ}uəʔ^{8}］，东坝为［uɑʔ^{8}］、［ɕ^{ɦ}yɑʔ^{8}］，顾陇为［həʔ^{8}］、［suəʔ^{8}］，一读的点：薛城、漆桥为［ɕ^{ɦ}yɑʔ^{8}］，定埠为［həʔ^{8}］，桠溪为［suɑʔ^{8}］。

奉母字在高淳多数地方保留重唇音，这是“古无轻唇音”现象的“语言活化石”。在淳溪、古柏、漆桥基本完好保留着双唇浊塞音［b］，偶尔有些例外，比如，“帆”在淳溪发［ɕ］；奉母的发音在阳江、砖墙、薛城、漕塘、东坝大部分演变为略带浊流的清擦［f^{ɦ}］，但是“饭”在砖墙却发双唇擦音［ɸ］；而顾陇、定埠、桠溪三地奉母字大部分发轻唇音［v］、［ʋ］或［f^{ɦ}］，其中“饭”和“坟”在顾陇发零声母。在北部吴语中，奉母只有少数字的白读保留重唇音，而宣州片吴语则较多保留重唇音，颜逸明认为“高淳话与皖南铜陵、太平等地的土话有某种联系”（颜逸明，1994：68），而高淳在唐代隶属于宣州，因此在语言上表现出某种相似性是不足为奇的。奉母保留重唇音也可看作宣州吴语有别于其他北部吴语的一大特征。若从此特征看，顾陇、定埠、桠溪、三地与其他各点区别明显。

三　古全浊声母的演变

3.1　古全浊声母的清化过程

通过以上分析，我们不难发现高淳地区全浊声母表现出不同程度的清化特征。从声母类别来看，最先清化的或者说最容易清化的是浊擦音声母，其次是浊塞擦音声母，而浊塞音声母的变化速度是最缓慢的。在高淳各地方言里，浊擦音最先开始清化，[ɦ][ʑ][z]的浊音色彩相对浊塞音[b][d]较为不明显，实际音值十分接近清音。除了椏溪等地，还少量保留浊塞擦音，在其余各点，古塞擦音几乎全部与古浊擦音的今音合流，变为擦音。而浊塞音声母在东坝、漕塘等地为清化浊音[b̥][d̥]，在定埠、椏溪则是清化送气浊音[b̥ʰ][d̥ʰ]。在砖墙的音值则是清音带较强的浊流[pʱ][tʱ]。

高淳方言某些点的浊声母音浊声清化的进程还与调类因素有关。与大多数吴语方言一样，高淳地区方言中的浊声母一律只出现于阳调类，该地区大部分方言点的阳调类是低调，其浊声母的浊感与低调是相互依存的，而顾陇、定埠、椏溪的阳去和阳入调分别为高降和中降调，听上去毫无浊音感，古全浊声母逢仄声为清音即源于此，因此我们将其处理为清声，但其调值仍保留阳入调，声变调不变。

郑张尚芳（1985）调查泰顺方言时曾提到，泰顺方言中阳去字，单念为清音，在连读中处于前字读作清音，处于后字位置时仍读浊音。但是椏溪等地的情况是，仄声无论处于何种位置，都有可能读作浊音，比如："实"单念[səʔ^{31}]，在"老实"[lo^{33}zəʔ^{0}]中念[zəʔ^{0}]；"旧"单念为[tɕy^{41}]在"旧衣裳"[dʑʏ^{22}i^{22}zɛ]中则变为浊塞擦音。因此我们认为椏溪等地仄声字在词语中念浊声与字所处的位置无关，仍然与调值相关。因为这些读如浊声的字，在连读变调中都变为低平调或低升调，低调值带来浊音感。

同时我们也发现这些仄声字的声母仍具有浊声母的某些特点，即在词语后字位置时往往脱落。比如："娘舅"在椏溪发[nie^{22}y^{24}]，阳去字"舅[ɕy^{41}]"失落声母的情况与阳平字"球[ʑy^{24}]"在词语后字（[lɛ^{22}y^{24}]"篮球"）的情况一致。这是同部位清声母不具备的特征。也许这正是以调值为条件的声母清化过程所必须经历的阶段，在这一阶段中，声母仍然保留旧调类的某些特征。

3.2　古全浊声母的音值演变

3.2.1　並母的音值演变

如上文所述，並母在高淳地区方言中的不同发音共有9个[b、b̥、b̥ʰ、pʱ、ɦ、fʱ、f、ɕʱ、ɸ]。其中[b、b̥、b̥ʰ、pʱ]是常态，[fʱ]或[f]出现在淳溪、古柏、砖墙的个别字上，[ɦ、ɕʱ、ɸ]见于砖墙一带。根据音理，我们推断並母字的演变过程是：由全浊塞音[b]，清化成为[b̥][b̥ʰ]或[pʱ]，然后弱化，弱化过程为：首先是塞擦音擦化，演变为同部位的双唇擦音[ɸ]；接着松化，发音部位发生后移，成为较松的[fʱ]；最后根据韵母呼的不同向喉擦音[ɦ]、带浊流的擦音[ɕʱ]演变。並母的演变轨迹如下：

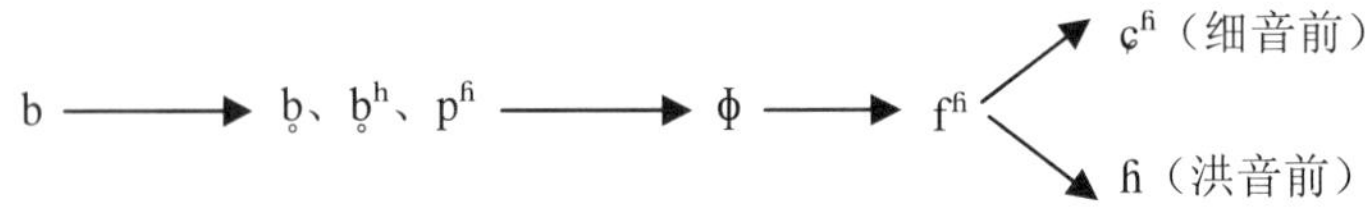

3.2.2 定母的音值演变

定母在高淳方言中的发音有［d、d̥、$d̥^{h}$、$t^{ɦ}$、$ts^{ɦ}$ r、ɾ］7个发音，其中颤音［r］和闪音［ɾ］是由定母弱化造成。这种由［d］到［ɾ］演变在印欧语言中很平常，称为“t-tapping”，变化条件是在两个元音之间，而高淳方言的变化则出现在音节开头。这种现象在宣州片吴语中比较多见，见于蒋冰冰（2003）和朱蕾（2009）的记载。不同的是，蒋冰冰调查的裘公方言，以及朱蕾调查的泾县岩谭、黄田、丁桥方言，d到ɾ的演变已经完成，而在目前高淳方言中，［r、ɾ］则一般只出现在词语后字，还属于音变范畴，没有成为一个独立的音位。［$ts^{ɦ}$］的发音只存在于砖墙茅城村个别字中（“图、第”）中，其原因与［d］变为闪音类似，因为后接高元音不断前化，高顶出位，变为舌尖前元音［ɥ］或［ɿ］，促使声母发生协同作用，从而变为舌尖前塞擦音，但这种变化是否能持续下去，还有待观察。或许［r、ɾ］［$ts^{ɦ}$］都有可能成为高淳方言定母今后的演变方向。定母演变轨迹如下：

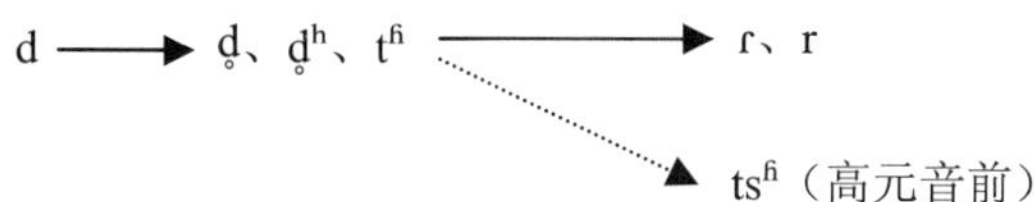

3.2.3 群母音值演变

群母在高淳地区方言中情况复杂，共有［$k^{ɦ}$、k^{h}、k、ɦ、$ʃ^{ɦ}$、$s^{ɦ}$、ɕ、$ɕ^{ɦ}$、tɕ、$tɕ^{ɦ}$、dʑ、ø］12个发音。其中擦音是常态，［$k^{ɦ}$、k^{h}、k］只在少数例外字出现，［tɕ、$tɕ^{ɦ}$、dʑ］塞擦音则较多出现在顾陇、定埠、桠溪三地。按照音理推断，中古群母发［g］，之后向两个方向发展，腭化后为［dʑ］，清化后为［$k^{ɦ}$］。［dʑ］进一步清化，韵母变［$tɕ^{ɦ}$、tɕ］；［$k^{ɦ}$］清化为［k］或［k^{h}］，或是弱化为［ɦ］，进一步按照呼的不同，演变为［$ɕ^{ɦ}$、$s^{ɦ}$、ø］等。群母的演变轨迹如下：

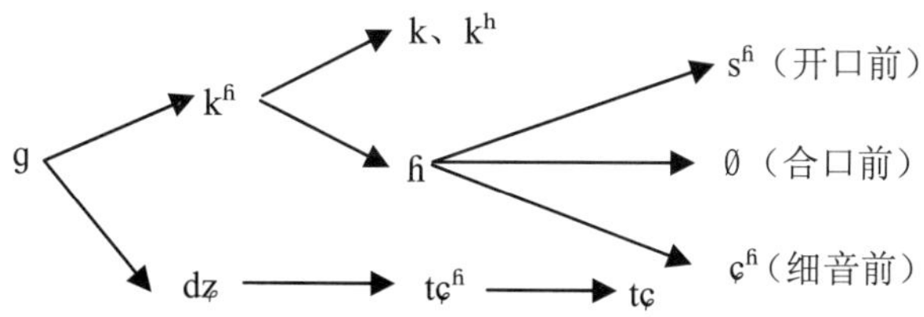

3.2.4 澄、从、崇、船、邪、禅母的音值演变

全浊塞音澄母、全浊塞擦音从、崇、船母以及全浊擦音邪、禅母在高淳方言中的读音基本一致，所以在放在一起讨论其演变。大部分的读音以擦音［$ɕ^{ɦ}$、$s^{ɦ}$、$ʃ^{ɦ}$］为主，细音前读［$ɕ^{ɦ}$］，洪音前发$s^{ɦ}$，但是除阳江、砖墙、淳溪、薛城之外的7点部分遇摄字前发［$ʃ^{ɦ}$］，也有部分读零声母。澄从二母在顾陇、定埠、桠溪有个别字读塞擦音。

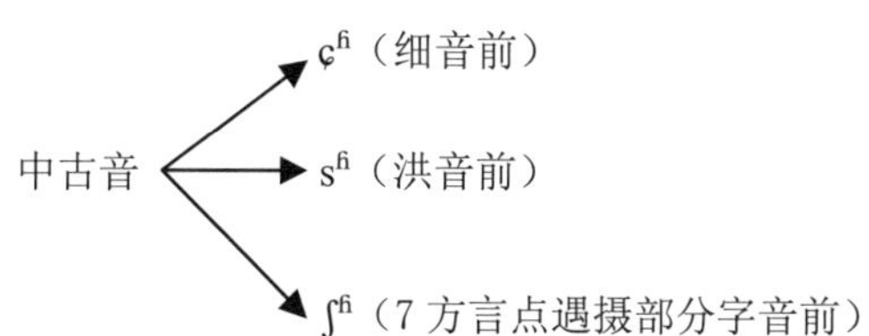

3.2.5　匣母字的音值演变

匣母在高淳地区方言中有［ɦ、h、ɕʱ、ɕ、f、∅］等发音。根据音理演变来推测的话，［ɦ］是最早的层次，向两个方向演变，一是浊音清化为［h］，继而改变发音部位，演变为［f］；另一条轨迹是腭化为［ʑ］，继而清化为带浊流的［ɕʱ］，进一步清化为［ɕ］。

零声母的出现从理论上来说有两种可能性，一是由浊音［ɦ］直接脱落造成，这在音理上是成立的。另一种则是［h］到［f］的演变中，经历了双唇擦音［ɸ］的阶段。因为今读零声母的匣母字往往都有［u］介音，而有的字的［u］介音往往是之后衍生出的，比如“学”字，在漕塘、东坝今读有发音为［uɑʔ⁸］，而“学”的中古拟音中韵母並没有［u］介音，如果直接脱落声母，韵母［u］介音难以解释。因此我们认为后一种演变似乎更合理，因为双唇擦音更容易衍生出圆唇介音。但这只是一种可能，并不是所有零声母字必须经历此阶段。匣母的演变轨迹如下：

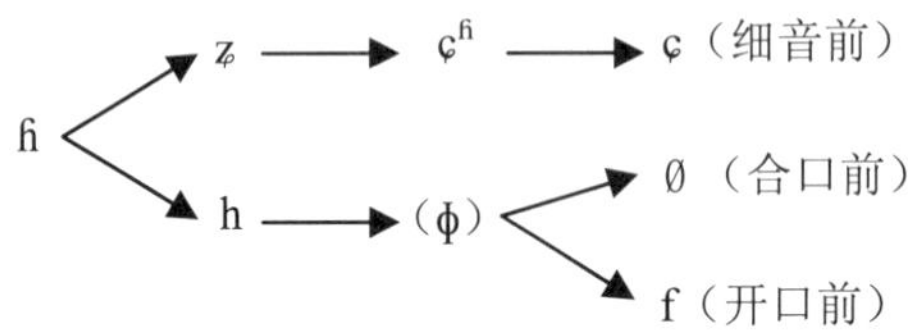

3.2.6　奉母的音值演变

奉母在高淳地区方言中有［b、fʱ、f、v、ʋ、ɸ、∅］等发音，重唇音［b］、带浊流的清唇音［fʱ］以及清唇音［f］，是常见发音，东坝、定埠等地一些字读［v］，顾陇有些字声母清化为无擦通音［ʋ］，并进一步减少摩擦，变为［u］，从而使声母变为零声母。［b］清化为双唇清擦音［ɸ］，只保留在砖墙个别字中。奉母的演变轨迹如下：

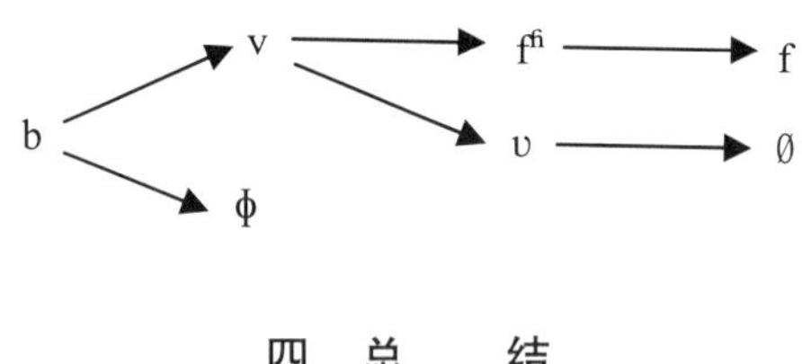

四　总　　结

高淳地区方言的古全浊声母今读差异较大，但都有不同程度的清化，从声母类别来看，最先清化的或者说最容易清化的是浊擦音声母，其次是浊塞擦音声母，而浊塞音声母的变化速度是最缓慢的；高淳方言某些点的浊声母音浊声清化进程还与调类因素有关，浊声母的浊感与低调相互依存的，而桠溪、定埠、顾陇的阳去和阳入调分别为高降和中降调，听上去毫无浊音感。其音值的演变，在符合音理演变的条件下，与韵母的洪细相关。

参考文献

鲍明炜．江苏省志·方言志［M］．南京：南京大学出版社，1998.

高淳县地方志编纂委员会．高淳县志［M］．南京：江苏古籍出版社，1988.

高本汉．中国音韵学研究［M］．赵元任，罗常培，李方桂，译．北京：商务印书馆，1995.

高永安．宣城方言声调的早期形式［J］．中州大学学报，2005（1）：59—64.

蒋冰冰．宣州片吴语全浊声母的演变［J］．方言，2000（3）：243—249.
蒋冰冰．吴语宣州片方言音韵研究［M］．上海：华东师范大学出版社，2003.
颜逸明．高淳方言调查报告［R］//上海市语言学会．语文论丛．上海：上海教育出版社，1983（2）：223—234.
郑张尚芳．蒲城方言的南北分区［J］．方言，1985（1）.
朱　蕾．宣州吴语铜泾型古全浊声母的演变［J］．方言，2009（2）：171—181.

（张　薇　中国传媒大学南广学院　211172）

温州话特读字的辨义增音与虚化弱变

郑张尚芳

温州方言也和其他方言一样，有一批特殊读音的例外字。其中有因强化而插加增音的，也有弱化到只剩元音的。前一种里，有辨义需要的占先；后一种里，虚化（语法化）影响为重。

如“尿”读 ȵa22，这是合于《广韵》奴弔切的正宗文读，口语却说“绥”sɿ，老派音 ʃʅ，则同于北京又音 sui。此一又音最早就是温州人记录的，首见于宋末温州戴侗《六书故》八“尿，息遗切”，以后《中原音韵》《语言自迩集》也都收了此音。但此音与“奴弔切”的“尿”音韵远隔，写成“尿”纯属于训读。其本字是另一字“私”，《左传》襄十五年“师慧过宋朝，将私焉”杜注“私，小便也。”私本是动词，原只读开口“息夷切”si，改读合口“息遗切”，显然为了辨义分化而增加韵头 -u-。温州城区尿今说 sɿ，音正同私，但老派说 ʃʅ ≠私 sɿ，与东郊永强 sʮ、瑞安 søy 皆同“绥 =（息遗切）”，都是“私”字读合口，开口是后来变的，出现回头音变。

元周德清《中原音韵》、明王文璧《中州音韵》皆于齐微平声阴“虽”组收“尿”。《类说》49 引《籍川笑林》嘲某人作文“虽贯”音近“尿罐”，即用此音。明平湖冯汝弼《佑山杂说》“吴音尿读作诗”，音虽相类而已非合口，说明吴语经历了另外的两次元音变化：

（1）支微合口入鱼虞。何孟春《余冬序录》四“〈云间志·方言〉韵之讹则以支入鱼（‘龟’音如‘居’，‘为’音如‘俞’之类）。”叶盛《水东日记》“吾昆山、吴淞江南，以‘归’入虞字韵。”这是后起的音变，经 yi > y 单化而来。

（2）鱼虞混之支开口：《问奇集》“吴语猪为知。”此即同温州老派，是 y 再经另一变化 y > ʮ > ɿ 来的：《山歌·赠物》“算盘跌碎满街珠（知）”冯氏眉注：“吴音‘珠知’相似”。珠是虞韵，中古是 iu，只能变 y，不会变 i，应为鱼虞都经由 ʮ > ɿ 混入“之脂支”。这是就上海等一般吴语说的，至于苏州，连开口的“之脂支知”诸字也读 tsʮ 全同“猪珠”。止摄知照组开口字撮化，则可能与杭州临安官话照组读舌叶影响甚广有关。

又如“尾巴”的“尾”白读本应作 m-，温州正读 mei34，但奇怪的是，又有更土的说法是自成音节的 ŋ̍ > ȵ̍34，与苏州、上海说 ȵi 相当。微母三等别无变 ȵ- 之例，据冯梦龙《广笑府·菜酒而已》：“（儒官外出，留书嘱内人招待来访乡人）‘待以菜酒而已’，内人不解文语，不知‘而已’为何物，既而询诸婢仆，认‘已’为‘尾’，猜疑为所蓄大羊也。”表示明代吴语“尾”尚音“已”ji，跟北京和多数官话一样（来自 *mlɯlʼ > mjɨiʼ 宋元失 m 后的腭化垫音），读鼻音乃再经 j 母鼻化（阎 > 年）增音创新音变所致（郑张另有专文《汉语方言的零母鼻化现象》论此音变，刊《中国语言学报》2010 单刊《历时演变与语言接触：中国东南方言》313—318 页）。温州此类变化有“样别～、何～、蜒蚰”等变 ȵ- 母。

弱化多见于轻读字，尤其是见系字。

匣母洪音温州一般读 ɦ-，读 ɡ- 常用只“厚、衔”二字（后字当俗写“啣”时只读

ga)。但匣母上古大部本读浊塞 g，今上海“溃环鬟” guᴇ 是合口字，开口多不明来历，温州除“溃 gai^{22} 怀环 ga^{31} 擐 ga^{22} < gva”合口字外，开口还有“何唧 ga^{31} 馅陷～牙 ga^{22}、含 gaŋ^{31}、阂 gai^{212}、厚 gau^{34}、降（吃酒打降）guɔ^{22}、峡 ga^{212}”等多例匣母开口洪音读 g ，并可考见来历。

其中，虚字“何”的变化最多。何 vu^{31}/ga^{31} ～样（音娘）：什么；～人、～谁：谁，东郊永强“何”说 ge^{31}，用于“～样（音娘）：什么；～人：谁”。又 guɔ^{22}，用于“有～功夫走出寻”。

“何” ga 是老派音，因常读轻音，现在温州新派已经弱化为 ɦa，甚或 a，因此“何样”听来就像“阿娘”了，人们甚至可在当地报纸上看到写成“阿呢”的。

又温州表动词体貌既行态的助词老派原说 gɔ^{31}，早期吴语作品记录作“教、交”：

《董解元西厢记》“欢喜教这两个也，干撞杀郑恒那村厮”。

明《三刻拍案惊奇》6 回“贪却片时云雨意，坏教数载松竹心”。

明《滑稽馀韵 · 瓦匠》“东家壁土恰涂交，西舍厅堂初瓦了”(“交、了”互文见义)。

赵元任《现代吴语的研究》，温州“杭”、黄岩“嚎”都是记的此词，说明上世纪二三十年代已经和现在一样擦化读匣母 ɦɔ 了，所以现在写作“爻”，但依老派读 g 母，和历史记录看，显然从“交” kɔ 弱化而来。此源于《广雅 · 释诂四》“交：定也”。《汉语大字典》“交”(19)“相当于‘遍’。郭沫若《长春好》：‘全国公路已跑交’。”

温州表领属、和其他南方方言一样用“个” kai^{42}，但读“个”本音时有强调所有之意：

个 kai^{42}/gai^{22} 我～：我的。强调表示为我所有，kai 音比 gai 音更强些。

不强调所有，只泛表一般归属“我个、你个、阿哥个”则音 ge^{0}，跟作其他结构助词如“红个”“粗个”“坐车个”同音，这个“个”可弱化为 ɦe。以至 · e。

温州“去”白读 khei^{51}，单说“走去”不轻读，只表回去之意。如果轻读“去”，如“走去张一张”则表去：去看看。这时“去”可弱化为 · e。

温州“在”说“是” zɿ^{34}，在家为“是屋里”，如作动词尾助而轻读，则也可弱化为 · e 如“坐是屋里”。

后三词弱化后都是 · e，我们在厦门话可以看到“个”作结构助词可变 · e，温州比它变的词更多，更厉害，值得比较研究。

（郑张尚芳　中国社会科学院语言所　100732）

语法

苏州土白《马可福音书》中的介词 *

蔡 佞

一 苏州土白《马可福音》简介

苏州土白的《马可福音》分为汉字版和罗马字版。汉字版见于民国 11 年（1922）《新约全书》（上海大美国圣经会出版），《马可福音》是《新约全书》中的第二篇，共计 16 章。罗马字版见于 1891 年由大美国圣经会托印的《马可福音书》（上海美华书馆出版），单独成册。这是当今仅现的苏州方言罗马字圣经篇章。两个版本虽相差三十年，但内容完全对应。

罗马字版圣经的音系、同音字表及读音情况详细记载于 1892 年苏州传教士协会编著的《A Syllabary of the Soochow Dialect》，可参拙文（2010）。从该书前言可知，当时存在苏州土白罗马字《新约》，现存的罗马字《马可福音书》可能是其中的一册。

二 苏州方言介词概貌及分类

介词属于虚词，是一个封闭的类，可以穷尽描写。与汉语普通话一样，苏州方言介词基本上都是动词虚化而来，具有不单独充当谓语，不能重叠的特点。不过苏州方言介词后常常带动态助词“之”（现通常写作“仔”）。关于苏州方言介词特点可参看石汝杰（2000）。

根据介词所介引的词与谓语间的语义关系，苏州方言的常用介词可以分成共与（伴随）、比较、受益、有生方向、处置、工具、地点、时间、接受者、被施、方式、原因 / 目的、动作方向等类别。具体可参看本文第四部分。一百多年前《马可福音书》中介词的种类和用法与今天已有不少差别，下面我们就具体来谈谈。

三 《马可福音》中介词的用法

（一）搭（搭之）tah ［taʔ⁷］①

“搭”在苏州及附近的吴语中可做动词，如《土话指南》“同别人搭伴之哙去和别人作伴前去”。此处“搭”是伴随动词，表示“结伴”义。继而从伴随义动词发展出介词用法，表示伴随、共与。例如：

（1）有多化税吏咾罪人来，搭耶稣咾门徒一淘坐席有好些税吏和罪人与耶稣并门徒一同坐席。②

---

* 本次吴语研讨会上多位先生呼吁应重视传教士著作文献，特草就此文作为回应。

① 《马可福音书》罗马字版中不分 aʔ 和 ɒʔ，书中统一标 ah，如：搭 tah、发 fah、拉 lah；石 zah、着 djah、约 iah。《苏州方言字音表》中分 ăh ［aʔ］、ah ［ɒʔ］，但 iăh、uăh 也混入 iah、uah。鉴于今苏州话老派仍旧区分，此处相混可能是印刷脱漏或者作者辨音不精导致。

② 例句均选自苏州土白《马可福音书》（1891）、苏州土白《新约全书》（1922）。小字官话译文和部分英语译文均取自《新约全书（中西字）》（1939）。官话本与苏州土白本部分译文在字眼和语气上略有不同，现引用时不作改动，照录原文。

（2 章 /15 节）

（2）佢为啥搭税吏咾罪人吃咾呷呢他和税吏并罪人一同吃喝么。（2/16）

（3）耶稣就搭佢笃说话咾说：放心，是我耶稣与他们说话，说：放心，是我。（6/50）

句（3）“搭佢笃说话” 英语译文是 spake with them，此处 “搭” 是共与介词。同句后半句 saith unto them 则表示有生方向，土白译文中省略了介词。

少数情况也可以说 “搭之”，例如：

（4）耶稣就搭之雅各、约翰到西门咾安德烈个屋里耶稣就同着雅各约翰，进了西门和安德烈的家。（1/29）

（5）佢笃离开之爷西庇太，搭之雇工人拉船上咾跟之佢哉他们撇下父亲，同雇工人在船上，跟着耶稣去了。（1/20）

“搭之” 在《马可福音》中绝大多数用做并列连词，而 “搭” 只用做介词。这和刘丹青（2003：126/133）考察明清吴语文献中情况一致。连词例子如：

（6）犹太全省搭之耶路撒冷个人全出来犹太全地和耶路撒冷的人都出来。（1/5）

（7）今世个忧虑、钱财个迷惑，搭之贪别样物事个私欲和别样的私欲。（4/19）

“搭” 有时还能表示关系。如：伲搭倷有啥相干我们与你有什么相干。（1/24）

在一些官话版《新约》中，伴随介词一般译为 “同”，共与介词译为 “与”，并列连词译为 “和、并”，分工比较明确。

在苏州土白《马可福音》中，无论 “搭” 的词性，语音都是 tah［taʔ^{7}］。作名词例如：个搭 tah 这里、一搭 tah 地方一处地方 15/22，作动词例如：搭 tah 三个帐篷 9/5。

搭，都合切，音答，击也，又附也、挂也。与苏州话口语中 “答回 ~15/4” teh［təʔ^{7}］音不同。造成出韵的原因是无论名词还是动词，“搭” 只是个借字，与本义皆不符。上海等地的传教士文献中 “搭” 字读音也是读同山摄，而不同于咸摄。

当代苏州话中 “搭” 仍在使用，通行地域为老城区和吴县南部地区。语义范围有所扩大，除伴随、共与外还有比较、受益等用法。“搭子［taʔ^{7}tsɿ^{0}］” 现今只用于并列连词，而不能用作介词。

（二）同（同之） dong［doŋ^{2}］

“同” 作伴随、共与介词在书中共出现 11 次，其中 “同” 8 次，“同之” 3 次，出现次数远不如 “搭” 多。“同” 可作动词，例如：我要同唔笃到几时，我要耐唔笃到几时（9/19）。该伴随动词官话本译为 “和……在一块”。虚化为介词后用例如：

（8）耶稣同门徒离开之个搭耶稣和门徒退到海边去。（3/7）

（9）十二个里一个，同我放手拉盘里个是十二个门徒中同我蘸手在盘子里的那个人。（14/20）

（10）耶稣就同佢一淘去耶稣就和他同去。（5/24）

也可以说 “同之”，意思不变。例如：

（11）耶稣同之门徒上船随即同门徒上船。（8/10）

（12）所以同之十二个门徒出去到伯大尼就和十二个门徒出城。（11/11）

“同” 在当代苏州话中已经消失，消失年代约在 20 世纪初。清末苏州白话小说《海上花列传》还有伴随介词 “同” 的用例，但是相比 “搭” 数量劣势明显，占比只有不到 1/4。如今介词 “同” 仅在吴江南部盛泽、坛邱一带使用。

（三）对（对之） tæ［te^{5}］

《马可福音》中介词 “对” 有多种用法，下面逐一举例说明。

1. 引入动作的关涉或目标对象（又称有生方向），和普通话表达一致。

（13）我全预先对唔笃说过哉我都预先告诉你们了。（13/23）

（14）又对俚说：当心，勿要对别人说啥对他说：你要谨慎，什么话都不可告诉人。（1/44）

有生方向介词“对”苏州很多地方可用伴随介词替换，例如：我搭 / 伽唔笃讲。在浒关九图、木渎南浜等偏僻农村目标指向较强的“对你说”等场合一般只用“对”，而不用“伽、搭”。表动作方向的“对”则都不能用伴随介词替换。

伴随介词发展出有生方向介词与句子歧义、有多种理解有关。例如下面两句。

（15）搭俚笃辞别之末就上山祈祷他既辞别了他们。（6/46）

（16）拉俚笃面前显出来，搭耶稣说话并和耶稣说话。（9/4）

句（15）理解为与他们辞别、互相辞别，“搭”就是共与介词。如果理解为向他们辞别，是单一方向的动作那么就是有生方向介词。句（16）从中文看也是有歧义的。理解为同耶稣说话、互相说话是共与介词，理解为对耶稣说，是单一方向动作时则是有生方向介词。若从英文翻译 they were talking with jesus 看，介词用 with 表明是共与。“搭”会在歧义理解下经过重新分析，出现有生方向介词“对”的语法义，如今在苏州不少地方，“搭”逐步替换了原本的“对”。

2. 引入动作方向，相当于“朝”。常用“对之”。

（17）耶稣对之银库咾坐之对银库坐着。（12/41）

（18）对之殿咾坐拉笃对圣殿而坐。（13/3）

1、2 两个“对”区别在于宾语的不同。当宾语是人或人称代词时，“对”引入动作关涉对象。当宾语是地点或自然实体时，“对”引入动作方向。（17）中“对之银库”的“对”是动作方向介词，（14）句“对俚说”的“对”是有生方向介词。

引入动作方向的“对（之）”可用介词“望”替换。如：拿五个饼两条鱼望之天咾祝谢望着天祝谢（6/41）。在今天苏州话中表示动作方向“望、朝”已基本替换了“对”。

3. 引进动作的受益者，相当于“给、替”。

（19）我末用水对唔笃行洗礼我是用水给你们施洗。（1/8）

（20）主对倷做那哼个大事体主为你所做的是何等大的事。（5/19）

（21）伲凡系求个事体，请倷对伲做我们无论求你什么，愿你给我们做。（10/35）

（22）耶稣说，要我对唔笃做啥呢要我给你们做什么？（10/36）

（23）应该讨俚个家小，对弟兄传后代为哥哥生子立后。（12/19）

苏州土白版写“对”，官话版翻译成“为、给”的共有 6 句，其中 3 句译为 for，2 句译为 unto，1 句没用介词。unto 除表示方向、对象外也有“为、给”义。如：build an altar unto the lord 为耶和华筑一座坛。

表受益的“对”如今苏州话中不用。这很可能是“对”语音弱化后变读 taʔ，书面上用同音字“搭”记音造成的。原先一般认为表受益的“搭”是从共与介词发展而来（刘丹青，2003），不过从上述记载来看应该是从有生方向介词“对”变化而来。我们在《马可福音》书中还找到表示“对待”义的动词“对”写成“搭”的例子：爷搭儿子也实梗（13/12）。当然这仅是苏州城区以及吴县南部的情况，若从吴县其余地区情况看，表受益的介词则是由“替”变化而来，可参下文以及拙文（2016）。

（四）替 t‘i［t^hi^5］

“替”作动词是“代替、帮替”的意思。语法化为受益介词，表“替、给”义。受益介词“替”出现次数没有“对”多，在同时代的其他文献中，受益基本用“替”表达。

（24）并且捨脱性命替多化人赎罪并且要舍命，作多人的赎价。（10/45）

（25）拉个搭替倪预备末哉就在那里为我们预备。（14/15）

（26）啥人替伲滚开坟门口个石头吤谁给我们把石头从墓门滚开呢。（16/3）

当今苏州话中“替”一般只用作动词。一是“替换”义，如：呒不人来替我没人来换我。有时也表较实在的“代替”，例如：倷替我写写么好哉。在该连谓句中，当语义重心落在后一个动词“写”上时，“替”就逐渐虚化为“为、给”，变成介词。语义虚化的同时语音也随之弱化，在吴县西部和北部促化读“傐［tʰaʔ⁷］”，城郊和交通要道附近村落进一步弱化为“哒［daʔ⁸］”。“傐、哒”是“替”语音弱化后的记音字。在20世纪初《上海方言课本》中就有“替 t‘i、忒 t‘eh”互见的情况，表明当时受益介词语音正在发生促化。

（五）拿 nô［nɔ²］

“拿”可作动词，如：拿衣裳（13/16）；拿之灯盏（4/21）。作介词有两种用法，如“拿锲子去拿点草斫斫脱用镰刀除掉些草”中第一个“拿”相当于“用”，第二个“拿”相当于“把”。

1. 引进动作的工具、材料或方式。

（27）谷熟之末就拿镰刀割就用镰刀去割。（4/29）

（28）无人拿新布来补旧衣裳没有人把新布缝在旧衣服上。（2/21）

（29）伲拿啥个比方来比呢可用什么比喻表明呢。（4/30）

工具介词也能说“用”。如：用皮带束腰（1/6）。用许多实梗个比方讲道理（4/33）。

2. 引进动作处置对象。相当于“把”。

（30）有人就拿女眷个事体告诉俚就有人告诉耶稣。（1/30）

（31）又拿两条鱼分拨众人也把那两条鱼分给众人。（6/41）

这两种介词用法今苏州话仍常用。但在口语中为避免重复出现“拿”，例句常说成“拿锲子去斫脱点草”。又如当动词是“拿”时，“把那东西拿给我”一般说成“拿掰样物事拨我”或“掰样物事拿拨我”，不大会同时出现两个“拿”。

（六）拨 peh［pəʔ⁷］

“拨”可以作给予动词用，例如：唔笃拨俚笃吃末哉给他们吃就是了（6/37）。作介词时有多种用法，均由动词义虚化而来。

1. 引进动词的接受者。

（32）然而福音必定先讲拨万民听然而福音必须先传给万民。（13/10）

（33）全解释拨俚笃听把一切的道讲给门徒听。（4/34）

（34）耶稣变之形状咾显现拨俚笃看耶稣变了形状向他们显现。（16/12）

接受者介词传统说“拉”，参见（七）.3。如：

（35）拨物事拉俚吃又吩咐给他东西吃。（5/43）

（36）应许拨银子拉俚应许给他银子。（14/11）

苏州城区变化较快，在19世纪末《马可福音》翻译时，“拨”已经开始取代“拉”，只在“拨N拉N人”结构中为了避免重复出现“拨”而仍保留“拉”的形式。像在“传拉我传给我，卖拨倷卖给你”结构中，“拉”是老旧形式，苏州城里人往往觉得是农村话，而“拨”是通用形式。

当动词是“拨”，与介词同形时，接受者介词只能用“拉”。“把钱给他”可以说“铜钿拨拉俚”，而不能说“铜钿拨拨俚”。“拨拨俚”的意思是“给下他、给一给他”，表动作进行时间短，程度浅。

由于“拉”的逐渐消亡以及动词“拨”和介词“拉”经常连用，“拨拉”往往被认为是一个词，如（37）。该词做动词时是“给”的意思，但比单说“拨”更强调受事对象。比较“拨门徒”和“拨拉门徒（8/6）”，前者强调给的动作，后者也突出了给的对象。

（37）还拨拉跟俚个人吃又给跟他的人吃。（2/26）

“拨拉”经常连用被认作是个动词后，功能等于动词“拨”。重新经历“拨”从动词虚化为介词的过程，“拨拉”也虚化为介词。如：

（38）勿好拿儿女个饼来丢拨拉小狗不好拿儿女的饼丢给狗吃。（7/27）

（39）神个物事归拨拉神上帝的物当归给上帝。（12/17）

2. 引入施事对象，表被动。相当于“被、让”。

（40）链条拨俚断脱铁链被他挣断了。（5/4）

（41）受多化苦咾拨人看轻被人轻慢。（9/12）

（42）拨女眷看见被玛利亚看见。（16/11）

老派苏州话中单用的“拨”经常是动词，被动标记常说“拨拉”。新派口中这种区别已经消失。从这里看《马可福音书》代表了当时较新派的说法。

另外“拨”也作使役动词，相当于“让、教”。如：

（43）俚所做个全好拨聋彭会听咾哑子会说哉连聋子也叫他们听见，哑巴也叫他们说话。（7/37）

（44）希罗底个囡儿进来跳舞，拨希律咾同席个全快活使希律和同席的人都欢喜。（6/22）

（45）神国个奥妙是拨唔笃晓得上帝国的奥秘只叫你们知道。（4/11）

（46）勿要拨别人晓得俚不要把他显露出来。（3/12）

像在（46）这样的否定性使令句中，“拨”既可理解为“让 / 使别人知道”，也能理解成“被别人知道”。正是这种歧义使得“拨”由使役动词发展出被动义。

（七）拉 lah［laʔ⁸］

“拉”相当于普通话的“在”。最初是动词。如：勿拉此地哉（16/6）；耶稣拉船梢里（4/38）；个个时候又有多化人拉笃在那儿，无啥吃（8/1）。逐渐发展出介词用法。

1. 引入动作发生的地点。

（47）只好登拉外头荒野地方只好在外边旷野地方。（1/45）

（48）看见众人拿铜钱来捐拉库里看众人怎样投钱入库。（12/41）

（49）就拿一个小干立俚拉俚笃当中于是领过一个小孩子来，叫他站在门徒中间。（9/36）

（50）拉笃顶高个场化“和散那”在高天之上当唱“和散那”。（11/10）

（51）耶稣骑拉上耶稣就骑上。（11/7）

介词“拉”后可加上方位词“上、里（向）”。如：放拉灯台上（4/21）、住拉坟墓里（5/3）。使用过程中往往抽去地点变成固定形式“拉上在上面、拉里在这里、拉海在里面、拉笃在那里（听见耶稣拉笃 7/25）”。“里、笃、上、海”的方位义磨损后，“拉 X”类词功能和“拉”变得一样，可以充当动词（人听见俚拉笃屋里 2/1）、副词（众人拉笃寻倷 1/37）、介词（拉笃顶高个场化 11/10），再发展为助词，表示动作的持续状态，对应于普通话的“着”。如（52）（53）。最终可发展为语气词，如（54）。拉 X 类词语法化过程可参看钱乃荣（1997）。

（52）看见小驴子缚拉笃看见一匹驴驹拴在那里。（11/2）

（53）拉门外头街上缚拉笃拴在门外街道上。（11/4）

（54）恐怕俚忽然来，碰着唔笃困着拉笃看见你们睡着了。（13/36）

在（52）中“缚拉笃”既可以理解为绑在那儿，也可理解为绑着。但是（53）句中前面已经出现地点，因此“拉笃”只能是助词“着”。（54）中谓语“困”后已有补语，拉笃只能是语气词“了”。

有时“拉”也引介虚化的地点，表一种处境或者在某情况下，如：个个寡妇倒拉缺少里捐俚一切所有个这寡妇是自己不足反把所有一切养命的拿出来捐（12/44）。“拉缺少里”即指“在短缺的情形下”。

2. 引入动作发生的时间。

（55）拉夜快，日头落山个时候天晚日落的时候。（1/32）

3. 引入动作接受者。相当于“于”。

（56）格末产业归拉倗哉产业就归我们了。（12/7）

“拉”是比较陈旧的说法，较新的说法为“拨”，详上文（六）1.。19 世纪末的苏州城内“拨”已经逐渐取代了“拉”，替换尚未最终完成，并且产生了叠床架屋形“拨拉”，如（38）。

（八）比（之）pi［pi³］

（57）比地上百样种还小比地上的百种都小。（4/31）

（58）穷寡妇所捐个比之众人更多这穷寡妇投入库里的，比众人所投的更多。（12/43）

（59）骆驼穿过引线眼比之财主人进神国还容易。（10/25）

“比”是有大小的差比词，等比用“像……能、像……一样”结构，译成“像……似的”。不过这里的“像”是动词。如（60）（61）。

（60）凡是人勿像小干能接受神国不像这小孩似的。（10/15）

（61）小干末像死个一样孩子好像死了一般。（9/26）

（九）为之 wæ-ts［ɦue²tsɿ³］

1. 引入动作的目的。

（62）安息日是为之人咾设立个是为人设立的。（2/27）

（63）因为我为之个个咾来个因为我是为这事出来的。（1/38）

2. 引入原因。

（64）谷熟之末就拿镰刀割，为之收成个时候到哉因为收成的时候到了。（4/29）

（65）泥勿多咾发芽来得快，为之泥勿深土既不深，发苗最快。（4/5）

四　百年来苏州话介词的演变

共与、受益、比较、有生方向都属于对象介词。从表 1 可知百年来对象介词的变化比较明显。首先是“搭”语义范围的扩大，从原先的共与发展出了比较等用法。其次是“同、替”等旧形式的消失。第三是有生方向介词“对”发展出受益介词用法，并随着语音弱化混入“搭”。另外接受者介词“拉”逐渐被“拨”替换，产生了叠床架屋形式“拨拉”。“拨”由允让、致使义动词虚化为被动标记。“拉笃”本义“在那儿”，在经历语法化链后被“拉浪 / 拉拉”替换。

表 1　苏州方言介词的演变

	当代苏州话介词	马可福音中介词	英语译文介词
1. 共与（协同）	搭	搭、同、搭之	with
2. 比较	搭、比	比、比之	than；as
3. 受益	搭	替、对	for；unto
4. 有生方向	搭、对	对	to/unto
5. 方向	望、朝、对之	对之、望之	over against
6. 处置	拿	拿	—
7. 工具	拿、用	拿、用	with
8. 施事	拨、拨拉	拨	by；of
9. 接受者	拨、拨拉	拨、拉、拨拉	to/unto
10. 处所 / 时间	拉、拉浪	拉、拉笃	in/into；at
11. 原因 / 目的	为之	为之	because；for

参考文献

蔡　佞 . 19 世纪末的苏州话［G］// 上海市语文学会 . 吴语研究（第五辑）. 上海：上海教育出版社，2010.

蔡　佞 . 苏州方言“和类词”的种类分布及来源［R］. 苏州：第九届国际吴方言研讨会，2016.

刘丹青 . 语法化中的共性与个性，单向性与双向性［G］// 吴福祥，洪波 . 语法化与语法研究（一）. 北京：商务印书馆，2003.

钱乃荣 . 吴语中的“来”和“来”字结构［J］. 上海大学学报（社会科学版），1997，4（3）：102—108.

石汝杰 . 苏州方言的介词体系［G］// 李如龙，张双庆 . 介词 . 广州：暨南大学出版社，2000.

佚　名 . 马可福音书（苏州土白）［M］. 大美国圣经会托印 . 上海：美华书馆，1891.

佚　名 . 新约全书（苏州土白）［M］. 上海：大美国圣经会，1922.

佚　名 . 新约全书（中西字）［M］. 中华圣经会，1939.

（蔡　佞　苏州市公安局　215130　510750276@qq.com）

苏州弹词文献中的方言语气助词“哉”

蔡晓臻

《绘图孝义真迹珠塔缘》《绣像描金凤》《玉蜻蜓》等苏州弹词的传统曲目大多是清代流传下来的文献，他们较为全面地保留了当时的苏州方言。其中“哉”作为苏州方言语气助词在继承文言语气助词用法时又有了进一步发展变化。方言语气助词“哉”保留了文言语气助词“哉”的感叹语气用法，可以用作情态语气助词，它还可用作事态语气助词，后一项用法都是后来演变出来的。“哉”是一个较为典型的苏州方言语气助词，在弹词文献中大量使用，表达的意义也较为丰富。

一 “哉”作事态语气助词

“哉”在弹词文献中使用较为频繁，一般位于句尾或分句末，不单独成句，用作事态语气助词时，主要是客观地肯定事态出现了变化或是将要出现变化，用法大体相当于普通话事态语气助词“了”的用法。

1.1 表已然事态

“哉”表示事情已经结束或事态发生了变化，通常直接跟在名词或名词性短语、动词或动词性短语后面，表示对这些词或短语的强调，相当于普通话语气助词“了”。

（1）哎，老弟，我来门浪好几年哉！（哎，老弟，我来到这里好几年了！《绘图孝义真迹珠塔缘》卷之一，第二回，侄见姑贫富抗颜抛至戚）

（2）太太，河南方大爷到哉！（太太，河南方大爷到了！《绘图孝义真迹珠塔缘》卷之一，第二回，侄见姑贫富抗颜抛至戚）

（3）呸！叫差哉，要请叫大老爷嚯！（呸！叫错了，要请叫声大老爷呢！《绘图孝义真迹珠塔缘》卷之一，第六回，逢救登舟）

（4）阿呀！啥洛老爷来里说鬼话哉？（阿呀！为什么老爷在这边说瞎话了！《绘图孝义真迹珠塔缘》卷之二，第十二回，托女婢久病离魂）

“哉”表事情已经结束或者事态发生了变化的句子很多。如例（2）中“河南方大爷到哉！”的“哉”说明这句话所表示的事情已经完成，例（3）中“叫差哉！”的“哉”表示“叫错”这一状态已经发生。“哉”都位于句末或者分句末，且很多时候直接跟在动词或动宾结构后面，在上面的4个例句中，只有例（1）中的“哉”跟在名词性结构“好幾年”后面。

1.2 表将然事态

“哉”表事情将要发生变化，时间上来讲，可以是马上要发生的变化，也可以是明后天或更长时间之后将要发生的变化，基本上都位于句末且跟在动词或动词性结构后面，句中常会有一些表示将来的词，如“要”“明朝”等，相当于普通话语气助词“了”。

（1）姐姐妹妹，我里大家有马肉吃哉！（姐姐妹妹，我们大家就要有马肉吃了！《绣像描金凤》卷十二，第四十四回，败荒招亲）

（2）众白：哙，铺跳板打扶手，老爷上岸哉！（众白：哙，铺跳板打扶手，老爷要上

岸了！《绘图孝义真迹珠塔缘》卷之一，第六回，逢救登舟）

（3）有的说卖婆个命好，故歇要做奶奶哉！（有的人说卖婆的命好，这会儿就要做有钱人家的太太了！《绣像描金凤》卷十一，第四十回，还乡合卺）

（4）明朝末做爷个动身哉！（明天末我这个做爷的要出发了！《绣像描金凤》卷七，第二十六回，差探掘藏）

“哉”表事情将要发生变化时大致有以下情况：一是马上要发生的变化，如例（1）“姐姐妹妹，我里大家有马肉吃哉！”表示大家接下来马上要有马肉吃了。如例（2）“老爷上岸哉！”表示老爷即将要上岸，是马上就要发生的变化。二是明后天或更长时间之后将要发生的变化，如例（3）的“要”，表示这件事情过一阵子将要进行。如例（4）“明朝末做爷个动身哉！”表示明天要发生的变化。

事态语气助词“哉”的核心意义主要是强调发生变化，包括新变化的开始和旧事态的改变，这种变化可以是现在，也可以是即将发生变化。此外，事态语气助词“哉”还可以强调肯定，即对发生变化的肯定。

二 “哉”作情态语气助词

“哉”作情态语气助词是继承了文言语气助词“哉”的用法，文言语气助词“哉”主要表示赞叹、哀愁、惊诧等情态语气，也兼表特指问，① 但弹词语气助词“哉”没有表特指问的用法。

2.1 “哉”表感叹语气，跟在名词、形容词、动词或相关短语后面，表高兴、伤心、惊讶、愁烦、唏嘘等各种情绪，相当于普通话语气助词“了”

（1）小生白：好胡說！花旦白：介末弗送哉！（小生白：你真是胡说！花旦白：那么就不送了！《绘图孝义真迹珠塔缘》卷之一，第二回，侄见姑贫富抗颜抛至戚）

（2）哙，啥人来朵敲门？能介紧急，直头是拿子棒槌撞金钟哉！（哙，什么人在那里敲门？这么紧急，真的是拿了棒槌撞金钟了！《绘图孝义真迹珠塔缘》卷之二，第七回，华筵贺岁旦重及目孝女锁眉）

（3）阿呀勿好哉！人参汤都倾翻哉！（阿呀不好了！人参汤都泼翻了！《绘图孝义真迹珠塔缘》卷之二，第十一回，忆夫君多情哭塔）

（4）啥个？来探娘个？越发笑话哉！（什么？来看望妈妈的？越发笑话了！《绘图孝义真迹珠塔缘》卷之四，第二十回，见母心欢泪更多）

由于表达的情态比较丰富，“哉”所处的语境也更加宽了，除了在动词及动词性结构后面外，还能够在形容词和名词后面出现，例（1）中“弗送哉”的“哉”表示歉疚，跟在动词后面。例（3）中的“阿呀不好哉”表示诧异，跟在形容词后面。例（4）中的“哉”表示冷笑，跟在名词后面。

2.2 “哉”表主观上的猜测或是对程度等的判断、估计或强调。

（1）进城一直，望东转湾，过桥去勿远哉！（进城一直走，再往东转弯，过了桥走不远就到了！《绘图孝义真迹珠塔缘》卷之二，第十回，大盗无心当劫珍）

（2）正生白：死的了么？众白：直头死个哉！（正生白：死了吗？众白：真的死掉了！

① 孙锡信《近代汉语语气词》，语文出版社，1999 年。

《绘图孝义真迹珠塔缘》卷之一，第六回，逢救登舟）

（3）大老爷，人阿勿做声，自然死个哉！（大老爷，这个人啊没有声音，自然是死的了！《绘图孝义真迹珠塔缘》卷之一，第六回，逢救登舟）

（4）钱乱笃两边一看心里宽松，有点意思哉！（钱笃笃两边一看就定心了，看得出来有点意思了！《绣像描金凤》卷八，第三十回，通伸得雨）

例（1）中的“哉”是估计，强调距离之远。例（3）中的“哉”强调的是对于别人生死的猜测。如例（4）中“两边一看”说明先是观察了一下，看下来没有什么问题“心里宽松”，于是就作出了猜测和推断“有点意思哉”。

2.3 “哉”表惊诧，即对所发生的或看到的事情或状况感到惊讶，且往往程度较深

（1）这般相待甚奇哉！倘他回家告诉亲娘晓，岂非把昔日恩情一旦抛？（这样相待很奇怪了！如果他回家告诉娘知道，岂不是把昔日的恩情一下子抛掉了？《绘图孝义真迹珠塔缘》卷之一，第三回，侠女送才郎暗藏奇宝）

（2）猪只有四只脚，一个头，心肝肚肺大肠腰子，有了手没，就是妖怪哉！（猪只有四只脚，一个头，还有心肝肚肺大肠腰子，如果有了手的话呢，就是妖怪了！《绘图孝义真迹珠塔缘》卷之二，第十回，大盗无心当劫珍）

（3）佛婆听，惊吃呆，听他言语真奇哉！（佛婆听了，很是惊呆，听了他的话真是觉得奇怪了！《绘图孝义真迹珠塔缘》卷之四，第二十回，见母心欢泪更多）

（4）罗晓得我里姑爷勿来里哉！老旦白：那里去了？花旦白：到奔仔白莲庵去哉！（哪知道我们姑爷不在这里了！老旦白：他到哪里去了？花旦白：倒是跑到了白莲庵去了！《绘图孝义真迹珠塔缘》卷之四，第十九回，谒师情重还再）

表惊诧时，会跟随一些副词，如例（1）中的“甚”是副词，例（2）中的“就”是副词，例（3）中的“真”是副词，“甚”“真”都是表程度的副词。

2.4 “哉”表反问语气，常和“岂”字配合使用，表达肯定意思，“岂”“哉”连用表达更为强烈的意愿，“哉”既是提出问题，又是对推断的事情作回答，有时候还可以得出某些结论，以便引起听话者的关注，取得更好的表达效果

（1）大家打他一顿岂不快哉？（大家打他一顿岂不是很快活的事情？《玉蜻蜓》卷四，殿试）

（2）小旦白：爹爹说那里话来，想天下岂有无母之女哉？（小旦白：爹爹说的是哪里的话呀，想天下岂有没有母亲的女儿？《绘图孝义真迹珠塔缘》卷之二，第七回，华筵贺岁旦重及目孝女锁眉）

（3）坏哉坏哉！倘然有子大毛虫，个个方大爷岂勿要做子现成点心哉？（坏了坏了，如果有了大毛虫，那个方大爷岂不成了现成的点心了？《绘图孝义真迹珠塔缘》卷之二，第八回，孤灯哭元宵暗关心佳人侧耳）

（4）白：我想徐惠兰不到，二母亲并无招婿之心，待我曼曼打算，爹爹必将妹子配我为妻，岂不乐哉快哉？（白：我想徐惠兰不到，二母亲并无招婿之心，等我慢慢想办法，到时候爹爹定将妹妹许配给我，岂不乐哉快哉？《绣像描金凤》卷五，第十七回，想妹害王）

三　“哉”跟在动词或形容词后面，表达肯定、推测、建议等意义和语气

在对“哉”的事态语气和情态语气的分析中，我们注意到“哉”常跟在动词和形容词后面，表达各种语气，其中的一些用法由于用得较多成为了习惯，构成了相对固定的搭配，如“去（来）+哉”“是+哉”。

3.1　去（来）+哉

“去（来）”和“哉”都重读，整个句子的重心落在“去（来）哉”上面。“去（来）”都是明确的动作行为，这一结构表达的是事态语气，可以表示已经发生的变化，也可以表示将要发生的变化，还可以表示建议或打算。

（1）今朝四娘勿要去哉！（今天四娘不要回去了！《绣像描金凤》卷二，第六回，寻主联姻）

（2）阿翠，娘是昨夜居去哉！（阿翠，娘是昨晚就回去了！《绣像描金凤》卷二，第七回，聘翠设计）

（3）油脸白：呔！酒保那里？丑白：来哉！阿是会钞？一共五钱四分。（油脸白：呔！酒保在哪里？丑白：来了！是不是会钞？一共五钱四分。《绘图孝义真迹珠塔缘》卷之二，第十回，大盗无心当劫珍）

（4）贴旦白：是我，快些开门。花旦白：哦，来哉！（贴旦白：是我，快些开门。花旦白：哦，来了！《绘图孝义真迹珠塔缘》卷之二，第十一回，忆夫君多情哭塔）

3.2　是+哉

情态语气词“哉”跟在动词“是”后面，可以表肯定语气，两者连用起强调作用，且略带不耐烦口气。“是哉”的语气强度也不同，有时候强一些，有时候平和一些，要视具体的语境而定。

（1）故样天气有舍事体末，打发陈荣出来末就是哉！（这样的天气有什么事情末，打发陈荣出来就是了！《绣像描金凤》卷一，第一回，义仆劝主）

（2）倍末只要消账末是哉！（你只要能销账就是了！《绣像描金凤》卷二，第七回，聘翠设计）

（3）介末是哉，外势等介等。（那么是了，外面等一下。《绣像描金凤》卷三，第八回，拜年夺嫁）

（4）只要王相公照应照应末是哉。（只要王相公关照关照就是了。《绣像描金凤》卷三，第十回，议审造帖）

3.3　“哉”跟在其他动词后面

“哉”跟动词的结合能力较强，除了“去”“是”等词以外，还可以跟其他许多主要是表示实词意义的动词结合，表示推测、建议和判断等语气。“哉”虽然跟在动词后面，但是并不都表示事态语气，它还可以表示情态语气，表达各种情感和态度。

（1）快点本个浴里忽忽，勿肰要冻死哉！（快点给他洗个燥，不然要冻死了！《绣像描金凤》卷一，第三回，投留跌雪）

（2）倍说大朝奉打发我里来个，里就晓得哉！（你就说大朝奉打发我们来的，他就晓得了！《绣像描金凤》卷三，第八回，拜年夺嫁）

（3）我里兄弟勿好，看我做阿哥个面浪，勿要说哉！（我家兄弟不好，看在我这个做哥

哥的面上，不要说了！《绣像描金凤》卷三，第八回，拜年夺嫁）

（4）咳，小娘儿想家公，吃才勿要吃哉！（咳，小媳妇想丈夫，吃都不吃了！《绣像描金凤》卷七，第二十六回，差探掘藏）

3.4 “哉”跟在形容词后面，表达感叹语气

情态语气词“哉”与形容词结合，可以强化形容词的程度，所表达的感叹语气也较为强烈，有时候甚至有些大惊小怪的意味。

（1）好将何物润咽喉，咳，懊老哉！（也好将就着什么东西润一下咽喉，咳，后悔了！《绣像描金凤》卷八，第三十回，通伸得雨）

（2）你只个皇帝做得厌哉！（你这个皇帝做得厌烦了！《绣像描金凤》卷十，第三十八回，赦罪戮兰）

（3）若能与奴为夫妇，一世无忧真快哉！（若能与我结为夫妇，一世无忧真的是快活了！《绣像描金凤》卷十二，第四十四回，败荒招亲）

（4）花旦白：老爷勿好哉！夫人用皮鞭来里打采苹哉。（花旦白：老爷不好了，夫人用皮鞭在打采萍了。《绘图孝义真迹珠塔缘》卷之三，第十六回，婆媳又奇逢）

四　弹词语气助词“哉”和文言语气助词“哉”的异同比较

在弹词文献中，方言语气助词“哉”不用作特指问。文言语气助词“哉”可以用于特指问句中，问人、问事、问地点、问原因等，一般有疑问词配合使用，例如“汲黯何如人哉？”清代弹词文献中，方言“哉”的特指问功能已经消失。

弹词方言语气助词“哉”和文言语气助词“哉”基本相同的用法在于表示反问语气，常和“岂”等表反问的词和“無”“勿”等否定词结合使用，表达肯定语气。两者细微的差别在于，文言语气助词“哉”所处的反问句后面还会推言事理作答，而弹词语气助词“哉”后面则不会作答，“哉”所处的反问句本身就是对事情的推断和看法。文言语气助词“哉”的例子如：“矢人岂不仁于函人哉？矢人惟恐不伤人，函人惟恐伤人，巫将亦然。（战国《孟子·公孙丑上》）”弹词语气助词“哉”的例子如：“爹爹说那里话来，想天下岂有无母之女哉？（《绘图孝义真迹珠塔缘》卷之二）”。

弹词方言语气助词“哉”和文言语气助词“哉”都可以表达暂顿语气，但弹词文献中语气助词“哉”表暂顿的用例极少见了，例如：“好一个贤哉刑氏娘，生成列性硬如刚。（《绣像描金凤》卷之五）”而文言中暂顿语气助词“哉”的用例是较多的。例如：“世虽贵之哉，犹不足贵也，为其贵非其贵也。（战国《庄子·天道篇》）”。

弹词方言语气助词“哉”可用作事态语气助词，是新产生的功能。

方言语气助词“哉”表达的情态语气比文言更为多样。“哉”是文言中使用较为频繁的语气助词，表示感叹、惊诧、哀愁、唏嘘等语气。这些功能在弹词中得到了继承和发扬，不论是与动词、形容词还是与语气助词的结合中，“哉”都体现出丰富的表情达意能力。

到清代弹词文献中，方言“哉”还具有了一些独特的功能：一是强调和肯定作用，这在弹词文献中比比皆是，例如：“是哉，弗差个！”表达的是肯定判断；二是和动词、形容词、语气助词等其他词类一起使用构成相对固定格式表达一定的情态语气，如“去哉”“是哉”。

五 “哉”在当代苏州话中的发展演变

在当代苏州话中，依然保留了很多“哉”的用法，读音却在演变过程中，产生了明显的弱读倾向，现今六十岁左右的老苏州（1950年左右出生的）仍常常读“哉”，而苏州的年轻人则把“哉”弱读成“则”，总体向着简化的方向发展。前文中“哉”的大部分用法都沿用了下来，只是“哉”变成了“则”。

5.1 “则”表达各种事态语气

在一些语境中，如在动词或动词性短语、形容词的后面，“则”表达明确的事态语气，表明事情已经发生或已经产生一些结果。往往和“子”结合在一起使用，表达较为强烈的语气。

（1）倷上子当则！（你上了当了！）

（2）俉笃伲子辣海哭则！（你们儿子在那里哭了！）

（3）明朝头是忒爱则！（明天是太晚了！）

（4）忙得大家才要受不了则！（忙得大家都要受不了了！）

5.2 “则”表达各种情态语气，如肯定、判断、推测等，常带有明确的主观态度，甚至是夸张的语气。

（1）小马个个就是勿讲道理则。（小马这样就是不讲道理了。）

（2）该套房子看腔调要巴俚笃糟蹋得勿像腔则。（这套房子看样子要被他们糟蹋得不成样子了呀。）

（3）一口气总归顺不了则。（一口气总归顺不了了。）

（4）里是海委得了不得则。（他是骄傲得了不得了。）

5.3 “则”表达情态语气

“则”可以跟在动词或形容词后面，用法基本上和跟在动词或形容词后面的“哉”差不多，除了表示事态语气，它还可以表示情态语气，表达各种情感和态度，例如推测、建议和判断等语气。

（1）阳阳学子一个夜里脚踏车就会骑则。（阳阳学了一个晚上的脚踏车就会骑了。）

（2）倷可以走则。（你可以走了。）

（3）电饭煲烧坏忒则！（这下好了，电饭煲烧坏掉了。）

（4）该样个说话是麻烦大则！（这样的话麻烦大了！）

5.4 文言“哉”的反问语气用法产生了变化

弹词文献中，“哉”还留存有些许文言的用法，常和“岂”等表反问的词和“无”“勿”等否定词结合使用，表达表反问语气。如“个个方大爷岂勿要做子现成点心哉?”(《绘图孝义真迹珠塔缘》卷之二)、“爹爹说那里话来，想天下岂有无母之女哉?”(《绘图孝义真迹珠塔缘》卷之二）这些文言的用法当代苏州方言中已经发生了变化。例如：“里这更不是去忒则？（他这样岂不是完蛋了？）”关于方言语气助词“则”的反问句中，“岂”已经基本不用，而是用“不是”等词来构成反问。

参考文献

李小凡．苏州方言语法研究［M］．北京：北京大学出版社，1998.

齐沪扬 . 语气词与语气系统［M］. 合肥：安徽教育出版社，2002.
汪　平 . 苏州方言研究［M］. 北京：中华书局，2011.
汪　平 . 苏州方言的“仔、哉、勒”［J］. 语言研究，1984.
汪　平 . 苏州方言的语气词［C］// 汉语方言语法研究和探索——首届国际汉语方言语法学术研讨会论文集 . 全国汉语方言学会，华中师范大学语言和语言教育研究中心，2002.
汪　平 . 苏州方言语法引论［J］. 语言研究，1997.

（蔡晓臻　苏州大学海外教育学院　215000　sudacxz@163.com）

"好X不X"共时与历时考察*

崔山佳

一　吴方言的"好X不X"

宁波方言有这样一种句式，叫"好X不X"，例如：

（1）"真正岂有此理！"冬生瘸手拐着脚大嚷着进来。"他妈的，**好捉不捉**，寿夫大炮给捉去了。他老婆哭到我家，要我还出人来。我说你向乡长去要去吧，她才不敢来了。"（巴人《乡长先生》）

（2）"——啊！我的娘呀！……"她一边这么喊，一边"啪哒啪哒"拍着手，仿佛冬烘先生唱诗押拍子，一个劲儿唱下去。"我的命是好苦呀！我**好选不选**末选上这么个癞蝗虫呀！我夜里睡不着觉末我日里挨饿呀！我还要眉头眼脑看别人家的麻面孔呀，哎唷唷！我的娘呀！……"（巴人《有张好嘴子的女人》）

"好X不X"通常写作"好X弗X"，例如：

（3）**好死弗死**，多吃饭米。（朱彰年等，1991：325）

（4）念佛送鲞——**好省弗省**。（朱彰年等，1991：335）

（5）俗语：面孔**好白弗白**，屁股**好黑弗黑**。又：**好省弗省**，念佛送鲞。（朱彰年等，1996：130）

《中国民间文学集成·浙江省·宁波市·奉化市故事歌谣谚语卷》也有例子，如：

（6）**好省勿省**，念佛烧香。（第515页）

（7）**好拣勿拣**，拣个无底灯盏。（第522页）

宁波话口语"不"一般写作"弗"，也有写作"勿"，巴人作品用"不"是书面语用法。所以，宁波话应该以"好X弗/勿X"作代表。

宁波、舟山话中还有"好像弗像""好看弗看""好做弗做""好去弗去""好来弗来""好睏弗睏""好长弗长""好矮弗矮"等说法。

宁波话"好X弗X"中的"X"，既可以是动词，如例（1）中的"捉"，例（2）中的"选"，例（3）中的"死"，例（4）、例（6）中的"省"，例（7）中的"拣"，也可以是形容词，如例（5）中的"白"和"黑"，但以动词为多。

"好X弗X"的意思是，应该"X"而不"X"，不应该"X"而"X"了。用"好……弗……"，主要起强调作用，如例（1）强调的是，不应该"捉"，但却"捉"了。例（2）强调的是，不应该"选"，但却"选"了。例（3）强调的是，应该"死"了，但却没有"死"。例（4）强调的是，应该"省"，但却没有"省"。宁波话的另一句俗语是："念佛送鲞，真正好省。"（见朱彰年等，1996：130）此俗语义同例（4），意谓在念佛时念佛者要吃素，而"鲞"是海产品，属于荤菜，所以送礼送错了，所以说"好省"。例（5）强调的

* 本文研究得到国家社会科学基金资助，项目名"明清白话文献与吴语语法专题比较研究"，编号18BYY047。

是，面孔应该“白”，所谓“一白抵三俏”，但却“黑”了，屁股可以“黑”（意即黑点没有关系，别人看不见），但却“白”了。

“好”有“应该；可以”义，《现代汉语词典》（第7版）收“好”，义项十二是方言，动词：“应该；可以：时间不早了，你～走了|我～进来吗？”宁波话中“好”就有“应该；可以”义。（见朱彰年等，1996：130）

如何区别“好X弗X”格式所表达的语义是“应该”还是“不应该”呢？这主要看上下文意思。如例（1）、例（2）主要强调“不应该”，而例（3）、例（4）、例（5）主要强调“应该”。

绍兴的诸暨话也有，例如：

（8）**好弄弗弄**，弄葛这种行当。

（9）**好像弗像**，像其他娘，介这么难看。

（10）**好死弗死**，红灯来的走咯红灯的时候走路。

（11）件衣裳这件衣服，**好红弗红**葛的。

“好X弗X”中的“X”主要为动词，且有“好X弗X，X……”这样的结构。如例（8）中后面有“弄”，例（9）中后面有“像”。这与宁波话差不多，如例（1）中“好捉不捉”后面有“寿夫大炮给捉去了”，也有“捉”字。例（2）“好选不选”后面也有“选上这么个癞蝗虫呀”中的“选”。或者说这是动词的拷贝形式。诸暨话中，“好X弗X”中的“X”也可以是形容词，如例（11），但有限制，即一般为表颜色的词，没有动词来得广。诸暨话中该结构表示的语义没有宁波话复杂，一般仅是表不应该之义。我们以为是在一种周遍意义的视角下竟然发生了“X”这样的行为（或状态）。如例（8）表“什么行当不能弄，偏偏弄这种行当”，也就是说“任何行当都能干，就是这个行当（这样的行为）不应该干”，例（9）与例（11）依此类推。值得注意的是，但如果“X”是表贬义色彩，通常所说“好死弗死”中的“死”，则是表应该之义，即“年纪大了，应该死了，怎么还不死”，这与宁波话同。但该短语在诸暨话中又因为“死”概念的泛化，常用来抒发主观上的不满之义（如“要死了，竟然堵车”，意为“糟糕，竟然堵车”），所以不是用于真正意义上“生”与“死”相对的概念时，常仅仅是为了抒发主观不满之义，从这个角度说，也是用来否定“好X弗X”后的行为动作，如例（10）。

吴越等（2012：656）说丽水缙云话有“好愁弗愁，愁得六月呒热头”，意谓“多余的顾虑”。“好愁弗愁”就是“好X弗X”格式，也用动词拷贝句式。丽水庆元话有“好吃不吃”等说法。

金华义乌话也有。方松熹（2002：161）说义乌方言熟语有“好愁勿愁，愁个六月无热头（太阳）”。与缙云话是同样的意思。

《中国谚语集成》（浙江卷）还有一些例子，如：

（12）嵊县白鲞地**好晒勿晒**，新昌铜锣地**好挂勿挂**。（《中国谚语集成》浙江卷第433—434页）

第434页有一注释说：“晒：喻铺摊，挂：喻高置。嵊县县城地处澄潭、长乐、新昌三江汇合处，扼江比扼山重要，但却傍山而建；新昌县城位于五马、南明两山之间，发展最好是挂山，但却建于平地。”上例语意为“应晒未晒”“应挂未挂”。

（13）**好省勿省**，念佛送鲞。（《中国谚语集成》浙江卷第18页）

此谚语属宁波的宁海，义同宁波话。

（14）鳓鱼**好钻勿钻**，鲳鱼**好缩勿缩**。（《中国谚语集成》浙江卷第730页）

此谚语属舟山。第730页有一注释说：“或作‘鳓鱼缩，鲳鱼钻’。”上例语意为鳓鱼“应钻未钻”，鲳鱼“应缩未缩”。

（15）**好省勿省**，咸鱼蘸酱。（《中国谚语集成》浙江卷第18页）

此谚语属嘉兴。语意也是“应省未省”。因为咸鱼已经是咸的了，就不需再“蘸酱”，否则是多些一举。

（16）**好省勿省**，二婚亲吹打。（《中国谚语集成》浙江卷第468页）

此谚语属衢州。

本人有2013年浙江省高等教育课堂教学改革项目《在语言学概论课中培养学生科研能力》，因此，就“好X不X”格式对学习“语言学概论”课的12级对外汉语和12级汉语言文学专业学生进行调查。调查结果是：绍兴市区话中有“好做勿做”（可以做但不去做）、“好死勿死”（年纪很大了还没有死）的说法。杭州富阳话中有“好讲不讲”的说法。金华兰溪话中有“好听不听”“好看不看”“好吃不吃”等说法，一般都用于生气的时候所说的话。衢州话中除有“好死不死”说法外，还有“好着不着”（常常用于人帮了倒忙，碍了事的情况里），例如：

（17）这菜本来味道不错，他硬是要多加点盐，然后就不好吃了，他个**好着不着**的。

（18）我本来要往水箱里注水，他**好着不着**把进水阀门给关了，然后水箱里就没有水了。

衢州常山话有“好白不白”“好死不死”“好睡不睡”等说法。湖州话有“好做不做”“好听不听”“好学不学”等说法。

“好X不X”格式在明代笔记中已有例子，如：

（19）虎臣笑曰：“便是这物事受得许多苦恼，**好死不死**。”（明·田汝成《西湖游览志馀》卷5）

这是目前发现的最早的“好X不X”格式。据360百科介绍，田汝成（1503—1557），字叔禾，原为钱塘（今杭州）人，明嘉靖五年（1526）进士，因与诗人蒋灼交厚，移家居余杭方山。据调查，现在杭州话中也有“好死不死”，这就与田汝成《西湖游览志馀》的说法呼应起来了，杭州话中历史上就有。又据调查，杭州话除“好死不死”外，还有“好来不来”的说法，如：“你好来不来，这个时候来。”意思是“不赶巧，你不该在这个时候来”。

曹志耘（1997）是金华方言词典，收“好…弗…”，注释是：“‘好、弗’分别用在同一个单音节动词前面，字面意义为应该或可以做什么但不做，指做了不该做的事。”如：“侬覅好讲弗讲，我侬从来未做过这种事干 | 侬好做弗做，做格种生活 | 好问弗问 | 好劳弗劳多管闲事 | 好望弗望。”

鲍士杰（1997）是杭州方言词典，收“好儿不儿”，注释是：“指外地人学说杭州话，有时该带儿的词不带，不该带儿的却读作了儿尾词。”如：“你好儿不儿，不该说儿的要说儿。”本来“儿”是名词，或者更准确地说是“儿”尾。但在“好X不X”格式中，“儿”已经是作动词用了。但杭州话中应该还有“好死不死”“好来不来”等。（不过据徐越教授说，杭州话只有“好儿不儿”）

相比之下，别的方言的“X”是动词，而宁波话、诸暨话、常山话除动词外，还可以有形容词，不过诸暨话、常山话只是表示颜色的形容词，宁波话也可以是别的形容词，如“长”“矮”等。

上面是浙江吴语。上海松江话有“好自想不自相（玩）”“好弄不弄”“好写不写”等。松江话“好X不X”的“X”也可以是双音节词。据宁波人阮桂君博士说，宁波话中，双音节也能进入“好X不X”，如“好快活弗快活”“好节省弗节省”等，甚至更复杂的有“好屋里吃饭弗屋里吃饭”，是四音节的短语。显然，“好X不X”是宁波话更为复杂。

还有“当X勿X”的说法，例如：

（20）**当省勿省**，难免**当用勿用**。（《中国谚语集成》浙江卷第805页）

此谚语属温州。“当”义与“好”近。“好”有“应该；可以”义，“当”是“应当；应该”义。

仙居方言也有“当着勿着”（做不该做的事）（《仙居县志》第451页）

还有“要X勿X”的说法，例如：

（21）**要冷勿冷**，六畜勿稳。（《中国谚语集成》浙江卷第741页）

此谚语属绍兴。“冷”是形容词。“好”“当”是助动词，“要”也是助动词，三者义近。

二　其他方言的“好X不X”

（一）

这样的格式粤方言也有，例如：

（1）臧姑曰：“你听别人犹自可，**好听唔听**，听你亚哥话，你亚哥系废人，渠既明白，为何又没有老婆呀！大约你想唔要老婆，然后学渠，学渠你就该衰，终须有错。……”（清·邵彬儒《俗话倾谈》卷一“横纹柴”）

（2）臧姑道：“你勿去。叫他做乜呀！个老狗也母，**好死唔死**，畀狗食都唔好畀渠食。”（《俗话倾谈》卷一“横纹柴”）

（3）十日去探亚悌一回，有时静对亚悌，咒骂其兄，话：“亚成哥**好死唔死**，又走归来，遇时将我凌辱，话我暴戾，渠重丑过我十分。”（邵彬儒《俗话倾谈二集》下卷“好秀才”）

（4）一日，砒霜钵骂盲家婆曰：“你个老狗也母，**好死唔死**，在此食屈米，偷生人世，要你何用呀！”（《俗话倾谈二集》下卷“砒霜钵”）

“好X唔X”中的“唔”是否定副词，相当于普通话中的“不”。例（2）—例（4）中的“好死唔死”，同吴语中的“好死弗死”一模一样，也是说“应该死而未死”；例（1）中的“好听唔听”，意思是不该听，但却听了。据张兵（2005：1403）介绍，邵彬儒为广东四会县荔枝园人，字纪棠，《俗话倾谈》成书于清同治年间，这说明，粤语中至少在清同治年间就有“好X唔X”用法。

白宛如（1997）是广州方言词典，收“好…唔…”，认为是惯用语，义项有二：①该…不…（该做的不做，偏这样做，含有做错义）：好做唔做做错事|好话唔话说错话|好讲唔讲讲错话|好行唔行。②加重语气：好衰唔衰真倒霉|好死唔死真该死。

从语义来看，广州话也比较复杂。

詹伯慧等（1997）是东莞方言词典，收“好衰唔衰”，注释是：“指在不该发生不如

意的事时偏偏发生这种事：唔想睇见佢行走到半路～又撞到遇到佢 | 本嚟原来就有些小些唔舒服，～落班时又督着淋到雨，返到屋企回到家就发烧。”

许宝华等（1999）收“好衰唔衰”，方言点为广东广州，粤语，认为是熟语，注释是：“真倒霉；最糟糕。”例如：“真系好衰唔衰，又碰到佢真倒霉，又叫我遇上了他 | 好衰唔衰撞到佢最糟糕的是碰到他。”

看上面几本词典的注释，白宛如（1997）义项有二，与宁波话等有关的是义项①。许宝华等（1999）所收的只是白宛如（1997）的义项②，显然不全面。詹伯慧等（1997）的注释不够精简。

（二）

李如龙等（1997）是建瓯方言词典，收“好死𣍐死”，注释是：“詈词。应该死的却没死。”“𣍐”一般认为是合音否定副词，义为“勿会”，但“好死𣍐死”中的“𣍐”已经是一般的否定副词了，义同“不”。吴语有不少这种类似的合音否定词。

许宝华等（1999）收“好死不死”，方言点是闽语，台湾，认为是熟语，注释是：“真不凑巧。”我们认为这个注释似乎不太准确，还是李如龙等（1997）注释更确切。

我们在北京大学现代汉语语料库中也找到 1 例“好死不死”，如：

“‘我们很快就可以治好你，’皮聘说：“‘你果然是个鬼灵精，**好死不死**就在我们要吃饭的时候出现！……’”（翻译作品《魔戒》）

据 soso 问问介绍，大陆译林版《魔戒》中译本第一部魔戒再现的翻译为丁棣，第二部双塔奇兵的翻译为姚锦镕，第三部王者无敌的翻译为汤定九。台湾联经版《魔戒》的翻译，三部曲都是朱学恒。译林版的三位翻译者，丁棣似乎没有其他的译作，百度也没有查到。而其他两位都翻译过其他很多外文作品。而台湾联经版的翻译朱学恒先生的介绍的很简洁概括。如果是朱学恒先生，他是台湾人，可能与建瓯话有关，只不过建瓯话写作“好 X 𣍐 X”。

颜清徽等（1997）是娄底方言词典，收“好当不当”，注释是：“指言论、行动有失长辈身份：该讲个就要讲，莫个～。”湖南娄底属湘语。

据王健教授说，江淮官话有“该死不死”“该吃不吃”，“该”与“好”义同，“该 X 不 X”与“好 X 不 X”也是同义结构。

以上词典所收的一些“好 X 不 X”词条，我们以为以金华点和广州点处理较好，分别收“好…弗…”和“好…唔…”。因为“好 X 不 X”是一个比较能产的格式。不知建瓯话中除了说“好死𣍐死”外，还有别的说法没有，如有，显然这样收词不对。不知东莞话除了“好衰唔衰”外，还有别的说法没有，如有，把“好衰唔衰”单独立条也是不妥当的。杭州话中，除了“好儿不儿”外，至少还有“好死不死”“好来不来”，所以，单收“好儿不儿”也不妥当。（上面说过，有不同说法，如果杭州话只有“好儿不儿”一种说法，收“好儿不儿”尚无不可）娄底话也有同样的问题，只收一个“好当不当”词条。同样，许宝华等（1999）收“好衰唔衰”这种词条显然也是不妥当的，因为广州话中“好…唔…”是一种比较能产的格式，如白宛如（1997）所举，有“好做唔做”“好话唔话”“好讲唔讲”“好行唔行”“好衰唔衰”“好死唔死”等，不能单是收“好衰唔衰”这一词条，而应该像白宛如（1997）那样立“好…唔…”这样的条目。

朱彰年等（1996）虽然未收“好 X 弗 X”，但“好”义项③是：“应该；可以。”这也是一种处理方式。汤珍珠等（1997）既未收“好X弗X”，“好”的义项中也未提及“好X弗X”格式，似是疏漏。

据目前的材料来看，“好X不X”等格式中，“X”是“死”字最多，吴语有，闽语有，粤语也有，连明代笔记、翻译作品中也有。这样看来，“好死不死”确实多是骂人的格式。

至目前为止，我们发现，“好X不/弗X”“好X唔X”与“好X𣍐X”格式，从语言地理这个角度来看，主要分布在中国的东南部。

吴语、闽语、粤语等地的“好X不X”等格式，虽然否定副词不同，但表义相同，也充分显示了象似性动因。语言的结构，特别是语法结构，跟人对客观世界（包括对人自身）的认识有着相当程度的对应或“象似”（iconicity）关系，或者说，语法结构在很大程度上是人的经验结构（人认识客观世界而在头脑中形成的概念结构）的模型。这种对应就是语法结构的“象似原则”。这条原则包括两个方面，一是“成分象似”，即语言结构的单位跟概念结构的单位一一对应，例如构成句子的每一个语素对应于每一个概念；一是“关系象似”，即语言结构单位之间的关系跟概念结构单位之间的关系一一对应，例如，可以说“我的父亲”也可以说“我父亲”，可以说“我的书桌”但不能说“我书桌”。（沈家煊，2015：11）吴语、闽语、粤语等各地的“好X不/弗X”“好X唔X”与“好X𣍐X”格式属于成分象似。

三　北京语言大学BCC中的“好X不X”

我们在北京语言大学BCC语料库中也搜索到“好X不X”例子，“好选不选”的例子如：

（1）为什么**好选不选**哥偏偏选中了晕车呢，这玩意儿可真不好受，到现在肚子都还不舒服呢今天一下午头都有点小痛，肿么了呀，不可以样子……

（2）论文**好选不选**，选了个，范围宽大到我想shi伯母在杀……血型的场面，重口味自从我在阿依买了大衣给老妈，她就寻思着买和高搭配…我的第一感觉是——女儿啊你终于长大了呀！……

上面2例全出自2010“新浪微博”。

（3）**好选不选**，他偏偏选中了木灵派的绿禾。（不古《网游之古剑太初》）

（4）可为什么**好选不选**，偏偏挑在与美女吃饭的时候玩这套把戏呢？（张君宝《超级教师》）

（5）其实，也算伪装运气不佳，碰到蒙面人，这可是保持全胜纪录的高手，伪装**好选不选**，偏偏选中蒙面人，对其出手偷袭，要知道蒙面人也是玩块的，要说比快，伪装现在的速度对蒙面人来说，无疑相当于三岁小毛孩。（辣椒江《网游之幻灭江湖》）

（6）偏偏地，露西**好选不选**，却选了一个叫龙虎山的地方，这里，可是天师教的老窝。（元宝《异能古董商》）

（7）该死，为什么**好选不选**，就选了这家酒店呢？（血的纹章《天龙王》）

（8）那个俊男二号一定是新手，不然怎会**好选不选**，竟然选了血流得最快的颈大动脉来吸血，他不知道这会令一般人死掉吗？（UN《吸血鬼—耽美集》）

（9）原来，范蠡**好选不选**，选择钱塘江作为水军训练的场所，要知道这钱塘江离富春不过百里，范蠡的举动如何能够瞒的过他。（天豪《纨绔霸王闯春秋》）

（10）怎么**好选不选**，非要到墙角猫着呢？（举头《睡修》）

另外，“微博”有 13 例“好选不选”。

“好死不死”的例子如：

（11）“什么？”绍荣伯勃然了，山羊胡子抖动着，“**好死不死**的老雌货，真太不识好歹。”（《插秧以前》，《当代晚报》1947-8-27）

（12）有一次，她婆婆向儿子王清水（金治的丈夫）要三角钱，金治就阻挡：“不要给她，给你吃还不够，还要讨钱；**好死不死**，讨债鬼！”（《妇女代表刘金治虐待婆婆》，《厦门日报》1955-11-4）

（13）有人**好选不选**，偏偏选厕所用房来当店面房。（《这爿棉花店》，《杭州日报》下午版 2001-9-1）

（14）当然是刚好路过，**好死不死**怪物正巧死在你脚下，而你又没有出力的动机，这与之前我说的新手抢钱不同！（《“天堂”求生技能之新手篇》，《每日商报》2003-6-8 报刊）

上面 4 例出自“报刊”。《厦门日报》是福建厦门办的，《杭州日报》《每日商报》是浙江杭州办的。只是不知《当代晚报》不知是何处所办。但我们有理由相信，应该也是浙江、福建、广东等处所办。看例子是 1947 年，是解放前的报纸。

（15）忽闻一妇人唧讟曰：“国姓**好死不死**，留这一个长尾星，在此害人。”（清·江日升《台湾外记》）

上例出自“古汉语”，说的是台湾，似乎应该是闽方言。

“好死不死”的例子更多，单是“综合”就有 416 例，“文学”有 1564 例，“微博”有 993 例。

“好省不省”的例子如：

（16）四明路万达对过，别再侥幸泊车了。亲，**好省不省**。停万达地下，一小时内免费哦。

（17）……打听毛啊，宁波就这么点大，你没打听人家老早把你看的很渺小……我今天上火了奶奶的……贼噶滑稽无语好心帮你想你朋友来了住哪里到头来还要被这么问一下那当我多管事了不说最好气死我了我啦真的是**好省不省**什么都不管不是挺好一定要自己也去操心最后还是被说不关心还要自责真想火大好久没做面膜了哼……

（18）气死我了我啦真的是**好省不省**什么都不管不是挺好。

前面 2 例“微博”都出自宁波人的口中。

“好弄不弄”的例子全出自“微博”，如：

（19）**好弄不弄**，来个全英文版本的，虽然知道自己很需要练习听力，但是也不用对我这么好啊！

（20）气死啦、教室好臭、都怪爆呀威、**好弄不弄**弄奶喔全微博匿名说真话，我在上跟对 TA 表完真心又送了真实好礼！

（21）来旅游都不忘本行啊，这是页岩我知道，还有这是海岸地貌被飞蛾弄到脸了，这下毁了，讨厌飞蛾啊，**好弄不弄**，弄人家的脸，很难过啊……哈哈，我在看《网球王子》嘻嘻，你们看过吗？？？

“好像不像”的例子如：

（22）西湖之声的《开心十三点》，我做得久了，有一天走到一家饭馆里，立即有一堆人窃窃私语，一位中年妇女一本正经，板板六十四地说：“咦，他做十三点节目，**好像不像**一个‘十三点’么？”（《非典型杭州话》，《都市快讯》2003-5-15 报刊）

（23）也许是有了平海路的文明范本，这一回，抵制排队上车的乘客，**好像不像**平海路之初那么顽固了，稍加劝导，就能非常配合。（《小红帽亮相 19 个公交站点》，《每日商报》2003-8-27 报刊）

上面 2 例说的都是杭州。这说明杭州除说“好儿不儿”外，确实还有别的说法，即别的动词也可进入“好 X 不 X”。看来，徐越教授的说法可能有误。另外，“好像不像”“综合”有 21 例，“文学”有 65 例，“微博”有 81 例，“科技文献”有 3 例。

“好死唔死”“微博”有 39 例，“好做唔做”“微博”有 17 例，“好讲唔讲”“微博”有 2 例，“好行唔行”“微博”有 1 例，“好衰唔衰”“微博”有 20 例。这些“微博”绝大多数应该是说粤语的网民。

上面从北京语言大学 BCC 语料库中搜索到的众多“好 X 不 X”例子，应该都是方言的反映。而且，反映的方言点与我们前面所列举的基本是一致的，也就是说，这些方言是吴语、闽语、粤语。

四　湘语的“好 A 不 A”

曾毓美（2001：28）说湖南湘潭方言也有“好 A 不 A”。说形容词词嵌有“蛮 A 不 A”“好 A 不 A”式（“不”在这里没有词汇意义，只有结构意义），有程度加深的功能，在句子中一般充当谓语和定语。例如：

蛮 A 不 A 式：蛮粗不粗、蛮细不细、蛮大不大、蛮丑不丑

好 A 不 A 式：好粗不粗、好匀不匀、好少不少、好乖不乖

曾毓美（2001：50）说到湘潭方言形容词的结构方式有八种，其中有“好 A 不 A”，如：“好大不大”“好细不细”。

曾毓美（2001：52—53）分析说，“好 A 不 A”式中，“好”有的人说成“很”，有的人说成“蛮”，实际上“好”是“很”的意思，“蛮”也是“很”的意思。这里的“不”似乎不太好理解。“好 A 不 A”是一种单音节形容词重叠的方式，有加重语义的作用，在湘潭方言中运用十分普遍。再如：

好高不高、好矮不矮、好粗不粗、好臭不臭、好重不重、好恶不恶

曾毓美（2001：52—53）又说，说本地方言的人都能理解这种格式中的“不”有加强语气的作用，但不知为什么用否定词“不”反而可以加深程度。朱德熙先生在《语法讲义》、李荣先生在《“这不”解》中，都论述带否定词的形式表示肯定，可以用来加强语气。普通话中“这不”是“这不是吗？”的紧缩，湘潭方言中“很 A 不 A”是“很 A 不是吗？很 A”的紧缩。上面所举例子应解释为：

好高不是吗？好高。

好矮不是吗？好矮。

好粗不是吗？好粗。

好臭不是吗？好臭。

好重不是吗？好重。

好恶不是吗？好恶。

曾毓美（2001：53）说宁远方言中有“A 勿得 A”格式，例如：好勿得好、烂勿得烂、臭勿得臭、苦勿得苦、高勿得高、矮勿得矮、聪勿得聪明、清勿得清楚、干勿得干净。这种格式中的“勿”也应是以否定形式表肯定，并有加强语义的作用。所表达的意思是：

好不是吗？很好。

烂不是吗？很烂。

臭不是吗？很臭。

苦不是吗？很苦。

高不是吗？很高。

矮不是吗？很矮。

聪明不是吗？聪明。

清楚不是吗？清楚。

干净不是吗？干净。

联系到普通话中的“好不热闹、好不高兴、好不佩服、好不干净”等等说法，也是用否定形式表示肯定，并且比一般的肯定表意更强，表示的是“很热闹、很高兴、很佩服、很干净”的意思，这就更好理解了。

曾毓美（2001：54）说湘潭方言形容词的生动格式很丰富，它们表现出的程度深浅差异也是细致明晰的。如形容一个人的肤色程度由浅到深可以这样用：

基调	比较浅	深	比较深	极深
黑	黑黑里唧	抹黑	抹黑抹黑	好黑不黑	乌黢抹黑

这里的“黑黑里唧”指肤色较白的人，经过锻炼日晒后呈现出的健康的古铜色，“抹黑”指肤色较深的人一晒就“墨黑”，而对非洲黑人肤色一般形容成“好黑不黑、乌黢抹黑”等。程度不一，用的形容词也各不相同，描写准确细致、生动传神，有很强的表现力。

我们以为，上面的分析很有说服力。

但湘潭方言中的“好 A 不 A”与我们上面的所说的“好 X 不 X”中形同实不同，即表示的语义有别，是同构异质。宁波方言中的“好黑不黑”表示“该黑而未黑”。还有一不同的是，湘潭方言中的“A”都是形容词，单音形容词，这与大多数方言中“X”是动词的不同。

湘潭方言的“好 X 不 X”格式是很有特色的，具有类型学意义。

但卢小群（2007：101）说到湘潭方言形容词重叠式时，说有表示最高级的“好 A 巴 A”，如：好甜巴甜、好黑巴黑、好满巴满、好咸巴咸。

长沙方言也有“好 A 巴 A”，如：好甜巴甜、好酸巴酸、好丑巴丑、好绿巴绿。（卢小群，2007：101）

这也是一种说法。这样，第三音节不是“不”，而是一个中缀“巴”，“不”不表否定的问题更好地解决了。

涟源方言也有“好 A 巴 A”，如：好长巴长、好重巴重、好大巴大、好宽巴宽。此外还有如：墨黑巴黑、清甜巴甜、绷硬巴硬、□ [ly1] 壮巴壮；古长巴长、古大巴大、古厚巴厚、古宽巴宽。统称为“BA 巴 A”式。是形容词程度加强的形式之一。（陈晖，1999：237—238）

此外，益阳方言有“很 A 巴 A”，音音节形容词大多可按这种形式重叠，有加重语意

的作用。例如：很多巴多、很大巴大、很高巴高、很早巴早、很重巴重、很晏巴晏很迟。（崔振华，1998：255—256）

卢小群（2007：98）也说益阳方言有"很A巴A"，例如：

（1）弯豆**很硬巴硬**，我咬不动蚕豆很硬很硬，我咬不动。

（2）他穿得**很厚巴厚**他穿得很厚很厚。

（3）哦只**很矮巴矮**的人是搞么子家伙的啰那个很矮很矮的人是干什么的？

衡阳方言有"死A巴A"，例如：

（4）箇只人**死怂巴怂**，莫惹其这个人很讨厌，别惹他。

（5）你把箇里搞起**死辣巴辣**，吗吃拉你把这东西搞得这么辣，怎么吃呢？

（6）箇只**死蠢巴蠢**的样子，哪个喜欢你啰这么傻，谁会喜欢你！（卢小群，2007：98）

看来，第三音节的写作"巴"的区域还是广的。再说，还有娄底的"拍满巴满"，例如：

（7）车子底下里咯人**拍满巴满**车里面的人很满很满。

娄底方言还有"稀A巴A"，例如：

（8）饭煮得**稀烂巴烂**的饭煮得稀巴烂的。

娄底方言还有"冰A巴A"，例如：

（9）**冰冷巴冷**的菜，去热下冰凉冰凉的菜，去热一热。（卢小群，2007：98）

刘丽华（2001：244）说娄底方言有"AB巴B"，例如：稀烂巴烂、滚壮巴壮、好多巴多、焦湿巴湿、帮硬巴硬、拉粗巴粗、冰冷巴冷、清臭巴臭、拍满巴满、墨黑巴黑、溜滑巴溜、巴老巴老。

长沙方言还有"钉重巴重"，例如：

（10）**钉重巴重**的箱子，哪个提得起啰死沉死沉的箱子，谁又能提得动呢！（卢小群，2007：98）

常德方言有"骇A巴A"的生动形式，表示A的程度极深，A限于单音节形容词，如：骇大巴大、骇高巴高、骇老巴老、骇粗巴粗、骇贵巴贵。（易亚新，2007：130）

新化方言有"AB巴B"，重叠后带上了不满的贬抑色彩，例如：铁紧—铁紧巴紧、墨黑—墨黑巴黑、构冷—构冷巴冷、梆硬—梆硬巴硬、捞松—捞松巴松、稀烂—稀烂巴烂、溜滑—溜滑巴滑、焦湿—焦湿巴湿。（罗昕如，1998：235）

马彪（2010：187）说湖南岳阳话有"无A马A""呵A八A""闷A八A"的固定搭配，"无"是副词，但用在"无A马A"格式中，不是"没有，不"等否定义，而是表达"很A"的意思。"呵""闷"是岳阳方言，相当于普通话中的"很"，也是副词。与长沙话中"很A八A"是一致的。

蓝卡佳（2012：275）说贵州桐梓话有"兀A八A"式，如：兀大八大、兀高八高、兀长八长、兀远八远。

杨静（2008：28）说陕西安康话有"乌A八A"式，如：乌高八高、乌远八远、乌长八长。

以上可见，长沙话的"巴"与"八"同音或近音。贵州桐梓话与陕西安康话中的"八"与长沙话的"八"也是同音词。看来，几个方言中的"不""巴"与"八"都是同音词，是一个记音字，是一个中缀，本身是无义的，只是为了凑足音节而已。

所以，同属湘语的湘潭方言的"好A不A"为了不与否定副词发生歧义，还是写作

“好 A 巴 A”更好一些。也就是说，“好 A 不 A”中的第三个音节不是否定副词“不”，而只是一个记音字，与吴语等的“好 X 不 X”就不是同构异质，而是不同的构式。

参考文献

白宛如 . 广州方言词典［Z］. 南京：江苏教育出版社，1997.
鲍士杰 . 杭州方言词典［Z］. 南京：江苏教育出版社，1997.
曹志耘 . 金华方言词典［Z］. 南京：江苏教育出版社，1997.
陈　晖 . 涟源方言研究［Z］. 长沙：湖南教育出版社，1999.
崔振华 . 益阳方言研究［Z］. 长沙：湖南教育出版社，1998.
方松熹 . 义乌方言［M］. 北京：中国文联出版社，2002.
蓝卡佳 . 遵义话形容词的生动形式［J］. 遵义师范高等专科学校学报，2001（2）.
李如龙，潘渭水 . 建瓯方言词典［Z］. 南京：江苏教育出版社，1998.
刘丽华 . 娄底方言研究［M］. 长沙：湖南教育出版社，2001.
卢小群 . 湘语语法研究［M］. 北京：中央民族大学出版社，2007.
罗昕如 . 新化方言研究［M］. 长沙：湖南教育出版社，1998：235.
马　彪 . 汉语语用词缀系统研究——兼与其他语言比较［M］. 北京：中国社会科学出版社，2010.
沈家煊 . 不对称和标记论［M］. 北京：商务印书馆，2015.
汤珍珠，陈忠敏，吴新贤 . 宁波方言词典［M］. 南京：江苏教育出版社，1997.
吴　越，楼兴娟 . 缙云县方言志［Z］. 上海：中西书局，2012：656.
仙居县志编纂委员会 . 仙居县志［M］. 杭州：浙江人民出版社，1987.
许宝华，宫田一郎 . 汉语方言大词典［Z］. 北京：中华书局，1999.
颜清徽，刘丽华 . 娄底方言词典［M］. 南京：江苏教育出版社，1997.
杨　静 . 安康方言形容词的重叠式［J］. 安康学院学报，2008（3）.
易亚新 . 常德方言语法研究［M］. 北京：学苑出版社，2007：130.
曾毓美 . 湘潭方言语法研究［M］. 长沙：湖南大学出版社，2001.
詹伯慧，陈晓锦 . 东莞方言词典［Z］. 南京：江苏教育出版社，1997.
张　兵 . 五百种明清小说博览［M］. 上海：上海辞书出版社，2005.
朱彰年，薛恭穆，周志锋，汪维辉 . 阿拉宁波话［M］. 上海：华东师范大学出版社，1991.
朱彰年，薛恭穆，汪维辉，周志锋 . 宁波方言词典［Z］. 上海：汉语大词典出版社，1996.

（崔山佳　浙江财经大学人文与传播学院　310018　fhddcsj@sina.com）

冯梦龙《山歌》中的吴语代词和副词

黄明明

《山歌》是明代冯梦龙辑录的明末吴地民歌，全书十卷，其中九卷使用吴语，它是现存最早的成篇使用吴语的文献，是研究明清吴语的珍贵资料。20世纪80年代以来，《山歌》语言的研究受到重视。对《山歌》语言的语音、词汇、语法现象进行考察分析，还原明清吴语的历史面貌，产生了不少成果，其中用力最勤的是石汝杰先生。2008年前后，由石汝杰先生主持，笔者合作对《山歌》全文作校注，连载于日本熊本学园大学的《文学·言语论集》和《海外事情研究》。《山歌》校注对《山歌》文本的词语、句义作了全面的训释和疏解，加深了我们对《山歌》语言的理解。《山歌》的民歌俗曲体裁样式和辑录者力求反映口语原貌的主观意识，决定了它的语言记录方式，使当时的吴语面貌凭借这个文本得到很大程度上的留存。对于《山歌》中的方言语法材料，石汝杰、曹志耘等曾作过初步的探索发掘，我们在过去研究的基础上，拟对《山歌》中反映的吴语语法现象进行较为全面的概述。本文为概述的“代词”“副词”部分。

文中例句出处用编号表示，依据石汝杰、陈榴竞编《〈山歌〉索引》(好文出版，1989.东京)的编号。如“01.01”，表示第1卷第1首。

一　代　词

代词的指称意义有很强的系统性，方言的代词又有鲜明的地域性。《山歌》作品中出现的代词对明代吴语的代词系统有基本的反映。

1.1　人称代词

1.1.1　第一人称

《山歌》所见第一人称代词有“我”“我侬”“我里（哩）”“奴（奴奴）”等。

我。可用作主格、宾格和领格。例如：

你便拔出子拳头只说打，我便手指子吴山骂洞庭。(01.27)

我今正是花蝴蝶，处处花开等我来。(02.16)

我情郎好像撑船哥，各人有路各人摇。(01.04)

我侬：我。共见2例，都用作主格，但明清其他作品中有领格用法。“侬”用在人称代词中，类似后缀，但并不表示复数。例如：

结识私情好像木梳能，我侬枉子听你介相思结发情。(08.04)

你侬弗要出言吐气，我侬唱介一隻曲子你听听。(09.06)

我里（哩）：我们；我们家；我们这里。单数领格和复数词形相同。例如：

绵被三重遮弗得我个冷，只要我里情郎热肚皮。(01.08)(单数领格)

我里两人侪是个样犅竹性，蓦地里奔来就有子泥。(06.25)(复数)

我哩个些人，道假咦弗假，道真咦弗真。(09.07)(复数)

陪子多少个蹲身小坐，吃子我哩几呵煮酒馄饨。(09.07)(复数)

奴（奴奴）：年轻女子的自称。例如：

娑婆树底下乘凉奴踏月，水涨船高难隐藏。（01.32）

你弗要慌来弗要忙，放奴奴起来脱衣裳。（04.17）

《山歌》中表女子自称的，有多处用“阿奴”“阿奴奴”“小阿奴奴”，但这几个指称用在特定的语境中，用了前缀“阿”和形容词“小”，是否可以看作人称代词还有待讨论。

另外，《山歌》中有几处“咱”，都是出现在使用北方话句式和文意的曲子里，当与吴语的代词无关。

1.1.2　第二人称

《山歌》所见第二人称代词有“你”“你侬”“我搭”“尔”等。

你。可用作主格和宾格。例如：

一个姐儿结识子两个郎，你来吃醋我争光。（04.10）

三朝、满月我搭你重相会，假充娘舅望外甥。（03.18）

我只爱你知轻识重随高下，缘何跟人走滚弄虚头？（06.09）

你侬：你。可用作主格和宾格。“侬”类似后缀，并非表复数。例如：

你侬九十日春光弗曾着子奴一日个肉。（06.01）

有介一隻山歌唱你侬听，新翻腾打扮弄聪明。（09.06）

你搭：你的；你们。单数领格和复数词形相同。例如：

难道我踏子娘床弗是你搭爷？（03.22）（单数领格）

结识子兄弟又结识子个哥，你搭弟兄两个要调和。（04.11）（复数）

我弗怕你搭一窠罗个十姊妹。（09.08）（复数）

尔：你，当读口语音［n］或［ŋ］。可用作主格和宾格。例如：

尔若半夜来时没要捉个后门敲。（01.18）

我十六岁贪花养子你个娘，娘十七岁上贪花养子尔。（04.18）

1.1.3　第三人称

《山歌》所见第三人称代词有“他”“渠”“渠搭”等。

他。可用作主格和宾格，大都用作介词或动词的宾语，用在句首作主语的仅见一例。例如：

我爱我受用，他爱受用我。（03.03）

千方百计，骗他动情。脱裙解裤，抱他上身。（07.14）

渠：他。现代吴语中有些地方仍用，如常熟等地，读［ge］。例如：

渠好似新出螃蜞无肚肠。（04.21）

横弗中渠个意，竖弗像渠个心。（08.08）

我只顾夜夜烧香咒骂渠。（07.09）

渠搭：他们。仅见 1 例。例如：

耍（啥）来头现在渠搭四个冤魂个眼睛？（09.03）

1.1.4　其他人称代词

除了所谓的三身代词之外，还有包括反身代词在内的其他几个代词“自”“自家”“自身”“别人”“人家”等。这几个代词和现代普通话的用法基本相同。

自：自己。例如：

你要来时便自来，没搭子闲人同走来。（01.27）

啰道家婆嘿测测保佑自情郎。（02.07）

只捨得别人弗捨得自，男人家啰许你能欺心？（05.27）

自家：自己。例如：

上箍下箍箍紧子我，你自家快活没拨来别人钻。（08.06）

自身：自己。例如：

唱介两句曲子，自家叹个自身。（08.08）

你好像灯台弗照自身。（08.09）

人家：别人。例如：

尽情把衣饰来穿戴，且喜人家肯借来。（09.05）

别人。例如：

惯说嘴个婆娘结识子人，防别人开口先去骂乡邻。（01.29）

1.2　指示代词

1.2.1　“个”类指示代词

“个”大致相当于“这”（并不绝对，也有些“个”在具体语境里的意思相当于“那”）。可以组成“个个、个样、个些、个星、个班、个起、个主”等，意为“这样、这些、这种、这批……”。例如：

小阿奴奴好像元宵夜里个面花匡鼓。（02.03）

你个个痴鹅头，忒煞认真。（09.08）（前一个“个”是指示代词，后一个“个”是量词。）

便是牢里罪人也只是个样苦。（01.09）

我哩个些人，道假咦弗假，道真咦弗真。（09.07）

个星新结识个私情打搬得乔。（01.04）

土地听得个班说话。（09.07）

你搭个起得时人休笑我失时人。（08.08）

一发发起来就像钱高阿鼎店里个主货。（06.41）

1.2.2　“介”类指示代词

“介”和“介”组成的“介个　介星　介能　介出”等，意为“这、这么、这样、这些、……”。但在有些语境里也表示“那、那么、那样、那些……”。例如：

狭港里撑船郮了有介多呵推？（02.12）

西风起了姐心悲，寒夜无郎吃介个亏。（01.08）

且喜子孙繁盛，历代有介星清名。（08.08）

郮了介还得介能贱，个又要强？（08.13）

啰得知个个臭贼囤子里贩卖，原来介出整旧如新。（09.03）

1.2.3　“能”类指示代词

“能”和“能”组成“能个、能介”，意为“这么、这样、这样的”。例如：

结识子个嫂咦结识子个姑，姑娘能白嫂能乌。（04.13）

只捨得别人弗捨得自，男人家啰许你能欺心？（05.27）

六月里走马阵头雨，郮了能个易得过？（02.23）

你蓦好像个讨冷债个，能介有多呵今日了明朝？（08.12）

这里的“能”和近代白话中“恁”的意义和功能相似，当是同一个词。

1.2.4 是介、是更

这类词现代吴语里说“实概”“实梗”，意为“这样、如此”。例如：

瓜仁上个滋味便是介，小阿奴奴舌尖上香甜仔细尝。（02.32）

因是更了我听你有子个情意。（08.10）

1.2.5 更个、更介

现代吴语里“更”可以作指示代词单用，在《山歌》里未见单用的例子。“更个、更介”在具体语境里理解成“这样（的）”“那样（的）”往往都可以说得通。例如：

若要隔河听渠做点私情事，世间鄁得更个长鸡巴？（05.11）

我吃子更介铲刮脩削，教我鄁亨存身？（09.04）

1.2.6 关于近指和远指

指示代词可分近指和远指。因此有研究者试图整理《山歌》里指示代词的近指和远指，认为“个”类指示代词表近指，“介”类指示代词表远指。这样的区分缺乏证据，根据我们的考察，仅凭《山歌》文本中记写的指示代词，难以梳理出完全对立的两类，“个”类和“介”类指示代词在具体语境中近指、远指的区别并不整齐。《山歌》中仅有两处“间边”与“个边”并用对举，能清楚说明近指、远指的分工。例如：

未到黄昏弗敢走，间边拽拽个边拖。（03.02）

间边有画弗知个边字，上头箍紧下销钉。（06.22）

“间边”指“这边”，“个边”指“那边”。这样的释义有文献依据，《戒庵老人漫笔》和《乾隆苏州府志》都记载：“此处曰间边，彼处曰个边。”

除此之外，上文所述几类指示代词表达的语义，以近指的“这……”居多。按说当时的吴语不可能没有近指和远指的区别，那为何《山歌》里出现的指示代词难以看出这样的对称？

指示代词指人指事的时候，常有语境作凭借，除非需要在同一个场合区别远近，近指和远指的对立才会比较清晰。如果没有区别的需要，远近的区分就会弱化、模糊。《山歌》里指示代词大都表示指称而非表示区别，所指对象往往是确定的，大大降低了区分远近的需求。指示代词用来强调程度时，就更不需要区分远近了。吕叔湘先生在《近代汉语指代词》里指出，指陈当前事物时，用“这”多于用“那”。正是这些原因，使《山歌》里指示代词的用法没有表现近指、远指的清晰对称。在现代苏州方言指示代词的有关讨论中，很多学者都指出在近指、远指的区分之外，还存在着另一种指称用法（被叫作“泛称”或“兼称”），其所指不一定确定地区分距离。如此看来，在《山歌》相对有限的语料中，就没有必要非要对上述指示代词作近指、远指的硬性划分。

1.3 疑问代词

1.3.1 代人

代人的疑问代词有“谁、啰、啰个、要（啥）人”，都是“谁”“哪个”的意思。例如：

当初来往，是谁请你？如今撇我，被人说是讲非。（07.09）

啰弗说我搭你有，月亮里提灯空挂明。（01.29）

结识私情只要自即伶，闲人啰个能当心？（02.05）

眼泪汪汪哭向郎，我吃腹中有孕要（啥）人当？（01.32）

“谁”是北方话的疑问代词，只是记写书面语时的用法，不会是当时吴地口语。

1.3.2　代事物

代物的疑问代词有“要（啥）、傣（啥）、要（啥）个、傣个”等，相当于“啥”，使用了不同的汉字记写，意思都是“什么”。例如：

姐道：“蟛蜞阿哥来做要（啥）？”（05.25）

百脚旗上火发竿着子，有壶无箭傣来投？（03.09）

娘道：“丫头，要（啥）个响？”（03.12）

夜里只好拿你来应急趟趟，日里幹要（啥）个正经？（08.10）

老老呀，没介傣个报应。（08.11）

我弗知你为傣个事幹，仔细替我说个原因。（09.07）

1.3.3　代处所

代处所的疑问代词有“罗里、啰里、啰哩”，词形略有不同，意思都是“哪里”。

例如：

我有个田，典你个钱，要还我四址明白，罗里连牵。（08.02）

啰里东村头西郙头南北两横头二十后生闲来搭？（01.08）

啰哩村东头郙西头顽皮后生家在我中间过一夜。（04.15）

1.3.4　代数量

代数量的疑问代词有“几呵、多呵、多哈、多少”，意思都是“多少”。例如：

陈家妈妈有人缘，风月场中走子几呵年。（09.01）

今日四，明朝三，要你来时再有介多呵难。（01.11）

你是酒店里壶瓶着子多哈人个手。（02.10）

陪子多少个蹲身小坐，吃子我哩几呵煮酒馄饨。（09.07）

1.3.5　代方式、状态

代方式、状态的疑问代词有“郙、郙亨、要（啥）样”，意思是“怎么、怎样、什么样”。例如：

见郎俊俏姐心痴，郙得同床合被时？（02.09）

老公小，逼疽疽，马大身高郙亨骑？（03.21）

看子后生十分像意，弗知郙亨个家门？（09.03）

青滴滴个汗衫红主腰，跳板上栏干要样桥？（01.04）

1.3.6　代原因

问原因的代词有“郙、郙了、郙哩”和“傣了、啥了、揞（啥）了、傣个”等，意思都是“为什么”。例如：

姐儿梳个头来漆碗能介光，郙你腊月里个腌鱼能在行？（02.06）

约郎约到月上时，郙了月上子山头弗见渠？（01.15）

东南风起白迷迷，郙哩献姹个家公瞒过子妻？（05.08）

傣了弗捉滚汤侵杓水？拈线穿针便入头。（02.06）

姐儿啥了弗烧杓热汤来豁豁？（07.01）

郎呀，腰里着霎揞（啥）了能紧俏？（07.19）

姐见郎来便闪开，傣个人前要卖乖？（02.11）

还有一个疑问代词“阿一介”，也询问原因，意为“怎么、为什么”。例如：

嫁着子介个郎君口软，阿一介弗爱青?（06.46）

二　副　　词

2.1　程度副词

《山歌》出现的程度副词有“忒、忒杀、忒煞、一发”，“忒、忒杀、忒煞”意为“太，很，特别”，“一发”意为“更加”。例如：

见子介个孤孀娘子打扮得忒玲珑。（05.13）

个些骞说个猢狲，你也忒杀胆大，你也忒杀恶心。（09.06）

个样新郎忒煞矬，看看面上肉无多。（05.08）

我里臭贼听得子，一发胆大，连忙对子我被里一钻。（08.11）

《明清吴语词典》收录的“忒”类程度副词有9种，“忒、忒杀、忒煞、忒个、忒觉、忒啥、忒甚、忒嫌、忒也”，都是起增强程度的作用，《山歌》里出现了其中的“忒、忒杀、忒煞”3种。现代汉语通用的程度副词“太”未见。

副词“再”在《山歌》中表示吴语的几种含义和用法，其中一种可以表示“更”。例如：

仔细看个小阿姐儿，再是羊油成块一团骚。（01.04）

六月里着肉窨乣乣介再有趣，冬天一身褥子软柔柔。（05.18）

2.2　范围副词

现代普通话里常用的范围副词“都、共、通、统、皆”和“仅、光、净”等在《山歌》里未见。《山歌》中的范围副词可以分为总括和限制两类。

2.2.1　表总括

表总括的又可以分为两类。一类是“才、侪、全”，意为“都”。“侪”只是个借用字，与“才”同音，意义上与“同辈，同类的人”没有关系。另一类是“一发、一蚼、一齐”，意为“一起、一并”。例如：

厅堂才是平洋洋个砖地，房里又是光滑滑个地平。（09.03）

千言万语侪丢开，教你来时只是弗肯来。（03.10）

姐挡子橹牙全靠郎打水，郎越撑篙姐越扳。（06.52）

还有介多呵弗好，我一发说来你听听。（08.10）

我见你一蚼进一蚼出，袖子里常有手本。（09.07）

色样一齐完备，明朝打点早行。（09.05）

表总括的“才、全、一蚼、一齐”在现代吴语口语里仍普遍使用。

《山歌》中还使用范围副词“尽、浑”等表总括，书面语色彩较浓，与近代白话文中的用法相同。尤其是“浑”，估计不是当时的吴语口语。例如：

丝网捉鱼尽在眼上起，千丈绫罗梭里来。（01.02）

又有个极妖娆最风趣个样尼姑，尽捉我来牵牵。（09.11）

君心忒忍，恋新人浑忘旧人。（09.02）

2.2.2　表限制

表限制的范围副词，《山歌》中有5处用到“独”，2处用到“单”，1处用到“单单”，意思都是“单、仅”。例如：

冷饭糁糊窗少弗得吃我粘上子，绵布掤筛独吃眼下迟。(02.12)

情哥郎瘦骨棱层好像鹤子能，生来薄幅，独取尔个点有风情。(06.11)

巡盐个衙门单怕得渠管盐事，授记个梅香赔小心。(01.29)

姐儿弗会缝联弗补针，单单只会结私情。(02.29)

“独、单、单单”在现代吴语里仍常用。

2.3 时间副词

《山歌》中的吴语时间副词，按语义可以分为“正在进行”“经常、持续”“短暂、突发”“终了、总归”4类。

2.3.1 表正在进行

“来里、来搭、在搭、来上”，进行体标记，用在动词前，表示动作行为正在进行。意为“在，正在”。例如：

咦弗来里作揖画卯，咦弗来里放告投文。(09.07)

正来里说价钱弗了，后生看见，鼻搭嘴踵赶到门前。(08.13)

偷子私情转得自家个门，家婆再也来搭结私情。(05.27)

郎见子姐儿再来搭引了引，好像铜杓无柄热难盛。(01.16)

双膀弯里，我常常在搭风流飘荡。(09.01)

等我里情哥郎来上做介一个推车势。(02.26)

其中“在搭、来上”当是书面语和方言口语的混合体。

表正在进行的副词同时也使用与官话通用的“正”。例如：

姐儿窗下绣鸳鸯，薄福样郎君摇舡正出浜。(01.03)

捉我改子刷牙，正要戳你臭贼个张嘴。(09.06)

2.3.2 表经常、持续

“歇歇”意为“时时”；“依先、原”意为“依旧，仍然”；“时常、常时”即“常常”。例如：

你弗见我又结识子别个依先快活，正弗知我歇歇思量。(08.01)

你打听得情郎听我有个成亲日，依先到我腹中投。(01.32)

你采子花来，小阿奴奴原捉花谢子你，决弗教郎白采来。(02.15)

被里时常相会，席上弗住介揩磨。(08.09)

你常摸进来搭我挨肩擦背，你常时捉我拽拽布衫。(08.13)

“连番”意为“连续多次”，强调频度。例如：

连番要做个火老鸦，人人叫你是个白鹞鹰。(09.08)

“再”的用法之一，表重复，意义相当于“又”。例如：

同郎睏到一更天，老虫哥再来帐外数铜钱。(06.56)

2.3.3 表短暂、突发

“忽地里、蓦地里、墨地里”，意为“突然”。“墨地里”为“蓦地里”的同音词。“立地、一歇上头”意为“立即，马上”。例如：

姐儿骗我进房门，忽地里盖老归来教我郎脱身？(05.22)

我里两人侪是个样劈竹性，蓦地里奔来就有子泥。(06.25)

砚台姐原是牢石人，吃个墨地里郎来污子我个身。(06.03)

个个臭贼当时使一个计较，立地就用一个机关。（08.11）

陈桥阿妈见子我一歇上头笃嘴笃脸。（09.03）

“劈手”，意为“猝然”，用于手的动作，已经明显虚化为时间副词的性质，虽然也见于北方话作品，但多见于吴语文献。《山歌》中见一处。例如：

劈手一夺，拿个篣里播播，捉个篮里颠颠。（08.13）

同时，官话中通用的“忽然”也仍有使用。例如：

乡下人弗识枷里人，忽然看见只捉舌头伸。（05.04）

姐听情哥郎正在床上哼喽喽，忽然鸡叫咦是五更头。（02.21）

2.3.4 表终了、总归

《山歌》中副词“终”出现3处，意思都是“终究，总”，与官话的用法很相似，且比较书面化。其中一例“终”和“弗然”组合起来表示反问语气，意为“难道”。例如：

纵有风波突地邪，奴心终不变。（04.06）

姐儿呀，果子树上参梯，终须到子我个手。（07.11）

没得又弗吃你一网兜子，终弗然撑开子船头弗成？（09.08）

2.4 肯定、否定副词

2.4.1 表肯定

“真当”，意为“真的，的确”，表示肯定。例如：

真当骚，真当骚，大门前冷眼捉人瞧。（01.04）

小阿奴奴弗是真当弗会做生活，只为情郎怕分子心。（02.29）

2.4.2 表否定

《山歌》中否定副词“不、弗、勿”的使用分布，反映一定的信息。冯梦龙的“叙”和对作品的批语中，都是用“不”。记录的作品本身，“弗”有400多处，“勿”3处，“不”只有几十处。可见当时文人的书面语都用“不”，吴语口语普遍说“弗”。例如：

我曾经九蒸三熯，弗是一窍弗通。（08.05）

有意思个拳师弗动手，会偷汉个娘娘到弗骚。（01.05）

“弗曾”，意为“没有”，否定过去的动作行为。同时也使用较为书面化的“未曾”，但以“弗曾”为主，全书用“弗曾”14处，“未曾”3处。例如：

结识私情赛过天，弗曾养得介个男女接香烟。（01.33）

姐儿生得好身材，好似荐梟船舱满未曾开。（02.01）

2.5 情态副词

“悄悄里”，意为“暗暗地，偷偷地”。“里”是词语后缀。《山歌》中“悄悄里”“悄悄”两种形式都有。例如：

啰里西舍东邻行方便个老官，悄悄里寻个情哥郎还子我。（01.10）

他老人家醒睏，须是悄悄好遮瞒。（08.11）

《山歌》中见有两处“常堂堂”，都是表情态的副词，但含义有别。一处指“徒然”，即“白白地”。例如：

好像石灰船上平基板，常堂堂白过子两三年。（01.33）

另一处指“公然”，即“公开地”。

结识私情隔条街，常堂堂伸手摸妳妳。（02.34）

“枉”，意为“白白地”。明显有官话书面语色彩。例如：

梭子里无丝空来往，有针无线枉相逢。（02.09）

2.6　语气副词

“生成”，意为“当然，自然”，表肯定语气。例如：

我取你个多记腰板生成点得好。（07.16）

“明明里”意为“显然”，表确定的语气。“里”为后缀。例如：

我明明里晓得你臭贼，做势睏着弗敢开言。（08.11）

“只怕”，意为“恐怕，大概”，表推测语气。例如：

小阿奴奴私房本事倷吃你听会子去，只怕你搭家婆到弗得我介会顽皮。（07.07）

“一性”，意义同“索性”，表果断坚决的语气。“一性”和“索性”，在《山歌》中同样使用，“索性”为共同语。例如：

朝担暮担担弗了，一性搬来合子家。（02.34）

吃娘打得哭哀哀，索性教郎夜夜来。（01.24）

“阿、阿曾”用在动词前表疑问语气，“阿”对现在和将来的事发问，“阿曾”对过去的事发问。例如：

卖艸纸个，你阿有萧山，阿有富阳？（08.13）

大家向前讨介一卦，看道阿能勾到底太平。（09.07）

你出去子介一日，阿曾幹子帽子个正经？（09.06）

2.7　关联副词

“再”，有几种关联意义：（1）表条件关系，相当于“才”；（2）表示在某种程度上有所增加，相当于“还”；（3）表示同样，相当于“也”。用例依次如下：

正像个柴�上火烧处处着，葫芦结顶再是囫囵头。（02.01）

姐儿生来骨头轻，再来浮萍艸上捉蜻蜓。（02.02）

婆娘郮了再学子翲子个样，膀哈喇哩也有一团毛？（05.12）

“咦”，意为“又，也”。原文有眉注：“咦，本当作“又”，今姑从俗。”说明这是“又”的口语记音字。例如：

郮了走过子我里门前咦转头？（01.03）

结识个姐儿忒奢遮，听渠咦讨荷包咦讨鞋。（02.31）

姐要偷来妹咦要偷，三个人人做一头。（04.16）

三　余　　论

概述《山歌》中的吴语语法现象，我们的计划包括词缀、代词、副词、介词、连词、助词、句式和语序等内容，上文仅为代词、副词部分。

描写《山歌》的语法，会遇到两个方面的困难，一方面是对山歌语言的理解上还存在一些疑点尚未解决，词义、句义理解的障碍直接影响对语法现象的理解，另一方面是《山歌》文本尽管在总体面貌上使用吴语，但一旦进行书面记写，免不了有官话和吴语混用的情况，难以保证绝对纯正的吴语口语，这自然影响我们对当时吴语语法现象的判断。在典型的吴语和典型的官话之间，定会存在不少兼容的语言现象难以截然区分，对这部分材料，我们只能作较为主观的推测说明。

《山歌》原文十卷三万多字，相对一个时代的语言规则而言，这份语言材料的篇幅总量还很有限，但是这一时期的整段全篇的吴语材料极少，我们必须重视这份难得的文献，尽力细致地发掘其中的吴语语法研究资源，使其为明代吴语语法的描写多多提供证据。

参考文献

冯梦龙 . 山歌［M］// 明清民歌时调集 . 上海：上海古籍出版社，1987.

冯梦龙 . 山歌［M］// 魏同贤 . 冯梦龙全集 . 南京：江苏古籍出版社，1993.

曹志耘 .《山歌》语法特点初探［G］// 日本神户外国语大学 . 外国学研究・アジア言語論叢 2，1998.

胡明扬 . 三百五十年前苏州一带吴语一斑［J］. 语文研究，1981（2）.

罗业永 . 刍议《山歌》中的明清吴语副词［D］. 长沙：湖南师范大学，2010.

石汝杰 .《山歌》的语言分析［J］. 日本：北陆大学纪要（第 19 号），1996.

石汝杰，宫田一郎 . 明清吴语词典［M］. 上海：上海辞书出版社，2005.

石汝杰 . 明清吴语和现代方言研究［M］. 上海：上海辞书出版社，2006.

石汝杰 . 冯梦龙编《山歌》的校注问题［J］. 日本熊本学园大学：海外事情研究，2006，34（1）.

石汝杰，黄明明 . 冯梦龙编《山歌》校注［J］. 日本熊本学園大学：文学・言語学論集，2007，14（1—2）；2008，15（1—2）. 日本熊本学園大学：海外事情研究，2007，35（1—2）；2008，36（1）.

石汝杰，黄明明 . 冯梦龙编《山歌》方言口语词汇集［J］. 日本熊本学园大学：文学・言語学論集，2017，24（1）.

翁寿元 .《山歌》方言词语汇释［C］// 上海市语文学会 . 吴语研究：第二届国际吴方言学术研讨会论文集 . 上海：上海教育出版社，2003.

吴林娟 .《山歌》中的人称代词［J］. 安庆师范学院学报，2005（4）.

张惠英 .《山歌》注（1-4）［J］. 日本：中国语学研究・开篇（第 10—13 卷），1992—1995.

章一鸣 .《山歌》所见若干吴语语汇试释［J］. 语文研究，1986（2）.

章一鸣 . 从《山歌》所见明代吴语指代词［J］. 浙江广播电视大学学报，2005（1）.

（黄明明　江南大学人文学院　214122　hmm39302@163.com）

从人称代词到虚拟标记*

——上海话“动词重叠式 + 伊”的语法化

金耀华

一　功能分析

（一）宾语移位形成话题

动词重叠式是汉语方言的常见现象，上海话里的动词重叠式，其语义功能和北京话基本相同。例如：

（1）侬真个想考研究生个闲话，要好好叫看看搿本书你真想考研究生的话，得好好读一下这本书。noŋ^{113} tsəŋ$^{52-55}$ gəʔ$^{\underline{12-31}}$ ɕiã^{334} kʰɔ^{334} ȵi$^{52-55}$ tɕiɤ$^{52-33}$ sã$^{52-31}$ gəʔ$^{\underline{12}}$ ɦᴇ$^{113-22}$ ɦo$^{113-44}$ iɔ^{334} hɔ$^{334-33}$ hɔ$^{334-55}$ tɕiɔ$^{334-31}$ kʰø$^{334-33}$ kʰø$^{334-44}$ gəʔ$^{\underline{12-11}}$ pən$^{334-23}$ sɿ^{52}

（2）我蹲辣屋里向没事体末，就揩揩灰，拿房间收作收作清爽我在家待着没事儿，就掸掸灰，把屋子收拾一下。ŋo^{113} təŋ$^{52-55}$ ləʔ$^{\underline{12-31}}$ oʔ$^{\underline{55-33}}$ li$^{112-55}$ ɕiã$^{334-31}$ məʔ$^{\underline{12}}$ zɿ$^{113-22}$ tʰi$^{334-44}$ məʔ$^{\underline{12-31}}$ ʥiɤ^{113} kʰa$^{52-55}$ kʰa$^{52-31}$ huᴇ^{52} nᴇ^{52} vã$^{113-22}$ kᴇ$^{52-44}$ sɤ$^{52-55}$ tsoʔ$^{\underline{55-33}}$ sɤ$^{52-33}$ tsoʔ$^{\underline{55-31}}$ tɕʰiŋ$^{52-55}$ sã$^{334-31}$

（3）现在有语料库勒末，省力交关。只要点点鼠标，问题就解决勒现在有了语料库，省事儿多了。只要点两下鼠标，问题就解决了。ɦi$^{113-22}$ zᴇ$^{113-44}$ ɦiɤ^{113} ȵy$^{113-22}$ liɔ$^{113-55}$ kʰu$^{334-31}$ ləʔ$^{\underline{12-33}}$ məʔ$^{\underline{12-31}}$ sã$^{334-33}$ liɪʔ$^{\underline{12-44}}$ tɕiɔ$^{52-55}$ kuᴇ$^{52-31}$ tsəʔ$^{\underline{55-33}}$ iɔ$^{334-44}$ ti$^{334-33}$ ti$^{334-44}$ tsʰɿ$^{334-33}$ piɔ$^{52-44}$ vəŋ$^{113-22}$ di$^{113-44}$ ʥiɤ^{113} tɕia$^{224-33}$ tɕyɪʔ$^{\underline{55-55}}$ ləʔ$^{\underline{12-31}}$

从语法平面上说，“搿本书”、“鼠标”和“灰”在句中都是宾语，而从语义平面上分析，它们又都与句中的动词构成“动核 + 客事”的语义关系。为了语用表达的需要，这些动词重叠式后的宾语经常移位至动词前，成为话题。在这样的“话题化”过程中，原来宾语的位置用第三人称单数代词“伊”ɦi113 回指话题，话题是“伊”的回指对象和先行词。这样的话题可以看成是提宾以后形成的复指式话题。

（4）侬真个想考研究生个闲话，搿本书 $_{i}$ 要好好叫看看伊 $_{i}$。noŋ^{113} tsəŋ$^{52-55}$ gəʔ$^{\underline{12-31}}$ ɕiã^{334} kʰɔ^{334} ȵi$^{52-55}$ tɕiɤ$^{52-33}$ sã$^{52-31}$ gəʔ$^{\underline{12}}$ ɦᴇ$^{113-22}$ ɦo$^{113-44}$ gəʔ$^{\underline{12-11}}$ pən$^{334-23}$ sɿ^{52}24 iɔ^{334} hɔ$^{334-33}$ hɔ$^{334-55}$ tɕiɔ$^{334-31}$ kʰø$^{334-33}$ kʰø$^{334-55}$ ɦi1$^{13-31}$

（5）我蹲辣屋里向没事体末，就灰 $_{i}$ 揩揩伊 $_{i}$，拿房间收作收作清爽。ŋo^{113} təŋ$^{52-55}$ ləʔ$^{\underline{12-31}}$ oʔ$^{\underline{55-33}}$ li$^{112-55}$ ɕiã$^{334-31}$ məʔ$^{\underline{12}}$ zɿ$^{113-22}$ tʰi$^{334-44}$ məʔ$^{\underline{12-31}}$ ʥiɤ^{113} huᴇ^{52} kʰa$^{52-55}$ kʰa$^{52-33}$ ɦi$^{113-31}$ nᴇ^{52} vã$^{113-22}$ kᴇ$^{52-44}$ sɤ$^{52-55}$ tsoʔ$^{\underline{55-33}}$ sɤ$^{52-33}$ tsoʔ$^{\underline{55-31}}$ tɕʰiŋ$^{52-55}$ sã$^{334-31}$

（6）现在有语料库勒末，省力交关。只要鼠标 $_{i}$ 点点伊 $_{i}$，问题就解决勒。ɦi$^{113-22}$ zᴇ$^{113-44}$ ɦiɤ^{113} ȵy$^{113-22}$ liɔ$^{113-55}$ kʰu$^{334-31}$ ləʔ$^{\underline{12-33}}$ məʔ$^{\underline{12-31}}$ sã$^{334-33}$ liɪʔ$^{\underline{12-44}}$ tɕiɔ$^{52-55}$ kuᴇ$^{52-31}$ tsəʔ$^{\underline{55-33}}$ iɔ$^{334-44}$ tsʰɿ$^{334-33}$ piɔ$^{52-44}$ ti$^{334-33}$ ti$^{334-55}$ ɦi$^{113-31}$ vəŋ$^{113-22}$ di$^{113-44}$ ʥiɤ^{113} tɕia$^{224-33}$ tɕyɪʔ$^{\underline{55-55}}$ ləʔ$^{\underline{12-31}}$

关于这里的“伊”，徐列炯、刘丹青（2007：112）认为是一个专用的复指代词，不再

---

* 本文发表于《方言》2016 年第 4 期（420—424 页）时没有国际音标，现补上。

是一般的人称代词。他们的理由是：“当话题是复数意义的非指人名词短语时，后面的复数成分仍是‘伊’，不能改用复数‘伊拉’”。但这一条理由恐怕还不能说明问题，因为在汉语中第三人称代词的复数形式一般都不能用来回指非指人名词。朱德熙（1982：82）就曾指出，“（北京话）口语里‘他们’不论在什么位置上都指人，不指物，因此下边一句说到的灯泡虽然不止一个，也还是用‘他（它）’”。

（7）这些灯泡都坏了，把它扔了吧。（朱德熙 1982）

上海话在这一点上和北京话一样，一般情况下“伊拉”也不能用来回指非指人名词。所以，动词重叠式后用于回指话题的“伊”仍应看成是一个人称代词。

但是，正如钱乃荣（1997：55）所指出的，“当动词前有复指对象时，‘伊’的本义已经虚化，‘伊’与前面的重叠动词一定连读成一个语音词”。而且，“整个‘VV 伊’结构可以表示短暂时间进行（常用作祈使句）”。

（二）处所义宾语前移作话题

以上构成重叠式的都是典型的及物动词，但在汉语里，有些动词兼属及物不及物两类。而且，分属两种词类时动词的义项往往有所差别。如“要睡好床”的“睡”就是及物动词，而“他睡了”的“睡”则是不及物的。

在上海话中，这样的词有“睏睡”“坐”“隑倚靠 gᴇ^{113}”“荡”等。这些词上海人一般都理解为典型的不及物动词，用作不及物动词时是无标记的，而作及物动词时是有标记的，必须带上宾语才能凸显其及物性。比如在“睏板床”、“坐矮凳”、“隑躺椅”、“荡马路”这样的短语中，前面的动词就是及物的。这类述宾结构的特殊之处表现为在句法形式上宾语的非处所性和语义上宾语的处所性，我们可以定义为“处所义宾语”。

朱德熙（1982：113—114）认为，北京话的处所宾语一般有两个特点，一是由方位词充当标记的处所短语，如“家里”、“桌子上”，另一种是趋向动词和动词“在”“到”所带的宾语，以及动词与这些词组合后带的宾语，比如“走进教室”“留在家里”。处所宾语都能用“哪儿”提问，用“这儿”“那儿”指代。

用上述标准来检验上面这些“处所义宾语”，我们发现很难把它们归入处所宾语。反而，这些宾语与一般的宾语，即“真宾语”有一些共同之处。比如，能用“什么”类代词提问。

（8） 甲：侬勿睏眠床，想睏啥啊你不睡床，想睡哪儿？ noŋ^{113} vəʔ$^{\underline{12-11}}$ kʰuəŋ$^{334-23}$ zɑ̃^{112} ɕiɑ̃$^{334-33}$ kʰuəŋ^{334} sa$^{334-33}$ a$^{334-44}$

乙：我要睏沙发我想睡沙发。ŋo^{113} iɔ^{334} kʰuəŋ^{334} so$^{52-55}$ faʔ$^{\underline{55-31}}$

另外，还可以进入处置式和被动式。

（9） 伊拉他们拿沙发坐脱勒，侬只好坐矮凳勒他们把沙发占了，你只能坐板凳。ɦi$^{113-22}$ la$^{52-44}$ nᴇ^{52} so$^{52-55}$ faʔ$^{\underline{55-31}}$ zu$^{113-22}$ tʰəʔ$^{\underline{55-55}}$ ləʔ$^{\underline{12-31}}$ noŋ^{113} tsəʔ$^{\underline{12-11}}$ hɔ$^{334-23}$ zu^{113} a$^{334-33}$ təŋ$^{334-55}$ ləʔ$^{\underline{12-31}}$

（10） 沙发拨伊拉他们坐脱勒，侬只好坐矮凳勒沙发让他们占了，你只能坐板凳。so$^{52-55}$ faʔ$^{\underline{55-31}}$ pəʔ$^{\underline{55}}$ ɦi$^{133-22}$ la$^{52-44}$ zu$^{113-22}$ tʰəʔ$^{\underline{55-55}}$ ləʔ$^{\underline{12-31}}$ noŋ^{113} tsəʔ$^{\underline{12-11}}$ hɔ$^{334-23}$ zu$^{113-24}$ a$^{334-33}$ təŋ$^{334-55}$ ləʔ$^{\underline{12-31}}$

上海话的处置式和被动式结构，一般也不能用光杆动词充当谓语。这里的“脱”表示完成义，语义上比北京话里的“掉”虚化，语法功能更类似于“了$_1$”，“勒”则相当于北京话的“了 2”。但是从语义上分析，这些宾语确实表明了动作发生必须依存的处所，否则动作无法实现。

（11）甲：今朝人多，床浪向轧勿落挤不下，侬没地方睏勒今儿人多，床上挤不下，都没你睡的地儿了。tɕiŋ$^{52-55}$ tsɔ$^{52-31}$ niŋ^{113}-24 tu^{52} zɑ̃$^{113-22}$ lɑ̃$^{113-44}$ gaʔ$^{\underline{12-11}}$ vəʔ$^{\underline{12-22}}$ loʔ$^{\underline{12-23}}$ noŋ$^{113-24}$ məʔ$^{\underline{12}}$ di$^{113-22}$ fɑ̃$^{52-44}$ kʰuəŋ$^{334-33}$ ləʔ$^{\underline{12-44}}$

乙：覅紧个，我睏地板好来没事儿，我就睡地板吧。viɔ^{24} tɕiŋ$^{334-33}$ gəʔ$^{\underline{12-31}}$ ŋo^{112} kʰuəŋ^{334} di$^{113-22}$ pE$^{224-55}$ hɔ$^{334-33}$ lE$^{113-31}$

（12）沙发拨伊拉坐脱勒，我没地方坐末，只好坐矮凳沙发让他们占了，我没地儿坐，只能坐板凳。so$^{52-55}$ faʔ$^{\underline{55-31}}$ pəʔ$^{\underline{55}}$ ɦi$^{113-22}$ la$^{52-44}$ zu$^{113-22}$ tʰəʔ$^{\underline{55-55}}$ ləʔ$^{\underline{12-31}}$ ŋo^{113} məʔ$^{\underline{12}}$ di$^{113-22}$ fɑ̃$^{52-44}$ zu$^{113-22}$ ləʔ$^{\underline{12-44}}$ tsəʔ$^{\underline{12-11}}$ hɔ$^{334-23}$ zu^{113} a$^{334-33}$ təŋ$^{334-55}$ ləʔ$^{\underline{12-31}}$

同样，这样的述宾结构也可以话题化，并用“伊”回指。

（13）让伊睏睏板床，腰会得好个让他睡个板床，腰伤就能见好。niɑ̃$^{113-22}$ ɦi$^{113-44}$ kʰuəŋ$^{224-33}$ kʰuəŋ$^{224-44}$ pE$^{334-33}$ zɑ̃$^{113-44}$ iɔ^{52} ɦE$^{113-22}$ təʔ$^{\underline{55-44}}$ hɔ$^{334-33}$ gəʔ$^{\underline{12-44}}$

（14）让伊板床 i 睏睏伊 i，腰会得好个。niɑ̃$^{113-22}$ ɦi$^{113-44}$ pE$^{334-33}$ zɑ̃$^{113-44}$ kʰuəŋ$^{224-33}$ kʰuəŋ$^{224-55}$ ɦi$^{113-31}$ iɔ^{52} ɦE$^{113-22}$ təʔ$^{\underline{55-44}}$ hɔ$^{334-33}$ gəʔ$^{\underline{12-44}}$

（15）小人孩子坐啥个沙发，叫伊坐坐矮凳末好来小孩子家坐哪门子沙发，让他坐板凳得了。ɕiɔ$^{334-33}$ niŋ$^{113-44}$ zu$^{113-24}$ sa$^{334-33}$ gəʔ$^{\underline{12-55}}$ so$^{52-33}$ faʔ$^{\underline{55-31}}$ tɕiɔ$^{334-33}$ ɦi$^{113-44}$ zu$^{113-22}$ zu$^{113-44}$ a$^{334-33}$ təŋ$^{334-55}$ məʔ$^{\underline{12-31}}$ hɔ$^{334-33}$ lE$^{113-44}$

（16）小人孩子坐啥个沙发，叫伊矮凳 i 坐坐伊 i 末好来。ɕiɔ$^{334-33}$ niŋ$^{113-44}$ zu$^{113-24}$ sa$^{334-33}$ gəʔ$^{\underline{12-55}}$ so$^{52-33}$ faʔ$^{\underline{55-31}}$ tɕiɔ$^{334-33}$ ɦi$^{113-44}$ a$^{334-33}$ təŋ$^{334-44}$ zu$^{113-22}$ zu$^{113-55}$ ɦi$^{113-33}$ məʔ$^{\underline{12-31}}$ hɔ$^{334-33}$ lE$^{113-44}$

（三）处所宾语充当的话题

表处所意义的名词在加上方位词之后，就成了处所短语，在句子中充当真正的处所宾语（狭义处所宾语）。在北京话中，不及物动词加上“到”“在”之后，就能带处所宾语。“到”“在”有一个更常用的弱化形式·de，而且，这个 de 在口语里经常消失，导致不及物动词直接带狭义处所宾语，如“搁桌上”“坐椅子上”（朱德熙：同上）。

在上海话中，不及物动词直接带处所宾语不如北京话这么自由，与北京话“在”意义相当的“辣”，其省略会受到多方面的限制。如：

（17）甲：今朝夜里侬睏（辣）阿里搭今天晚上你睡（在）哪儿？tɕin$^{52-55}$ tsɔ$^{52-31}$ ɦia$^{113-22}$ li$^{113-44}$ noŋ^{113} kʰuəŋ$^{334-33}$（ləʔ$^{\underline{12-44}}$）ɦa$^{113-22}$ li$^{113-55}$ taʔ$^{\underline{55-31}}$

乙：我睏（辣）小床浪我睡（在）小床上。ŋo$^{113-24}$ kʰuəŋ$^{334-33}$（ləʔ$^{\underline{12-44}}$）ɕiɔ$^{334-33}$ zɑ̃$^{113-55}$ lɑ̃$^{113-31}$

（18）有得床勿睏，要睏地浪，侬想得出个放着床不睡，要睡地上，亏你想得出。ɦiɤ$^{113-22}$ təʔ$^{\underline{55-44}}$ zɑ̃^{113} vəʔ$^{\underline{12-11}}$ kʰuəŋ$^{224-23}$ iɔ^{334} kʰuəŋ^{334} di$^{113-22}$ lɑ̃$^{113-44}$ noŋ^{113}-24 ɕiɑ̃$^{334-33}$ təʔ$^{\underline{55-55}}$ tsʰəʔ$^{\underline{55-33}}$ gəʔ$^{\underline{12-31}}$

（17）中的“辣”在快速语流中不易分辨，往往可以省略。但这样的话一般只有在非正式的口语中才经常使用，如长辈与小辈之间的对话，在常速语流中一般是必须出现的。（18）中的“地”意为“房间地板”，在上海话中是一个粘着语素，不能独立成词，一般要与方位词“浪”（“上”的弱化形式）结合使用。这里“地浪”就是“地板”的意思。而在上海话中，“睏地板浪”一般就不说，一定要说成“睏辣地板浪”。与之类似的还有“屋”，也一定要说成“屋里”，“蹲待辣屋里（向）”。不及物动词重叠后更不能直接带处所宾语。比如“坐坐矮凳浪”“睏睏地板浪”都不能说。但是，当处所宾语话题化后，这样的格式就能成立了。

（19） 小人孩子坐啥个沙发啦，矮凳浪 i 坐坐伊 i 末好来孩子家坐哪门子沙发，板凳上坐着得了。ɕiɔ$^{334-33}$ niŋ$^{113-44}$ zu^{113} sa$^{334-33}$ gəʔ$^{\underline{12-55}}$ so$^{52-33}$ faʔ$^{\underline{55-33}}$ la$^{52-31}$ a$^{334-33}$ təŋ$^{334-55}$ lɑ̃$^{113-31}$ zu$^{113-22}$ zu$^{113-55}$ ɦi$^{113-33}$ məʔ$^{\underline{12-31}}$ hɔ$^{334-33}$ lᴇ$^{113-44}$

（20） 我板床浪 i 睏睏伊 i 喏，腰也好勒我板床上睡着，腰伤都见好。ŋo^{113} pᴇ$^{334-33}$ zɑ̃$^{113-55}$ lɑ̃$^{113-31}$ kʰuəŋ$^{334-33}$ kʰuəŋ$^{334-55}$ ɦi$^{113-33}$ nɔ$^{113-31}$ iɔ$^{52-55}$ ɦa$^{113-31}$ hɔ$^{334-33}$ ləʔ$^{\underline{12-44}}$

（21） 伊吃好饭末，还要躺椅浪 i 隑隑伊 i，嬲忒太适意舒服噢他吃完饭还在躺椅上歇会儿，那叫一个爽。ɦi$^{113-24}$ tɕʰi$^{\underline{55-33}}$ hɔ$^{334-44}$ vᴇ$^{113-22}$ məʔ$^{\underline{12-44}}$ ɦᴇ$^{113-33}$ iɔ$^{334-44}$ tʰɑ̃$^{334-33}$ i$^{334-55}$ lɑ̃$^{113-31}$ gᴇ$^{113-22}$ gᴇ$^{113-55}$ ɦi$^{113-31}$ viɔ^{24} tʰəʔ$^{\underline{55}}$ səʔ$^{\underline{55-33}}$ i$^{113-55}$ ɔ$^{52-31}$

这里的“伊”都与作话题的处所短语共指，话题仍可以看成是由原来的处所宾语前移形成的。陈平（1994）把七种主要的语义角色分别按照充当主（宾）语和话题能力的强弱进行了排列。其中，“地点（处所）”这一语义角色充当宾语的能力排在第三位，充当话题的能力排在第二位。所以，“矮凳浪”这样的处所角色与动词重叠式发生关系时，在宾语位置站不住脚，但却能够充当话题。

（四）“VV 伊”结构的泛化

“动词重叠式＋伊”这样的一个结构，在语音上形成了一个连调模式，在语义上“伊”的回指作用也逐渐弱化。这个结构泛化以后，使得大量出现在话题位置上的成分并不需要由宾语移位而来。如：

（22） 我学堂里跑跑伊，事体就办好勒我在学校里转一圈，事儿就办了。ŋo^{113} ɦoʔ$^{\underline{12-11}}$ dɑ̃$^{113-22}$ li$^{113-23}$ bɔ$^{113-22}$ bɔ$^{113-55}$ ɦi$^{113-31}$ zɿ$^{113-22}$ tʰi$^{334-44}$ ʥiɤ^{113} bᴇ$^{113-22}$ hɔ$^{334-55}$ ləʔ$^{\underline{12-31}}$

（23） 小人孩子呀，床浪向难般也要闹闹伊个呀到底是孩子家，在床上撒个欢儿也是难免的。ɕiɔ$^{334-33}$ niŋ$^{113-55}$ ia$^{52-31}$ zɑ̃$^{113-22}$ lɑ̃$^{113-55}$ ɕiɑ̃$^{334-31}$ nᴇ$^{113-22}$ pᴇ$^{334-44}$ ɦa$^{113-22}$ iɔ$^{334-44}$ nɔ$^{113-22}$ nɔ$^{113-55}$ ɦi$^{113-33}$ gəʔ$^{\underline{12-33}}$ ia$^{52-31}$

这里的“学堂里”“床浪向”都是话题，因为都可以在后面插入话题标记“末”。

（24） 我学堂里末跑跑伊，事体就办好勒。ŋo^{113} ɦoʔ$^{\underline{12-11}}$ dɑ̃$^{113-22}$ li$^{113-22}$ məʔ$^{\underline{12-23}}$ bɔ$^{113-22}$ bɔ$^{113-55}$ ɦi$^{113-31}$ zɿ$^{113-22}$ tʰi$^{334-44}$ ʥiɤ^{113} bᴇ$^{113-22}$ hɔ$^{334-55}$ ləʔ$^{\underline{12-31}}$

（25） 小人呀，床浪向末，难般也要闹闹伊个呀。ɕiɔ$^{334-33}$ niŋ$^{113-55}$ ia$^{52-31}$ zɑ̃$^{113-22}$ lɑ̃$^{113-55}$ ɕiɑ̃$^{334-33}$ məʔ$^{\underline{12-31}}$ nᴇ$^{113-22}$ pᴇ$^{334-44}$ ɦa$^{113-22}$ iɔ$^{334-44}$ nɔ$^{113-22}$ nɔ$^{113-55}$ ɦi$^{113-33}$ gəʔ$^{\underline{12-33}}$ ia$^{52-31}$

而且在语义上，我们确实可以认为这里的“伊”与话题形成照应关系。但是，这样的结构是无法还原成 SVO 型的核心句的。即，“我跑学堂”“小人闹床”这样的说法，在上海话里是不成立的，至少不能单说。这与上文提到的“坐矮凳”“睏板床”有着本质的区别。话题成分更像是对谓语起修饰作用的状语，因为可以在话题前加上表示存在义的“辣”。

（26） 我辣学堂里末跑跑伊，事体就办好勒。ŋo^{113} ləʔ$^{\underline{12}}$ ɦoʔ$^{\underline{12-11}}$ dɑ̃$^{113-22}$ li$^{113-22}$ məʔ$^{\underline{12-23}}$ bɔ$^{113-22}$ bɔ$^{113-55}$ ɦi$^{113-31}$ zɿ$^{113-22}$ tʰi$^{334-44}$ ʥiɤ^{113} bᴇ$^{113-22}$ hɔ$^{334-55}$ ləʔ$^{\underline{12-31}}$

（27） 小人呀，辣床浪向末，难般也要闹闹伊个呀。ɕiɔ$^{334-33}$ niŋ$^{113-55}$ ia$^{52-31}$ ləʔ$^{\underline{12}}$ zɑ̃$^{113-22}$ lɑ̃$^{113-55}$ ɕiɑ̃$^{334-33}$ məʔ$^{\underline{12-31}}$ nᴇ$^{113-22}$ pᴇ$^{334-44}$ ɦa$^{113-22}$ iɔ$^{334-44}$ nɔ$^{113-22}$ nɔ$^{113-55}$ ɦi$^{113-33}$ gəʔ$^{\underline{12-33}}$ ia$^{52-31}$

这样的句子恢复成核心句时，只能是“我辣学堂里跑，（用勿着到外头去跑）”和“小人辣床勒向闹”，不会说成“我跑辣学堂里”和“小人闹勒床浪向”。这样话题成分作句子的状语更为合适，因此我们不能认为“伊”与话题同指，“伊”在结构上已经失去了回指功能。

我们可以看到，在“灰揩揩伊”这样的结构中，作为受事话题的“灰”是典型的原型角色；“矮登坐坐伊”中的“矮凳”，因为已经具有了处所义而表现为一个较为凸显的场景，但仍然接近于受事角色；而在“矮凳浪坐坐伊”和“学堂里跑跑伊”这两类结构中，表处所的话题已经完全成为了场景角色。

（五）“VV 伊”结构话题的从缺

“VV 伊”结构进一步泛化的结果是话题从缺。

（28）依覅一日到夜蹲辣楼浪向，下去走走伊你别一天到晚在楼里待着，下去走走。noŋ^{113} viɔ^{24} iɪʔ$^{\underline{55-33}}$ niɪʔ$^{\underline{55-55}}$ tɔ$^{334-33}$ ɦia$^{113-31}$ təŋ$^{52-55}$ ləʔ$^{\underline{12-31}}$ lɤ$^{113-22}$ lɑ̃$^{113-55}$ ɕiɑ̃$^{334-31}$ ɦo$^{113-22}$ tɕʰi$^{334-44}$ tsɤ$^{334-33}$ tsɤ$^{334-55}$ ɦi$^{113-31}$

（29）甲：勿好意思噢，我搭坐个地方也呒没了真对不住，我这儿坐的地儿也没了。vəʔ$^{\underline{12-11}}$ hɔ$^{334-23}$ i$^{334-55}$ sɿ$^{52-33}$ ɔ$^{52-31}$ ŋo$^{113-24}$ taʔ$^{\underline{55-31}}$ zu$^{113-22}$ gəʔ$^{\underline{12-55}}$ di$^{113-33}$ fɑ̃$^{52-31}$ ɦa$^{113-24}$ m̩$^{113-22}$ məʔ$^{\underline{12-55}}$ ləʔ$^{\underline{12-31}}$

乙：覅紧个，我立立伊好来没事儿，我站着就行。viɔ^{24} tɕiŋ$^{334-33}$ gəʔ$^{\underline{12-31}}$ ŋo$^{113-24}$ liɪʔ$^{\underline{12-11}}$ liɪʔ$^{\underline{12-22}}$ ɦi$^{113-23}$ hɔ$^{334-33}$ lᴇ$^{113-31}$

例（28）中的“下去走走伊”应该分析为连动结构“下去＋走走伊”。这样的一个分句结构是没有话题的（这里不考虑句首充当施事的指人名词），我们不可能在“下去”和“走走伊”之间插入话题标记“末”，像“下去末，走走伊”这样的表达上海人是不能接受的。

对于（29）而言，“我立立伊好来”即使补上处所论元，也只能是“我搿搭立立伊好来”，而不能说成“我搿搭末立立伊好来”，同样不是话题。

这样一来，由于句子里没有话题成分，“伊”不论是在语义上还是句法上的回指对象都不存在了，“伊”彻底失去指称作用，退化成了一个虚拟标记。

二　语法化分析

（一）“伊”的空间性的减弱

前面已经提到，典型的名词容易作宾语。其特点就是空间性得到了强烈的凸显，随着名词的典型性越来越不显著，其表现形式就是空间性逐渐减弱，而时间性得以凸显。既然动词重叠后的“伊”最初是用来回指宾语的，那么，它也应该取得和回指成分一样的空间性和时间性特点。

在北京话中，动词重叠式表示短时行为的时候，“VV”可以用“V 一会儿”或“V 一＋动量词”替换，上海话类似于“V 一会儿”的结构是“V 脱一歇”。我们来可以检验一下两者的替换情况。

灰揩揩伊	矮凳坐坐伊	矮凳浪坐坐伊	学堂里跑跑伊	下去走走伊
* 灰揩脱一歇	？矮凳坐脱一歇	矮凳浪坐脱一歇	学堂里跑一埭	下去走一圈

从上表中可以清楚地看到，在这样从左到右的一个等级序列中，越往后，“伊”的时

间性越强。能用“V 脱一歇”替换的，说明“伊”的时间性得到了加强，而具体的动量补语“一埭 da113 一趟”“一圈”比抽象的“一歇”体现出了更强的时间性。这同时也是“伊”回指对象空间性逐渐减弱的结果，“伊”的回指功能正是这样逐渐丧失的。

（二）“VV 伊”的语法化过程

至此，我们可以梳理出“VV 伊”结构较为完整的语法化过程。

语法化阶段	一	二	三	四	五
动词词类	及物动词	及物动词	不及物动词	不及物动词	不及物动词
话题有无	有	有	有	有	无
“伊”的回指功能	有	有	有	无	无
“VV 伊”被“V ＋动量补语”替换	不能	基本不能	V 脱一歇	V ＋具体动量补语	V ＋具体动量补语
上海话例句	灰揩揩伊	矮凳坐坐伊	矮凳浪坐坐伊	学堂里跑跑伊	下去走走伊

及物动词重叠式的宾语移位形成话题，并由“伊”代词性回指，这是“伊”语法化的第一步。虽然这里的“伊”并没有成为一个专用的复指代词，但人称代词“伊”在这里确实已经虚化了，与动词重叠式一起连读成一个语音词。这样一个语音词的形成，使得“伊”走上了语法化的道路。随着重叠式动词及物性的逐渐减弱，“VV 伊”结构时间性的强加，“伊”的指代功能越来越弱，语法化强度逐渐加深。“VV 伊”这一结构泛化的最终结果是句子的述题部分成为一个连动结构并使得话题从缺，“伊”失去了作为代词的语法意义，它主要的作用就是和动词重叠式结合，构成一个三音节的语音词。

三　余　　论

在“VV 伊”结构中，“伊”的指代功能虽然丧失，但“伊”并非完全失去了语法、语用功能。这样的“VV 伊”结构较常出现于祈使句，特别是表示命令语气的祈使句。如果是提出建议，“伊”经常可以不出现。这充分体现了认知语言学的关系象似性原则。

（30）依呒没事体末，就电视看看，勿会得厌气寂寞个你要闲着没事儿就看看电视，不会闷得慌。noŋ^{113} m̩$^{113-22}$ məʔ$^{\underline{12-44}}$ zɿ$^{113-22}$ tʰi$^{334-55}$ məʔ$^{\underline{12-31}}$ ʥiɤ$^{113-24}$ di$^{113-22}$ zɿ$^{113-44}$ kʰø$^{334-33}$ kø$^{334-44}$ vəʔ$^{\underline{12-22}}$ ɦuᴇ$^{113-55}$ təʔ$^{\underline{55-31}}$ i$^{334-55}$ tɕʰi$^{334-33}$ gəʔ$^{\underline{12-31}}$

依勿想蹲辣屋里向末，外头去走走你要不想在屋里待着，就上外边转转。noŋ^{113} vəʔ$^{\underline{12-11}}$ ɕiã$^{334-23}$ təŋ$^{52-55}$ ləʔ$^{\underline{12-31}}$ oʔ$^{\underline{55-33}}$ li$^{13-55}$ ɕiã$^{334-33}$ məʔ$^{\underline{12-31}}$ ŋa$^{113-22}$ dɤ$^{113-55}$ tɕʰi$^{334-31}$ tsɤ$^{334-33}$ tsɤ$^{334-44}$

（31）依呒没事体末，外文读读伊。只晓得一日到夜看电视你要没事儿，就读读外语。（怎么）就知道一天到晚看电视。noŋ^{113} m̩$^{113-22}$ məʔ$^{\underline{12-44}}$ zɿ$^{113-22}$ tʰi$^{334-55}$ məʔ$^{\underline{12-31}}$ ŋa$^{113-33}$ vəŋ$^{113-44}$ doʔ$^{\underline{12-11}}$ doʔ$^{\underline{12-22}}$ ɦi$^{113-23}$ tsəʔ$^{\underline{55-33}}$ ɕiɔ$^{334-55}$ təʔ$^{\underline{55-31}}$ iɪʔ$^{\underline{55-33}}$ niɪʔ$^{\underline{55-55}}$ tɔ$^{334-33}$ ɦia$^{113-31}$ kʰø^{334} di$^{113-22}$ zɿ$^{113-44}$

依一日到夜蹲辣屋里向覅蹲出毛病啊，外头去走走伊你一天到晚在屋里待着还不憋出病来，出去转转。noŋ^{113} iɪʔ$^{\underline{55-33}}$ niɪʔ$^{\underline{55-55}}$ tɔ$^{334-33}$ ɦia$^{113-31}$ təŋ$^{52-55}$ ləʔ$^{\underline{12-31}}$ oʔ$^{\underline{55-33}}$ li$^{113-55}$ ɕiã$^{334-31}$ viɔ^{24} tən$^{52-55}$ tsʰəʔ$^{\underline{55-31}}$ mɔ$^{113-22}$ biŋ$^{113-55}$ a$^{52-31}$ ŋa$^{113-22}$ dɤ$^{113-55}$ tɕʰi$^{334-31}$ tsɤ$^{334-33}$ tsɤ$^{334-55}$ ɦi$^{113-31}$

上面两组祈使句的语气强弱不一样。（30）表示建议，可以不出现“伊”，（31）表示命令，所以加了一个“伊”。在命令语气中，动词重叠式与“伊”紧靠在一起，体现了距离象似性原则。另一方面，命令语气比建议语气多出的这个“伊”，也体现了数量象似性原则。“VV 伊”结构从两方面都表明说话者认为听话人非常有必要这样做。

“动词重叠式 + 伊”的回指现象，是上海话的一个特点。与上海话关系密切的苏州话里，这种现象并不存在。在苏州话的“VV 俚”格式中，“俚”只能指人，并且一定是单数形式，并没有走上上海话这样的语法化道路。同样对上海话产生过巨大影响的宁波话，倒是存在类似的“VV 其”格式。但是，并不是每一种构式都能说，具体情况如下：

语法化阶段	一	二	三	四	五
上海话例句	灰揩揩伊	矮凳坐坐伊	矮凳浪坐坐伊	学堂里跑跑伊	下头去走走伊
宁波话有无类似例句	有	基本没有，常用“桌凳坐一晌”	同左	有	有

根据宁波人的语感，在他们的“VV 其”结构中，V 一般为动态动词，如“揩（桌凳）”“走（路）”等，而对于“坐”这样的静态动词，现在宁波话里不常见“桌凳坐坐其”这样的说法。“马路浪荡荡逛马路”“马路浪荡荡伊”等结构也不常听人说。究竟如何，还有待进一步研究。

参考文献

鲍尔·J·霍伯尔，伊丽莎白·克劳丝·特拉格特．语法化学说（第二版）[M]．梁银峰，译．上海：复旦大学出版社，2008.

陈　平．试论汉语中三种句子成分与语义成分的配位原则 [J]．中国语文，1994（3）：161—168.

钱乃荣．上海话语法 [M]．上海：上海人民出版社，1997.

徐烈炯，刘丹青．话题的结构与功能（增订本）[M]．上海：上海教育出版社，2007.

朱德熙．语法讲义 [M]．北京：商务印书馆，1982.

（金耀华　常熟理工学院　215500）

从近代西儒文献看上海话基本否定词的演变 *

林素娥

〇 缘　　起

上海话基本否定词的类型及演变一直是上海话否定词研究的重要对象。许宝华、汤珍珠（1988：451-452）、游汝杰（2014：367-369）指出上海话基本否定词有：（1）勿［vəʔ^{12}］、（2）呒没［ɦm̩$^{13-22}$ məʔ$^{12-4}$］、（3）勿曾［vəʔ$^{12-1}$zən$^{13-23}$］、（4）未［mi^{13}］等，其中（1）在句法上不常用来单独回答，（2）可单独用做否定回答，（3）在市区新派中已不用，老派使用频率已趋低，（2）已经取代（3），（4）则一般用于句末，表示前文述及的事件远未发生。刘丹青（2002）通过 7 万字的口语语料的穷尽性分析，也指出上海话否定词“勿”和“呒没”在回答问题时的独用差异，且存在否定词“呒没”兼作已然体否定副词，基本取代了老上海话的“勿曾”，从而区别于其他北部吴语。钱乃荣（2003：190-192）则利用传教士文献从历时演变角度，指出一百多年来上海话否定词的兴衰更替现象，如否定词“呒”的单用独立性消失，变成构词的否定语素，“呒没”发展为否定动词和否定副词，取代“呒得”和“勿曾”。综合前贤研究来看，上海话基本否定词词形在减少，相应类型也在合并，如否定词“没有（无）”类吞并了“没有（未）”类，可以说，上海话基本否定词在一百多年中发生了较显著的演变，但对其演变的过程及动因仍有待进一步探讨。

本文拟利用近一百多年来西人所编著上海话各类文献，结合分布统计，展示上海话基本否定词的类型及句法功能的演变历程，并探讨其演变的动因。

文献引用说明：若原书用汉字、罗马字和英 / 法文对照编写的，主要引用原书汉字，仅必要时引用原书中的外文以帮助理解。

一　一百多年前上海话基本否定词类型及用法

以 19 世纪下半叶的五本重要文献为依据，整理出一百多年前上海话基本否定词的面貌。文献分别为《油拉八国》（1834）、《约翰传福音书》（1847）、《上海方言口语语法》（1853/1868）、《常用短语集锦》（1862）、《松江话词汇集》（1883）、《使徒言行传》（1890）等，文献类型分别有地理志、《圣经》土白译本、语法著作、课本等，这些文献年代确切，为探讨一百多年前上海话基本否定词的面貌提供了绝好的语料。

1.1　一百多年前上海话基本否定词概貌

参照游汝杰（2005）的吴语否定词分类，用表1展示19世纪上海话否定词类型。

* 该研究获得国家社科基金一般项目“域外吴语文献的调查和研究”（项目编号：15BYY042）赞助。

表 1　19 世纪上海话否定词类型格局表

文献类型	“不”类否定词	“没有（无）”类否定词		“没有（未）”类
	+ 动词或形容词	+ 名词	+ 动词	+ 动词（否定未然体动词）
1834 年	勿 / 弗	无没 / 无末	勿曾	
1847 年	勿 / 弗	唔 / 唔没 / 唔末	勿曾 / 弗曾 / 未曾	
1853 年	勿 veh/ 唔 m	呒 m/ 呒没 m méh	勿曾 veh zung	
1862 年	勿 veh	嘸末 m meh/ 嘸得 m tuh/ 嘸 m	勿會 veh zung	
1883 年	勿 veh	无 m/ 没 /mé 无得 m-te/ 无拨 m-pé/ 无没 m-mé	勿曾 vé-zeng	
1890 年	勿	呒没 m méh	勿曾	

注：表中读音为原文罗马字拼音，汉字也为原文所用，“没有”类中自成音节的鼻音 m 统一书写为“呒”

从表 1 可见，19 世纪上海话基本否定词的特点有：（1）“不”类否定词有“勿”“弗”和“唔”；（2）“没有（无）”类大多为双音节形式，只用做否定性动词，后接名词性宾语，不用做否定副词，用“勿曾”否定行为动作客观已然；（3）早期上海话中否定已然和否定未然皆用“勿曾”或“弗曾”。下面逐一介绍一百多年前上海话基本否定词的类型及句法特征。

1.2　“勿”“弗”与“唔”

早期上海话“不”类否定词，主要为“勿”，“弗”为“勿”浊化前的形式，两者词源相同（潘悟云 2002，钱乃荣 2003）。尽管对其词源为“不”（潘悟云 2002“不尤韵”）还是“弗”（梅祖麟 2013“分勿切”的“弗”）仍有不同看法。一百五十多年前上海话文献中“勿”“弗”并存，且以前者为主，说明“弗”到“勿”的演变基本完成。在句法上两者功能并无差异。如，

（1）a. 世界上勿认得伊拉，伊到本地，本地人勿接伊。（《约翰》1847：1）

b. 亮光照亮暗洞里，但是暗洞里个勿识个拉。（同上，1）

c. 约翰勿是亮光，是亮光个干证拉。（同上，1）

d. 撒酒个一尝，勿晓得那里来个。（同上，5）

e. 吾勿敢忒伊解拉。（同上，3）

f. 垃垃水里出来，看勿出远个。（《油拉八国》1834：29）

g. 打也打伊勿过，话也话伊勿过。Cannot conquer him by beating，nor by using the tongue.（《语法》1853：122）

h. 勿落雨，百姓要苦恼。If it does not rain，the people must suffer.（同上，128）

（2）a. 但是耶稣认得人，所以弗靠第个，而且人个心肠弗必要告诉耶稣，耶稣晓得个拉。（《约翰》1847：6）

b. 耶稣用第个比方，弗懂得伊个说话啥意思拉。（同上，39）

c. 百工技艺末，弗大好个。（《油拉八国》1834：P69）

（3）a. 寒热有勿有？Hōn nyih yeu veh yeu? Have you fever?（《集锦》1862：117）

b. 因为我个道理伽心里勿有个。（《约翰》1847：33）

c. 实盖个茶叶勿有消场。Seh-kay kuh dzōyih veh yeu sëau dzang.you cannot find a market for such tea.（《集锦》1862：25）

d. 教书个本事勿有。The ability to instruct，he does not possess.（《语法》1853：167）

e. 晓得伊拉所告个，不过辩论伊拉个律法，勿有应该死咾应该缚个罪。（《使徒言行传》1890：第二十课）

（4）a. 现银子我身边勿带，请侬上垃帐上。Ye nying ts ngoo sung pen veh ta，t'sing núng song leh tsang long. I have not brought ready money with me，will you put it down to my account.（《集锦》1862：31）

b. 伊个小姐到第间房子里，勿听见鸟个声气，伊走近之鸟笼，看见鸟是死拉哉，就哭咾喊起来，苦脑得极，像死之朋友能。（《练习》1910：第十八课）

（5）a. 眼睛勿看见。Ngè-tsing vé-k'eu-kié.Je n'ai pas vu（lit.des yeux）.（《松江话》1883，ONZIÈME LEÇON）

b. 有云捧伊，伊拉勿看见。（《使徒言行传》1890：第一课）

c. 一同走个，立定之咾开口勿出，只听见声气咾勿看见人。扫罗从地上起来，张开眼睛，勿能够看见啥，伊拉牵之伊个手咾领进大马色。三日勿看见，也勿吃也勿呷。（同上，第七课）

（6）a. 甲：我看看侬气色，面黄体瘦，眼窝落潭，恐怕勿是单单喫口酒，还喫口大烟是否？

乙：勿，个是无得瘾头个，因为尝怕其喫成功，所以情愿到第块来做生活，守本分，离开一淘老朋友。（《松江话》1883：LEÇON XXI）

b. 天主堂造咾修，是神父本分否？勿，教友也有本分个。（《撮要》1926：75）

c. 公审判个时候，耶稣单单赏罚人个灵魂否。勿，肉身也要赏罚个。（《撮要》1926：39）

d. 肉身拉拉天堂上，要到啥地方去，要费脱啥工夫否？勿，一歇就到。（《撮要》1926：55）

e. 甲：两嘴唇红来，身体热呢啥？乙：勿也。Leang-tse-zen hong-lai，sen-t'i-gné gni sa?—Vé-yè.Vous avez les lèvres rouges，avez-vous la fièvre?—Non.（《松江话》1883：ONZIÈME LEÇON）

从文献来看，早期上海话“勿”可用来否定主观意愿、惯常行为、属性、心理行为、助动词等，如例（1a-e）句，可否定动作结果的可能性，如（1f、g）等，也可单独用于从句中，与主句构成条件假设关系，如h句。例（2a-c）“弗”用法与“勿”一样，可否定主观意愿、助动词和心理动词，也可否定性状。两者只是读音和书写形式不同而已。

一百多年前文献中“勿”表义和用法上有较鲜明的特色。“勿”常构成“V勿V”的正反问形式，而这种形式中的动词也常可以是“有”，如例（3a），同时，“勿”也常在各类文献中用来否定领有动词“有”如（3b-e）句。刘丹青（2002）指出在今上海话自然口语语料中也见用“有勿有”正反问形式，但“更像是‘有’的形态性变化”，因为“勿有”在今上海话中已不成一个单位。而从文献来看，一百多年前上海话文献中“勿有”仍为常见的谓词组合，所以“有勿有”仍是动词“有”构成的正反问形式，而非“有”的形态性变化。“勿”还可以用来否定客观已然动作，如例（4a）句“身边勿带”表示在说话时间点之前该动作未发生，对应的英文翻译采用现在完成时态表达。例（5）“勿看见”表示“看不见”的意思，在课本类和圣经土白文献中皆用“勿”来否定非自主动词“看见”。例（6a）中“勿”用在否定性答句中，用来回答问句所提到的行为事件，a-d 句中“勿”具有否定叹词的作用，单独回答问题，e 句“勿”则与语气词共现。

“唔”否定现状，只见于艾约瑟（Edkins，1853）的记载，如，“唔要紧 m yau kium，not important。”（1853：19）、“唔 用 m yúng。useless。”（1853：90）、“呒 做 m tsú。There is nothing that can be done；学问深来呒做。His learning is very profound。（1853：97）”等，从词汇化来看，很显然，“唔”只是作为构词语素残存。这类似于今温州话表示“不”的“m̩、n̩”，游汝杰（2004）指出温州话“m̩2（否定词）+hə3（好）mə3（不好）”“n̩（否定词）+iɛ5tɕiŋ3 要紧（不要紧）”。今温州话否定词“m̩、n̩”只用于某些固定词组、合音词或俗语中，不再能产。这种自成音节的鼻音语素属于较古老的层次。从艾约瑟的记载来看，一百多年前上海话“不”类否定词也在固定短语或词中保留了这一古老的层次。

1.3 “呒”与“呒没 / 末 / 得 / 拨”

“没有”类否定词“呒”偶做否定动词，但主要用在固定词组或俗语中，“呒”已为构词语素。构成复合词式的“没有（无）”类否定词。如，“呒没 m méh”“呒得 m-te”和“呒拨 m-pé”等。一百多年前，它们皆只做否定动词，不用做否定已然的副词。如，

（7）a. 大生意嘸本錢咾做勿起只得做做小生意。Too sang-e m pung de lau tsoo veh che，tseh tuh tsoo tsoo sēau sang-e.When one cannot do a large business from want of capital，he must do a small trade.（《集锦》1862：122）

b. 口说无凭。’k’eu söh m bing. Words without foundation.（《语法》1853：79）

c. 有 口 无 心。’yeu ’k’eu m sing.Speaking without thinking。Mere words.（同 上，79）

d. 唔头唔脑。M deu m’nau，without order.（同上，80）

e. 呒忧呒虑。Having no grief or care.（同上，143）

f. 呒形呒踪。There is no trace of him.（同上）

g. 呒啥事体。It is nothing.（同上）

（8）a. 无没啥比伊好个者。（《油拉八国》1834：32）

b. 第块有个修道堂，办得第塔，亚爱伦无末。（《油拉八国》1834：30）

c. 低之头，故口气就唔末哉。（《约翰》1847：80）

d. 唔没道末，一样物事勿有拉。（同上，1）

e. 書要比第個板子再好嘸末買處。Su yau pe te kuh pan tz tsay hau，m meh ma t’su. You cannot buy a book with better type than this.（《集锦》1862：113）

（9）a. 中國盆盌上個山水咾花卉嘸得英國能個細膩。Tsúng kōh pung way long kuh san sz lau hwō hway m tuh ying-kōh nung kuh se nie.The landscapes and flowering on the Chinese plates and basins are not so fine as the English.（同上，99）

b. 第個人嘸得啥好吃局。Te kuh niung m tuh sa hau ch’uh jōh.This man has not good food.（《集锦》1862：10）

c. 再好末无得。Tsai h‘ao mé，m-te.Il n’y a pas meilleur.（《松江话》1883，SIXIEM LEÇON）

（10）铜钱有末。弗曾。无得。无没。一眼无拨。Dong-dié yeu-mé?—Vé zeng.—M-te，m-mé.—I-ngè m-pé.Avez-vous des sapèques（vos sapèques）?—Pas encore.—Je n'en ai point.—Je n'en ai point du tout.（《松江话》1883，DIXIÈME LEÇON）

例（7a）"呒"仍用做句法上的否定动词，而（7b-f）"呒"构成成语或固定词组，g中"呒啥"构成跨层常见组合，在文献中高频使用；例（8）"呒没"在文献中记作"无没""无末""唔末""唔没"等不同形式，都做否定动词，后带名词性成分充当被领有对象，或者当该对象充当话题，那么"呒没"单独充当谓语，如（8b、c）句；例（9）"呒得"用来表不及比，或带名词性宾语，或单独充当谓语。例（10）出现在《松江话词汇集》中，"无拨"与"无得"一样，可做否定回答。刘丹青（2005）指出否定词在强化弱化过程中常因语流音变而使词形复杂，北部吴语苏州话"呒拨"、昆山话"嗯得"、上海话"呒没"等，实际上皆为早期文献中的"无得"。从早期上海话文献来看，这三种形式并存于同时期的文献，皆用做否定动词，其中"呒拨"极少见用，可能是借自早期苏州话，一百多年前苏州话《圣经》土白译本中"没有"类否定动词记作"无不"，与上海话文献中"呒拨"音近；"呒没""呒得"在文献中皆较常用，19世纪文献中两者功能完全一致的，只用做动词，从句法功能和表义的一致来看，应为同源词。

1.4 "勿曾""弗曾"与"未曾"

早期上海话"呒没"类不做否定副词，因此，否定客观已然、状态变化、与主观未然皆用"勿曾"及其变体形式"弗曾"或"未曾"。如，

（11）a. 非立勿曾招来个辰光，侬勒拉无花果树底下，吾已经看见侬个。(《约翰》1847：4）

b. 亚伯拉罕个后代，弗曾做个歇人家个奴才。(同上，33）

c. 向来弗曾靠我个名头咾求歇啥，第歇那求啥末，就到手个。(同上，63）

d. 事体未曾成功个前头，我先告诉那。到之事体成功之后来，那可以信我是圣人拉。(同上，54）

e. 還垃垃乘衙門裏哩，勿曾發放哩。Wan lehleh nga-mung le le veh zung feh fong le.He is still in prison，he has not yet been let go.（《集锦》1862：187）

f. 第個雞蛋勿曾熟還要煠。Te kuh kie dan veh zung zōh，wan yau seh.These eggs are not boiles enough，boil them a little more.（同上，38）

g. 法度审判个事体半巴多还勿曾换脱个里。(《油拉八国》1834：24）

h. 伊個人去過勿會去過？Ye kuh niung che koo veh zung che koo? Has that man gone or not?（《集锦》1862：52）

i. 来年个馆地定当末？勿曾定当。Lai-gné-ke koé-di ting-taong mé?—Vé-zeng ting-taon g.Avez-vous une école retenue（fixée）pour l' année prochaine.—Pas encore.（《松江话》1883，LEÇON XVIII）

j. 弗晓得伊拉饭用呢弗曾用？Vé hiao-te I-la vè yong gni vé-zeng yong. Je ne sais pas s'ils ont dine（mange le riz）ou non.（同上，HUITIÈME LEÇON）

k. 龛子里向，圣布摆拉末？勿曾。K'é-tse li-hiang，seng-pou pa-la-mé?—Vé zeng. Avez-vous mis un corporal dans la at-bernacle?—Pas encore.（同上，LEÇON XXIX）

从例（11）可见，早期上海话"勿曾"相当于今官话中否定副词"没有"，可否定曾

然、已然等。不仅可用于否定陈述句，也可构成“Vp（呢）勿曾 Vp”式的正反问句，“勿曾”也可以单独构成否定回答。

可见，一百多年前上海话基本否定词主要为否定现状和主观意愿的“勿”类、否定存在的“呒没”、“呒得”类以及否定已然、曾然的“勿曾”类，三类的次类存在是因为“弗”和“得”的音变造成的，内部之间并无句法功能的差异。从类型格局的特征来看，最显著的是否定存在类仍只用做动词，还未发展出否定副词的功能。

二　一百多年来上海话否定词的演变

相比今上海话否定词的基本类型及其功能来看，上海话否定词在一百多年中的演变特征有：(1)“勿”类否定词读音更为统一，“唔”和“弗”皆被“勿”完全取代；(2)“没有（无）”从动词语法化为副词，替代“勿曾”类，导致上海话否定词类型格局简化，三类变成两类，同时也使得原来“跨界”进入“没有”的“勿”退出，使得否定词的句法功能分工更明确。

2.1　“不”类中“唔”“弗”消失与“勿”的专一化

19 世纪艾约瑟记录的“唔要紧”成为上海话鼻音类否定词最后痕迹，同时期或 20 世纪文献中皆说成“勿要紧”(《练习》1910：153 课)，不再用鼻音类否定词。

“弗”在 20 世纪初的文献中仍偶见使用，且一般为同一文献中“勿”“弗”并用。如《上海话练习》(1910）中，不过，“弗”使用频率很低，且已不见“弗曾”组合。进入 20 世纪二三十年代，“弗”不再用。从文献来看，“弗”这个早期读音形式，于 19 世纪末 20 世纪初期已基本完成读音形式的演变，读成“勿”。

从句法功能来看，“勿”的用法在专一化。首先，用来否定存在或领有的“勿有”逐渐被“呒没”取代。20 世纪二三十年代文献中，“勿有”虽仍较为常见，但“呒没”更活跃。如，

（12）a. 话到上海个吃局，中国个，外国个，无没一样勿有。(《语录》1934：86）

b. 要甚有甚，叫无没一样勿有。(同上，P87）

30 年代后期开始，文献中“勿有”基本消失，如《中日会话集》(1936)、《详注现代上海语》(1935)、《上海话四周》(1940）等课本中皆已不用“勿有”。

不过，“有勿有”的正反问结构仍保留在老派口语中，只是不如“有哦”常用。“勿有”和“有勿有”的不平衡发展，使得今上海话“有勿有”似乎更宜看作“有”的形态化形式（刘丹青 2002)，但从历时来看，“有勿有”仍应为句法组合。

其次，“呒没”的发展也使得“勿”的句法功能更加专一化。如例（4)“身边勿带”得说成“呒没带”。其叹词用法也已消失，一般只能说成“勿是”或“勿 V”。如例（6）各句不再单独用“勿”做否定回答。

2.2　“呒没”的发展

“呒没”在 20 世纪上半叶继续巩固其否定动词的用法，否定存在，可带宾语，也可单独构成否定答句，同时，它已发展为成熟的否定副词，在与“勿曾”的共存相竞中胜出。

2.2.1　动词“呒没”替代“呒”

19 世纪最常见的组合“无啥 m-sa”“无啥人 m-sa gnen”，20 世纪初（《上海话练习》，1910）则已开始“无啥”“无没啥”皆用，如，“若然再无没啥吃末，要死者。”(126 课)，

不过，仍“无啥”更常见，而至《上海话语法》(蒲君男，1941) 中提及“无啥”，但同时也介绍了“无没啥 m-meh sa”，“无没人 m-meh gnen”(1941：84)。可见，“无没”用做动词已取代了单音节形式的“无”，这是它在动词内部功能扩展的典型表现，突破“无啥”的双音节限制，替代“无”。

2.2.2 副词“呒没”的发展

进入 20 世纪初，“呒没”副词用法形成，并于 20 世纪上半叶逐渐取代否定客观和主观已然的“勿曾”，使得上海话实现了基本否定词的类型演变。如，

(13) a. 呒没读过歇。(黄在江 1942：65)

b. 伊昨日无没来。(《详注》1935：25)

c. 侬伞带否？我呒没带。(《瀛沪》1930，第 27 课)

d. 伊无没拉屋里。(《指南》1936：32)

e. 呒没买票个买票啊，查票来者。(《速成》1940：59-60)

f. 趁天呒没暗咧就快眼走罢。(《瀛沪》1930，第 27 课)

从文献来看，“呒没”用做表曾然、主客观已然的否定副词，主要出现在 20 世纪 30 年代，此前仅用“勿曾”否定客观和主观已然。

“呒没”用做否定副词，与“勿曾”形成共存相竞局面。在 20 世纪三、四十年代文献中否定副词“呒没”具有对“勿曾”的强劲冲击力，多数文献中“呒没”的分布远超过“勿曾”，大有取代之势，但这个过程并不那么彻底，个别文献中“勿曾”仍较为顽强地做最后抗争(见表 2)。

表 2 20 世纪上半叶“呒没”“勿曾”分布表

	呒没	勿曾		呒没	勿曾
练习 1910	0	51 (100%)	中日 1936	30 (94%)	2 (6%)
课文 1923	0	39 (100%)	指南 1936	1 (50%)	1 (50%)
活用 1924	0	4 (100%)	速成 1940	28 (100%)	0
增补 1925	10 (33%)	20 (77%)	四周 1940	3 (100%)	0
瀛沪 1930	4 (100%)	0	语法 1941	0	9 (100%)
详注 1935	11 (92%)	1 (8%)	上海语 1942	21 (70%)	9 (30%)

这种竞争一直延续到 20 世纪 80 年代，已然否定词“勿曾”仍用于老派(许宝华、汤珍珠 1988：452)，不过，新派上海话中“呒没”已经取代了“勿曾”。

那么 20 世纪三四十年代“呒没”否定副词是如何形成呢，为何又能够取代上海话中十分稳固的否定副词“勿曾”？

副词“呒没”来自其动词用法的语法化。“呒没”在 20 世纪以前只用做否定动词，后接被领有对象。不过，在话语中，该对象因为话题化常前置或承上文省略，构成“(NP+)呒没”结构，当该结构出现在连动结构中时，形成“(NP+)呒没 +VP”结构。该结构中处于前项位置上的“呒没”，一方面因 NP 的前置而紧邻后项 VP，另一方面因被领有对象前移或话题化，与谓词“呒没”关系松散，使得“呒没”的领有义在结构中淡化，领有动词的动词性削弱，“领有”中所蕴涵的“已然义”得以凸显。在这种结构(即“呒没 VP”)

和语义条件下，“呒没”经重新分析演变为VP的修饰成分，即否定副词。如例（14）。

（14）a. 大英法兰西照会都有个，中国照会无没，到十六铺好否？（《增补》1925：22课）

b. 私事人人有个，公事有个有，有个作兴无没，总归地两样。（《语录》1934：28）

c. 饭也无没吃，饿肚皮，像孔夫子能在陈绝粮。（同上，5）

d. 所以非但新闻纸无没看，连书也勿曾看歇一张。（同上，15）

例（14a、b）句中NP前置，与谓词“呒没”构成话题-说明关系，而（14c）句“无没V”结构中，“无没”可分析为动词，表示“无没饭吃”的意思，也可分析为副词，理解为“没有吃饭”，“无没”出现动词、副词两解，处于重新分析中，这种重新分析导致“无没”形成表已然的副词用法。（14d）句，“无没”与“勿曾”相互呼应，“无没”为表已然否定的副词。

2.2.3 “呒没”的其他用法

“呒没”发展为否定副词，不仅可以否定曾然、已然类动作，也可以否定情态。如，

（15）a. 地坌物事人家屋里常庄有个，也叫盆景，好个也要值几十块，能百块个也有，无没一定个。（《语录》1935：54）

b. 分家勿分家，无没一定。（同上，51）

c. 现在个天气忽冷忽热，实在无没一定。（《详注》1935：51）

例（15）“无没一定”表示说话人对事件发生的不确定性的认识。

“呒没”也可以用来构成否定性答句。如，

（16）a. 啊表停才，侬忘记脱旋一旋链否？呒没，今早晨旋歇过才。（《瀛沪》1930，第21课）

b.（丙）侬本地话无没学过否？

（丁）无没，官话末学过三年者，我想请侬介绍一位，本地话先生好否？（《增补》1925，问答第29课）

例（16）“呒没”用作否定回答。这种用法在今上海话中更为常见。许宝华、汤珍珠（1988：453）指出“在青少年中流行用‘呒没’回答是非问句”。刘丹青（2002）也指出“呒没”单独成句在北部吴语区是较新的现象，且语料表明，不限于青少年。而从例（16）来看，这种用法实则不新，一百年前课本中就依稀可见，它的兴起应是否定动词“呒没”语法化的结果。如，

（17）a. 公审判后来，炼狱有否？无没者。（《撮要》1926：41）

b. 地堂里有啥冷热否？无没，勿冷勿热。（同上，17）

例（17）中“无没”用来回答谓词“有”构成的是非问句，“无没”为否定动词，但当是非问突破“有”字谓语句时，“无没”仍用做否定答句，“无没”中的领有或存在意义淡化，否定义保留，其动词性削弱，可重新分析为应答否定词。这种用法应直接来自否定动词的语法化，而并不需要经历否定副词阶段，这从两者使用的年代也可佐证，用作否定应答要早于副词用法。

至于“无没”应答否定词功能在今上海新派话中的发展，应该还受到普通话的影响，但这种影响只是推动了应答否定词“无没”的更广使用，与其形成并无直接关系。

2.2.4 副词“呒没”发展原因浅谈

为何“呒没”在20世纪三四十年代发展为副词后能以迅猛之势取代旧形式“勿曾”

呢？结合文献，我们尝试做一些推测。

“呒没”“勿曾”皆用于否定曾然、客观已然和主观已然，文献中三四十年代两者在功能上并存相竞，这种分布为我们推测“呒没”取代“勿曾”的过程提供了线索。

表 3 “呒没”“勿曾”共存相竞的功能分布

	呒没			勿曾		
	曾然	客观已然	主观已然	曾然	客观已然	主观已然
增补 1925	1（12.5%）	6（75%）	1（12.5%）	2（10%）	7（36.8%）	10（52.6%）
瀛沪 1930		3（75%）	1（25%）			
中日 1936	2（6.6%）	14（47%）	14（47%）		2（100%）	
四周 1940		2（100%）				
上海语 1942	7（35%）	4（20%）	9（45%）	3（30%）		7（70%）

从表 3“呒没”的语义功能来看，副词“呒没”首先否定的是客观已然，如《上海话四周》(1940）中用作否定副词时只有客观已然的用例，而《增补实用上海语》(1925)、《瀛沪双舌》(1930）中“呒没”否定动作客观已然皆已占 75%，而至《中日会话集》(1936)、《上海语》(1942）中“呒没”可以较均衡地用于曾然、主观已然和客观已然。这种分布表明“呒没”用做否定副词首先主要用来否定客观已然，然后扩散至主观已然和曾然。与之对应的是“勿曾”的消退，首先发生在否定客观已然上，至 40 年代的两种课本中“勿曾”主要用来表曾然和主观已然，“呒没”在否定客观已然上已基本取代“勿曾”。

“呒没”取代“勿曾”的过程与其语法化的过程相一致。即“呒没”从否定领有或存在的动词演变为否定已然行为的副词，因它与客观已然义自然关联，所以首先演变为否定客观已然行为的副词，然后扩散至主观已然和曾然。据此我们推测“呒没”取代“勿曾”得益于语义上的优势，这是替代发生的内因。

至于外因，应该受到普通话否定副词类型的推动。钱乃荣（1992）指出，像上海、松江新派都用“呒没”，只有老派才用“勿曾”，而且越来越少。新派受到文教系统的影响普遍要大于老派，用“呒没”对应普通话“没有”，“呒没”就更为常用了。

综合以上，我们认为“呒没”取代“勿曾”是“呒没”语法化发展的结果，同时也受到普通话的间接推动作用。

三　结　语

近代西儒文献为我们提供了一百多年来上海话基本否定词的类型及演变。一百多年前，上海话“不”类否定词仍残存“唔”类，“弗”为“勿”的早期读音形式，而“勿”的句法功能较今上海话更为活跃。但随着“呒没”由动词发展为副词，不仅“勿”的使用范围缩小，“勿曾”也处于被替代中，“呒没”替代“勿曾”的过程也体现了其否定功能的发展过程，即从否定客观已然扩散至否定主观已然和未然，这是上海话基本否定“呒没”“勿曾”类走向合一的内因，尽管可能普通话“没有”或许影响到这个合一的过程。

总的来看，上海话基本否定词在近一百多年中类型减少，主要是因为“呒没”的发展。

参考文献

潘悟云．汉语否定词考源——兼论虚词考本字的基本方法［J］．中国语文，2002（4）．

梅祖麟．否定词"不""弗"在汉语方言里的分布及其演变［J］．方言，2013（1）．

罗杰瑞．汉语概说［M］．张惠英，译．北京：语文出版社，1995.

罗杰瑞．建阳方言否定词探源［J］．方言，1995（1）．

刘丹青．上海方言否定词与否定式的文本统计分析［J］．语言学论丛．北京：商务印书馆，2002（26）．

许宝华，汤珍珠．上海市区方言志［M］．上海：上海教育出版社，1988.

钱乃荣．上海话语法［M］．上海：上海教育出版社，1997.

钱乃荣．上海语言发展史［M］．上海：上海人民出版社，2003.

游汝杰．吴语语法的历史层次叠置［J］．《语言研究集刊》（第二辑），2005.

游汝杰．上海地区方言调查研究（第五卷、第六卷）［M］．上海：复旦大学出版社，2014.

域外吴语文献

《使徒言行传》，上海美华书馆，1890 年版。

大川與朔《活用上海語》，上海：至誠堂。1924 年版。（简称《活用》）

稻葉鼎一郎著・王廷珏補《上海語指南》，東京：文求堂。1936 年版。（简称《指南》）

丁卓《中日會話集》，上海：求进书屋发行。1936 年版。（简称《中日》）

龟山正夫《晏鸟笑楼語錄》，上海北四川路底：内山书店。1934 年版。（简称《语录》）

黄在江《ポケット上海語》，上海：三通書局。1942 年版。（简称《上海语》）

六六居士《瀛滬雙舌》，上海：日本堂书店。1930 年版。（简称《瀛滬》）

慕姑娘《油拉八国》，出版社不详，1834。

王廷珏《增补实用上海语》，上海：美术工艺制版社出版部。1925 年版。（简称《增补》）

影山巍《詳註現代上海語》，東京：文求堂。1936 年版。（简称《詳註》）

影山巍《實用速成上海語》東京：文求堂。1940 年版。（简称《速成》）

Albert Bourgeois. *Grammaire du Dialecte de Changhai*，Imprimerie de Tou-sè-wè. 1941 年版。（简称《语法》）

Bortolazzi.C.*Compendium catechismi in Lingua vulgari Chang-hai*（《方言問答撮要》），上海慈母堂。1926 年版。（简称《撮要》）

Charles ho George Foe. *Shanghai dialect in 4 weeks with map of shanghai*. Chi Ming Book Co. LTD, Shanghai, China. 1940 年版。（简称《四周》）

Davis, D.H. *Shanghai Dialect Exercises in Romanized and Character, with Key to Pronunciation and English Index*. 上海：徐家汇土山湾印书馆。1910 年版。（简称《练习》）

Jenkins，Benjamin. *Lessons in the Shanghai dialect*. Private Library of John Fryer, University of California, Berkeley, California. 1850 年版。（简称《功课》）

Edkins, Joseph. *A Grammar of Colloquial Chinese, as exhibited in the Shanghai Dialect*. Shanghai: Presbyterian Mission Press，1868 年版。（简称《语法》）

Macgowan, John（麦嘉温）. *A Collection of Phrases in the Shanghai Dialect, Systematically arranged*. Shanghai: Presbyterian Mission Press. 1862 年版。（简称《集锦》）

Medhurst，Walter H.《约翰传福音书》，江苏省松江府上海县墨海书馆 1847 年版。（简称《约翰》）

Morrison, G.E. *Leçon ou exercices de langue chinoise. Dialecte de Song-kiang*. Zi-ka-wei: Imprimerie de la

Mission Catholique, l'orphelinat de T'ou-sè-wè. 1883 年版。（简称《松江话》）

Parker, R.A. *Lessons in the Shanghai Dialect, in Romanized and Character with Key to Pronunciation*. Shanghai: the Shanghai municipal council. 1923 年版。（简称《课本》）

（林素娥　上海大学中文系　linsu101@163.com）

吴、徽语论元性强调代词研究述评 *

盛益民

一　概念说明

Siewierska（2008）是一本利用跨语言的材料从类型学角度考察“人称范畴”的专著。Siewierska（2008：67）从篇章语用功能上，把人称代词分为强调代词（emphatic pronoun）和非强调代词（non-emphatic pronoun）两大类。“强调”指的在语用上是否具有篇章凸显功能（discourse prominence），凸显功能主要包括对比（contrast）、强化（intensification）等。

根据是否可以代替其他非强调代词充当论元成分，Siewierska（2008：69）又将强调代词分为论元性强调代词和强化性强调代词两类，前者可以代替另一个论元充当句中的主语、宾语等句法成分，而后者是帮助同现的非强调人称形式表达强调义。以下是 Yaouré 语中论元性强调与非强调代词对比的例子：（Hopkins 1986）

（1）a. ā̃　jā　jrà　srɔ̃̍　kògè
　　我　是　狮子　近　很　‘我离狮子很近’
　b. mɛ̃̄ɛ̃́　cī　jrà　srɔ̃̍　kògò
　　我：强调　是　狮子　近　很　‘**我**离狮子很近’

其中 ã 和 mɛ̃ɛ̃ 分别是 Yaouré 语单数第一人称的非强调代词和强调代词，后一个强调“**我**是离狮子最近的人”。

Siewierska（2008：73）同时指出，论元性强调代词远比强化性强调代词少见。强化性强调代词可能是一个跨语言普遍存在的范畴（König 2001），而论元性强调代词的分布则较少，有论元性强调代词的语言有 Mizo 语（Murthy & Subbarao 2000：781-2）、Tauya 语（MacDonald 1990：148）、Awtuw 语（Feldman 1986：44）、Inga 语（Schwartz 1986：426）、Yaouré 语（Hopkins 1986）、Manding 语（Davydov 2010）、壮语（游汝杰 1988）、红丰仡佬语（何彦诚 2014）等。汉语各大方言都有与反身代词同形的强化性强调代词（如北京话的“自己”、上海话的“自家”、成都话的“个人”等），但并不普遍存在论元性强调代词。从库藏类型学（请参刘丹青 2011）的角度看，论元性强调代词可以看做是人类语言中罕见的入库范畴，因此对其研究具有很重要的类型学意义。

有不少研究指出汉语方言（尤其是吴语和徽语）及汉语史中存在“强调式代词”（如游汝杰 1995，陈忠敏 1996、2016，陈忠敏 & 潘悟云 1999，陶寰 & 史濛辉 2016 等）或“实指强调代词”（刘丹青编著 2008：383）。从类型学的角度来看，“强调式代词”或者“实指强调代词”，其实就是 Siewierska（2008）一书讨论到的“论元性强调代词”。方便起见，本文径用“强调代词”专指“论元性强调代词”，与其对应的“非强调代词”我们称之为“普通代词”，标记强调代词的成分称为“强调标记”（emphatic marker）。

---

* 本文是国家社科青年项目“吴语人称代词的共时类型与历史演变研究”（17CYY009）的阶段性成果。

由于汉语方言中论元性强调代词的研究主要集中在吴语和徽语，因此本文打算从共时和历史两个方面总结以往的研究成果，并提出进一步的研究展望。其他汉语方言论元性强调代词的发掘和研究，有待进一步深入探讨。

本文所引材料一律注明出处，若无出处，则均由笔者调查所得，特此说明。对于声调，本文用1、2、3、4、5、6、7、8分别表示阴平、阳平、阴上、阳上、阴去、阳去、阴入、阳入；用两个或三个数字表示调值，0表示轻声。

二　吴语、徽语强调代词的共时表现

2.1　强调代词的构成方式

Siewierska（2008：67）指出，跨语言来看，强调代词的构成方式有三种：①在普通代词上加强调标记，例如Inga语在代词后加后缀-quin表示强调代词（Schwatz 1986：426）；②重叠普通代词，如Awtuw语重叠第一人称wan、第二人称ræw表示强调代词（Feldman 1986：44）；③强调代词与普通代词采用异干交替等内部屈折的方式构成，如Yaoure语ã是示单数第一人称普通代词，而mɛ̃ɛ̃是单数第一人称强调代词。

汉语方言主要是通过第一种加强调标记的方式构成强调代词的，较少用异干的方式（汉语中的异干也主要来自于合音），没有用重叠的方式。

大部分吴语、徽语采用加前缀/强调标记的方式构成强调代词。如陈忠敏（1996）、陈忠敏&潘悟云（1999）、崔山佳（2014）、陶寰&史濛辉（2016）等指出，上海、湖州、临绍一带的吴方言通过在普通代词前加强调标记"是"构成强调代词；此外也见于松阳（王文胜2012：134）等南部吴语地区。陶寰（1996）、吴子慧（2007）、盛益民（2014、2017）、盛益民&陶寰（2017）等指出，绍兴一带的方言可以加强调标记"让"构成强调代词；此外，"让"还见于海宁（海宁市史志学会等2009：316—8）、湖州~双林~（钱乃荣1992：972—973）、长兴~夹浦~、余杭~东湖~等地。叶宗正（2007）指出象山~丹城~方言可以在普通代词前加强调标记"像"；钱乃荣（1992：972—973）也记录到宁波方言存在部分加"像"前缀的代词；史濛辉（2016）认为苏州话新派第一人称复数发展出了强调代词形式"像伲"，也是在普通代词"伲"的基础上加强调标记"像"。游汝杰（1988、1995）、陈忠敏&潘悟云（1999）、郑张尚芳（2005）、盛益民&吴越（2017）等指出，温州话、乐清话、瑞安话等瓯江片吴语，通过前加强调标记"丐"也能构成强调代词。

此外，部分方言还可以加后缀的方式构成强调代词。如郭骏（2004：190）指出，江苏溧水县部分方言点可以在单数普通代词基础上加"连格"[liɪ kəʔ]表示强调，但仍是用来表示单数。

2.2　可有强调代词的类别

Siewierska（2008：74）指出，论元性强调代词可以出现于所有的代词聚合（paradigm），也可以只用于某些代词。就汉语方言而言，这个问题可从两个角度考察：

一方面与数和/或人称有关。有的方言单数、复数都有强调代词，如长兴方言（游汝杰1995）、临安方言（陈忠敏1996）、绍兴方言（吴子慧2007、盛益民&陶寰2017，盛益民2017）、嵊州方言（钱曾怡1988）、象山方言（叶宗正2007）、温州方言（游汝杰1995）、瑞安方言（周若凡2013，盛益民&吴越2017）等；而有的方言只有单数有强调代词而复数则没有，如上海南汇方言（陈忠敏1996）、温州乐清方言（游汝杰1995）、溧水部分乡镇（郭骏 2004：190）等。

另一些方言是同时受数与人称影响。如根据笔者调查，余杭$_{\text{临平}}$方言只有单数第一人称、第二人称有强调代词“要我”[iɔ^{33}u^{53}]、“要尔”[iɔ^{33}n̩^{53}]；陈贵麟（2007）指出缙云西乡方言也是只有单数第一、第二人称有强调代词；根据海宁市史志学会等（2009：316—8），海宁$_{\text{许村}}$只有单数第一人称代词可以加强调标记“让”；史濛辉（2016）则指出新派苏州话只有复数第一人称有强调式“像伲”。在汉语方言中暂无发现只与人称有关的，不过在民族语中有，例如红丰仡佬语只有第一、第二人称有强调代词（何彦诚 2014）。

这方面大致的规律是：单数比复数更容易有强调代词，第一、第二人称比第三人称更容易有强调代词。

另一方面是与音节数有关。有的方言只允许出现双音节的强调代词，而排斥将强调标记加在多音节之上。如根据盛益民 & 李旭平（2018），富阳方言的人称代词可列表如下：

表 1　富阳方言人称代词表

	普通代词		强调代词	
	单数	复数	单数	复数
第一人称	我 ŋʊ^{212}	阿拉 aʔ^{33}la^{212}，拉 la^{212}	是我 zeʔ^{11}/ eʔ^{11}ŋʊ^{53}	——
第二人称	尔 n̩^{212}	倷 na^{212}	是尔 zeʔ^{11}/ eʔ^{11}n̩^{53}	是倷 zeʔ^{11}/ eʔ^{11}na^{53}
第三人称	渠 i^{212}	㑚 ia^{212}	是渠 zeʔ^{11}/ eʔ^{11}i^{53}	是㑚 zeʔ^{11}/ eʔ^{11}ia^{53}

其中除了双音节的“阿拉”不能加前缀“是”之外，其他各个单音节的普通代词均可加，可见与音节限制有关。上海郊县不少方言点中复数第三人称“渠拉”之前不能加强调前缀（游汝杰 1995），大概也与其为双音节有关。由于复数多是在单数基础上加复数标记，所以单数比复数更容易加强调标记，也许也与音节数的限制有关。

而另一些方言则没有这方面的限制，如松江的“是渠拉”zɿ$^{22-22}$ ɦ/ɟi$^{31-55}$ lɑ$^{13-31}$（许宝华 & 陶寰 2015）、象山方言的“像我拉”ʑiaŋ^{31}ɦaʔ^{5}la^{31}、“像尔拉”ʑiaŋ^{31}n^{31}na^{31}、“像渠拉”ʑiaŋ^{31}ʥieʔ^{5}la^{31}（叶宗正 2007：506）等。

2.3　句法、语用功能

对于强调代词的句法、语用功能，学界讨论得不多。

先来看句法功能。有一类强调代词对所出现的句法位置没有限制，例如李旭平（Li 2015）指出，富阳方言的“是”前缀强调代词既可以用于话题位置，也可以用于动后宾语位置，但是用于动后宾语位置往往需要重音或者用于对比句；再如根据笔者的调查，长兴$_{\text{雉城}}$、余杭$_{\text{崇贤}}$等地的“是”前缀强调代词对句法位置没有限定，例如以下为余杭$_{\text{崇贤}}$话的例证：

（2）**是[zəʔ^{2}]阿拉**无没去过杭州。我们没去过杭州。

（3）我借的是**是[zəʔ^{2}]渠**个书。我借的是他的书。

（4）我昨日子过来寻过**是[zəʔ^{2}]尔**。我昨天过来找过你。

而另一类强调代词则对句法位置有严格的限制，如海宁市史志学会等（2009：316—8）指出，海宁方言的海宁方言的“让”前缀强调代词只能用于主语位置；盛益民（2017）指出，绍兴方言的“让”前缀强调代词只能用于谓语前的主语、话题或者领属语位置；游汝杰（2013）认为温州话的“丐”前缀强调代词句法上主要是做主语或者施事。

而对强调代词语用功能的讨论则更少。李旭平（Li 2015）认为富阳方言的强调代词有强调意义，更确切地说这种强调意义体现为对比性（contrastiveness）。盛益民（2017）认为绍兴话的“让”前缀强调代词则是表达具有对比性的话题焦点的功能。

三　吴语、徽语强调代词的历史演变

3.1　强调标记的来源

3.1.1　从系动词到强调标记

北部吴语广泛存在一个读 zɿ/zeʔ/zəʔ 的强调标记，对于其本字的认定，学界有争议：张惠英（1995）、钱乃荣（1999）等文认为本字应当是“自”，而陈忠敏（1996、2016）、陈忠敏 & 潘悟云（1999）、刘丹青（2001）、陶寰 & 史濛辉（2016）等认为本字是“是”。我们赞同本字为“是”的观点，理由如下：

首先，语音方面的证据。第一，声母方面。陈忠敏（1996）指出，绍兴、宁波等地，“自”是 ʑ- 声母，“是”是 z- 声母，强调式前缀指向来源于“是”；施俊（2013）指出，义乌方言“自”zi^{6}、“是”ʥi^{4} 声母不同，义乌的音韵表现也指向“是”。第二，声调方面。陈忠敏（2016）提出新的证据：根据 Edkins（1853）的记录，上海话的强调标记是阳上调而非阳去调，因此只能是阳上的“是”而不能是阳去的“自”。第三，连读变调方面。根据笔者调查，湖州、德清$_{\text{乾元}}$、长兴$_{\text{雉城}}$等地的强调代词按照动宾结构的变调规则变，例如德清$_{\text{乾元}}$的动宾结构是动词变 33（阴调类）或 22（阳调类），而宾语不变调，强调代词的变调规则就是如此：我 ŋu^{53}~是 # 我 zeʔ$^{2\text{-}22}$ ŋu^{53}、尔$_{\text{你}}$ n^{53}~是 # 尔 zeʔ$^{2\text{-}22}$ n^{53}、渠$_{\text{他}}$ i^{213}~是 # 渠 zeʔ$^{2\text{-}22}$ i^{213}、伢$_{\text{我们}}$ŋa^{53}~是 # 伢 zeʔ$^{2\text{-}22}$ ŋa^{53}、倷$_{\text{你们}}$ na^{53}~是 # 倷 zeʔ$^{2\text{-}22}$ na^{53}、拉$_{\text{他们}}$ la^{213}~是 # 拉 zeʔ$^{2\text{-}22}$ la^{213}。这也支持来源于“是”的观点。

其次，构词方面的证据。在汉语中，表强化或者反身的“自”与人称代词组合都是“人称代词 + 自”，“自 + 人称代词”缺乏理据。同时，苏沪一带的吴语方言，说“自家”而不单独使用“自”，更加难以构成“自 + 人称代词”这样的形式。

最后，早期历史文献方面的证据。根据刘坚等（1992）、温振兴（2010）等的研究，近代汉语的历史文献中也存在强调标记“是”。吴语的强调标记“是”或是近代汉语的遗存，或是平行语法化的现象。

因此，我们认为北部吴语的 zɿ/zeʔ/zəʔ 类强调标记本字就是系动词“是”，zeʔ/zəʔ 是 zɿ 语音促化的结果。在富阳方言中，强调前缀 zəʔ^{8} 又可以进一步脱落声母读成 əʔ^{8}。（Li 2015，盛益民 & 李旭平 2018）陈忠敏、潘悟云（1999）提到宝山话有来源待考的强调前缀 ɦəʔ^{8}，郑伟（2017：24）认为是“是”zəʔ^{8} 声母弱化的形式，结合富阳方言的事实，我们也赞同声母弱化的观点。

关于系动词发展为强调标记，刘丹青（2001）认为中间经历了焦点标记的环节，最初焦点标记“是”加在主语位置的人称代词前，发生语法化后句法上扩展到了包括宾语在内的一切适合人称代词的位置。Siewierska（2008：255—60）也指出，分裂句中的焦点标记是论元性强调代词前缀的重要来源之一，而焦点标记常常又是系动词发展而来的。这进一步从历时类型学角度为强调标记来源于“是”提供了佐证。

3.1.2　从允让义动词到强调标记

盛益民（2017）指出，绍兴、湖州一带的强调标记“让”是从其允让动词的用法发展而来的。

而对于瓯江片方言的强调前缀“丐”的来源，各家意见不一。主要有三种观点：

第一，来源于前缀“阿”。游汝杰（1988、1995）认为 k^ha^7 或 ha^7 的词源可能就是前缀“阿”，不过声母有些演变而已。但是“阿”是影母字，在温州话中读零声母的 $a^1/o^1/u^1$（据北大中文系语言学教研室 2003：9），与 k^ha^7/ha^7 在语音上相差实在太远。我们不取这种观点。

第二，来源于被动标记。张敏（2008）提到，温州话的“被动标记甚至发展出了一种类似施事角色强调标记的功能（按：即本文所说的强调标记），大反典型被动式之旨趣”，也就是说张先生认为强调代词前缀来自于“被动标记”。但是正如张敏先生自己所言，从被动标记发展为代词前缀这样的演变不易探究，我们也未见平行的语法化例证，本文也不取这种观点。

第三，来源于给予动词用法。由于温州地区“丐”有给予动词的用法，陈忠敏 & 潘悟云（1999）、郑张尚芳（2005）等文持这种观点。

我们赞同陈忠敏 & 潘悟云（1999）、郑张（2005）认为强调标记“丐”与给与动词“丐”有关的观点。不过给予动词可能并非强调代词前缀的直接来源，中间还经历了允让动词的环节，即：给与动词 > 允让动词 > 强调代词前缀。瓯江片方言“丐”的演变过程，具体请参盛益民 & 吴越（2017）的讨论。这与绍兴、湖州一带的代词前缀“让”发展为强调代词前缀的过程是平行语法化的结果。

此外，余杭$_{临平}$方言说“要我”“要尔”，由于余杭$_{临平}$方言的“要”发展出了允让动词的用法，例如：“好弗好要我坐歇？（能不能让我坐一会儿？）”所以我们认为强调标记的用法也是从允让动词发展而来的。具体的演变过程容另文讨论。

3.1.3　从相像义动词到强调标记

史濛辉（2016）指出，在新派苏州话中，“像伲”发生了词汇化，发展成了一个强调代词。而根据叶宗正（2007：506），象山方言中“像”可以加在所有普通代词之前构成强调代词。

“像”在汉语中发展出了标记话题的功能，（李秉震 2010，强星娜 2013）吴语论元性强调代词中的强调标记“像”大概就是从话题标记的用法发展而来的。具体演变过程也需要专文讨论。

3.2　强调代词的去强调化

在部分吴语、徽语中，强调标记会与代词词根发生合音从而变成没有强调义的普通代词，我们称这一过程为强调代词的去强调化。

3.2.1　吴语

陈忠敏（1996）指出，在上海地区的许多地方，前缀“是”与代词词根发生了合音，例如青浦、松江、金山、奉贤及上海县的许多乡村，第二人称单数是说 zu^4，是前缀“是” $zɿ^4$ 与 nu^4 的合音；嘉定县有些乡村第二人称单数说 $z\tilde{ɛ}ŋ^6$，来源于“是 zɿ+［尔侬］$n\tilde{ɛ}ŋ$”的合音；崇明县东南沿海一带第一人称单数读 $zoŋ^4$ 或 $z\tilde{ɔ}^4$，是“是侬”的合音。钱乃荣（1999）也指出，奉贤单数第二人称是 zu^{23}，是原先 $zeʔ^{-2}nu^{-34}$ 的合音。

郑张尚芳（2002）较早提出义乌方言的 dʑioŋ 类第一人称来源于“是侬”合音的观点。施俊（2013）进一步指出，义乌方言的第一人称代词主要有 9 种说法，根据韵母可以分为两大类，一类是 dʑioŋ^{4}、tɕioŋ^{3}，来源于“是侬”的合音；另一类是 ɑ^{3}、tsiɑ^{5}、tsiɛ^{5}、dʑiɑ^{4}、dʑiɛ^{4}、diɛ^{4}、ɦɑŋ^{4}，其中 ɑ^{3} 是“我”，ɦɑŋ^{4} 是“我侬”的合音，其他均来自于“是我”的合音。同时，文章认为金华孝顺、曹宅、澧浦等地的 tɕia^{3} 和孝顺北部的 tsia^{3} 也来源于“是我”的合音。对于 dʑioŋ 类来源于“是侬”合音的观点，学界仍有争论：陈忠敏（2016）赞同施俊（2013）的观点；而陶寰 & 史濛辉（2016）、黄晓东（2016）均提出了不同意见，认为乃“是我侬”的合音而非“是侬”的合音。这也是需要进一步研究的问题。

3.2.2　徽语

徽语区暂未发现成系统的论元性强调代词。不过，徽语有不少读音较为特殊的人称代词，学者们从强调代词的去强调化角度，提出了很好的解决方案。

先来看严州地区的情况。郑张尚芳（2002）较早从强调代词去强调化的角度讨论，文章认为寿昌方言的单数第二人称代词 tsen 来源于“是尔” tsɿ^{4}n̩^{4} 的合音。施俊（2013）根据义乌方言的情况，也认为寿昌的单数第一人称代词 tsɑ^{52} 是“是我”的合音，建德方言的单数第一人称 tɑŋ^{213} 和 ɑŋ^{213} 分别是“是侬”和“我侬”的合音。对于建德的情况，禅母字“是”如何会读成 t- 声母，仍需进一步解释。

再是徽州地区的情况。郑张尚芳（2002）认为婺源方言的单数第一人称 so 来源于“是我” sɿ^{4}o^{4} 的合音。王琳（2007：30）指出，祁门方言单数第一人称有“我” ʌ^{35} 和“［是我］” ʃoːɐ^{35} 两种形式，“我”多出现在主语位置，而“［是我］”多出现于宾语位置，但并非截然区分。谢留文（2014）则详细地论证了祁门方言单数第一人称代词“晓$^{=}$” ʂɯːə^{42}、婺源方言单数第一人称代词“刷$^{=}$” so^{51} 来源于“是我”合音的观点。

四　研究展望

对于吴语、徽语的论元性强调代词，学界已经有了丰硕的成果。我们认为这些研究有以下几方面的研究意义：

第一，可以深化类型学界和普通语言学界对论元性强调代词的研究。除了 Siewierska（2008）有专章讨论外，类型学界至今没有太多对论元性强调代词做专题研究。由于吴语、徽语广泛存在论元性强调代词这种跨语言罕见的人称代词入库范畴，因此对吴语、徽语相关现象的研究，可大大丰富了对此的认识。

第二，丰富了学界对强调标记来源和进一步演变的认识。Siewierska（2008：255—60）指出人称代词可以和其他动词性成分融合成新的人称代词，这些动词性成分主要有如下几类：分裂句中的焦点标记（多来源于系动词）、有人称变化的助动词、“给与”义动词、“打击”义动词和“领有”动词。吴语、徽语的事实，提供了两种新的来源类型：“允让”义动词和“相像”义动词。同时也引发新的问题：Siewierska（2008）一书提到的“给与”义动词是否为强调标记的直接来源？是否需要经过“允让”义动词的中间环节？另一方面，强调代词去强调化的研究学界关注较少，也能拓展论元性强调代词演变的研究思路。

第三，吴语、徽语的研究成果也可以为国内其他方言以及少数民族语言的研究提供参考。李含茹（2010）在吴徽语研究的启发下，认为客、赣方言 h- 声母人称代词也来源于系动词“係”与人称代词合音的结果；汪维辉、秋谷裕幸（2017）参考谢留文（2014），认为赣语建宁方言的第三人称 sə^{3} 是“是渠”的合音，建宁方言“是”读作 si^{6}，鱼韵见组有读 ə 的层次（如：“鱼”读作 ŋə^{2}、“锯”读作 kə^{5}），声调读上声调是受“我”ŋa^{3}、“你”ŋ̍^{3} 调类感染的结果。民族语学界，李锦芳（1995）指出西林壮语有强调代词；何彦斌（2014）指出红丰仡佬语存在一套强调代词，不过只能用于第一、第二人称。吴语、徽语的相关研究也可以为这些民族语的研究提供比较的参考。

当然，已有研究还有一些可以进一步提升之处，主要有以下几点：

第一，对于吴、徽语论元性强调代词的分布范围和强调标记的来源类型，太湖片、婺州片和瓯江片吴语的强调代词考察已经较为充分，上丽片吴语、宣州片吴语和徽语有待于深入探讨。根据王文胜（2012），松阳方言也有“是”前缀强调代词。章建芬（2004：33）指出缙云方言单数三身代词分别为“□ tõm^{55} 我”“□ tain^{55} 你”和“□ tain^{55} 渠”；陈贵麟（2007）所记材料略异，他指出缙云西乡方言“人称代词第一、二人称的单字音念法是［ŋɷ^{31}］［ȵi^{31}］，在主事者焦点时加上词头，如：第一人称是‘□我’［tɔŋ^{41}ŋɔ^{21}］，第二人称是‘□你’［tɑȵ^{41}ȵi^{21}］。”从陈贵麟（2007）的描述来看，加前缀的形式也是强调代词，其具体来源还需要进一步研究。安徽省地方志编委会（1997：407）指出广德甘溪沟方言单数第一、第二人称有 aŋ^{54}/ɔŋ^{54}~xɛ^{54}ŋo^{21} $_{\text{我}}$、en^{54}/n^{54}~xɛ^{54}n^{21} $_{\text{你}}$两套，其中加 xɛ 前缀的可能是强调代词；至于来源，由于绩溪、歙县等均存在 x- 声母的给予动词、允让动词（平田昌司主编 1998：281），xɛ 也许与此有关，若此就与绍兴一带的“让”、温州的“丐”是平行演变现象了，当然这还需要进一步研究。

第二，对于强调代词的句法、语用功能，缺乏深入探讨。对于句法功能，需要有深入的句法测试，可以出现在哪些句法位置，需要详细说明；而对于语用功能，强调代词主要是表示强调的，不过需要明确“强调”的具体内涵。

第三，相关的演变规律也需要进一步探讨。一方面，系动词、允让动词、相像义动词可以发展为强调标记，需要结合明清时期的文献，探讨具体的演变过程及演变的机制和动因；同时需要探讨，为什么这几类动词更容易发展为强调标记的机制。另一方面，对于强调代词的去强调化，跨语言的研究成果较少，很有理论意义，也需要考察其具体的机制以及去强调化的动因。

第四，需要进一步探讨吴、徽语普遍存在论元性强调代词这一跨语言罕见的范畴的原因。郑张尚芳（2005：236）认为，指代词分基本式和强调式是汉语的古老传统，温州话等吴语方言有强调代词与这一传统有关。不过上古汉语是否有强调代词，学界仍有较大的争议。同时，不少学者认为吴语、徽语有壮侗语的底层，吴语、徽语和壮侗语都存在论元性强调代词，其间的关系值得进一步探讨。

参考文献

安徽省地方志编委会．安徽省志·方言志［M］．北京：方志出版社，1997.

北大中文系语言学教研室．汉语方音字汇（第 2 版重排本）［M］．北京：语文出版社，2003.

陈贵麟．吴语缙云西乡方言语法现象探究［C］// 汪国胜．汉语方言语法研究——第二届国际汉语方言语法学术研讨会论文集．武汉：华中师范大学出版社，2007.

陈夏青 . 嘉定北片第二人称“佷”[C] // 游汝杰等 . 吴语研究（第 6 辑）. 上海：上海教育出版社，2011.
陈忠敏 . 论北部吴语一种代词前缀“是”[J] . 语言研究 1996（2）.
陈忠敏 . 吴语人称代词的范式、层次及音变［ M ］. 汉语史学报第 16 辑，上海：上海教育出版社，2016.
陈忠敏，潘悟云 . 论吴语的人称代词［ C ］// 李如龙，张双庆 . 代词 . 广州：暨南大学出版社，1999.
崔山佳 . 吴语有“是 / 自”加三身代词用法［ C ］. 首届吴语语法学术研讨会（浙江大学）参会论文，2014.
郭　骏 . 溧水方言探索集［ M ］. 北京：科学技术文献出版社，2004.
海宁市史志学会等 . 海宁方言志［ M ］. 杭州：浙江人民出版社，2009.
何彦诚 . 红丰仡佬语的人称代词系统［ J ］. 民族语文，2014（1）.
黄晓东 . 吴语婺州方言的人称代词［ M ］. 汉语史学报（第 16 辑）. 上海：上海教育出版社，2016.
李秉震 .“像”的语法化与主观化［ J ］. 渤海大学学报（哲社版），2010（4）.
李含茹 . 萍乡方言的三身代词［ J ］. 语言研究集刊（第 7 辑）. 上海：上海辞书出版社，2010.
刘丹青 . 语法化中的更新、强化与叠加［ J ］. 语言研究，2001（2）.
刘丹青 . 语言库藏类型学构想［ J ］. 当代语言学，2011（4）.
刘丹青编著 . 语法调查研究手册［ M ］. 上海：上海教育出版社，2008.
刘丹青，强星娜 .《人称范畴》评介［ J ］. 南开语言学刊，2009（1）.
刘　坚，江蓝生，白维国，曹广顺 . 近代汉语虚词研究［ M ］. 北京：语文出版社，1992.
潘悟云 . 温州方言的指代词［ J ］. 温州师专学报（哲学社会科学版），1989（2）.
潘悟云 . 上古指代词的强调式与弱化式［ C ］// 范开泰，齐沪扬 . 语言问题再认识 . 上海：上海教育出版社，2001.
平田昌司主编 . 徽州方言研究［ M ］. 东京：好文出版，1998.
强星娜 . 作为有标记话题结构的一种“就”字句——兼与“连”字句、“像”字句比较［ J ］. 语言教学与研究，2013（2）.
钱乃荣 . 当代吴语研究［ M ］. 上海：上海教育出版社，1992.
钱乃荣 . 北部吴语的人称代词系统［ C ］// 李如龙，张双庆 . 广州：暨南大学出版社，1999.
施　俊 . 论婺州片吴语的第一人称代词——以义乌方言为例［ J ］. 中国语文，2013（2）.
史濛辉 . 从“伲”到“像伲”——苏州方言人称代词复数的一种新变化［ M ］. 汉语史学报（第 16 辑）. 上海：上海教育出版社，2016.
盛益民 . 吴语绍兴柯桥话参考语法［ D ］. 天津：南开大学，2014.
盛益民 . 从允让动词到论元性强调代词前缀——以吴语的“让”为例［ C ］. 第九届汉语语法化问题国际学术讨论会（安徽大学，2017 年 10 月）.
盛益民，李旭平 . 富阳方言研究［ M ］. 上海：复旦大学出版社，2018.
盛益民，陶　寰 . 吴语绍兴方言人称代词的历史演变［ J ］. 汉语史研究集刊（第 22 辑）. 成都：巴蜀书社，2017.
盛益民，吴　越 . 吴语温州方言的论元性强调代词前缀“丐”及其来源 . 全国汉语方言学会第十九届年会暨国际学术研讨会［ C ］. 南昌大学，2017 年 10 月 .
陶　寰 . 绍兴市志·方言卷［ M ］. 杭州：浙江人民出版社，1996.
陶　寰，史濛辉 . 吴语人称代词考源的原则——兼论吴语的“侬”[J]，汉语史学报（第 16 辑）. 上海：上海教育出版社，2016.

汪维辉，秋谷裕幸．汉语第三人称代词的现状和历史［M］// 汉语史学报（第 17 辑）．上海：上海教育出版社，2017.

王 琳．祁门（箬坑）．方言语音研究［D］．北京 : 北京语言大学，2007.

王文胜．吴语处州方言的地理比较［M］．杭州：浙江大学出版社，2012.

温振兴．近代汉语准前缀“是”的方言属性［J］．宁夏大学学报（人文社会科学版），2010（1）.

吴子慧．吴越文化视野中的绍兴方言研究［M］．杭州：浙江大学出版社，2007.

谢留文．徽语祁门、婺源第一人称代词读音试释［J］．方言，2014（2）.

许宝华．陶 寰．松江方言研究［M］．上海：复旦大学出版社，2015.

叶宗正．象山方言志［M］．北京：中华书局，2007.

游汝杰．温州方言的一些特殊语法现象及其与台语里的对应表现［C］// 吴语论丛．上海：上海教育出版社，1988.

游汝杰．吴语的人称代词［M］// 吴语和闽语的比较研究．上海：上海教育出版社，1995.

张惠英.《金瓶梅》人称代词的特点［M］．语言研究，1995（1）.

张惠英．崇明方言词典［M］．南京：江苏教育出版社，1998.

章建芬．缙云方言调查研究［D］．上海：上海大学，2004.

张 敏．汉语方言双及物结构南北差异的成因：类型学研究引起的新问题［J］．中国语言学集刊．北京：中华书局，2010.

郑 伟．吴语虚词及其语法化研究［M］．上海：上海教育出版社，2017.

郑张尚芳．汉语方言异常音读的分层及滞古层次分析［C］// 何大安．南北是非：汉语方言的差异与变化．台北：“中研院”语言研究所（筹备处），2002.

郑张尚芳．温州方言志［M］．北京：中华书局，2005.

周若凡．瑞安方言词法释要［D］．杭州：杭州师范大学，2013.

Davydov，Artem. Historical Morphology of Personal Pronouns in Manding. // Personal pronouns in Niger-Congo languages，International Workshop（St. Petersburg，13-15 Sep 2010）.

Feldman，Harry. A Grammar of Awtuw［M］(Pacific Linguistics，B-94）. Canberra: ANU，1986.

Helmbrecht，J. Personal pronouns: form，function，and grammaticalization［M］. Habilitation Thesis，Univ.，Erfurt. 2004.

Hopkins，Elizabeth. Pronouns and pronoun fusion in Yaoure［C］. In Ursula Wiesemann（eds.），*Pronominal Systems*. 1986，Tubingen: Gunter Narr，1986.

Hopper & Traugott. Grammaticalization［M］. Cambridge: Press of the University of Cambridge，2003.

Jones，Ross McCallum. The Boko/Busa Language Cluster［M］. Munich: Lincom Europa，1998.

König，Ekkehard. Intensifiers and reflexive pronouns［C］. in Martin Haspelmath et al（eds.）*Language Typology and Language Universals*，Walter de Gruyter，2001.

Li，Xuping（李旭平）. Emphatic pronouns in Wu Chinese: focalization and topicalization［C］. In *Diversity in Sinitic Languages*，by H.Chappell（ed.）. Oxford: Oxford University Press，2015.

MacDonald，Lorna. A Grammar of Tauya［M］. Berlin: Mouton de Gruyter，1990.

Murthy，B.Lalitha and Subbarao，K.V. Lexical Anaphors and Pronouns in Mizo［C］. In: Lust，Barbara C.，Wali，Kashi，Gair，James W. and Subbarao K.V.（eds.）*Lexical Anaphors and Pronouns in Selected South Asian Languages*. 2000，Berlin: Mouton de Gruyter，2000.

Schwartz，Linda J. The function of free pronouns［C］. In Ursula Wiesemann（ed.）*Pronominal Systems*. Tubingen: Gunter Narr，1986.

Siewierska，Anna. Person［M］. Cambridge：Press of the University of Cambridge，2004.

（盛益民　复旦大学中文系　200433）

常山方言的疑问代词及其非疑问用法

王丹丹

一 引 言

常山县位于浙江省西部，西面与江西省玉山县相邻，东接衢州市柯城区。常山话属于吴语处衢片，方言较为复杂，值得考察研究。

疑问代词是特指疑问句中传达疑问信息的主要手段，作为现代汉语疑问范畴研究中的一个大类，历来学者们对其词类归属有争议，在此问题上本文不多作赘述。朱德熙（1982：89—94）把疑问代词分为“（1）谁、什么，（2）哪、哪儿、哪里，（3）怎么、怎么样”三组讨论，后又介绍了疑问代词的非疑问用法。根据曹志耘等（2000：419）对吴语处衢方言的考察，常山话中的疑问代词有六个，分别是“七⁼［tsʰʌʔ⁵］”，相当于现代汉语“哪”；“□农［tɤɯ⁴²³nã³⁴¹］、鸭⁼农［aʔ³nã³⁴¹］”，相当于现代汉语“谁”；“到⁼西［tɤɯ⁴²³se⁴⁵］”，相当于现代汉语“什么”；“静⁼［dzɪŋ²⁴］”，相当于现代汉语“怎么”；“几多［ke⁵²to⁴⁵］”，相当于现代汉语“多少”。

据我们考察，首先，常山话中的疑问代词“七⁼［tsʰʌʔ⁵］”不能单用，而是作为一个基本形式，与其他语素组成“七⁼里［tsʰʌʔ⁵lʌʔ⁵］”“七⁼□［tsʰʌʔ⁵boʔ³⁴］”，以上两者相当于现代汉语中的“哪里”；“七⁼个［tsʰʌʔ⁴kɛ⁴²³~tsʰʌʔ⁵kʌʔ⁰］”，相当于现代汉语中的“哪个”；“七⁼星⁼［tsʰʌʔ⁵ sɪŋ⁴⁵］”，相当于现代汉语中的“哪些”；“七⁼［tsʰʌʔ⁵］”还能与量词组成“七⁼+量词”的结构，相当于现代汉语中的“哪+量词”。

其次，疑问代词“到⁼［tɤɯ⁴²³］”可以单用，相当于现代汉语中的“干嘛、干什么”。也可以与其他语素组合成疑问代词，如“到⁼农［tɤɯ⁴²³nã³⁴¹］”相当于现代汉语中的“谁”；“到⁼西［tɤɯ⁴²³se⁴⁵］”相当于现代汉语中的“什么”；“到⁼□□［tɤɯ⁴²³vʌ̃²⁴tse⁰］”用于询问时间，相当于现代汉语中的“什么时候”。

第三，“鸭⁼农［aʔ³nã³⁴¹］”也相当于普通话当中的“谁”，它与“到⁼农［tɤɯ⁴²³nã³⁴¹］”在语法功能上并无差别，有疑问句调便能单独成句，在句中可充当主语、宾语、定语、状语，二者只是在语义功能上略有区别，我们将在下文具体叙述。

第四，“静⁼［dzɪŋ²⁴］”相当于现代汉语中“怎么”，它可以单用，与其它语素组合而成的“静⁼关紧［dzɪŋ²⁴kuã⁴²kɪŋ⁵²］”则相当于现代汉语中的疑问代词“怎么样”，用于询问状态。常山话中也有“静⁼样［dzɪŋ²⁴iã⁵²］”，语义及语法功能相当于普通话中的“怎么这样”，表达反问语气。可以用于表达程度，修饰形容词或动词性词组，如可以说“尔静⁼样高/漂亮/会吃/会骂人”；可以用于代指方式，如“尔静⁼样吃咁？”的意思是“你怎么用这种方式吃”；也可以直接说“尔农静⁼样咁”，意思相当于“你这人怎么这样”，具有指示作用。因为“静⁼样”不属于疑问代词，故只在此略述。

最后，常山话中还有问数量的疑问代词“几多［ke⁵²to⁴⁵］”，相当于现代汉语中的“多少”，这是保留了古代汉语和近代汉语的用法。“几［ke⁵²］”在常山话中实际上便相当于现代汉语里的“几”“多少”“多”，可以单个出现，在句中充当成分；也可以用作“几岁/几

高 / 几长 / 几重 / 几痛 / 几快 / 几满”等询问数量、程度；也可以组成相应的疑问代词结构用于询问时间，如“几时”“几□□［ke⁵²vʌ²⁴tse⁰］”相当于“什么时候”；“几多时”相当于“多久”。

朱德熙（1982：93）指出疑问代词不表示疑问有两种情形，“第一是表示周遍性，即表示在所涉及的范围之内没有例外”，“第二是用疑问代词来指称不知道或者说不出来的人、事物、处所、时间等”。吕叔湘（1982：252）认为疑问指称词“也可以不作疑问用：‘谁’可以代表不知或不论是谁的一个人，‘什么’可以代表不知或不论是什么的一件东西。这样用法的时候，可以称之为‘无定指称词’。无定指称词用途有二：表不论的可称为任指，表不知的可称为虚指。”我们认为，常山话中疑问代词的非疑问用法有表任指、表虚指、表反问、表否定、表列举五种。

下文我们将着重探讨“七⁼［tsʰʌʔ⁵］”“到⁼［tɤɯ⁴²³］”“鸭⁼［aʔ³］农”“静⁼［dzɪŋ²⁴］”“几［ke⁵²］”这五个常山话中的基本疑问代词，以及在此基础上形成的常见的疑问代词和疑问代词结构，主要描绘其语义及语法功能，同时也举出其非疑问用法，并与现代汉语、周边方言进行相应的共时比较，部分亦追溯历史。

二　七⁼［tsʰʌʔ⁵］

“七⁼［tsʰʌʔ⁵］”是常山话中表疑问的一个基本形式，相当于现代汉语中的“哪”，但是却不能单用，只能与其它语素组成疑问代词或疑问代词结构，主要是“七⁼里［tsʰʌʔ⁵lʌʔ⁵］”“七⁼□［tsʰʌʔ⁵boʔ³⁴］”和“七⁼［tsʰʌʔ⁵］+量词”。

1. 七⁼里［tsʰʌʔ⁵lʌʔ⁵］、七⁼□［tsʰʌʔ⁵boʔ³⁴］

“七⁼里”相当于现代汉语中的疑问代词“哪里”，用于询问处所。“七⁼□［boʔ³⁴］”中的“□［boʔ³⁴］”本字不详，但在常山话中一般也用作量词，修饰“地方”“位置”等名词，因此可以与“七⁼”组成问处所的疑问代词。也正是因为这样，二者的唯一区别是“七⁼□［boʔ³⁴］”可以直接修饰“地方”“位置”，而“七⁼里”不能。下文中带“*”表示无此种说法。如：

（1）尔农徛得**七⁼□［boʔ³⁴］**地方？你在哪里？

（2）尔坐**七⁼□［boʔ³⁴］**位置？你在哪个位置？

（3）* 尔农徛**七⁼里**地方？

（4）* 尔农坐**七⁼里**位置？

除此之外，“七⁼里”与“七⁼□［boʔ³⁴］”在语义和语法功能上基本无差别，但“七⁼里”更为常用，因此下文皆以“七⁼里”为例。

首先，“七⁼里”在特指疑问句中可以充当主语、宾语、定语、状语。如：

（5）七⁼里有钞票唻？哪里有钱啊？（作主语）

（6）东西尔放**七⁼里**唻？东西放哪里？（作宾语）

（7）乙是**七⁼里**个猫徛里偷吃？这是哪里的猫在（这里）偷吃？（作定语）

（8）尔是**七⁼里**农？你是哪里人？（作定语）

（9）尔暝日徛得**七⁼里**考试唻？你明天在哪里考试啊？（作状语）

（10）渠**七⁼里**读书唻？渠在哪里读书？（作状语）

“七⁼里”用作定语时，一般要使用定语标记“个的”，如例（7）；但修饰“人”时可以省略，如例（8）。用作状语时可以加介词“徛得”，相当于现代汉语中的“在”，如例（9）；也可以省略介词，如例（10）。

其次，“七⁼里”也有非疑问用法，表任指、虚指、反问、否定。如：

（11）**七⁼里**都寻找过罢。哪里都找过了。（表任指）

（12）我好像徛**七⁼里**促⁼过尔。我好像在哪里见过你。（表虚指）

（13）**七⁼里**会痛唻，渠骗农个嘞！哪里会痛啊，他是骗人的！（表反问）

（14）“渠讲暝日要走罢。”——“**七⁼里**唻，我听得渠好像赠样讲。”“他说明天要走了。”——“哪里呀，我听他好像没这么说。”（表否定）

例（14）中“七⁼里”置于句首，表示对说话人前面所说内容的不认同。

2. 七⁼［tsʰʌʔ^{5}］+ 量词

“七⁼”在常山话中作为一个粘着语素，可以与量词组成疑问代词，相当于普通话中的“哪 + 量词”，如“七⁼个 / 星⁼/ 条 / 块 / 张 / 爿 / 把”等等，用于选择性的特指问句。可在句中充当主语、宾语、定语、状语。如：

（15）——“来促⁼促⁼乙条鱼交关大条。”——“**七⁼条**唻？”

——“来看看这条很大的鱼。”——“哪条啊？”（作主语）

（16）棒冰买来罢，促⁼促⁼吃**七⁼种**唻？棒冰买来了，看看要吃哪种？（作宾语）

（17）放**七⁼张**桌高唻？放哪张桌子上呢？（作定语）

（18）尔**七⁼日**走唻？你哪天走呀？（作状语）

其中，“七⁼个”作为疑问代词既可指单数的事物，也可指人，如“七⁼个胡柚好吃些 / 七⁼个徛里哭”。“七⁼个”有在常山话中两种读音，分别是“［tsʰʌʔ^{4}kɛ^{423}］”“［tsʰʌʔ^{5}kʌʔ^{0}］”，“七⁼个”若用在动词后，且置于句中时，后一种是常用读音。

需要说明的是，“七⁼+ 量词”的复数形式皆为“七⁼星⁼［sɪŋ^{45}］”，上文例（15）至下文例（23），若为复数，都用“七⁼星⁼”，相当于“哪些”。

此外，“七⁼”还可以修饰限定数量结构，如说“七⁼一本哪一本”“七⁼三个哪三个”“七⁼几 / 两块哪几块”等。

“七⁼+ 量词”的非疑问用法除了表示任指、虚指、反问外，还表示列举。如：

（19）胡柚管渠**七⁼箱**统赠烂！胡柚不管哪箱都没有烂！（表任指）

（20）身上好像有**七⁼块**地方破罢。我身上好像有哪块地方破了。（表虚指）

（21）样多书**七⁼本**尔促⁼过哇？这么多书哪本你是看过了的？（表反问）

（22）渠归来即跟我讲，一百块钞票买罢苹果啊梨啊**七⁼星⁼七⁼星⁼**吃个东西。他回来就跟我说，一百块钱买了苹果、梨等哪些哪些吃的东西。（表列举）

（23）渠日日徛外头讲，那时候清华北大**七⁼所七⁼所**学堂来寻渠儿去读书。他天天在外面说，那时候清华、北大等哪所哪所学校来找他儿子去那里读书。（表列举）

表示列举时一般需要重叠使用，如例（22）、例（23）。

三　到⁼［tɤɯ^{423}］

1. 到⁼［tɤɯ^{423}］

“到⁼”在常山话中可以单用，单用时的意义相当于现代汉语中的“干嘛 / 干什么”“什么”。因此可以直接省略疑问语气词，加上语调表示疑问。如“尔到⁼？你干什么”，用于询问行为、事件，语气较随意。也可用于询问原因。

一般做谓语、定语。如：

（24）**到=**哇？干嘛 / 干什么呢？（作谓语）

（25）尔**到=**哇？你干嘛 / 干什么呢？（作谓语）

（26）乙张相片主要是**到=**名堂东西啦？这张照片主要是什么呢？（作定语）(《常话常说》第146期）

例（25）常用于熟人之间见面打招呼，询问对方事由；例（24）除了用于打招呼，也多用于询问对方呼叫自己的缘由。“到=”表示“什么”时，并不常用于询问，而多用下文的“到=西”，例（26）的语料来自常山方言节目《常话常说》第146期，当时许祯祥老人正准备介绍一张照片。在笔者观看的共十五期节目中，仅发现此一处，“到=”表示“什么”，用于询问事物，而非询问行为或事件。

除此以外，“**到=**”还表示任指、虚指、反问。如：

（27）尔日日赌，家里事干**到=**都弗管。你天天赌钱，家里的事什么都不管。（表任指）

（28）弗知渠去**到=**罢，衣裳弄得样邋遢。不知道他去干嘛了，衣服弄得这么脏。（表虚指）

（29）有**到=**好吃啦？难吃死罢。有什么好吃的呀？难吃死了。（表反问）

2. 做到= [tso^{42}tɤɯ^{423}]

“做到=”相当于现代汉语中的“做什么”“干什么”“干嘛”，一般问行为、原因，用作谓语、状语。如：

（30）尔**做到=**哇？你做什么呢？（作谓语）

（31）尔乙记**做到=**啦？你现在做什么呢？（作谓语）

（32）渠开先寻我**做到=**啦？他刚才找我干嘛呢？（作谓语）

（33）尔**做到=**要捶渠啦？你干嘛要打他？（作状语）

也可用于表示任指、虚指、反问。如：

（34）我**做到=**都弗去害别农哇。我做什么都不会去害别人呀。（表任指）

（35）弗知渠去**做到=**哻，一日都 艚 促=得农。不知道他去干嘛了，一天都没看到人。（表虚指）

（36）**做到=**啦？想跟我相争啊！干嘛？想跟我吵架啊！（表反问）

我们认为“到=”的基本意思是“什么”，如例（26）、（27）、（29）；“做到=”相当于“做什么”，如例（30）、（31）、（34）。而在实际交际过程当中，“做到=做什么”的语义已经偏向于“你在干嘛？”，比如例（30）。能体现这个过渡阶段的是例（31）“尔乙记**做到=**啦？”，根据具体语境，若双方长时间未见，例（31）可用于询问“你现在从事什么工作”；若是经常见面的，例（31）的语义则与例（30）一致，即正在问行为，而更加虚化的用法也用于熟人之间打招呼。

上例中，例（32）、（33）中“做到=”表示“干嘛”，用于询问事件、原因；例（24）、（25）中的“到=”也相当于“干嘛 / 干什么”。现代汉语中的实义动词“干”在常山话中对应的便是动词“做”，如“干活”，常山话说“做事干”。动词“做”能够被省略而不影响整个句子的表达，是因为“做什么”作为泛指的、用以询问行为和事件的词组，已在潜移默化中植入人类语言机制，即使被省略，也能传递同一话语信息。而像“吃”“看”一类的动词，其本身及其所接宾语具有特指性或者针对性，故而不能被省略。常山话中“到=”也不能单独与这些动词搭配，即一般情况下没有“吃到=”“看到=”“打到=”等类似说法。

因而我们认为，“到⁼” 表示 “干什么” 是动词宾语 “做到⁼” 省略动词 “做” 的结果。

3. 到⁼西［$tɤɯ^{423}se^{45}$］

“到⁼西” 相当于普通话中的 “什么”。在特指疑问句中可充当主语、宾语、定语。如：

（37）**到⁼西**徛目⁼里响唻？什么（东西）在那里响？（作主语）

（38）尔做**到⁼西**哇，样香？你做什么呢，这么香？（作宾语）

（39）尔欢喜**到⁼西**颜色唻？你喜欢什么颜色？（作定语）

例（38）中，“到⁼西” 是充当动词宾语，它也可充当介词宾语，如：“为到⁼西”，一般用于询问原因。如：“尔**为到⁼西**弗去开会唻？你为什么不去开会呢？”。

除疑问之外，它也可用于表示任指、虚指、反问、列举。

（40）渠**到⁼西**都欢喜吃。他什么都喜欢吃。（表任指）

（41）弗知出罢**到⁼西**事干，渠徛里哭。不知道出了什么事情，她在哭。（表虚指）

（42）有**到⁼西**好讲个唻？弗劳跟我谈天。有什么好说的？不要跟我说话。（表反问）

（43）天光去晚沿嗯，市场里羊肉啊牛肉啊**到⁼西**即暝差不多无哧。早上去晚一点，市场里羊肉、牛肉什么的就差不多没了。（表列举）

关于前面 “到⁼” 和这里的 “到⁼西”，我们认为，“到⁼西” 的基本意义与 “到⁼” 一样，都相当于现代汉语中的 “什么”。如例（30）“尔做到⁼哇？” 与例（38）“尔做到⁼西哇？”，两者意义完全相同。

我们认为 “到⁼西” 是 “到⁼东西” 的省略。常山话中有 “到⁼东西”，相当于 “什么东西”。如：

（44）买**到⁼东西**样长时间唻？车都好几班走罢。买什么东西这么久啊？车都走了好几班了。

常山话中有也 “到⁼［$tɤɯ^{423}$］西东西”，也相当于 “什么东西”。如例（44）可以说成：

（45）买**到⁼西东西**样长时间唻？车都好几班走罢。买什么东西这么久啊？车都走了好几班了。

现今常山话中，已很少使用 “到⁼东西” 这一说法，而它原先表示的 “什么东西” 的语义已经由 “到⁼西东西” 代替，同时，“到⁼东西” 省略产生 “到⁼西”，其语义也直接简化为 “什么”。

4. 到⁼农［$tɤɯ^{423}nã^{341}$］

“到⁼农” 相当于现代汉语中的 “谁”“什么人”，可加上疑问语气词单独成句，如：“到⁼农唻？”，多用于与对方有一定距离且不知对方身份时，以呼唤口吻来问人。也可不加疑问语气词直接表达疑问，如 “到⁼农？”，多用于接电话时询问对方身份，或者是用于说话人听到呼唤时询问对方身份。

“到⁼农” 在句中可充当主语、谓语、宾语、定语。如：

（46）**到⁼农**吆尔唻？谁叫你啊？（作主语）

（47）尔**到⁼农**唻？你谁啊？（作谓语）

（48）渠寻**到⁼农**？他找谁？（作宾语）

（49）乙是**到⁼农**书包唻？这是谁的书包啊？（作定语）

例（47）的语气较为不礼貌，一般表达了说话人鄙视、不耐烦的情绪。“到⁼农” 用作定语时不需要加助词 “的”，如例（49）。

其非疑问用法主要是表示任指、虚指、反问。如：

（50）**到⁼农**来我都弗开门。谁来我都不开门。（表任指）

（51）好像有**到⁼农**徛里叫尔。好像有人在叫你。（表虚指）

（52）**到⁼农**欢喜跟尔嬉哇？我是无人嬉可么来寻尔。谁喜欢跟你玩啊？我是没人玩才来找你玩。（表反问）

四　鸭⁼农［aʔ³nã³⁴¹］

前面我们提到过“鸭⁼农”，它与“到⁼农”皆有普通话中“谁”或“什么人”的语义，而后者在使用频率上更高。

首先，“鸭⁼农”在语法功能上与“到⁼农”完全一致，可以单用，如：“**鸭⁼农**？”或“**鸭⁼农**唻？”；也可以在句中充当主语、谓语、宾语、定语；其非疑问用法也是用于表任指、虚指和反问。因而上文例（46）至（52）皆可以用“鸭⁼农”替换。

其次，我们认为“到⁼农”在语义上更既可以表示“什么人”，也可以表示“谁”；而“鸭⁼农”则更偏向于“谁”。朱德熙（1982：90）认为，“‘谁’和‘什么人’意思不一样。用‘谁’的时候，是问这个人是哪个，是张三还是李四；用‘什么人’的时候，是问的性质或类别，等于说‘什么样的人’”。如：

（53）乙次**鸭⁼农**是年级第一唻？

（54）乙次**到⁼农**是年级第一唻？

以上例句都是在询问“这次谁是年级第一”，而例（53）的答句一般是说“谁”，即回答偏向于说出这个考了年级第一的同学的姓名；例（54）的答句偏向“什么人”，如“一班的语文课代表”。“到⁼”本身是由“到⁼西”省略产生，基本意义是“什么”，因而疑问代词“到⁼农”的语义也偏向于“什么人”。

关于“鸭⁼［aʔ³］”的本字，我们猜测是“何”。“鸭⁼”在常山话中不能单独出现，只与“农人”搭配使用，用于问人。马玉山（1987：121）说“韩峥嵘同志在他的《古汉语虚词手册》中说：‘这里应该注意，‘何’字作为疑问代词，一般单独是不能指代人的，这是它和‘谁’、‘孰’的不同特点’”。朱城（2000：55）也提到：“吕叔湘先生《文言虚字》言‘何’字单用不指人”。当然，学术界也存在“‘何’字作为疑问代词，单用可以指人”的观点。但我们考察，“何”字单用不指人是其典型用法，“何人”相当于现代汉语中的“谁”，用于问人。常山话属于吴语区，方言保留了古代汉语的特征，因而“鸭⁼”字的本字很可能便是“何”。汪化云（2008：159）也认为：“‘何’这个古老的疑问代词，在书面使用很多。魏晋以来与‘物’组成‘何物’，表示‘什么’的意思。汉语方言中继承这个疑问代词的主要是吴语的部分方言点……”

五　静⁼［dzɪŋ²⁴］

1. 静⁼［dzɪŋ²⁴］

常山话中的“静⁼”相当于普通话中的“怎么”“怎样”。加上疑问语气词可以单独成句，如：“**静⁼**唻？怎么了？”也可以在疑问句中充当谓语、宾语、定语、状语，主要用于询问方式、情状、原因。如：

（55）尔开先**静⁼**罢唻？你刚才怎么了呀？（作谓语）

（56）尔乙段时间算**静=**唻？促得我弗响罢。你这段时间怎么了？看到我不打招呼了。（作宾语）

（57）渠是**静=**个农唻？尔知得吗？他是怎样的人啊？你知道吗？（作定语）

（58）乙道题目**静=**做唻？这道题目怎么做呢？（作状语）

"静="不能用作补语，补语位置上只能是下文的"静=关紧"，用于询问状态。

"静="也有非疑问用法，可以表示任指、虚指、反问。如：

（59）**静=**睏都弗舒服。怎么睡都不舒服。（表任指）

（60）开先我爸**静=**修罢一记，即有使罢。刚才我爸爸怎么修了一下，就有用了。（表虚指）

（61）**静=**罢唻？谈天都无法谈咹？怎么了？说话都不能说吗？（表反问）

我们也发现，"静="在表示虚指时也有重叠用法。如：

（62）弗劳管别农**静=静=**有钞票，自个够使即好。不要管别人怎么怎么有钱，自己够用就行。

（63）渠日日讲渠新妇**静=静=静=**弗勤力。她天天说她媳妇怎么怎么不勤快。

例（63）虽是三个"静="重叠使用，但表达的语义不变，因而对应成普通话也不会有三个"怎么"重叠。唐燕玲（2009：58）说："疑问词有表示疑问和非疑问两种用法。疑问用法是疑问词的最基本用法，而非疑问用法通过语法化过程演变而来"，"吴福祥总结说，语义演变的机制主要有类推、重新分析和主观化三种，而主观化最基本"。唐燕玲（2009：59）又说："可以肯定疑问词的遍指、虚指和其他非疑问用法都包含明显的主观化印记"，"说话者说的每句话都是对自己的思想和观点进行编码"，"说话者为了表达这种想法、观点，就会采用特殊句式、语气等手段，这种结构逐渐发展、形成并固定"。例（63）中可以看出说话人对其媳妇具有强烈不满情绪，因此将表虚指的"静="多次叠加使用，用以表达主观情感，这是方言中的语法化成果。同时，从认知语言学角度来看，这体现了数量象似原则。沈家煊（2015：11）指出："我们还认为语言的结构，特别是语法结构，跟人对客观世界（包括人对自身）的认知有着相当程度的对应或'象似'（iconicity）关系，或者说，语法结构在很大程度上是人的经验结构（人认识客观世界而在头脑中形成的概念结构）的模型。我们把这种对应称作语法结构的'象似原则'"，"概念上数量的大小跟词语成素的多少对应，这是数量的象似"。"静"的叠加使用蕴含了说话人更强烈的情感，是其经验结构在语法结构中的主观表现手段。

2. 静=关紧［dzɪŋ^{24}kuã^{42}kɪŋ^{52}］

"静=关紧"在语义上相当于普通话中的疑问代词"怎么样"，用于询问状态。可单用，如："静=关紧唻？"常用于熟人有一定时间未联系后的寒暄，包括身体、工作等各个方面情况。但这一句式也有非疑问用法，一般是在具体语境下表示反问。如：

（64）**静=关紧**唻？让我猜着罢得，渠肯定结婚罢。怎么样？让我猜到了，他肯定已经结婚了。

置于句首，有设问的含义，用于引出下文的话语信息。

"静=关紧"在句中一般充当谓语、补语。如：

（65）老士农身体**静=关紧**唻？老人家身体怎么样啊？（作谓语）

（66）菜做得**静=关紧**唻？好吃吗？菜做得怎么样？好吃吗？（作补语）

除表示反问之外，"静=关紧"也有表任指、虚指的非疑问用法。如：

（67）管渠做得**静=关紧**，先交上去再讲。管它做得怎么样，先交上去再讲。（表任指）

（68）弗知农**静=关紧**罢，好像撞得头脑壳呗。不知道人怎么样了，好像撞到脑袋了。（表虚指）

六　几［ke^{52}］

1. 几［ke^{52}］

根据贝罗贝、吴福祥（2000）考察，“几”用作询问数量的疑问代词见于春秋战国时期，而后被广泛使用，并保留至今。常山话中“几”作为一个基本疑问代词，并在此基础上亦形成“几”系代词系统，用于询问数量、时间、程度。“几”单用时多用于询问具体数字，如：

（69）电话号码**几**唻？电话号码是多少？

它也有非疑问的用法，如：

（70）弗知密码是**几**，随便猜猜促。不知道密码是多少，随便猜猜看。（表虚指）

我们知道，普通话的“几”询问数量时一般限于十以下，但常山话并无此限制，数量可达到几十甚至几百、几千、几万。如：

（71）——“常一中一个班一般**几**个农唻？”“常一中一个班多少个人呢？”

——“一般五十几个哦。”“一般五十几个。”

（72）——“乙头猪促⁼起蛮壮个，你猜有**几**斤唻？”“这头猪看起来蛮壮的，你猜有多少斤呢？”

——“最少三百斤。”“最少三百斤。”

“几”在常山方言中也多与其它成分搭配使用。第一，“几＋形容词”可用于询问程度。如：

（73）有**几**痛唻？我碰样一记，尔跟我讲。有多痛？我碰一下，你跟我说（多痛）。

（74）尔来杭州**几**长时间罢唻？你来杭州多长时间（多久）了？

例（73）询问“痛”的程度，例（74）询问时段。这一用法是由询问数量引申而来，对于具体事物，“几”是询问数量，但对于抽象概念，询问的便是程度，因为无法以量来计算。故“几”在常山话中也用作程度副词，且表示程度较深，如：“尔促⁼促⁼别农几用功咁。你看看别人多用功。”在此不多赘述。

“几＋形容词”也可以表示任指、虚指、反问。如：

（75）乙记**几**晚都有店开门。现在（不管）多晚都有店开着门。（表任指）

（76）弗知乙个农有**几**重，凳都让渠坐崩罢。不知道这个人有多重，凳子都被他坐坏了。（表虚指）

（77）有**几**目黑哇？我都两天无得睏罢嘞！有多困啊？我都两天没法睡了。（表反问）

第二，“几＋量词”用于询问数量，可以单用，在句中用作主语、谓语、宾语、定语、补语。如：

（78）**几包**够唻？几包够呢？（作主语）

（79）香烟**几包**？香烟几包？（作谓语）

（80）逮⁼**几块**？拿几块？（作宾语）

（81）尔要买**几双**袜？你要买几双袜子？（作定语）

（82）尔讲，尔乙个星期捶农捶罢**几遍**了？你说，你这个星期打人打了几次了？（作补语）

“几＋量词”也可用于表示任指、虚指、反问。如：

（83）样小小个个橘，随便吃**几个**都有法。这么小小个的橘子，随便吃几个都行。（表任指）

（84）弗知俺五个农吃**几斤**米够。不知道我们五个人吃几斤米。（表虚指）

（85）吆罢**几部**车问我咁？是渠打个电话喂。叫了几辆车问我（干嘛）？是他打的电话。（表反问）

第三，问序数只能用“第几”，不能说“第几多、第几许”。

2. 几许［$ke^{52}xə^{0}$］/ 几多［$ke^{52}to^{45}$］

《现代汉语词典》(第7版）收录了“几多”，共有两个义项：“①疑问代词，又分两点：a. 询问数量；b. 表示不定的数量。②副词：多么”，词典认为“几多”是方言用法。常山话中的“几许”与“几多”与现代汉语用法一致，常用于询问数量，可单独使用，在句中一般充当主语、谓语、宾语、定语。如：

（86）**几许 / 几多**会够呢？多少才够呢？（作主语）

（87）鱼**几许 / 几多**？鱼多少（钱）？（作谓语）

（88）装**几许 / 几多**？装多少？（作宾语）

（89）加**几许 / 几多**油唻？加多少油？（作定语）

“几多”和“几许”不能修饰量词，所以不能说“几多 / 几许本书”。“几许”与“几多”并无差别，唯一不同的是“几许”多见于老一辈使用，年轻人多用“几多”。

《古诗十九首》中便有“河汉清且浅，相去复**几许**？”，其他还有：

（90）庭院深深深**几许**，杨柳堆烟，帘幕无重数。（宋·欧阳修《蝶恋花·庭院深深深几许》）

（91）不知落处深**几许**，但闻井底碎玉声。（宋·杨万里《题兴宁县东文岭瀑泉在夜明场驿之东》）

（92）不知经历**几许**风波，**几许**心中言。（清·袁枚《祭妹文》）

（93）你添了几根银发，我多了**几许**白髯。（郭小川《赠友人》）

“几多”在古代汉语中也十分常见，尤其是诗歌当中。如：

（94）总把春山扫眉黛，不知供得**几多**愁。（唐·李商隐《代赠》）

（95）问君能有**几多**愁，恰似一江春水向东流。（南唐·李煜《虞美人》）

（96）兵火之际，东逃西躲，不知拆散了**几多**骨肉。（《警世通言·范鳅儿双镜重圆》）

（97）圣人分明说，昔者圣人之作《易》，观象设卦系辞焉以明吉凶，**几多**分晓。（黎靖德·《朱子语类》卷六六）

上面例子中的“几许”“几多”都是“多少”的意思。

“几许”“几多”也有非疑问用法，可表示任指、虚指及反问。如：

（98）来**几许 / 几多**侬我都弗怕。来多少人我都不怕。（表任指）

（99）弗知使罢**几许 / 几多**钞票，我只有张一百块头罢。不知道用了多少钱，我只有一张一百了。（表虚指）

（100）尔知得我走罢**几许 / 几多**路寻尔吗？你知道我找你走了多少路吗？（表反问）

冯春田（2000：510）指出，“‘数量＋许’表示是或在某种数量范围的光景”，他举了南朝时笔记小说《世说新语》中的例子，如：

（101）桓南郡既破荆州，收殷将佐**十许**人，咨议罗企生亦在焉。（《德行》）

（102）殷洪乔作豫章郡，临去，都下人因附**百许**函书。（《任诞》）

冯春田（2000：511）也指出，“如果是问数，则‘许’字前用‘几’”。他又举了如下例子：

（103）贮积拟孙儿，论时**几许**错。（王梵志《并是天斟酌》，207页）

（104）子胥兵马，欲至郑国三十余里，先遣健儿看郑国有**几许**兵马相敌。（《伍子胥变

文》，a22 页）

（105）多少来田地，**几许**多僧徒？（《维摩诘经讲经文》，a611 页）

"在这类例子里，'许'的意义较用在数量词之后就更为虚化了"。

冯春田（2000：241）又认为"几多"产生于六朝时期，在中古时期较多使用；汪化云（2008：150）说道："'何多、几多、诺多、好多'都是以无标记成分'多'为成分之一构词……因而在意义上具有'泛指性'，用以询问数目，其与'少'之间的对立被中和了，故而不带关于数目多少的任何预设"。

以上两个用于询问数量的疑问代词在常山话中均被保留了下来，且使用十分广泛。

3."几时［$ke^{52}zi^{341}$］"等

"几时"用于询问时间，相当于"什么时候"，可以单用，在句中充当主语、定语、状语。如：

（106）**几时**吃饭唻？什么时候吃饭？（作主语）

（107）乙是**几时**个事干哇？我都弗知。这是什么时候的事情啊？我都不知道。（作定语）

（108）尔**几时**走唻？你什么时候走呢？（作状语）

常山话中还有"几□□［$ke^{52}v\tilde{\Lambda}^{24}\text{ʦ}e^{0}$］"用于询问时间，它与"几时"的区别在于："几时"多用于询问时间段或者说较为笼统化的时间，即一般以"今天""明天""等一下"等词语作答；而"几□□［$ke^{52}v\tilde{\Lambda}^{24}\text{ʦ}e^{0}$］"多用于询问具体的时间点，回答时一般以具体时间点作答。问"多久"，常山话则用"几多时"。

"几时"也可以表示任指、虚指、反问。如：

（109）随便尔**几时**来，我日日都有空个。随便你什么时候来，我每天都有空的。（表任指）

（110）弗知**几时**考试，考罢以后要出去嬉。不知道什么时候考试，考完了我要出去玩。（表虚指）

（111）尔**几时**睏问我咁？你什么时候睡觉（干嘛）问我？（表反问）

吴福祥（2015）指出，"询问时间古来有'何时'，唐代出现'几时'"。如：

（112）问："者个上座适来辞去，**几时**再来？"（《祖堂集·洞山和尚》卷 6）

在诗词中也十分常见，如：

（113）鸿雁**几时**到，江湖秋水多。（唐·杜甫《天末怀李白》）

（114）明月**几时**有，把酒问青天。不知天上宫阙，今夕是何年。（北宋·苏轼《水调歌头》）

（115）一曲新词酒一杯，去年天气旧亭台。夕阳西下**几时**回？无可奈何花落去，似曾相识燕归来，小园香径独徘徊。（北宋·晏殊《浣溪沙》）

谭耀炬（2000）指出，"几时"一词最早见于《庄子》："忧乎知，而所行恒无**几时**，其有止也，若之何！"这里的"几时"是"多少时间"的意思；汉代以后，"几时"表示"多少时候"的用法沿用开来；唐代时出现新义项，表示"什么时候"，这是由于"几"在东汉时已经派生出了"什么"的义项；明代时"几时"又出现了表示"一段时间"的新义项。而现在常山话中的"几时"只有"什么时候"的义项，可见，其用法由来已久，并且一直沿用至今。

七 结 语

常山话中的疑问代词和普通话疑问代词关系可见下表：

表1 常山话疑问代词表

类 别	普通话	常山话疑问代词、词组
问别择	哪＋量词、哪些	七⁼+量词、七⁼星⁼（问复数）
问人	谁	到⁼农、鸭⁼农
问事物	什么	到⁼西
问处所	哪里、哪儿	七⁼里、七＝□［boʔ³⁴］
问时间	什么时候	几时、几□□［vɑ̃²⁴tse⁰］、到⁼□□［vɑ̃²⁴tse⁰］
问数量	几、多少	几、几多、几许、几＋量词
问程度	多	几＋形容词
问情状、方式	怎么、怎样、怎么样	静⁼、静⁼关紧
问原因	为什么	为到⁼西、静⁼
问行为、目的	干什么	做到⁼西、做到⁼、到⁼

常山话中的基本疑问代词有“七⁼”“到⁼”、“鸭⁼农”“静⁼”“几”五个，在此基础上形成了二十多种疑问代词和疑问词组。本文着重探讨了“七⁼”系中的“七⁼里、七⁼□［boʔ³⁴］、七⁼+量词”；“到⁼”系中的“到⁼、做到⁼、到⁼西、到⁼农”；“静⁼”系中的“静⁼、静⁼关紧”；“几”系的“几、几多、几许、几时、几＋量词”以及“鸭⁼农”一词。表格中出现的其它疑问代词及词组，因用法与同类词组基本一致，故只略述，并未详谈，它们是“七⁼星⁼、几□□［vɑ̃²⁴tse⁰］、几多时、到⁼□□［vɑ̃²⁴tse⁰］、几＋形容词、为到⁼西、做到⁼西”。

参考文献

鲍 红．安庆方言疑问代词体系［J］．皖西学院学报，2007（4）：88—91.

贝罗贝，吴福祥．上古汉语疑问代词的发展与演变［J］．中国语文，2000（4）：311—326.

常山县志编纂委员会．常山县志［M］．杭州：浙江人民出版社，1990.

曹志耘，秋谷裕幸，太田斋，赵日新．吴语处衢方言研究［M］．东京：好文出版，2000.

冯春田．近代汉语语法研究［M］．济南：山东教育出版社，2000.

高 敏．安徽芜湖方言疑问代词的非疑问用法［J］．安徽文学，2012（7）：108—110.

靳 炎，倪 兰．疑问代词研究综述［J］．中南民族大学学报（人文社会科学版），2003（23）：273—275.

吕叔湘．中国文法要略［M］．北京：商务印书馆，2014.

马玉山．说“何”字［J］．商丘师专学报（社会科学版），1987（2）：119—123.

倪 兰．现代汉语疑问代词的基本语义分析［J］．北方论丛，2005（4）：55—57.

沈家煊．不对称和标记论［M］．北京：商务印书馆，2015.

谭耀炬．《拍案惊奇》的“几时”［J］．古籍整理研究学刊，2000（6）：54—59.

唐燕玲．疑问词的语法化机制和特征［J］．外语学刊，2009（5）：57—60.
汪化云．汉语方言代词论略［M］．成都：巴蜀书社，2008.
吴福祥主编．近代汉语语法［M］．北京：社会科学出版社，2015.
中国社会科学院语言研究所词典编辑室．现代汉语词典（第7版）［Z］．北京：商务印书馆，2016.
朱　城．"何"字单用指人补说［J］．古汉语研究，2000（1）：55—58.
朱德熙．语法讲义［M］．北京：商务印书馆，2010.

（王丹丹　浙江财经大学　310018）

慈溪方言否定词研究 *

许仕波

〇 引 言

慈溪位于浙江省东部，杭州湾南岸，隶属宁波市。境内方言属吴方言，由于地处古明州与古越州的交会地，方言也呈现甬江小片（“东边话”）和临绍小片（“西边话”）两大块的格局。本文研究的对象是临绍小片的慈溪话①——主要分布在包括市区在内的中西部乡镇。总体而言，其表达既包含吴方言的共性，也体现出独特的地方特色。

“否定”是各种语言和方言共有的语法范畴，包括否定词汇形式以及相应的表达方式。刘丹青（2005）认为，“否定词”是“用来构成否定性命题的算子，既包括单纯的否定算子（如“不”），也包括语义上结合了其他成分（如“别”“甭”“覅”）甚至动词本身（如“无”=“不+有”）的否定算子”。

慈溪方言中，最基本的否定词有两个：“弗”和“呒”。其中“弗”为普通否定，“呒”为存在否定②。

其他否定词大多是由基本否定词与时体、情态、程度等成分结合派生而来的，称为“复杂否定词”。由“弗”派生而来的否定词有：“覅”“䨼”“𫠣”“弗个”“弗大”“弗则”等；由“呒”派生而来的否定词有：“呒没（得$_1$）”“呒得$_2$”“呒告”“呒人”“呒堂”等。主要表现形式是合音词和复合词。

除此之外，慈溪话中还有两个特殊的单纯否定词，“欠”和“未”。

一 基本否定词

（一）弗——普通否定

“弗”在慈溪话中读［faʔ^5］或［ʋeʔ^5］③，与普通话的“不”基本一致。做补语时，发音分别弱化、浊化为［vaʔ^2］/［veʔ^2］，写作“勿”。

1.“弗”不能单用，一般用在谓词或谓词性短语前，表示直接否定。

（1）我弗去。（我不去。）

（2）渠书弗相就晓得望电视。（他不看书就知道看电视。）

（3）渠弗晓得噎［eʔ^5］个事体。（他不知道这件事。）

---

* 本文写作过程中，得到王洪钟老师、盛益民老师的指导，在第九届吴语会议报告中得到了张惠英、陶寰等老师的建议，在此表示谢忱！

① 本文语料反映的主要是慈溪市天元镇的情况，在此基础上也参考了其他乡镇的情况。

② 盛益民《吴语柯桥话参考语法》中将基本否定词区分为普通否定和存在否定。

③ 慈溪方言中单字调共五类：古清平、清上归阴平（324），清去归阴去（44），浊平、浊上、浊去归阳平（213），清入归阴入（5），浊入归阳入（2）。慈溪话中的普通否定词有 2 种语音形式：［faʔ^5］和［ʋeʔ^5］。前者一般写作“弗”，后者写作“□”或“物阴入音”。本文一律写作“弗”。

（4）侬个人介弗在行。（你这个人这么不聪明。）

（5）我香烟弗吃个。（我不抽烟的。）

（6）我明朝上班弗去。（我明天不去上班。）

上述例子中，（1）（2）两句是对主观意愿的否定；（3）（4）是对性质、关系的否定；（5）是对行为常态的否定；（6）是对未然事件的否定。

在慈溪话中有不少“弗 + 动”或“弗 + 形”结构的固定短语，大多可用来表达对某人行为、状态的批评或指摘。如：

弗常可：（做事）不靠谱。

弗搭界：没有联系或关联。

弗得知：“弗晓得”，即不知道（某事）。

弗落当：（仪态）不端正。

弗清头：形容事情关系复杂，不清楚；形容人做事没有依据。

弗入眼：不顺眼，让人憎恶，多指不好的东西。

弗出山：常指（年轻人）没出息。

弗滋味：不够有趣。

弗相干：无可救药，无能为力。

弗灵光：不聪明，愚笨。

弗割舍：不舍得。

弗讨力：不出色，不能让人满意。

弗识相：不知趣，我行我素不为他人考虑。

弗周全：不能干，无用。

弗得人心：不好，坏，指物品质量不好或人品行不端正。

弗停弗歇：不间断，持续。

弗声弗响：默不作声。

2.“弗”常位于动词 V 与结果补语或趋向补语 C 之间，表示不可能性。此时其读音常弱化、浊化为［veʔ^{2}］，写作“勿”。如：

结果补语	**趋向补语**
关勿牢	买勿起
做勿动	爬勿上
并勿拢	穿勿进
摆勿平	翻勿转
弄勿灵清	做勿出
学勿周全	吃勿落（引申为吃不消）

慈溪话的“V 勿 C”结构同普通话“V 不 C”结构在功能上基本一致。差别主要体现在“V”和“C”的搭配上，有 2 种表现：

a. 表达相同意义，采用与不同的补语。如普通话用“住”“下”，相应地，慈溪话则习惯于用“牢”“落”；

b. 采用慈溪话（吴语）中特有的词充当结果补语，如“灵清”“周全”等。

此外，慈溪话的“V 勿来”有三种含义：分别表示为表示为“V 勿来$_1$”“V 勿来$_2$”和

“V 勿来$_3$”。关于“V 勿来”中的“来”的性质问题，有多家看法，此处不展开探讨。

“V 勿来$_1$”：其中“来$_1$”为趋向动词，意义较为实在，如“钞票赚勿来/人客请勿来”，相对的肯定形式是“V 得来$_1$”。

“V 勿来$_2$”：（1）不具备某行为能力；（2）行为能力受限。慈溪话中，表达“不具备某行为能力”，常用“袷+V”，偶尔用如“介讨厌个生活做勿来/老酒吃勿来/辣茄吃勿来”；“V 勿来$_2$”多以义项（2）的形式出现。“喉咙哑了，唱歌唱勿来/手割割破，衣裳汏勿来/断电唧，电视望勿来/落雨哉，篮球打勿来哉”等，大体上与普通话“V 不了（liǎo）”对等。其肯定形式不能以“V 得来$_2$”的形式出现。

“V 勿来$_3$”：常用于劝阻、制止，由于相应的行为受社会规则的限制或存在引发严重后果的隐患，从而“不被许可”。可在“V 勿来$_3$”后加“个”。如“酒乱吃吃勿来（个）/小朋友河塘横边去勿来（个）/桌高头个下饭，手捞勿来（个）/路横边摆摊头摆勿来（个）”。此外，表达劝阻，慈溪话还常用“弗个+V”和“覅+V”①。“V 勿来$_3$”不等同普通话的“V 不了”，其肯定形式也不能以“V 得来$_3$”出现。

3.“弗”用于疑问句中，构成反复问句，读音也弱化为“勿”[vaʔ²]/[veʔ²]。

A.“X 勿 X”

“X”为谓词或谓词性成分，以单音节为主。

（7）侬篮球打勿打？（你打不打篮球？）

（8）噎只苹果甜勿甜？（这个苹果甜不甜？）

（9）昨日街里闹热勿闹热？（昨天街上热不热闹？）

B.“X 勿啦”

“X 勿啦”由“X 勿 X”省略后项并加语气词“啦”得来，两者意义对等。在语言的经济原则的作用下，日常口语当中，人们更常采用“X 勿啦”。而“勿啦”又会进一步融合、虚化为语气词“哦”，音[va]/[ve]，“X 勿啦”等于“X 哦”。此时，问句也由反复问变成是非问。

（10）侬篮球打勿啦？=侬篮球打哦？（你打篮球吗？）

（11）噎只苹果甜勿啦？=噎只苹果甜哦？（这个苹果甜吗？）

（12）昨日街里闹热勿啦？=昨日街里闹热哦？（昨天街上热闹吗？）

C.“Y 勿哉”

“Y”有两种情况：

a. Y 是动词（以单音节为主），构成的“Y 勿哉”是对“某一种行为是否照常进行或继续完成”的询问。

（13）今末市场里去勿哉？（今天还去市场吗？）

（14）噎碗饭吃勿哉？弗吃倒掉哉！（这碗饭还吃吗？不吃就倒了！）

b. 由“谓词+唧”②或“赖+动词”③构成的谓词性成分，表示的一种持续的状态，构

---

① 详见下文。

② “唧”在慈溪话中是一个动态助词，具有表持续体的功能。

③ “赖”[la²¹³]在慈溪话中即副词“在”。部分区域发成[ɦia²¹³]或[le²¹³]，意义上无异。本文只取“[la²¹³]”作说明。

成的“Y 勿哉”是对“原状态是否发生改变”的询问。

（15）超市里门开唧勿哉？（超市里还开着门吗？）

（16）老陈生活赖做勿哉？（老陈还在工作吗？）

同样，我们认为“Y 勿哉”中的“Y 勿”也由“Y 勿 Y”省略后项得来。

“V 勿哉”与“V 勿啦”相比，前者暗含动作 V 是按理应当或可能发生的，而后者则是正常的询问。

4. 除此之外，由“弗”派生出的副词“弗则”[veʔ²tsaʔ⁵]（部分地区为“弗得”[faʔ⁵taʔ⁵]），意为“不知道”。“则”可能来自于“知”的促化，而另一种“弗得”可能是“弗晓得”连读造成的。

“弗则”作为插入语出现于疑问句当中，一般位于主语和谓语之间。

（17）明朝雨弗则会落哦？我要去嬉去嘞。（明天不知会不会下雨？我要出去玩。）

（18）渠弗则睏唧未？我有眼[n̩iæ̃]事体要问他声唧。（不知道他睡了没？我有点事情要问他一下。）

很多情况下，“弗则”也可以出现在句末。如，例（17）可以说成“明朝雨会落哦，弗则？”；例（18）可以说成“渠睏唧未，弗则？”。

（二）呒——存在否定

“无（呒）”在慈溪话中文白两读，文读为[vu²¹³]，写作“无”；白读为[ɦm²¹³]，通常写作“呒”。戴昭铭（2001）认为，“无”和“呒”“同源不同音”，“呒”是古代汉语在方言中的残存形式，而“无”则是来自北方官话的书面语成分。

1.“呒”在慈溪话中不能独立表达存在否定，一般用“呒得 $_1$”“呒没”或“没”。三者在慈溪话中互为变体。如今，“没”有逐渐取代前两者的趋势。

2.“呒”作为补语的例子，仅限于“弄呒”，即“弄丢”，找不到。如“渠身份证弄呒唧哉。”

3. 同“弗”字类似，“呒”字构成的固定短语也具有习语化特征。如：

呒结煞：常常形容挥霍无度。

呒清头：形容某人好多管闲事、啰里啰嗦等而招人讨厌。

呒进打出：无关紧要，无所谓。

呒心呒事：无忧无虑。

呒头呒脑：指不聪慧，说话做事不着调。

呒大呒小：即没大没小。

呒告得话：指无稽之谈。

4. 由“呒”派生出的复合否定词主要有“呒人”“呒堂”“呒告”“呒没（得 $_1$）”“呒得 $_2$”① 等。

“呒人”[ɦm²³n̩iŋ²²] 和“呒堂”[ɦm²³dɔ̃²²] 均为存在否定词与名词的结合，分别为“无人”和“无处”的意思，相当于英语“nobody/no one”和“nowhere”。

呒人：呒人来 / 呒人吃 / 呒人相见 / 呒人话起

呒堂：呒堂去 / 呒堂嬉 / 呒堂安 / 呒堂坐 / 呒堂买

① 关于“呒没（得 $_1$）”“呒告”“呒得 $_2$”的讨论，详见下文。

“呒人”大多作为谓语动词的施事主语，“呒堂”一般作为谓语动词的受事主语。这类词某种意义上具有不定代词的性质，因此本文不将其视为典型的否定词。

二　与时体相关的否定词

在慈溪话中，与时体相关的否定词涉及的行为主要有：经历行为、已然行为、持续行为、惯常行为、未然行为。上文已经提到，慈溪话中普通否定词“弗”可用于对惯常行为或未然行为的否定。除此之外，与时体相关的否定还有“呒没（得$_1$）”和“未”。

（一）呒没（得$_1$）

“呒没”读［ɦm^{23}maʔ^{2}］，“呒得$_1$”读［ɦm^{23}taʔ^{5}］，作动词或副词，相当于普通话的“没有”。上文提到，慈溪话中“呒得$_1$”“呒没”“没”三者互为变体。以下仅以“没”［maʔ^{2}］为代表，进行说明。

1.“没”作动词，是动词“有”的否定形式。

慈溪话中，被否定的名词N多置于否定词“没”之前——采用“N+没”的结构表示对领有、存在的否定。

（19）我袋里铜钿没。（我口袋里没钱。）

（20）屋里下饭没嘞哉。（家里没菜了。）

（21）生活忒忙哉，吃饭个工夫也没。（工作太忙了，吃饭的时间都没有。）

2.“没”作副词。

A.“没+VP”，表达对经历行为、已然行为和持续行为的否定。

（22）我北京没开过嘞。（我没去过北京。）

（23）上日我厂里没去。（昨天我没去工厂上班。）

（24）我难冒书没相。（我现在没有看书。）

（25）下饭还没烧好，侬再等仔记噢！（菜还没有烧好，你再等一会儿噢！）

B.“没+AP”，表达对性质的否定，不完全等同“弗+AP”，其中隐含比照的对象。

（26）a. 轧拉［gaʔ^{2}laʔ^{2}］囡生得弗好看。（他女儿不好看。）

b. 轧拉囡生得没好看。（他女儿不好看［没想象中好看］。）

（27）a. 噎种生活弗靠会。（这种工作不轻松。）

b. 噎种生活没靠会。（这种工作不轻松［不比别的轻松］。）

C.“没”和“AP”组合构成的比较句，主要有两种形式：“A+没+B+AP”和“A+比+B没AP”。与“没+AP”相比，这是两种比照对象显现的表达。

（28）a. 噎埭路没哽埭近。（这条路没那条近。）

b. 噎埭路比哽埭没近。（这条路不比那条近。）

（29）a. 盍拉［ɦaʔ^{2}laʔ^{2}］屋里没纳［naʔ^{2}］屋里清爽。（我家没你们家干净。）

b. 盍拉屋里比纳屋里没清爽。（我家不比你家干净。）

两种表达均有比较，且结构相近，在语义上却有差异。以第（1）组的两句为例。

“噎埭路没哽埭近”纯粹表达两条路路程的远近的比较，“噎埭”远于“哽埭”，即“噎埭”＞“哽埭”；

“噎埭路比哽埭没近”其中的预设是两条路都不近。在此前提下，“噎埭”不比“哽埭”近，即“噎埭”≥“哽埭”。

需要注意的是，“A+没+B+AP”中的“没”不能用“呒没（得 $_1$）”代替。

（二）未

“未”[mi[213]] 的意思是“还没，暂不”。“未”的使用频率相对比较低。

1. 对持续行为或未然行为的否定。表示“该行为还不能实现或未开始实施”。

（30）轧拉厂里生活未赖做嘞。（他们工厂工作还没开始。）

（31）有事体侬话嘛，我屋里未去嘞。（有事你说吧，我暂时还不回家。）

慈溪话中，“未+VP”结构后多加语气词“嘞”。（28）中“未”可以用“没”代替，（29）中“未”可以用“弗”代替。

2. “未”也可以位于句末，以“VP+未”的格式构成是非问句。其中的行为可以是经历行为、已然行为或持续行为。

（32）侬外国去过未？（你出过国吗？）

（33）侬饭吃好唧未？（你吃完饭了没？）

（34）渠睏唧未？（他睡了没？）

“VP+未”与上文的“VP+勿”均为常见的否定词置于句末构成一般疑问句的语法现象。在古代汉语中，“VP+neg”的形式表疑问就较为常见：

（35）曰：“齐多知，而解此环不？”（《战国策·齐策》）

（36）问儿死未？（《汉书·外戚列传》）

（37）晚来天欲雪，能饮一杯无？（白居易《问刘十九》）

3. “未”单独用于回答时，必须说成“未嘞”，是对对方推测的否定。如：

（38）侬读书去未啦？——未嘞！

（39）体育馆要造好快唧哉噢？——未嘞！

“未嘞”由于使用频率较高，逐渐词汇化为一个固定短语，表示“目标的达成或行动的实施为时尚早”。如“等渠出山还要未嘞/等节目开始还要未嘞。”

（三）小结

综上所述，慈溪话中与时体相关的否定词的分工如表1所示。其中，“没”表示对经历行为、已然行为以及进行状态的否定；“弗”表示对惯常行为和未然行为的否定；“未”的功能主要体现在对持续行为和未然行为的否定，对经历行为和已然行为的否定仅体现在疑问句中。

表1 慈溪话的与时体相关否定词的功能

	经历行为	已然行为	持续行为	惯常行为	未然行为
没	+	+	+	−	−
弗	−	−	−	+	+
未	（+）	（+）	+	−	+

注：表中（+）表示该功能有条件限制

值得注意的是，慈溪话中特殊的与时态相关的否定词“未”，一方面和“没”一样可以否定持续行为，但不能否定惯常行为；另一方面，则和“弗”一样可以否定未然行为。

三　与情态相关的否定词

基本否定词同情态动词相结合，可以构成与情态相关的否定词。其中有一部分使用频率相对较高的进一步“熔合”成为合音词，如“覅”“甮”“𫠣”。

（一）覅

“覅”在慈溪话中读［fa⁴⁴］/［ʋa⁴⁴］①，由否定词“弗”［faʔ⁵］/［ʋeʔ⁵］同情态动词“要”［ɔ⁴⁴］合音而来，表达对需要的否定，即“不要，不想，不愿”。

1.“覅”构成的表达一般用来否定句子主语的主观意愿。

A.“覅 +VP”

（40）我肉覅吃。（我不要吃肉。）

（41）嗰件衣裳渠覅穿。（他不要穿这件衣服。）

（42）路介远，我覅走仔去。（路太远，我不想走着去。）

B.“覅 + 形容词”

（43）侬咋会介覅清爽？（你怎么这么不爱干净？）

（44）渠人𫋷［ŋe²¹³］个文相，覅闹热个。（他很斯文，不太爱凑热闹。）

（45）侬自覅好，则［tsaʔ⁵］人家又弗搭界个。（你自己不，跟他人无关。）

C.“N+ 覅渠”

慈溪话中，“覅”不与名词直接搭配，一般与代词“渠”构成短语“覅渠”［fa⁴⁴ɦe²¹³⁻²⁴］②，再对相应名词进行否定，该名词一定位于“覅渠”之前或在上文（之前对话）中提及。

（46）盍拉姆妈要则我买衣裳，我覅渠。（我妈打算给我买衣服，我不要。）

（47）苹果我要的，梨头覅渠。（苹果我要，梨不要。）

（48）钞票要哦？——覅渠。（需要点钱吗？——不要。）

2.“覅 + 谓词性成分”也可用于劝阻、告诫、提醒，相当于“别”。

（49）我讲空话个，侬覅生气噢。（我开个玩笑的，你别生气。）

（50）要滑倒个，覅走过去噢。（容易滑倒，不要走过去。）

（51）睏觉覅忒夜。（睡觉不要太晚。）

（52）覅造睬渠，渠要光火个。（不要理睬他，他要生气的。）

（二）甮

“甮”读音为［fəŋ⁴⁴］或［ʋəŋ⁴⁴］，由否定词“弗”［faʔ⁵］/［ʋeʔ⁵］同情态动词“用”［ɦioŋ²¹³］合音而来。部分地区读作双音节［faʔ⁵ŋ²¹³⁻⁴²］或［faʔ⁵ȵiŋ²¹³⁻⁴²］，其实是将“弗”和“用”拆开来读的情况。“甮”表达对必要性的否定，意思为“不用”“不必要”，相当于普通话中的“不用”。

“甮”后接动词或动词性短语。

（53）嗰梗被头甮汏个。（这条被子不用洗。）

（54）侬甮则渠话个。（你不必跟他讲。）

（55）侬介弗听话，读书甮去哉。（你这么不听话，别去上学了。）

---

① 又音［ɦia⁴⁴］。

② “覅渠”中的“渠”在实际语流中，声母［g］脱落。

（56）慢慢来啊哉，覅踢脚绊倒个。（慢慢来好了，不用手忙脚乱。）

（三）鱠

“鱠”读音为［fe44］或［ʋe44］，由否定词“弗”［faʔ5］/［ʋeʔ5］同情态动词“会”［ɦue213］合音而来，是对能力或可能性的否定，指“不会”“不可能”。

说明：调查范围内的部分地区，通用“弗会”而不用“鱠”；部分地区“鱠”和“弗会”都用。此处，以通用“鱠”的调查点为例，进行讨论。

1. 对能力的否定，常用“鱠 +V”，

（57）我香烟鱠　吃。（我不会抽烟。）

（58）我车鱠　开。（我不会开车。）

（59）我噎道题目鱠　做。（我不会做这道题。）

2. 对可能性的否定。

A. “鱠 +V/VP”

（60）明朝雨鱠落个。（明天不会下雨的。）

（61）渠限板鱠得知个。（他肯定不会知道的。）

（62）介早唧嘞，渠鱠睏觉个。（这么早，不会睡觉的）

（63）生活覅做的人，钞票鱠赚着个。（不爱工作的人，不会赚到钱的。）

B. “鱠 + 形容词”

（64）哽爿店里个东西鱠瘕［ɕieʔ5］个。（那家店的东西不会差的。）

（65）渠个人读书鱠　讨力个。（他读书不会很好的。）

以上三个合音否定词中，除了“覅”已经不能还原为“弗要”，“覅”“鱠”还能够还原。此外，慈溪话中，与情态相关的复合否定词主要有“弗个”“呒告”“呒得$_2$”。

（四）弗个

“弗个”［faʔ5kaʔ5］/［ʋeʔ5kaʔ5］，相当于“别，不要”，后接谓词性成分，常用于祈使句中表示劝阻或提醒。部分地区说成“弗许”［ʋeʔ5ɕi43］。

1. “弗个 +VP”，表达对于某种行为的劝阻、提醒或警告。

（66）弗个走出去，雨落得皑大。（别出去，外面很冷。）

（67）人家个东西弗个驮。（人家的东西不要拿。）

（68）湿个手弗个碰插头。（湿的手不要碰插头。）

（69）上课头里听得唧，弗个开小差。（课堂上好好听讲不要开小差。）

（70）弗个话哉，渠听仔弗乐惠个。（不要说了，他听着不舒服。）

2. “弗个 +AP”，表达对于某种与人相关的状态的劝阻、提醒或警告。

（71）做人弗个忒懒惰。（做人不要太懒惰。）

（72）脑子忖得弗个忒简单。（思考问题不要太简单。）

（73）话说话声音响眼，弗个死样怪气。（说话响亮点，不要有气无力。）

“弗个”可能来自于“弗可”语音弱化而来，并且“弗个”也有进一步弱化的趋势：［ʋeʔ5kaʔ5］>［ʋeʔ5ɦəʔ2］>［ʋeʔ5］，即“弗个”变为“弗”。

3. “覅”与“弗个”的区别

“覅”和“弗个”均可用于劝阻和提醒，且可以相互替换，但两者语气有所差别。

（74）a. 外头皑冷，覅走出去！（叮嘱不要出去。）

b. 外头皑冷，弗个走出去！（命令不要出去。）

（75）a. 上课头里，覅打瞌䀢。（叮嘱别打瞌睡。）

b. 上课头里，弗个打瞌䀢。（命令别打瞌睡。）

“覅”的语气比较委婉，常常具有建议、商量的意味，多为对他人善意的提醒，强制性较低。句末常带语气词“噢”“哉”，也有舒缓语气的作用。

“弗个”的语气比较强硬，往往带有命令的意味，对对方的不当进行制止或事先提醒，强制性较高。

（五）呒告

慈溪话中的“呒告”[ɦm^{23}kɔ^{44}]有多种义项：

1. 意义为“没什么（东西、事情）”。如：

（76）呒告好话 / 吃 / 买。（没什么可说 / 吃 / 买。）

（77）吃仔呒告弄。（吃了没事干。）

（78）侬手里驮唧个啥西？——呒告。（你手里拿的是什么？——没什么。）

以上“呒告”均为名词性成分，作行为动词的受事，类似于英语的复合不定代词“nothing”，可独立答问。

2. 意义为“没有”。如：

（79）他个人呒告花头个。（他这人没本事。）

（80）包里呒告东西。（包里没有东西。）

以上例句中，“呒告”是动词性成分，作句子的谓语，对名词进行存在性的否定。

3. 意义为“不能，无法”。此种用法是情态的用法。如：

（81）位置则我抢牢，渠呒告坐。（座位被我抢占了，他不能坐了。）

（82）明朝落雨，盍拉街里呒告去。（明天下雨，我们不能去街上。）

（83）牙齿弗好个人，硬个呒告吃。（牙口不好的人，无法吃硬的。）

以上“呒告”作状语，对行为动词进行可行性的否定。该行为多受限于客观条件或主体机能本身。可以用上文的“V 勿来$_{2}$”替代。呒告来 = 坐勿来；呒告去 = 去勿来；呒告吃 = 吃勿来。

需要注意的是，“不能”义的“呒告吃”同“没什么”义的“呒告吃”的差别：

呒告$_{1}$吃——couldn’t eat

呒告$_{2}$吃——nothing to eat

此外，慈溪话中的“呒告”还有“没事、没关系、无大碍”的义项。此时读音不用于其他情况。读作[ɦm^{22}kɔ^{42}]。

（84）交代侬弗过奥。——呒告。（对不起。——没关系。）

（85）侬人头痛唧勿哉？——呒告唧哉。（你头还痛吗？——没事了。）

（86）呒告个，胆气多眼啊哉，甮吓煞个。（没事的，胆子大一点，不用害怕。）

（87）今未市场里弗去也呒告。（今天不去菜场也可以。）

从上述例句看出，“呒告”[ɦm^{22}kɔ^{42}]的否定性弱于“呒告”[ɦm^{23}kɔ^{44}]，我们认为其由后者虚化而来。

（六）呒得$_{2}$

“呒得$_{2}$”[ɦm^{23}taʔ^{5}]也是关于情态的否定词，表“不能，无法”，与上文“呒告”作状语否定行为动词可行性的用法类似。但“呒得$_2$”不能用于主体机能受限的情况。

（88）位置则我抢牢，渠呒告坐。= 位置则我抢牢，渠呒得坐。

（89）明朝落雨，盍拉街里呒告去。= 明朝落雨，盍拉街里呒得去。

（90）肠胃弗好，辣个呒告吃。≠ * 肠胃弗好，辣个呒得吃。

四　与程度相关的否定词

（一）欠

“欠”[tɕʰiẽ⁴⁴] 在普通话中有“亏欠”“缺乏”等义项。在慈溪话中，“欠”可作否定程度副词，意思是“不够”。一般情况下，“欠”用来修饰形容词。如：

（91）饭欠熟啷嘞，石石硬个吃勿来。（米饭还不够熟，很硬不能吃。）

（92）侬开车个生活欠好。（你开车的水平不够高。）

（93）地板拖得欠清爽。（地板拖得不够干净。）

“欠”修饰动词的情况不多见，通常为“欠 +V+ 得 +C”，准确的说是对动词性词组的修饰。如：

（94）钞票欠赚得多。（钱赚得不够多。）

（95）字欠写得清爽。（字写得不够清楚。）

实际上，“欠 +V+ 得 +C”更多时候说成“V+ 得 + 欠 +C”。即“钞票欠赚得多”可以说成“钞票赚得欠多”。

（二）弗大

“弗大”[ʋeʔ⁵da²¹] 相当于普通话中的“不太”，一般表示对程度的否定，同“欠”相比，语气比较委婉。

1.“弗大”可修饰形容词性成分，也可以修饰动词性性成分。

（96）落雨天价，出门弗大方便。（下雨天，出门不太方便。）

（97）今未我胃口弗大有。（我今天不是很有胃口。）

（98）鱼肉我弗大要吃。（我不太爱吃鱼肉。）

动词性成分可以由情态动词引导，如“弗大要”“弗大会”等。

上文提到的“𫠛”即“弗会”是对能力或可能性的否定，“弗大会”具备相似的功能但语气更加委婉，表达更为谨慎，与普通话的“不太会”基本相同。如“香烟弗大会吃 / 车弗大会开 / 雨弗大会落个 / 东西弗大会痠”。

注：在调查中，也有说话人将“弗大会”说成“𫠛大会”。后者在语义上羡余，可能是讹传而造成的。

2.“弗大 +VP”一般用来表示行为发生的可能性较小。

（99）嗑爿店里我弗大去个。（这家店我不经常去。）

（100）盍拉弗大碰着个。（我们不经常碰到。）

五　结　　语

综合上述分析，可以将慈溪话中主要的否定词根据语义分为与时体相关、与情态相关、与程度相关 3 类。如表 2 所示：

表 2　慈溪话否定的语义类别

	单纯词	合音词	复合词
与时体相关	弗、（没）、未	/	呒没（得 $_1$）
与情态相关	/	覅、甮、鱠	弗个、呒告、呒得 $_2$
与程度相关	欠	/	弗大

慈溪话中的普通否定“弗”主要对主观意愿、事物性质关系、行为常态、未然事件等进行否定。由其派生出的合音词有“覅、甮、鱠”，都与情态相关；由其派生出的复合否定词主要有“弗个”和“弗大”。“弗个”常用于祈使句中表示劝阻或提醒；“弗大”与程度相关的一种委婉的否定。

慈溪话中的存在否定词“呒”不能独立表达否定。由“呒”派生而来的否定词主要有：“呒没（得 $_1$）”“呒得 $_2$”“呒告”。“呒得 $_1$”“呒没”和“没”在慈溪话中互为变体，用来表示存在否定；“呒得 $_2$”是对行为动词可行性的否定；“呒告”则具有多重含义：即可以和“呒得 $_2$”一样，对行为动词进行可行性的否定，也可以对名词进行存在性的否定。其中，能够独立答问的有表示存在否定的“呒没（得 $_1$）”以及非情态用法的“呒告”。

“欠”和“未”是慈溪话中两个比较特殊的单纯否定词。“欠”为否定程度副词，意思是“不够”；“未”主要对持续行为和未然行为进行否定，加上语气词“嘞”后可以答问，“VP+ 未”的格式可以构成是非问句。

以上是慈溪话中最主要的 11 个否定词。除此之外，与“弗”相关的副词“弗则（弗得）”，常在疑问句中作为插入语使用；与“呒”相关的“呒人”和“呒堂”，在一定程度上具有不定代词的性质。

参考文献

戴昭铭 . 弱化、促化、虚化和语法化 — 吴方言中一种重要的演变现象［J］. 汉语学报 .2004（02）.

戴昭铭 . 天台话的否定词和否定表达方式［J］. 方言，2001（03）.

龚建长主编 . 慈溪市志（1988—2011）[M］. 杭州：浙江人民出版社，2015.

刘丹青 . 汉语否定词形态句法类型的方言比较［J］.〈日本〉《中国语学》252 号，2015.

吕叔湘 . 现代汉语八百词［M］. 北京：商务印书馆，1999.

阮桂君 . 宁波方言语法研究［M］. 武汉：华中师范大学出版社，2009.

盛益民 . 吴语绍兴柯桥话参考语法［D］. 天津：南开大学，2014.

陶　寰，盛益民，金春华 . 吴语绍兴方言否定词的词形特征和语义类别［J］. 语言研究集刊 . 上海：上海辞书出版社，2015.

王福堂 . 吴方言区否定词“不”的种类和变化［J］. 语言学论丛 . 北京：商务印书馆，2014.

王洪钟 . 海门方言语法专题研究［D］. 南京：南京师范大学，2008.

王　淼 . 慈溪方言语音研究［D］. 宁波：宁波大学，2009.

吴　杭 .“V 得 / 不来”格式研究［D］. 上海：上海师范大学，2015.

叶竹钧 . 慈溪话否定副词中“勿”的语用考察［J］. 浙江教育学院学报 .2010（03）.

叶竹钧 . 慈溪话普通话否定词语的用法比较［J］. 双语双方言（五）. 香港：汉学出版社，1997.

朱德熙 . 语法讲义［M］. 北京：商务印书馆，1982.

（许仕波　上海师范大学语言研究所　200234　albert7777@foxmail.com）

吴语方言的“得（特、哉）”和“捉、逮”

张惠英

一 “得（特、哉）”

2016年9月中旬，我在湖南长沙语言资源保护会议上，发表了《方言比较，趣味无穷》一文。我从湘语方言之间的比较、湘语和吴语的比较，提出湘语方言表完成的动态助词“哒”[ta]很可能是“得”的变体。

在这个会上，我把别人做的方言比较，变成了我的心得，我要分享给大家。也许很多同行已经早有心得，早有共识，因为我所见有限，所以还想在此说明。

陶寰1996，303页指出：“绍兴话的完成体标记中最重要，使用最广的是‘得’teʔ^{12}，老派及部分中派音teʔ^{45}、deʔ^{12}。”陶寰还认为，“得、哉”是变体。例如：

1 吃得饭，〈洗〉得浴再去。（吃了饭洗了澡再去。）

2 我等得伊半个钟头。（我等了他半个小时。）（以上303页）

3 老陈来得一封信。（老陈来了一封信。）

4 伢今朝〈抓〉牢得两个贼骨头。（我们今天抓了两个贼。）（以上304页）

5 我革本书已经看得三遍哉。（我这本书已经看了三遍了。）

6 伊去得好两日哉。（他去了好几天了。）

7 苹果吃得五个哉。（吃了五个苹果了。）（以上326页）

陶寰所说，浙江绍兴话句中表完成的“了$_1$”用“得”，句末表完成的“了$_2$”用“哉”。

确实如此，崇明、启东、海门、宝山、吴江等地，这个句末的完成体助词就读“特”。更有意思的是，崇明话句末表已完成和将完成的“个特”，就和苏州话句末的“个哉”相对应。请看：

崇明话：

1 夷上海去个特。（他已经去了上海。）

2 衣裳做好个特。（衣服已经做好了。）

3 两家头好个特。（两人已经和好了。）

4 脲坐子汽车是来快个特。（现在坐上汽车就快来了。）

5 小囡寻铜钿子大人好孛相个特。（子女挣钱了父母可以玩玩了。）

苏州话（哉tsᴇ/tsəʔ。据石汝杰2006。译文为引者所加）：

1 老实对耐说仔罢，书是勿还耐个哉。（老实对你说吧，书是不还你了。）

2 锻炼锻炼是好的，空仔倒是要来练练个哉。（锻炼锻炼是好的，有空了倒是要来练练了。）

3 拿出去个生活勿好，大家侪覅我做个哉。（拿出去的活儿不好，大家都不要我做了。）（以上368页）

4 一直坐勒屋里向温书，弄得头脑子也涨个哉。（一直坐在屋内复习书本，弄得头都涨了。）

二 “捉、逮”

我上次长沙会上就进一步推测说：

笔者以为，“得、特、哉”是变体，“得”读为“哉”较少见。今余姚城内表示给予义的 $tsəʔ^{5}$，音同“则织质渍”（肖萍《余姚方言志》55 页）。我怀疑这是“得”的变体，因为曹志耘主编的《汉语方言地图集》语法卷 65 页记载余姚话表完成的动态助词是“得”。余姚话表完成的动态助词除了“得”，还有“则、哉”，“则、哉”同样是“得”的变体。我当时是合而统之为“得”。

据《汉语方言地图集》词汇卷 151 页记载，余姚话表示给予的动词是“得”①，周围嵊州、新昌是 [ta^{53}]，东阳、屯溪是 [ti^{55}]，都是“得”的变体。广西的贵阳、灵川是 [ta^{53}]，全州是 [ti^{55}]；而湖南多处都是“得”：资兴、永兴、耒阳、常宁、安仁、衡山、衡阳县、衡南、茶陵、攸县、沅陵、古丈、辰溪乡等地。

余姚话给予义动词“则”的几个主要用法如下：

《余姚方言志》264—265 页“给”字句：

1 侬把书则小王唧咪？我则渠唧哉。（你把书给小王了没有？我给他了。）

2 则我一碗水。（给我一碗水。）

3 则渠灌勒一碗酒。（给他灌了一碗酒。）

4 侬覅渠哉则我狭哉好了（你不要了就给我。）

被动句（261 页）

1 碗盏则渠拷碎哉。（碗被他打破了。）

2 我葛老鸡娘老早则人家偷去唧哉。（我的老母鸡早已被人偷走了。）

3 噎隻碗盏则去拷破唧哉。（这一个碗被他打破了。）

4 渠则老师批评勒一顿。（他被老师批评了一顿。——勒？）

“则”还可用作连词“和、以及”、介词“跟、同，给、替、对”等。例如：

1 老大则老二和总在 [le^{13}] 读高中。（老大和老二都在上高中。）

2 我则渠和税是歙县人。（我和他都是歙县人。）

3 侬则我去看电影。（你和我去看电影。）（以上 286 页）

——以上连词用法。

4 则我睏。（和我睡。）

5 老张要则小李结婚哉。（老张要和小李结婚［了］。）（以上 282 页）

6 讲则侬听，侬也勿懂。（讲给你听，你也听不懂。）

7 噎回我还是输则渠哉。（这一回我还是输给他了。）

8 请侬则我带两本书。（请我替你买两本书。）

9 侬则我茶倒杯。（你替我倒一杯开水。）

10 渠㴰则阿拉好。（他就是对我们好。）（以上 283 页）

——以上介词用法。

---

① 张世方记录：只⁼ [tsɐʔ5] 我一支笔（给我一支笔）/ 一支笔只⁼ [tsɐʔ5] 我。可知余姚话表示给予的动词都是“则”这个音。

当时在长沙会上我很顺利地推论，余姚话的“则（还有哉）”就是“得”的变体，但看了肖萍先生文章《浙江余姚方言的“捉”字及相关句式》，困惑就来了。

肖文指出：

> 我们认为，“[tsəʔ⁵]”是“[tsoʔ⁵]”语法化的结果，余姚方言读作“[tsəʔ⁵]”的介词是“捉”。理由如下：从意义上来说，作为动词的“捉[tsoʔ⁵]”可以表达“给与”的意义，比如：捉侬给你。作为介词的[tsəʔ⁵]，也经常表达“给予”义，比如：捉侬吃给你吃。词汇意义有虚化趋势。这与普通话的“在”兼属动词和介词是类似的情形。从语音上来说，[tsəʔ⁵]韵母央化，是[tsoʔ⁵]的弱化形式。
>
> 有人认为，作为介词使用的“捉”字及其相关句式在吴方言中已经消失，参看徐宇红（2007）。赵元任先生说“言有易，言无难”，指的是在没有深入调查研究前，不要轻易下结论说某地没有某语言事实，余姚方言的“捉”字及其相关句式就印证了这句话。

困惑一，余姚话表示给予的动词“则”[tsəʔ⁵]（55页），可以读“捉”[tsoʔ⁵]（54页）。虽然54页同音字表“捉”下只注释了给予用法，但不能排除“捉”的被动等其他介词用法。肖文《浙江余姚方言的“捉”字及相关句式》就详细记录了“捉”的这些相关用法：

壹“捉$_2$”的分布及意义类型

1.1“给予”义引进所给予的对象，相当于普通话的“给”，例如：我～弟弟一张电影票 | 我～妹妹一朵头花 | 我～小狗喂骨头 | 教师节小朋友～老师送鲜花 | 我驮起一块米糕～小朋友吃 | 我～侬一块肥皂，侬去汏汏手。

1.2“被动”义表示某种遭遇，相当于普通话的“被”，例如：今日我～朋友调排勒一记 | 我葛衣裳～铅丝钩勒一记 | 我葛书包～雨淋得溚溚滴 | 小朋友～渠拉姆妈拷勒一顿 | 我～渠绊勒一跌，掼得我屁股痛杀。

1.3“处置”义引进所处置的对象，相当于普通话的“拿”，例如：渠～老人出气 | 侬～渠一眼也没办法。

1.4“对象”义引进所面对的对象，相当于普通话的“对”，例如：渠～侬好，勿～我好 | 渠～屋里人好，待朋友勿好 | 我～朋友讲，侬做错事体唧哉 | 医生～病人讲，要按时吃药。

1.5“连同”义引进动作的对象，相当于普通话的“跟；同；和”，这一意义用作连词为常，多表示并列关系。例如：后日子我～朋友讲好大家去爬山（介词，以下是连词）| 我～侬大家去看电影好哦？| 我～同学两个人去游泳 | 我～姆妈大家到阿姨家里去玩 | 我～阿哥大家去爬山 | 因为路线勿认得，我～阿哥大家去。

1.6“目的”义引进行为的对象，相当于普通话的“为”，例如：～侬做事体 | 明朝讴阿哥来～侬帮忙 | 我饭～侬烧好唧哉 | 太阳介好，我～侬浇浇花，晒晒被头 | 领导～员工发勒1000块福利 | 我～小人做衣服 | 妈妈～宝宝织毛衣 | 我～儿子穿衣服，穿好唧哉。

肖文进一步指出迄今方言的几种大型辞书都未记录“捉”的给予等用法，再用赣語吴城方言的同类用法加以比较：

关于介词“捉”的意义和用法，《汉语方言大词典》（中华书局）、《现代汉语方言大词典》（江苏教育出版社）均未提及，笔者的吴城方言中有所表现，此外，还有几篇论文讨论过这一问题，下面举例说明。

鄱阳湖区吴城方言作为介词的“捉”有两种用法，第一种是引进动作处置的对象，相当于“把、拿、对”。主要用于“捉 +$N_{\text{受事}}$+V”格式。例如：渠捉老王个手咬之一口他对着老王的手咬了一口｜渠捉我锻之一餐他把我骂了一顿｜看染捉我郎个办看你把我怎么处置｜莫动不动就捉人家开刀不要动辄拿别人下手｜染就只晓得捉我出气你只知道拿我发泄心中的怨恨｜屋里老鼠多死之，俺人硬是捉渠无整家里老鼠很多，我们实在拿它没办法。第二种是引进动作的施事对象，相当于“让、使”。主要用于“捉 +$N_{\text{施事}}$+V”格式（其中 N 是人称代词或指人的名词，V 是表示消极意味的形容词或不及物动词）。例如：尔莫捉我为难你不要让我为难｜箇场事有滴子捉渠夹颈这件事有点儿使他处于两难境地，无所适从｜改回又要捉尔吃亏这次又要让你吃亏｜渠是隻好善懦个人，俺人不要老是捉人家上当他是个很善良的人，我们不应该总是让他吃亏。

这就是说，我最初的想法，关于余姚话表示给予的动词来源，肖文“捉”字说，和我的“得”的变体说，两相比较，好像都说得过去。

困惑二，借助肖先生发给我的《赣語吴城方言的介词》，我看到了吴城方言“捉”用作介词“把、使、让”的多种用例。我还找到肖萍 2008 年出版的《江西吴城方言语音研究》，同音字汇部分 67 页载有“捉作酌着穿～；～落”同音［tsɔʔ^{5}］。我于是想到吴城方言用作介词“把、使、让”的“捉”，是否就是方言中常用的“着”。而当我看到曹志耘《汉语方言地图集》语法卷 93 页“把～衣服收回来”条，浙江有六个点永嘉、温州、瑞安、文成、苍南吴、平阳都用的是“逮”①，我就明白了，原来“逮、捉”是一组同义词，所以余姚用了“捉”，还有广东梅州市平远县用的是“捉倒”。这样困惑一和二得以消解。剩下萧山话的连词［tsəʔ^{5}］不知如何对待。

困惑三，余姚话和“则”同音的“□”可以用作动态助词，表示出现新的情况：“饭好吃～啦（饭熟了可以吃了——引者译）”（《余姚方言志》55 页），显然这个“□”（音同则）就是“哉”的变体，也就是说和“得、特、哉”的句末动态助词用法一致。所以如何分辨这个［tsəʔ^{5}］来自“捉”，还是“得”，好像有点茫然不知所措。

王福堂先生考虑这个“捉”可能是“做（作）”的变体的想法，也一定很费思索。《绍兴方言研究》331 页介词部分记载：

则 tseʔ^{45}（1）对：～伊一些无有办法咯。（2）把：～只牛杀伊患。（3）跟：我～偌话。“则”是由“做”变来的。《越谚》：“穷勿做富斗，富勿做官斗”，其中

---

① 以下为《温州方言词典》158 页“逮”用作介词例：【逮】de^{11} 介词。（1）表示处置：快俫～药吃爻｜你～房间经理一下（2）表示致使：趆跑一日路，鞋阿～渠趆破爻｜你恁不相能～我病阿气出孩子顽皮，使我很生气（3）表示宾语是后面动词的施事者，表示不如意：真是人死赚错爻，訾那～恁好个人死爻（4）表示动作的处所或范围：我～桌格、柜格沃盗遍阿寻不着存折｜我～渠平时走个地方沃寻过罢哪（5）对；拿：渠不听你，你能～渠訾那呢｜勠～自啦细儿当出气筒（6）引进动作、行为服务的对象：媠，你好好读书，阿～阿伯争口气（7）引进动作、行为的受害者：是你走外转～我囥啦糟诋毁，你不用争否认（8）构成“逮 + 我 + 动词”结构，用于命令句：～我死出！滚出去｜该日老师布置个作业，快俫～我做爻。

“做”和“则”语法功能相同，语音有变化的关系：由［tso^{33}］入声化变为［tsoʔ^{45}］，再弱化为［tsəʔ^{45}］。写作“则”。

《绍兴方言研究》332 页连词部分又记载：

则 tseʔ^{45} 和：我～偌都是农民。“则”，标音字，本字为“做”。

笔者以为，《越谚》把这个介词写作“做”，正如王老师的分析的是入声“做（作）”。我们在前人的基础上，加上浙南温州地区“逮”的启示，就可以进一步推断，因为“作、捉”同音，所以用“捉”就更着实了。但是，无论绍兴话还是温州话，表示给予和被动意思的都用别的词：绍兴用“拨”，温州用“匄”。

还有肖文《浙江余姚方言的“捉”字及相关句式》，引用湖南益阳方言表处置的介词“捉哒”，我在益阳城区方言的论著中没有见到，后来请教夏莉萍，才知道在益阳的郊县方言中确实存在，见肖文引：

湖南益阳方言“捉哒”相当于普通话的“把”，是处置式的标志，主要用法有二：其一是表示一种已然的事实，是一种完成态，常常是对一种出乎意料的情况或一种不好的事情进行描述。例如：猫捉哒鱼吃咖哒 | 我捉哒墨水瓶子打翻哒 | 他妈妈捉哒他骂咖一餐 | 牛捉哒禾吃咖哒。其二是表示将要发生的事情，常用于一个句子的后一部分，表示人的主观意识，多用于大人对小孩的呵斥。例如：你再不听话，捉哒你把咖你要再不听话，就将你送给别人 | 你再哭，捉哒你打一餐死的。

只有余姚，这个“捉”除了连词介词外，还用作给予义的动词。这个“则（哉）”又兼负表完成的动态助词的作用，到底应分而治之，还是合而统之，还要听大家的高见。

参考文献

曹志耘 . 汉语方言地图集［M］. 北京：商务印书馆，2008.

陈　晖 . 涟源方言研究［M］. 长沙：湖南教育出版社，1999.

陈山青 . 汨罗长乐方言研究［M］. 长沙：湖南教育出版社，2006.

陈山青，施其生 . 湖南汨罗方言的处置句［M］// 谢奇勇 . 湘语研究（第 2 辑）. 长沙：湖南师范大学出版社，2012.

刘道锋 . 娄底方言的“V 赐”句式［M］// 谢奇勇主编 . 湘语研究（第 2 辑）. 长沙：湖南师范大学出版社，2012.

刘　坚，江蓝生，白维国，等 . 近代汉语虚词研究［M］. 北京：语文出版社，1992.

卢小群 . 湘语语法研究［M］. 北京：中央民族大学出版社，2007.

彭兰玉 . 衡阳方言语法研究［M］. 北京：中国社会科学出版社，2005.

桥本万太郎 . 临高方言［M］. 日本：东京外国语大学亚非研究所，1980.

石汝杰 . 苏州方言的体［M］// 张双庆 . 动词的体 . 香港：中国语文研究中心，1996.

孙叶林 . 邵东方言语法研究［M］. 广州：花城出版社，2009.

陶　寰 . 绍兴方言的体［M］// 张双庆 . 动词的体 . 香港：中国语文研究中心，1996.

万　波 . 安义方言的体［M］// 张双庆 . 动词的体 . 香港：中国语文研究中心，1996.

王福堂 . 绍兴方言研究［M］. 北京：语文出版社，2015.

伍云姬，曹茜蕾 . 湖南方言句中完成态助词的形成过程［M］// 谢奇勇 . 湘语研究（第 2 辑）. 长沙：湖南师范大学出版社，2012.
夏利萍．益阳方言的处置式［J］．湖南省政法管理干部学院学报·综合版，2002（1）．
肖　萍．江西吴城方言语音研究［M］．济南：齐鲁书社，2008.
肖　萍．浙江余姚方言的“捉”字及相关句式［J］．现代语文（语言研究版），2012（2）．
肖　萍．余姚方言志［M］．杭州：浙江大学出版社，2011.
肖　萍．赣语吴城方言的介词［J］．宁波大学学报（人文科学版），2016（1）．
徐宇红．“捉”的语法化演变历程［J］．南通大学学报（社会科学版），2007（2）．
颜清徽，刘丽华．娄底方言词典［M］．南京：江苏教育出版社，1998.
游汝杰，杨乾明．温州方言词典［M］．南京：江苏教育出版社，1998.
张双庆主编．动词的体［M］．香港：香港中文大学中国文化研究所，1996.
张元生，马加林，文明英，等．海南临高话［M］．南宁：广西民族出版社，1985.

（张惠英　海南师范大学　Zhychz@163.com）

温州一带“显”字使用分布

支亦丹　崔山佳

一　引　言

《说文·页部》:“显，众微杪也。从日中视丝，古文以为顯字。”又《页部》:“顯，头明视也。从页，显声。”本义为光明，即在日光下清晰露出来容易看见①。《温州方言词典》: 显，副词。很，置于形容词后，即“形＋显”。当表示程度有所加强时，这个结构可以扩充为“形＋显＋形”或“形＋显＋形＋显”: 好显好 | 大显大显。由此可知，“显”作为程度副词，可以强调程度或扩大范围②。

“显”［çiei³］在温州乐清方言中作程度副词使用，不仅可以与动词、形容词与名词搭配使用，而且可以重叠使用。“显”原是形容词，可以解释为“明显”，“显”字作程度副词使用，词汇的意义抽象化成了虚词。“显”由形容词词义“明显”虚化成表语法“程度的加强”，从形容词到程度副词的投射，就是隐喻的作用。乐清、温州市区与温岭三个地域都存在使用“显”的现象，但三者之间存在略微差别。本文主要从乐清方言出发，对比三者之间的差别。

二　X　显

（一）动词＋显

动词与程度副词搭配使用的情况学界已经有研究，胡裕树（1979）说程度副词主要用来修饰形容词，有时也修饰动词。朱德熙（1982）认为程度副词的语法功能是修饰形容词和少数动词、述宾结构。张谊生（2004）指出现代汉语中受程度副词修饰的既可以是心理动词，也有非心理动词，它们都具有抽象的性状特征。郝琳（1999）、吕冀平（2000）和张亚军（2002）主张能被程度副词修饰的动词，过去认为主要是心理动词。

一般情况下，动词或动词词组是不能与“显”字搭配，少数动词可以与“显”字搭配，如:

（1）该部车底面轧显，坐弗落白。（这辆车人很多了，已经坐不下了。）

以上例子中，“轧”是由客观存在的现象转到人主观的感受，车的挤是坐在车里的人的感受。“轧”具有性状义，具有比较明显的［＋性状］或［＋属性］的语义特征。在《汉语大字典》中“轧$_3$”解释为挤③，使得“轧”具有了兼属于形容词的词性。

但在对话中是可以普遍地用动词或动词词组与“显”字搭配回答问题。如:

（2）衣裳恁天色晒弗燥? 晒燥显! / 晒弗燥显!（衣服这样的天气晒不干?）

（3）该屋宕恁高，走楼梯你走上走弗上? 走上显 / 走不上显!（这房子很高，爬楼梯你

① （东汉）许慎撰，（清）段玉裁注．说文解字段注［Z］．成都: 成都古籍书店，1987: 135.

② 李荣主编，游汝杰，杨乾明编纂．温州方言词典［Z］．南京: 江苏教育出版社，1998: 40.

③ 汉语大字典委员会编撰．汉语大字典［Z］．武汉: 崇文书局，2010: 3744.

爬得上去吗？）

例（2）是一种结果补语的可能式，例（3）是一种趋向补语的可能式，都有对话语境和解说语境，两者在对话语境上都不会存在歧义，但结果补语的解说语境会存在歧义，“晒燥显！”可以解释为“晒得很干”或者是“当然可以晒得干”，“晒弗燥显！”只解释为“当然晒不干”。而趋向补语就只有一种解释，为“爬得上去”和“爬不上去”。

张谊生（2000）在《现代汉语虚词》中指出：除心理动词外，程度副词是不能直接修饰其他动词和动词性短语的，因为普通的动词及其短语内部并没有程度义。其实，在实际语言中，有相当一些动词性短语可以被程度副词修饰。

（4）想显　恨显　爱显　火显　怕显　念显

喜欢显　讨厌显　佩服显　奇怪显　痛心显　相信显

表示心理活动的一类动词，可以加一系列的程度语，表示“量幅”，也就是具有非定量性特征。但在这些动词加上“显”之后，变为定量性的短语。

心理动词属于典型的非动作性动词，保留了动词的全部特征和功能。非动作性动词属于无界动词，其中有许多是动词中的非典型成员，它们在“名词—形容词—动词”的连续统中处于比较接近形容词的一点，所以才有可能发生功能上的变化。

（5）是显　弗是显

“是”和“弗是”都是判断动词，都可以加上“显”字，表示强调。

该日是弗是休息日？是显 / 弗是显。（今天是不是休息天？当然是 / 当然不是。）

（6）有显　冇没有显

“有”和“冇”都是准请宾动词，加上“显”字为了表示强调的语气。

你有冇时间走学堂一趟？有显 / 冇显。（你有没有时间去学校一趟？当然有 / 当然没有。）

（7）肯显　愿意显　可能显　用着显

“肯”“愿意”“可能”和“用着可以”是能愿动词，表示愿意、允许的意思，加上“显”字，更加强了意愿。

例（5）、例（6）和 例（7）为判断动词、准请宾动词和能愿动词，具有程度义，具有可伸缩性，属于无界动词。

（8）赔煞显　沕煞显　吐煞显　干煞显　赚煞显　晒煞显

“煞”［sa^{212}］入声，在“动词＋煞”的中补结构中起补充作用，“动词＋煞＋显”短语结构，“显”是带有消极的感情色彩，如“赔煞显”一般是指做生意亏本，或者因为事故赔钱给他人，“显”字在其中起到加强的作用。。

（9）读爻显　写爻显　吃爻显　算爻显　教爻显　眙爻显

解决爻显　分配爻显　处理爻显　倒塌爻显　踏扁爻显　讨论爻显

“爻”［ga^{212}］，“爻”有“肯定”的意思，在“动词＋爻＋显”短语结构中，加强了短语语义表示确认的程度。如“读爻显”是“肯定可以读完的意思”，还有“写爻显”是“肯定可以写完的意思”。在“动词＋爻＋显”结构中还可以加“弗”，是短语结构的否定形式。在“动词＋爻＋显”结构前还可以加“会”或“一定会”等表示肯定的词语，是“动词＋爻＋显”结构的更高级。

（10）困得显　走得显　洗得显　吃得显　打得显　关得显

走学堂得显　爬起得显　走归得显　结束得显　解决得显　批评得显

“得”[de^{212}] 助词，用在动词后表可能，“动词 + 得 + 显”是“动词 + 得”的加强形式，表示同意或劝说、督促的意思。“困得显”是“早就应该睡觉的意思”，“走得显”是“早就应该走的意思”，“走学堂得显”是“早就应该去学校的意思”，“爬起得显”是“早就应该起床的意思”。

以上是温州市区、乐清、瑞安和温岭三个区域都存在的一种语法现象，文中的语料举的是乐清方言的例子。

（二）形容词 + 显

黄伯荣，廖序东（2002）认为：形容词受程度副词修饰是其语法特征之一。性质形容词的重叠式和状态形容词，或者是因为表情态的，或者因为是表情态的，或者是因为本身带有某些程度意义，不再受程度副词修饰。

石毓智（2001）从数量特征的角度将形容词划分为定量和非定量，并用能否加一系列程度词的方法来鉴别它们的定量与非定量性。“定量”形容词主要对应于状态形容词、绝对性质形容词和非谓形容词，“非定量”主要对应于性质形容词。

“显”字能与性质形容词搭配使用，不同于“显”搭配描写性形容词与形容词性短语的使用，三者在与“显”字搭配使用上是有区别的。

（11）红显　早显　白显　大方显　灵清显　安全显

性质形容词 + 显，“显”字对性质形容词的程度上有增加或减少。性质形容词只表示量的存在，但不表示量的大小，具有伸缩性，表示的是量幅。性质形容词有一定的空间容纳“显”字，“显”字的进入得以调整性质形容词的量的大小。

（12）生好显　墨黑显　闹热显　复杂显　凶相显　要紧显

状态形容词 + 显，状态形容词用于描写事物或人，“显”字与状态形容词搭配使用加强了语义。如“生好显”是指人的外貌长得十分漂亮，“闹热显”是指气氛十分热闹，“凶相显”是指人对待他人十分凶狠。

例（11）中的性质形容词为非定量形容词，而例（12）中的状态形容词为定量形容词，两者都可以与程度副词“显”搭配使用。按数量特征非定量形容词是可以与程度副词搭配使用，但定量形容词不可以与程度副词搭配使用，显然并不符合此规律。吴立红（2006）也发现了许多组合上的例外，即定量形容词与程度副词的组合使用。形容词与程度副词的组合已经发生了很大的变化，但是从总体使用频率和倾向性来看，仍遵循以上的规律。

（13）腻死巴呆显　拗精拗落显　皮呲纠韧显

　　　拗孽相显　鏖糟相显　短命相显

形容词性短语 + 显，形容词性短语是指短语具有形容词的功能，用以修饰人或事物。“腻死巴糟显”是指人的性格十分固执，认定的事情无法被他人改变，“鏖糟相显”是指人或事物看起来十分肮脏，“短命相显”是指人看起来十分短命。

另外“显”字与绝对性质形容词搭配使用上，存在着不同意见。张洁（2009）认为：“显”字与形容词搭配最频繁，它可以跟一般性质形容词组合，但不能与绝对性质形容词组合。傅佐之（1982）认为：一些在无程度区别的所谓“绝对性质形容词”，也能在后边粘附上“显”字表示程度。如：真显，假显。据笔者调查，温州市区是使用真显真，假显假。乐清方言绝对形容词不能和“显”字的搭配使用，而是表达成真唉［ei^{1}］假唉［ei^{1}］，或者是程度更高的说法真显真，假显假。温岭方言阮咏梅（2012）认为：一般能后跟“显”字的是性质形容词，包括一般性质形容词和绝对性质形容词，状态形容词不能。还有描写性形容词，在温州和乐清是可以与“显”字搭配使用，但在温岭是不可以的。温州市区“显”字与绝对性质形容词、描写性质形容词和形容词性短语搭配最强，温岭则与这三个词类搭配最弱。温端政（1994）中描述：平阳闽语的一般形容词、描写性形容词和形容词性短语可以与“显”字搭配使用。《泰顺县志》(1998）中记载，形容词可以与“显”字搭配使用，但未详细描述。据瑞安人马屿镇杨蕾口述，一般形容词、描写性形容词和形容词性短语可以与“显”字搭配使用。总结表 1 如下（空白是存在异议或不明，“+”是存在所述的现象，“-”是不存在所述的现象）：

表 1　不同地域“显”字与形容词搭配使用表

地域 词类	温州市区	乐清	温岭	平阳	泰顺	瑞安
绝对性质形容词		-	+	-		+
描写性形容词	+	+	+	+		+
形容词性短语	+	+	+	+		+

（三）名词 + 显

“显”字一般不能与普通名词搭配使用，只有少数名词与其搭配使用。例如：

（14）那样十五六岁孩娃㑚儿沃大人显。“大人”是名词，借以表达成熟之意。(现在十五六岁的孩子都长得十分成熟。)

例（14）是通过隐喻的方式来表示“大人”的内在性状义，也就是通过名词本身意义的联想来理解句子结构中“大人”的真正意义。利用“孩娃㑚儿”与“大人”在性状特征上相似的联想，来理解其真实含义。“孩娃㑚儿”成熟的性格特征或行为与社会大众普遍认识的“大人”有相似之处，这种联想是建立在相似的基础上，类似于修辞中的比喻。

（15）上面显　下面显　门前显　后面显　外转显　角落头显

方位名词 + 显，方位名词是复合方位名词，并且是定量的，与“显”字搭配只是加强其程度。如“上面显”，不是最上面的意思，而是很上面的意思，“下面显”是很下面的意思，“门前显”是很前面的意思。表示方位的名词并不是具体的位置，只是表示相对于某个位置的方位名词。

（16）日昼显　黄昏显　夜底显

时间名词 + 显，时间名词与“显”字搭配使用比较少，在口语中会使用。“日昼显”强调是正中午了，“黄昏显”强调是晚上了，“夜底显”强调是深夜了。时间名词并不是具体表时间点或时间段，表示的是模糊的时间概念。

温州一带不同区域对“显”字与其它名词搭配也存在不同之处，林喜乐（2014：24）认为：“显”字可以与普通名词、专有名词、方位名词和时间名词搭配使用，温岭区域也是如此。乐清区域存在些微差异，“显”可以与普通名词、方位名词和时间名词搭配。温州市区“显”字与普通名词、专有名词、方位名词和时间名词搭配最强，瑞安和温岭区域与温州市区的情况是相同的，乐清区域与这四类名词搭配的强弱次之，平阳区域最弱，平阳“显”字不能与名词搭配使用。总结表 2 如下：

表2　不同地域“显”字与名词搭配使用表

地域 词类	温州市区	瑞安	乐清	温岭	平阳	泰顺
普通名词	+	+	+	+	−	
专有名词	+	+	−	+	−	
方位名词	+	+	+	+	−	
时间名词	+	+	+	+	−	

三　重叠形式及短语

刘丹青（1986）认为，重叠作为一种极为普遍而且重要的语法手段，形式比起北京话形式和意义更加多姿多彩。“重叠”，包括“词法重叠”和“句法重叠”，换言之“重叠”在汉语里既是一种构词手段，也是一种构形手段。

（一）X显的重叠

本文所讨论的“X显”的词法重叠中，X为动词、形容词和名词。

学术界对于动词、形容词和名词重叠的研究已有不少。李宇明（1996）阐述了词语重叠的主要表义功能是“调量”，使基式表达的物量、数量、动量、度量朝加大或减小两个维度上发生变化。动词重叠和形容词重叠研究，如朱德熙（1982）指出：词语重叠往往强调一种“量”的变化，不同词类由于自身意义不同，所强调的“量”也不同。动词重叠强调动词的动作时量，形容词重叠强调形容词的性状度量。可见，本文所讨论的名词重叠强调名词的性状度量。毛敬修（1985）提出：动词重叠与形容词重叠“都包含着一种量的功能在内”。名词重叠研究，蔡朝辉（2007）指出：“语言是一种开放的符号系统，其内部成员之间，尤其是形容词和动词重叠式的类化作用，必然会推动名词重叠式的不断产生和发展。据此，可以判断出动词重叠和形容词重叠的语法化，为名词重叠提供了先决条件。

凡是能与“显”字搭配使用组成“X显”，都可以进入“X显X”“X显X显”和“X显X显X”结构。“X显X”是三者中使用最普遍的一种结构，形式最为稳定。

（二）X显X

“X显X”是从“X显”追加而来，所表达的程度要高于“X显”，并且“显”字的调值有原来的45升到46。如：

（17）动词+显+动词：爱显爱　怕显怕　肯显肯　赔煞显赔煞　写爻显写爻　吃得显吃得

（18）形容词+显+形容词：长显长　好显好　早显早　生好$_{漂亮}$显生好　闹热显闹热　老实显老实

（19）名词+显+名词：大人显大人　上面显上面　门前显门前　后面显后面

（三）X显X显

“X显X显”是由“X显”全叠而成，前一个“显”字重读，后一个“显”字读轻声。“X显X显”在对话中回答时，表面是认同询问者的意见，实际上是带有否定意义，说话者带有“厌恶”或“不耐烦”的语气。

（20）动词+显+动词+显：想显想显　爱显爱显　是显是显　肯显肯显　算爻显算

爻显　眙爻显眙爻显

（21）形容词+显+形容词+显：快显快显　早显早显　生好显生好显　老实显老实显

（22）名词+显+名词+显：大人显大人显　下面显下面显　门前显门前显　后面显后面显

（四）X显XX显X

"X显XX显X"是从"X显X"全叠而成，是"X显"和"X显X"的最高级。

（23）动词+显+动词+动词+显+动词：爱显爱爱显爱　怕显怕怕显怕　肯显肯肯显肯 喜欢显喜欢喜欢显喜欢

（24）形容词+显+形容词+形容词+显+形容词：长显长长显长　好显好好显好　闹热显闹热闹热显闹热

（25）名词+显+名词+名词+显+名词：下面显下面下面显下面　门前显门前门前显门前　后面显后面后面显后面

（五）等级层次

程度副词"显"字与动词、形容词和名词搭配使用，衍生出了三种形式，分别有原级、比较级和最高级。重叠次数越多等级越高，形式的多少体现了其重要性，体现了其数量象似性。吴为善（2011）认为：语言成分的重叠或重复显然增加了成分的数量，是语言形式复杂化的表现；而语言形式的"量增"，必然导致概念意义的"量增"不一定是简单的量的增加，体现的是一种范畴量的变化。"X显"的重叠变化，就是程度量的"量增"。

1. 动词与显

原级　爱显　恨显

比较级　爱显爱　恨显恨

最高级　爱显爱爱显爱　恨显恨恨显恨

2. 形容词与显

原级　大显　小显

比较级　大显大　小显小

最高级　大显大大显大　小显小小显小

温州市区、乐清、温岭、平阳、泰顺和瑞安六个区域"显"字的等级层次有所不同，温州市区、乐清、平阳和瑞安都存在与"显"字搭配使用的原级、比较级和最高级，温岭和泰顺存在"显"字原级和比较级。总结表3如下：

表3　不同地域"显"字等级层次使用表

等级＼地域	温州市区	乐清	温岭	平阳	泰顺	瑞安
原　级	+	+	–	+	–	+
比较级	+	–	–	+	–	+
最高级	+	+	+	+	+	+

（六）显字短语

1. 显个

"显"与"个"搭配使用，"显"读原调，"个"读作轻声，结构助词。"显个"放在句中使用，表示感叹之意，并且加强了与“显个”搭配词的程度。如：

（26）想显个　好显个　毛显个　有显个　肯显个　赔煞显个　吃爻显个　走得显

2. 冇何乜显

“冇何乜显”是带有否定意义的短语，解释为“没有什么”，“显”读作轻声。“冇何乜显”在句子中可作谓语、补语、定语和状语，如：

谓语：（27）我冇何乜显铜钿。（我没有钱。）

补语：（28）铜钿用阿冇何乜显。（钱用得没剩多少了。）

定语：（29）放假罢，学堂底冇何乜显人。（放假了，学校里没什么人。）

3. 大显

“大显”不同与“大显”（很大），解释为“很多”，“大大显”则解释为“大很多”。

（30）想大显　怕大显　喜欢大显　快大显　黑大显　长大显

介词结构“比……”可以与“大显”组成比较句句式，且形式固定。如：

（31）我比起渠想大显。（我比他要想很多。）

（32）昨夜有太阳比该日冇太阳暖大显。（昨天有太阳比今天没太阳要暖很多。）

在温州市区和乐清存在使用“显个”、“冇何乜显”和“大显”三个短语，温岭、平阳、泰顺和瑞安四个区域并不使用这三个短语。总之，温州市区“显”字使用更频繁，温岭、平阳、泰顺和瑞安使用频率则逐渐降低。

参考文献

蔡朝辉．探析汉语中名词的重叠［J］．扬州大学学报（人文社会科学版），2007（3）．

池昌海．汉语研究新探［M］．杭州：浙江大学出版社，2005.

崔山佳．方言中几个比较特殊的形容词重叠［J］．台州学院学报，2006（1）．

傅佐之．温州方言的形容词重叠［J］．中国语文，1962（3）．

傅佐之，黄敬旺．温州方言的表程度语素“显”［J］．中国语文，1982（2）．

汉语大字典委员会编撰．汉语大字典［Z］．武汉：崇文书局，2010.

郝　琳．动词受程度副词修饰的认知解释［J］．佳木斯大学社会科学报，1999（5）．

何　融．略论汉语动词的重叠法［J］．中山大学学报，1962（1）．

胡裕树．现代汉语［M］．上海：上海教育出版社，1979.

黄伯荣，廖序东，主编，现代汉语（修订五版）．北京：高等教育出版社，2012.

李荣主编，游汝杰，杨乾明编纂．温州方言词典［Z］．南京：江苏教育出版社，1998.

李如龙．关于方言基本词汇的比较和方言语法的比较［J］．汉语学报，2012（3）．

李宇明．论词语重叠的意义［J］．世界汉语教学，1996（1）．

林喜乐，温州方言单音节后置状语结构研究［D］．上海：上海师范大学，2014.

林晓晓．台州方言研究综述［J］．台州学院学报，2011（5）．

刘丹青．苏州方言重叠式研究［J］．语言研究，1986（1）．

吕冀平．汉语语法基础［M］．北京：商务印书馆，2000.

毛敬修．动词重叠的语法性质．语法意义和造句功能［J］．语文研究，1985（2）．

阮咏梅．温岭方言研究［M］．北京：中国社会科学出版社，2013.

沈克成．温州话［M］．宁波：宁波出版社，2006.

石毓智．肯定和否定的对称与不对称（增订本）[M]．北京：北京语言大学出版社，2001.
泰顺县志编纂委员会．泰顺县志［M］．杭州：浙江人民出版社，1998.
王　昉．温州话动词和形容词重叠研究［M］．北京：北京大学出版社，2011.
王洪钟．海门方言语法专题研究［M］．芜湖：安徽师范大学出版社，2011.
温端正．从浙南闽南语程度表示方法的演变看优势方言对劣势方言的影响［J］．语文研究，1994（1）.
温州市志编纂委员会．温州市志［M］．北京：中华书局，1998.
吴立红．现代汉语程度副词组合研究［D］．广州：暨南大学，2006.
吴为善．认知语言学与汉语研究［M］．上海：复旦大学出版社，2011.
（东汉）许慎撰，（清）段玉裁注．说文解字段注［Z］．成都：成都古籍书店，1987.
颜逸明．浙南瓯语［M］．上海：华东师范大学出版社，2000.
张伯江，方　梅．汉语功能语法研究［M］．南昌：江西教育出版社，1996.
张　洁．温州方言词“显”的语法．语义研究［J］．北京教育学院学报．2009（6）.
张亚军．副词与限定描状功能［M］．合肥：安徽教育出版社，2002.
张永奋．浙江台州方言形容词重叠式研究［J］．现代语文，2008（5）.
张谊生．现代汉语副词探索［M］．上海：学林出版社，2004.
张谊生．现代汉语虚词［M］．上海：华东师范大学出版社，2000.
周若凡，王文胜．温州瑞安话形容词重叠结构分析［J］．温州职业技术学院学报，2013（4）.
朱德熙．语法讲义［M］．北京：商务印书馆，1982.

（支亦丹　浙江财经大学人文与传播学院　310018　767464368@qq.com
崔山佳　浙江财经大学人文与传播学院　310018　fhddcsj@sina.com）

词汇、文字等

方言用字面面观

敖小平

一　方言用字的定义

任何用来书写方言词语的字符都可以说是方言用字。不过本文所讨论的方言用字专指用来书写方言特有词语的汉字字符。这一研究的起因是一部分汉语方言文献中书写用字的混乱局面。本文试图通过分析、解释这一局面的表现形式及其成因对汉语方言词汇用字的规范化提出一些初步的想法。

二　方言用字的乱局

从事任何学术研究都必须尊重前人成果，方言研究自然也不例外。不过，在参阅查考前人方言研究成果的过程中往往会发现在方言词汇书写用字方面存在一些问题。概括起来有以下几种类型。

1. 有字不用

方言用字之所以成为问题往往是因为方言研究过程中会遇到一种所谓“有音无字”的情况，就是说研究人员知道某个词语在方言音系中如何发音，也知道与之相对应的标准汉语发音是什么，但就是不知道与之相对应的汉字字符是什么，情急之下往往找一个同音字或者画一个方框凑数。这种情况本来无可厚非。可是有时候明明有可用之字，研究人员还是如此办理，就不太妥当了。例如在《南通地区方言研究》一书中有如下记录：①

南　通	如　皋	海　门	四　甲	释　义
白 □ 鸡 p‘oʔ^{8} tsã^{3} tɕi^{1}	白 □ 鸡 p‘oʔ^{8}tsẽ tɕi^{1}	白 □ 鸡 bɑʔ^{8} tsæ̃^{1} tɕi^{1}	白 □ 鸡 bəʔ^{8} tsæ̃^{1} tɕi^{1}	白 斩 鸡
□　狗 ts‘ɿ^{1}ke^{3}	□　狗 ts‘ɿ^{1}kei^{3}	□　狗 ts‘ɿ^{1}kəu^{3}	□　狗 ts‘ɿ^{1}ke^{3}	疯　狗

其中“白斩鸡”是个常见词，四种方言里的斩字在这个词中的发音跟在别处的发音没有不同，完全没有理由不写斩字而画一个方框。同样的，“发疯”一词在四种方言里都叫“发痴”，而痴字在四种方言里的发音都是［ts‘ɿ^{1}］，所以代表这个发音的“□”就是“痴”，“□狗”就是“痴狗”，完全没有理由不写痴字而画一个方框。

2. 乱造新字

有时候研究人员走到另外一个极端，刻意创造新字来书写方言词语。例如《南通方言词典》第 114 页有一个奓字，注音为［t‘ʊ^{6}］，意思是大，按作者说是“大字的一种俗写”，但是并没有提供任何出处。其实这个字的发音在南通话中跟舵字同音，是大字在中古切韵音系中本来的发音（唐佐切，音舵）。也就是说，无论从音形义哪一方面看，这个词的本

① 两个词分别在该书第 366 页和 395 页。

字都是“大”，完全没有必要另造一个新字。

有时候新字的发生可能是疏忽的结果，未必是研究人员有意为之。例如南通方言有一个动词音幸训震颤。《南通方言疏证》卷二第二一页有“一瘁一瘁”词条，作者称“瘁字见上寒噤噤。字典失收瘁字，当读若幸”；而上文“寒噤噤”条引韩愈《斗鸡联句》“磔毛各噤瘁”一语为出处。查康熙四十二年御定《全唐诗》卷七百九十一，发现原文是“磔毛各噤瘁”。《集韵》瘁字有斯人、疏臻、所锦、锁本四切，前三切皆训寒病，最后一切训恶寒。作者希望借用这个字来书写南通方言的那个动词未尝不可，但是显然把字形搞错了。

3. 各行其是

方言研究人员之间缺乏沟通交流的结果就是各人自行其是，同一个词语有不同写法。这表现在许多方面。首先是不同方言的同源词有不同写法。例如吴语和下江官话、西南官话共有一个音萧训揭开的动词，在各地方言文献中至少有梟、撨、枵、嚣、搟、撨、挦、藨等不同写法及其简化字枭、嚣、萧等（散见于《汉语方言大词典》）。其次是同一方言的词语不同时代作者有不同写法。例如南通话表示闪电的词音活闪，在不同文献中有矆睒、霍閃、活閃、霍闪等不同写法，注音也不尽相同；表示门槛的词音武槛，在不同文献中有戶限、五檻、午坎、武坎、户槛、武槛等不同写法，注音也不尽相同。

有时同一部作品的不同作者之间缺乏交流，结果就是所研究方言的同源词的写法发生歧异。例如以下词条摘自《南通地区方言研究》：①

南　通	如　皋	海　门	四　甲	释　义
瓶□子 p‘eŋ^{2} tiʔ^{7}tsɿ	瓶滴头 p‘iəŋ^{8} tiəʔ^{7}t‘ei	瓶摘头 bin^{2} tiəʔ^{7}dəu^{4}	瓶摘子 bin^{2} tiɪʔ^{7}tsɿ	瓶塞子
□　腮 kʊʔ^{7}sa	□　腮 kʊʔ^{7} sɛ^{1}	颌　腮 kəʔ^{7} sɛ^{1}	颌　腮 koʔ^{7} sɛ^{1}	腮帮子

南通地区四种方言所共有的这两个词发音相似，意思相同，仅仅在词尾方面有一点差异，很明显是两个同源词，词根写法应该一样。可是事实并非如此。

更有甚者，有时同一个作者在同一部作品中对同一个词的写法也会不一致。例如《南通方言疏证》的作者认为靴子的靴字应该写作鞾。他并没有说错，靴的确是俗字，本字的确是鞾。问题是连他本人都没有能贯彻始终，在同一部作品中既有“长踊靴子”又有“尖头鞾子”，令人无所适从。

以上种种乱象给方言词汇研究和方言间同源词比较研究造成一定困难，值得重视。

三　方言用字的分类

上述方言用字乱局的原因除研究工作不够严谨外，往往是由缺少方言用字规范造成。这个问题又分几种情况，需要进一步分析。

首先，已经收入各种字典、其形音义之间已经形成固定联系的汉字，例如上文所举的“白斩鸡”“痴狗”“颌腮”等词语用字，通常不会发生问题。因为这类汉字本来就应当如此使用，不妨称之为当用字。

---

① 这两个词分别在该书第 359 页和第 347 页。

当用字又分本字和通用字。通用字的范围以现代字书所收为依据。问题是现代字书为现代通语服务，而现代通语又是以北方官话为基础，因此一些记录其他方言词语的通用字现代字书未必收。例如据《江苏省方言总汇》调查，四大家鱼之一的草鱼在许多江淮方言和一些吴语方言中都叫混子。很明显这是个方言词，现代字书如《新华字典》、《现代汉语词典》等都没有收录，也就无从了解其正确写法。这个问题的答案在明末梅膺祚所撰大型字书《字汇》之中。草鱼学名鲩鱼，《字汇》鲩字条下说“音混，似鳟而大，一名鲜”，而在鲜字条下又说“音混，鱼名”。清代《康熙字典》鲜字条下也说“音混，与鲩同”。可见鲩就是鲜，鲜就是鲩，发音都是混。混子就是鲩子或者鲜子。鉴于鲩字自《康熙字典》起已经从户本切改为户板切，从音混改为音睅（huàn），所以不妨固定使用鲜字，不用混字。

显然，由于一些常见的方言词语并未进入现代通语基本词汇，其传统写法鲜为人知，使用汉字书写方言词语往往存在一个从古代典籍中考求正确用字的问题，这就是考本字。

考本字的基本原则只有两条，一是字音必须相合，二是字义必须相合。前者的意思是说在古代典籍中的字音和现代方言中的字音之间必须能够通过已知历史音变规律或者已知例外音变建立起合理的联系；后者的意思是说古代典籍中的字义和现代方言中的字义必须完全一致，或者可以通过令人信服的语义派生关系连结起来。字音和字义过于牵强的虚假本字都应该尽量避免。

另一方面，文字的使用跟语音词汇一样，都是约定俗成的结果。所谓本字不过是古代的通用字，为古人服务。现代的方言研究为现代人服务，自然应该以现代通用字为主。也就是说本字只是对现代通用字的补充而已，并非金科玉律。凡是有现代通用字可以书写的词语应当尽量使用现代通用字。例如上文提到的《南通方言疏证》主张靴子的靴改用本字鞾、鞋子的鞋改用本字鞵、鞋楦的楦改用本字楥等，就不是很妥当，因为靴、鞋、楦等字已经是现代规范用字了。

找不到当用字的方言词语就只能借用别的汉字来书写。这些汉字就叫借用字。汉字的特征有音义形三个方面，相应地借用字也分借音字、借义字、借形字三类。

借音字又叫通假字或同音假借字，指字音相同字义不同的借用字。同音假借现象自古有之，不足为奇。例如象形字女，《说文解字》训妇人也，然而被借用作第二人称代词汝，如《诗经》名句“三岁贯女”。再如象形字其，《说文解字》训簸也，然而被借用作虚词。现代汉语中这类情况更多。几乎所有外来词用字都是借音字，叹词、语气词、拟声词等等也用借音字书写。因此有些方言文献在借音字下加划直线或曲线，其实并没有必要。

借义字又叫训读字，指字义相同字音不同的借用字。训读字一说来自日语，是汉字在日文中的一种用法。日文汉字中凡借用汉语字音的都叫音读，例如心字在心臓（心脏）中的读音 shin 是音读，在心から（衷心）中的读音 kokoro 是训读；頭字在頭部（头部）中的读音 tou 是音读，在頭が痛い（头痛）中的读音 atama 是训读。汉语普通话中的打、大、给等字的发音跟中古音没有关系，其实也都是借义字。方言用字中字义跟古代用法无异而字音跟古代发音无关的都可以看作借义字。

借形字指字音和字义在古今字书中都没有记载的方言用字，又分几种情形。一种情形是赋予全新字音字义的古代字形。例如卡字原本从纳切，音杂，据《字汇补》说“楚属关隘地方设兵立塘，谓之守卡”，而后世借用这个字的字形来表示不上不下，音苦下切。再如锌字原本祖似切，音子，《集韵》训刚也，而后世借用来表示一种金属名，音辛。第二种情形是方言固有的俗字，如粤语的佢（音 kui 训他或她）、闽语的獪（音 bē 训不会）、吴语的厾（音笃训投掷）、北京的瓻（音 cèi 训打碎），等等。第三种情况则是在古今典籍和电脑字库中都找不到的新造字，例如前一节所提到的奛、痵二字。

上述几种借用字中有相当一部分已经通行于各类方言文献之中，包括《汉语方言大词典》、《现代汉语方言大词典》和各地出版的地方志、方言志、方言词典等等。例如音督训掷的厾字，音公训钻的攻字，音汏训排的埭字，音卸训惬的写字，都是如此。既然这些字已经在一定范围内流通，不妨称为方言通用字，算是当用字的一部分。

综上所述，所有方言用字都可划归当用字和借用字两大类。当用字又分本字和通用字两类，后者再分一般通用字和方言通用字；借用字则分为借音字、借义字和借形字三类，后者再分习用字和新造字。这一分类法如图一所示，可以较好地概括现有方言文献当中的用字情况。

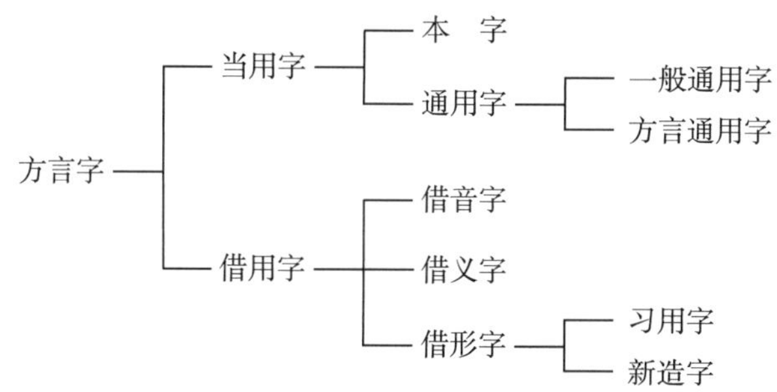

图 1　方言用字分类示意图

四　方言用字的准则

要减少第二节所述方言用字的混乱局面，需要广大方言作品写手和方言研究人员共同努力，也需要制定一系列方言用字的基本准则。这里先抛砖引玉，提出一些初步想法。

首先，方言写手和研究人员应当充分了解相关方言现存的文献，尽量借鉴或采纳文献中已经普遍使用的写法。

其次，在文献中尚未有通行写法的情况下遵循以下原则：

1. 在存在通用字的场合尽量使用通用字；
2. 在没有通用字的场合尽量采用经过严格考证的本字；
3. 在既没有通用字也没有可靠本字的场合依次考虑使用借音字、借义字或借形字；
4. 在任何情况下都要避免使用新造字。

以上第四条原则需要略加说明。汉字发展到今天，早已超越刀刻笔描时代而进入键盘打字时代，方言用字受电脑字符集制约，不能随心所欲。新字人人会造，但是除非能够进入电脑字符集，否则输入和列印都成问题。若是像王顺隆（2002）所议写成“口庙、口佐、口架、口听、足吉、火及、亻攵、忄磨、贝舌、贝子、亻鸟、扌生、扌戒、足企”之类，则是既难看，又不便输入，很不足取。

另外在学术论文中使用口之类符号代替方言用字的做法也很不可取。如前所述，方言用字无非当用、借用两大类。有当用字就用，没有就借。现有电脑字符集几经扩展，汉字总数已达七万以上。很难想象从这么多汉字字符中找不到可以用来书写任何方言词语的。

参考文献

鲍明炜，王均．南通地区方言研究［M］．南京：江苏教育出版社，2002.

季华权．江苏省方言总汇［M］．北京：中国文联出版公司，1998.

孙锦标．南通方言疏证［M］．南通：翰墨林书局，1913.

陶国良．南通方言词典［M］．南京：江苏教育出版社，2007.

王顺隆．汉语方言中“有音无字”的书写问题——从闽南语俗曲唱本歌仔册的用字来看［C］．首届汉语方言书写国际研讨会．香港：香港理工大学，2002.

中国复旦大学，日本京都外国语大学．汉语方言大词典［M］．许宝华，宫田一郎主编．北京：中华书局，1999.

（敖小平　Chief Engineer, Alpine Electronics Research of America）

大台北地区同乡会吴语缙云方言的亲属称谓词语研究

陈贵麟

一、本文研究的对象与范围

由于汉语的言文脱节、语言变化、方言差异和文学表达等多种原因，汉语古今的亲属称谓不断地膨胀，至今总数有6000余条（吴海林1991《中国古今称谓全书•凡例》），数量非常可观，也超过现代汉语方言研究的范围。本文以海外汉语方言调查表为底本，选取其中跟亲属称谓相关的词语（编号1523—1599），旁参其他的调查字表或词表，在台湾省大台北地区（台北市和新北市）进行语音、词汇与文化的微观研究。

大台北地区包括台北市和新北市，强势语言以本地标准语为主，1949年以后来自大陆的移民，在同乡会中偶用家乡方言交谈。笔者以台北市缙云同乡会的老人为研究对象①，利用《吴语研究调查词表》逐词记音并现场询问相关背景资讯，行文时简称“台北缙云”。调查表使用“对称、指称”，本文行文中将其缩小到“自称”的范畴，以“面称、背称”代替，以免产生“他称”歧义理解的困扰。

称呼亲属可以当面称呼，也可以背后称呼，即在被称呼亲属不在场的时候称呼；前者是面称或对称，后者是背称或指称。这二者在亲属称谓中很重要，因为跟传统的讳言尊长名号的习俗有关。面对长辈亲属或年长于自己的平辈亲属，不能直接称呼他们的名号，因此当面称呼时需要用称谓来代替。（胡士云2007：17）

笔者在田野调查方法上采取“字表念读”以及“情境对答”两种模式，根据若干条件选取适当的发音人，范围以吴语缙云方言为主，成果是调查大台北地区缙云方言的亲属称谓，列举“自称和他称、面称和背称”的不同说法，并分析其中的文化意涵。

关于亲属称谓的分类，称直系血亲者，谓已身所从出或从已身所出之血亲；称旁系血亲者，谓非直系血亲，而与已身出于同源之血亲。血亲亲等之计算，直系血亲，从已身上下数，以一世为一亲等；旁系血亲，从已身数至同源之直系血亲，再由同源之直系血亲，数至与之计算亲等之血亲，以其总世数为亲等之数。称姻亲者，谓血亲之配偶、配偶之血亲及配偶之血亲之配偶。②

此外，根据胡士云（2007：3）的意见稍加修正，作为分类的判断标准。其一，根据亲属关系的发生方式，分为血亲（直系、旁系）、姻亲（直系、旁系）；其二，根据以男性为中心的传统宗法观念，分为宗亲、外亲、妻亲。《吴语研究调查词表》大致上以男性为中心，依照血亲和姻亲的顺序排列。本文属于初探，因此，底下先排列血亲（直系、旁系）、姻亲（直系、旁系）、法亲的顺序，初步就直系血亲称谓比较特殊的词语加以讨论。

---

① 笔者原先有位90岁缙云同乡会籍贯南乡黄山脚村发音人陶老先生，不幸于去年（2017）仲春往生，后改由72岁籍贯西乡新建镇发音人陈先生和60岁籍贯西乡五云镇发音人王女士补充语料。

② 参考台湾地区有关民事的规定。

二、调查词表中的方言语料与特点初探

编号词目（1523—1599，共 77 个）

1523 父亲（对称）、1524 父亲（指称）、1525 母亲（对称）、1526 母亲（指称）、1527 父母、1528 祖父、1529 祖母、1530 曾祖父、1531 曾祖母、1532 外祖父、1533 外祖母、1534 伯父、1535 伯母、1536 叔父、1537 婶母、1538 姑父、1539 姑母、1540 姨父、1541 姨母、1542 舅父、1543 舅母、1544 哥哥（对称）、1545 哥哥（指称）、1546 嫂子、1547 姐姐、1548 姐夫、1549 弟弟、1550 妹妹、1551 妹夫、1552 大伯子（夫兄）、1553 小叔子（夫弟）、1554 大姑子、1555 大姨子（妻姐）、1556 小姨子（妻妹）、1557 大舅子（妻兄）、1558 小舅子（妻弟）、1559 连襟、1560 妯娌、1561 丈夫、1562 妻子、1563 岳父（面称背称有无分别）、1564 岳母（面称背称有无分别）、1565 公公（面称背称有无分别）、1566 婆婆（面称背称有无分别）、1567 亲家、1568 继父、1569 继母、1570 干爹、1571 干妈、1572 干儿子、1573 干女儿、1574 儿女、1575 儿子、1576 最小的儿子、1577 儿媳、1578 女儿、1579 最小的女儿、1580 女婿、1581 孙子、1582 孙女、1583 重孙、1584 外孙、1585 外孙女、1586 外甥、1587 外甥女、1588 侄子、1589 侄女、1590 父子俩、1591 夫妻俩、1592 兄弟、1593 姐妹、1594 兄弟俩、1595 姐妹俩、1596 兄妹俩、1597 姐弟俩、1598 堂兄弟、1599 表姐妹。

血亲（直系）22

属于这一小类的词语有：1523，1524，1525，1526，1527，1528，1529，1530，1531，1532，1533，1574，1575，1576，1578，1579，1581，1582，1583，1584，1585，1590。

血亲（旁系）27

属于这一小类的词语有：1534，1535，1536，1537，1538，1539，1540，1541，1542，1543，1544，1545，1547，1549，1550，1586，1587，1588，1589，1592，1593，1594，1595，1596，1597，1598，1599。

姻亲（直系）11

属于这一小类的词语有：1561，1562，1563，1564，1565，1566，1567，1568，1569，1577，1591。

姻亲（旁系）13

属于这一小类的词语有：1546，1548，1551，1552，1553，1554，1555，1556，1557，1558，1559，1560，1580。

法亲 4

属于这一小类的词语有：1570，1571，1572，1573。

讨论 1 “1523 父亲（对称）、1524 父亲（指称）、1525 母亲（对称）、1526 母亲（指称）”

表 1 “父亲”面称与背称的变化例子

	浙江缙云话	台北缙云话
对称（面称）1523	“爹”［tia^{55}］	“爹”［tia^{55}］、阿爸［ɷ$^{44-33}$pa^{41}］
指称（背称）1524	“爷”［ia^{342}］	“爷”［ia^{342}］

“父亲”这个词汇在普通话自称家父，他称为令尊，面称（对称）为爸爸，背称（指称）为父亲。缙云老派方言没有“爸”这个称呼，但是在台湾地区缙云同乡会社群则有。吴越（2010：85，200）指出缙云方言当面叫“爹”[tia^{55}]，背后叫“爷”[ia^{342}]，近年有些人叫“爸、阿爸、爸爸”，受外来语影响。台北缙云话称呼“爸、阿爸”比较普遍，可能跟强势语言本地标准语、闽南话的方言和文化冲击有关。

表 2 “母亲”面称与背称的变化例子

	浙江缙云话	台北缙云话
对称（面称）1525	“娘”[$ȵiɒ^{342}$]	“妈”[ma^{44}]
指称（背称）1526	“娘”[$ȵiɒ^{342}$]	“娘”[$ȵiɒ^{342}$]

“母亲”这个词汇在普通话自称家母，他称为令堂，面称（对称）为妈妈，背称（指称）为母亲。女子出嫁后，随丈夫称其父母为“爸爸、妈妈”，这是属于“面称的从他称谓”。所谓“从他称谓”，意指在称呼亲属时，不按照自己与被称呼人的关系来称呼，而依从他人与被称呼人的关系来称呼。从他称谓的方式和原因多种多样，常见的从他称谓有从父称谓、从母称谓、从子称谓、从夫称谓和从妻称谓等。（胡士云 2007：29）

如果妻子跟别人提到丈夫的父母，一般称呼“公公、婆婆”，这是背称。浙江缙云话中，皆以“娘”为主；而台北缙云老人的口音，面称叫“妈”，背称叫“娘”，老人们觉得“妈”听起来比较像本地标准语渗透进来的词汇。

面称和背称是亲属称谓中一个很重要的分界。面称主要是招呼被称呼亲属而达到与之通话的目的，背称则主要说明说话人与被称呼亲属之间的关系。有些称谓主要用作背称，面称时很少用到，如“祖父、祖母、外祖父、外祖母、父亲、母亲、继父、继母、伯父、伯母、堂兄、表兄、丈夫、妻子、爱人”等。有一些称谓只用作面称，背称时基本不用，如“妈咪”等一些爱称、昵称。至于既用作面称也用作背称的词语，如“爷爷、奶奶、姥爷、姥姥、爸爸、妈妈、大爷、大妈、叔叔、婶婶、哥哥、姊姊”等。（胡士云 2007：17）

从社会语言学的角度探究，缙云方言“父亲”的背称是“爷”，有时也会称呼“老爷子”[$lə^{31\text{-}41}$ ia^{24} $tsʅ^{3}$]。这反映的文化底蕴是中国传统的美德——谦虚，把自己降一个辈分。这里的“爷”是古代对成年男子较广义的称呼，魏晋南北朝就用作对父亲之称，或写作“耶”，从宋代开始“爷”用作对祖父之称。①

有趣的是在缙云话中核心血亲称谓中，“父亲、母亲”并没有平行的词汇对应关系，父亲有“爹、爷”的区别，但母亲则只有“娘”一种词语。现代缙云话中，嫁出去的女儿对丈夫的母亲，面称或背称都是“从夫称谓”的“娘”，一般不会叫“婆婆”，然而在“他称”时会使用传统词语“大姑（大家）”[$dɒ^{214\text{-}21}$ $kɷ^{44}$]。这说明“自降辈分”的强势语言底蕴或是传统封建社会女性地位低落因素并不适用于现代社会的缙云方言中。

① 引自 https://kknews.cc/zh-tw/culture/l8488vb.html 传统祖宗十八代的称呼及亲属称谓，2016-12-21 由沃德利成书画院发表。

讨论 2“1528 祖父、1529 祖母”

表 3 连调变化产生别义变化例子

	浙江缙云话	台北缙云话
自家的祖父	[ia^{342-33} ia^{342-33}]（爷爷 1）	[ia^{24-21} ia^{24}]（爷爷 1）
他家的祖父	[ia^{342-21} ia^{342-24}]（爷爷 2）	[ia^{24-21} ia^{24}]（爷爷 2）

从宋代开始“爷”用作对祖父之称，“爷爷”是近代音之后双音节化的结果。由表 3 中可看出：浙江缙云话自家的祖父 [ia^{342-33} ia^{342-33}]，他家的祖父 [ia^{342-21} ia^{342-24}]，这是利用连调变化产生别义的结果。在浙江缙云话中，词汇本字是“爷爷”，自家的祖父前字调和后字调皆由中升折降转为中平；他家的祖父前字调由中升折降转为次中降，后字调由中升折降转于次中升。

《当代吴语研究》第六章“吴语的词汇系统”第 375 页“爷爷”词条下罗列了 33 个方言点的词汇，其中“大大、大爹”是比较特别的。某些方言词汇“大大”表示祖父或对其他年纪大的男人的客气称呼。例如上海西南地区松江方言片莘庄方言（褚半农 2013：173）就是如此。“大”的反切是徒盖切，是定母去声字，缙云方言是 214 调，前字变调为 21 调。这可以作为思考找出初写字的线索。岩田礼（1995：80—91）在第 85 页列了一张“祖父”的语干图，华北一带、南京一带、杭州一带和广州一带的语干是“爷”，江淮官话区、上海一带、闽语区、赣湘交界一带的语干是“爹”。搭配“大”的方言点不多，有的发音“公爹 2”的“爹”[ta] 就是“大”的语音。“大爹”或许原先是“太爹”，就像“太老爷、太夫人”的尊称一样，用作称呼他家的祖父。

对照台北缙云话，自家和他家的祖父在本调和连读变调上都一致，前字调由次中升转为次中降，后字调保持次中升不变。这样的声调格局显然受到强势语言本地标准语的影响，因而跟浙江缙云话有了区别。

表 4 合变式小称变调变化例子

	浙江缙云话	台北缙云话
快读（1529 祖母）	[mei^{44} mei^{44}]（奶奶）	[mei^{44} mei^{44}]（奶奶）
慢读（1529 祖母）	[mei^{33} mei^{53}]（奶奶）	[mei^{44} mei^{44}]（奶奶）

“1529 祖母”在浙江缙云话和台北缙云话都是“mei^{44} mei^{44}”，连读调的类型应该对应一个阴平字，可是一般认为初写字是上声“奶”字。“奶”中古反切是奴礼切，泥母四等荠韵，对应缙云话的声调应该是 31 中降调，而非 33 中平或 44 次高平调。浙江缙云话慢读时是“mei^{33} mei^{53}”，推测这个词语属于“面称”而非“背称”，因此套用了“合变式小称变调规则”，后字改成高调的征性，31 调阳上字听起来像个 53 调阴去字。还原其本调与连调的形式应该是 [mei^{31-33} mei^{31-53}]。

讨论 3“1530 曾祖父、1531 曾祖母”

表 5 “通摄字 -m 尾”特殊变化例子

	浙江缙云话	台北缙云话
东乡、南乡（1530 曾祖父）	[tʰɒ$^{53-33}$ kɔŋ^{44}]（太公）	[tʰɒ$^{53-33}$ kɔŋ^{44}]（太公）
西乡（1530 曾祖父）	[tʰɒ$^{53-33}$ kɔm^{44}]（太公）	[tʰɒ$^{53-33}$ kɔŋ^{44}]（太公）

“1530 曾祖父、1531 曾祖母”在浙江缙云话和台北缙云话都是“太公、太婆”。吴越（2010：112）的记音是太公 [tʰɑ$^{53-33}$/koŋ^{44}]、太婆 [tʰɑ$^{53-33}$/bo^{24}]，笔者的记音是太公 [tʰɒ$^{53-33}$ kɔŋ^{44}] 或 [tʰɒ$^{53-33}$ kɔm^{44}]、太婆 [tʰɒ$^{53-33}$ bɷ^{342}]。吴越老先生在书中自述本籍是东乡壶镇人，“公”字收舌根鼻音尾 -ng。“太公”在浙江缙云的西乡话发音是 [tʰɒ$^{53-33}$ kɔm^{44}]，“公”字的发音很特别，有个双唇鼻音尾 -m。笔者（2004）曾写过一篇论文，研究中古“流、通”两摄在吴语缙云西乡方言 -m 尾的特殊表现，根据音韵结构的分布和条件来看，它是中古以后的歧出音变（bifurcate variation）所引发的自由变体，而不是革新的（new innovative）成分，结论是一种后期的语音变化，并非古音遗留。①

讨论 4“1576 最小的儿子、1579 最小的女儿”

表 6 “么子”特殊称谓例子

	浙江缙云话	台北缙云话
对称（面称） 1576 最小的儿子	[pɒ^{324}-pɒʔ^{4} tɕiɔ^{324}-tɕiɔʔ^{4} ȵi$^{342-53}$]（八脚倪）	[pɒ^{324}-pɒʔ^{4} tɕiɔ^{324}-tɕiɔʔ^{4} ȵi$^{342-53}$]（八脚倪）、 [kʰɔ^{41} ȵi^{342}]（巧倪，南乡）
指称（背称） 1576 最小的儿子	[pɒ^{324}-pɒʔ^{4} tɕiɔ^{324}-tɕiɔʔ^{4} ȵi$^{342-53}$]（八脚倪）	[kʰɔ^{41} ȵi^{342}]（巧倪，南乡）

表 6 针对“么子”一词比较浙江缙话和台北缙云话的差异，前者根据发音人告知的初写字是“八脚倪”，后者的初写字是“巧倪”。

“八脚倪”的前两个字“八脚”在快速语流中都会还原出喉塞音韵尾，表示古音属于入声字；第三个字“倪”慢读时不变调，快读时由阳平 342 变为 53 调，比较怪异，因为末字一般不变调。笔者认为跟“合变式小称变调”有关联。

“巧”和“小”的关联性很高，但“八脚”指蜘蛛，属于贬义词，一般人最疼爱么子，理应用褒义词。笔者循此思路，认为“八角龙”一词可能是本字。例如“八角乡”是广西壮族自治区崇左市龙州县下辖的一个乡镇级行政单位，这个“八角”就跟“龙”有关联。然而缙云话“八脚”和“八角”的第二字不同音，“脚”中古反切“居勺”，见母三等阳韵入声（药韵）字，声母由舌根塞音 [k-] 颚化成舌面塞擦音，整个音节念 [tɕiɔ^{324}]；“角”中古反切“古岳”，见母二等江韵入声（觉韵），声母仍是舌根塞音，整个音节念 [kɔ^{324}]。

台北地区标准语（相当于普通话）的演变规律中，二等牙喉音颚化成舌面音，但缙云方言没有这条规律。“八角龙”属于文化词汇，套用颚化规律之后传入缙云方言；因为彼

① 近年浙江缙云的交通建设愈来愈完备，西乡、东乡、南乡的人口移动频繁，再加上电视、智能手机的普及，普通话通摄字 -ng 尾的强势语言介入，许多年轻人都已改读 -m 尾为 -ng 尾。

此规律不合，不知本字，所以找了近似音的替代字“八脚”，产生训读的现象。

第三音节“倪”字是个高降调，而本字是阳平中升折降调。依缙云方言后字超高变调表小称的规则，这个变调属于“小称”的征性重估（feature re-phonologized）。（陈贵麟2010）台北缙云南乡地区发音人的词汇中还有“巧倪”的称呼，此一词语属于通义词代替偏义词，意思是比较小的儿子，未必是最小的儿子。

至于“么女”，根据发音人告知的初写字是“八脚囡”，［pɒ^{324}-pɒʔ^{4} tɕiɔ^{324}-tɕiɔʔ^{4} ȵɒ^{53}］，前二字跟“八脚倪”的情形一致，第三字“囡”念成高降调，在缙云话中属于阳去，意思是“小女生”。笔者认为这个方言字已经是变调的转写字，本字仍是“女”字，跟“儿”转“倪”小称后字变调的规则是平行的。“女”中古反切“尼吕”，娘母三等语韵，单字调31，变调53。此字放在后字，一般情况下不变调，但表小称义时产生变调。若本字是“八角女”，古音演变的规律就复杂了，可另辟专题深入讨论。以“八脚女”来建构规则，则是［pɒ^{324}-pɒʔ^{4} tɕiɔ^{324}-tɕiɔʔ^{4} ȵɒ$^{31-53}$］。前二字入声还原喉塞音尾，第三字有超高调“小称合变式”的变调。

三　结　　语

本文以《汉语方言调查表》为底本，选取其中跟亲属称谓相关的词语（编号1523-1599），旁参其他的调查字表或词表，在台湾地区（台北市和新北市）进行语音与文化的微观研究。讨论“血亲、姻亲、法亲”的范围太广，因此限定在核心称谓，以“宗亲”为主，“外亲、妻亲”为辅。本文属于初探，仅就直系血亲部分讨论一些特殊的亲属称谓。

总体来看，在台北地区的缙云话，“亲属称谓”受优势语言的影响很大。在语音方面，区分单字调和连读调以观察变化的轨迹，例如“最小的儿子——八脚倪”前二字入声还原喉塞音，第三字有超高调“小称合变式”变调。“祖母——奶奶”属于“面称”而非“背称”，套用了“合变式小称变调规则”，后字改成高调的征性。“曾祖父——太公”，“公”字古红切，属于通摄东韵，浙江缙云部分地区有双唇鼻音尾 -m，非常特别；台北缙云话则普遍是舌根鼻音尾 -ng。

古代将凡血缘相近的同姓本族和异性外族都称作亲属。如何称呼自己的亲属，各地方言有同有异，本文从自称和他称、面称（对称）和背称（指称）两个角度，探讨其中的差异及其文化上的意义。例如“父亲”这个词汇在普通话自称家父，他称为令尊，面称为爸爸，背称为父亲。缙云方言当面叫“爹”，背后叫“爷”，缙云老方言没有“爸”这个称呼，但是在台湾地区缙云同乡会社群则有，这是受到强势语言本地标准语或台湾地区方言影响的缘故。自家的祖父［ja$^{24-33}$ ja^{33}］，他家的祖父［ja$^{24-214}$ ja^{24}］，这是利用连调变化产生别义的结果。媳妇的“从夫称谓”，在面称时称呼丈夫的父亲叫“爸爸”或“阿爸”，应该也是受到台北地区强势语言的影响。

参考文献

蔡希芹．中国称谓辞典［M］．北京：北京语言学院出版社，1994.

曹志耘，秋谷裕幸，太田斋，赵日新．吴语处衢方言研究［M］．东京：好文株式会社，2000.

陈贵麟．中古“流、通”两摄在吴语缙云西乡方言 -m 尾的特殊表现之研究［G］.《语言暨语言学》专刊外编之四［M］．汉藏语研究：龚煌城先生七秩寿庆论文集［M］．台北：“中研院”语言学研究所，2004.（NSC90-2411-H-163-002，NSC92-2411-H-163-002 ）（SSCI，A&HCI）
陈贵麟 . 缙云西乡方言连读调之研究［M］// 吴语研究：第五届国际吴方言学术研讨会论文集 . 上海：上海教育出版社，2010.
陈贵麟 . 吴语口传故事姑妇岩之方言语料特点分析［M］// 吴语研究七：第七届国际吴方言学术研讨会论文集 . 上海：上海教育出版社 2014.（NSC99-2410-H-163-005）
陈贵麟 . 论郊区方言在城市第二、三代强势方言形成时的重要角色—以北京、缙云为例［M］// 吴语研究：第八届国际吴方言学术研讨会论文集 . 上海：上海教育出版社，2016.
陈忠敏（编）. 吴语研究：第八届国际吴方言学术研讨会论文集［M］. 上海：上海教育出版社，2017.
褚半农 . 莘庄方言［M］. 上海：学林出版社，2013.
范炎培 . 常州方言称谓语探析［G］// 吴语研究：第六届国际吴方言学术研讨会论文集 . 上海：上海教育出版社，2011.
钱乃荣 . 当代吴语研究［M］. 上海：上海教育出版社，1992.
上海市语文学会，香港中国语文学会（合编）. 吴语研究：第二届国际吴方言学术研讨会论文集［M］. 上海：上海教育出版社，2003.
上海市语文学会，香港中国语文学会（合编）. 吴语研究：第三届国际吴方言学术研讨会论文集［M］. 上海：上海教育出版社，2005.
上海市语文学会，香港中国语文学会（合编）. 吴语研究：第四届国际吴方言学术研讨会论文集［M］. 上海：上海教育出版社，2008.
上海市语文学会，香港中国语文学会（合编）. 吴语研究：第五届国际吴方言学术研讨会论文集［M］. 上海：上海教育出版社，2010.
王苹 . 宁波方言社交称谓的文化意韵和语言表达［G］// 吴语研究：第六届国际吴方言学术研讨会论文集 . 上海：上海教育出版社，2011.
王达钦 . 缙云文化研究［M］. 杭州：浙江大学出版社，2008.
吴海林 . 中国古今称谓全书［M］. 哈尔滨：黑龙江教育出版社，1991.
吴　越 . 缙云县方言志［M］. 缙云县文化广电新闻出版局，2010.
胡士云 . 汉语亲属称谓研究［M］. 北京：商务印书馆，2007.
岩田礼 . 祖父、外祖父、祖母、外祖母——亲族称谓の体系（I）［J］. 中国の方言と地域文化（2）. 汉语方言地图集［M］. 京都：京都大学出版社，1995.
游汝杰等（编）. 吴语研究：第六届国际吴方言学术研讨会论文集［M］. 上海：上海教育出版社，2011.
游汝杰等（编）. 吴语研究：第七届国际吴方言学术研讨会论文集［M］. 上海：上海教育出版社，2014.
郑张尚芳 . 温州方言构词法的表情修辞变式［M］// 吴语研究：第二届国际吴方言学术研讨会论文集 . 上海教育出版社，2003.
朱　蕾 . 宣州吴语泾县方言的称谓名词后缀［M］// 吴语研究：第五届国际吴方言学术研讨会论文集 . 上海：上海教育出版社，2010.

后记：笔者过去十余年研究南部吴语缙云方言，已取得若干研究成果。近年获邀加入“华人社区吴方言与文化研究”研究团队，感谢团员彼此的分享，更感谢汤志祥教授提供汉语方言词汇调查词表

（修订版）、汉语方言两字组连读变调调查表，加速本文撰写的进程。初稿发表于第九届国际吴方言学术研讨会（2016.11.5—6 苏州科技大学），因教学工作繁重，仍停留在初探阶段，希望得空时继续深入姻亲和法亲的研究。

（陈贵麟　台湾中科大）

若干沪（吴）语词条目再定和词义再释（二）

褚半农

本文是第八届国际吴方言学术研讨会论文《若干沪（吴）语词条目再定和词义再释》的续篇，对编纂词典设置条目或词义解释出错的6个词语（条），试作分析并纠正。这几个词语（条），也都同农业生产、农村生活和农村习俗密切相关，本文在分析出错原因的同时，配上这些词语（条）相应的实物照片，期收帮助理解、一目了然之效。

一、“户此”不是“架子”

户此：装门闩用的架子。（许宝华、陶寰《上海方言词典》江苏教育出版社，1997年版，37页）

“装门闩用的架子”一语，不好理解，如硬要理解，作“门板四周的木框”却又不通，因为所谓的“架子”是在门板上的。“户此”的释义其实很简单，不是“装门闩用的架子”，而是门框中间的一根木柱（多为方形），可拆卸，它是用来上门闩、窗闩的。

过去农村住房的大门，如是单扇的，门关上后门闩可上在门框上，就用不到户此。如是双扇的，就要用到户此了。双扇的又有两种情况，一是左右两扇都是门，那么中间就要立一根方形木柱，这个方形木柱就是户此（图1），两扇大门关上后，背面的门闩就可上在这根户此上。二是一边是门，一边是窗桕（桕，音但，分上下两部分，可拆卸下来），中间也要立一根方形木柱（亦即户此），门和窗桕关上后，背面的门闩、窗闩都可上在这根户此上（图2）。

图1　双扇大门中间的户此

图2　一门一窗桕中间的户此

“户此”的“此”字应怎么写？未见本字，词书上也查不到。词典里有个“柀”字，释义却是“横木”，自然不能用于“竖木”的“户此”。我在《莘庄方言》（学林出版社2013年3月版）中为此造了个“枇”字，写成“户枇”。但《坚瓠集·乙集》卷三①和

① 褚人获．坚瓠集［M］．杭州：浙江人民出版社，1986.

《清嘉录》卷十一①都用“栿”字，引用了同一俗语：“六九五十四，苍蝇垛屋栿”，俗语中“屋栿”就是“户此”，是说“六九”后，随着天气转暖，苍蝇出现了，它们“‘站’(歇脚)”在那根方形木柱上。

二、“高脚脚桶”用来做什么？

1. 高脚脚桶　有四只脚的木脚盆，小孩洗脚、妇女洗下身用。(叶祥苓《苏州方言词典》，江苏教育出版社 1998 年 12 月版，62 页)

2. 高脚脚桶　有四只脚的木盆儿，旧时多为妇女洗下身或小孩洗澡时用(许宝华、陶寰《上海方言词典》，江苏教育出版社 1997 年 12 月版，163 页)

两部词典中“高脚脚桶”的释义全错。

高脚脚桶(也可称“高脚桶”)，它有四只脚的，也有三只脚的，有的地方也称其有脚脚桶(见图 1)。它的功用主要不是为小孩洗澡或妇女洗下身，而是用于接生的。过去农村周边少有医院，孕妇生产就得请接生婆来家，高脚脚桶就在此时派上用场。所以过去女子结婚办嫁妆，除了马桶(称子孙桶)等外，高脚脚桶也是必备之物，这个习俗上世纪五六十年代在农村有的地方还保存着。我的一位上海奉贤区文友，她说 1980 年代结婚嫁妆里，母亲也为她准备了高脚脚桶。

高脚脚桶用于接生，历来如此，请看图 2：

图 1　高脚脚桶

图 2　用高脚脚桶接生图

图 2 选自《吴友如画宝》第 4 册②，画的是孕妇生产事，右边床上坐着待产者，左边一女人手里掇的就是为她接生用的高脚脚桶。另外在《点石斋画报》(大可堂版)第 11 册《溺女果报》等中，吴友如也画有高脚脚桶，也都是用于为孕妇接生，可参看。

为何会认为高脚脚桶是小孩洗澡或妇女洗下身用的呢？这可能同“脚桶”二字词义有关。在沪(吴)语中，“脚桶”中的“桶”不是“桶”状的，而是“盆”，“脚桶”也就是洗脚盆，一看到“高脚脚桶”自然就容易联想到洗澡之类上去了。

---

① 顾禄. 清嘉录［M］. 南京：江苏古籍出版社，1999.

② 吴友如. 吴友如画宝［M］. 上海：上海书店出版社，2002.

《莘庄方言》[①] 收有“有脚脚桶”词条，配以实物图片，释义是“旧时家庭接生用，也称高脚脚桶”。

三、“稻床”不是“大木桶”

稻床　旧时脱粒用的大木桶，形似木床，上面钉有竹片。（许宝华、陶寰《松江方言研究》，复旦大学出版社 2015 年 10 月版，271 页）

稻床，旧时脱粒用农具，矩形面上钉有竹片，因后面有两脚支撑，故前低后高（见图 3）。操作者站在后面，将已捆好的一束束麦子、水稻等高举后，不停往竹片上掼，使麦粒、谷粒掉落。使用稻床时，只要将其放在场地上即可，无需用大木桶。“研究”一书释义提供者可能将它同外地农村脱粒时使用的木桶混淆了，在上海农村，乃至江苏苏南地区，是从不使用“大木桶”的。何以见得？本文这张稻床照片约在 1990 年时，我在江苏太仓某地参观时拍摄到的，其大小、样子、名称，同我家乡上海西南原松江府农村使用的一模一样。据说有四脚的稻床，但我从未见过和听说过，而从实际操作看，这种稻床无法使用，除非把它做得非常巨大。

石汝杰等主编的《明清吴语词典》中有“稻床”词条，释义是“稻子脱粒用的工具”，[②] 释义虽太过简单，但没有说是“大木桶”。《苏州方言词典》中有“稻床”词条，释义是“稻子脱粒用的工具，用木材做成长方形的架子，正面密布竹条……”[③] 同样也没有涉及到“大木桶”。

稻床的书证，除了《明清吴语词典》中引用的《二刻拍案惊奇》例句外，我可再提供三例：

① 稻登场，用稻床打下谷，晒干扬净。（明 · 邝璠《便民图纂》卷第三，农业出版社，1959 年 11 月版，34 页）

②（水稻收割后）以稻床掼稻取谷（床以木制四足，前俛后仰，其上横贯以竹，若芦然。）（朱乐天《续修金山县志稿 · 风土》，《上海府县旧志丛书 · 金山县卷》，上海古籍出版社，2014 年 12 月版，895 页）

③ 稻床　麦、豆、稻等物用力甩之，使实与秆分离之用。（洪兰祥《上海特别市真如区调查统计报告 · 农务》，《上海乡镇旧志丛》第 4 册，上海社会科学院出版社，2004 年 1 月版，75 页）

例②描述的是民国初原江苏苏南金山县（今属上海市金山区）的稻床，跟下面的实物照片对得起来，具体部件完全一致。例①③记述了稻床的功用，即麦、豆、稻都可用其来脱粒，不只用于水稻。

对稻床下释义好像较难，试释如下：旧时脱粒用农具，木架矩形面上钉有十多根竹片，后有两脚支撑而前低后高。脱粒时人站在后面，将已捆好的一把把麦子、水稻等高举后，不停地往稻床竹片上用力掼，使麦粒、谷粒等掉落。一张稻床可供两个人同时使用。

---

① 褚半农 . 莘庄方言［M］. 上海：学林出版社，2013.

② 石汝杰，宫田一郎 . 明清吴语词典［M］. 上海：上海辞书出版社，2005.

③ 叶祥苓 . 苏州方言词典［M］. 南京：江苏教育出版社，1998.

稻床在上海农村，大约使用到1950年代中后期，以后逐步有轧稻机（先是用脚踏，后用电动机带动）代替了。

图3 稻 床

四、“楟树”应是“榖（谷）树”

楟树

楟树卵子 楟树的果实，似杨梅而大。（许宝华、陶寰《松江方言研究》复旦大学出版社2015年10月版，281页）

“楟树”应是“榖（谷）树”，“楟树卵子”自然也应是“榖（谷）树卵子”了。

榖树，是一种生命力极强、生长范围非常广的落叶乔木，也是很早就在文献中有记载的树种。但其树名却有多种，如楮树、构树、榖树。其实，“榖”这个树名早在二千多年前的《诗经》中就有了，如“黄鸟黄鸟，无集于榖，无啄我粟”，以及“乐彼之园，爰有树檀，其下维榖”，① 这些诗句中的“榖”指的就是榖树。现在写成“楟”字，可能与“榖”同音的缘故。

要说明“榖”就是构树、楮树、榖树，可先从《说文解字》的记载说起。此书“第六”中的原文是：“榖，楮也”，“楮，榖也”，② 说榖和楮是同一种树，这在上海及原属江苏的地方志记载中也可得到证明：

① 楮。斑皮曰楮，白者曰构，俗所谓榖也。（《万历嘉定县志》卷六，《上海府县旧志丛书·嘉定县卷》(1)，上海古籍出版社2012年12月版，220页）

② 楮……俗称榖树。（《民国上海县志》卷八，《上海府县旧志丛书·上海县卷》(4)，上海古籍出版社2015年11月版，2429页）

③ 楮。《埤雅》云，皮白者榖，皮斑者楮。今通谓之榖树。（《民国川沙县志》卷四，《上海府县旧志丛书·川沙县卷》上，上海古籍出版社，2015年10月版，498页）

《山海经·西山经》有“其阴多檀楮”的记载，郭璞注：“楮即榖木”，袁珂校注：“即构木。”③ 徐光启《农政全书》卷三十八“木部”里，专设“榖”条，除了引用“说

① 程俊英．诗经译注［M］．上海：上海古籍出版社，1985：349.

② 许慎撰．说文解字［M］．北京：中华书局，1963：117.

③ 罗竹风．汉语大词典（四）［M］．上海：汉语大词典出版社，1989：1074.

文”“榖，楮也”外，还引用其他多种文献记载，名称也涉及到构、楮、榖等。①《辞源》（1988 年 7 月版）中“楮”条的释义是“即构树，也叫榖树。”②《现代汉语词典》（1996 年修订 3 版）中“楮”条的释义是“楮树……也叫构或榖”。③这些记载告诉我们，树名楮、构、榖的这 3 种树，其实是同一种树的不同名称，或者说，榖树就是构树、楮树。地方志书记载还告诉我们，在民间不称楮树、构树，而是“俗称”榖树的。榖树在上海到处都有，甚至连市区的几条马路边上我都见到过它们的身影，在我家乡、上海西南农村更是一直称为“榖树”的。

但在文献记载中，“榖树”之“榖”还有另一写法，它就是“谷”，“榖树”便常被写成“谷树”。实际上，此“榖”字和稻谷的“谷”的繁体“穀”字，虽读音相同，字形相近，但笔画少一画，1950 年代的汉字改革中也没有将它与“穀”字归并简化，可在实际使用中，早就有人将“榖”字“简化”成“谷”字，并出现在历史文献中。

最早何时、何人将“榖”字写成“谷”的，我没有深究，但在《水浒传》等书中就已经将“榖”字写成“谷”了，如：

④（潘金莲寻思）：你看我那三寸丁谷树皮，三分本人，七分似鬼……（《明容与堂刻水浒传》卷二四，上海人民出版社 1975 年 4 月第 1 版，4 页）

⑤ 人见他为人懦弱，模样猥衰，起了他个浑名，叫做三寸丁谷树皮……（《全本金瓶梅词话》第一回，香港太平书局 1982 年 8 月版，63 页）

两部小说中的“谷树皮”就是“榖树皮”。《常用中药名与别名手册》共介绍了 706 种中药名及别名，第 605 条是“楮实子”，④介绍楮树（构、榖树）的果实。在其别名中，各地把“榖”字写成“谷”的有：谷树子（河北、山西、浙江、江西、福建、湖南），谷桃（河南），谷树浆子、大谷树子（湖南），谷木子、谷皮树子（广东）等，甚至列举的 7 个“处方用名”中，也有“谷树子”的名字。可以这样说，把这个“榖”“简化”为“谷”早已是不可逆转、约定俗成的事实了。

民间称的“椁树卵子”，即谷（榖）树果实，圆球状，但比杨梅稍小，二者颜色差别也较大，杨梅成熟后暗红色（见图 5），谷（榖）树果实绿色，成熟后橘红色，肉质外披，有些像杨梅（见图 4），故民间另有“卖杨梅蚀本，看见谷树卵子惹气”的俗语，即迁怒于谷树卵子。《上海常用中草药》有专条介绍谷树叶、浆、根皮等的药用功能，还特别注明“楮树子”的土名叫“谷树卵子”。⑤《常用中药名与别名手册》中，共收江西、江苏、山东、河北等地 49 个楮树子别名，其中上海 3 种别名中也有“谷树卵子”。这两本医药书都有“谷树卵子”，且都是指它在上海的名称。

但谷树的“谷”在原松江府方言中不读稻谷的“谷”音，而读“郭”[ka[53]] 音，这也是将“榖”写成“椁”的原因，它们同音。

---

① 徐光启．农政全书［M］．长沙：岳麓书社，2002.

② 辞源修订组．辞源［M］．北京：商务印书馆，1988：860.

③ 中国社会科学院语言所词典室．现代汉语词典修订版［M］．北京：商务印书馆，1996：189.

④ 谢宗万、郝近大．常用中药名与别名手册［M］．北京：人民卫生出版社，2001.

⑤ 上海市出版革命组，1970 年 5 月第 1 版，第 458 页．

图 4　谷树卵子（楮树果实）

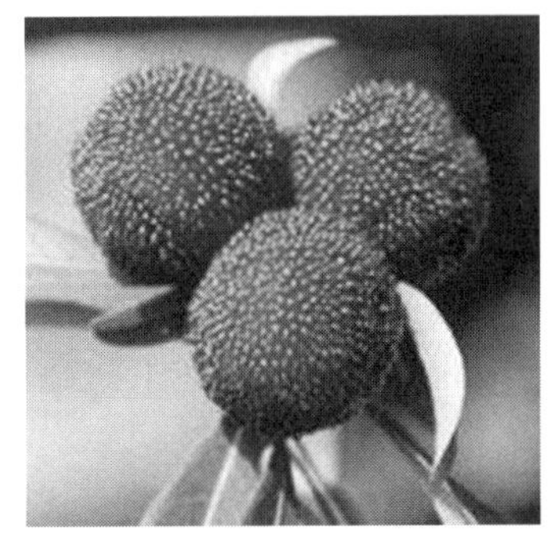

图 5　杨梅果实

五、“水浮莲”不是“浮萍”

1. 水浮莲 〈名〉浮萍的一种。（钱乃荣《上海话大辞典》，上海辞书出版社，2007 年 8 月第 1 版，52 页）

2. 水葫芦草、水浮莲（上海市区方言）水葫芦、浮标草（上海郊区方言），水葫芦、凤眼莲（普通话）（游汝杰主编《上海地区方言调查研究》第三卷，复旦大学出版社，2013 年 6 月第 1 版，75 页）

水浮莲不是浮萍，也不是浮标草，也不能同水葫芦混淆。从植物学分类来说，水浮莲①属天南星科，水葫芦属雨久花科，是两种不同属种的植物。1949 年前上海曾有黄姓私家园里养过水葫芦，过程记载在一本叫《花经》的书中，当年不知其名，书中记载的名字是“革命花”。①

黄家的记载让我们知道，革命花系一年生宿根草本，高约七八寸，浮游水上，根不着泥；茎叶肥大，而内充空气，故能浮游水上。这种花叶圆而肥，色黄绿，于伏天开蓝色小花，簇生叶间，花密集成串，非常明媚。这种花还可将其撩起栽于水盆内，不必加土，放在阴凉处，花可经一周而不凋。对其生长迅速的特点，书中也有涉及：花开过后，仍可投入池内，翌年即长满一池。从当年描述可看出，“革命花”就是当今之水葫芦。

上海原没有这两种水生植物，农村过去从未放养过水葫芦和水浮莲，它们的出现是 1959 年的事。1958 年秋，上海建立第一个人民公社——七一公社后，为适应大规模养猪需要，翌年从南方引进了这两种水生植物，各个生产队全都将它们放养在河浜中，用作喂猪青饲料，上海人这才真正认识了这两种水生植物。大力发展养猪当年是件大事，这两种水生植物也是经市有关部门提倡并引进的，故很快在全郊区推广开了，放养面积极大，它们也为发展养猪事业作出过重大贡献。

这两种水生植物从外观上也很好区别，水浮莲颜色偏黄，全株扁平状，水葫芦颜色偏绿，全株直立状，叶子中部以下胀成葫芦状气囊，会开串状淡蓝色或浅紫色的小花。浮萍单体则要小得多，都是单片叶子漂浮在水面，而浮标草则是浮萍的土名。

水浮莲的释义应是：植物名大薸，属天南星科，水生漂浮草本，须根发达，悬垂水中，夏天生长极快。1959 年后从外地引进上海，为养猪用优良青饲料。（见图 6）

---

① 黄岳渊、黄德邻．花经［M］．上海：上海书店出版社，1985.

水葫芦的释义是：亦称凤眼莲，属雨久花科，浮水植物，须根发达，悬垂水中，叶柄中下部以下胀成葫芦状气囊，故名。繁殖力极强，1959年后从外地引进上海放养，用作青饲料喂猪。（见图7）

图6　水浮莲

图7　水葫芦

六、“毛筋竹”和“毛金竹”

1. 毛筋竹 〈名〉一种竹子，常用于制作竹器。（钱乃荣《上海话大辞典》上海辞书出版社，2007年6月版，42页）

2. 毛筋竹　一种竹子，常用来制作乐器。（游汝杰主编《上海地区方言调查研究》第三卷，复旦大学出版社，2013年6月版，42页）

毛筋竹是毛竹的一种，同普通毛竹最大的不同是，竹竿比普通毛竹细。毛竹的直径可能有十几公分，用一只手根本无法一把全部握住，而毛筋竹不一样了，它的粗细差不多只有几公分，大人用手可以握住它，且竹竿上下粗细相差不大，在农村中用得最多的便是它，常被农民用来做撑船篙子、风车上的篷竹或罱泥竿等。（见下图照片）

农村每个村庄一般都有竹园，自产的竹子有孵鸡竹、早燕竹等为数不多的几种，这些竹子也可劈篾编织竹器，但因较竹竿较短，竿壁薄，不好派别的用场，尤其如撑船用篙子，罱泥竿等，无法用自产的竹子，只能去买毛筋竹。因竹性韧，毛筋竹自然也可劈篾编织竹器等。在老宅时，我曾为生产队买过几次毛筋竹，使用它的次数那就更多了。

“毛筋竹”在文献中屡屡出现，“毛筋”二字又有“毛巾”“毛堇”“毛筋”等多种同音写法，如：

① 反来到台头，台头山出毛竹，买歇毛巾烟筒火婆头，送亲眷咾分朋友。（《新编袖珍标准现代沪剧·改良游码头》，1949年1月版，42页）

② 毛堇竹，状如寿星竹而细，节密而不交，可作烟杆。（《民国嘉定县志》卷5，《上海府县旧志丛书·嘉定县卷》第四册，上海古籍出版社2012年12月版，2840页）

③ 航船行到北岸头，艄公停橹篙子抽，艄公是把一支大橹来拎起，毛筋篙子落台沟。（《刘二姐·私奔》，姜彬主编《江南十大民间叙事诗》，上海文艺出版社1989年6月版，750页）

④ 东南忽起捉落花……其别队至新嘉里，欲过盘龙江，被东管巷陈姓鸠众用毛筋枪数杆追赶逃散。（《紫隄村志》，载《上海乡镇旧志丛书》，上海古籍出版社2006年1月版，58页）

例①是指用“毛筋竹”做的烟筒，例②是说这种竹子可作烟竿，同例①说的是同一回事，例③是用“毛筋竹”做的撑船用篙子，例④的“毛筋枪”，是指1960年代以前，用毛筋竹做的工具，用它将风车篷布推上篷竹（篷竹也是用毛筋竹做的），长约2米，顶部装有Y形或∪形铁件，又叫丫枪。例句是说将它当作武器，驱赶来“捉落花”的人群。

从地域上看，4个例句分别来自上海市区、嘉定、松江和青浦，我手头还有宝山、浦东等地的例句，这也表明，“毛筋竹”是上海及苏南地区方言中的常用词，但《明清吴语词典》《吴方言词典》等方言辞书中均未收此词条。

在《中国竹类图志》中，[①]这种竹子的名称定为“毛金竹”，书中的介绍是：……秆始终淡绿色，高可达18米……（笋可）食用。秆供建筑、农具、家具、竿具等用，也可劈篾编织竹器。中药竹沥、竹茹多来自本竹种。

例①、例②两种词典的释义太过简单，现试释毛筋竹词义如下：一种竹子，高可达十多米，竹竿比普通毛竹细，且上下粗细相差不大，适宜做撑船篙子或风车上的篷杆等农（器）具；因竹性韧，竿壁厚，劈篾后可编织竹器。拙作《上海西南方言词典》《莘庄方言》中收有词条，也写作“毛筋竹”。[②]

图8　毛筋竹

（褚半农　上海市闵行区莘庄镇镇志办公室　201199　6656C@sina.com）

① 易同培，朱军义等．中国竹类图志［M］．北京：科学出版社，2006.

② 褚半农．莘庄方言［M］．上海：学林出版社，2013.

“碰”字方音分布类型及其历史来源

黄　河

“碰”在现代汉语中是一个常用词。但是《汉语方言调查字表》不收“碰”字，《汉语方音字汇》虽收“碰”字，但表头中古音韵地位空缺，因为《切韵》《集韵》不收该字。刘君敬（2011）、曾良（2009）对“碰”进行过考证，“碰”在文献中有“磞、硼、掽、碰、磅、嘣、踫、抨、嘣”多个字形。它的文献年代很晚，字书中最早的记录是明刻本《篇海类编》，卷八手部“掽，並，浊。蒲迸切。音彭去声。搕掽，撞也。”“搕”字注文“……又掽撞也。”其后，明万历本《字汇》：“掽，蒲孟切。彭去声。搕掽，撞也。”它在文献语言中的首见书证大约在明代晚期，字形为“磞”。从16世纪到18世纪，经历了“磞”到“碰”的字形变化。18世纪前期“碰”的用法已与今天无异，主要有碰撞义与遇见义两个义项。

前人对“碰”的考证十分详尽，但是尚未找到“碰”在明代之前的文献书证，它的来源仍然不是很清楚。本文从“碰”的字音在方言中的分布类型出发，讨论“碰”的历史来源，并解释该字在方言中的分布和涉及的诸多语言现象。

1.“碰”的词源二说

“碰”的词源，已有二说：“髼”源说与“逄”源说。

“髼”源说最早见于段玉裁《说文解字注》髟部：“髼，鬔也”段注：“今俗谓卒然相遇曰掽。如滂去声。字当作髼也。”大徐本反切为“蒲浪切”。

“逄”源说最早见于章炳麟《新方言·释言》：“《说文》：‘夆，啎也。逄，遇也’今人谓相牾曰夆，相遇曰逄，皆音普用切”。《汉语大词典》“逄”：pang 阳平《广韵》薄江切，平江並。姓，《广韵·江韵》：“逄，姓也，出北海。《左传》齐有逄丑父。”周祖谟校勘记：“逄、胮、跭、舽。段云：‘此四字皆从夆，音转入江韵。’”王力《同源字典》(1982：290)：“逄 biong：夆 phiong（並滂旁纽，叠韵）；逄 biong：碰（掽）bang（东阳旁转）”Schuessler（2007）编纂的古汉语同源词典“碰”字条注音 bɐŋ^6（字汇）①，bâŋ^6（段玉裁），词源是“逄夆”，应该是引自《同源字典》。

2.“碰”的方音类型

本文考察了45个方言点“碰”的读音，其材料出处如下：

北京、济南、西安、太原、武汉、成都、合肥、扬州、苏州、温州、南昌、梅县、广州、阳江、潮州引自《汉语方音字汇》。厦门、福州、建瓯、长沙、娄底、金华、丹阳、崇明、杭州、黎川、绩溪、宁波、雷州、萍乡、贵阳引自《现代汉语方言大辞典》各分卷。无锡、常州、宜兴（张渚）、溧阳、当涂（曹坝）、当涂（南柘）、绍兴（柯桥）、北仑、温岭、双峰（永丰）、双峰（锁石）、万年、临桂（渡头）、扶绥（城厢）、重庆为笔者亲自调查。

按照“碰”的韵母所属的韵类，可以把这些方言分为四类。为方便指称，按照它们主

① 本文用数字右上标表示调类：1阴平、2阳平、3阴上、4阳上、5阴去、6阳去、7阴入、8阳入。

要的分布区域，称之为北方型、客粤型、闽语–西南官话型、吴湘型，所以这些指称指向地理分布，和方言区域不是严格对应的。以下分别展开讨论。

2.1 北方型

北方型方言“碰”只有一个读音。所考察的8个官话方言点，以及新湘语、客赣徽诸方言的“碰”都属于北方型。因为主要分布范围在北方，所以称之为北方型。先看官话方言“碰”的读音，如表1：

表1 官话方言“碰”的读音

北京	济南	西安	太原	合肥	扬州
pʰəŋ5	pʰəŋ5	pʰəŋ5	pʰəŋ5	pʰəŋ5	pʰoŋ5

这些方言“碰”的声母都读清送气唇音，声调都是阴去调。北京、济南、西安、太原韵母主元音为不圆唇元音，合肥、扬州韵母主元音为圆唇元音，但是都与该方言的通摄唇音字、梗摄开口二等唇音字同韵。

再看新湘语、客赣徽诸方言点“碰”的读音，如表2：

表2 湘语、客赣徽诸方言点“碰”的读音

南昌	萍乡	万年	绩溪	长沙	娄底
pʰuŋ5	pʰəŋ5	pʰuŋ5	pʰã5	pʰəŋ5	pʰɤŋ5

这些方言“碰”的声母都读清送气唇音，声调为阴去调，与通摄唇音字、梗摄开口二等文读的唇音字同韵。

2.2 客粤型

客粤型方言“碰”包括梅县、广州、阳江、潮州、雷州、临桂（渡头）、扶绥（城厢），如表3：

表3 客粤型方言“碰”的读音

梅县	广州	阳江	潮州	雷州	临桂（渡头）	扶绥（城厢）
pʰuŋ5	pʰʊŋ5	pʰʊŋ5	pʰoŋ5	pʰəŋ5	pʰõ5	pʰəŋ5

这些方言“碰”只与通摄唇音字同韵。它们“碰”的读音大都是很文的读字音，口语中并不常用①，不少方言点用其他词表示“碰”的意思。《汉语方言词汇》“碰”：梅县：ŋam1、kʰap8；广州：碰 pʰʊŋ5、抌 hɐm3；潮州：tĩã1、磕 kʰap8。

2.3 闽语–西南官话型

闽语–西南官话型的特点是有一个与宕摄唇音字同韵的读音，包括福州、建瓯、厦门等闽语，以及接近闽语区的黎川。西南官话中的武汉、成都、重庆也属于这种类型，如表4：

① 据项梦冰先生告知，很多客家话可能不使用“碰”。

表 4　闽语–西南官话型“碰”的读音

	福州	建瓯	厦门	黎川	成都	武汉	贵阳	重庆
1	p^{h}ouŋ^{6}	p^{h}ɔŋ^{6}	p^{h}ɔŋ^{5}	p^{h}ɔŋ^{5}	p^{h}aŋ^{3}	p^{h}aŋ^{5}	p^{h}aŋ^{3}	p^{h}aŋ^{3}
2				p^{h}uŋ^{5}	p^{h}oŋ^{5}	p^{h}oŋ^{5}	p^{h}oŋ^{5}	p^{h}oŋ^{5}

表 4 中闽语只有一个读音，而武汉、成都、黎川有两个读音。第一行读音都与宕摄唇音字同韵，第二行读音与通摄唇音字同韵。据笔者调查，很多闽方言虽然可以读出“碰”字的读音，但是他们口语中不使用“碰”字，例如泉州碰撞义读 loŋ^{5}，遇见义采用“撞”白读音 tŋ^{6}，或者“拄”tu^{3}，还可以用“遇”gu^{6}，《汉语方言词汇》“碰”：厦门：磕 k^{h}ap^{8}、k^{h}ɔk^{8}。

黎川、成都、武汉、重庆第一行与宕摄同韵的读音是白读音，第二行与通摄同韵的读音是文读音。《黎川方言词典》：碰到 p^{h}uŋ^{5}tou，p^{h}ɔŋ^{5} 莫～我，前者直接记为碰字，且仅仅出现在“碰到”这个词中，后者是单音节动词。《汉语方言词汇》“碰”：成都：碰 p^{h}oŋ^{5}、搒 p^{h}aŋ^{3}；武汉：碰 p^{h}oŋ^{5}、胖 p^{h}aŋ^{5}，与宕摄同韵的读音都用同音字记录。

2.4　吴湘型

吴湘型方言的“碰”往往有多个读音。所考察的绝大部分吴语以及部分老湘语①都属于这一类型，如表 5：

表 5　吴湘型方言的“碰”的读音②

	崇明	常州	苏州	宜兴（张渚）	无锡	北仑
1	bã^{4}	baŋ^{6}	baŋ^{6}	baŋ^{6}	bã^{4}	bã^{6}
2				p^{h}oŋ^{5}		p^{h}oŋ^{5}
3	p^{h}ã^{3}	p^{h}aŋ^{5}	p^{h}aŋ^{5}	p^{h}aŋ^{5}		p^{h}ã^{5}
4				boŋ^{6}		
	温岭	杭州	宁波	绍兴（柯桥）	双峰（永丰）	双峰（锁石）
1	bã^{6}	bɑŋ^{6}	bã^{6}	baŋ^{6}	b^{i}a^{6}③	bẽĩ^{6}
2	p^{h}uŋ^{5}	p^{h}oŋ^{5}			p^{h}ʌŋ^{5}	p^{h}ʌŋ^{5}
3			p^{h}ã^{5}	p^{h}aŋ^{5}		

表 5 每个方言点下有若干行，每行有标号。同一行的字音具有相同的性质。空白部分表示该方言可能没有对应的读音。从表 5 可以看到，吴湘型方言的“碰”通常有两个或两个以上的读音。这些方言的共同点是：至少有一个读音的声母 b，韵母与该方言梗摄白读唇音字同韵，即表 5 中行 1 的读音。它们的韵母主元音为 a 或 ɑ，带鼻化或鼻韵尾，只

---

① 溧阳、当涂（曹坝）、当涂（南柘），老湘语中的娄底都属于北方型，另文讨论，此不赘述。

② 凡是阳上调并入阳去调的方言一律标阳去调。标阳上调的方言，该方言的阳上、阳去一定未合并。

③ 双峰（永丰）梗开二白读的鼻音韵尾已经丢失，与辅音拼合时增生出 i 介音，但时长比一般的 i 介音短，所以处理为上标。

有双峰（锁石）韵母为 ẽĩ。行 2 的读音与该方言通摄唇音字、梗摄开口二等文读唇音字同韵，例如宜兴（张渚）、北仑、杭州、温岭、双峰（永丰）、双峰（锁石），这个读音的主元音为 o 或 ʌ，带鼻音韵尾。行 3、行 4 的读音是行 1、行 2 两个读音声类和韵类两两杂配的结果。如宜兴（张渚）"碰"有四个读音，行 3、行 4 的读音是行 1、行 2 两个读音声类和韵类两两杂配的结果。崇明、常州、苏州、北仑、宁波、绍兴（柯桥）行 3、行 4 中的读音都是类似的情况。

2.5 小结

综上，得到唇音条件下"碰"对应韵类的四种类型，如表 6[①]：

表 6 唇音条件下"碰"对应韵类的四种类型

类型	与"碰"同韵的韵类	方言点
北方型	通梗	北京、济南、西安、太原、合肥、扬州
	通梗$_{文}$	南昌、萍乡、万年、绩溪、长沙、娄底
吴湘型	通、梗$_{白}$	苏州、宜兴、无锡等吴语，以及双峰
闽语-西南官话型	宕	福州、建瓯、厦门
	宕、通	黎川、武汉、成都、重庆
客粤型	通	梅县、广州、阳江、潮州、雷州、临桂（渡头）、扶绥（城厢）

3. "碰"的本字考证

3.1 吴湘型"碰"的本字

吴湘型"碰"是本字考证的突破口。通过 2.4 的分析，我们知道吴湘型方言"碰"有两个来源，即行 1、行 2 两个读音。先来看行 1 的读音，声母读 b，韵母与该方言梗摄白读唇音字同韵。行 1 按照声调又可以分为两类：一类如崇明、无锡读阳上调；另一类如宜兴（张渚）、温岭读阳去调。所以行 1 对应两个中古音韵地位：並母梗摄开口二等上声、並母梗摄开口二等去声。在文献中寻找对应这两个音韵地位且意义相通的字。《广韵》诤韵："倂，皆也，俱也，蒲迸切。霦，雷霦霦声"。《广韵》並母耿韵："倂，俱也或作併罗列也，蒲幸切。"《广韵》"倂"字有两个音韵地位，一个与"並母梗摄开口二等上声"对应，读阳上调，另一个与"並母梗摄开口二等去声"对应，读阳去调。李荣（1989）论及温岭方言梗摄开口二等字，举例"倂 bãː~ 着 dʑiəʔ 碰到。"显然李荣先生认为温岭话的｛碰｝的本字为"倂"。《并音连声字学集要》（以下简称《集要》[②]）卷四第三十五页去声：

① 韵摄右下角小号"文""白"表示文读层或白读层。此处"梗$_{文}$"表示与梗摄文读层同韵。第二栏用顿号隔开"通、梗"表示有两个读音分别与通摄、梗摄同韵。不加顿号"通梗"表示只有一个读音且与通摄、梗摄都同韵。

② 《集要》音系性质尚未确定，但学界对本书存在吴语成分的看法是一致的，如鲁国尧《〈南村辍耕录〉与元代吴方言》（1988）认为若干材料反映明代吴语特征。林庆勋《明清韵书韵图所反映吴语音韵特点考察》（2005）认为《字学集要》音系基础是吴语太湖片临绍小片的绍兴方言。许煜青《〈并音连声字学集要〉音系研究》（2007）认为《集要》属于含有吴语特色的混合音系。王芳《并音连声字学集要音韵研究》（2010），语音的整体框架与《洪武正韵》相同。有少数注音能够反映明代吴语的一些语音特征；有些词是吴语的特征词。笔者就｛碰｝字吴音本字的考证认为《集要》确实包含一定的吴语成分。

"髼，蒲迸切，瓶甕属。䨻，雷之声也。掽，搕掽，撞也。"与《广韵》一样,《集要》亦将"掽"、"䨻"列于同一音韵地位，可知此处"掽"字即《广韵》的"傡"字。

从意义的角度来看，"傡"可以用作动词，表罗列、并列的意思，也可以用作副词表示协同，"皆也，俱也"。笔者认为并列义和碰撞义、遇见义是相通的。很可能是通过"并列义→碰撞义→遇见义"的词义引申顺序。证据有二：一是来自文字上的证据，宋人王圣美提出过"右文说"，部分形声字的声符除了表声还表义。如"水之小者曰浅，金之小者曰钱。""碰"、"掽"的右文皆为"並"；二是打麻将、打字牌出花色一样的牌叫"碰"，这个"碰"其实还残留并列的意思。

再来看行 2 的读音，这个读音与通摄唇音字、梗摄开口二等文读唇音字同韵。和 2.1 所讨论的北方型方言的韵类情况一样。所以这个读音应该是来自北方方言，接下来讨论北方型"碰"的本字。

3.2 北方型"碰"的本字

从表 6 我们知道北方型方言"碰"与通摄唇音字、梗摄开口二等文读唇音字同韵。在文献中搜寻音义相关者，梗摄有"傡"，通摄有"夆"。前者和吴湘型"碰"的本字相同，后者为第一章提及"逢"源说所认为的本字。笔者认为北方型本字和吴湘型相同，是梗摄开口二等唇音字"傡"，而不是通摄唇音字"夆"。理由有三：

（1）客粤型的"碰"只与通摄唇音字同韵，在地理分布上具有连续性，都分布在两广。同样属于闽语的雷州话却和其他闽语不同，和邻近的粤语相同。加上这些方言的"碰"都不是口语常用词，所以很可能是从其他方言借入的；

（2）通摄唇音字音义相关者只有"夆"，"夆"的中古音韵地位是奉母通摄合口三等去声用韵。因为这些方言"碰"都读清送气双唇音，所以如果认为"夆"就是这些方言"碰"的本字，就必须认为读双唇音是一种滞古现象，且读送气音是一种例外。单看其中任何一点都是有可能的：非组字在方言中读双唇音，例如"抚"《广韵》"芳武切"，宜兴方言的白读音为 bu²，许多吴语都有如此现象。仄声全浊声母字清化读送气这种例外可能存在于历史上的某种北方话中，李荣（1956）指出从梵汉对音的资料可以看出中古汉语浊塞音有从不送气到送气的变化，送气浊塞音清化后就变为送气清音。前者属于滞留古音，后者属于创新音变，一个字如何同时在声母上既滞古又发生创新音变，可是"夆"源说需要同时满足难以兼容的两个"例外"。

（3）如果"夆"是北方型方言"碰"的本字，加上吴湘型"傡"，以及与宕摄同韵另有来源的闽语-西南官话型，我们就不得不承认"碰"这个词在方言中存在三种不同的来源，这样的假设难以令人信服。而且"碰"在北方型、吴湘型方言口语中常用，西南官话型次之，闽语和客粤型中不常用，常用程度从北向南呈递减分布。如果它们是毫不相干的不同词源，如何解释使用程度的递减分布。

3.3 闽语-西南官话型和客粤型"碰"的来源

基于 3.2 节的讨论，笔者认为客粤型、闽语-西南官话型是不同时期的"傡"发生语音折合后形成的。折合（adaptation）是指借入语对借入成分的读音进行的一种加工过程，加工结果受到借入语自身音系结构的制约，还要求对借入的读音保证听感相似性（perceptual similarity）。原本不使用"碰"的 A 方言从方言 B 听到"碰"的具体读音，连音带义地借入，然后折合为 A 方言最接近借入音的一个读音，折合的基本单位是音类。

中古梗摄开口二等的“碰”，在客粤型方言中与通摄唇音字同韵，却与梗摄唇音字不同韵。在闽语–西南官话型方言中与宕摄唇音字同韵，却与梗摄唇音字不同韵。这只可能是折合的结果。因为本地人能够听到的只是外来方言词的语音，而不是外来词在那个方言里的古今对应关系。这是同一个词通过移借进入其他方言后和中古音的对应关系发生改变的原因。

表 7 闽语–西南官话型和客粤型宕江曾梗通五摄的读音

	宕摄	江摄	曾摄	梗摄	通摄
梅县	ɔŋ	ɔŋ	ɛn	ɛn	uŋ
广州	oŋ	aŋ	aŋ$_{白}$/ɐŋ$_{文}$	aŋ$_{白}$/ɐŋ$_{文}$	ʊŋ
阳江	ɔŋ	ɔŋ	aŋ	aŋ	ʊŋ
潮州	aŋ	aŋ	eŋ	ẽ$_{白}$/eŋ$_{文}$	oŋ
雷州	aŋ	aŋ	eŋ	eŋ	ɔŋ
临桂（渡头）	ɔ̃	ɔ̃	ɐŋ	ɔ̃	õ
扶绥（城厢）	aŋ	aŋ	ɐŋ	ɐŋ$_{白}$/ɛŋ$_{文}$	ɔŋ
福州	ouŋ	ouŋ	eiŋ	eiŋ	uŋ
建瓯	ɔŋ	ɔŋ	aiŋ	aiŋ	ɔŋ
厦门	ɔŋ	aŋ	ɪŋ	ɪŋ	ɔŋ$_{文}$/aŋ$_{白}$
黎川	ɔŋ	ɔŋ	uŋ	aŋ$_{白}$/ɛŋ$_{文}$	uŋ
成都	aŋ	aŋ	oŋ	oŋ	oŋ
武汉	aŋ	aŋ	oŋ	oŋ	oŋ
贵阳	aŋ	aŋ	oŋ	oŋ	oŋ
重庆	aŋ	aŋ	oŋ	oŋ	oŋ

表 7 是这些方言点宕江曾梗通五个摄的唇音字的韵母音值，由于和本讨论无关，故略去声母、声调。双横线以上是客粤型，以下是闽语–西南官话型。过去的音值难以得知。“碰”传入这些方言的时间不会太早，而且阳声韵存在鼻韵尾，主元音不会发生太大的变化，姑且从今天的读音来考察。客粤型的字音应该是从“碰”读 ʊŋ/oŋ 的方言借入的。按照听感近似原则进行折合，宕江摄主元音多为舌位较低的元音，曾梗摄多为低元音或前元音。只有通摄最为接近。

黎川、成都、武汉、重庆有两个读音，与通摄唇音字同韵的读音应该和客粤型属于同一类情况。但是一个借入的音不可能同时折合为两个读音。而且与宕摄同韵的词是白读音，明显早于与通摄同韵的文读音。所以与宕摄同韵的字音一定是更早借入的。某一种北方话“倗”发生浊声母清化：*bʰaŋ>*pʰaŋ，这些方言与宕摄同韵的字音可能是折合清化后的读音 *pʰaŋ。折合的单位是音类，声母无须进行折合，自己方言的送气双唇音与之等值。所以“倗”这个並母字在全浊声母清化后大部分字不送气的闽语中读送气音。只有 *pʰaŋ 的韵类才会折合为宕摄字，曾梗摄和通摄的主元音音值都与之相差较大。

我们之所以认为是来自于“偿”发生 *bʰaŋ>*pʰaŋ 音变的某一种古代北方方言，其原因之一是本文开头所提到的“碰”在明以前找不到书证。杨秀芳（1999）“有些文字流通不广，只是特定区域内的方言字；有些文字流通较广，成为各方言区通用的通字。……一个流通不广的方言字，它所代表的语词很可能使用范围也很有限，这个语词如果存活至今，它的文字形式多半便鲜为人知。”历史上流通不广的区域性词汇一旦扩大使用范围，就会成为口语中的常用字。但是流通不广的词不太容易被文献记录，所以难以寻找根源。所以推测是来自于某一种北方方言。

参考文献

北京大学中文系语言学教研室．汉语方音字汇［M］．北京：语文出版社，2008.

北京大学中文系语言学教研室．汉语方言词汇［M］．北京：语文出版社，1995.

《并音连声字学集要》，续修四库全书经部小学类．

鲍厚星，崔振华，沈若云，伍云姬．长沙方言词典［M］．南京：江苏教育出版社，1998.

蔡国璐．丹阳方言词典［M］．南京：江苏教育出版社，1998.

丁邦新．汉语方言史和方言区域史的研究．［M］// 中国境内语言暨语言学（第一辑汉语方言）．台北：“中研院”历史语言研究所，1992：35.

丁艳红．〈并音连声字学集要〉语音研究［D］．厦门：厦门大学，2009.

福建省汉语方言调查指导组．福建省汉语方言概况［R］．（讨论稿），1961.

刘君敬．唐以后俗语词用字研究［D］．南京：南京大学，2011.

李　荣．〈切韵〉音系，［M］// 语言学专刊（第四种）．北京：科学出版社，1956.

李　荣．南昌温岭娄底三处梗摄字的韵母［J］．中国语文，1989（6）.

李　荣．我国东南各省方言梗摄字的元音［J］．方言，1996（1）.

鲁国尧．〈南村辍耕录〉与元代吴方言［J］．中国语言学报（第三期）．北京：商务印书馆，1988.

林庆勋．明清韵书韵图所反映吴语音韵特点考察［J］．声韵论丛（第十四辑）．台北：学生书局，2005.

李如龙、潘渭水．建瓯方言词典［M］．南京：江苏教育出版社，1998.

梅祖麟．方言本字研究的两种方法［M］．吴语和闽语的比较研究．上海：上海教育出版社，1995.

彭建国．湘语音韵历史层次研究［M］．长沙：湖南大学出版社，2010.

汤珍珠，陈忠敏，吴新贤．宁波方言词典［M］．南京：江苏教育出版社，1997.

魏刚强．萍乡方言词典［M］．南京：江苏教育出版社，1998.

王洪君．历史语言学方法论与汉语方言音韵史个案研究［M］．北京：商务印书馆，2014.

王　芳．并音连声字学集要音韵研究［D］．南京师范大学，2010.

汪　平．贵阳方言词典［M］．南京：江苏教育出版社，1998.

王　力．同源字典［M］．北京：商务印书馆，1982.

许慎撰，段玉裁注．说文解字注［M］．上海：上海古籍出版社，1988.

项梦冰．汉语方言古全浊声母今读类型的地理分布——分区角度的考察［J］．中国语言学（第七辑），北京：北京大学出版社，2014.

许煜青．《并音连声字学集要》音系研究［D］．高雄：高雄中山大学，2007.

徐芳敏．闽南方言本字与相关问题探索［M］．台北：大安出版社，2003.

许宝华，陶寰．上海方言词典［M］．南京：江苏教育出版社，1997.

杨耐思.《中原音韵》两韵并收字读音考［M］// 王力先生纪念论文集［M］. 北京：商务印书馆，1990.
杨秀芳.方言本字研究的探义法［M］. Linguistic Essays in Honor of Mei Tsu-Lin: Studies on Chinese Historical Syntax and Morphology，1999.
张日昇，林洁明.说文通讯定声目录周法高音［M］. 台北：三民书局，1973.
张日昇，林洁明.周法高上古音韵表［M］. 台北：三民书局，1973.
张惠英.崇明方言词典［M］. 南京：江苏教育出版社，1998.
张振兴，蔡叶青.雷州方言词典［M］. 南京：江苏教育出版社，1998.
赵日新.绩溪方言词典［M］. 南京：江苏教育出版社，2003.
周长楫.厦门方言词典［M］. 南京：江苏教育出版社，1998.
周祖谟.问学集［M］. 北京：中华书局，1996.
郑　伟.吴方言比较韵母研究［M］. 北京：商务印书馆，2013.
张光宇.切韵与方言［M］. 台北：台湾商务印书馆，1990.
曾　良.明清通俗小说语汇研究［M］. 南昌：江西教育出版社，2009.
张盛裕，汪　平，沈　同.湖南桃江（高桥）方言同音字汇［J］. 方言，1988：270—286.
Axel，Schuessler ABC Etymological Dictionary of Old Chinese. Honolulu［M］. University of Hawaii Press，2007.
Norman，Jerry Chinese［M］. Cambridge: Cambridge University Press，1988.
Elizabeth，Closs Traugott & Richard，B.Dasher Regularity in Semantic Change［M］. Cambridge University Press，2002.

（黄河　上海大学文学院　200444）

19世纪宁波吴语罗马字文献转写及翻译

——以《一杯酒》《路孝子》为例

祁嘉耀

引　子

吴语罗马字文献《一杯酒》《路孝子》(以下简称《一》《路》) 1852年由宁波花华圣经书房出版，1980年被美国哈佛大学所设的哈佛燕京图书馆纳入库藏。该馆共藏有19世纪宁波方言基督教文献18种，主要为方言圣经，也包括用方言注、写的地图集、赞美诗、小故事等，几乎全部用吴语罗马字印刷，分别由宁波花华圣经书房和上海美华书馆出版，出版年份介于1851年至1900年之间。根据1867年出版的传教士回忆录，当时存世的宁波罗马字文献共有33种，其中神学故事一类有14种，《一》《路》分别为该列表中的第1项与第4项。本文所介绍的《一》《路》文本，即出自哈佛燕京图书馆所藏的版本。

上述十多种文献均使用美国传教士丁韪良（William A. P. Martin，1827—1916）所设计的宁波吴语罗马字，此方案大致成型于1844至1851年间。近代大部分西人所作的宁波方言文献，如美国人睦礼逊•惠理（William T. Morrison，1834/1835—1869）的《宁波方言字语汇解》(An Anglo-Chinese Vocabulary of the Ningpo Dialect)、德国人穆麟德（Paul G. von Möllendorff，1847—1901）的《宁波方言音节》(The Ningpo Syllabary）等，均采用该方案。

《一》《路》中除了前者含有一句用汉字印刷的“凡类恶者宜戒之”之外，几乎纯粹用罗马字印刷，内容均为带有宗教劝诫意味的短篇寓言故事。文献原文的正文篇幅分别为14页和11页。它们的作者则分别是19世纪中叶在宁波活动的英国传教士高富（Frederick Foster Gough，1825—1889，又称为“岳牧师”）和美国传教士麦嘉缔•培端（Divie Bethune McCartee，1820—1900)。

这两份文献均为外籍人士用他们在宁波府城学到的吴语译写的外国故事。故事原型分别来自小亚细亚地区的希腊人故事A Cup of Wine和美国乡村故事Frank Lucas。用方言罗马字撰写文本，是为了方便中国受众理解，因而故事中的文化元素也都经过了一定本土化改造，如将女教师翻译为“师母”、将外国官职翻译为“按察使”等，但从人名、地名、饮食、生活习惯等细节中，仍能看出些许异域色彩（如《一》中的“非拉铁非码头”和《路》中的牛奶、“番饼”及每家每户大量使用碎木柴等），而其语言则充分反映了19世纪中叶宁波府城一带口语的基本面貌。

以下为原文与转写、翻译的对照。第一行是罗马字原文，第二行是转写的汉字，第三行是现代汉语（普通话）的翻译，转写中遇到不能确定本字的均留“口”符。

（声明：本文的语料转写得到了石汝杰、游汝杰、阮桂君、盛益民、沈志伟、陆书伟、张明劼、马之涛、陈佳磊等先生和陈洁女士的热心指点与慷慨协助，特此致谢。文责自负。）

一

IH-PE TSIU.

一杯酒

Deo-tsao-ts hyiang-‘ô yiu ih-vengnying-kô,
头早仔 乡下 有 一份 人家，
从前 乡下 有 一户 人家，
k‘æ ih-bæn væn-tin, shü-viyiu-tin dong-din;
开 一爿 饭店，须微 有点 铜钿；
开 一家 饭店，稍许 有点儿 钱；
dæ ih-go lao-nyüing,sang ih-go ng-ts, ming-z kyiao-lehAh-mong.
抬 一个 老嬷，生 一个 儿子，名字 叫勒 阿蒙。
娶 一个 妻子，生 一个 儿子，名字 叫做 阿蒙。
Keh Ah-mong dzong-siao ts‘ong-ming ling-li;
葛 阿蒙 从小 聪明 伶俐；
这 阿蒙 从小 聪明 伶俐；
tso nying yia ‘o-ky‘i,teng siao nying-de ih-ngæn feh-wezao-nyih;
做 人 也 和气，等 小 人队 一眼 弗会 造孽；
做 人 也 和气，跟 小朋友们 一点儿 也不会争吵；
wa-yiu hyiao-jing tia-nyiang,kying-djong tsiang-pe.
还有 孝顺 爹娘，敬重 长辈。
还 孝顺 爹娘，敬重 长辈
Zông-‘ôh doh-shü, ts-tsih se-jün m-neh haosön di-ih,
上学 读书，资质 虽然 呒呐 好 算 第一，
上学 念书，智力 虽然 算不上 第一，
ky‘iah-z pi da-kæ we doh-tin:
却是 比 大概 会 读点：
倒是 比一般人会 念一点儿：
nying-ko tu wô gyi tsiang-lætsong we fah-dah.
人家 都话 其 将来 终 会 发达。
别人 都说 他 将来 必定能 发达。
Tao-leh jih-ng-loh shü z-‘eo,
到勒 十五六 岁 时候，
到了 十五六岁的时候，
gyi-goah-tia ta-leh Ah-mongtao Fi-lah-t‘ih-fimô-deo ky‘i ‘ôh sang-i.
其个 阿爹 带勒 阿蒙 到 非拉铁非 码头 去 学 生意。
他的 爹爹 带着 阿蒙 到 非拉铁非 码头 去 学做买卖。
Tseo-tsingih-bæn ‘ông-k‘eo, keh-go ‘ông, z singMô k‘æ-go,
走进 一爿 行口，葛个 行，是姓 马 开个，
走进 一家 商店，这家 店，是姓 马的开的，

Hweh-jüntsʻeng-kyʻi, Zô-nyi-ts, ngô tao gyi-goʻông-li kyʻi, gyi yiu tsiu peh ngôkyʻüoh;
忽然 忖起， 昨日子， 我 到 其个 行里去， 其 有 酒 拨 我 吃；
忽然 想起， 昨天， 我 到 他的 店里去， 他 有 酒 给 我 喝；
kyih-mih-ts, gyi tao ngô-goʻông-li læ, ngô yia kæ wæn gyi-go li,dzæ-z.
吉密子， 其 到 我个 行里 来，我 也 该 还 其个 礼，才是。
今天， 他 到 我的 店里 来，我 也 该 还 他的 礼 才对。
Ts-si tsʻeng læ, tsiu z tong-kô-go; tong-kô m-meh læ-tong; ngôdza-hao zi tso cü-i?
仔细 忖 来，酒 是 东家个；东家 呒没 来东； 我 咋好 自 做 主意？
认真 想起来，酒 是 东家的；东家 没 在这儿；我怎么能 自 作 主张？
dæn-z m-mehtsiu peh gyi kyʻüoh, ngô jih-dzæ ko-sing-feh-kyʻi.
但是 呒没 酒 拨 其 吃， 我 实在 过心弗去。
但是 没有 酒 给 他 喝， 我 实在 过意不去。
Tsih-teh pô tsiu-dongyiah-z, kʻæ-ts, sia liang-pe tsiu.
只得 把 酒桶 钥匙，开仔， 瀉 两杯 酒。
只好 拿 酒桶 钥匙，开了， 倒 两杯 酒。
Zông kʻong-pʻô Mô sin-sang læ,hwông-kyih hwông-mông,
尚 恐怕 马 先生 来，慌急 慌忙，
还 担心 马 先生 来，慌里慌张的，
kying pôyiah-z mông-kyi kwæn-hao;
竟 把 钥匙 忘记 关好；
竟然忘了把钥匙 关好；
tsih-kwu do-leh tsiu eo Ah-ngwæn kyʻüoh.
只顾 挖勒 酒 讴 阿顽 吃。
只顾着 取了 酒 叫 阿顽 喝。
Keh tsiu-dong-li tsiu, ih-ti ih-ti leocʻih-læ, yia feh lækwu-djôh.
葛 酒桶里 酒，一滳一滳漏 出来， 也 弗 来 顾着。
这 酒桶里的 酒，一滴一滴漏 出来， 也 不 去 管。
Ah-ngwæn kyʻüoh-leh sæn-pe tsiu,z-ka wô, Keh tsiu jih-dzæ z hao-go.
阿顽 吃勒 三杯 酒，是介话，葛 酒 实在 是 好个。
阿顽 喝了 三杯 酒， 说，这 酒 真 是 好。
Wô-leh ih-sing, ziu lih-kʻeh we-cünzi-go ʻông-li kyʻi-de.
话勒 一声，就 立刻 回转 自个 行里 去□。
说了 一声，就 立刻 回 自己的店里 去了。
Mô sin-sang kyü-læ, kʻen-kyin tsiudong-li tsiu yiu-tin leo-cʻih,
马 先生 归来， 看见 酒 桶里 酒 有点 漏出，
马 先生 回来， 看见 酒 桶里的酒 有点儿 漏出来了。
meng Ah-mong, wô, Ng dzæ-fong yiu sia-tsium-teh?
问 阿蒙， 话，尔 才方 有 瀉酒 呒得？
问 阿蒙， 说，你 刚才 有没有倒过酒？

Ah-mong ih-z wô-feh-c‘ih:ko-leh ih-hyih, z-ka wô, M-teh.
阿蒙　一时 话弗出：过勒　一歇，是介 话，呒得。
阿蒙　一时说不出话：过了　一阵儿，　说，没有。
Môsin-sang zi k‘yi pô tsiu-dong kwæn-kwæn-hao.
马 先生　自 去 把 酒桶　关关好。
马 先生　自己去把 酒桶　关好。
Feh siang-tao di-nyi nyih, keh Ah-ngwæn tseo-tsing ‘ông-li læ, teng Môsin-sang ka wô,
弗 想到　第二 日，葛 阿顽　走进　行里 来，等 马 先生　介 话，
没 想到　第二 天，这 阿顽　走进　店里 来，跟 马 先生　说，
Ma ih-dong tsiu pehah-lah, iao ziang zô-nyi-ts Ah-mongpeh ngô ky‘üoh ih-yiang-go.
卖 一桶　酒 拨　阿拉，要 像　昨日子 阿蒙　拨 我 吃　一样个。
卖 一桶　酒 给　我们，要 像　昨天　阿蒙　给 我 喝的　一样。
Ah-mong bông-pin lih-tong,ih-ngæn feh hyiang;
阿蒙　旁边　立东，一眼　弗 响；
阿蒙　在一旁　站着，一声儿也不言语；
Mô sin-sang deonyin-cün k‘en gyi ih-k‘en:
马 先生　头 拧转　看　其 一看：
马 先生　转过头来　看了他 一眼：
dæn-z Môsin-sang se-tsih m-neh wô gyi,
但是　马 先生　虽则　呒呐 话 其，
但是　马 先生　虽然　没有 说 他，
kehAh-mong min-k‘ong ky‘iah ‘ong-lehm-c‘ü ky‘i.
葛 阿蒙　面孔　却　红勒　呒处　去。
这 阿蒙的　脸　却　红得　不得了。
Teng Mô sin-sang tseo-c‘ih-ky‘i z-eo, kw‘a-kw‘a tseo-tao Ah-ngwæn‘ong-li,
等　马 先生　走出去　时候，快快　走到　阿顽　行里，
等　马 先生　走出去了的 时候，赶紧　走到　阿顽　店里，
eo gyi tsæ teng Mô sin-sangka wô,
讴 其 再 等　马 先生　介 话，
叫 他 再 跟　马 先生　说，
Zô-nyi-ts go tsiu, feh-z Ah-mong siapeh ngô ky‘üoh-go, z ngô zisia-go.
昨日子　个 酒，弗是 阿蒙　傌 拨 我　吃个，　是 我 自 傌个。
昨天　的 酒，不是 阿蒙　倒 给 我　喝的，　是 我自己倒的。
Keh Ah-ngwæn siao-siao kawô, Ng ts‘ing-ts‘ing ngô, ngô ziu teng ng ka ky‘i wô.
葛　阿顽　笑笑　介话，尔 请请　我，我 就 等　尔 介 去 话。
这　阿顽　笑着　说，你 请请　我，我 就 替　你　去 说。
Ah-mong tsih-hao ing-dzing. Keh Ah-ngwæn ziu tengMô sin-sang ka wô,
阿蒙　只好　应承。　葛　阿顽　就 等　马 先生　介 话，
阿蒙　只好　答应。　这　阿顽　就 跟　马 先生　说，

Keh-nyih kwe-'ôngtsiu-dong-li tsiu leo-c'ih, Ah-mongfeh-zing sia-ko,
葛日 贵行 酒桶里 酒 漏出，阿蒙 弗曾 屭过，
这天 贵店 酒桶里的 酒 漏出来，阿蒙 不曾 倒过，
jih-dzæ z ngô zisia-go;feh-z gyi shih-hwông.
实在 是我 自 屭个；弗是其 说谎。
实际上是我自己倒的；不是他 说谎。
Mô sin-sang be liang-go 'ôh-sang-ts, mun-sæn en-shong-p'in,
马 先生 被 两个 学生子，瞒三 暗四 哄骗，
马先生 被 两个 学徒 瞒天过海地 哄骗，
keh-lahdzing-gyiu siang-sing Ah-mong.
葛辣 仍旧 相信 阿蒙。
所以 仍然 相信 阿蒙。
Ah-mong kyi-kying ing-dzing Ah-ngwæn ky'ŭoh tong-dao;
阿蒙 既竟 应承 阿顽 吃 东道；
阿蒙 既然 答应了 请阿顽吃饭；
m-neh dong-din, yi feh-hao tao Ah-tia u-sen ky'iiao;
呒呐 铜钿，夷 弗好 到 阿爹 坞□ 去 要；
没有 钱，又 不能 到 爹爹那里 去 要；
tsæ-sæn ts'eng-læ, tsih-teh pô'ông-li dzin-gyŭ-li-go dong-din, t'eo-bun ky'i leh liang-pah
再三 忖来，只得 把 行里 钱柜里个 铜钿，偷畔 去 勒 两百。
再三 考虑下来，只好 把 店里 钱柜里的 钱，偷偷儿拿去 了 两百。
Ah-mongt'eo-leh dong-din teng Ah-ngwændô-kô tao tsiu-kwun-tin-li ky'ŭoh tong-dao:
阿蒙 偷勒 铜钿 等 阿顽 大家 到 酒馆店里 吃 东道：
阿蒙 偷了 钱 跟 阿顽 一起 到 酒店里去 请他吃饭：
tong-dao ky'ŭoh-hao, Ah-ngwæn eo Ah-mong dô-kôky'i c'ô-bæn.
东道 吃好，阿顽 讴 阿蒙 大家 去 叉牌儿。
请客 请完了，阿顽 叫 阿蒙 一起 去 打牌。
Ah-mong ih-ts'eng, keh tao yiahao;
阿蒙 一忖，葛 倒 也 好；
阿蒙 一想，这 倒 也 行；
t'ông-jŭn ngô ying-leh-tin pô dong-dindzing-gyiu hao en-leh dzin-gyŭ-li;
倘然 我 赢勒点 把 铜钿 仍旧 好 安勒 钱柜里；
倘若 我 赢了点儿 仍然可以把钱 放在 钱柜里；
kam nying we teh-cŭ.
介呒 人 会 得知。
这样没人 会 知道。
Feh-siang tao c'ô-bæn c'ô-leh sæn-scŭn, tsih we shŭ, feh we ying,
弗想 到 叉牌儿 叉勒 三四 转，只 会 输，弗 会 赢，
没想 到 打牌 打了 三四 圈，只 会 输，不 会 赢，

fi-dæntong-dao dong-din wæn-feh-læ, lin tu-shü-go dong-din yi ky'in-leh yiu-ho.
非但　东道　　铜钿　　还弗来，　　连 赌输个　铜钿　夷 欠勒　　有许。
非但　请客的　钱　　　回不来了，就连赌输的　钱　　也 有不少。
M shih-fah; tsih-teh tao 'ông-li dzin-gyü-li tsæ ky'i t'eo-tin.
呒 设法；只得　到　行里　钱柜里　　再 去　偷点。
没 办法；只好　到　店里的钱柜里　　再 去　偷点儿。
Wæn-lehshü-din, tsæ tu, 'ôh-tsia we ying, yiavi-k'o-cü,
还勒　　输钿，　再 赌，或者 会 赢，　也 未可知，
还了　　输的钱，再赌，或许 会 赢，　也 还不知道呢，
ka-ni hao ky'i wæn t'eo-læ-go dong-din, sæn-leh Mô sin-sangteh-cü.
介呢 好 去　还　偷来个　　铜钿，　　省勒　　马 先生　　得知。
这样 可以去 还　偷来的　　钱，　　　省得　　马 先生　　知道。
'Ah-li hyiao-teh, yi shü-diao!
匣里　晓得，　　夷 输掉!
哪儿　知道，　　又 输了!
kehAh-mong tsing-tsing m-fah;
葛 阿蒙　　　真真　　　呒法；
这 阿蒙　　　真是　　　没办法；
wô yiwô-feh-c'ih, kw'eng yi kw'eng-feh-joh:
话 夷 话弗出，　　睏　　夷 睏弗熟：
说 又 说不出口，睡　　　又 睡不踏实：
ziu yia-taopun-yia-ko ky'ing-ky'ing bô-ky'i-læ,
就 夜到　半夜过　　轻轻　　　　　爬起来，
于是晚上 半夜里　　轻轻地　　　　爬起来，
ih feh tsôh, nyi feh hyih,
一 弗 作，二 弗 歇，
一 不 做，二 不 休，
sông-sing t'eo-leh nyi-pah kw'eyiang-dzin, lin-yia tao tu-dziang-liky'i tu.
索儿性　　偷勒　　二百　　块　洋钱，　　　连夜　到 赌场里　　去　赌。
索性　　　偷了　　二百　　块　大洋，　　　连夜　到 赌场里　　去　赌。
Ah-mong sing-li z-ka wô,Ziah keh-tsao tu ying-de, long-tsonghao wæn:
阿蒙　　　心里 是介 话，若 葛遭　　赌 赢哉，　拢总　　　好　还：
阿蒙　　　心里 这么 说，如果这回　赌 赢了，　全部都　　能　还：
'ô-tsao ngô ih-ding feh ky'itu-de.
下遭　我　一定　弗 去　赌哉。
下回　我　一定　不 去　赌了。
Feh-siang-tao keh-vah yishü-de;
弗想到　　　葛伐　夷 输哉；
没想到　　　这次　又 输了；

pô nyi-pah kw‘e yiang-dzin,shü-leh lah-t‘ah kying-kwông.
把 二百 块 洋钱， 输勒 邋遢 金光。
把 二百 块 大洋， 输得个 精光。
Tao t‘in-liang, Ah-mong dzæ-fongtseo-kyü‘ông-li:
到 天亮， 阿蒙 才方 走归 行里：
到了天亮， 阿蒙 才 走回 店里：
ko-leh ih-zông, Môsin-sang yia tseo-tsing‘ông-li læ-de,teng Ah-mong wô;
过勒 一上， 马 先生 也 走进 行里 来哉，等 阿蒙 话；
过了 一会儿，马 先生 也 走进 店里来了， 跟 阿蒙 说；
Dzin-gyü-li yiunyi-pah k‘we yiang-dzin,
钱柜里 有 二百 块 洋钱，
钱柜里 有 二百 块 大洋，
ng hao dotao dzin-tin-li ky‘i dzeng, hao c‘ih-tin li-sih:
尔 好 挖 到 钱店里 去 存， 好 出点 利息：
你可以拿 到 钱庄里 去 存， 可以生点儿 利息：
ziah li-sih zông-lôh, kôngfeh ming-bah, ngô ze-siu tao dzin-tin-lizi ky‘i kông.
若 利息 上落， 讲 弗 明白， 我 随手 到 钱店里 自 去 讲。
如果利息 涨跌， 说 不 清楚， 我 马上 到 钱庄里 自己去 谈。
Ah-mong sing-li ih-ts‘eng, Keh-tsao dza long-fah!
阿蒙 心里 一忖， 葛遭 咋 弄法！
阿蒙 心里 一想， 这下 怎么 办！
Ziah-z feh ky‘i, k‘ong-p‘ô Mô sin-sang iao zi læ do yiang-dzin;
若是 弗 去，恐怕 马 先生 要 自来挖 洋钱；
要是 不 去，担心 马 先生 要自己来拿大洋；
ziah-z ky‘i, yi k‘ong-p‘ô Môsin-sang tao dzin-tin ky‘i kông li-sihzông-lôh,
若是 去，夷 恐怕 马 先生 到 钱店 去 讲 利息 上落，
要是 去，又 担心 马 先生 到 钱庄 去 谈 利息 涨跌，
lu-c‘ih mô-kyiah læ: dzatang-sön ni?
露出 马脚来： 咋 打算 呢？
露出 马脚： 怎么办 呢？
Hweh-jün siang-tao Môsin-sang yiu dong-din dzeng-læ bih-bæn dzin-tin:
忽然 想到 马 先生 有 铜钿 存来 别爿 钱店：
忽然 想到 马 先生 有 钱 存在 别的 钱庄：
feh-jü mao-sia Mô sin-sangz-den, tao keh-bæn dzin-tin ky‘ido nyi-pah kw‘e yiang-dzin;
弗如 冒写 马 先生 字谭，到 葛爿 钱店 去 挖 二百 块 洋钱；
不如 冒写 马 先生的签名，到 这家 钱庄 去 拿 二百 块 大洋；
hao tikeh-go ky‘üih.
好 抵 葛个 缺。
可以抵这个缺口。

Feh-siang keh-bæn dzin-tin kwunk'en-k'en z-den pih-tsih feh te, pô Ah-mong liu-djü;
弗想　葛爿　钱店　倌　看看　字谭 笔迹　弗对，把 阿蒙　留住；
不成想 这家　钱庄的 伙计看看　签名的笔迹 不对，把 阿蒙　留下；
ts'a nying eo Mô sin-sang læ.
差 人　讴 马 先生　来。
派 人　叫 马 先生　来。
Mô sin-sang ih-læ, ziu meng-ky'i dzing-yiu: Ah-mong tsih-tehih-ih tsiao-jing.
马 先生　一来，就 问起　情由：　阿蒙　只得　一一 招认。
马 先生　一来，就 问起　缘故：　阿蒙　只好　一一 招认。
Mô sin-sang ziu pôAh-mong song-peh kwun-fu bæn gyi.
马 先生　就 把 阿蒙　送拨　官府　办　其。
马 先生 于是就把阿蒙　送到　官府 去办　他。
Kwun-fu ziu ky'ih gyi loh lao-kæn.
官府　就 挈　其　落 牢监。
官府　就 打　他　下 牢房。
Ah-mong læ lao-kæn kwæn-lehjih-to nyin:
阿蒙　来 牢监　关勒　十多 年：
阿蒙　在 牢房里 关了　十几 年：
gyi k'æ-deo tseo-tsing lao-kæn z-'eo, ngæn-li beh-c'ih, z-ka wô,
其 开头　走进　牢监　时候，眼泪　勃出，是介 话，
他 最初　走进　牢房的 时候，泪流满面地　说，
'Æ! ngô tsong z be keh ih-pe tsiusô'æ.
嗳！我 终　是被葛 一杯 酒 所 害。
唉！我 终究 是被这 一杯 酒　害的。
Yiu nying p'i-bing, z-ka wô, Væn-pahnying feh-zih-z-li ziu ŵa taogyih-deo:
有 人　批评，是介 话，万百　人　弗是 一时里就坏 到 极头：
有 人　评论　说，但凡　人，都不是一时间就坏 到 极致的：
tsong-z dzong ih-ngæn ŵaka ky'i-deo.
终是　从　一眼　坏 介 起头。
终究是 从　一点点的坏开始的。
Da-iah Ah-mong gyi di-ih-yiang ts'o,
大约　阿蒙　其 第一样　错，
可能　阿蒙　他的第一种　错，
z tong-kô feh læ-tong,pô tong-kô tsiuts'ing nying-k'ah:
是东家　弗 来东，　把 东家　酒 请　人客：
是东家　不在这儿，拿 东家的　酒 请　客：

fehts‘eng tong-kô se-tsih m-neh k‘en-kyin, Tsing JING tsæ-ve m-neh k‘en-kyin-go.
弗 忖　东家　虽则　呒呐 看见，　真　神　再弗会 呒呐 看见个。
不去想　东家　虽然　没有 看见，　真　神　才不会 没有 看见呢。
Di-nyi yiang ts‘o-c‘ü, z gyi shih-hwông.
第二　样　错处，是 其 说谎。
第二　种　错误，是 他 说谎。
Tong-kô meng gyi z-‘eo,ziah k‘eng tsiao-jing;
东家　问　其 时候，若 肯　招认；
东家　问　他的时候，要是愿意招认；
be tong-kô tsah-vah,lih-k‘eh kæ-ko; wa læ-leh-gyi.
被 东家　责罚，　立刻　改过；还 来勒及。
被 东家　责罚，　立刻　改正，还 来得及。
Næn-kæn ih tseo-tsing ŵa-go u-sen,ziu feh neng-keo tseo-c‘ih-læ:
难间　一 走进　坏个 坞□，就 弗 能够　走出来：
到现在　一 走进　坏的 地方，就再也不能　走出来了：
s-tehih-go hao-hao siao-nying, cong-singlong-wæn.
使得 一个 好好　小人，　终身　弄完。
使得 好好的一个 孩子，　终身　都完了。
K‘o-sih! k‘o-sih!
可惜！ 可惜！
可惜！ 可惜！
shü-kæn-zông mi-‘ôh-go z-ken tsong-z yiu-go.
世间上　迷惑个　事干　终是　有个。
世上　迷惑人的事儿　终究是 有的。
Keh-lehYiæ-su kao meng-du tao-kao-go shihwô,ziu z“m-nao peh ngô ziu mi-‘ôh,”
葛勒　耶稣　教 门徒　祷告个　说话，　就 是“呒要 拨 我 受 迷惑，”
所以　耶稣　教 门徒　祷告的　话，　就 是“不要 让 我 受 迷惑，”
keh ih-kyü, ah-lah tong-kæ sing-likyi-leh-lao:
葛　一句，阿拉 当该　心里　记勒牢：
这　一句，我们 应当　牢记在心：
vi-min ziang Ah-mongka, ih-z-li long-dzæn, ‘eo-deo ih-sangih-si ao-feh-cün;
唯免　像　阿蒙　介，一时里 弄绽，　后头　一生　一世 拗弗转；
免得　像　阿蒙 这样，一时间 做错，　以后　一辈子也　扳不回来；
lin tso gyi tia-nyiangcü-kwu, yia dô-kô hwe-ky‘i.
令 做 其 爹娘　主顾，　也 大家 晦气。
让　他的爹娘　等人　也 一起 倒霉。

二

LU HYIAO-TS

路孝子

Zin kyi-jih nyin, læ Hwô-gyi kohyiu ih-go nyü-nying kyiao-leh Kôs-meo,
前 几十年， 来 花旗 国 有 一个 女人 叫勒 嘉 师母，
几十年前， 在 花旗 国 有 一个 女的 叫做 嘉 师母，
nyin-kyi s-jih to-tin, lae ih-gohyiang-ts'eng li-hyiang zo siao shü-vông,
年纪 四十多点，来 一个 乡村 里向 坐 小 书房，
年纪四十多一点儿，在 一个 乡村 里面 经营私塾，
kao-kao siao-nying doh-shü.
教教 小人 读书。
教教 孩子们 念书。
Yiu-ka ih-nyih, Kô s-meo k'en-kyinih-go jih-nyi-sæn shü siao-nying tseo-ko,
有介 一日， 嘉 师母 看见 一个 十二三 岁 小人 走过，
有这么一天， 嘉 师母 看见 一个 十二三 岁的孩子 走过，
meng-meng Kô s-meo z-ka wô,
问问 嘉 师母 是介 话，
（他）问 嘉 师母 说，
Ng yiu za-bæn ka feh? hao peh ngôdzæn liang dong-din.
尔 有 柴爿 解 弗？好 拨 我 赚 两 铜钿。
你 有 柴火要劈 吗？好 让 我 赚 两个钱。
Kô s-meo we-teh gyi z-ka wô,
嘉 师母 回答 其 是介 话，
嘉 师母 回答 他 说，
Ngôza long-tsong z ngô-go ling-sô-kô ih-golao-den ka-go.
我 柴 拢总 是 我个 邻舍家 一个 老头儿 解个。
我的柴 全都 是 我的 邻居家 一个 老头儿 劈的。
Keh siao-nying z-ka wô, Ôh-yüô!keh-tsao dza yi ni?
葛 小人 是介 话，喔呀！葛遭 咋 □呢？
这 孩子 说，哦哟！这下 怎么办呢？
S-meo meng gyi soh-go z-ken?
师母 问 其 啥个 事干？
师母 问 他 怎么回事儿？
Keh siao-nying z-ka wô, Ngô vu-lao ngæn-tsing heh-de,
葛 小人 是介 话，我 父老 眼睛 瞎哉，
这 孩子 说，我 父亲的眼睛 瞎了，
ngô meo-laobing yi hyüong-hyüong-kæn.
我 母老 病 夷 凶凶间。
我 母亲也在那儿病得很重。

Ngôkyih-mih tseo-c'ih-læ z-'eo, ah-lah ah-melæ-tih k'oh,
我 吉密 走出来 时候，阿拉 阿妹 来的 哭，
我 今天 出门儿的 时候，我 妹妹 在那儿哭，
zông-k'ong-p'ô ah-lahmeo-lao bing ve hao.
尚恐怕 阿拉 母老 病 弗会 好。
还担心 我 母亲的 病 不会 好了。
Ngô zi ziah-zhao dzæn-tin dong-din cong do-nying,pô-feh-neng-keo;
我 自 若是 好 赚点 铜钿 口 大人， 巴弗能够；
我自己要是 能 赚点儿 钱 帮衬 家长， 真是巴不得能这样；
keh-lah kyih-mihsing-siang tao nying-kô oh-liky'i ka-ka za-bæn.
葛辣 吉密 心想 到 人家 屋里 去 解解 柴爿。
所以 今天 心里想着 到 别人 家 去 劈劈 柴火。
K'o-sih! tseo-leh pun-pun jih-nyih m nying iao ngô ka.
可惜！ 走勒 半半 十日 呒 人 要 我 解。
可惜！ 走了 老半天 也没 人 要 我 劈（柴火）。
Ka wô-ts zin ngæn-li beh-c'ih jih-dzæ k'o-lin siang.
介 话仔 前 眼泪 勃出 实在 可怜 相。
在这么说之前就泪流满面了 样子实在挺可怜的。
Kô s-meo k'en gyi ngæn-li beh-c'ih,
嘉 师母 看 其 眼泪 勃出，
嘉 师母 看 他 泪流满面，
k'en gyi lang-lang t'in-kô i-zông c'ü n-lehboh-boh-go,
看 其 冷冷 天家 衣裳 穿勒 薄薄个，
看 他 挺冷的 天儿 衣服 穿得 薄薄的，
nying kwah-kwah læ-tih teo,
人 刮刮 来的 抖，
人 在那儿秫秫 发抖。
ziu eo gyi tseo-tæn-tsing-læho-lu pin-yin zo ih-zo:
就 讴 其 走口进来 火炉 边沿 坐 一坐：
就 叫 他 走进屋里来 到火炉边儿上 坐 一坐：
meng gyiwe du-kyi feh?
问 其 会 肚饥 弗？
问 他 会不会肚子饿？
Keh siao-nying z-ka wô, Ngô feh-da-li du-kyi,
葛 小人 是介 话，我 弗大里 肚饥，
这 孩子 说，我 肚子不太饿，
zô-nyi tsiu-ko ngô yiu liang fæn-jü ky'üoh-ko-de.
昨日 昼过 我 有 两 番薯 吃过哉。
昨天 中午 我 吃过两个番薯了。

Kô s-meo meng gyi ka wô, Yia-vænni?
嘉 师母 问　其 介 话，夜饭　呢？
嘉 师母 问　他　说，晚饭　呢？
Gyi wô, M-neh ky'üoh-ko.
其　话，呒呐 吃过。
他　说，没　吃过。
S-meoyi meng gyi, t'in-nyiang-væn ngiao-bông yia m-neh ky'üoh-ko?
师母 夷 问　其，天亮饭　　尔 要傍　　夜 呒呐 吃过？
师母 又 问　他，（今天的）早饭你快要到晚上了还没吃过？
Kehsiao-nying we-teh gyi ka wô,
葛　小人　　回答 其 介 话，
这　孩子　　回答 她　说，
Kehtao m iao-teh-kying, mæn-mæn haoky'üoh:
葛　倒 呒 要得紧，　慢慢　　好 吃：
这　倒 没关系，　　晚点儿就 能 吃上了：
ngô meo-lao teng ngô wô-ko-de,gyi z-ka wo,
我　母老　等　我 话过哉，其 是介话，
我　母亲　跟　我 说过的，她　　说，
"Ah-fah, ng tsih kwungying-lih tso z-ken,
"阿发，尔 只 管　　勤力　做 事干，
"阿发，你 只 需要　勤奋地做 事儿，
i-jing Tsing Jing-godao-li tso nying;
依循 真　神个　道理 做 人；
依循 真　神的　道理 做 人；
ka T'in Vu pih-dingwe tsiao-kwu ng-noh,"
介 天 父 必定　会　照顾　　尔侬，"
这样天父 必定　会　照顾　　你的，"
tsih-lehoh-li z-ken ih wô-ky'i-læ,
只勒　屋里 事干 一 话起来，
只是　家里的事儿 一 说起来，
sing-li jih-dzæfeh-tsiao dza næn-ko.
心里　实在　弗知道　咋 难过。
心里　真是　别提　　多 难过了。
Kô s-meo yia ngæn-li c'ih, z-ka wô,
嘉 师母 也　眼泪　出，是介 话，
嘉 师母 也　流眼泪，　　　说，
'Æ! ng-noh siao-nying tao hao,
嗳！尔侬　小人　　倒 好，
唉！你这　孩子　　真 好，

dæn-mingbih nying k'eng pông-dzu ng,

但命　　别 人　肯　帮助　　尔，

但愿　　别 人　愿意 帮助　　你，

feh-k'eng pông-dzu ng,

弗　肯　帮助　　尔，

（若他们）不愿意帮助你（的话），

ngô pih-dingwe teng ng ky'i tang-sönkyi-k'en.

我　必定　　会 等 尔 去　打算　　记看。

我　一定　　会 替 你 去　试着想想办法的。

Ziu tao tsao-keng-li ky'i-de,

就 到 灶根里　　去口，

于是到厨房里　　去了，

do-lehih-ngæn mun-deo, ih-ngæn nyüôh, pehgyi ky'üôh.

拕勒 一眼　　馒头，　　一眼　　肉，　拨 其 吃。

取了 一些　　馒头，　　一些　　肉，　给 他 吃。

Keh siao-nying z-ka wô, To zias-meo:

葛　小人　　是介 话，多 谢 师母：

这　孩子　　　　说，多 谢 师母：

t'eo-p'o s-meo k'eng shih-wô,peh ngô do tao oh-li ky'i.

偷怕　　师母 肯　说话，　拨 我 拕 到 屋里 去。

多亏　　师母 愿意 开口，　让 我 拿 到 家里 去。

Tsih-lehfeh-tsiao s-meo yiu ling-sô-kô iaonying ka za-bæn m-teh?

只勒　　弗知道　师母 有 邻舍家　　要 人　　解 柴爿 呒得？

只是　　不知道　师母 有没有邻居　需要人去劈 柴火的？

Kô s-meo z-ka wô, Fông-sing,

嘉 师母 是介 话，放心，

嘉 师母　　　说，（你）放心，

ngôtsao-keng 'eo-deo yiu-ho za-bæn læ-kæn,

我　灶根　　后头　　有货　柴爿　　来间，

我　厨房　　后面　　有很多柴火在那儿，

ng hao ky'i ka, ngôwe coh kong-dinpeh ng.

尔 好 去 解，我 会 口 工钿　　拨 尔。

你可以去 劈，我 会 算 工钱　　给 你。

Keh siao-nying wô To-dzingto-dzing s-meo.

葛　小人　　　话 多承　　多承　　师母。

这　孩子　　　说 承蒙　　　　　　师母（照顾）。

Ziu kw'a-kw'apeng tao tsao-keng 'eo-deo ky'i ka za-bæn ky'i-de.

就　快快　　奔　　到 灶根　　　后头　　去 解 柴爿　去哉。

于是赶紧　　跑　　到 厨房　　　后面　　去 劈 柴火　了。

Kô s-meo ‘eo gyi læ-tih ka,
嘉 师母 讴 其 来的 解，
嘉 师母 叫 他 在这儿劈着（柴火），
ziu c‘ün-lehnga-t‘ao ta-leh mao-ts, tao ling-sô-kôoh-li ky‘i-de,
就 穿勒 外套 戴勒 帽子，到 邻舍家 屋里 去哉，
于是穿上 外套、戴上 帽子，到 邻居 家 去了，
wô-hyiang gyi-lahdao,
话向 其拉 道，
对 他们 说，
Keh-go siao-nying tsæ hao m-neh-de,
葛个 小人 再 好 呒呐哉，
这个 孩子 再 好不过了，
nyin-kyi se-tsih ka-ky‘ing,
年纪 虽则 介轻，
年纪 虽然 这么小，
wawe ka hyiao-jing, wa we ka pô-kyih,
还 会 介 孝顺， 还 会 介 巴结，
就 这么孝顺， 就 这么勤奋，
jih-dzæ næn-teh næn-teh:
实在 难得 难得：
实在是 难得呀难得：
ah-lah z-jün kæ pông-ts‘eng gyi kyi.
阿拉 自然 该 帮衬 其 记。
我们 当然应该帮 他 一把。
Ling-sô-kô long-tsong z-ka wô,
邻舍家 拢总 是介 话，
邻居 全都 说，
Ng-goshih-wô z-go, z-jün kæ pông-ts‘enggyi.
尔个 说话 是个，自然该 帮衬 其。
你 说的是， 当然应该帮 他。
Kô s-meo-go ling-sô-kô ziu teo-long liang-sæn kw‘e fæn-ping song-pehAh-fah:
嘉 师母个 邻舍家 就 兜拢 两三 块 番饼 送拨 阿发：
嘉 师母的 邻居 于是凑齐 两三 张 番饼 送给 阿发：
yiu ih-go nying do-lehmun-deo,yiu ih-go do-leh ih-bingngeo-na,
有 一个 人 拕了 馒头， 有 一个 拕勒 一瓶 牛奶，
有 一个 人 取了 馒头， 有 一个 取了 一瓶 牛奶，
wa-yiu ih-go do-leh jih-tohao-hao bing-ko:
还有 一个 拕勒 实多 好好 苹果：
还有 一个 取了 好多 苹果；

ih-tsah do-do lænpeh gyi-leh tsi-mun-de,
一只 大大 篮 拨 其勒 挤满哉，
一个 大大的篮儿被 他们 挤满了，

eo Ah-fah tatao oh-li ky'i kao-fu tia-nyiang.
讴 阿发 带 到 屋里去 交付 爹娘。
叫 阿发 带 到 家去 交给 爹娘。

Ah-fah feh-jün feh-k'eng do;
阿发 怫然 弗肯 拕；
阿发 很动容 不愿意 拿；

gyiwô, Ngô bing feh-z t'ao-væn,
其 话，我 并 弗是 讨饭，
他 说，我 并 不是 要饭的，

neng-speh ngô sang-weh tso-tso, dzæn-tindong-din,
能使 拨 我 生活 做做，赚点 铜钿，
假如 给 我 活儿 干， 赚点儿 钱，

zi ky'i ma tong-si peh do-nying ky'üôh.
自 去 买 东西 拨 大人 吃。
自己去买 东西 给 大人 吃。

Kô s-meo teng gyi wô,
嘉 师母 等 其 话，
嘉 师母 跟 他 说，

Keh-goshih-wô, keh-zông vong kông-de,
葛个 说话， 葛上 覅 讲哉，
这种 话， 这会儿就不用 说了，

ng-gomeo-lao sang-bing-kæn;
尔个 母老 生病间；
你的 母亲 在那儿病着；

teng ngdzæn-tsing-læ, læ-feh-gyi-de.
等 尔 赚进来， 来弗及哉。
等 你 赚钱回来（的话就）来不及了。

Ng do-leh-ky'i, z-de;
尔 拕勒去， 是哉；
你 拿去 就是了；

ngô ming-tsiao wa iaozi tao ng-go oh-li,
我 明朝 还 要 自 到 尔个 屋里，
我 明天 还 要 自个儿去你的家，

ky'i môngmông ng-gomeo-lao.
去 望望 尔个 母老。
去 看看 你的 母亲。

Ah-fah ky'ih-leh keh-tsah læn kyüoh-li ky'i-de,
阿发 挈勒 葛只 篮 归 屋里 去哉，
阿发 提着 这个 篮儿回家 去了，
ih tseo-tsing meng-k'eo-den,
一 走进 门口头儿，
才 走进 门口儿，
pô Kô s-meo shih-wô long-tsongwô-hyiang tia-nyiang dao;
把 嘉 师母 说话 拢总 话向 爹娘 道；
就把嘉师母的话 全都 对 爹娘 说了；
yi pô song læ-go tong-si yiang-tang-yiang doc'ih-læ peh ah-nyiang k'en.
夷 把 送 来个 东西 样打样 挖 出来 拨 阿娘 看。
又 把 送 来的 东西 一样儿一样儿 取 出来 给 娘 看。
Ah-fah-go ah-tia z-ka wô,
阿发个 阿爹 是介 话，
阿发的 爹爹 说，
Ah fah, ngo k'o-sih z hah-ts,
阿发， 我 可惜 是 瞎子，
阿发， 可惜我 是 瞎子，
feh neng-keok'en-kyin keh-sing hao-hao eng-nying:
弗 能够 看见 葛些儿 好好 恩人：
不 能 看见 那些 好好儿的恩人：
ng-noh ih-sang ih-si ih-ngænm-nao môngkyi.
尔侬 一生一世 一眼 呒要 忘记。
你 一辈子 千万 不要 忘了（他们）。
Ziu teng Ah-fah-goah-nyiang z-ka wô,
就 等 阿发个 阿娘 是介 话，
于是又跟阿发的 娘 说，
Ah-lah jih-dzæing-kæ zia-zia T'in Vu-go do-doeng-we,
阿拉 实在 应该 谢谢 天 父个 大大 恩惠，
咱们 真是 应该 谢谢 天 父的 大恩大德，
ing-we gyi s-peh ah-lah kahyiao-jing ih-go ng-ts:
因为 其 赐拨 阿拉 介 孝顺 一个 儿子：
因为 祂 赐给 咱们 这么孝顺的 一个 儿子：
feh-jün keh-singhyü-to hao tong-si kyih-mih-ts'ah-li læ ni?
弗然 葛些儿 许多 好 东西 吉密子 匣里来呢？
不然 这些 这么多的好东西 今天 从哪里来呀？
Ah-fah-go ah-tia ziuts'æn-nyiæn-kyi zia-zia T'in Vu,
阿发个 阿爹 就 忏念记 谢谢 天 父，
阿发的 爹爹 就 念了一次经 谢谢 天 父，

we-lehkeh-sing song-læ-go tong-si;
为勒　葛些儿　送来个　　　东西；
为着　这些　　送来的　　　东西；
yiwe-leh T'in Vu s-peh gyi ka hao ih-gong-ts.
夷 为勒 天　父 赐拨 其 介 好 一个 儿子。
也 为着 天　父 赐给 他 这么好的一个儿子。
Keh-go z-ken næn-kæn yi-kyings-jih-to nyin de.
葛个　事干　难间　已经　四十多 年　哉。
这件　事儿　到现在 已经　四十多 年　了。
Ah-fah yin-dzælæHwô-gyi koh yi-kying tso en-ts'ah-sko-de,
阿发　现在　来 花旗　　国 已经　做 按察使　过哉，
阿发　现在　在 花旗　　国 已经　当上按察使了，
nying-kô tu ngao gyi nyingcong-sing 'eo-dao.
人家　都 □　其 人　忠心　　　厚道。
别人　都称赞 他这个人忠心　　　厚道。
Gyi ah-tia-goveng-deo-teng ts'ao-ts-hwô yi-kyingk'æ-leh nyiæn-to nyin-de.
其　阿爹个　坟头顶　　　草口花　　已经　开勒　廿多　　年哉。
他　爹的　　坟头上　　　（一种花）已经　开了　二十多　年了。
Næn-kængyi-go ah-nyiang lao-lao-de,
难间　　其个　阿娘　　老老哉，
到如今　他的　娘（已经）很老了，
tsih-wedo-leh æ-dziang læ kao-t'ing do-dôngc'oh-kyi c'oh-kyi tseo-tseo.
只会　　拕勒 哀杖　　来 高厅　大堂　　触记　触记　走走。
只会　　拿着 拐杖　　在 高厅　大堂（上）一拄一拄地　走。
Gyidjông-djông z-ka wô,
其　常常　　是介 话，
她　常常　　　　 说，
Deo-tsao-tsnying-kô wô ah-lah gyüong-kw'u;
头早仔　　人家　话　阿拉 穷苦；
从前　　　别人　说　我们 穷苦；
dæn-z keh z-'eo ah-lah oh-li se-tsihdong-din ky'üih,
但是　葛 时候 阿拉 屋里 虽则 铜钿　　缺，
但是　那个时候我们 家　 虽然 缺钱，
yia m-neh hao söngyüong-kw'u,
也 呒呐　好 算　穷苦，
也 没什么能 算　穷苦的，
ing-we ah-lah Ah-fahtso ng-tska hyiao-jing:
因为　阿拉　阿发　做儿子 介 孝顺：
因为　我们的阿发　当儿子 这么孝顺：

ah-lah jih-dzæpi yiu-lao nying-kô wa yiu-lao.
阿拉 实在 比 有口 人家 还 有口。
我们 真是 比（不明）的人家还要（不明）。
Yin-dzæ keh-t'ah di-fông nying feheo gyi Ah-fah,
现在 葛塌 地方 人 弗 讴 其 阿发，
现在 这处 地方的人 不 叫 他“阿发”，
long-tsong ts'ing-hwugyi Lu lao-yia,
拢总 称呼 其“路老爷”，
全都 称呼 他“路老爷”，
se-tsih tso-leh kwun,fu-kwe shông-djün,
虽则 做勒 官，富贵 双全，
虽然 当上了官，富贵 双全，
gyi dzing-gyiu dæah-nyiang feh-tsiao dza hyiao-jing,teng siao-læ z-'eo ih-seh-ih-yiang.
其 仍旧 待 阿娘 弗知道 咋 孝顺， 等 小来 时候 一式一样。
他 对待母亲仍旧 别提 多 孝顺了，跟 小的 时候 一模一样。
Yia djông-djông hyiang zi-go siao-nying ka-wô,
也 常常 向 自个 小人 介话，
（他）也常常 对 自己的孩子 这么说，
Jü-ko iao teh-djôh weh-ling-go en-tæn, teng si-'eo-go foh-ky'i,
如果 要 得着 活灵个 安耽，等 死后个 福气，
如果 要 得到 灵魂的 安定，跟 死后的 福分，
tsong z iaoæ-kyingT'in-Vu,hyiao-jingvu-meo,
终 是 要 爱敬 天父， 孝顺 父母，
终究是 要 敬爱 天父， 孝顺 父母，
p'oh-p'oh-jih-jih, pô-pô-kyih-kyih tso z-ken.
朴朴实实， 巴巴结结 做 事干。
踏踏实实， 勤勤奋奋 做 事儿。
Ng-noh væn-pah siao-nying doh keh-peng shü, m-naomông-kyi.
尔侬 万百 小人 读 葛本 书，呒要 忘记。
但凡你这样的 孩子 念 这本 书（的），（都）别忘了。

参考文献

Memorials of Protestant Missionaries to the Chinese [M]. Shanghai: American Presbyterian Mission Press [s.n.]，1867.

GOUGH F. F.，et al. *Ah-lah kyiu-cü Yiæ-su Kyi-toh-go Sing Iah Shü: peng-veng fæn Nying-po t'u-wô* [M]. London: British and Foreign Bible Society，1868.

MÖLLENDORFF P G von. *The Ningpo Syllabary* [M]. Shanghai: American Presbyterian Mission Press，1901.

MORRISON W T. *An Anglo-Chinese Vocabulary of the Ningpo Dialect* [M]. Shanghai: American Presbyterian Mission Press，1876.

PARKER E H. *The Ningpo Dialect* [J].*China Review*，1884，volume13-3: 138—160.

PICKERING J. *An Essay on a Uniform Orthography for the Indian Languages of North America* [M]. Whitefish, MT: Kessinger Publishing, 2010.
蔡　瑱 . 舟山话中的修辞构式“X 勒呒处去”[J] . 当代修辞学，2013（3）.
陈源源 . 明清吴语“咿”类字的用法及来源 [J] . 温州大学学报（社科版），2014（6）.
陈忠敏 . 鄞县方言同音字汇 [J] . 方言，1990（1）.
董鸿毅 . 宁波谚语评说 [M] . 宁波：宁波出版社，2014.
方松熹 . 舟山方言研究 [M] . 北京：中国社会科学出版社，1993.
方松熹 . 舟山方言本字 [J] . 舟山师专学报（人文科学版），1995（4）.
方松熹 . 浙江吴语词法特点 [J] . 舟山师专学报（人文科学版），1998（2）.
范可育 . 宁波话“绳（侬）缚其牢”格式 [G] // 复旦大学中国语言文学研究所吴语研究室 . 吴语论丛 . 上海：上海教育出版社，1988.
高黎平 . 花华圣经书房与晚清西学翻译——兼论宁波作为美国传教士传播西学之摇篮在晚清译史中的地位 [J] . 梧州学院学报，2007（4）.
郭　红 . 新教传教士与宁波方言文字事工考 [J] . 宗教学研究，2014（1）.
蒋　艳 . 宁波话中的虚词“勒”及其语法化过程 [D] . 福州：福建师范大学文学院，2006.
李　封 . 宁波方言语气词研究 [D] . 金华：浙江师范大学人文学院，2009.
林素娥 . 一百多年前宁波话连-介词“等”的用法及其来源 [J] . 语言科学，2015（4）.
刘丹青 . 语言库藏的裂变：吴语“许”的音义语法分化 [J] . 语言学论丛，2015，51（1）：1—32.
陆　铭 .19 世纪末 20 世纪初的宁波方言 [D] . 上海：上海大学文学院，2004.
马之涛，屠洁群 . 译注《宁波土话初学》（一）[A] . 开篇，2013，32（1）：293—307.
木　玉 . 浙江吴语句法特点 [J] . 舟山师专学报（社会科学版），1996（4）.
钱　萌 . 宁波方言语法 [D] . 上海：上海大学，2007.
钱乃荣 . 当代吴语研究 [M] . 上海：上海教育出版社，1992.
钱乃荣 . 宁波方言的时态 [G] // 上海语文学会，香港语文学会 . 吴语研究，2008，4（1）：121—126.
阮桂君 . 宁波方言语法研究 [D] . 武汉：华中师范大学，2006.
阮桂君 . 宁波方言中的“仔”和“勒”[G] // 游汝杰，王洪钟，陈铁亚 . 吴语研究，2014，7（1）：357—362.
司　佳 .19 世纪中英语言接触研究 [D] . 上海：复旦大学，2001.
李　荣，汤珍珠，陈忠敏，吴新贤 . 宁波方言词典 [M] . 南京：江苏教育出版社，1997.
王唯俭 . 丁韪良在宁波十年宗教活动述评 [J] . 浙江学刊，1987（3）.
徐春伟 . 晚清西洋汉学家与宁波方言（下）[J] . 宁波通讯，2015（7）.
徐通锵 . 宁波方言“鸭”[ε] 类词和“儿化”的残迹 [J] . 中国语文，1985（3）.
张传宝、汪焕章 . 鄞县通志 [M] . 宁波：鄞县通志馆，1951.
赵则玲 . 宁波方言的三身代词 [J] . 宁波大学学报（人文版），2008（6）.
郑晓芳 . 宁波方言中的“仔”[J] . 现代语文（语言研究版），2009（4）.
周志锋 . 百年宁波方言研究综述 [J] . 浙江学刊，2010（1）.
朱彰年，等 . 阿拉宁波话 [M] . 上海：华东师范大学出版社，1991.

（祁嘉耀　上海外国语大学国际文化交流学院　200083　qijiayao@hotmail.com）

上海言话的“言”*

钱乃荣

上海话，又称“上海言话 zɑ̃$_{22}$hᴇ$_{44}$ ɦᴇ$_{22}$ɦo$_{44}$”，俗写作“上海闲话”。“闲话”一词，在普通话和上海话中，语义都是“闲谈”的意思，与正事无关的话，不满意的话也称“闲话”，原本没有表示“言语”的意思。上海方言中“闲”今读“ɦᴇ”，人们用了一个语义极为容易引起混淆的同音字来代替“言”字，习以为常地使用至今。在吴语其他地区如苏州、宁波，也把“苏州话”、“宁波话”写作“苏州闲话”、“宁波闲话”。

本文考证“上海闲话”，应写作“上海言话”，“言”字在上海话中较早的读音，是“ɦᴇ”。

北部吴语里中古咸山摄大多数字在近代 170 年以来经历了韵母读 ien>ie*n*>iɪ>i 简化过程。如上海方言的“见”字在传教士 Macgowan（1862：33）书中记 kien［tɕien］，如今读为［tɕi］。苏州话、上海话在 19 世纪后期还有记作“*n*”的轻微鼻音尾，以后“*n*”都失落了。除此之外，笔者在 1980 年代调查写“古吴语的构拟”论文时，曾发现上海话中还有少量的字读“ᴇ”韵，并无 i 介音。在 20 世纪 80 年代我国方言学家还没有明确提出“历史层次比较法”即今音中会有时代层次叠加的读音时候，只是简单地怀疑有些字是否会保留着上古音读法。

这些见系咸山摄三等字韵母读“ᴇ”，如：

钳　见系群咸开三平　上海话除了说“dʑi”，如在“钳子”里读此音外，还经常白读说“ɡᴇ”音，如：“蟹螯钳牢我手节头勿放。”

谚　见系疑山开三去　上海奉贤乡村常把“谚语”说作“ŋᴇ ȵy”。“谚”与“颜”同音。

炎　见系云咸开三平　上海奉贤说“盲肠炎”“发炎”时，“炎”普遍说成“ɦᴇ”，与“咸”同音。

言　见系疑山开三平　“上海话”又称“上海言话”，此用法时今发音同如“咸、闲”。

腌　见系影咸开三平　上海城郊将“腌 i”又说作“ᴇ”

遣　见系溪山开三上　苏州评弹中沈俭安唱《方卿哭诉陈翠娥》中“特遣奴仆”的“遣”说作“kʰᴇ”

除了调查到在口语中的发音之外，前人也有一些文字记载，把本地的话写作“言话”，“言”发音为“ɦᴇ”。如：

1. 1892 年 Soochow Literary Association 的 *A Syllabary of the Soochow Dialect* 第 4 页上所列的苏州方言字音表里，“言”排在 `A*n* 行里（当年苏州话咸山摄字还带有轻微鼻音）：

`A*n*　꜁閒　꜁言　꜁鹽　꜁閑　限꜅

---

* 本文是 2016 年 11 月 15 日在苏州科技大学召开的第 9 届国际吴语学术研讨会上报告的论文。在修改中，得到潘悟云、麦耘、郑张尚芳三位先生的评议赐教，谨致谢忱。

2. 1931 年陆基、方宾观编的《苏州注音符号》书后练习。例：

姆妈，倷想听子个种言话，阿要惹气！

姆妈，倷看倪个娘姨笨得勒！覅说教俚言话缠勿清爽，就是我教俚数铜钿，亦弄勿明白。

3. 1936 年丁卓的《中日会话集》（158 页，191 页）里用“言话”，中文中“言”字都注音“エ”，译成日语也写为“言”。例：

我个言话听得懂否？（私の言ふことが聞さ取れますか）

迭诸言话我勿会话个。

为啥咾勿听我个言话？

4. 1991 年倪海曙《杂格咙咚》集的《新山歌·古人》里，“话”也用“言话”：

现在格种言话侪要用青底白字重写过。

因为笔者编写出版的《上海话大词典》（2008，240 页）上以“言话”出词条，有人对“上海闲话”应为“上海言话”提出质疑，理由是“言”是中古见系三等字，三等字系细音应有 i 介音。这时我就反问：“炎”也是三等字，为什么在上海郊区也读开口“ɦᴇ”音呢？

见系咸山摄三等的入声字不读“ᴇ”韵，但也没有 i 介音，如：

月　见系疑山合三入　上海嘉定、苏州说“月亮”的“月”读“ŋəʔ”，温州说“ŋʌu”，永康一说“ŋʌʊ”。

疟　见系疑宕开三入　上海“疟疾”称“疟 ŋoʔ 子”。

见系除咸山摄三等字外，在 20 世纪 80 年代的吴语调查中，笔者还记到过北部吴语其他摄中古三等韵散字的特殊读音，也无 i 介音。这些字有：

寄　见系见止开三去　江苏吴江黎里、同里说“一封信寄出去”时，“寄”说作“kᴇ”。

倸　见系溪遇合三平　浙江多地方言称第三人称“他”为“倸 gᴇ”。

锯　见系见遇合三去　上海城郊将“锯子”说作“kᴇ tsɿ”。

鱼　见系疑遇合三平　江苏常熟方言，说一条鱼的“鱼”为“ŋᴇ”

虚　见系晓遇合三平　上海、苏州等方言，将人皮肤虚肿，称作“面孔虚 hᴇ 起来”，俗写作“颬”。

许　见系晓遇合三上　松江、奉贤、苏州方言中，讲“许愿”“许配”的“许”说作“hᴇ”。

去　见系溪遇合三去　江苏常熟、昆山说“k^hᴇ”，诸暨王家井说“k^he”，溧阳说“k^hæᴇ”，宜兴读“k^hɐɪ”，江阴说“k^hᴇɪ”。

茄　见系群果开三平　上海方言将“茄子”、“番茄”的“茄”说“gɑ”。

牛　见系疑流开三平　浙江宁波说“ŋœɤ”，靖江说“ŋ^{ø}ɤ”。

精组的三等字，在古音中也有读“ᴇ”韵而无 i 介音。如：

涎　端系精组邪山开三平　夕连切。上海称“口水”为“涎唾”，读作“zᴇ t^hu”。

全　端系精组从山合三平　疾缘切。上海作副词时说“zᴇ”。

普通话副词“都”，在吴语宜兴话、江阴话、常州话里都为“全”，音义都与今“全”字相同（钱乃荣，1992：992）。在上海话、苏州话、无锡话等方言中今与“全”字读音不同，写作“侪 zᴇ”（此字是传教士上海方言后期著作的写法）。但是，传教士 Davis《上海方言练习》(1910)书中也写作“全”，当时有三个注音“dzie*n*”、“dze*n*”和“ze*n*”在该书互见，其中后两个音就是滞留在上海话中没有介音“i”的古音。在20世纪初期咸山摄字的轻微鼻音尾还未失落，后来就读“ze”。但在《松江方言练习课本》(1883)中之前的松江话中，已经记为“齐 zi”。因松江话是读“ie*n*”韵的“全”先失落 *n*，ie 再并入 i，故写作“齐 zi”。我们查我国南方有些方言“都”也写“齐”读“ze”。

上述实例使人不得不提出新的解释，笔者认为：在上古音以至在中古音时代的前期，吴语的见系声母三等字还是读“k、k^h、ɡ、ŋ、h、ɦ”音值，并未过渡到读舌面前音而带介音“i”，或者说吴语见系字在上古至中古前期，都没有介音，全部读开口呼，如山摄四等字“现”在上海城区边缘的程家桥上海动物园等地域至今还在与“言”一样读“ɦᴇ”音，“现在”读“ɦᴇzᴇ”。

笔者拟想在三十六母创生之时，见系应全部读舌根音 k 系，否则中古音知系能分得那么细，后来连照$_{章}$和照$_{庄}$都分了出来，见系字如果二三四等当时早已舌面化了，舌面音和舌根音音值差异又那么大，怎么在中古音里不分开成两组音呢？何况“见溪群”都读了舌面音，能作 k 系音的代表字吗？所以在那时三等字应该不读细音，还是在读 ᴇ 和 ᴇn 开口呼，并没有读 iᴇ、iᴇn，中古音三十六字母定音值时也只有舌根音音值，舌面前 tɕ 组音是后起的。上面议论到的北部吴语中那些字正是保留了三等字读 ᴇ 和 ᴇn 时候的音值。

语言学家郑张尚芳先生说：“据研究，现在已知二等字、四等字的 i（y）介音基本是后起的。”“三等与一、二、四等对立”，汉语的各亲属语言中非腭化音大大多于腭化音，而汉语三等的韵数竟比一、二、四等加起来还多，无标记的语音成分多于有标记语音成分，才是正常的情况，汉语的情况就反常了。看来不是“自古如此”。(郑张 2003，171—172 页)郑张还考证说：“从汉语亲属语言跟汉语的同源词比较来看，汉语读三等所带的 j 介音，人家都没有，而明显地汉语多出一个 j 来，……因此很可怀疑，三等的 j 介音多半也是后起的。”(郑张 2003，171）如今温州话中“牛 ŋau”“新 saŋ”“十 zai”“两 lᴇ”“用 ɦɔ”都无 i 介音。他还举了赣语南昌、粤语广州等南方好些方言有些三等字不见 j，并说“越是口语词，这种现象越多见。……日本假名拿汉语三等字“衣”作 e，“宇”作 u、“已”作 ko，似不觉中间有 j 作梗似的。……高丽译音好些三等字无 j，……这些都表明那时汉语的 j 尚未产生。”(173)，所以，郑张尚芳先生提出了著名的“三等腭介音后起”说。(郑张 2003：172—174）对上古音，郑张尚芳认为：“韵母非常简单，没有任何元音性介音才对。”(郑张 2003：62）

郑张尚芳对“言”字的上古音拟音是“ŋan”。(郑张 2003，512 页）

对于“言”字，李如龙、张双庆（1992）记香港音为“ŋɛn”，清溪音为“ŋen”；詹伯慧、张日昇（1987）记东莞清溪音为“ŋen”，深圳沙头角音为“ŋen”。以上读音居然还保持着与郑张尚芳所记“言”字上古音的拟音很相似的面貌。

现今上海话中的“言”的一个读音也是延承上古音而来的：“ŋan＞ɦan＞ɦɛ*n*＞ɦᴇ”。

“ŋ”＞“ɦ”，是常见的疑母失落现象，在 1930 年代上海方言记音资料中也有记载：完全用现代方法用国际音标详记上海方言的《上海市通志稿》(1935）第 77 页记载了上海方言当年见系二等字“雁”的口语音有两个发音，一个是“ŋᴇ”，另一个变为“ɦᴇ”。现今上海话中则“碍 ŋᴇ＞ɦᴇ”“我 ŋu＞ɦu ”“昂 ŋã＞ɦã”“外 ŋɑ＞ɦɑ”都可调查到。在上海松江和奉贤地区，至今老年人还将“tɕ 系”音说成舌面中音“c 系”，疑母字“尧 ɲɔ”声母后听不出有“i”音。至于主元音“a”>“ᴇ”，主要是韵尾失落后，元音与阴声韵合并而引起的。

再说“言话”这个词，乃是六朝、唐宋直至元明清的汉语常用基本词，由动宾结构转为动、名兼类词。如六朝《世说新语·赏誉》：“天锡见其风神清令，言话如流。”六朝《全梁文》卷六：“可复有兴也，知何时再言话服之。”唐颜真卿《张长史十二意笔法意记》：“仆自停裴家月余日，因与裴儆从长史言话。”唐《全唐文》卷八百二十七：“其中诸伎，多能谈吐，颇有知书言话者。”北宋《苏东坡全集》卷三十二和陶诗57首：“言话审无倦，心怀良独安。”北宋《太平广记》卷二百二十四、相四：“宋山阳王休佑屡以言话忤颜。”南宋《朱子语类》：“亦要子细识得善处不可，但随人言话说了。”南宋《异坚志》：“至祀公域家，言话动作，率以为法。”元《古今事文类聚外集、遗集》：“王虚心受纳忻宴，言话昼夜。”明《三宝太监西洋记》第七十三卷：“鹿皮大仙虽然剥了皮，这一段言话，却也连皮带骨的，说得有理。”明《醒世恒言》第二十四卷：“文帝极是惧内的，听他言话，台子勇日渐日疏。”清《曾国藩家书》二、劝学篇：“霞仙近来读朱子书，大有所见，不知言话容止，规模气象如何？”清《九尾狐》第三十九回“此刻丁统领也觉快活，又听了宝玉与申观察的言话，早把懊恼之心尽行消释。”

如今，“言话”仍用于上海等地方言的话语自称。从今北部吴语区里，我们可以划出把自已的口头说的言语称为“言话”的地域，这些地区有江阴、无锡、苏州、吴江、昆山、太仓、嘉定、上海、松江、嘉善、嘉兴、平湖、海盐、海宁、桐乡、湖州、长兴、安吉、德清、慈溪、宁波、舟山、岱山、嵊泗、奉化等。另有一些地区说“说话”的，如崇明、常熟、上虞、萧山、绍兴等。也有的地方既说“言话”，也谈“说话”，如余姚言话、余姚说话，长兴言话、长兴说话，慈溪言话、慈溪说话。“说话”也是个动、名兼类词。（北部吴语的自称见自“吴语学堂”微信群友吴浩制作的“吴语区北部方言自称地图”）

本文的结论是：“上海言话”的“言”读ɦᴇ音，今仍大致保留在北部吴语里的中古音前期的读音；上海人自称上海话为“上海言话”，“言话”一词是中古汉语及之后的常用基本词。

参考文献

丁　卓.中日会话集［M］.上海：三通书局，1936.
李如龙，张双庆主编.客赣方言调查报告［M］.厦门：厦门大学出版社，1992.
柳亚子主编.上海市通志［M］.第21编 风土 甲.方言编，1935.
陆　基，方宾观.苏州注音符号［M］.上海：商务印书馆，1931.
倪海曙.杂格咙咚［M］.北京：生活·读书·新知三联书店，1980.
钱乃荣.当代吴语研究［M］.上海：上海教育出版社，1992.
钱乃荣.上海话大词典.（拼音输入版）［M］.上海：上海辞书出版社，2008.
詹伯慧，张日昇.珠江三角洲方言字音对照［M］.广州：新世纪出版社，1987.
郑张尚芳.上古音系［M］.上海：上海教育出版社，2003.
佚名.1883. *Leçons ou Exercices de Langue Chinoise Dialecte de Song-Kiang*, Zi-Ka-Wei, Imprimerie de La Mission Cathololique, a L'orphelinat de T'ou-Se-Ve.
Davis, D.H. 1910 *Shanghai Dialect Exercises in Romanized and Character with key to Pronunciation and*

English Index, Shanghai: The Shanghai Municipal Counch, T'usewei Perss.
Macgowan.John. 1862. *A Collection of Phrases in Shanghai Dialect.* Shanghai: Presbyterian Mission Press.
Soochow Literary Association. 1892. *A Syllabary of the Soochow Dialect.* Shanghai: American Presbyterian Mission Press.

（钱乃荣　上海大学中文系　1827609676@qq.com）

关于苏州方言历史文献的研究

石汝杰

历史上，在吴语地区（甚至在全国），苏州是一个重要的文化中心（另外一处是杭州），所以，留下了非常丰富的历史文献。这一文化上的优势，一直到19世纪中叶以后，才逐渐被上海超过。这些文献中包含了许多有关苏州一带方言口语和民俗的资料，通过对这些文献资料的整理和观察，我们能了解历史上苏州方言的面貌。本文先简单介绍各个历史时期的有关文献及种类，然后探讨有关的问题。

一　历史文献的概况

本文所谓方言文献，主要是指以苏州地区作者的作品。从类别来看，有：（1）民歌、歌谣，如冯梦龙编的《山歌》以及《赵圣关》、《吴歌甲集》等。（2）戏剧，以明清传奇为主，如明末清初的传奇《沈氏四种》等和《缀白裘》所收的大量折子戏。（3）弹词，如《描金凤》、《三笑》、《珍珠塔》、《芙蓉洞》等。（4）小说，如“三言”等，还有清末到民国初期的吴语小说，如《九尾狐》等，这一时期有很多报刊上发表了很多用方言（或者部分用方言）写作的作品。值得注意的现象是，一些并非苏州出身的人士所写、在上海出版的小说（如《海上花列传》、《九尾龟》、《海天鸿雪记》等）中，人物对话常使用苏州话（所谓“苏白”）。（5）字书，如朱骏声《说文通训定声》、《吴音奇字》等。（6）地方志和有关风俗等的著作，如《苏州府志》的风俗卷等，顾禄《清嘉录》、袁景澜《吴郡岁华纪丽》。（7）笔记等杂书，如陆容《菽园杂记》、冯梦龙编的《笑府》等。（8）外国人（主要是传教士）的记录，如苏州土白《新约全书》（汉字本）和纯用拉丁字母的 *MO-K'U DJÖN FOH-IN SH su-cheu t'ubah*（马可传福音书·苏州土白）、*A Syllabary of the Soochow Dialect*（1892）、《圣经史记》（1899）。

这些文献，很多是使用（或者部分使用）方言写作的，一部分是记录和研究苏州地区方言的著作。因为这些文献体裁多样，内容复杂纷繁，包含的方言成分也是各种各样的，所以，如何整理和利用这样的资料，是值得深入讨论的。

二　文献里反映的方言面貌

考察文献中的方言面貌，应该注意以下几个方面的问题。

（1）要从作者的出生地和文献中所涉及的地域来看。如“三言”是苏州出身的冯梦龙收集加工的，里面也有很多吴地（不光是苏州）的故事。“三言”等文献，在整体上看，是用白话（官话）写作的。当时的文人，在使用白话时，还没有明确的方言和通语（官话）的界线，所以两者混用的情况比较多，但是能从中观察到很多方言的词汇、语法成分，有时还能窥探到语音上的现象。以下以不同时代的文献为例，来观察一下。如：

【明代】（1）《元曲选·楚昭公疏者下船杂剧》第三折：月落乌啼霜满天，江枫渔火对愁眠。也弗只是我里梢公梢婆两个，倒有五男二女团圆。一个尿出子，六个不得眠；七个一齐尿出子，艎板底下好撑船。一撑撑到姑苏城下寒山寺，夜半钟声到客船。（2）邝璠

《便民图纂》卷六：虹俗名鲎，谚云：东鲎晴，西鲎雨。

【清代】(1)《豆棚闲话》第10则：还要问渠爷娘曾出痘瘄也未，身上有啥暗疾，肚里有啥脾气，夜间要出尿否，喉音秕亮何如。(2)《缀白裘》8集4卷：几里是简相公𠲎屋里哉。两日弗见出来，弗知阿曾饿杀𠲎屋里来。

【民国】(1)许廑父《沪江风月传》第8回：罗里晓得，到仔夜里向末，弗局哉。一歇歇工夫，说是喉咙里末腥气得来，常恐要发老毛病哉[哩]。(2)陆基、方宾观《苏州注音符号》：喔唷！阿要呒清头啊！那哼牢故歇变得实梗样式，一点呒不规矩个介？

以上各例中，有的是比较纯粹的方言，如清代和民国的四例；有的是和官话混在一起的，如《元曲选》的例子，把古诗和方言夹杂在一起，有谐谑的意味；还有直接记录方言的词语和谚语，如《便民图纂》的例子。

(2)从记录形式来看，有的是作者有意识地做的记录，多见于字书、地方志等，还有夹杂在各种作品里的零碎记录。如冯梦龙很注意语言现象，他编写的很多作品里都有对语言现象的注解、说明，如：

小船上橹人摇子大船上橹，正要推扳忒子脐。眉注：扳，音“班”，挽也。(山歌3卷)

取厨下刀于石上一再鐾。原注：鐾，音避。治刀使利也。(笑府8卷)

其他文献的例子，如：

瘃：中寒肿核。……肿而肉中鞕也，如果之核。今苏俗谓之冻瘃。(说文通训定声8卷)

阿六！阿六！马桶盖上切肉；夜壶里熝肉，熝得弗熟，敲杀阿六！原注：熝，ㄉㄛ，在文火(小火)上煮烂也。(吴歌甲集)(按：此注说明编者把熝训读为“笃”。)

又如抹布叫做“幡布”，有如下记录：

民间俗讳，各处有之，而吴中为甚。如舟行讳“住”、讳“翻”，以“箸”为“快儿”，“幡布”为“抹布”。(菽园杂记1卷)

吴俗语必有义，最为近古，如……谓拭案布曰“幡布”。(濯缨亭笔记)

《说文》“幡”字注：书童拭觚布，至今拭几者，有幡布之称。(直语补证)

陆伸《侬渠录》云：船家以幡布为抹布，忌翻字也。(土风录3卷)

这些记录中，可能有互相引用、转抄的问题(这是当时常见的现象)，但是从中能看到一些与民俗有关的方言词汇现象。

(3)外国人的记录尤其值得重视，如第一节(8)提到的文献，从中能直接看到当时苏州方言的语音面貌。而中国人的记录，一直到赵元任的《现代吴语的研究》(1928)出版以前，一般都是用汉字来记录，很难知道具体的发音是怎样的。当然，也有少数例外，如朱文熊的《江苏新字母》(1906年，《拼音文字史料丛书》影印，文字改革出版社，1957)，就是用自己制订的拉丁字母的方案来记录他所谓的江苏方言(其实就是苏州一带的方言)。

三 文献资料的利用和研究

我们能利用上述丰富的文献资料，来了解历史上苏州方言的语音、词汇、语法的真实面貌，以进一步探究其历史。古屋昭弘(2014)利用沈宠绥的《度曲须知》归纳明末吴方音的特点，就是一个好的范例。这里再举一些例子说明，看在哪些方面能加以利用和研究。

1. 考察咸山摄字的鼻音韵尾消失的时代

现代苏州方言，咸山摄字都没有鼻音韵尾了。但是，陆基、方宾观《苏州注音符号》(1931)里，有ㄢ(an)韵母，其下列了“班攀爿蛮翻凡单摊谈栏”等字，在ㄨㄢ(uan)下有“关筷环顽”等字(“筷”本不在这一类里，是例外，也是两类开始相混的一个证据)，但是，“边偏便棉颠天田连”等字却列在ㄧㄝ(ie)下，没有鼻音韵尾。丁邦新(2003)把ㄢ类拟为[ɛ]，而把ㄧㄝ拟为[iᴇ]。从当代的苏州话来看，这是非常合理的构拟，也和赵元任(1928)的记录相符。相仿的记录还有：(1)朱文熊的《江苏新字母》(1906)；(2)《歌谣》杂志55号《方言标音专号》(1924年5月)，林玉堂记录顾颉刚的苏州音。

但是，英文《苏州方言同音字表》(1892)也有an韵母，这一韵母下有：办谈蛋馋残翻反喊嵌蓝烂蛮慢难颜班攀山丹坍斩搀繁；还有wan，如：环甩关筷还湾幻(按：这里也有“筷”)；和陆基等不同的是，另有一个yien韵母，如：钳件轩险肩见牵欠。同类的还有ön(安寒)、yön(萱捐圈原员冤)、wön(欢官宽完碗)。这几个韵母的韵尾n，此书都用斜体字表示，这说明，那时的鼻音韵尾已经弱化(或者说是鼻化)了。艾约瑟也曾用同样的方法表示19世纪中叶的上海方言语音。拉丁字母《马可传福音书》(苏州土白)里，最初两页有以下词语：面前(mien-dzien)、喊咾说(han lao sheh)、约但(Iah-dan)、天上(t’ien-lông)、收监(sheu-kan)、海滩上(hæ–t’an-lông)、看见(k’ön-kyien)。这些都证明，当时应该还存在带鼻音的咸山摄字。

可以推测，在20世纪初，鼻音韵尾正在失落，而且消失速度很快；一部分人已经不说，但是还有人是这样发音的。所以，我的结论是：赵元任(1928)记录的所谓“新派”(大多是中学生)的发音里，咸山摄字已经没有鼻音韵尾了，但是在他的书里没有记录的老派(保守派)的语音中还保留着鼻音韵尾，所以在这些相近、相同的历史时期中的著作里会出现这样不同的记录。

2. 考察代词的演变

这里以人称代词的语音形式和写法为例来考察。这是语音问题，也与词汇和语法有关。

【1891】*MO-K’U DJÖN FOH-IN SH su-cheu t’ubah*(《马可传福音书》苏州土白)：

	单数	复数
第一人称	gnu 我	nyi 伲
第二人称	næ 倷	ng-toh 唔笃
第三人称	li 俚	li-toh 俚笃

汉字写法根据汉字版《新约全书》(苏州土白)(上海大美国圣经会，1921)。

【1906】朱文熊《江苏新字母》。朱是昆山南部陈墓人，此书用朱自己拟定的拉丁字母拼音来标记“苏音”，第15首是代名词，开头的两行7个是人称代词：

Dịh 15 səs；Desmuinzú：— Nw, Ne, L'ı, L'ıne,
第十五音；代名詞：— 㑚(我)，耐(你)，哩(他)，哩耐(他)，

Nùhtt o, L'ıtt o： Nhịb, Kuku, Kəhku,
唔篤(你們)，哩篤(他們)，伲(我們)，格个(這個)，哿格(這個：此

Kəku, Keku, Keta, Kuta,
Kuku (路遠)，勾格(那個)，該格(=Kuku)，該搭(此處)，格搭，

Kəta, Gịta, Gı ıta, Nwta, Neta,
勾搭，己搭(=Keta)，己裏搭(比Gịta者將)，㑚搭，耐搭，

Lıta, L o kwh, Sannhun, L o hjh, L o ta.
哩搭，陸個(誰)，啥人(何人)，陸裏(何處)，陸搭(=Lsıhh).

改用国际音标来标记，整理如下：

	单数	复数
第一人称	㑚［nu］	呢［ȵi］
第二人称	耐［nᴇ］	唔笃［n toʔ］
第三人称	哩［li］ 哩耐［li nᴇ］	哩笃［li toʔ］

【1928】赵元任《现代吴语的研究》词汇部分列出苏州话人称代词（第 95—96 页）：

	单数	复数
第一人称	ngow［ŋəu］饿音 now［nəu］怒音，少 ngh［ŋ］五白音，更少	gnih［ȵi］伲去，音
第二人称	néh［ne］倷 nh［n］唔止格，少	nhdoq［n toʔ］唔笃 néhdoq［ne toʔ］倷笃甚少
第三人称	l'i［li］俚阴平 l'i · né［li ne］俚倷轻	l'idoq［li toʔ］俚笃

（按：表中的国际音标是我加的，但是没有反映赵元任标的声调。）

【1931】陆基、方宾观《苏州注音符号》例言说：此书根据吴稚晖、陈颂平的“苏州注音字母表”编成，“拿苏州城里（格）说话、读书声音做标准”。只找到 5 个人称代词，“我们”有两种形式：

我 兀ㄨ［ŋəu］　　倷ㄋㄝ［nᴇ］　　俚ㄌㄧ［li］

伲 广［ȵi］/ 我伲兀ㄨ广［ŋəu ȵi］

从以上罗列的资料来看，最重要、最详细的还是赵元任（1928）的记录，能观察到以下现象：（1）单数第一和第二人称都有鼻辅音单独成音节的，但是发音有不同，一写成“五”［ŋ］，一写作“唔”［n］。历史文献里看到的，大多两个都写成“唔”，不加区别。赵指出，20 世纪初的苏州话里，“我”有三种形式，“你”有两种形式；并指出，那时“五”“唔”的

使用已经很少。但是能由此得知，当时两个人称代词确实都各有自成音节的鼻辅音形式。（2）赵用国语罗马字记录读音，末尾加上 h 的，表示去声。这是他一向主张的，因为苏州那时阳上、阳去已经混了。（3）赵元任（1928）的记录里，用汉字“你”表示单数第二人称的方言点有宜兴、靖江、江阴、常州等多处，苏州却不同，是 néh（倷）和 nh（唔），赵说 nh（唔）用于止格（当即宾语位置），并且少用。（4）第二和第三人称中的“倷”字，他都标成 néh［ne］，即韵母是个前半高元音，这与今天苏州市区的［nᴇ］不同，更接近郊区的［nəi］。（5）第二人称复数，《马可福音》用［ŋ toʔ］，赵元任记作［n toʔ］，从语源来看，赵的记录是正确的，发音上，受到后面［t］的影响，读［n］也是合理的。但是，写作［ŋ toʔ］也不难理解，因为在这一位置上，鼻辅音没有音位的区别。（6）第三人称单数有个“俚倷”，赵元在后面加上一个“轻”，这暗示，他已经意识到苏州话里在词语里声调所起的变化，即所谓的“连读变调”。现代苏州话说成［li^{55}nᴇ^{1}］、［n^{55}nᴇ^{1}］，后一音节就像轻声。（参见石汝杰 1988）

这里要注意的是，néh（倷）的韵母 é［e］，是此书中苏州话韵母部分没有的音，再仔细检查，在词汇部分还有几处：（12）这个：gégeq（该葛$_{\text{皆音}}$）、égeq（哀葛$_{\text{皆音}}$）；（17）那个 guégeq（归葛$_{\text{皆音}}$）；（27）很 m'é（蛮$_{\text{阴平音}}$）；（58）妈 m'・méh（姆$_{\text{阴平}}$妹$_{\text{轻音}}$）。（词语的编号是赵元任原书中的。）如果赵元任的记录没有错误的话，那么也许是他调查时找了不同的发音人做的记录，以致产生这样的矛盾。

3. 词汇的研究

考察明清时代文献的词汇，根据其词形和意义的变化，可以由此来考本字。这也为现代的方言研究提供帮助和启示，如可以在编写方言词典时作为参考。这里仅举一例。苏州话有一个词，把物品塞进容器（如袋子），叫做［ȵiəʔ^{23}］，是阳入，与其同音的常用字有：

聂镊蹑臬镍逆匿啮溺涅孽热业日

其中找不到可用的字，那么本字是什么呢？我们找到以下的文献用例：

［1］茧子今年收得多，阿婆见了笑呵呵。入来瓮里泥封好，只怕风吹便出蛾。（便民图纂 1 卷）

［2］原来吴中的乡谈，父亲叫做“老官”；匏瓜匏子老了掐不入，就把来做称呼父亲的雅号。（吴江雪 2 回）

［3］原来那罗刹女炼就的一副老面皮，真是“三刀斫弗入，四刀白坎坎”的，一些不动。（何典 10 回）

［4］两个刽子手一齐动手，用刀砍去，那晓得这个万笏三刀斫弗入，四刀没血出。（常言道 8 回）

［5］樊氏闻这两个光棍引诱嫖赌，心里也怪他，尝时劝沈刚不要亲近这些人，只是说不入。（型世言 15 回）

［6］莫南轩说不入，见他打了绝板，只得念两句落场诗，道：“不贤不贤！我再不上你门。”（醉醒石 14 回）

第一个例子，显然是“放（进去）、装（入）”的意思，正是我们前面提到的意义。用例（2-4）是其派生的意义，用指甲、刀等掐、砍，都无法损伤（进入）；“三刀斫弗入……”，形容脸皮极厚，无耻。例（5-6）的“说不入”，指无法说动，无法劝醒。后两个用法有熟语的性质。由以上各例来看，这个动作用“入”是合适的。现代人已经不知道“入”有［ȵiəʔ^{23}］的读音了，所以产生了上述的困惑，而文献帮助我们解决了问题。

4. 描绘方言发展的过程，撰写一部方言的发展史

编纂一部方言的历史，是个相当困难的任务。我们需要整理现有的文献资料，梳理其中反映出来的历史现象，把它们串联起来，并与现代的活方言联系起来，才能做得比较成功。现在有一些好的尝试，为我们做出了示范。如：钱乃荣的《上海语言发展史》（上海人民出版社，2003）是一部初具规模的方言史。他的《西方传教士上海方言著作研究》（上海大学出版社，2014），以欧洲人的记录来介绍和分析19世纪到20世纪上半叶上海方言的面貌。他在撰写《上海话语法》（上海人民出版社，1997）时，也用了很多历史文献中的资料。在其他方言的研究成果中，陈泽平《19世纪以来的福州方言》（福建人民出版社，2010）和庄初升、黄婷婷《19世纪香港新界的客家方言》（广东人民出版社，2014）也是值得注意的，他们也利用文献的资料，进行分析研究，以探索方言发展的历史，取得了相当的成功。这几部书的共同点是，都利用了19—20世纪外国人的著作，好处是能得到比较接近语言实际面貌的记录，尤其是语音方面的宝贵资料。这也是他们能成功的关键，值得我们借鉴和学习。相比起来，苏州方言的文献，同样有近代外国人的记录，此外，还有更早期的丰富资料，如上文提到的明末、清代的文献里，成批地或者零碎地记录了方言的语音、词汇和语法的诸方面，可供我们利用。所以，我们有责任、有义务，搜集、整理并加以分析，把苏州方言的历史面貌勾勒出来，为地方的文化建设做出一份贡献。

参考文献

说明：论文中提到出处的文献此处不列。引用例句的出处，请参见《明清吴语词典》所附书目。

蔡　佞 . 19世纪末的苏州话［C］// 吴语研究（第五辑）. 上海：上海教育出版社，2010.

丁邦新 . 一百年前的苏州话［M］. 上海：上海教育出版社，2003.

古屋昭弘 . 度曲须知所见的明末吴方音［C］// 吴语研究（第七辑）. 上海：上海教育出版社，2014.

石汝杰 . 说轻声［J］. 语言研究，1988（1）.

石汝杰 . 明清小说和吴语的历史语法［J］. 语言研究，1995（2）.

石汝杰 . 明清时代吴语动词选释［J］. 言语科学（日本九州大学），2003（38）.

石汝杰 . 明清时代吴语形容词选释［M］// 吴语研究（第三辑）. 上海：上海教育出版社，2005.

石汝杰 . 明清吴语和现代方言研究［M］. 上海：上海辞书出版社，2006.

石汝杰 . 冯梦龙编《山歌》的校注问题［J］. 海外事情研究（熊本学園大学），2006，34（1）.

石汝杰 . 吴语文献资料研究［M］.（日本）好文出版，2009.

石汝杰 . 吴语字典及吴语语素刍议［J］. 中国方言学报，北京：商务印书馆，2010（2）.

石汝杰 . 现代上海市区方言与方言岛理论［J］. 中国言语文化学研究，2013（2）.

石汝杰 . 关于吴语研究史的若干问题［M］// 吴语研究（第七辑）. 上海：上海教育出版社，2014.

石汝杰 . 近代上海方言历史研究的新课题［M］// 吴语研究（第八辑）. 上海：上海教育出版社，2016.

石汝杰，宫田一郎主编 . 明清吴语词典［M］. 上海：上海辞书出版社，2005.

赵元任 . 现代吴语的研究［M］//（清华学校研究院丛书，1928.）北京：科学出版社，1956.

（石汝杰　日本熊本学园大学　shirujie@yahoo.co.jp）

汉语方言借贷等级初探*

——以江西上饶铁路话为例

杨文波

一　国外学者对语言接触借贷等级的研究

托马森（Sarah Grey Thomason）和考夫曼（Terrence Kaufman）（1991）将语言接触的借贷等级作了较为细致的分类。他们将借贷等级分为以下五级：①

1.1　一般接触到进一步接触：专有词汇到轻度的结构借贷

类型①：只有词汇借用

词汇：实词。基于文化和实用主义（而非类型学）的原因，非基本词的借贷优先于基本词汇的借贷。

类型②：轻度的结构借用

词汇：虚词——连词和各种各样的副词。

结构：少量音系、句法和词汇语义特征。其中音系的借贷仅限于借词中出现的新的音素；这一阶段的句法特征也只限于新的功能（或受限的功能）和不会导致类型改变的语序。

类型③：轻中度的结构借用②

词汇：虚词——介词（前置介词和后置介词）。这一阶段，派生词缀和屈折词缀及属于基本词汇的人称代词、指示代词和低数位基数词都可能被借入。

结构：结构特征的借用比类型②稍多一点。音系上，可能会出现音位化的借贷，甚至在本地固有词汇中也会预先出现音位变体的交替，这点尤其适用于借贷语言（Borrowing Language）已经出现明显的区别性特征时。另外韵律和音节结构特征，如重音规则和音节尾辅音的增加（仅限借词），也是很容易被借入的。句法上，类似 SOV 到 SVO 这种彻底的句法转变是不会在这一阶段发生的，但这种转换会在某些方面有所表现，如使用前置介词的语言开始借入后置介词。

1.2　深度接触：中度到深度的结构借用

类型④：中度的结构借用

结构：借入一些导致类型上的相对变化（typological change）的结构特征。音系上，在本地词汇中借入新的二元对立的区别特征，或者本地词汇也可能失去一些对立的区别特征；新的音节结构也开始进入本地词汇并对其形成约束；一些自由变体和符合音变规律

---

*　本文在写作过程中曾先后得到复旦大学游汝杰教授、复旦大学陈忠敏教授、南昌大学胡松柏教授、上海大学薛才德教授和上海师范大学齐沪扬教授的指导与帮助。本文原刊于《语言研究集刊》（第十六辑），集刊匿名审稿专家为本文的修改和完善倾力颇多，谨此一并致谢。

①　以下由本人摘译自 Thomason & Kaufman（1991）*Language Contact, Creolization, and Genetic Linguistics*。

②　书中作者也提到，类型②和类型③并没有完全清晰的界限。所以他们提出的借贷框架也只是理论性的。

的音位规则也会借入，如腭化和音节尾的浊音清化。大量的词序改变将会在这一阶段发生，另外也会出现一些导致类型稍微改变的句法变化。形态上，屈折词缀和语法范畴（如“格”范畴）会借入本地词汇。

类型⑤：深度的结构借用

结构：借入大量导致类型改变的结构特征。如，借入新的音位规则；音变（如由于发音习惯导致的次音位音变，如音位变体的交替）；一些音位对立和音位规则丢失；词的结构规则发生变化（如只有后缀的语言开始借入前缀，或者由屈折形态变为粘着形态）；形态上出现语法范畴和大量语序的变化（如“作格”（ergative morphosyntax）的出现）；增加和谐规则（concord rules）（如添加粘着性的代词性成分）。

陈保亚（1996）从傣语和汉语西南官话的接触入手，分析了语言接触的复杂过程和机制，陈将斯瓦迪士（Swadesh）200 词分为两阶，提出著名的“无界有阶”理论。

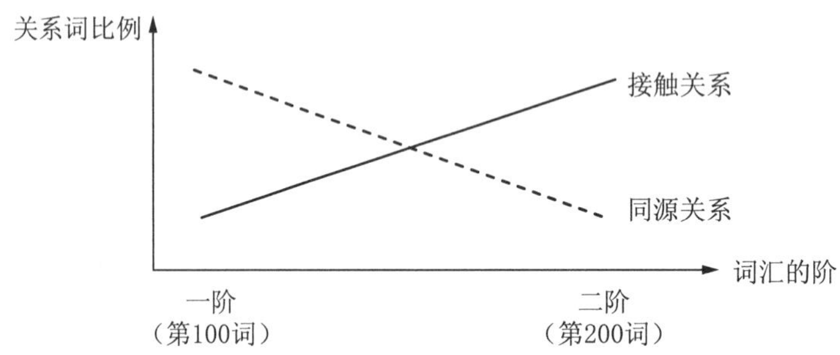

陈保亚认为，从两个阶的升降曲线，可看出如下关系：

	核心关系词多	核心关系词少
关系词阶上升	联盟（深刻接触）	接触
关系词阶下降	同源（分化年代不久）	同源（分化年代久远）

以核心词阶的升降来判断语言接触和同源，这确实是陈保亚先生的一大创见，而且实践也证明，陈保亚先生的理论是可行的。

以上简要列举了中外学者对语言接触借贷等级的分类和研究。笔者的疑问是，语言和语言之间的接触与方言和方言之间的接触是否相同？汉语方言中的语言接触是否也遵循前人所述的借贷状况？下文就以中国境内的一种移民型柯因内语——上饶铁路话为例进行汉语方言借贷等级的研究。

二　上饶铁路话简介

上饶铁路话是 20 世纪三四十年代形成的一种新兴工业社区方言，集中分布于江西省上饶市信州区的“铁路新村”居民区一带，使用人口有三万余人。另外，“由于使用上饶铁路话的多为铁路职工，故而在浙赣线鹰潭一带铁路沿线也通行上饶铁路话”（胡松柏、葛新 2011），故上饶铁路话也算是一种路话方言。

上饶铁路新村的初始移民几乎全部由杭州机务段迁入，迁入人员籍贯多为浙江。迁入后，大家皆用浙江口音通话，从笔者的调查来看，这些人当时所用的“浙江口音”与杭州话十分相近，或者说，这是一种变异了的杭州话。当时这种“浙江口音”向杭州话靠拢自然有其原因，一是杭州话有半官话性质，音系相对简化，与柯因内化的要求相符；二是杭州话在浙江属上层方言，具有一定的权威性，对浙江其他地方的方言具有一定的文化压力。因此上饶铁路话的来源方言基本上是以杭州话为主。

上饶铁路话的迁入地方言是上饶市区话，上饶市区话属处衢片吴语，故上饶铁路话基本上处于吴语的包围之中。

据本人的调查走访，发现铁路新村中能够熟练使用“上饶铁路话”进行交流的人群主要集中在 40 岁到 65 岁左右（即出生于 1945 年和 1970 年之间），40 岁以下多转说上饶本地话或普通话，65 岁以上多带江浙口音，即便与外人交流，使用的也只是“洋泾浜式”的“上饶铁路话”，受其母语影响相当严重。

综上可见，上饶铁路话的来源方言当为杭州话，同时又受迁入地方言上饶市区话的影响，下文就从语音、词汇和语法三方面将上饶铁路话与来源方言杭州话及迁入地方言上饶市区话进行比较，来探索和研究上饶铁路话的方言借贷状况。

三　上饶铁路话与杭州话、上饶市区话的语音比较

3.1　声调比较

表 1　上饶铁路话、杭州话、上饶市区话的声调比较表

方言点	声调数	阴平	阳平	阴上	阳上	阴去	阳去	阴入	阳入
上饶铁路话	6	44	13	53	13	334	13	5	12
杭州话	7	323	212	51	113	334	113	5	12
上饶市区话	8	55	312	53	31	534	11	5	3

观察上面的声调比较表，我们得到的总体印象是：铁路话与杭州话的声调十分接近，而与上饶市区话声调差距较大。具体来说如下：

（1）上饶铁路话与杭州话的阴上、阳上、阴去、阳去、阴入、阳入六个调类的调值非常接近，而铁路话与上饶市区话仅在阴平、阴上和阴入三个调类上的调值是接近的；

（2）上饶铁路话与杭州话的阳上调都是次浊上归阴上，上饶市区话则不同，次浊上仍归阳上；

表 2　次浊上字调类归并情况表

	五	女	老	有
上饶铁路话	u3	y3	lɔ3	iɤɯ3
杭州话	ʔu3	ȵy3	lɔ3	ʔʏ3
上饶市区话	ŋ4	ȵy4	lɑo4	iu4

注：表中数字 3 和 4 分别代表阴上和阳上调类。

（3）上饶铁路话的阳平、阳上（全浊）、阳去三个阳调类全部合并（调值 13），杭州话只有阳上（全浊）和阳去合并（调值 113），而上饶市区话的阳平、阳上和阳去均未发生合并。

从声调关系看来，上饶铁路话与移民来源地的杭州话关系较为密切，而与迁入地的上饶市区话关系则较为疏远。除此之外，铁路话阳平、阳上、阳去合并也说明了混合语的一个重要特征，即音系简化。

3.2　声母比较

（1）上饶铁路话、杭州话、上饶市区话的声母有18类声母完全相同，它们分别是：帮、滂、并、明、非、敷、端、透、定、精、清、心、庄、初、生、见、溪、群；除此之外，三地的“泥”、“从”两母也比较接近。笔者比较了40个声类，而声母相同的却占了将近一半，其原因很好解释：三地都属于吴方言大区，肯定会享有吴方言的一些共同特征。统观这18类声母，三地都共同享有如下特征：A. 塞音三分，如端母读［t］，透母读［t^h］，定母读［d］；B. 声母分清浊，声调分阴阳；C. 不分 ʦ/$ʦ^h$/s 与 tʂ/$tʂ^h$/s，知、照组和庄组、精组细音字都念舌尖前音。

（2）有10类声母，是上饶铁路话与杭州话完全相同、而与上饶市区话不同的，它们分别是：来、知、彻、澄、崇、章、昌、书、晓、匣；除此之外，从发音部位和发音方法上看，“船”、“禅”、“疑”、“匣”四母也是上饶铁路话与杭州话较接近，而与上饶市区话较疏远。

（3）声母中仅“微”母是上饶铁路话与上饶市区话相同（微母均为零声母）、而与杭州话（微母读［v］）不同的。

（4）从现代汉语普通话零声母字来看，铁路话阳声调 ɦ 对应阴声调 Ø，杭州话阳声调 ɦ 对应阴声调 ʔ（杭州话无 Ø 声母），而上饶市区话中无类似的对应。

（5）就“疑”母字而言，上饶铁路话与杭州话多读零声母（ʔ/ɦ/Ø），这在现代吴语中并不常见，而上饶市区话洪音前读［ŋ］声母或细音前［ȵ］声母则是现代吴语的共同特征。

综合声母特征，上饶铁路话也是与杭州话较接近，而与上饶市区话较疏远。

3.3　韵母比较

（1）从韵母总体来看，三地：A. 都保留了入声；B. 古咸山两摄韵尾皆失落；C. 单元音发达、复元音少。这些特征也是现代各地吴语的共同特征。

（2）就入声韵而言，上饶铁路话仅有5个入声韵（əʔ、iəʔ、uəʔ、yəʔ、aʔ）；杭州话有7个入声韵（ɔʔ、iɔʔ、uɔʔ、ɐʔ、uɐʔ、iɪʔ、yɪʔ）；上饶市区话有18个入声韵（aʔ、iaʔ、uaʔ、yaʔ、ɔʔ、iɔʔ、uɔʔ、ɛʔ、iɛʔ、uɛʔ、yɛʔ、ɪʔ、iɪʔ、uɪʔ、yɪʔ、ɤʔ、uɤʔ、yɤʔ）。上饶铁路话与杭州话的入声韵少，与官话接近，或者说二者带有半官话性质；上饶市区话入声韵多，与官话相去甚远。

（3）上饶铁路话和杭州话中的“儿、二、耳、尔、饵、而”等字的单字音带卷舌成分，很接近汉语普通话的［ɚ］（钱乃荣先生把杭州话这些字的韵母记作［ər］）；而上饶市区话的“儿、二、耳、尔、饵、而”等字韵母为［ə］。按照游汝杰（2010）先生的说法，杭州话儿尾词的读音应该是两宋之交从北方话迁移而来的，它在当时的音值最大的可能性即是沿用至今的［ɚ］。这也就是说，上饶铁路话和杭州话的上述字音是古官话成分的字音，与吴语不同。

（4）假摄“蛇”字和止摄“水”字，也是上饶铁路话与杭州话相同（都为 uei/ueɪ），而异于上饶市区话（上饶市区话这两个字的韵母分别为 ɛ 和 y）。这两个字的韵母读 uei 正是杭州话古官话成分的表现，而不是现代吴语共同特征的表现。

（5）止、蟹两摄中，对于舌尖韵母ɿ的辖字，上饶铁路话和杭州话与现代汉语普通话一致，上饶市区话在这两摄中虽也有舌尖韵母ɿ，但却有部分字读为i，如制、支、诗。

综合比较三地的韵母后，我们发现，上饶铁路话同样与杭州话接近，而与上饶市区话关系较为疏远。

3.4　小结

这样一来，我们不难得出结论：从语音系统来看，上饶铁路话与人口来源地的杭州话较为接近，而与人口迁入地的上饶市区话较为疏远。

四　上饶铁路话与杭州话、上饶市区话的词汇比较

4.1　基础词汇

由于上饶铁路话、杭州话和上饶市区话皆属吴语区，若用《斯瓦迪士二百词》进行词汇调查和比较恐怕收效不大，经权衡，笔者采用了更符合三者地域特点的《浙江方言词》（傅国通、方松熹、傅佐之1992），原书有202个词条，由于“晒谷场”和“挂念”两词条在实际调查中未调查到，故删去。现列调查所用的200词条如下：

太阳、月亮、打雷、下雨、结冰、雹、刮风、端阳、灰尘、石灰、泥土、凉水、热水、煤油、锡、胡同、房子、窗户、门坎儿、柱础、厕所、厨房、灶、牛房、猪圈、男人、女人、小孩儿、男孩儿、老头儿、乞丐、父亲面称、母亲面称、祖父、祖母、姊、妹、伯父、伯母、叔父、叔母、儿子、儿媳妇、女儿、女婿、舅、舅母、姑母、夫、妻、脸、酒窝儿、额、舌头、胳臂、左手、右手、指甲、泻、咳嗽、痱子、驼背、诊病、衣服、围巾、尿布、手巾、脸盆、肥皂、床、桌子、抽屉、抹布、羹匙、筷子、砧板、菜刀、槌子、轮子、稻秆、大米饭、面条儿、面粉、包子、馄饨、油条、菜、鸡蛋、咸蛋、猪油、酱油、芝麻油、盐、醋、白酒、红糖、白糖、开水、泔水、公猪、种猪、母猪、公牛、母牛、公狗、母猫、母鸡、鹅、老鼠、青蛙、麻雀、八哥儿、乌鸦、老虎、狼、猴子、蛇、蚯蚓、蚂蚁、蚊子、蜘蛛、知了、稻、谷、麦、小米儿、蚕豆、白薯、向日葵、菠菜、茄子、洋芋、鱼鳞、风筝、年龄、事（儿）、工作、日子、路费、东西、地方、时候、我、你、他、我们、你们、他们、（一）张（席）、（一）块（墨）、（一）口（猪）、（一）尾（鱼）、（吃一）餐、今日、明日、后日、昨日、前日、今年、明年、上午、下午、早晨、晚上、上面、下面、里面、附近、地上、早饭、午饭、晚饭、喝茶、洗脸、喊、吵架、打架、提起、选择、欠、收拾、沏茶、对酒里对水、抓鱼、休息、怀孕、放、摔（倒）、玩、猜谜、留神、美、丑、坏、顽皮、黑、肮脏、瘦（肉）、舒服、乖

上述词汇的调查比较结果如下：上饶铁路话与上饶市区话相近的词汇有84条，与杭州话相近的词汇有107条，与普通话相近的词汇有187条，另有2条词汇来源不明。上饶铁路话与普通话的词汇接近度高达93.5%（仅13条词汇不同）；上饶铁路话与杭州话词汇接近度为53.5%；上饶铁路话与上饶市区话的词汇接近度为42%。从现有的调查结果来看，上饶铁路话的词汇有向普通话靠拢的倾向。

为什么上饶铁路话的词汇会大范围地向普通话靠拢呢？其原因可能在于上饶铁路话母语人从事行业的特殊性。上饶铁路话母语人大多从事与铁路运输行业相关的工作，常与五湖四海的人打交道，为保障交际的有效性，他们的词汇最好与顶层的普通话保持相近或一

致，而不能保留太多方言色彩较重的词汇。

4.2 封闭类词汇

封闭类词包括封闭类实词和封闭类虚词。本小节选取的是三类封闭类实词——亲属词、时间词和身体词，这三类封闭类实词稳定性较高，不易被替代，用它们进行词汇比较可以反映上饶铁路话、杭州话和上饶市区话语言接触的深度；由于封闭类虚词（如词缀、代词、结构助词、否定副词、介词、连词等）与词法关系较大，故将其放在语法部分进行比较。

4.2.1 亲属词汇

亲属词汇调查条目如下：

曾祖父、曾祖母、祖父、祖母、外公、外婆、父母、父亲、背称、父亲、面称、母亲、背称、母亲、面称、岳父、背称、岳母、背称、夫之父、背称、夫之母、背称、伯父、伯母、叔父、叔母、舅父、舅母、姑妈、姑父、姨妈、姨父、哥哥、姐姐、弟弟、妹妹、夫之兄、夫之弟、嫂嫂、弟媳妇、妹夫、丈夫、妻子、妻之兄或弟、儿子、女儿、儿媳妇、女婿、孙子、孙女、外孙、侄儿、外甥、连襟、妯娌

调查比较结果如下：上饶铁路话的亲属词汇中，近于杭州话的有27条，近于上饶市区话的有22条，近于普通话的有36条，另有2条词汇来源不明。从亲属词汇的比较结果来看，普通话对上饶铁路话的影响最大，其次是杭州话，最后是上饶市区话。

4.2.2 时间词汇

时间词汇调查条目如下：

今年、去年、前年、明年、后年、一年、光景、这个月、今天、明天、后天、昨天、前天、拂晓、早晨、上午、中午、下午、傍晚、白天、晚上、每天、时光、时候、现在、过去、后来、马上、立刻、迟一点、近来

调查比较结果如下：上饶铁路话的时间词中，近于杭州话的有4条，近于上饶市区话的9条，近于普通话的有25条。从时间词系统来看，也是普通话对上饶铁路话的影响最大，其次是上饶市区话，最后是杭州话。

4.2.3 身体词汇

身体词汇调查条目如下：

词条、皮肤、肉、血、骨头、脂肪、心脏、肝、头、头发、眼睛、鼻子、嘴、牙齿、舌头、耳朵、脖子、手、乳房、肚子、脚、腿、膝盖、背名词

调查比较结果如下：上饶铁路话的身体词汇中，近于杭州话的有16条，近于上饶市区话的有20条，近于普通话的有17条。从身体词汇来看，三者对上饶铁路话的影响相差无几。由封闭类词汇系统的比较可见，上饶铁路话也是更多受到了普通话的影响，但是我们也可以看到杭州话和上饶市区话的词汇已经渗透到这些封闭类词汇中来了。

4.3 特色词汇

为了进一步探明杭州话和上饶铁路话的渗透程度，本章进一步用上饶市区话和杭州话的特有词汇进行调查比对。

4.3.1 上饶市区话特色词汇

笔者用上饶市区话的63条特色词汇对上饶铁路话发音人黄斌进行了调查，按调查结果分为三类：

A类：说；B类：不说，但听过；C类：不说，也没听过。

A 类有 22 条词汇：

上饶市区话词汇	普通话释义	上饶市区话词汇	普通话释义
皮老鼠 pi^{42}lɑu^{53}tɕ^{h}y^{53}	蝙蝠	撇踏 p^{h}iɛʔ^{2}t^{h}ɛʔ^{0}	做事快
猫咪头 mɑu^{55}mi^{53}de^{0}	膝盖	撇脱 p^{h}iɛʔ^{2}t^{h}uɛʔ^{0}	做事快
茅司 mɑu^{42}sɿ^{55}	厕所	好佬 xɑu^{53}lɑu^{231}	能干
刮坼 kuəʔ^{2}ts^{h}əʔ^{2}	裂开	隔蛮 kɛʔ^{2}mẽn^{0}	勉强
项颈 xãn^{21}tɕĩn^{53}	脖子	麦豆 maʔ^{2}de^{212}	豌豆
□夹底 dʑiɛʔ^{2}ga^{2}ti^{53}	腋下	苞粟 pɑu^{55}suʔ^{5}	玉米
癫子 tiẽn^{53}tsɿ^{0}	疯子	堂客人 dãn^{42}k^{h}aʔ^{5}ȵĩn^{0}	女人
癫妈 tiẽn^{53}ma^{55}	女疯子	台盘 dæ^{24}buẽn^{423}	桌子
跌古 t^{h}iɛʔ^{4}ku^{53}	丢脸	洋碱 iãn^{42}kãn^{53}	肥皂
推板 t^{h}ui^{55}pãn^{0}	很差	面嘴 miẽn^{2}1tsui^{53}	脸蛋
崭得很 dʑẽn^{24}tə^{0}xən^{53}	好得很	铰剪 kɑu^{55}tɕiẽn^{53}	剪刀

B 类有 17 条词汇：

上饶市区话词汇	普通话释义	上饶市区话词汇	普通话释义
薄刀 bɔ^{11}tɑu^{55}	菜刀	话事 uᴀ^{24}sɿ^{212}	讲话
天萝 t^{h}iẽn^{53}lo^{0}	丝瓜	搕 iæʔ^{5}	拿
佛豆 vɛʔ^{11}dɛ^{11}	蚕豆	调起 diɑu^{42}tɕ^{h}i^{423}	起来、起床
喫天光 tɕ^{h}ɪʔ^{2}t^{h}iẽn^{55}kuõŋ^{55}	吃早饭	闹热 nɑu^{11}ȵiɛʔ^{3}	热闹
喫晏昼 tɕ^{h}ɪʔ^{2}ŋãn^{43}tɕiu^{435}	吃中饭	插眼 ts^{h}ɛʔ^{2}ŋãn^{53}	讨厌
喫黄昏 tɕ^{h}ɪʔ^{2}uãŋ^{32}xuən^{55}	吃晚饭	弄怂 nuŋ^{24}suŋ^{55}	捉弄
转来 tɕyẽn^{53}læ^{0}	回来	清简 ts^{h}ɪ̃^{55}kã^{53}	漂亮
转去 tɕyẽn^{53}k^{h}ə^{0}	回去	细 sui^{53}	小
种猪 tɕiuŋ^{55}tɕy^{55}	养猪		

C 类有 25 条词汇：

上饶市区话词汇	普通话释义	上饶市区话词汇	普通话释义
蟥蜣 uõŋ^{42}fĩn^{53}	蚯蚓	细人 sui^{53}ȵĩn^{0}	小孩
壁墙 biɪʔ^{2}tɕ^{h}iɑŋ^{24}	墙壁	小来鬼 ɕiɑu^{55}læ^{42}kui^{53}	小男孩
魂灵 uən^{24}liŋ^{24}	灵魂	囡儿崽 nᴀ^{42}ȵi^{42}tsæ^{53}	小女孩
欢喜 xuẽn^{55}ɕi^{53}	喜欢	囡儿儿 nᴀ^{42}ȵi^{55}ȵi^{423}	小女孩
人客 ȵĩn^{42}k^{h}aʔ^{5}	客人	毛伢儿 mɑu^{42}ŋᴀ^{55}ȵi^{423}	婴儿
机司 tɕi^{55}sɿ^{55}	司机	男子人 nuẽn^{42}tsɿ^{53}ȵĩn^{0}	男人
窗盘 tɕ^{h}yõŋ^{53}buẽn^{0}	窗子	□ gãn^{212}	跨
汤汤盖 t^{h}õŋ^{55}t^{h}õŋ^{55}kæ^{55}	铁盖子	嬉 ɕi^{55}	玩
木辣开 muʔ^{2}lɛʔ^{2}k^{h}æ^{0}	毛毛虫	斫柴 tɕiaʔ^{5}dʑæ^{24}	砍柴
细猫咪 sui^{53}mɑu^{24}mi^{53}	小猫	病儿 bĩn^{24}ȵi^{423}	害喜
老鸦骚 lɑu^{53}ŋᴀ^{55}sɑu^{55}	狐臭	光 kuõŋ^{55}/ □ dæ^{231}	亮（灯很～）
□饭 iẽn^{24}fãn^{55}	剩饭	睟眼 uõŋ^{212}ŋãn^{53}	耀眼
戏面壳 ɕi^{24}miẽn^{53}k^{h}əʔ^{0}	面具		

从调查结果来看，上饶铁路话发音人黄斌正在使用的上饶市区话词汇有21条（A类），其他上饶铁路话母语人正在使用的词汇有38条（A类+B类），另外25条词汇（C类）在上饶铁路话中未见。

4.3.2 杭州话特色词汇

笔者同样按照上面的方法用杭州话的82条特色词汇对上饶铁路话发音人黄斌进行了调查，按调查结果分为以下三类：A类：说；B类：不说，但听过；C类：不说，也没听过。

A类有17条词汇：

杭州话词汇	普通话释义	杭州话词汇	普通话释义
木佬佬 moʔ^{2}lɔ^{13}lɔ^{13}	很多	才子 dzɛ^{31}tsɿ^{0}	副词，才
毛十个 mɔ^{31}zəʔ^{2}koʔ^{5}	近十个	㣼 tɕ^{h}iẽ^{33}	孩子恃宠撒娇；成人女性
倭七倭八 ʔo^{33}tɕ^{h}iəʔ^{5}ʔo^{33}paʔ^{5}	言行不合常理	㣼煞煞 tɕ^{h}iẽ^{33}saʔ^{5}saʔ^{5}	故作媚态，或卖弄风情
小鬼头儿 ɕiɔ^{53}kui^{31}dei^{0}əl^{0}	小孩子的昵称	横竖横 ɦuaŋ^{31}zɿ^{13}ɦuaŋ^{213}	豁出去
锅子 ku^{33}tsɿ^{0}	锅	横对 ɦuaŋ^{31}tuei^{55}	蛮不讲理
过饭 ku^{55}vɛ̃^{13}	下饭	屃 zoŋ^{213}	精液；比喻人胆小没骨气
到门 tɔ^{55}men^{213}	完善、周全；死亡	新郎官儿 ɕin^{33}laŋ^{33}kuõ^{33}əl^{33}	新郎
睏 k^{h}un^{55}	睡；疲倦	毛毛头 mɔ^{33}mɔ^{33}dei^{0}	婴儿
膫儿 liɔ^{31}əl^{13}	本领，能量		

B类有2条词汇：

杭州话词汇	普通话释义	杭州话词汇	普通话释义
格头格脑 kəʔ^{5}dei^{31}kəʔ^{5}nɔ^{53}	劈头盖脸	格末 kəʔ^{5}məʔ^{5}	那么

C类有63条词汇：

杭州话词汇	普通话释义	杭州话词汇	普通话释义
凹凼 ʔɔ^{33}daŋ^{33}	无水的凹坑	冒 mɔ^{13}	副词，很。与“木佬佬”同
水汪凼 sɥei^{53}ʔuaŋ^{33}daŋ^{33}	水坑	冒得唻 mɔ^{13}tə^{0}lɛ^{0}	呕吐了
道儿 dɔ^{13}əl^{53}	世道	枝莒儿 tsɿ^{33}tiɔ^{33}əl^{33}	小的树枝
道儿老 dɔ^{13}əl^{53}lɔ^{53}	善于处世，经验丰富	小伢儿 ɕiɔ^{53}ɦia^{31}əl^{31}	儿童，小孩儿
油冬儿 ɦiø^{31}toŋ^{33}əl^{33}	油冬菜	抵配 ti^{53}p^{h}ei^{31}	大不了，拼着（付出代价）
瓢儿菜 biɔ^{31}əl^{13}ts^{h}ɛ^{55}	鸡毛菜	鸡皮蕾儿 tɕi^{33}bi^{33}lei^{13}əl^{31}	鸡皮疙瘩
坐起间 dzo^{13}tɕ^{h}i^{53}tɕiẽ^{31}	客厅	马儿哈之 ma^{31}əl^{31}ha^{33}tsɿ^{33}	马大哈，粗心大意
饭瓢儿 vɛ̃^{13}biɔ^{53}əl^{31}	饭瓢	都落头儿 tu^{33}loʔ^{5}dei^{0}əl^{0}	物体上的附属小件
老倌 lɔ^{53}kuõ^{31}	泛指某人	嘟嘴 tu^{33}tsɥei^{53}	接吻
回烊儿 ɦui^{31}ɦiaŋ^{13}əl^{13}	热过再拿出来吃的剩菜	落雨得唻 loʔ^{2}ʔy^{53}tə^{0}lɛ^{0}	下雨了
饿煞得 ŋo^{13}saʔ^{5}tə^{0}	十分饥饿	打落头儿 ta^{53}loʔ^{2}dei^{0}əl^{0}	吃回扣
譔古唠叨 dzɥõ^{13}ku^{53}lɔ^{33}tɔ^{33}	没完没了地说	所块 su^{33}k^{h}ue^{53}	地方
险不险 ɕiẽ^{53}pəʔ^{5}ɕiẽ^{53}	险些；差点儿	拉瓜 la^{33}kua^{33}	老末，最后
刚出道儿 kaŋ^{33}ts^{h}ɥəʔ^{5}dɔ^{13}əl^{53}	才参加工作，社会经验不多	话语 ɦua^{13}ʔy^{53}	语言
潮 dzɔ^{213}	量词。场：一潮雨；群：一潮人	睏坦觉 k^{h}un^{55}t^{h}ɛ̃^{53}tɕiɔ^{31}	安安稳稳地睡觉
		睏晏觉 k^{h}un^{55}ʔɛ̃^{55}tɕiɔ^{31}	午睡

续表

杭州话词汇	普通话释义	杭州话词汇	普通话释义
索儿 soʔ^{5}əl^{33}	绳子	横竖 ɦuaŋ^{31}zɿ^{13}	反正；无论如何
竹筱 tsoʔ^{5}ɕiɔ^{31}	竹枝	骚各笃儿 sɔ^{33}koʔ^{5}toʔ^{5}əl^{33}	未阉过的大雄鸡；比如到处
落地道儿 loʔ^{2}di^{13}dɔ^{13}əl^{31}	便宜货	骚古东儿 sɔ^{33}ku^{33}toŋ^{33}əl^{33}	追逐女人的男子。
摞儿 liəʔ^{2}əl^{13}	理发梳子	开碰 kʰɛ^{33}baŋ^{13}	请让开；当心碰着
眠床 miẽ^{31}dʑɥaŋ^{13}	床	开条斧 kʰɛ^{33}diɔ^{31}fu^{53}	提条件、提要求
寮檐 liɔ^{31}ɦiẽ^{13}	房檐、屋檐	瓦摇头 ʔua^{53}ɦiɔ^{31}dei^{31}	中介
□ gɔ^{213}	结束，完了	喫对东儿 tɕʰioʔ^{5}tui^{55}toŋ^{31}əl^{31}	平摊、平分
□得 gɔ^{31}tə^{0}	完成、成功；死了	躺杆儿 diɔ^{31}kẽ^{53}əl^{31}	苗条、修长的身材
□场得 gɔ^{31}dʑaŋ^{13}tə^{0}	搞砸了；（不来）拉倒	沃面 ʔɔ^{33}miẽ^{33}	光面或放少许青菜的汤面
雀儿 tɕiɔ^{53}əl^{31}	男阴	篆儿 loʔ^{2}əl^{13}	知识不广，社会经验不足的
私伢儿 sɿ^{33}ɦia^{33}əl^{33}	私生子		人；名词，盒子；量词：一
近觑眼儿	近视眼		~肥皂
dʑin^{13}tɕʰi^{53}ʔiẽ^{53}əl^{31}		毛 mɔ^{213}	量词，次：前毛子=前一次。
惹落 dʑa^{13}loʔ^{5}	东西落下	没见得 məʔ^{2}tɕiẽ^{55}təʔ^{5}	丢了，找不到
抓纸团儿	抓阄	抢锅刀 tɕʰiaŋ^{53}ku^{33}tɔ^{33}	锅铲子
tsɥa^{33}tsɿ^{53}duõ^{31}əl^{31}		单爿儿 tẽ^{33}pẽ^{33}əl^{33}	尿布
帅官头儿	象棋棋子“帅”	耍子儿 sa^{53}tsɿ^{0}əl^{31}	玩儿
sɥɛ^{55}kuõ^{31}dei^{31}əl^{31}		刨黄瓜儿	敲竹杠
害喜得唻 ɦɛ^{13}ɕi^{53}tə^{0}lɛ^{0}	妇女怀孕	bɔ^{213}ɦuaŋ^{213}kua^{33}əl^{33}	

从调查结果看来，上饶铁路话发音人黄斌正在使用的杭州话词汇有 17 条（A 类），其他上饶铁路话母语人正在使用的词汇有 19 条（A 类 +B 类），另有 63 条词汇（C 类）在上饶铁路话中未见。下面将上饶市区话词汇和杭州话词汇对上饶铁路话的影响作一下比较：

表 3　特色词比较小结表

	上饶市区话（63条）	杭州话（82条）
发音人黄斌使用	21条　33.3%	17条　20.7%
上饶铁路话内部通行	38条　60.3%	19条　23.2%

从上表看来，无论是数量还是比例，上饶市区话特色词汇对上饶铁路话的影响都明显大于杭州话特色词汇对上饶铁路话的影响。可见，迁入地方言（上饶市区话）的词汇已经利用其地缘优势（上饶铁路话处于上饶市区话的包围之中）大量渗透到了移民方言（上饶铁路话）的词汇系统中。

4.4　小结

从词汇比较的结果来看，我们发现上饶铁路话的词汇系统是个混合系统：一方面上饶铁路话词汇中含有来源方言和迁入地方言的一些特色词汇，另一方面又存在向顶层普通话靠拢的倾向。

五　上饶铁路话与杭州话、上饶市区话的语法比较

5.1　词法

词法方面，笔者选择了词缀（包括前缀和后缀）、代词（包括人称代词、指示代词和疑问代词）、结构助词（的、地、得）、数词“二”和“两”的用法、否定副词及形容词生动形式等六个方面进行了语言比较。**比较的结果是，杭州话和上饶市区话对上饶铁路话的影响各半，彼此势均力敌，不相上下。**限于篇幅，本文仅列出词缀和人称代词的比较结果。

5.1.1　词缀

从词缀调查结果来看，上饶铁路话、杭州话和上饶市区话都有“子”缀（桌子）、“头”缀（贼骨头）、“佬”缀（舅佬）和“老”缀（老酒），而“儿”缀（要子儿）和“阿”缀（阿乡）为杭州话所独有，为上饶铁路话和上饶市区话所未见。

5.1.2　人称代词

表 4　三地人称代词比较表

词条	上饶铁路话	杭州话	上饶市区话
我	我 ŋo^{53}	我 ŋo^{53}	阿 / 阿人 ᴀ^{24}/ᴀ^{24}nĩn^{0}
你	你 ȵi^{53}	你 ni^{53}	尔 / 尔人 n̩^{24}/n̩^{24}nĩn^{0}
他	他 tʰa^{44}	他 tʰᴀ^{33}	渠 / 渠人 gə^{24}/gə^{24}nĩn^{0}
我们	我们 ŋo^{53}mən^{0}	我们 ŋo^{53}mən^{31}	阿大家 ᴀ^{24}dᴀ^{21}kᴀ^{0}
你们	你们 ȵi^{53}mən^{0}	你们 ni^{32}mən^{21}	尔大家 ŋ^{24}dᴀ^{21}kᴀ^{0}
他们	他们 tʰa^{44}mən^{0}	他们 tʰᴀ^{22}mən^{33}	渠大家 gə^{24}dᴀ^{21}kᴀ^{0}
咱们	我们 ŋo^{53}mən^{0}	我们 ŋo^{53}mən^{31}	□大家 ŋᴀ^{53}dᴀ^{21}kᴀ^{0}
自己	自己 dʑɿ^{13}tɕi^{53} 自家 dʑɿ^{13}ka^{44}	自家 dʑɿ^{13}tɕiɑ^{53}	自家 dʑɪʔ^{2}gᴀ^{0}
别人	别人 bie^{13}zən^{13}	另外人 liŋ^{13}uɛ^{33}zən^{0} 人家 zən^{13}tɕiɑ^{33}	人家 ȵĩn^{42}kᴀ^{55}

上饶铁路话与杭州话的第一人称复数无包括式与排除式的对立，均为“我们”；而上饶市区话中第一人称复数有此对立，其包括式为“阿大家［ᴀ^{24}dᴀ^{21}kᴀ^{0}］”，排除式为“□大家［ŋᴀ^{53}dᴀ^{21}kᴀ^{0}］”。

杭州话的人称代词比较特别，它的人称代词系统来源于古官话，而非吴语。

表 5　杭州话人称代词来源比照表

北京	我们	你们	他们
杭州	我们	你们	他们
嘉兴	我捺	吾捺	伊拉
湖州	实伢	实捺	渠拉
绍兴	伢拉	喏络	耶络

（来源：游汝杰 2012）

另据鲍士杰（1998），杭州话的人称代词单数作定语时，习惯上都改用复数，上饶铁路话和上饶市区话无类似用法。① 如：

请你交拨我们老公请你交给我的丈夫　　你们老婆回娘家去得你的妻子回娘家去了

小张是我们女婿小张是我的女婿　　他们丈人老头儿来得他的岳父来了

从人称代词来看，上饶铁路话只有“自己”一词与上饶市区话相近，其余词条多近于杭州话或普通话。

5.2　句法

句法方面，笔者选取了“把”字句及“被”字句、双宾句、动词 + 人称代词 + 否定补语、动词 + 宾语 + 动量词、比较句、动词的体和是非问句等七个方面进行了语言比较。**比较的结果是迁入地方言上饶市区话对于上饶铁路话的影响具有压倒性优势，而来源地方言杭州话对上饶铁路话的影响则微乎其微。**限于篇幅，本文仅列出是非问句的比较过程。

5.2.1　是非问句格式之比较

本文所谈的“是非问句”指一般疑问句，不包括特指问句，但包括选择问句里的“反复问句”（游汝杰 2012），即可以用点头或者摇头来回答的问句。

5.2.2　未然体是非问句之比较

游汝杰指出，吴语里的未然体问句可以分为三类：“F-V”、“V-neg.-V”和“V-neg.”。未然体是非问句的两大类型“V-neg.”和“V-neg.-V”几乎分布于吴语区全境，只有下列例外：“V-neg.”不见于杭州和绍兴；“V-neg.-V”不见于苏州府。在各种反复问句中这两种格式在地理上的分布是最广阔的。同时经游汝杰考证，在未然体的三种类型中，应以“V-neg.”为最古层，“V-neg.-V”为中间层，“F-V”为最新层。

上饶铁路话的未然体是非问句有“V-neg.”和“V-neg.-V”两种类型，其中以前者使用频率更高。不过上饶铁路中这两种未然体是非问句的回答方式是大致一样的。

上饶铁路话的“V-neg.”：

你要吃饭吧？要。/ 我𣍐吃。

你明天有空吧？有的。/ □［məʔ[12]］。

他是学生吧？是的。/ 不是的。

你明天来吧？来的。or 要的。/ 不来。

上饶铁路话的“V-neg.-V”：

你要不要吃饭？要。/ 我□［piɔ[53]］吃。

你明天来不来？来的。or 要的。/ 不来。

他们是不是学生？是的。/ 不是的。

你去不去玩？要去的。/ 不去。

上饶市区话未然体是非问句跟上饶铁路话一样，也有“V-neg.”和“V-neg.-V”两类。

上饶市区话的“V-neg.”：

明朝你要去嬉吧？要（去）。/ 不（去）。（嬉：玩）

你要去吃饭吧？好。/ 不想吃。

---

① 另据陈忠敏先生告知，杭州话人称代词单数改用复数是修辞用法，因为杭州话中，“我老公”“你老公”“她老公”都是可以说的，不是强制性的。

他是学生吧？是。/ □［mɐʔ²³］。

上饶市区话"V-neg.-V"①：

明朝你要不要去嬉？要（去）。/ □［piɑu⁵³］。

你要不要吃饭啊？好。/ 不想吃。

他是不是学生？是。/ □［mɐʔ²³］。

杭州话的未然体是非问句只有"V-neg.-V"这一种类型。例如：

你去不去耍子儿？（你去不去玩？）

你明朝来不来？（你明天来不来？）

他们是不是学生子？（他们是不是学生？）

你要不要去吃饭？

通过三地未然体是非问句的比较可发现：上饶铁路话与人口迁入地的上饶市区话较近，而与人口迁出地的杭州话较为疏远。

5.2.3　未然体是非问句之比较

上饶铁路话的已然体是非问句的格式是"V+ 吧"，如：

你去过三清山了吧？去过了。/ □［məʔ¹²］。Or 没有。

他跟你讲了吧？讲了。/ 还么。

他告诉你了吧？告诉了。/ 没有。

他来过了吧？来过了。/ 么来过。

上饶市区话的已然体是非问句的格式也是"V + 吧"，与上饶铁路话一样。如：

你去过三清山吧？去过。/ □［mɐʔ²³］去过。

他跟你话了吧？（他跟你说了吧？）话了。/ □［mɐʔ²³］话。

他来过这边吧？他来过。/ □［mɐʔ²³］来过。

杭州话已然体是非问句的格式是"有不有 +V"，有时甚至可省作"有不 +V"。如：

他有不有去？去的。/ 没有去。

饭有不有烧好？有的。/ 没有。

饭有不好？有的。/ 没有。

通过三地已然体是非问句的比较，我们也得到了相同的结论：上饶铁路话与人口迁入地的上饶市区话较近，而与人口迁出地的杭州话较为疏远。

5.2.4　是非问句小结

无论是未然体还是已然体，上饶铁路话是非问句的格式都近于迁入地方言上饶市区话，远于来源方言杭州话。

六　基于上饶铁路话的语言接触借贷等级

前文通过上饶铁路话与来源方言杭州话和迁入地方言上饶市区话的语言比较，确定了上饶铁路话的语言结构性质。根据前文的比较结果，我们可以归纳得出杭州话和上饶市区话对上饶铁路话的具体影响，见表 6。

---

① 本人与胡松柏书信交流时，胡曾告知本人，上饶市区话的"V-neg.-V"或为后起的形式。

表 6　上饶铁路话的影响来源对比表

条目			对上饶铁路话的影响
语音	声调		杭州话 > 上饶市区话
	声母		杭州话 > 上饶市区话
	韵母		杭州话 > 上饶市区话
词汇	200 浙江方言词①		普通话占优势
	封闭类实词	亲属词	普通话 > 杭州话 > 上饶市区话
		时间词	普通话 > 上饶市区话 > 杭州话
		身体词	普通话≈上饶市区话≈杭州话
	特色词		上饶市区话 > 杭州话
语法	词法	词缀	上饶市区话 > 杭州话
		代词	杭州话 > 上饶市区话
		结构助词	杭州话≈上饶市区话
		数词“二”和“两”	上饶市区话 > 杭州话
		否定副词	杭州话 > 上饶市区话
		形容词生动形式	上饶市区话 > 杭州话
	句法	“把”字句和“被字句”	上饶市区话 > 杭州话
		双宾句	上饶市区话≈杭州话②
		动词 + 人称代词 + 否定补语	上饶市区话≈杭州话
		动词 + 宾语 + 动量词	上饶市区话 > 杭州话
		比较句	上饶市区话 > 杭州话
		动词的体	上饶市区话 > 杭州话
		是非问句	上饶市区话 > 杭州话

综合来看：

（1）语音：来源方言杭州话对上饶铁路话的影响强于迁入地方言上饶市区话。

（2）语法：从词法来看，上饶市区话与杭州话对上饶铁路话的影响持平；从句法来看，上饶市区话对上饶铁路话的影响完全占据优势。

（3）词汇：上饶铁路话虽存有上饶市区话和杭州话的一些地方特色词，但是整体来看存在向普通话靠拢的倾向。

也就是说，上饶铁路话中最容易被替代的是词汇（被普通话替代），其次是语法（被上饶市区话和普通话替代），最后才是语音，即上饶铁路话借贷的基本等级为：词汇 > 语法 > 语音。除此之外，就词汇层面而言，一般词汇的借贷先于基础词汇（主要指地方特

① 该调查条目选自傅国通、方松熹、傅佐之（1992）《浙江方言词》。

② 上饶铁路话的双宾句来源于普通话，因此上饶市区话和杭州话对上饶铁路话的影响为 0，这也可以看作二者相等的一种表现。

色词）的借贷；就语法层面而言，句法借贷先于词法；而在语音层面，上饶铁路话的音变则是相对离散的，未出现系统性的借贷。据此可归纳出上饶铁路话方言借贷的一级框架和二级框架：

上饶铁路话方言接触的借贷等级

a 一级框架：［词汇 ＞ 语法 ＞ 语音］

b 二级框架：［一般词汇 ＞ 基础词汇］ & ［句法 ＞ 词法］

注："＞"表示"先于"。

上述框架也可文字表述为：**在语言接触发生时，词汇最易渗透，语法次之，语音最难渗透；一般词汇容易渗透，基础词汇较难渗透；句法容易渗透，词法较难渗透。**

上饶铁路话语言借贷框架与学界的传统观念并不是太一致的，有时甚至是相悖的。"长期以来在学术界普遍流行如下观点：在语言接触的情况下，语法结构对于变化是相当抵制的。……人们承认语言的有些层面如音系和词汇，会受到其他语言压力的影响而发生改变，但是语法，却不大受到影响。"（徐大明 2006：256）

不过这种看法在近年来已经大有改观，"因接触而导致的语法变化现象在世界很多语言中都可以发现。……托马森和考夫曼（Thomason & Kaufman 1988）的借用无条件说有许多拥护者（Campbell 1993）……（徐大明 2006：256—257）"。本人在第七届国际吴方言学术研讨会（浙江金华 2012）上宣读该框架时得到了南京师范大学文学院刘俐李教授的支持，她指出，在东干语中也存在着与上饶铁路话相类似的语言接触框架。

上饶铁路话的语言接触框架并没有完全拘泥于国外的语言接触理论，而是立足于汉语方言的语言接触事实所得出的。Thomason 和 Kaufman 在对借贷等级分类时，只将语言结构分为词汇和结构（结构下位又分为音系结构和语法结构）两部分，在划分借贷等级时，并未对音系结构的借贷和语法结构的借贷作严格的划界处理。相较于此，上饶铁路话的借贷等级更细化了。

上饶铁路话的借贷等级之所以能够细化，也是有原因的。Thomason 和 Kaufman 曾在书中指出，语言接触一般可分为以上五个借贷类型，但有两类特殊情况：一是语言联盟（Sprachbund），如巴尔干语言联盟，它们内部的扩散方向不太容易确定，而且联盟内的语言会有大范围的结构相似；二是类型相近的借贷（Typologically Favored Borrowing），若源语言（Source Language）和借入语言（Borrowing Language）在类型结构上相契合，那么结构借用的程度可能会比接触深度的等级更高，常见的如**方言间的借贷（Dialect Borrowing）**。

上饶铁路话与上饶市区话、杭州话，甚至与普通话，都可算是方言间的借贷，四种方言在类型结构上的契合度高，这在客观上也清除了语法借贷的阻碍，从而为语音和语法从借贷等级中分化出来提供了便利。

七　上饶铁路话语言接触框架的成因

上饶铁路话之所以能够通过语言接触形成前述的借贷等级框架，自然有其自身的原因：

（1）词汇：由于上饶铁路话母语人多从事铁路运输行业的工作，常与五湖四海的人打交道，为保证交际的有效性，在词汇上需与顶层的普通话保持相近或一致，而不能保留太多方言色彩较重的词汇。因此上饶铁路话词汇除了存有杭州话和上饶市区话的一些地方特色词外，还存在向普通话靠拢的倾向。

（2）语法：上饶市区话作为上饶铁路话的迁入地语言，二者虽在迁入初期彼此隔阂，但在迁入的中后期，这种隔阂被打破，尤其是近年来双方接触十分频繁，上饶铁路话母语人与上饶市区话母语人频繁通婚，交往甚密。另外上饶铁路话的来源移民多为浙江人，方言为浙南吴语，与上饶市区话同属吴方言大区，语言结构虽有差别，但并未达到“迥异”的程度。“居民现状和语言事实”两方面的原因都使得上饶铁路话与上饶市区话在语法层面趋于同构。

不过二者在句法层面的同构表现得比词法层面更为彻底，其原因可能是：词法涉及大量封闭类词（多为虚词），如词缀、代词、介词、助词、否定副词、数词等，这些封闭类词本身在词汇层面就属于基础词汇，不易被替代，而句法最常涉及的是语序，二者相较，语序比虚词更易变，因而导致句法的同构先于词法的同构。因此上饶铁路话语言接触的二级借贷框架“[句法 > 词法]”在一定程度上也可转述为“[语序 > 虚词]”。

（3）语音：杭州话作为上饶铁路话的迁出地语言，它虽然不完全是上饶铁路话一代移民的母语，但由于一代移民多为浙江籍，加之杭州话的半官话性质及其在浙江的地方威望，杭州话在客观上扮演了一代移民母语的角色，使得一代移民的浙江口音向杭州话靠拢。这也就解释了上饶铁路话与杭州话在语音层面的为何具有高度的相似性。

然而需要说明的是，上饶铁路话语言接触的借贷等级是基于上饶铁路话的语言接触事实得出的，它是否具有汉语方言接触的普遍性，仍有待更多汉语方言接触的材料检验。

参考文献

陈保亚．语言接触与语言联盟［M］．北京：语文出版社，1996.

傅国通，方松熹，傅佐之．浙江方言词［M］．内刊，1992.

何细贵．上饶地区志［M］．北京：方志出版社，1997.

胡松柏．赣东北方言调查研究［M］．江西：江西人民出版社，2009.

胡松柏，葛　新．浙赣线“上饶铁路话”的形成与发展［J］．南方语言学，2011（3）．

钱乃荣．杭州方言志［J］．中国语学研究：开篇，1992（5）．

徐大明．语言变异与变化［M］．上海：上海教育出版社，2006.

杨文波．江西上饶铁路话方言岛音系［J］．中国语学研究：开篇，2012（31）．

杨文波．上饶铁路话与杭州话、上饶市区话的语音比较［J］．语言研究集刊，2012（9）．

游汝杰．老派杭州方言同音字汇［Z］．未刊，2012.

游汝杰．方言趋同与杭州话的“柯因内语”性质［J］．中国语言学报，2012（15）．

Thomason，S. Kaufman，T. *Language Contact*，*Creolization*，*and Genetic Linguistics*［M］. Berkeley: University of California Press，1991.

（杨文波　上海大学国际交流学院　邮编 200444　yangwb2013@126.com）

断代方言辞书的里程碑

——读《明清吴语词典》

赵日新

在汉语方言中，有书面文献传统的方言并不多，除了官话之外，大概就数粤语和吴语了。其中官话、粤语的书面文献传统一直延续至今，吴语从明代至近代书面文献极为丰富，大致到民国以后这种传统就渐渐中断了（当然不排除后来还有一些改编的书面文学作品或吴地作家在用普通话创作的同时夹用一些富有表现力的方言俚语）。吴语文学在我国方言文学宝库中具有重要地位，特别是在明清时期，用吴语（主要是苏州话和上海话）写作的作品很多，体裁也较为多样，如传奇、小说、弹词、民谣等，要读懂这些东西，对非吴语区的人来说存在很大的困难，石汝杰《吴语读本——明清吴语和现代苏州方言》(日本好文出版，1996年，《中国语学研究·开篇》单刊第8种）选择近20篇这样的作品，加以注释翻译，在一定程度上增加了这些作品的“可读性”或“可懂度”。当然，如果能编写一部收录、注释历史上吴语文学作品中方言词语的工具书，则更是功德无量的学术贡献。

现在，摆在我们面前的就是这样一部具有开创性意义的工具书——《明清吴语词典》。

《明清吴语词典》(以下简称《词典》)，石汝杰、宫田一郎主编，上海辞书出版社2005年1月出版，定价198.00元。该书系中国苏州大学、日本北陆大学合作研究项目，16开本，书前有苏州大学校长钱培德、日本国北陆大学理事长北元喜郎的序，石汝杰的长篇前言、凡例、词目首字音序索引等，《词典》正文计790页（约170万字），收词约17000条，附录包括：苏州方言音系、苏州方言同音字表、吴语文献资料书目、现代吴方言分区图，书后有词目笔画索引等。

一

一部词典既要划定选词范围，甄别每一个词目，确保这些词目是吴方言词，又要运用辞书编纂的形式，这样的多重要求，使得《词典》作为断代方言辞书，就有了特殊的编纂内容和编纂目的，这同时也要求编者必须具备相当高的方言、汉语史研究水平和词典编纂能力。《词典》无疑具有开创性的意义，无论是从方言学、汉语史还是从词典学角度来看，都是一部成功的作品。

词典工程浩大，这从以下数字可见一斑：编写过程中建立的条目数据库和全文数据库共有12个，约有20万条记录，约合1000万字。其中从几百种文献中摘录的记录50000多个，全文收录的文献有40多种，所搜集的词条有20000余条。

《词典》“以明清时代吴语地区作者的作品为主要对象”，《词典》的17000多个词目，是从几百种吴语文学作品中搜集得来的。所谓吴语文学作品，其实只有很少是纯粹用吴语写的，多数是吴语和官话掺杂在一起的。如《山歌》是成篇（特别是前九卷）使用吴语的作品，也是现存最早的吴语文学作品，《海上花列传》的对话部分全部用吴语，《海天鸿雪记》使用的语言格局与《海上花列传》相仿，而《九尾龟》人物对话用苏白只限于妓女，而且妓女一旦从良，对话也就不再用苏白了。其他很多作品一般是官话和吴语的混合体。

这些作品中所使用的吴语也并非局限于某一个地方，多数是苏州、上海一带的方言，也有些是浙江吴语。要从这么多部作品中找出吴语词来，工作难度及复杂程度是不难想象的。

第一，如何判断一部具体作品里面是否包含吴语成分？作者指出，“最困扰人的问题是，如何确认和分析各种资料中的吴语特征”。作者的出生地、长期生活的地点或其母语形成的地点自然可以作为一个重要的参考条件，但遇到作者佚名或籍贯不详（这样的情况很普遍），就得找其他的办法。作者的处理办法是，“依据历史资料，并与现代吴语作比较”，特别是提出了几条重要的语法特征作为判断的根据，如“V+快（哉）”“AA里/AA能/AA叫”“数＋量＋头”后缀“相”“杀”作补语、“处”的用法、“动词重叠式＋补”，作者对现代吴语和明清吴语的语法现象都有精到的研究，提炼出来的这几条语法特征符合当时的吴语实际，对判别作品中的吴语成分而言是准确合适而且也便于操作的。

第二，作品中的吴语成分并不等同于其中所有用词都是吴语词。如何确定作品中的吴语词？诚如作者所说：“要判断某个词语是否方言词是很麻烦的”，作者的原则是：“不见于其他方言（尤指官话等非吴语），也不见于通语的，就算作当时的方言词语”，“本词典的目的是罗列明清时期文献中的吴语词语，不管现代使用不使用，都收录”。从理论上说，这个原则是可行的，但具体操作起来，我相信作者在面对某些词时也会犹豫不决的，因为要确认“不见于其他方言”难度的确太大了。

不过，《词典》中所收录的词目是否都是吴语词，这是见仁见智的事情，如“百发百中（21）、比如（36）、别人（42）、喊（247）、姜太公钓鱼（306）”等词目，有人可能会提出疑问，不过我们认为这并不很重要，因为这跟编者确立的收词原则并不矛盾，而且正像编者所说，《词典》还具有近代汉语词典的性质。

二

关于《词典》的意义，作者在前言里提到了如下几个方面：“将开拓汉语词汇史研究的新领域”、“能为方言研究者、民间文学作品记录者提供可供参考的用字标准”、“对整理、校勘、标点、研究明清时代的方言戏剧、弹词等能起重要的作用”、“是阅读、理解明清时期吴语地区的文献的详细、可靠的工具书”，除了上述意义之外，我们认为，《词典》至少还有如下方面的意义。

第一，《词典》是我国第一部断代方言词典，在我国的辞书编纂史上具有开创意义，填补了汉语词典的一个空白。

过去的词典以共同语词典居多，方言词典凤毛麟角。明代以后出现的许多专门辑录方言俗语的辞书，有些是方言俗语词的汇集，古今兼收（不“断代”），也并不注重其他方言是否也有这些词，如《里语徵实》（清唐训方著，记录湖南常宁地区方言俗语）、《蜀语》（明李实著，分地考证常言俗语，收录四川方言词语600多条）等并不注重方言词的严格甄别，所收录的词语并非为某方言所独有，只要是方言口语中说的不管外方言是否也说都收录，同时，这些著作也不具备词典的要素，充其量只能算是方言词汇辑录（并加考证）。现代人傅朝阳的《方言词例释》（收方言词语3000余条，不局限于某一个方言，古今兼收）、任明的《北方土语词典》（收现代文学作品中北方方言俗语1500余条，其中的“北方方言”只是一个较为笼统的概念）、金受申的《北京话语汇》（收北京地区特殊方言俗语1300条，古今兼收）等所收方言词也没有明确的方言界线，更主要的是古今兼收。过去的吴语方言词典，如《简明吴方言词典》(闵家骥、范晓等编，上海辞书出版社 1986)、《吴方言词典》(吴连生、骆伟里等编，汉语大词典出版社 1995) 等在收词方面基本上也是古今兼收。

《词典》首先是方言词典。“本词典所谓的吴语，其范围和现代方言学所界定的吴方言不完全相同，主要指分布在苏南和上海、浙北地区的方言，广而言之，是指广大的北部吴语的方言”(见《词典》“前言”)，大致和吴语太湖片吻合。

《词典》又是断代词典。“作为断代的方言词典，《明清吴语词典》广泛收罗明清时代到民国初年的书面文献中出现的吴语地区的方言口语词语，尽可能较全面地反映出明代到清末的吴语词的面貌，努力整理出词汇发展的脉络。”

《词典》所收词目的方言类属和出现年代，都大体清楚，这实属前所未有。作为一部断代方言词典，《词典》广泛收罗明清时代至民国初年的吴语地区作者的书面文献中出现的吴方言口语词语，计约 17000 条，这个数字大大超过《汉语方言大词典》分地本的收词数量，可以全面反映明代到清末的吴语词汇面貌。虽然在界定吴语词目方面采取从宽的处理办法，但整部《词典》让人能够感到 “吴风扑面”(就是说有鲜明的吴语特色，熟悉吴语的人读来一定会十分亲切)，可以说其作为断代吴方言词典是成功的范例，可以为今后类似辞书的编纂提供重要的借鉴。

第二，《词典》所收词目，内容涉及政治、经济、民俗文化、日常生活的方方面面，可以说，《词典》中词条的释义及其例句堪称明清时期吴地生活大全，特别是其中有关民俗文化方面的词语及其释义，内容丰富，涵盖当时日常社会生活的各个方面，可以帮助我们了解当时吴语地区人民的日常生活习俗。有些习俗今天已经不存在了，但反映这些习俗的词通过文献得以保存下来，并被编入词典，这可为后人研究民俗史提供很好的素材。例如：

(1) 有关生活习俗的：

【掌腰糕】〈名〉苏州风俗，阴历二月初二，油煎隔年年糕片，俗谓吃了能使腰肢强健，称掌腰糕。

【打灰堆】〈动〉旧时风俗，指除夕清晨进行的一种求吉利的活动。□ 旧俗，鸡且鸣，持杖击灰积，致词以献利市，名曰“打灰堆”。(清嘉录 12 月)

【灯划龙船】〈名〉旧俗农历五月的龙船，晚上船上点灯。

【点田蚕】〈动〉旧俗，正月初一或初二，把干柴扎于竹竿，在田里点燃，根据火的颜色预卜来年的水旱。还争抢其灰烬放在床头，据说利于养蚕。

【砻罐头】〈动〉划龙舟时的一种游戏，游客把瓦罐投入水中，让龙舟上的人争夺。砻，即丢。

【砻巧】〈动〉旧俗，农历七月七日前夕，用河水井水各半掺和成“鸳鸯水”，夜露于庭院中。待天明日晒，水面结有膜，将小针浮在水面上，根据水底针影预测巧与不巧。

【抱牌位做亲】旧俗，男女订婚后，男子去世，未婚妻与其牌位举行婚礼。

(2) 有关避讳的：

【聚立】〈名〉指伞，讳“散”。□有讳恶字而呼为美字者，如伞讳散，呼为聚立；箸讳滞，呼为快子；灶讳躁，呼为欢喜之类。(说郛续 · 推蓬寤语)

【竖笠】〈名〉伞的讳称。

【秋白】〈名〉梨的讳称。□ 讳极呼屐曰木套，讳离呼梨曰秋白。（乾隆昆山新阳合志1卷）

【圆果】〈名〉指梨。

【快儿】〈名〉筷子。因避讳，改“箸”为“快”，今写作“筷”。

【谢欢喜】〈动〉谢灶。□ 民间俗讳，各处有之，而吴中为甚。……讳“恼躁”，以谢灶为“谢欢喜”。（菽园杂记1卷）

【兴哥】〈名〉锤子的讳称。□民间俗讳，各处有之，而吴中为甚，……讳“狼藉”，以“棒槌”为“兴哥”。（菽园杂记1卷）

【秀才】〈名〉醋的讳称。□ 讳滞呼箸曰快，讳挫呼醋曰秀才。（乾隆昆山新阳合志1卷）

【赚头】❶〈名〉利润。……❷〈名〉指猪舌。因避讳而产生的说法。□ 猪舌曰赚头（“舌、蚀”声近，讳“蚀”为“赚”）。（光绪杨舍堡城志稿6卷）

【子孙桩】〈名〉讳称阴茎。

（3）隐语：

【萝卜】〈名〉隐语，仆人。□ 吴人呼仆为“萝卜”。（笑府11卷）

【利支劳】〈名〉指刀。隐语。

【青插手】〈名〉隐语，指扒手。□ 青插手并非名字，乃是江湖上切口，剪绺的叫青插手。（海上繁华梦初集4回）

【屈挛】〈名〉隐语，圈。□ 孔谓之窟笼；圈谓之屈挛。（戒庵老人漫笔5卷）

【米田共】〈名〉“粪”的隐语。繁体字“糞”拆开，即“米田共”三字。

【戎贝】〈名〉拆字格隐语，贼。□ 我这马扁行业，胜如戎贝生涯。（缀白裘10集4卷）

【土四贝】〈动〉拆字格隐语，即“賣”，卖出。□ 文书票押已落袖里，只须寻个主儿，行起土四贝的勾当，何虑手头乏钞哉？（醋葫芦11回）

【八刀】〈动〉即“分”。析字法隐语。

【马扁】〈动/名〉隐语，拆字格，即“骗”。指骗子或欺骗行为。

【三礼拜六点钟】隐语，指吃醋。□……三礼拜六点钟：此为“醋”字之拆字格。盖每七日为一礼拜，三礼拜为二十一日，六点钟为酉时，今假借为吃醋之义。吃醋者，妒也。（清稗类钞·上海方言）

第三，释义准确是词典的生命，《词典》的释义准确精到、例证具体丰富，二者相得益彰。这主要表现在以下几个方面。

（1）绝大多数词目，包括不同义项都标词性；

（2）释义精确，义项分立细致得当，例证充实，如释“来”，作者列出17个义项，举出近五十个例句，释“头”，列出11个义项，举了近四十个例句；对一些词目在释义之后还进行必要的解释交待，如“看”：❶〈动〉“用在动词后，表示尝试”。“看”前面的结构成分比较复杂。❷〈动〉用“看……起”的形式，表示根据不同的情况行事。义项❶释作“用在动词后，表示尝试”，已经很清楚了。但作者并不以此为满足，而是对“看”前面的成分作了必要的说明。须知，正是这一条说明才能突显吴语的特点。又如（例句从略）：

【田头宅基】〈名〉指坟墓。因农家常把坟墓做在田头。

【阔】❶〈形〉"宽"。吴语少用"宽"。

【回盘】〈名〉作为回礼的礼盘。旧时礼品是装在木盘中遣人挑送的。参见"盘"。

【分后社】指农历社日在秋分后。分，指秋分；社，即社日，祭土神的日子。

【侪】〈副〉都，全。吴语不用表时间的副词"才"，要说"刚刚"。

【怕人势势】〈形〉颇有点可怕。"势势"，后缀，表示"有点儿"。

（3）所举例句都有据可查（当然，这也是历史语言词典的共性）；

（4）有些释义反映了吴语的重要语音现象，通过对这些现象的分析，可以帮助我们确定某些音变发生或完成的大致年代。兹略举数例如下。

【居】❶〈动〉待（dāi），逗留。❷〈动〉即"归"。回（家）。"居"为"归"的白读音。

【乌车爬门槛】见"乌龟爬门槛"。车，读"居"。

【区得】〈副〉幸亏；亏得。区，记"亏"的口语音。

【吃亏】〈动〉受损失，又指受委屈。写作"吃区"是记音。□市物不值曰吃亏，受屈亦曰吃亏。……今俗呼亏如墟。（土风录9卷）吃区，吃亏之谐声也。（清稗类钞·上海方言）

【吃子对门谢夹壁】谢错对象；比喻张冠李戴。"夹壁"即"隔壁"，《吴下谚联》4卷作"吃诸对门谢隔壁"。

【夹壁】〈名〉即"隔壁"。部分吴语"隔夹"同音。

【间架】〈形〉即"尴尬"。

【跽】〈动〉即"跪"。跪，口语音同"距"，有的地方无［y］韵母，音同"跽"。

【白入己】〈名〉即"白日鬼"。有的方言无［y］韵母，故"己鬼"同音。

以上这几条是有关见组声母腭化现象的，下面几条是有关浊声母的。

【靠並】〈动〉即"靠傍"。□ 以上"並"字，索隐、师古注皆"步浪反"，读曰"傍"。今吴语所云"靠並"，"依並"是也。（履园丛话3卷）

【今日豆】〈名〉同"今日头"。今天。豆，是"头"的别字，弹词中常见。

【实豆】〈副〉即"实头"，实在，确实。弹词石印本中常用"豆"代替"头"，连读时同音。

【鸡头（子）】〈名〉芡实，鸡头米。……又作"鸡豆（子）"。

【黄】❶〈名〉禽蛋或蟹的黄。声母为清音，读阴平。□里床一只缸；缸里一个蛋；蛋里一个黄。黄里一个小和尚。

【王瓜】〈名〉即"黄瓜"。"王黄"同音。

【旺】〈动〉即"晃"。《广韵》上声荡韵："晃，胡广切"，苏州与"旺"同音。

【回墙】〈名〉即"围墙"。"围回"同音。

【慢娘】〈名〉后母。"慢"是"晚"的白读音。继父说"慢爷"。

【戎】〈名〉即"屄"。精液。

【池团团】〈池塘〉。"团"和"潭"同音。

下面这些条是有关韵母的。

【苦怜】〈形〉即"可怜"，苏州话"苦可"同音。

【梳】❶〈动〉梳。读音同"私、师"。□ 黄家女，杨家妇，背儿滑滑光光，齿儿俐俐伶伶。乱法强私通，私通不到头。（原注：右隐木梳。吴语"梳私"同音）（黄山谜·谜语）奴别样勿中意俚笃，就剩俚笃梳（读"师"）格前刘海，奴倒蛮中意格。（九尾狐22回）

【落起】〈动〉同“落去”，下去。口语“去起”同音。

【爱歇】〈名〉即“晏歇”，待会儿。苏州“爱晏”同音。

【角搭】〈动〉即“觉得”。知道，明白。苏州“觉”的白读音和“角”同。

【直脚】❶〈名〉瘸腿；瘸子。直，与“折”（shé）同音。

【尺】〈动〉拉（屎）。和“折”谐音。

【怯力】〈形〉即“吃力”。“吃怯”同音。□ 我现在简直走不动了，挨一步路比走一百步还要怯力。（十尾龟 24 回）

【玉百脚】〈名〉同“肉百脚”，形似蜈蚣的长型疤痕，凹凸不平。玉，与“肉”同音。

【亮兀】〈名〉即“亮月”。口语“月兀”同音。□ 月曰“亮兀”（原注：亮取夜明象；“兀月”双声兼叠韵也）。（光绪杨舍堡城志稿 6 卷）

【月凳】〈名〉即“杌凳”，一种较大的方凳。“月”与“杌”同音。

【墙头浪榻石炭】〈歇〉后面是“白刷”，和“白说”同音，比喻白费工夫。榻，即“搨”。

第四，《词典》的所有例句及对词语特别是虚词的释义，无疑是汉语历史语法特别是吴语历史语法的重要材料。这样的例子很多，比如：

【救是田鸡饿煞蛇】青蛙和蛇是天敌。比喻如果对一方有利，必然对另一方不利，不能兼顾双方。是，动态助词，相当于“了”。

【见是大佛答答拜】同“见了大佛磕磕拜”。是：助词，同“仔”。

【为仔】❶〈介〉表目的，为了。仔，动态助词，相当于“了$_1$”。

【有勒里】表突然醒悟，有办法了；有了。勒里，在这里，也是半虚化的持续体助词，相当于“着”。

【只】❷〈助〉同“子”，动态助词，表示完成，了$_1$。□ 做人弗要像个竹夫人，受只多少炎凉自在心。（山歌 8 卷）

【得势】〈助〉表示程度很高，相当于“得很、极了”。用在句末，后面还可加其他助词。本是助词“得”和“势”的组合。

【革里】❶〈代〉这里。□ 海鲜我里革里弗卖个。（缀白裘 10 集 2 卷）还子庞员外银子，单剩一双空手没那？不妨，我还有看家本事在革里得。（缀白裘 5 集 3 卷）❷〈代〉和表示存在的介词连用，表示动作在进行或持续。相当于副词“正在”或助词“着”。□（小生）在那里做什么？（净）吾拉里革里想。（缀白裘 7 集 1 卷）

【势】〈助〉表示较高的程度。参见“得势”。□ 起初呢，好得势个，近来几日显得冷淡哉。（玉夔龙 8 回）

【势势】〈缀〉形容词后缀，表稍高的程度。用于“冷势势、重势势、吓势势、怕人势势”等。

其他还有，如（括号中的数字表示页码）：阿（1）、暴（30）、吃（72）、搭（102）、得（124）、得来（125）、乭（152）、哚（167）、格（211）、个（216）、勾（223）、叫（314）、介（321）、拉（359）、拉里（361）、来（364）、来朵（365）、来浪（366）、来里（368）、勒（380）、勒朵（381）、勒海（382）、勒浪（382）、勒里（382），等等。限于篇幅，不多举例。

三

笔者是徽州人，主张徽语应属于吴语的一个片，并提出了语音、词汇、语法方面的一些证据。今读《词典》，果然其中有不少是“熟面孔”，不仅词形相同，释义也都相同或大同小异，下面是一小部分例子：

一日一夜、一老一实、一色一样、一时三刻、一堆、一塌刮仔、人来客去、三不时、亏杀/煞、亏得、大好老、大细、五更头、日朝、长天天、打中觉、打平火/伙、本底子/仔、本等、外场、处在、记认、写意、台盘、发利市、出门出路、过边、过老、有要没紧、夹头夹脑、光郎头、吓势势、吃饭家伙、吃不落、吃家饭屙野屎、吃排头、吃得落、早起头、先不先、伤阴鸷、后生家、会得、杀野、关会、讲倒、远路无轻担、两头大、块头、走作、赤骨立/肋、呆大、困梦头里、困醒、乱话三千、作人家、作死、作兴、作变、作痒、作数、身命、扶起不扶倒、饭碗头、角落头、现世报、（辛）苦的嗒、担心事、拆烂污、拆壁脚、枕头寄信、呵卵脬/胞、物事、版版六十四、昏头搭脑、夜作、闹热、怕势势、怕惧、定盘心/星、帮衬、标致、要紧要慢、面长面短、背脊骨、背褡、竖蜻蜓、骂山门、骨牌凳子、重头生活、看好看、香蕈、促掐、信壳、狠霸霸、胆门、亮子、亲眷、前后脚、前脚后脚、说嘴、除脱、样范、赶趁、贼骨头、特为、钵头、屙练、通天底下、通关、排头、浇头、接脚、爽荡、铜钱眼里翻筋斗、做生活、做夜作、做客、做人家、做难人、猪头三、猪婆龙、毫燥、搭浆、揎、硬札、温吞、勤谨、歇两日、歇日、歇夜、触霉头、暴、暴后生、瞎七瞎八、踏雄、熟事、瘪三、嬉、騣、小开、小官、小官家、线鸡、缉理、（木）柿柴

这些词今天的徽州人还在使用，而且有很多是口语中的常用词，因为时间的关系，我们没有逐条进行对比或统计。但可以肯定的是，《词典》中有不少的词至今仍活跃在徽州人的日常口语中。

徽语脱胎于吴语，历史上一直跟吴语保持着密切的联系。明清时期，正是徽商大展商业才华之际，而徽商最主要的活动范围正是在江浙一带，“少小离家老大回”的徽商延续了吴徽语的历史关系。今天的徽州人读明清时期的吴语文学作品，同样有一份亲切的感觉。

当然，也有些词虽然词形相同，但意义有了变化，以“搭浆”一词为例，《词典》该词有两个义项：❶〈动〉马虎行事，拆烂污；不负责任；糊弄 ❷〈动〉敷衍，应付。今徽语中只能用作形容词，大致相当于“差劲、糟糕”的意思，例如：尔个人真～！|～！只手表没脱了。

四

毋庸讳言，编写如此规模的巨著是一个浩大的工程，《词典》难免也有些瑕疵。比如，有些词目笔画索引与正文页码不一致。如词目笔画索引中“杀、杀人场上偷刀贼、杀千刀、杀五更、杀车榔槌、杀水气、杀气、杀火、杀半价、杀死、杀价、杀快、杀坯、杀胜会、杀胚、杀酒风、杀野、杀猪作、杀猪屠、杀着”等均与正文页码不一致；“寿头、寿头寿脑、寿头码子、寿头模子、寿字猪头、寿板、寿器”等索引标的是556页，正文实际上在557页；类似的情况还有：“是、缩、瘦、算、数、烧、说、索、食、竖、刷、耍、

输、碎、使、合”及其开头的词目。未能全部检查，这样的问题可能还有一些，至少 s、sh 两个声母的字开头的词目跟笔画索引都不完全一致。

索引部分，850 页第 2 列第 7 个词目为“‖”，查相应的 288 页正文，没有这个词目，可能是字体打印方面的错误。

一些动宾式的合成词可“离”可“合”，《词典》以“合”的形式出条，而所举例句则以“离”的形式出现，造成不一致。如“割靴腰（子）”、“换肚肠”（273）、“叫句子”（315）、“叫局”等。另外，“叫局”条举的一个例子跟词条没有关系：倪刚刚匆巧，出牌局，匆催仔再有歇哩。（海上花列传 7 回）

有个别词目出条不太合适，例如：

【粪桶耳朵】〈名〉粪桶（盛粪水的木桶）两侧安装的鋬，以便挑运。讽刺不知世事，不懂常识。□粪桶也有两个耳朵，你岂不晓得我家美儿的身价？（醒世恒言 3 卷）你这张毴嘴！粪桶也有两只耳朵，茅坑没后壁，动不动直冲出来！（野叟曝言 55 回）

所举两个例子都是“粪桶也有两个 / 只耳朵”，意思其实是“粪桶尚且有两个耳朵”，这种说法今天的徽语里也有。

参考文献

闵家骥，范晓，等．简明吴方言词典［M］．上海：上海辞书出版社，1986.

石汝杰．吴语读本——明清吴语和现代苏州方言［M］//《中国语学研究·开篇》单刊第 8 种．东京：日本好文出版，1996.

石汝杰．明清吴语和现代方言研究［M］．上海：上海辞书出版社，2006.

石汝杰．吴语文献资料研究［M］．东京：日本好文出版，2009.

吴连生，骆伟里，等．吴方言词典［M］．上海：汉语大词典出版社，1995.

（赵日新　北京语言大学语言科学院　100083）

苏州话俗语

汪　平

俗语是方言中最活跃的内容，甚至可以称作方言的精髓。方言的特色和精彩之处，往往体现在俗语中。俗语的口语性很强，是普通百姓口中常说的，文化较高的人反而说得较少。它可以反映当地的民俗以及时代面貌。当前，学界普遍关注方言与文化的关系，提出保护文化和方言的口号。我们认为，对方言俗语的研究，也具有与此一致的重大价值。以往这方面的工作学界做得还不多，应该加强。

《现代汉语词典》“俗语”条的解释是：通俗并广泛流行的定型的语句。我们认可这一说法，但它跟非俗语间没有确切的界线。我们认为，语言本来就是约定俗成的，没有确切界线是正常的，不必强求清晰。

根据这一点，本书收集俗语，标准从宽。本书共收录约四千条词条。绝大部分是苏州话口语中的俗语，有些词语，虽然不严格符合上述俗语标准，但富含方言特色，在语义特征上跟俗语相近，我们也酌量采入，目的是更多地反映苏州话词语的特色。但不收只见于书面的词语，也不收跟普通话相同的俗语。

本书语料主要来自笔者本人。主要的收集材料方式是，在日常生活中，随手携带记录本，想到一个记一个。

有关记录苏州话词语的著作已经有好几本，本书跟这些著作相比，主要特点是，收录的词条都是苏州话口语，绝大多数是现在苏州人口中说的。少数俗语现在已没有人说，老人也不说。只能在评弹里听到，但一百年前确实是流行在苏州城区的。记录活的口语的好处是：真实、内部一致，是同一个系统的材料，其价值不容低估，只是不易收集。我建议有条件的同行都来参与收集、研究各方言中的俗语。

本书注音以专业和普及兼顾，即科学性和大众性结合。先注国际音标，后注苏州话拼音。

本书释义也以专业和普及兼顾。注意雅俗共赏，通俗不媚俗，轻松易懂但不失严肃。民间传说只予适度介绍，不过分发挥，更不戏说。

下面列举一些词条，希望读者从此可窥全豹。

从这些俗语可以看到，有的十分机智、幽默，如一向所说，反映了劳动人民的智慧（买块豆腐撞撞杀、官急弗如坑急）。有的对世情的透视十分深刻（若要好，老做小），反映出普通百姓在社会底层艰难挣扎的情状（今年巴望来年好，来年还是破棉袄）。同时，因为是自然形成的语言，也难免会有负面因素。例如有些俗语拿残疾人作调侃对象，反映中国旧时代没有尊重残疾人的意识，是不文明的表现。有的俗语还调侃和尚，批评佛教，这或许反映民间宗教意识比较薄弱；还有一些俗语，偏于消极或低俗倾向，或反映了太早的时代思潮（男做女红，烂脱洞工）。

本书以忠实记录语言事实为准则，除了个别过于负面的内容以外，一般都如实记载。

稻柴好缚硬柴，硬柴弗好缚稻柴　[dæ zɑ^{23} hæ voʔ^{33} ŋã zɑ^{23}，ŋã zɑ^{23} fəʔ hæ voʔ^{5510} dæ zɑ^{23}] dáoshɑ hàofog ngánshɑ，ngánshɑ fekhàofog dáoshɑ　“稻柴”，稻草，“硬柴”，木柴。

此语比喻柔能克刚，颇有哲学思想

佛实梗敬俚，贼实梗防俚 [vəʔ zəʔ gã^{340} tɕin li$^{\underline{523}}$，zəʔ zəʔ gã^{340} bã li^{23}] fegsegghan jǐnli，segsegghan bángli　像对佛一样尊敬他，像对贼一样提防他。这表现了对“俚他”又怕又恨的心理。一般来说，贪官可以是“俚”所指对象

官急弗如坑急 [kuø tɕiəʔ^{40} fəʔ zʮ$^{\underline{423}}$ khã tɕiəʔ^{40}] guoējik feksý kānjik　“官急”指有公事要办，“坑急”是要如厕。意为办公事不如如厕紧急。此语略显粗俗，却生动地反映了普通百姓的感受：～，我要先走哉我还有事情，不管什么公事紧急，我要先走了

鸟叫做到鬼叫 [tiæ tɕiæ$^{\underline{510}}$ tsəu tæ$^{\underline{523}}$ tɕy tɕiæ$^{\underline{510}}$] diàojiao zǔdao jùjiao　鸟叫在天亮前，鬼叫在半夜，意为从天亮前工作到半夜，形容工作辛苦：俚笃做点生活真是作孽娘，～他们幹活真是可怜啊，～

今年巴望来年好，来年还是破棉袄 [tɕin ȵɪ^{40} po mã^{40} lᴇ ȵɪ^{23} hæ^{51}，lᴇ ȵɪ^{23}ᴇ zɿ^{23} phu mɪ æ^{440}] jīnnie bōmang lénie hào，lénie éshii pūmieao　这是旧时人们叹息生活艰难，无望改善

买块豆腐撞撞杀 [ma khuᴇ$^{\underline{231}}$ døʏ v^{23} zã zã saʔ$^{\underline{2310}}$] mâkue dóufhu sângshangsat　讽刺人无地自容之至，还有什么脸面活在世上，不如去死。但连死的勇气都没有，只能拿豆腐撞自己。其讽刺意味极强：我看俚活辣世界浪作啥，去～吧我看他活在世界上干什么，真是无地自容

眼睛像霍险，筷儿像雨点 [ŋᴇ tsin^{23} ziã^{231} hoʔ ɕɪ$^{\underline{551}}$，kuᴇ ŋ̍^{40} ziã^{231} y tɪ^{23}] ngézin siân hokxiè，kuē'ng siân yúdie　“霍险”，闪电。指人在饭桌前的表现：眼光像闪电一样在各个菜之间闪过，筷子夹菜像雨点般密集，形容其贪吃的程度。旧时生活条件差，普通百姓得到一个参加丰盛宴会的机会十分难得，所以在宴席上常能见到这样贪吃的人。现在这种情况应该很少见了

鹅食盆里鸭插嘴 [ŋəu zəʔ bən li^{2340} aʔ tshaʔ tsʮ^{440}] ngúsegbenli atcatzy　鸭子把嘴伸到鹅吃食的盆里，比喻手伸得太长，侵犯了别人利益：要倷～作啥佳要你干涉别人干什么？

我说仔一声，倷拆仔一坑 [ŋəu^{231} səʔ tsɿ$^{\underline{551}}$ iəʔ sã$^{\underline{423}}$，nᴇ^{3} tshaʔ tsɿ$^{\underline{551}}$ iəʔ khã$^{\underline{423}}$] ngû sekziì yiksán，nê cakziì yikkán　我说了一句，你就说了一大通。“拆”是“拉（屎）”，“拆仔一坑”即“拉了一（茅）坑”，这是很不客气的话，表示说此语的人对对方的一大通话非常不满

牛吃稻柴鸭吃谷——各有各葛福 [ȵʏ tɕhiəʔ^{23} dæ za^{23} aʔ tɕhiəʔ^{44} koʔ$^{\underline{43}}$——koʔ ʏ$^{\underline{551}}$ koʔ kəʔ^{44} foʔ$^{\underline{43}}$] niúqik dáosha atqik gok——gokyòu gokgek fok　歇后语。“稻柴”，稻草，“谷”，稻谷，牛辛勤地为人耕田劳动，吃的却是不值钱的稻草；鸭子不干活，吃的却是稻谷。但这是生来如此，还无法改变。以此比喻各人有各人的不同遭遇，没什么可以比较和强求的，劝喻人应安于自己的生活，没什么可抱怨

男做女红，烂脱洞工 [nø tsəu^{23} ȵy koŋ^{23}，lᴇ təʔ$^{\underline{231}}$ doŋ koŋ^{23}] noézu nǘgong，lêtek dónggong　“洞工”，肛门。这是旧时流行的封建观念，男人不能做女红。旧时如见到一个男人在做针线活儿，就会说此语

含辣嘴里怕烊，吐出来怕冷 [ø laʔ^{23} tsʮ li$^{\underline{523}}$ pho^{3} iã^{223}，thəu tshəʔ lᴇ$^{\underline{5230}}$ pho^{3} lã^{51}] oélad zy̌li pò yán，tǔcekle pò lân　“烊”，融化。含在嘴裏怕融化了，吐出来怕受凉，意为喜欢得无以复加，形容过分宠爱孩子。此语对许多独生子女的家长很适用

红老卜划辣蜡烛账浪 [oŋ læ boʔ^{230} uaʔ laʔ^{34} laʔ tsoʔ^{34} tsã lã^{40}] ónglaobog uadlad ladzok zānlang　红萝卜的外形跟红蜡烛相近，记账时，把买红萝卜写成买蜡烛，意思是弄错了责任人，本应是甲的责任，算成了乙的责任：哀桩事体叶弗是我做葛，倷哪亨～，怪起我来

则这件事又不是我幹的，你怎么弄错了责任，怪起我来了？

派头一落，转去吃粥 ［pha døʏ^{40} iəʔ loʔ^{44}，tsø tɕhi^{523} tɕhiəʔ tsoʔ^{44}］ pādhou yiklog，zoěqi qikzok　外表穿着非常有气派，家里却连干饭也吃不起，讽刺只图外表风光的穷人。鲁迅曾讽刺有的人穷得要命，住在几平方米的小阁楼上，但晚上脱下的裤子一定要折得整整齐齐，放在枕头底下，第二天穿出去时，裤腿上的折痕始终压得笔挺。这跟本条所指是一样的

吃饱差弗动，坐定打瞌冲 ［tɕhiəʔ pæ^{551} tsha fəʔ dong^{440}，zəu din^{231} tã khəʔ tshong^{5230}］ qikbào cāfekdhong，sûdhin dǎnkekcong　吃饱了就叫不动他做事，坐定了就打瞌睡，形容懒惰的人

吃弗落，吃仔三碗一笃笃［tɕhiəʔ fəʔ loʔ^{444}，tɕhiəʔ tsɿ^{551} sᴇ uø^{40} iəʔ toʔ toʔ^{444}］qikfeklog，qikziì sēwoe yikdokdok　“一笃笃”，一点儿。讽刺人在别人家里吃饭，假装客气，口说吃不下，实际吃了三碗还多

吃尽滋味盐好，走尽天下娘好 ［tɕhiəʔ zin^{551} tsɿ mi^{40} ɪ hæ^{23}，tsøʏ zin^{523} thɪ o^{40} n̩iã hæ^{23}］ qikshìn zīīmi yéhao，zǒushin tiē'o niánhao　以盐比喻伟大的母爱，简明生动

吃素碰着月大 ［tɕhiəʔ səu^{5523} bã zɑʔ^{23} ŋəʔ dəu^{2523}］qiksǔ bánsag ngegdhǔ　“月大”即“大月”，比“小月”要多一天。信佛教要吃素，吃素有各种方式，其中一个方式是选择某一个月，吃一整月素。如这个月是月大，就要多吃一天素。如果吃素者是虔诚的，只有高兴。但此语意思是正好遇到不希望遇到的事。例如难得有一天休息去公园玩儿，恰恰公园关门，就会说～。所以此语背后的前提是吃素者其实并不虔诚，隐含着对吃素者的讽刺

吃仔对过谢隔壁 ［tɕhiəʔ tsɿ^{551} tᴇ kəu^{40} ziɑ^{231} kaʔ piəʔ^{44}］qikziì dēgu siâ gatbik　得到甲的帮助，却去谢乙，谢错了人。实际生活中，这样的误会难免会发生：倷哪亨桩事体？～你怎么回事？谢错了人？

若要盘驳，性命交托 ［zɑʔ iæ^{251} bø poʔ^{23}，sin min^{40} kæ thoʔ^{40}］sagyào boébok，sī nmin gāotok　如果再要问我，只能把命交出来了，这是讽刺老师太没有水平，被学生问得求饶。此语颇有调侃义

若要好，老做小 ［zɑʔ iæ^{251} hæ^{51}，læ tsəu^{231} siæ^{51}］ sagyào hào，lâozu siào～要想和睦相处，老一辈要对小一辈迁就忍让些。这是老一辈的生活体验：唉，有啥办法，～唉，有什么办法，要想和谐，就要讨好些小的

三骨铜白糖——一蘸（赞）就光 ［sᴇ kuəʔ dɪ^{440} bɑʔ dã^{251}——iəʔ tsᴇ^{5523} zø^{231} kuã^{44}］ sēguekdie bagdàng——yikzě shou guāng　歇后语。“三骨铜”，旧时的三个铜钱，三骨铜白糖，指很少的白糖，所以一蘸就光；“蘸、赞”同音。此语意为称赞不得，一称赞就翘尾巴，优点就没有了，多用来批评孩子：唔笃弗好去称赞俚葛，俚是～葛你们不能称赞他，一称赞就不行了

一口无酿，两口过酿 ［iəʔ khøʏ^{551} m̩ n̩iã^{23}，liã khøʏ^{231} kəu n̩iã^{40}］ yikkòu ḿnian，liânkou gūnian　“酿”，馅儿。这是形容包子（苏州话叫“馒头”）或糰子的馅儿太少，咬第一口还没咬到馅儿，咬第二口时，馅儿已过了

（汪　平　苏州大学文学院　wang1p2@163.com）

常州方言四字格俗成语释例

钟　敏

常州是个有历史，有文化的城市。常州有文字记载的历史近3000年，自泰伯奔“荆蛮”，三次让国的季扎受封于此，“文明肇辟、德业之盛、人才荟萃、文学甲于天下”，被誉为“八邑名都”、“中吴要辅”。常州是个有文化的城市，而语言承载着文化，也传播着文化；同样，方言承载着地方文化，也传播着具有地方特色的文化。而方言中独具特色的俗成语，则是方言中一颗璀璨的明珠，是“现世相的神髓”。

一　方言俗成语的概念解读

所谓“俗”，是相对于“雅”而言的。纵观汉民族共同语中的成语，虽总体来说比较“文气”，但，也不免有“雅”“俗”之异。就风格而言，雅成语大多庄重、典雅，书面色彩较重；而俗成语却往往幽默、俏皮，口语色彩浓郁。就来源来讲，雅成语大多来自于典籍，或历史文献，或寓言传说，或文人著作；而俗成语主要来自于民间，来自于人民群众的口口相传，是人民群众集体智慧的结晶。方言中的成语则是汉民族共同语俗成语的近亲，它来自于方言区人民群众的口口相传，是方言区人民群众集体智慧的结晶。但是，无论是汉民族共同语的雅成语，还是共同语中的俗成语，抑或是方言中的俗成语，其成语成立的共同要求是：1. 结构的固定性。即：组成成语的文字不能随意调换，其在成语中的位置也不能随意挪动。2. 语义的整体性。即：组成成语的文字，在语义上是个不可分割的整体，而不是几个字义的相加。

由此，我们是否可以给方言中的俗成语下这样的定义：由方言区人民口口相传，在一定方言区使用的，具有固定结构，整体语义的短语。那么，常州方言的俗成语便是：由常州人民口口相传，在常州方言区使用的，具有固定结构，整体语义的短语。方言中的俗成语具有浓重的方言色彩，只有在一定方言区长期生活的人，才能使用自如，如鱼得水；反之，则不解其意，或似懂非懂，望文生义，甚至歪解其义。

本文对常州方言中的部分四字格俗成语，进行初步的介绍和解释。由于方言中的俗成语主要来源于民间，且大多是由方言区人民口口相传而得，因此，有一些音节找不到相应的汉字。又由于国际音标使用受众的局限性，本文采用相近音的汉字代替。本文选用的俗成语尽量选择具有地方特色的成语，与汉语共同语的成语雷同的一般不选，詈语不选。

二　常州方言俗成语释例

A

阿大阿二：半斤八两。（例）尼也勠笑我哩，哈尼家**阿大阿二**，全呆佬。

挨肩擦背：摩肩接踵，拥挤。（例）南大街上格人啊，嗲辰光都是**挨肩擦背**格。

矮不楞敦：形容个子矮。（例）新林长则**矮不楞敦**格，本事倒大的。

拗里别耙：别扭。（例）个格文章念出来**拗里别耙**格，弗顺。

B_1

包拍大红：原指卖西瓜的保证自己卖的西瓜瓜瓤红，后多比喻指保证能把事情办好。（例）小彬念书格事体嘛，我**包拍大红**，你只顾放心好连。

斑疤结刺：节节疤疤。（例）个格树根桩**斑疤结刺**格，难看杀格哩。

半死烂活：半死不活。（例）华华一说话，总归拿人气到则**半死烂活**。

半料弗尬：事情做了一半就停下来了。（例）饭做则**半料弗尬**，人就走落格连。

半大弗细：不大不小。（例）小暖已经**半大弗细**连，正当似懂非懂格年纪。

碧绿生青：比喻一种新鲜油亮的绿色。（例）嫩蚕豆拿油一爆，**碧绿生青**，好吃到则。

碧活鲜跳：形容人或动物富有活力，或形容鱼虾鲜活。（例）今朝格虾**碧活鲜跳**格，鲜斩到则。

笔立势直：形容非常直。（例）他格功夫好到则，画个线嘛，**笔立势直**。

壁角落头：最靠墙角的地方。（例）一有事体嘛，他就缩到则**壁角落头**，一声弗响。

壁跟壁落：每个角落。（例）打扫卫生么，**壁跟壁落**全要弄干净。

B_2

暴冷暴热：指季节转换时天气初冷或初热。（例）**暴冷暴热**格辰光，顶会生病连。

碰手碰脚：碍手碍脚。（例）大人做事体，小佬嫑勒旁边**碰手碰脚**格。

碰额角头：碰运气。（例）做事体靠**碰额角头**，总归弗来三格。

爬高落低：爬上爬下，连续不停。（例）个格小佬有多动症的，**爬高落低**格嫑息。

别咧卜落：接二连三，不停地。（例）房子旧哩，墙头上格石灰**别咧卜落**格漏下来。

别里别爬：别扭。（例）写格字嘛，也写到则**别里别爬**格佬。

蹩脚生世：指做人差劲，没本事。（例）招娣也是个**蹩脚生世**，饭也弗会做。

蹩里蹩脚：差劲，不好。（例）兹个**蹩里蹩脚**格东西，弗要拿到家勒来。

白丝邋遢：色彩不新鲜。（例）个格肉**白丝邋遢**格，弗新鲜哩。

C

痴头兴哄：言行不正常，疯疯傻傻。（例）他惑，总归做点痴头兴哄格事体。

痴头怪脑：同“痴头兴哄”。

痴形怪状：思维行为不正常。（例）大家吃饭连，他要做事体，**痴形怪状**格佬。

清汤光水：形容粥或者菜汤单薄，材料不多。（例）免费格汤惑，总归**清汤光水**格。

青口白舌：指说话没分寸，瞎说。（例）嗲人说肉要涨价连，**青口白舌**格佬吓人。

擦刮辣新：崭新的。（例）才刚买格皮鞋惑，**擦刮辣新**格。

七搭八搭：张冠李戴，也形容说话没中心。（例）他**七搭八搭**格弗晓则嗲。

七之八搭：甲事物扯到乙事物上，形容说话没中心；或搭配混乱。（例）烧个菜么**七之八搭**格，难吃透佬。

七攒八攒：打岔。（例）我家看书的，尼嫑来**七攒八攒**格。

七八成账：大约七八成。（例）牛肉**七八成账**熟，顶好吃哩。

七昏八呛：晕头转向。（例）小弄堂七弯八转格，转到则人**七昏八呛**格哩。

彻黑抹塔：漆黑。（例）六点钟脚勒，天就**彻黑抹塔**连。

测测默默：不声不响。（例）玉屏一格人**测测默默**就拿房间打扫干净佬连。

促里促掐：刁钻刻薄，喜欢捉弄人。（例）于鼎格人做点事体总归**促里促掐**格佬。

D$_1$

大（文）约摸则：大约。（例）现在啊，**大约摸则**十点钟哩。

呆（文）头木雕：又呆又笨，做事不机灵。（例）做事体**呆头木雕**格佬，做到嗲辰光。

刀刮水削：形容东西非常平整。也指做事情干净利落，有板有眼。（例）小语做事体刀刮水削格佬，顶让人放心连。

倒头耷脑：精神萎靡不正。（例）整天**倒头耷脑**格佬，看看就弗写意。

当着不着：该做的时候不做，不该做的时候却做；该说的时候不说，不该说的时候说。（例）他拎弗清格，总归**当着不着**格。

嗲里嗲气：娇气。也指小孩子奶声奶气。（例）一天到晚**嗲里嗲气**，娇煞格哩。

颠横倒竖：横七竖八。（例）兄弟几个困到则**颠横倒竖**格佬，被头也踢落格连。

搭七搭八：随便跟人搭讪，交往暧昧。（例）他看见体面格丫头，就要去**搭七搭八**格。

搭家掼牲：乱摔乱扔东西。（例）动弗动就**搭家掼牲**，你格脾气也忒大连。

搭头搭脑：前后总共。（例）北京白相，**搭头搭脑**一个礼拜也好连。

的角四方：方方正正，有棱有角。（例）他勒部队蹲过，叠格被头也是**的角四方**格。

得留当中：正中间。（例）小新新拿板凳放勒房间格**得留当中**。

得溜滚圆：非常圆。（例）小肚皮嘛，吃到则**得溜滚圆**格。

粘之拉千：黏黏糊糊。（例）糯米团子吃勒嘴勒，**粘之拉千**格佬。

的斤波两：斤斤计较。（例）玉琴做点事体嘛总归要**的斤波两**，弗肯吃亏。

滴沥笃落：下小雨的声音，也指流水不畅。（例）外头**滴沥笃落**格声音，落雨哩惑。

D$_2$

大（白）家大当：很大的家当。（例）他一世创格**大家大当**，几天就拨儿子赌落格连。

大（白）清白日：大白天，光天化日。（例）**大清白日**格佬困觉，懒人惑。

弹眼落睛：吹胡子瞪眼睛。（例）一说话嘛，就**弹眼落睛**，吓嗲人啊。

断桥绝路：桥断了，路绝了。常用来比喻把事情做绝。（例）事体覅做到则**断桥绝路**格佬，留点后路吧。

投五投六：做事鲁莽，冒失，不稳重。（例）做事体定心点，覅**投五投六**格佬。

掉头落角：粗心大意，丢三落四。（例）年纪弗大勒，做事体那会**掉头落角**格佬。

迭迭为为：特意。（例）天天过生日，他**迭迭为为**走北京赶过来格。

特里特别：特别，不一样（贬义）。（例）丁丁格想法总归**特里特别**格佬，怪佬。

E

呃求苦恼：再三央求。（例）**呃求苦恼**格求他，也没用格。

呃支搭欠：乱七八糟。（例）菜烧到则**呃支搭欠**格，难吃撒格哩。

暗忽隆冬：阴暗，不明亮。（例）房间勒**暗忽隆冬**格佬，嗲都看弗见。

F

粉花团气：形容女孩子长得好看，粉嫩丰满。（例）婷婷大佬连，长则粉花团气格佬。

麸皮潦草：马马虎虎，浮于表面。（例）玉大做事体**麸皮潦草**格佬，一点也弗细致。

弗尴弗尬：不上不下，左右为难。（例）格辰光出去，**弗尴弗尬**格佬。

G$_1$

嘎痴嘎眼：装模作样，假装不明白。（例）跟他说话，他就是**嘎痴嘎眼**弗接话头。

搞七捻三：胡搅乱缠，纠缠不清。（例）我写东西的，你弗要来**搞七捻三**。

搞百叶结：比喻胡搅蛮缠，也指和稀泥。（例）我家讲话，你覅勒头乱**搞百叶结**。

怪里怪欠：言行怪异。（例）顺德说格话，总归**怪里怪欠**格佬，弄弗懂。

夹屎面孔：形容面容尴尬。（例）望尼格**夹屎面孔**，就晓则尼做则坏事体连。

刮辣蹦脆：形容食品非常脆，也形容声音清脆好听。（例）田田格声音**刮辣蹦脆**格，好听到则。

角角里拉：每个角落。（例）打扫卫生，房间格**角角里拉**都要拖干净。

角角正正：整齐，有棱有角。（例）他是部队勒家来格，叠格被头也是角角正正格。

G_2

呆（白）头兴哄：形容人傻傻的，不机灵。（例）里么**呆头兴哄**格佬，弗高兴跟他白相。

厚子勒得：形容言行不爽快。（例）答应弗答应，爽快点，弗要**厚子勒得**格。

H

闲讲白说：闲聊，说空话。（例）一天到夜**闲讲白说**就有饭吃连啊？

夯拨郎当：总共，全部。（例）我袋袋勒**夯拨郎当**只有五百洋钿。

烘篮罩屁：烘篮指以竹条或者铁丝编成的多孔的，罩在老式的炉子上烘干衣物的罩子。多喻指不结实。（例）台则嘛**烘篮罩屁**格，一点也弗牢。

红白淡串：白里透红。（例）个格小佬养则好得，面孔**红白淡串**格佬。

花里驳绿：形容颜色花哨，紊乱。（例）兰兰弗欢喜穿**花里驳绿**格衣裳。

黑漆抹塔：漆黑。（例）夜勒**黑漆抹塔**格佬，路也看弗清。

蟹里蟹欠：头脑简单，做事莽撞。（例）清燕**蟹里蟹欠**格佬，弗要理着她。

昏头六冲：头昏眼花。（例）写则一天哩，写到则**昏头六冲**格佬。

狠头六筋：既凶又狠。（例）肖纯朝则小佬**狠头六筋**格。

瞎七搭八：乱搭，甲事物串到乙事物上。（例）弗要**瞎七搭八哩惑**，嘟嘟是人惑。

瞎三话四：瞎说八道。（例）人家讲正经话得，弗要**瞎三话四**好哦？

瞎听瞎通：瞎来，胡来。（例）老春**瞎听瞎通**格佬，一脚拿小佬踢到则大门口。

J_1

假妈辣鬼：假模假样。（例）平时**假妈辣鬼**正经的，背着人野透佬。

交交关关：许许多多。（例）**交交关关**格人哄上去看闹忙。

紧多紧少：有多少算多少，（例）开销弹性大佬，**紧多紧少**过吧。

见貌辨色：看人脸色或见事物的发展行事。（例）定定是格**见貌辨色**格户头，靠弗住。

见高识低：经过风雨，见过世面。（例）领导么，要**见高识低**，才有本事得。

紧汤下面：比喻根据实际情况来做事情。（例）哈尼家就**紧汤下面**，有多少用多少吧。

洁洁俏俏：形容打扮的干净利落。（例）张家婆婆总归打扮则**洁洁俏俏**格。

结结呱呱：会说（褒义）；聒噪，话多（贬义）。（例）个张小嘴**结结呱呱**格会说的。

急出乌拉：非常急。（例）平时弗用功，考试哩，**急出乌拉**格。

J_2

犟头倔脑：倔强，不听话。（例）雨琴从小就是**犟头倔脑**格，你说东他要西。

勤玲共咙：声响或者动作大。（例）一点点格事体，他倒**勤玲共咙**大做连。

K

困痴懵懂：迷迷糊糊，似醒非醒。也形容头脑不清楚。（例）他总归**困痴懵懂**拎弗清。

磕冲板跌：指走路不稳当。（例）小佬都三岁哩，走起路来还**磕冲板跌**格佬。

哭死呜拉：苦着脸，哭泣。（例）一有事体么，**哭死呜拉**求人哩。

哭出呜拉：苦着脸，哭泣。（例）格小佬一弗称心就**哭出呜拉**格闹。

L

老车失匹：老手、行家偶尔失手，失算。（例）老张一向稳重，这次也**老车失匹**格连。

乱投神经：慌乱，乱投乱撞。（例）人一生大病么，就**乱投神经**哩。

临时脚便：临时，急忙。（例）**临时脚便**格，也写弗出好文章惑。

连头搭脑：全部，统共。（例）**连头搭脑**五天勒北京，也好白相相连。

邋里邋遢：肮脏，不干净。（指人或地方或物件）（例）个格楼梯间**邋里邋遢**格。

喽里喽拖：不干净，肮脏，不修边幅。（例）格老师穿则**喽里喽拖**格，上课倒好得。

辣辣豁豁：严厉，也指痛快。（例）**辣辣豁豁**骂他一顿才写意得。

辣面火烧：形容势头很猛。（例）嗲人犯错误，都要**辣面火烧**格批评。

勒三倒四：啰嗦，翻来覆去讲。（例）一点点格事体，**勒三倒四**讲则多少遍连。

落里落拓：肮脏，不修边幅；也指思想、言语不干净。（例）贾彬穿则倒体体面面格，一说格话么就**落里落拓**格连。

立时三刻：立刻，马上。（例）**立时三刻**拿弗出像样格文章惑。

立逼如火：形容非常急。（例）听到宾达车祸格消息，他家娘**立逼如火**格佬赶到现场。

M

瞒瞒园园：遮掩，遮瞒。（例）就个点东西，弗要**瞒瞒园园**连惑。

面熟目生：似曾相识，又一时想不出来。（例）格人面熟目生格佬，像刹看见过格。

眉花眼笑：眉开眼笑。（例）看见外孙来哩，老张总归**眉花眼笑**格。

默默侧侧：形容人安静，低调。（例）半夏总归**默默侧侧**格就拿事体做落则。

N

严丝合缝：丝毫不差。（例）话说则**严丝合缝**格，一点空子也弗得钻。

腻格隆咚：指食物油腻，不清爽；也指人做事犹豫不决。（例）老小家则，做事体**腻格隆咚**格佬。

牛皮哄哄：吹牛皮。（例）一天到夜**牛皮哄哄**格，事体么弗做。

扭头刮颈：头颈故意左右摇动。（例）小彬彬吃到则**扭头刮颈**出来连。

人细鬼大：人虽小，鬼点子多。（例）纤纤**人细鬼大**，心眼多透佬。

人作祸出：瞎折腾就会产生祸事。（例）**人作祸出**，只要好好叫做事体总归太平格。

韧之拉牵：多指食物软且粘性强。（例）牛皮糖吃勒嘴勒**韧之拉牵**格佬，粘牙齿得。

日清日白：光天化日，大白天。（例）**日清日白**格佬，还敢抢包得，昏则头连。

P

排一排二：挨个儿。（例）小朋友**排一排二**挨好则等上车连。

破头鸭子：喻指头上受伤的人（例）淘淘格头缝则五针，真佬变则**破头鸭子**连。

破里落索：支离破碎。（例）介本书拨小叮叮翻到则**破里落索**格佬连。

Q$_1$

牵丝扳藤：形容做事磨蹭，不干脆；也形容关系错综复杂。（例）弗要**牵丝扳藤**格佬，赶快走吧。

气水暖暖：形容人的气色很好。（例）介个敬老院伙食好得，老人个个**气水暖暖**格。

Q$_2$

桥三列四：言行不配合。（例）喊他东么，他要西，总归**桥三列四**格佬。

穷凶穷恶：穷凶极恶。（例）有话么好好叫说，做嗲**穷凶穷恶**格佬。

S$_1$

少见少有：不常见，不常有，不符合常理。（例）一天到夜嘴弗歇，真是**少见少有**格。

死蟹一只：指一点办法也没有了。（例）秀才碰着兵，**死蟹一只**。

私皮夹帐：暗地里做交易。（例）他家两个人**私皮夹帐**格事体弗少。

心心念念：时刻牵挂：（例）桑梓**心心念念**要去英国白相一趟。

迅光滴滑：光滑。（例）老婆婆八十岁哩，面孔还是**迅光滴滑**格佬。

爽而荡之：非常直爽。（例）肯弗肯来，你**爽而荡之**格告诉我。

刹刮丈亮：干净得发亮。（例）玻璃擦则**刹刮丈亮**格。

雪白哆哆：形容白嫩。（例）个格面孔**雪白哆哆**格，讨人欢喜的惑。

S$_2$

自肚皮经：自说自话。（例）别人弗同意，他就**自肚皮经**格拿走佬连。

寿头麻子：指幽默滑稽的人。（例）荣大是个**寿头麻子**，人家看见他就要笑格。

寿头寿脑：滑稽，有趣。（例）小欣说话总归**寿头寿脑**格佬，惹人笑得。

神兹无兹：异想天开，不懂审时度势。（例）春达一天到夜**神兹无兹**格，没格怕惧。

寻说三话：没话找话说，也指故意找茬。（例）事体嘛弗做，一天到夜**寻说三话**。

随茶便饭：顺便，没特意准备，有什么吃什么。（例）你来就**随茶便饭**吃点吧。

蛇虫百脚：百脚，蜈蚣；指蛇及各种各样的毒虫。（例）惊蛰一过，**蛇虫百脚**出来连。

贱胎骆驼：形容为他人，尤其是为子孙任怨任劳，甘愿吃苦受累。（例）现在格老年人吃辛吃苦帮则子女带小佬，还高兴到则弗得了，真佬是个**贱胎骆驼**。

贼特兮兮：形容一个人嬉皮笑脸，没个正形。（中性）（例）讲正经事体得，弗要**贼特兮兮**格佬。

贼骨千千：形容一个人嬉皮笑脸，没个正形。（贬义）（例）恺恺一天到夜**贼骨千千**格佬，弗晓则像嗲人。

贼头鬼脑：形容人贼眉鼠眼，不做好事，不怀好意。（例）他**贼头鬼脑**格望窗盘勒望。

贼里贼欠：形容不正规，没正形。（例）说点话**贼里贼欠**格佬，弗好听。

贼弗老欠：同"贼里贼欠"。

贼逼鬼攻：形容人鬼头鬼脑。（例）杜固做事体总归偷偷摸摸，**贼逼鬼攻**格。

十样怪欠：怪模怪样。（例）个格东西**十样怪欠**格佬，弗好看。

十弗老欠：同"十样怪欠"。

十剥面皮：形容人面皮厚，近乎不要脸。（例）借则别人家格钞票弗还，**十剥面皮**得。

十二十三：形容不正常，十三点。（例）定燕格话好相信哒，**十二十三**格。

十气弗叹：默不作声。（例）平时会说的，碰则问题哩么，**十气弗叹**哩。

舌根乱盘：形容一个人废话多，说个不停。（例）别人家做事体，尼**舌根乱盘**格烦。

石刮铁硬：非常硬。也说“石骨铁硬”。（例）个格饼**石刮铁硬**格，咬也咬弗动。

T_1

退板弗起：不能差，不能少。（例）桥板衔接**退板弗起**一点点哇。

挑精拣肥：挑三拣四。（例）做点事体嘛**挑精拣肥**，有点好处嘛冲则快得。

梯里拖罗：形容东西杂而多，也形容吃相难看。（例）他家娘来，总归**梯里拖罗**带则一大推东西。

脱套换套：频繁更换衣服。（例）阿姨衣裳多得，**脱套换套**格。

踢脚绊手：碍手碍脚。（例）大人做事体，小佬弗要勒旁边**踢脚绊手**。

T_2

提头播脑：找话说，或说的话不合时宜。（例）他才刚忘记，尼又**提头播脑**哩。

V

胡子抹遢：模糊，胡乱。（例）作业么弗认真做，**胡子抹遢**就交上去连。

无备其为：无所谓。（例）中午吃面还是吃饭，全是**无备其为**格事体。

W

乌漆抹黑：漆黑漆黑。（例）夜勒停电连，家勒**乌漆抹黑**格佬。

活现眼宝：丢人现眼，有时也指小孩调皮得有些可爱。（例）小凯凯看见人就要跳广场舞，真佬**活现眼宝**。

沃瑟户头：做事患得患失，不爽快。（例）于鼎是个**沃瑟户头**，跟他共事，弗写意。

滑索落落：滑爽。（例）夜勒汏则浴，身上**滑索落落**格佬，写意得。

X_1

虚头滑线：形容做人做事不真实，虚伪。（例）燕琳做事体总归**虚头划线**格佬。

虚头滑脑：形容做人做事不真实，虚伪。同“虚头滑线”。

蟋力索落：小动作不停。（例）上课么**蟋力索落**，弗好好叫听。

血驳里拉：血肉模糊，血流得很多。（例）斌斌拨车子撞到则**血驳里拉**格佬。

X_2

协哩协哩：形容人说个不停，动个不停，不安静。（例）一天到夜**协哩协哩**格弗歇。

Y

洋里洋相：洋相，时髦。（例）小丫头一打扮，还**洋里洋相**格。

洋忒兮兮：嬉皮笑脸。（例）勤勤一犯错误就**洋忒兮兮**格讨饶。

要紧三慢：紧要关头。（例）**要紧三慢**格，还是要老师傅上格。

有商有量：做事注意商量。（例）凌校长做哆总归跟老师**有商有量**格。

有劲弗煞：形容过分，没分寸。（例）书么，只念几本，还**有劲弗煞**讲书的。

油头夜壶：油腔滑调，老油条。（例）岑大是格**油头夜壶**，拿他呒没办法。

异思陆样：处事做人特别，难相处。（例）勤斌**异思陆样**格，呒没人跟他共则好。

异思肉麻：不爽快，做事犹豫；也指肉麻恶心。（例）菜也拨她烧到则**易思肉麻**格佬。

一塌刮子：总共。（例）袋袋勒**一塌刮子**十块洋钿，全拨你吧。

一钱如命：形容小气，把钱看得比命重。（例）他比高老头还要啬，**一钱如命**格户头。

一一当当：妥帖。（例）能够拿家勒格事体料理则**一一当当**格佬，弗简单。

Z_1

招年老死：始终，一年到头。（例）庆大**招年老死**剃则板寸头，从来弗变。

做眉做眼：以目传情。（例）个格女小佬朝则人**做眉做眼**格，讨人欢喜得。

尖头把戏：爱占便宜，不肯吃亏。（例）鼎大**尖头把戏**格，总归弗肯吃亏格。

装形作样：装模作样。（例）**装形作样**格，做拨嗲人看啊。

精尼弗杀：非常精明。（例）一分两分还要计较的，真佬**精尼弗杀**。

作死拉达：耍无懒，也指浪费。（例）饭么，吃到则一地，**作死拉达连**。

Z_2

滋头麻则：自讨没趣，或有意凑上来。（例）尼走开点，弗要做**滋头麻则**。

直拔笼统：直来直去。（例）有辰光，说话弗好**直拔笼统**格，要婉转点。

ng

五花六花：眼花缭乱。（例）儿童玩具店勒格东西多到则，五花六花格佬。

五嘘六海：夸大其词。（例）弗要听他**五嘘六海**，一点点毛病，弗要紧格。

眼眯瞎搭：形容人视力不好，也指做事不长眼。（例）老哩，**眼眯瞎搭**格看弗清连。

眼花六花：眼花缭乱。（例）一天字打下来，弄到则**眼花六花**格连。

呆（白）不隆冬：形容反应迟钝，傻乎乎的样子。（例）一碰着事体就**呆不隆冬**格连。

硬棒若铁：形容特别硬，也形容东西货真价实。（例）饼放则一歇就硬棒若铁格连。

硬吃硬做：指强迫别人做。（例）小新**硬吃硬做**指派每个人要扛一袋大米。

说明：

1. 文中拼音字母右下方括号中有小“1”标注的，表示其声母为清音；有小“2”标注的，表示其声母为浊音。

2. 文中汉字右下方括号中有小“文”字的，表示该音读“文读”；有小“白”字的，表示该音读“白读”。（仅限于该字“文读”“白读”都出现在本文中的）

参考文献

侯精一．平遥方言四字格释例［J］．语文研究，1980（1）：71—79.

刘玉凯，乔云霞．中国俗成语［M］．上海：上海文艺出版社，1991.

周　源，屠国瑞．常州方言词典［M］．南京：江苏教育出版社，2011.

钟　敏．常州话七十年的变化［M］// 上海市语文学会．香港中国语文学会．吴语研究，上海：上海教育出版社，2005.

致谢：

1. 文中部分俗成语采自《常州网》“这四个字，不是常州人还真看不懂”2016.10.4；《化龙巷》“这些成语，不是常州人还真看不懂”2016.7.19。在此，向作者表示感谢！

2. 在本文的写作过程中，得到莫彭龄先生和金丽藻女士提供的帮助，在此向两位表示感谢！

（钟　敏　常州开放大学　213000　zhongmin225@126.com）

后　记

第九届国际吴方言学术研讨会于2016年11月5日至6日在苏州市胥城大厦召开。本届会议收到有关吴语研究论文80余篇，来自中国（包括香港、台湾）、美国、日本、荷兰等国家和地区的70余位专家学者参加了两天的会议。与会专家就吴语的语音、语义、句法，吴语与其他方言的比较，吴语词典的编纂，吴语的历史，吴语研究的历史以及吴语与吴文化等议题进行了广泛而深入的讨论。本次会议由苏州科技大学江南文化保护与传承协同创新中心主办，复旦大学中文系协办。

本辑《吴语研究》是本次吴方言国际学术研讨会的论文集。承蒙上海教育出版社一如既往的出版支持，会议组织者和编委会表示衷心的感谢！在编辑和与作者的联系过程中，复旦大学盛益民老师出了很多力，我们也在此表示谢意！最后，会议的组织者和论文编委会向为会务工作付出心血的复旦大学、苏州科技大学的老师、同学们表示感谢！

主编　陈忠敏　陆道平

2017年冬

图书在版编目(CIP)数据

吴语研究.第九辑/陈忠敏,陆道平主编.-上海:
上海教育出版社,2018.10
ISBN 978-7-5444-8676-7

Ⅰ.①吴… Ⅱ.①陈… ②陆… Ⅲ.①吴语-方言研
究-国际学术会议-文集 Ⅳ.①H173-53

中国版本图书馆 CIP 数据核字(2018)第 176438 号

责任编辑　徐川山
封面设计　郑　艺

吴语研究——第九辑
陈忠敏　陆道平 主编

出版发行　上海教育出版社有限公司
官　　网　www.seph.com.cn
地　　址　上海永福路 123 号
邮　　编　200031
印　　刷　上海叶大印务发展有限公司
开　　本　787×1092　1/16　印张 27.75　插页　1
字　　数　608 千字
版　　次　2018 年 10 月第 1 版
印　　次　2018 年 10 月第 1 次印刷
书　　号　ISBN 978-7-5444-8676-7/H.0300
定　　价　98.00 元

如发现质量问题，读者可向本社调换　　电话：021-64377165